Baedeker

Allianz Reiseführer

Kanada
Westen

www.baedeker.com

Verlag Karl Baedeker

TOP-REISEZIELE ★ ★

Über 20 großartige Reiseziele auf einer Fläche von mehr als 6 Mio. km²: Kaum ein Reisender hat die Zeit, sich den gesamten Westen Kanadas anzuschauen. Dieser Überblick über die schönsten Reiseziele soll Ihnen helfen, auszuwählen und Schwerpunkte zu setzen.

Goldgräberstimmung
herrscht heute hinter denkmalgeschützten Fassaden am Yukon.

1 ✱✱ Dawson City (YT)
Die zum Leben erwachte Westernfilm-Kulisse in der Goldgräberstadt ist durchaus echt. ► **Seite 471**

2 ✱✱ Kluane National Park (YT)
Die schneebedeckte Hochgebirgswelt mit den gewaltigsten Eisfeldern außerhalb der Polarregion wurde 1976 als Naturschutzgebiet ausgewiesen. ► **Seite 484**

3 ✱✱ Nahanni National Park (NWT)
Der unerschlossene Park ohne Straßen und Unterkünfte übt besonderen Reiz auf abenteuerlustige Touristen und Wildwasserfahrer aus. ► **Seite 399**

Wildwasserfahrt
auf dem reißenden South Nahanni River

4 ✱✱ 'Ksan Indian Village (BC)
An einem traditionellen Siedlungsplatz der Gitskan-Indianer wird dem Besucher in einem Freilichtmuseum die Kultur der Indianer nahe gebracht. ► **Seite 283**

5 ✱✱ Queen Charlotte Islands (BC)
Auf der Inselgruppe existiert teilweise noch eine Flora und Fauna wie sonst kaum mehr auf der Erde. Zudem kann man hier etliche Zeugnisse der reichen Haida-Kultur studieren. ► **Seite 276**

6 ✱✱ Skeena Valley (BC)
In landschaftlich überaus reizvoller Umgebung erfährt man alles über Lachse. Sportangler, Jäger, Wildwasserfahrer und »Survival«-Touristen starten gern von hier aus in die Wildnis. ► **Seite 279**

7 ✱✱ Barkerville Historic Park (BC)
Diese historische Siedlung ist ein in liebevoller Kleinarbeit restauriertes Goldgräberstädtchen. ► **Seite 230**

8 ✱✱ Inside Passage (BC)
Eine der längsten und schönsten Wasserstraßen der Welt, die sich zwischen dem kanadischen Festland und den vorgelagerten Inseln im Pazifik durchschlängelt. ► **Seite 251**

9 ✱✱ Edmonton (AB)
Quirlige Handels- und Industriemetropole mit einem der größten überdachten Entertainment-Komplexe der Welt ► **Seite 194**

Unberührte Natur
am Mount Revelstoke

Widerständiger Fels
Der Fraser zwängt sich durch einen engen Durchl

Entzückende Fassaden
Hier lebt es sich wie in Merry Old England.

DIE BESTEN BAEDEKER-TIPPS

Von allen Baedeker-Tipps in diesem Buch haben wir hier die interessantesten für Sie zusammengestellt! Erleben und genießen Sie Westkanada von seiner schönsten Seite.

Jede Woche
frisch auf den Tisch!

Tee am See
Am Lake Agnes gibt's im Sommer in reizvoller Umgebung »Tea Time« nach Wildwest-Manier. ▶ **Seite 172**

Mit dem Luxuszug durch die Rockies
Nostalgie pur bietet die viertägige Fahrt durch den Nationalpark. ▶ **Seite 173**

Calgarys heißester Saloon
Abends schlüpfen Einheimische in ihre Bluejeans und Cowboystiefel und lassen die legendäre »Cowtown« wieder lebendig werden. ▶ **Seite 178**

Magnet für Nachteulen
Livemusik mit großen Stars in Albertas Hauptstadt – der Laden ist immer voll. ▶ **Seite 198**

Feuchtes Vergnügen
Stürzen Sie sich in die Fluten! Der Jasper National Park ist im Sommer ein Paradies für Schlauchboot-Abenteurer. ▶ **Seite 213**

Einmal Cowboy sein ...
Hier dürfen sich große und kleine Besucher mal als echte Cowboys fühlen. ▶ **Seite 217**

Farmers' Market
Es ist kaum zu glauben, dass man weit oben im Norden so frische und gute Gartenerzeugnisse bekommen kann! ▶ **Seite 237**

Heli-Skiing Capital
Das etwas andere Ski-Erlebnis, zunächst aus der Luft: Von Revelstoke aus kann man Hubschrauber-Skiausflüge in die grandiose Hochgebirgswelt unternehmen. ▶ **Seite 245**

Champagne Powder
Hierher kommen Kenner, die nur eins wollen: Pulverschnee! ▶ **Seite 260**

Edle Tropfen
Hätten Sie gedacht, dass Wein aus Kanada eine Spezialität ist? Hier können Sie probieren. ▶ **Seite 264**

Ein altes Dampfschiff als Hotel
In den liebevoll restaurierten Kojen macht Schlafen Spaß! ▶ **Seite 266**

Teeprobe
Das Pfund Tee für 2000 CAD? Hier können Sie durchaus in solchem Luxus schwelgen. ▶ **Seite 300**

Erlesene Genüsse
Kenntnisreiche Beratung versteht sich bei diesen Preisen von selbst.

Tiefenrausch
Bungy-Springen einmal anders: Adrenalinstoß auf Vancouver Island ▶ Seite 317

Dinner for two
Verführerische Schlemmereien zur Teestunde und abends ausgewählte Spezialitäten: Verwöhnen Sie sich im besten Haus am Platze. ▶ Seite 330

Via Ferrata
Was in den Dolomiten längst gang und gäbe ist, hat jetzt auch im Westen Kanadas Einzug gehalten: der eisengesicherte Klettersteig ▶ Seite 340

Vogelkunde
In einem der wichtigsten Wasservogelschutzgebiete Nordamerikas gibt es geführte Exkursionen. ▶ Seite 356

Pioneer Days
Wie die Menschen wohl 1850 gelebt haben? Hier erfahren Sie's, wenn alljährlich »living history« vom Feinsten geboten wird. Und dazu gibt's Köstlichkeiten nach alten Rezepten. ▶ Seite 385

Angeln, essen, schlafen ...
Man scheint allein in der Wildnis zu sein, und wie die Äschen beißen, das glaubt einem in der sowieso niemand: Der Große Bärensee gehört zu den besten Angelrevieren der Welt. ▶ Seite 392

Five O'Clock Tea
Hier wird er täglich stilvoll zelebriert – ein Muss für jeden Besucher!

Dinner Cruise
Kultur mit Kulinarischem! Genießen Sie ein köstliches Mittagsmahl auf dem Stausee. ▶ Seite 433

Hängende Herzen
Ein Tipp für die erfahrenen Kanuten! Unterwegs bekommt man Naturgenuss pur geboten. ▶ Seite 437

Golden Sheaf Awards
Das älteste kanadische Kurzfilmfestival findet ausgerechnet in Yorkton statt. Dann herrscht in der Stadt vier Tage lang Ausnahmezustand. ▶ Seite 463

Rien ne va plus!
In der legendären Tanz- und Spielhalle werden mitreißende Can-Can-Vorführungen geboten. ▶ Seite 477

Karibus aus der Nähe
Ob der Weihnachtsmann wohl hier seine Rentiere herbekommt? Auf der Reindeer Farm kann man die scheuen Tiere aus nächster Nähe beäugen. ▶ Seite 488

Outfitter bringen Abenteuerlustige mit dem Wasserflugzeug ins Wildnis-Camp.

► **Seite 128**

HINTERGRUND

Der Westen Kanadas bietet vom Hochgebirge über weite Prärien bis hin zu arktischen Regionen ganz unterschiedliche Landschaften.

► **Seite 19**

PRAKTISCHE INFORMATIONEN VON A bis Z

Endlose Highways mitten durch die Wildnis lassen Abenteurerherzen höher schlagen.
► **Seite 142**

TOUREN

REISEZIELE VON A bis Z

Preiskategorien

Hotels
Luxus: über 250 CAD
Komfortabel: ab 120 CAD
Günstig: ab 50 CAD
Für eine Übernachtung

Restaurants
Fein & Teuer: ab 40 CAD
Erschwinglich: ab 20 CAD
Preiswert: ab 10 CAD
Für ein Hauptgericht

Kunstvoll geschnitzten Totempfählen begegnet man überall auf Vancouver Island.
► **Seite 314**

Natur pur wird am Icefields Parkway geboten, der vom Lake Louise im Banff National Park nach Jasper führt.
► **Seite 170**

Im Prinz Albert National Park kann man Elche und Schwarzbären beobachten.
▸ **Seite 435**

Hintergrund

HIER ERFAHREN SIE WISSENSWERTES ÜBER WIRTSCHAFT UND POLITIK DES LANDES, ÜBER KULTUR, BERÜHMTE PERSÖNLICHKEITEN UND NATÜRLICH ÜBER DIE ATEMBERAUBENDE NATUR.

RUF DER WILDNIS

Die im vorliegenden Reiseführer beschriebene Region umfasst die westkanadischen Provinzen Manitoba, Saskatchewan, Alberta, British Columbia, Yukon, Northwest Territories und das Nunavut Territorium. Dieses riesige Gebiet reicht von den Eiswüsten der Arktis im Norden bis zu den wogenden Weizenfeldern der Prärien im Süden und von der Hudson Bay im Osten bis zur pazifischen Fjordküste im Westen.

Wer zum ersten Mal in den kanadischen Westen kommt, ist überwältigt. Alles ist riesig, gewaltig, unermesslich, atemberaubend. Grassteppen mit wogenden Weizenfeldern, weiter nördlich endlose Wälder, aus denen abertausende Seen wie Edelsteine blinken; dann von Horizont zu Horizont die Tundra, deren Flechten und Moose in allen Farben von Aschgrau bis Rostrot in der Mitternachtssonne leuchten; ganz im Norden die Eiswüste, in der kein Leben mehr möglich scheint.

Westlich der Prärie ragen die schroffen Gipfel der Rockies mit ihren Eiskappen auf. Die Szenerie erinnert sehr an die Schweizer Alpen. Jenseits dieses Hochgebirges mit wilden Flusstälern, smaragdgrünen Bergseen und tosenden Wasserfällen breitet sich eine Plateaulandschaft aus, in deren Südteil sogar Weinreben gedeihen. Bevor man die kanadische Pazifikküste mit ihren tiefen Fjorden und inselbesetzten Sunden erreicht, ist noch das von dichtem Wald bedeckte Küstengebirge zu überwinden, das wie ein gigantischer Regenfänger die vom Meer herziehenden Wolken staut.

Grenzenlos
Hier locken Abenteuer und Freiheit.

Natur pur

Kanadas Westen gehört zu den Regionen auf der Erde, die zu einem Traumurlaub einladen. Weite Gebiete präsentieren sich noch als Wildnis, in der Vorstellungen von Freiheit und Abenteuer Wirklichkeit werden. Hier kann man tagelang mit dem Kanu paddeln, ohne einer Menschenseele zu begegnen, durch endlose Nationalparks wandern oder – wie zu Zeiten Jack Londons – nach Gold schürfen. Man kann Grizzlybären beim Lachsefangen beobachten, oder auch Moschusochsen, riesige Elche, scheue Karibus, Eisbären und sogar Wale sehen: Kanadas Tierwelt allein ist eine Reise wert.

Guter Ruf
Die Rotröcke der »Royal Canadian Mounted Police« sorgen für Recht und Ordnung.

Glitzernde Metropolen
Nur wenige Autostunden hinter Wolkenkratzern, Bürohäusern und Shopping Malls beginnt wieder die Wildnis.

Schnee und Eis
Beeindruckende Gletscher beherrschen das Bild im Norden des Landes, und selbst die Sommer können frostig sein.

Kleinode der Natur
Eingebettet zwischen schroffen Berggipfel liegen malerische Bergseen.

Erlebniswelten
In riesigen Shopping Malls der Großstädte warten Schätze ganz anderer Art auf ihre Entdeckung.

Reichtum
Fruchtbare Böden, grandiose Landschaften – der kanadische Westen ist ein gesegnetes Land.

Die Bevölkerung und ihre Traditionen

Die Fläche des im vorliegenden Reiseführer beschriebenen Gebietes umfasst 6 306 318 km², also über zwei Drittel der Gesamtfläche Kanadas. Allein die Northwest Territorries und Nunavut machen die Hälfte davon aus. Im Gegensatz zur riesigen Fläche steht die Einwohnerzahl: Knapp 11 Millionen Menschen leben in diesem Raum, weniger als in der bevölkerungsreichsten Provinz Kanadas, Ontario, mit ihren rund 13 Mio. Menschen. Rein rechnerisch kommen so nur knapp 2 Einwohner auf einen Quadratkilometer Land. Genauer betrachtet ist die Verteilung aber sehr viel unterschiedlicher: Alberta ist mit 5 Einwohnern / km² Land am dichtesten besiedelt, während sich in Nunavut gerade einmal mathematische 0,015 Menschen pro Quadratkilometer verlieren. Daraus wird deutlich, was den Reisenden im Westen Kanadas erwartet, sei es in den »dicht« besiedelten Gebieten oder anderswo: hauptsächlich von Menschenhand wenig berührte, grandiose Natur.

Zerbrechlich
Bizarre Skulpturen aus Erde und Stein hat die Natur hier geschaffen.

So unterschiedlich wie die Verteilung der Bevölkerung ist auch ihre Zusammensetzung: Indianer, Inuit und Einwanderer aus aller Welt, z. B. aus China, aus der Ukraine, aus Portugal, Indien oder den Niederlanden, um nur die zahlenstärksten zu nennen, haben ein Bevölkerungsmosaik entstehen lassen, das sonst nirgends zu finden ist. Und alle haben ihre Traditionen bewahrt – die Nordwestküstenindianer mit ihren bemalten Holzbauten und Totempfählen, die Ukrainer mit ihren orthodoxen Kirchen in der Prärie und die Chinesen mit ihren von allerlei Wohlgerüchen geschwängerten Chinatowns. Der Kanadareisende erlebt eine beispielhafte Toleranz der unterschiedlichen Volksgruppen, die bewundernswert ist.

Moderne Großstädte neben grandioser Natur

Wer genug Natur gesehen hat, findet Abwechslung in den typisch nordamerikanischen Großstädten wie Calgery, Edmonton und Vancouver, die binnen kurzem mit ihren Wolkenkratzern und Shopping Malls aus dem Boden geschossen sind. Auch hier besticht vor allem das multikulturelle Angebot. Und fährt man hinaus, so ist man nach spätestens einer Autostunde wieder in der Wildnis.

Fakten

Was wächst eigentlich auf dauerhaft gefrorenem Boden? Wer verbirgt sich hinter dem Begriff »First Nations«? Sowohl was Naturräume, Tier- und Pflanzenreich als auch die Bevölkerung angeht, ist der Westen Kanadas reich an Vielfalt.

Naturraum

Drei Großräume

Der Westen Kanadas lässt sich grob in drei Großräume einteilen. Es sind dies der aus uraltem Gestein aufgebaute Kanadische Schild ganz im Osten und Nordosten, die westlich anschließenden, als Kornkammer Kanadas bekannten Interior Plains bzw. Prärien sowie die in nord-südlicher Richtung verlaufenden Kettengebirge im Westen, deren beide Hauptstränge die Rocky Mountains im Landesinneren und die Cascade Mountains nahe der Pazifikküste sind. Dazu kommen noch einige kleinere Landschaftseinheiten vorwiegend im Norden, insbesondere das Yukon-Gebiet, das Mackenzie-Tiefland und der arktische Kanadische Archipel.

Kanadischer Schild

Uralte Landmasse

Der Kanadische Schild umfasst etwa die Hälfte des gesamten Staatsgebietes. Er bildet den östlichen Rand Westkanadas bis zu den großen Seen Great Slave Lake (Großer Sklavensee), Great Bear Lake (Großer Bärensee), Lake Athabasca und Lake Winnipeg. In der Seenlandschaft Manitobas gedeihen Pappeln und Eichen. Der herausgehobene Rand im Nordosten hat seine höchste Erhebungen auf Baffin Island, wo sich die Gebirge bis 2000 m hoch türmen. Im Bereich des Kanadischen Schildes warten noch große Rohstoffvorkommen (u. a. Eisen, Kupfer, Zink, Nickel, Blei) auf ihre Erschließung. Die Oberfläche ist in den letzten 2 Mio. Jahren von Gletschervorstößen mehrerer Eiszeiten zurechtgeschliffen worden, so dass er sich heute als eher sanftes Berg- und Hügelland mit flachen Rücken und dazwischen liegenden, von Seen und Teichen gefüllten Vertiefungen zeigt. Südlich der Hudson Bay ist der Schild zunächst von Waldtundra, dem Lebensraum der Karibus, und von nordischem Nadelwald bedeckt. In letzterem gedeihen überwiegend Weiß- und Schwarzfichten. Unter den Laubhölzern sind Birken und Pappeln am stärksten verbreitet. Im Süden, im Grenzgebiet der Provinzen Ontario und Manitoba, breiten sich auch Mischwälder aus.

? WUSSTEN SIE SCHON …?

- … dass der Kanadische Schild bereits in den ältesten Zeiten der Erdgeschichte angelegt worden ist? Das beweisen die in ihm vorkommenden Gesteinsarten wie z. B. besondere Granite, Gneise, Grauwacken oder umgeschmolzene Sandsteine.

Waldbisons, Bären und Hirsche

Der boreale Nadelwald ist Lebensraum vieler Säugetierarten. Zu Karibus und Wölfen kommen Schwarz- und Braunbären, Waldbisons sowie Hirsche, deren bekannteste Vertreter das Wapiti und der Maul-

← *Am Fuße der Berge im Mount Revelstoke National Park kann man herrlich am Flussbett entlangreiten.*

tierhirsch sind. Besonders zahlreich sind die Pelztiere, darunter Biber, Marder, Füchse, Dachse und Bisamratten. Kein Wunder, dass die Pelztierjagd hier jahrhundertelang ein wichtiger Wirtschaftszweig war und auch heute noch Gewinne einbringt. An den vielen Seen im Waldgürtel leben zahlreiche Wasservogelarten, darunter nicht nur Kanadagänse und verschiedene Schwäne, sondern auch Pelikane und Schreikraniche. In den Seen tummeln sich Prachtexemplare von Forellen und Weißfischen.

Interior Plains · Prärien

Prärien Die als Kornkammer Kanadas bekannten Interior Plains bzw. Prärien werden im Osten durch den Kanadischen Schild und im Westen durch die Kettengebirge klar begrenzt. Sie sind die nördliche Fortsetzung der amerikanischen Great Plains und erstrecken sich über 2600 km weiter nach Norden bis an die Randmeere der Arktis. Heute wogen hier unendlich weite Getreidefelder, grasen Hunderttausende von Rindern auf riesigen Weiden, und Tausende von ständig nickenden »Pferdeköpfen« (= Gestänge-Tiefförderpumpen) zapfen reiche Erdöllagerstätten an. Nahezu der gesamte Großraum der Great Plains ist im Laufe der Erdgeschichte angehoben und schräggestellt worden. Ihr äußerster Westen wurde von der Gebirgsbildung der Rocky Mountains erfasst. Dabei entstanden auch die umfangreichen Kohle-, Erdöl-, Erdgas- und Kalisalzvorkommen.

weiter auf S. 24 ▸

Nur wenige Wochen im Jahr präsentiert sich die karge Landschaft an der Hudson Bay eisfrei.

Einer der Fleißigsten: der Biber

KLEINER BRUDER BIBER

So nennen die Indianer diese fleißigen Tiere anerkennend. Wie eng die Wechselbeziehungen zwischen Tier- und Pflanzenwelt in Kanada sind, zeigt sich besonders deutlich beim Biber (Castor canadensis) und den Biberwiesen.

Der Biber lebt vorwiegend im Wasser, wo er auch seine Behausung errichtet. Ist die Wassertiefe nicht ausreichend, baut er **Staudämme** aus Baumstämmen, Ästen, Steinen und Erdreich. Durch diese Dämme werden Bäche aufgestaut und es bilden sich Seen. So hat man an einem nur wenige Kilometer langen Bach über 200 Biberdämme gezählt und andernorts auf einer nur wenige Quadratkilometer großen Fläche über fünf Dutzend Biberteiche registriert. Durch den Wasserstau wird der Wald überflutet und stirbt ab. Der so entstandene **Schaden** ist weit größer als der Verlust an vom Biber für Futterzwecke benötigten Baumarten wie Pappeln, Birken, Erlen oder Weiden. Die Erschöpfung der Futterbasis zwingt den Biber jedoch zu einem Ortswechsel. Die Folge ist dann die Zerstörung des Dammes beim nächsten Hochwasser. Der Stausee läuft aus und es bilden sich so genannate Biberwiesen mit üppigem Graswuchs. Diese sind natürliche Äsungsplätze, u. a. für Elche, Hirsche, Rehe und Büffel. Die Zahl der Biber im kanadischen Westen schätzt man vor Ankunft der Europäer **auf mehrere Millionen Tiere**. Im 19. Jh. hat die Hudson's Bay Company alljährlich Hunderttausende von Fellen exportiert. Biberwiesen waren auch wichtig für die erste Besiedlung des Landes. Hier konnte man Ackerbau betreiben und Heu gewinnen. Außerdem fanden die Holzfäller hier Futter für ihre Arbeitstiere.

Bis zu fünf Junge in einem Wurf bekommt eine Bibermama. Sie versteckt sie in der Biberburg, die ein sicherer Hort für die Aufzucht der Jungen ist.

Uelen
Bering Strait
ARCTIC
St. Lawrence Island 673
Wales 20
50
Canada Basin
Queen
30
Seward Peninsula
Norton Sound
Nelson Island
20
Bethel
Yukon
Koyukuk
Parry Island
Mt. McKinley 6194
Alaska
Porcupine
Beaufort Sea
Banks Island
Parry
Alaska Range
Yukon Flats
Amundsen Gulf
Victoria Island
Range
Mackenzie
Dawson
Klondike Plateau
Mackenzie Mountains
Great Bear Lake
156
446
Mt. Logan 6050
5489
Mt. St. Elias
Franklin Mountains
Gulf of Alaska
4663
Mt. Fairweather
Coast Mountains
Rocky Mountains
710
156
Sitka
559
Great Slave Lake
Uranium City
Lake Athabasca
Queen Charlotte
Prince Rupert
2670
Finlay Forks
300
3350
Queen Charlotte Sound
Prince George
Fox Creek
Edmonton
Columbia Mountains
Prince Albert
Vancouver Island
Calgary
Saskatoon
Vancouver
Elbow
35
Regina
Seattle
Cascadia Basin
2700
Columbia Basin
Missouri
Portland
Coos Bay
Cape Blanco
Harney Basin
Plateau
Eureka
4430
Great

Knud Rasmussen Land
Etha
Hayes Halve
Grønland (Kalâtdlit Nunât) (Danmark)
Blosseville Kyst
Kong Christian den IX's Land
Kronprins Frederiks Bjerge
Denmark Strait
ISLAND
3700
1705
2860
2170
Baffin Bay
Disko
Kong Frederik den VI's Kyst
Skjoldungen
3090
2905
Davis Strait
1372
2760
Kap Farvel
Frederikshåb
74
2250
4025
3100
Labrador Basin
Foxe Basin
Southampton Island
Hudson Strait
155
2895
4110
Chesterfield Inlet
95
Orphan
Hamilton Bank
Hudson Bay
Peninsule d'Ungava
Barren Grounds
Battle Habour
Blanc-Sablon
Smallwood Reservoir
240
Belcher Islands
Labrador
James Bay
60
Laurentian Channel
Les Laurentides
Campbellton
Prince Edward Island
20
Moosonee
Clay Belt
Nova Scotia
Scotian Shelf
Truro
Halifax
Québec
Lévis
282
Lake Nipigon
Lake Superior
Sault Sainte Marie
Ottawa
Montréal
Gulf of Maine
Portland
Duluth
Superior
Kingston
1629
Boston
5
Lake Huron
Lake Michigan
Toronto
Lake Ontario
Hamilton
Niagara Falls
Hudson
Saint Paul
1550
110
Georges Bank
New England Seamounts
Detroit
Milwaukee
Lake Erie
Newark
New York
3230
Cleveland
Toledo
Philadelphia
Chicago
Pittsburgh
Baltimore
5260
Washington
Indianapolis
472

Zu den schönsten Landschaften Kanadas gehören die Rocky Mountains. Hier der Castle Mountain im Banff National Park (Alberta)

Das heutige Landschaftsbild der kanadischen Prärien ist zum größten Teil ein Ergebnis des Eiszeitalters. Heute sind die bekanntesten Blütenpflanzen der Prärien der Präriekrokus, die Prärielilie, die Alberta-Wildrose und die lila leuchtende Pasqueblume (Prärieanemone).

Land der Büffel

Die Tierwelt der Prärien hat sich in den letzten 150 Jahren stark verändert. Hier lebten einstmals riesige Büffel- bzw. Bisonherden, die bis 1900 fast ausgerottet waren. Um die Jahrhundertwende zählte man nur noch ca. 1000 Tiere. Von der Ausrottung der Büffel waren vor allem die Prärieindianer betroffen, denen nun wichtige Jagdmöglichkeiten fehlten. Vor einiger Zeit hat man mit der Wiedereinbürgerung und Verbreitung dieser Tiere begonnen. Größere Herden gibt es u. a. im Wood Buffalo National Park und im Elk Island National Park. Des öfteren sieht man scheue Gabelantilopen über Stock und Stein springen. Auch deren Zahl war vor der Ankunft der europäischen Einwanderer wesentlich höher. In der Steppe leben zudem Millionen von Präriehunden und Erdhörnchen, deren natürliche Feinde die ebenfalls sehr zahlreichen Klapperschlangen, Strumpfbandnattern, Füchse und Kojoten sind. An den zahllosen Seen, Teichen, Tümpeln, Fluss- und Bachläufen der Prärien leben Millionen von Wasservögeln. Hier brüten vor allem Gänse – natürlich auch Kanadagänse – Enten, Schnepfen, Schwäne und Pelikane.

Kanadische Kordilleren

Kettengebirge

Die kanadischen Kordilleren oder auch Kettengebirge sind Teil des Hochgebirgsstranges, der von Feuerland bis Alaska reicht und rund 14 000 km lang ist. In Kanada sind die Kordilleren ca. 2200 km lang sowie zwischen 400 und 800 km breit. Die Hochgebirgszone im kanadischen Westen besteht aus drei ganz unterschiedlichen Naturräumen. Ganz im Osten erheben sich die schneebedeckten Gipfel der Rocky Mountains, deren höchster der 3954 m hohe Mount Robson

ist. Wunderschöne Bergwälder, wildromantische Wasserfälle, geheimnisvolle Bergseen und gewaltige Gletscher – darunter das Columbia Icefield – lassen Erinnerungen ans Berner Oberland oder an Graubünden wach werden, nur dass es in den Rockies kaum Siedlungen gibt und keine Almen mit weidenden Kühen.
Daran schließen nach Westen hin die intramontanen Hochbecken an, eine mit Flüssen und Seen durchsetzte, hin und wieder von kleineren Gebirgszügen überragte, waldreiche Landschaft. Zum Pazifik hin steigen noch einmal die Gebirge der Küstenregion auf, die unmittelbar am Küstensaum in einer großartigen Fjordlandschaft enden. Nördlich des 60. Breitengrades lösen sich die Rocky Mountains in eine Folge von Hochplateaus auf.

Entstehung

Schon im Erdaltertum (Präkambrium) bildete sich hier eine großräumige Senkungszone, die dann vom Erdmittelalter (Mesozoikum) bis ins Tertiär (vor ca. 60 Mio. Jahren) von der sog. alpidischen Gebirgsbildung erfasst und aufgefaltet wurde. Dass diese Bewegungen der Erdkruste mitunter außerordentlich dramatisch verliefen und auch von heftigem Vulkanismus begleitet waren, zeigen entsprechende Gesteinsformationen. Die letzte Überprägung erhielten die Kordilleren während des Eiszeitalters durch die Vergletscherung.

Fauna

Die Gebirgswälder der kanadischen Kordilleren sind viel differenzierter und von kräftigerem Wuchs als die einförmigen Wälder der borealen Nadelwaldzone. In den Kordilleren lassen sich vier Regionen unterscheiden: die subalpine Waldregion, die montane Waldregion, die Columbia Waldregion und die Küstenregion.
Die **subalpine Waldregion** breitet sich aus an den Osthängen der Rocky Mountains, an den Hängen der Küstengebirge und an den Rändern der inneren Hochflächen. Hier wachsen Fichten, Tannen und Kiefern. Weitere wichtige Baumarten sind hier bis zu 30 m hohe Tannen und Kiefern. Die montane Waldregion umfasst vor allem die inneren Hochebenen. Für diese Zone besonders typische Bäume sind Kiefern, Douglasfichten und Pappeln. Verbreitet sind hier geschlossene Kiefernwälder (bes. Drehkiefern und Ponderosapinien), die oftmals nach großen Waldbränden gewachsen sind. In den südlicheren Flusstälern der montanen Waldregion weisen Steppengräser und -kräuter auf die große Trockenheit hin. Die Columbia-Waldregion rund um die Flüsse Kootenay River, Fraser River und Thompson River hat dagegen wesentlich höhere Niederschläge und andersartige Baumarten. Hier gedeihen vor allem Hemlocktannen und Rotzedern. Die Küstenregion ist durch besonders hohe Niederschläge und ein üppiges Pflanzenwachstum gekennzeichnet. Sie weist außer-

◄ Montane Waldregion

◄ Columbia-Waldregion

◄ Küstenregion

? WUSSTEN SIE SCHON ...?

- ... dass eine Fichtenart in der subalpinen Waldregion der kanadischen Kordilleren, die Engelmann-Fichte, bis zu 60 Metern Höhe erreicht und einen Stammdurchmesser von nahezu 2 Metern aufweisen kann?

dem einen großen Artenreichtum auf, wobei neben Hemlocktannen, Zedern und Douglastannen vor allem Sitkafichten vorherrschen. Typische Gebirgswildblumen sind das schmalblättrige und das breitblättrige Weidenröschen, die wilde Rose, das rosafarbene Katzenpfötchen, die Berganemone, die Glockenblume, die gelbe Akelei, der Steinbrech und der weiße Silberwurz.

Bären und Dickhornschafe

Die Gebirgswälder sind der Lebensraum einer artenreichen Tierwelt. Das Hochwild umfasst Wapitihirsche, Elche, Dickhornschafe und Bergziegen. Daneben gibt es vielerlei Tiere, die wegen ihres Pelzes gejagt werden, darunter Füchse, Dachse und Bisamratten. Während einer Wanderung kann man Streifenhörnchen, Backenhörnchen und natürlich auch Pikas (Pfeifhasen) und Murmeltiere hören bzw. sehen. Weit verbreitet sind Schwarzbären. In abgelegeneren Gebieten und im Hochgebirge muss man sich vor Schwarz-, Braun- und Grizzlybären, Luchsen und vor »Cougars« (Puma, amerikan. Berglöwe bzw. Silberlöwe) in Acht nehmen. Ferner kann man in den Gebirgen des Westens und an der Pazifikküste vielerlei Vogelarten beobachten. Weit verbreitet sind Grauhäher (Kanadahäher, auch »Whiskey Jack« genannt) und Tannenhäher, Raben und Elstern sowie diverse Wasservögel. Uneingeschränkter »König der Lüfte« an der Pazifikküste ist der Weißkopfseeadler.

Die Laichzeit der Lachse ist Festzeit für die Bären.

Lachse ►

Die bis zu 1 ½ m langen und 35 kg schweren Lachse steigen bei ihrer Laichwanderung vom Meer in die Oberläufe vieler Flüsse, wo sie im Herbst in kiesigem Grund jeweils bis zu 30 000 Eier ablegen. Viele von ihnen sterben dann vor Erschöpfung. Die jungen Lachse halten sich etwa ein bis fünf Jahre im Süßwasser auf und wandern dann ins Meer zurück.

Vulkanismus

Die Charakterisierung der Kordilleren wäre unvollkommen, wollte man nicht auch auf die häufig vorkommenden Erdbeben und den Vulkanismus dieses Gebietes eingehen. Große Teile der Beckenlandschaften sind von Lava bedeckt, die vor einigen Millionen Jahren aus separaten Schloten aufstieg. Für das Quartär, also die jüngste erdgeschichtliche Epoche, sind in British Columbia und im Yukon-Gebiet noch 150 aktive Vulkane nachgewiesen, meist Schildvulkane, aber auch kleinere Vulkankegel, die sich besonders an den Schwächelinien aneinander reihen. Die letzte Lavaeruption soll vor etwa 200 Jahren im nördlichen British Columbia stattgefunden haben. Gegenwärtig gibt es in den kanadischen Kordilleren keine aktiven Vulkane. Der 1980 ausgebrochene Mount St. Helens liegt jedoch nicht weit südlich der Grenze im US-Bundesstaat Washington.

Arktische Region

Kanadisch-arktischer Archipel

Die arktische Region Kanadas umfasst den Inselarchipel nördlich des nordamerikanischen Festlandes, der durch mehrere Meeresstraßen wie der Amundsen-Straße oder der Hudson-Straße vom übrigen Kanada getrennt ist. Er teilt sich in einen südlichen Teil mit den großen Inseln Banks Island, Victoria Island und Baffin Island und einen nördlichen Teil mit den Queen Elizabeth Islands. Diese beiden Bereiche werden durch den Parry-Kanal voneinander getrennt. Zur arktischen Region gehört auch ein schmaler kontinentaler Küstenstreifen, der sich bis zum Mackenzie-Delta hinzieht.

Tundra

Die Tundrenzone, die Westkanada-Besucher auf der Anreise stundenlang überfliegen, ist neben dem Waldgürtel und den Grasländern die dritte große Vegetationsform Westkanadas. Schon aus der Luft bietet sie ein abweisendes und ziemlich einförmiges Bild, weshalb man sie auch »barren grounds« (= unfruchtbares Land) nennt. Diese Bezeichnung trifft jedoch nicht ganz zu, denn in den wenigen Wochen des Sommers erleuchtet die Tundra als Blumen- und Blütenmeer. Die Vegetation ist extremen klimatischen Bedingungen ausgesetzt. Die Sommer sind sehr kurz und im Winter herrschen beißende Kälte und scharfe Winde. Außerdem ist das Gebiet durch starke Trockenheit geprägt.

◂ weiter auf S. 31

Im kurzen Sommer leuchtet das Blütenmeer der Tundra.

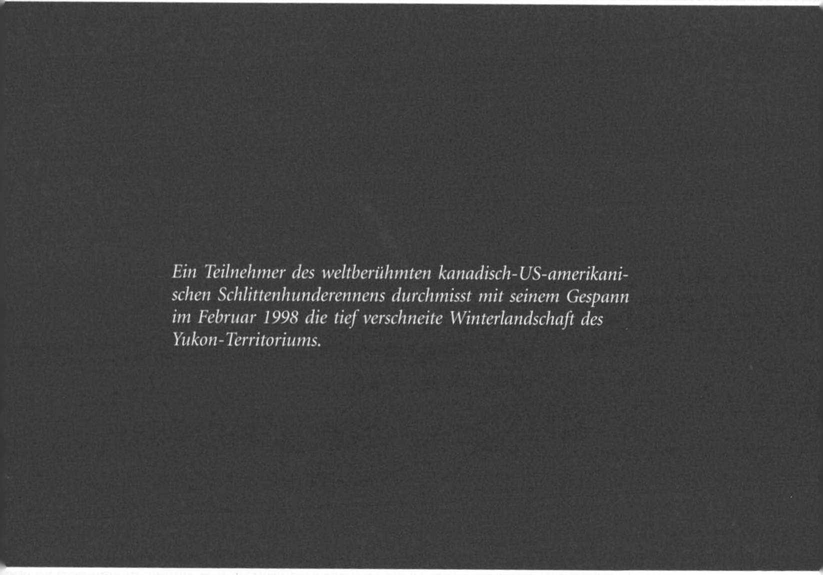

Ein Teilnehmer des weltberühmten kanadisch-US-amerikanischen Schlittenhunderennens durchmisst mit seinem Gespann im Februar 1998 die tief verschneite Winterlandschaft des Yukon-Territoriums.

DAS HÄRTESTE SCHLITTENHUNDERENNEN DER WELT

Schlafsack, Axt und Notration sind vorgeschrieben, Landkarte und Kompass gerade noch erlaubt. Andere Hilfsmittel haben aber im Gepäck nichts zu suchen, wenn die Hundegespanne und ihre Lenker im Februar in Whithorse, YT zum Yukon Quest nach Fairbanks in Alaska aufbrechen. Vor ihnen liegt ein 1600 km langer Weg quer durch die Eis- und Schneewüsten Nordwestkanadas und Alaskas, bei Temperaturen bis zu –50 °C.

Erst die Hunde, dann der Mensch – so lautet das **oberste Gebot** für alle Teilnehmer am Yukon Quest. Und die zweite wichtige Regel: Keine Hilfe annehmen, nicht einmal einen freundlichen Handgriff beim Füttern der Hunde am Checkpoint. Wer die Ziellinie im kanadischen Whitehorse erreichen will, muss dies aus eigener Kraft schaffen. Und das wollen immer mehr: Die Zahl der Anmeldungen aus aller Welt steigt, inzwischen starten jedes Jahr mehr als 40 **Musher** – so heißen die Lenker der Gespanne. Da lockt der Traum vom echten Abenteuer und vom einsamen Kampf gegen die kalte und unbarmherzige Natur, den übrigens auch immer mehr Frauen träumen. Die Rennstrecke, der sog. Trail, führt von Whitehorse hinaus und dann immer tiefer in die **Wildnis** hinein. Hier gibt es Bären und Wölfe, mehrere Meter hohe Schneewehen, scharfkantige Eisflächen – und jede Menge Einsamkeit, je nach Wetterlage 10 bis 12 Tage lang. An 14 Checkpoints können die Abenteurer rasten sowie Nahrung und

Kraft für die Weiterfahrt tanken – oder aufgeben. Hier können sich auch die Hunde ausruhen, **Tierärzte** untersuchen die Gespanne und nehmen erschöpfte oder verletzte Tiere aus dem Rennen. Beim Start besteht ein Gespann aus 12 bis 16 Hunden. Wer weniger als 6 hat, muss ausscheiden.

Helden auf vier Pfoten

Der allererste Yukon Quest wurde 1984 gestartet. Die Wurzeln dieses Rennens reichen allerdings viel weiter zurück. Im 19. Jh. diente der zugefrorene Yukon River den Goldgräbern als Verkehrsweg, auf dem **Post per Hundeschlitten** transportiert wurde. Buschflieger machten die Schlitten in den 1940er-Jahren allmählich überflüssig. Der letzte Post-Musher quittierte 1963 seinen Dienst. Übrig blieben die Reste eines Trails, der von Whitehorse über Dawson City und den Yukon River abwärts bis Fairbanks führte.

Yukon Quest neuer Prägung

Am 25. Februar 1984 wurde auf Initiative zweier Amateur-Musher der erste Yukon Quest neuer Prägung gestartet. Dieser sollte auch eine Alternative zum 1800 km langen Iditarod werden, einem Hundeschlittenrennen von Anchorage nach Nome in Alaska, an dem nur Profis teilnehmen durften. Der erste Iditarod fand bereits 1925 statt, allerdings ohne sportlichen Hintergrund. In Nome an der Westküste Alaskas war damals die **Diphterie** ausgebrochen, Hunderten von Menschen drohte der Tod. Das rettende Serum gab es jedoch nur im weit über 1000 Meilen entfernten Anchorage. Innerhalb von nur sieben Tagen legten 20 Schlittenhunde-Stafetten diese Distanz zurück. Bei der letzten Etappe drohte das Unternehmen fast zu scheitern, als ein Blizzard das Vorankommen nahezu unmöglich machte. Doch das Gespann mit dem Leithund »Balto«

Schlittenhunde haben einen natürlichen Drang nach Bewegung, was der Mensch sich zunutze gemacht hat.

brachte den **rettenden Impfstoff** noch rechtzeitig nach Nome. An Baltos Heldentat erinnert bis heute ein Denkmal im New Yorker Central Park.

Nichts als Superlative

Die Bestzeit für den 1600 km langen Trail des Yukon Quest wurde 1995 erreicht: 10 Tage, 16 Stunden und 20 Minuten. Das knappste Rennen erregte 1991 die Gemüter, als das Siegergespann nur 5 Minuten vor dem zweiten ins Ziel ging. Frauen sind übrigens seit dem ersten Yukon Quest 1984 mit am Start. Und wer glaubt, sie hätten gegen ihre männliche Konkurrenz keine Chance, der irrt gewaltig. Denn mit Linda Forsberg siegte 1994 erstmals ein **weiblicher Musher.** Im Frühjahr 2002 hat mit dem Österreicher Hans Gatt zum ersten Mal ein Europäer das härteste Schlittenhunderennen der Welt gewonnen.

Desire to go – der Wille, zu laufen

Tierschützer staunen oft, wenn sie beobachten, dass den Hunden das Ziehen von Schlitten in Rudeln offensichtlich gefällt. Der so genannte »desire to go«, der natürliche Drang nach Bewegung bzw. Laufen ist Schlittenhunden dank Jahrhunderte langer Zuchtauswahl quasi angeboren. Was Hundebesitzern in Europa manchmal lästig ist, wenn der Vierbeiner schon wieder Auslauf braucht, ist für Rennen unerlässlich. Allerdings ist Schlittenfahrt nicht gleich Schlittenfahrt. Spätestens seit **Massentierhaltung und Doping** auch im Sport mit Hunden zum Thema geworden sind, sehen Tierschützer die Jagd nach Bestzeiten unter extremen Bedingungen zu Recht mit Skepsis. Ob das Motto »Erst der Hund, dann der Mensch« mehr ist als nur eine Floskel, liegt nicht zuletzt in den Händen jedes einzelnen Teilnehmers.

Diese Faktoren und der weit verbreitete Dauerfrostboden ermöglichen nur vergleichsweise wenigen Pflanzengesellschaften das Überleben. Weithin dominieren Flechten und Moose, stellenweise sind auch Zwergstrauchheiden mit Erikagewächsen anzutreffen. Besonders schön blühen im hohen Norden das rosafarbene Weidenröschen, der weiße und der gelbe Silberwurz und das Vergissmeinnicht. Größere Vegetationsinseln findet man an klimatisch begünstigten Südhängen. Allgemein nimmt die Vegetationsdichte von Süden nach Norden ab. Den Übergang zwischen der eigentlichen Tundra im Norden und den weiter südlich gelegenen Waldländern bildet die sog. Waldtundra. Sie ist Lebensraum der Karibus. Die Grenze zwischen Tundra und kaltgemäßigtem Nadelwald markiert die 10 °C-Juli-Isotherme.

Karibus, Moschusochsen und Eisbären

Viele Tiere haben sich auf die extremen arktischen Verhältnisse der Tundra eingestellt. Diese Landschaft ist Lebensraum der Karibus (nordamerikanisches Wildren, auch »Tucktu« genannt). Leider wurde die Population der Karibus in den letzten Jahren stark verkleinert. Dieser Rückgang ist vor allem durch die Jagd mit modernen Waffen bedingt. Für die Dezimierung der Herden sind auch die Wolfsrudel verantwortlich. Weitere Störungen der Population entstanden durch Straßenbau, Waldbrände und andere Umweltbeeinträchtigungen. Die größten Tiere des Nordens sind die Moschusochsen, die man vor allem auf den arktischen Inseln antrifft, wo sie sich von der spärlichen Vegetation ernähren. Weit verbreitet sind Eisbären, Wölfe, Polarfüchse, Polarhasen, Lemminge und Squirrels (Eichhörnchen). Durch ihre Weißfärbung passen sich die meisten Tierarten ideal an ihre Umgebung an. Die Vogelwelt ist mit etwas mehr als 80 Arten vertreten, die ihre bevorzugten Nistplätze im Bereich des Mackenzie-Deltas haben. Vor allem um Baffin Island und um Southampton Island jagen einheimische Inuit Robben und Eisbären.

? WUSSTEN SIE SCHON ...?

- ... dass die Karibuherden in der kanadischen Tundra in den letzten Jahrzehnten stark dezimiert wurden? Lebten 1938 schätzungsweise noch 2,5 Millionen Karibus im hohen Norden Kanadas, so sind es heute nur noch zirka 800 000 Exemplare dieser Tierart.

Robben und Wale

In westkanadischen Gewässern leben zahlreiche Robbenarten. Am bekanntesten sind die Seehunde und die mit mächtigen Hauern bewehrten Walrösser, deren Elfenbein höchst begehrt ist. Stürme der Empörung wurden laut, als vor einigen Jahren Bilder von getöteten Sattelrobben-Babies um die Welt gingen. Damals wurden in jeder Saison in der Arktis mehrere Zehntausend dieser possierlichen Jungtiere wegen ihres weichen weißen Fells blutig erschlagen.
Jüngste Forschungen haben ergeben, dass in kanadischen Gewässern über ein Dutzend verschiedene Walarten leben. Die z. T. riesigen Meeressäuger wurden bis in die siebziger Jahre des 20. Jh.s stark bejagt. Erst seit einem 1982 erlassenen Fangverbot erholen sich die Be-

stände wieder. Nicht erst seit dem rührenden Film »Free Willy« sind die Orcas die berühmtesten unter den kanadischen Walen. In früheren Zeiten sind sie mitunter als »Killerwale« in die Schlagzeilen der Weltpresse geraten. Die schwarz-weiß gezeichneten Tiere mit ihren Rücken- und Schwanzflossen kann man besonders gut vor der Küste von British Columbia bzw. in der Inside Passage beobachten. Dies gilt auch für Grauwale und Buckelwale, die im Frühling weiter nach Alaska ziehen. Die größten Lebewesen, die man in kanadischen Gewässern antreffen kann, sind Blauwale. Diese tummeln sich vor allem dort, wo es viel Plankton gibt.

Innuitians Während sich der größte Teil des Archipels als flächige, von Süden nach Norden allmählich von 100 m ü. d. M. auf 700 m ü. d. M. ansteigende Tundrenlandschaft präsentiert, ragen am Ostrand der Inselwelt die Innuitians empor. Dieses im Erdaltertum aufgefaltete Gebirge besteht aus zwei Ketten, die tiefere Areale halbkreisförmig umschließen. Die Innuitians ragen über 1000 m auf und erreichen ihre höchsten Punkte auf Baffin Island mit 2591 m und auf Ellesmere Island mit 2926 m Höhe. Die Innuitians sind von ausgedehnten Eisfeldern bedeckt, aus denen einzelne Berge als ziemlich steilwandige sog. Nunatakker herausragen.

Bevölkerung · Politik · Wirtschaft

Bevölkerungsentwicklung In den Provinzen und Territorien Westkanadas leben derzeit knapp 10 Mio. Menschen. Dies entspricht etwa einem Drittel der Gesamtbevölkerung Kanadas. Seit Jahrtausenden ist der kanadische Westen Siedlungsraum von indianischen Ureinwohnern, die heute als »First Nations« bezeichnet werden. In den Territorien des Nordens sind dies überwiegend Inuit, in den anderen Gebieten Indianer, deren größte Gruppen heute die Cree, die Blackfoot und vor allem die Nordwestküstenindianer bilden. Angehörige der First Nations und deren Nachkommen stellen heute jedoch nur noch einen geringen Teil der Gesamtbevölkerung.

Einwanderung ▸ Seit dem 17. Jh. kamen zunächst vereinzelt, später in stärkerem Umfang französischsprachige Siedler in die Prärien. Sie folgten den Pelzhändlern und Landerkundern, die ihrerseits immer weiter in den Westen und Norden Kanadas vorstießen. Im 18. und 19. Jh. setzte ein starker Zustrom von Einwanderern von den Britischen Inseln ein. Auch aus den damals politisch unruhigen Vereinigten Staaten zog es viele loyal zur britischen Krone Stehende in den Norden, die sich hier ein angenehmeres Leben versprachen. Englische, schottische und irische Siedler, aber auch Einwanderer aus Skandinavien und Osteuropa ließen sich in den fruchtbaren Prärien und später auch weiter westlich in den Rocky Mountains und an der Pazifikküste nieder, wo die Kolonie British Columbia entstand. Erst Ende des

Zahlen und Fakten *Kanada Westen*

Lage
- Nordamerika
- 48° bis 83° nördliche Breite
- 60° bis 141° westliche Länge
- Angrenzende Staaten: USA (Bundesstaaten Alaska, Washington, Montana, North Dakota, Minnesota), Grönland

Fläche
- Westkanada: 6 306 318 km²
  (ganz Kanada: 9 984 670 km²)

Einwohnerzahl
- Westkanada: rund 11 Mio.
  (ganz Kanada: rund 33 Mio.
- Größte Ballungsräume:
  Vancouver 2,25 Mio., Calgary 1,1 Mio., Edmonton 1,1 Mio., Winnipeg 0,7 Mio.

Staat
- Parlamentarische Monarchie
- Staatsoberhaupt: britische Königin, vertreten durch Generalgouverneur
- Ausführende Gewalt: Premierminister und sein Kabinett
- Parlament: Zwei Kammern (Senate und House of Commons)

Wirtschaft
- Bruttosozialprodukt: rund 27 000 € pro Kopf und Jahr
- Wichtigste Wirtschaftszweige: Land- und Forstwirtschaft, Bergbau, Holzverarbeitung und Papierindustrie, Fahrzeugbau, Hightech-Industrie
- Wichtigste Handelspartner: USA, EU, Japan

Urbevölkerung (Aboriginal)
- Indianer (400 000)
- Inuit (30 000)
- Métis (220 000)

Sprachen
- Die Amtssprachen sind englisch und französisch, in Westkanada wird hauptsächlich englisch gesprochen.
- Die genaue Anzahl der Indianersprachen ist nicht bekannt. Man schätzt, dass in Nordamerika heute noch etwa 200 unterschiedliche Sprachen gesprochen werden.
- Inuktitut ist die Sprache der Inuit.

Religionen
- Römisch-katholische Kirche
- Vereinigte Kirche von Kanada
- Anglikanische Kirche
- Ferner: Presbyterianer, Lutheraner, Baptisten, Mennoniten, Hutterer, Muslime, Juden, Hindus, Sikhs, Buddhisten, Taoisten, Konfuzianer und andere.

19. Jh.s ließ die britische Einwanderung nach. Im späten 19. Jh. setzte die Zuwanderung vieler anderer Nationalitäten mit aller Macht ein. Bis in die dreißiger Jahre des 20. Jh.s kamen vor allem Ukrainer, Polen, Russen, Deutsche und Italiener in den Westen.

Jüngste Einwanderungswellen ►

Auch in letzter Zeit hat der Zustrom von Einwanderern kaum nachgelassen. Jährlich kommen mehrere Zehntausend Europäer nach Westkanada, darunter auch Deutsche, Schweizer und Österreicher. Stark ist gegenwärtig der Zustrom aus Asien. Vor allem in British Columbia, aber auch in den boomenden Großstädten jenseits der Rocky Mountains lassen sich seit vielen Jahren Chinesen, Japaner, Koreaner, Vietnamesen usw. nieder. Allein im Raum Vancouver haben sich seit 1998 mehrere Tausend Hongkong-Chinesen angesiedelt.

Menschenleerer Norden, dicht besiedelter Süden

Grundsätzlich steht einem fast menschenleeren, weiten Norden ein relativ dicht besiedelter, mehr oder weniger unterbrochener, schmaler Streifen entlang der Grenze zu den USA gegenüber. Die »Leerräume« im Norden – Yukon Territory, Northwest Territories und Nunavut Territory – mit ihren harten Klimabedingungen und den schlechten Bodenverhältnissen werden nur von wenigen zehntausend Menschen bewohnt. Die fruchtbare Prärie mit ihren großen Weizenanbaugebieten westlich von Winnipeg ist wieder stärker besiedelt. Die Gebirgsregion der Kordilleren selbst weist geringere Verdichtungen auf, während im Großraum Vancouver und auch an der Achse Edmonton – Calgary – Lethbridge vergleichsweise hohe Zuwachsraten zu verzeichnen sind. Die zunehmende Beliebtheit dieser Verdichtungsräume ist einerseits der starken ökonomischen Basis (Welthafen Vancouver, Erdöl-Boom im Raum Edmonton – Calgary), andererseits der landschaftlich attraktiven Umgebung zuzuschreiben. Der kanadische Westen ist zudem eher kosmopolitisch und weniger mit einem historischen Erbe belastet. Hier haben ethnische Gruppen nicht gegeneinander gekämpft, sondern miteinander einen neuen Lebensraum erschlossen. Der Pioniergeist war das verbindende Glied.

First Nations, Indianer

Nach der letzten Erhebung des Department of Indian & Northern Affairs lebten 1996 rund 400 000 Indianer in Westkanada, das sind zwei Drittel aller kanadischen Indianer. Die meisten Stämme und Familienverbände zählte man in British Columbia, Saskatchewan und Manitoba. Die volkreichsten Stammeswohngebiete liegen in den Prärieprovinzen Alberta, Saskatchewan und Manitoba. Am bekanntesten sind heute die zu den Blackfoot gehörigen Blood-Indianer, die im Süden Albertas im Raum Fort MacLeod leben, die ebenfalls in Alberta anzutreffenden und zu den Cree gehörigen Bigstone-Indianer, die Indianer im Gebiet um den Lac La Ronge in Saskatchewan sowie

? WUSSTEN SIE SCHON ...?

- ... dass derzeit auf Vancouver Island, wo sich die einheimischen Indianer vehement gegen die Abholzung »ihrer« Wälder und das Leerfischen »ihrer« Gewässer wehren, heftige Konflikte ausgetragen werden?

Viele Kanadier haben indianische Vorfahren.

die Prärieindianer bei Fort Alexander, Cross Lake, Norway House und an der Sandy Bay (alle Manitoba). Nicht zu vergessen sind die Nordwestküstenindianer, die man besonders zahlreich auf Vancouver Island und im Skeena Valley ('Ksan) antrifft. Ca. 70% der registrierten Indianer leben in Reservaten und auf staatseigenem Land. Fast jeder Indianer gehört einer sog. Band an. Dabei handelt es sich um administrative und politische Einheiten, die ein gemeinsames Vermögen und historische Verbindungen haben. Die den Indianern zugewiesenen Reservate sind im allgemeinen nur begrenzt wirtschaftlich nutzbar. Benachteiligt sind sie oft durch eine periphere Lage und damit schlechter Verkehrsanbindung und mangelnder Infrastruktur. Es entwickelte sich vorwiegend eine primitive Subsistenzwirtschaft. Ausnahmen bilden Reservate, deren Bodenschätze oder Holzreichtum genutzt werden können, oder die in Gebieten liegen, die für den Tourismus attraktiv sind. Obwohl die Kanadier sich zugute halten können, mit den Indianern nicht so rigoros verfahren zu sein wie die USA, gab es auch hier zahllose Beispiele für ungerechte Vertragsabschlüsse. Einige Indianerstämme und -familienverbände haben in den letzten Jahren massiv ihr angestammtes Land und entsprechende Nutzungsrechte zurückgefordert.

Inuit

Im kanadischen Norden leben derzeit rund 22 000 Inuit. Dieses Wort bedeutet in der Sprache der Inuit, dem Inuktitut, so viel wie »Mensch«. Es lassen sich sechs verschiedene Gruppen auf der Basis

Zwei Inuit-Kinder mit Freund

ihrer wirtschaftlichen und kulturellen Tätigkeit unterscheiden: die Mackenzie-, Kupfer-, Netselik-, Karibu-, Iglulik- und die Baffin-Inuit.
Die Inuit leben in kleinen Gemeinschaften am Mackenzie-Delta, auf den arktischen Inseln und an den Festlandküsten der Northwest Territories bzw. des Nunavut Territoriums. Ihre Ansiedlung an Flussmündungen, Fjorden und in anderen Küstenbereichen reflektiert ihre ursprüngliche wirtschaftliche Grundlage – den Fischfang. Die klassische Vorstellung von Kanufahrten, Leben im Iglu, Fischfang am Eisloch, Fortbewegung auf Schneeschuhen und Karibujagd mit dem Hundeschlitten gehört weitgehend der Vergangenheit an. Auch hier hat die moderne Welt Einzug gehalten mit all ihrem Komfort und ihren Komplikationen: Flugzeug, Schneemobil, Motorschiff, festes Wohnhaus mit modernster Ausstattung vom Video-Gerät bis zum Kühlschrank (das Eisloch als Aufbewahrungsort ist passé). Arbeit bringt heute – abgesehen vom Fischfang – die Ausbeutung von Bodenschätzen sowie der Tourismus, zu dem man in diesem Falle auch das Souvenir-Kunsthandwerk rechnen darf.

Métis Die dritte Volksgruppe, die man in Westkanada zu den »Aboriginal People« zählt, sind die Métis, also jene Menschen, die aus Verbindungen von Indianern bzw. Inuit und weißen Einwanderern hervorgegangen sind. Die Métis, deren Zahl heute auf rund 200 000 geschätzt wird, fühlen sich weder als Indianer oder Inuit noch als Europäer. In ihre Sprache und Kultur haben sie jedoch das Erbe und die Traditionen ihrer nordamerikanischen und europäischen Vorfahren aufgenommen. Die meisten Métis leben in den Prärieprovinzen und hier vor allem in den Großstädten Winnipeg, Regina, Saskatoon, Calgary und Edmonton. Interessant ist, dass viele Métis mehrsprachig sind und sehr aktiv am kulturellen Leben der Städte und Gemeinden teilnehmen.

Staat und Verwaltung

Parlamentarische Monarchie Kanada ist eine bundesstaatlich geordnete parlamentarische Monarchie, bestehend aus zehn Provinzen und drei Territorien. Seit 1982 gibt es eine erste kanadische Verfassung, den »Canadian Act of 1982«, der den »British North America Act« von 1867 ablöste. Damit ist das britische Parlament für kanadische Verfassungsangelegenheiten nicht mehr zuständig. Staatsoberhaupt ist die britische Königin Elisabeth II. Sie wird vertreten durch einen vom kanadischen Kabinett vorgeschlagenen und von ihr ernannten Generalgouverneur.

Staatliche Gliederung

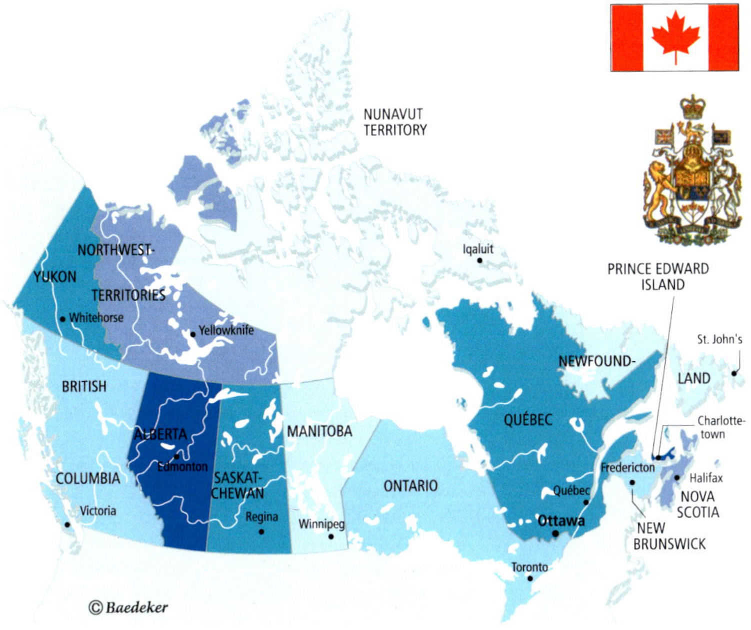

Dieser wird neben Repräsentationsaufgaben und der Unterzeichnung von Gesetzen nur tätig, wenn es um die Ernennung oder Entlassung von Ministern oder um die Auflösung des Parlaments geht.

◄ Exekutive

Die ausführende Gewalt teilen sich der Premierminister und das Kabinett, das dem Unterhaus verantwortlich ist und dessen Mitglieder in der Regel auch dem Parlament angehören. Entzieht jedoch das Unterhaus dem Premier das Vertrauen, muss er sein Amt niederlegen und es werden Neuwahlen ausgeschrieben. Auch der Premierminister selbst kann kraft seines Amtes innerhalb der fünfjährigen Wahlperiode Neuwahlen fordern.

◄ Judikative

Die gesetzgebende Gewalt teilen sich der Generalgouverneur, der Senat (Oberhaus) und das »House of Commons« (Unterhaus). Das Oberhaus setzt sich aus 104 Senatoren aus den Provinzen und Territorien zusammen, die auf Vorschlag des Premiers vom Generalgouverneur ernannt werden. Entscheidend im Gesetzgebungsprozess ist das nach Mehrheitswahlrecht gewählte Unterhaus, das aus 282 Abgeordneten besteht: es ist dem Premier verantwortlich und nur hier können Finanzgesetze eingebracht werden. Generell aber wirken beide Kammern bei der Gesetzgebung gleichberechtigt zusammen. Der Senat seinerseits kann die endgültige Verabschiedung von Gesetzen lediglich verzögern.

Gerichte Das Gerichtswesen liegt mit Ausnahme von Angelegenheiten, die die höchsten Bundesgerichte betreffen, bei den Provinzen. Das Rechtssystem in Kanada beruht auf dem britischen »Common Law«.

Polizei (RCMP) Mit dem Erlass des »British North American Act« 1867 wurde den Provinzen auch das Recht zum Aufbau eigener Polizeibehörden eingeräumt. Im Jahre 1873 hat man dann die **Royal Canadian Mounted Police** (RCMP) als berittene Ordnungsmacht ins Leben gerufen. In ihr ging die zuvor im kanadischen Westen bereits aktive »North West Mounted Police« auf. Die Rotröcke hatten nicht nur für Recht und Ordnung zu sorgen, sondern sie mussten sich zunächst auch um die Einhaltung von Bundesgesetzen kümmern. Heute übt die RCMP die Polizeigewalt in den Provinzen und Territorien des kanadischen Westens aus.

Wirtschaft

Großes Potenzial Westkanada gehört zu den reichsten Industrieregionen der Welt. Die Wirtschaftsstruktur wurde jahrzehntelang hauptsächlich von einer leistungsfähigen Land- und Forstwirtschaft sowie von der Gewinnung und Verarbeitung heimischer Rohstoffe geprägt. Spitzenpositionen erreicht Westkanada auch bei der Förderung hochwertiger Erze (u. a. Gold, Kupfer, Zink). Zudem verfügt Westkanada über gewaltige Kohle-, Erdöl- und Erdgasvorkommen sowie über beste Voraussetzungen zur Stromgewinnung aus Wasserkraft.

Schwer zugänglicher Reichtum Die Gunst bzw. Ungunst der naturräumlichen Bedingungen Westkanadas spiegelt sich in den landschaftlichen und klimatischen Gegebenheiten wider. Dem vielfältigen Angebot der Natur stehen oft Probleme bei der Erschließung und Nutzung gegenüber, die nur mit modernster Technik und erheblichen Investitionen bewältigt werden können. Besonders Witterung und Klima wirken sich sehr nachhaltig auf die Landwirtschaft und das Transportwesen aus. Das durch die globale Erwärmung hervorgerufene Auftauen von Dauerfrostböden beeinträchtigt den Bau von Verkehrswegen, immer häufiger auftretende Stürme und Regenfälle schaffen Probleme im landwirtschaftlich stark genutzten Räume im Süden.
Für ihren Erzreichtum bekannt sind der Kanadische Schild, der gesamte Norden sowie die kanadischen Kordilleren. Sehr ergiebige und sich nach Norden ausdehnende Erdöl- und Erdgasvorkommen gibt es in den Prärieprovinzen sowie in der Arktis (Mackenzie-Delta und Beaufort-See). Riesige Wälder breiten sich im Norden der Prä-

? WUSSTEN SIE SCHON ...?

- ... dass die Bankenkrise und der spürbare Rückgang des Wohnungsbaus in den benachbarten USA Westkanadas Forstwirtschaft und holzverarbeitende Industrie 2007/2008 in eine tiefe Krise gestürzt haben? Durch die Schließung von Produktionsstätten schnellte die Arbeitslosigkeit in einigen Gegenden über die 50-%-Marke hinaus.

rieprovinzen aus. Auch in den Gebirgen des Westens und an der regenreichen Pazifikküste trifft man noch auf große Waldbestände. Die einstmals unermesslich weiten Grassteppen der Prärien präsentieren sich heute als wichtigste Kornkammern der Welt. Schließlich seien noch die fischreichen Küstengewässer am Pazifik sowie die als Fischfanggründe geschätzten Binnengewässer genannt.

Wirtschaftsgeschichtliche Entwicklung

Nach der neuzeitlichen Entdeckung Kanadas durch die Europäer begann eine Kolonisation, die sich bis ins 20. Jh. erstreckte. Maßgebend für die frühe wirtschaftliche Entwicklung des Landes waren in zeitlicher Abfolge zunächst vier Handelsprodukte, die sog. »staple goods«: Fisch, Tierfelle (bes. Biberpelze), Holz und Getreide. Vom Beginn des 17. bis Mitte des 19. Jh.s dauerte der **Pelzhandel** unter dem Dach der mächtigen Hudson's Bay Company, wobei die wirtschaftliche Bedeutung gegenüber der Durchdringung des Landes durch Jäger, Händler und Landvermesser in den Hintergrund trat. Die weitgehende Ablösung des Pelzhandels durch die immer mehr prosperierende Holzwirtschaft hatte ihre Ursachen im Wert des Holzes als Baustoff für die Flotten in England und in zunehmendem Maße auch für die Siedlungen und Betriebe im eigenen Lande. Mit der Besiedlung erfolgte eine rasche Kultivierung. Zu Beginn des 20. Jh.s wurden etwa zwei Drittel der landwirtschaftlich nutzbaren Flächen in den Präriegebieten mit **Weizen** bestellt. Damit wurde Kanada zum wichtigsten Weizenexporteur der Welt. Diesen Rang hat es bis heute inne. Mit der Entdeckung zahlreicher **Bodenschätze** seit der Mitte des 19. Jh.s und der parallelen Erschließung durch die Eisenbahnen erwuchs der westkanadischen Wirtschaft eine zweite große Stütze. Sie trieb die Industrialisierung vor der Haustür des geradezu explodierenden amerikanischen Marktes voran.

Aus den »Kathedralen der Prärie« wird das Korn in bereit stehende Silo-Waggons verladen.

Landwirtschaft

Aufgrund der naturräumlichen Bedingungen liegt der Schwerpunkt der leistungsfähigen Landwirtschaft in einem 300 km breiten Streifen entlang der Grenze zu den USA. Mit rund 300 000 Beschäftigten – dies entspricht etwa 5% der Erwerbsbevölkerung – in mehr als

150 000 Betrieben (durchschnittliche Betriebsgröße mehr als 200 ha) entstehen etwa 3% des Bruttoinlandsprodukts in der Landwirtschaft. In den Prärieprovinzen wächst mittlerweile die Zahl der Ranches, die anstelle von Rindern wesentlich genügsamere und nur wenig kälteempfindliche Bisons in riesigen parkähnlichen Weiden halten. Büffelfleisch ist momentan »der Hit« in vielen Feinschmecker-Restaurants.

Fischerei

Kanada ist immer noch einer der größten Fischexporteure der Welt. Vor der Pazifikküste liegen zwar ergiebige Fanggebiete, insbesondere für **Hering** und **Lachs**. Aber wegen des Rückgangs der Fangmengen in den 1970er-Jahren entschloss sich Kanada, seine Fischereizone auf 200 Meilen auszudehnen und die Fangquoten zu begrenzen. Heute befindet sich die Pazifik-Fischerei in einer schweren Krise, die durch rücksichtsloses Überfischen ausgelöst wurde. Man bangt bereits um den Fortbestand des Pazifiklachses. Weit verbreitet sind neuerdings **Aquakulturen**, in denen vor allem Lachse gezüchtet werden. Allerdings beeinträchtigt diese durch Antibiotika-Gaben und Intensiv-Fütterung gestützte Form der Massentierhaltung die Güte der umgebenden Gewässer erheblich.

Früher ein wichtiger Wirtschaftszweig: der Handel mit Pelzen

In der Frühphase der wirtschaftlichen Entwicklung war der **Handel mit Fellen** von großer Bedeutung und ein Markenzeichen der kanadischen Wirtschaft. Weltweite Proteste gegen die Pelztierjäger (besonders gegen die grausame Robbenjagd), die Einführung der Pelztierzucht und der allgemeine Nachfragerückgang haben dazu geführt, dass dieser Wirtschaftszweig seinen einstigen Glanz verloren hat und bestenfalls noch einen Sonderzweig der kanadischen Wirtschaft darstellt.

Forstwirtschaft

Westkanada – vor allem die Provinz British Columbia – gehört zu den führenden Exporteuren von Holzprodukten. Durch die Ausfuhr von Bauholz, Schnittholz, Sperrholz sowie von Holzschliff und Zellstoff für die Papierindustrie werden etwa 10% der kanadischen Exporterlöse erwirtschaftet. Große multinational operierende Konzerne (u. a. MacMillan-Bloedel) haben das Geschäft fest im Griff, sorgen aber auch seit vielen Jahren für heftige und anhaltende Diskussionen.

Zum einen sind mehrere Hunderttausend Arbeitsplätze direkt oder indirekt vom Wald abhängig, zum anderen sorgen das »Clear Cutting« (Kahlschlag) und die einfache Aufforstung permanent für negative Schlagzeilen. Zwar gibt es Bemühungen, die Wiederaufforstung im Rahmen eines so genannten grünen Planes zu intensivieren, doch der nachwachsende Sekundärwald, überwiegend ertragreiche Fichten-Monokulturen, ist besonders anfällig für Insektenbefall und die winterlichen Stürme. Er ersetzt auch keineswegs das Ökosystem des früheren Waldbestandes. Für zusätzliche Probleme sorgt der Einsatz umweltschädigender Bleichmittel in den Werken der Papier- und Zellstoffindustrie, die ihre Abwässer in die Flüsse der Umgebung leiten. Inzwischen sind zumindest in British Columbia ermutigende Schritte der Holzindustrie erkennbar: Erfreulich ist auch, dass bereits in den 1990er-Jahren im Rahmen eines groß angelegten Wiederaufforstungsprogramms in der Provinz über 260 Mio. kleine Bäumchen gepflanzt wurden.

? WUSSTEN SIE SCHON ...?

- ... dass in British Columbia viel unternommen wird, um den Wald zu schützen? Die dortige Forest Alliance of British Columbia hat einen »Forest Practices Code« erarbeitet, nach dem in Zukunft Holz nur noch geschlagen werden darf, wenn eine Wiederaufforstung, die Erhaltung der natürlichen Vielfalt der Vegetation sowie der Schutz von vielgestaltiger Lebensräumen einer artenreichen Tierwelt gewährleistet sind.

Bergbau

Kanada besitzt mit die ergiebigsten und reichsten Lagerstätten mineralischer Rohstoffe der Erde. Weltweiter Spitzenreiter in der Gewinnung bzw. Bergwerksproduktion ist Kanada bei verschiedenen Erzen (u. a. Zink). Jedoch hat die Drosselung des Uran-Abbaus aufgrund der immer schwächer werdenden energiewirtschaftlichen und militärischen Bedeutung dieses Rohstoffs die Existenz und Rentabilität verschiedener Minen bereits in Frage gestellt. Westkanada gehört auch zu den bedeutendsten Molybdän- und Nickelproduzenten der Welt. Andere wichtige Metalle, die in den westkanadischen Provinzen und Territorien gefördert werden, sind Gold, Silber, Kupfer, Eisen und Blei.

◄ Fossile Energieträger

In den Prärieprovinzen fördert man große Mengen **Steinkohle, Braunkohle, Ölsande, Erdöl und Erdgas**. Preissprünge auf den Rohstoffmärkten, wachsende Recyclingbemühungen, die Umwelt weniger belastende Ersatzstoffe und nicht rentable Produktionsbedingungen ließen in vielen Sparten des westkanadischen Bergbaus die Produktion sinken. Im Jahre 2008 lösten jedoch steigende Weltmarktpreise für Erdöl und Erdgas vor allem bei den Produzenten in Alberta eine Euphorie aus.

Energie

Westkanada gehört zu den führenden Stromproduzenten auf der Erde. Elektrische Energie wird nicht nur in vielen großen **Wasserkraftwerken** gewonnen, sondern auch in gigantischen **Wärmekraftwerken**, die oftmals in unmittelbarer Nähe von riesigen Kohletagebauen errichtet sind. Einige dieser Großkraftwerke werden auch mit Erdöl und Erdgas befeuert. Ein Großteil des in Westkanada produzierten elektrischen Stroms wird in die Vereinigten Staaten exportiert.

Industrie

Die industrielle Nutzung der westkanadischen Rohstofflagerstätten und die von der Landwirtschaft erzeugten Ressourcen zeigen sich auch in der Struktur des verarbeitenden Gewerbes. Dieser Bereich erwirtschaftet heute etwa ein Fünftel des Bruttoinlandsprodukts und hat ungefähr den gleichen Anteil an allen Beschäftigten. Wichtige Industriezweige im kanadischen Westen sind die Holzverarbeitung einschließlich Zellstoff- und Papierindustrie, die petrochemische Industrie, die Nahrungsmittel- und Getränkeindustrie sowie die Bauindustrie, der Fahrzeugbau und der Maschinenbau.

Mit besonders hohen Wachstumsraten können die elektrotechnische und die elektronische Industrie aufwarten. Kanadische Firmen sind weltweit führend auf den Gebieten Fernsehen und Telekommunikation, Richtfunk-, Glasfaser- und Satellitentechnik sowie in der Verkehrstechnik und auf dem Sektor Biotechnologie. Industrielle Zentren sind vor allem die Großstädte Vancouver, Edmonton, Calgary und Winnipeg. Aber auch in weit abgelegenen Gebieten gibt es gigantische Papier- und Zellulosefabriken, Erdöl- und Erdgasraffinerien, Eisenhütten sowie andere Industrieanlagen.

Handel und Dienstleistungen

Etwa die Hälfte des Bruttoinlandsprodukts erbringt das Dienstleistungsgewerbe, ein weiteres Fünftel der Sektor Handel und Verkehr. Etwa zwei Drittel des Handelsvolumens werden mit den USA abgewickelt. Nicht zu unterschätzen ist die Bedeutung von Großbanken, Investment-Gesellschaften und Versicherungen, die mit ihren im Sonnenlicht gleißenden Palästen die Silhouetten von Edmonton, Calgary, Winnipeg und Vancouver prägen. Ein seit Jahren boomender Wirtschaftszweig ist die Medienbranche mit ihren vielen Verästelungen, wobei das Geschehen von einer Handvoll Großunternehmen bestimmt wird. Viele Arbeitsplätze sind in den letzten Jahren von großen Anwaltskanzleien, Ingenieurbüros sowie Dienstleistungsunternehmen in den Bereichen Bildung, Ausbildung und Gesundheit geschaffen worden.

Tourismus

Auch im Tourismus hat Westkanada beträchtliche Erfolge vorzuweisen. Jährlich zählt man hier **über 20 Mio. Touristen**, die nicht nur die weltberühmten Nationalparks der kanadischen Rockies, sondern auch die leuchtenden Metropolen Vancouver, Calgary, Edmonton und Winnipeg sowie die vielen liebevoll restaurierten alten Pelzhändlerforts besuchen. Wie nicht anders zu erwarten, kommen bei weitem die meisten Gäste aus den USA. Man sieht aber auch viele mit Fotoapparaten und Videokameras bewehrte Touristen aus Japan, Korea und anderen Ländern Asiens.

Mit Zufriedenheit registriert man das kontinuierliche Anwachsen des Touristenstroms aus dem deutschsprachigen Raum. Mehrere hunderttausend Deutsche, Österreicher und Schweizer machen sich jedes Jahr auf den Weg, um die Naturschönheiten und kulturellen Sehenswürdigkeiten des kanadischen Westens in Augenschein zu nehmen. Die hohen Erwartungen des kanadischen Tourismusgewerbes, die sich seit den 1980er-Jahren in zahlreichen Betriebsgründungen im Hotel- und Gaststättengewerbe manifestierten, gingen bislang aber nur lokal und nach entsprechender Promotion in Erfüllung.

Entwicklungsperspektiven

Die wirtschaftliche Entwicklung in Westkanada ist derzeit gespalten. Während der Wirtschaftsmotor in den Prärieprovinzen ordentlich brummt und man sich hier über eine relativ niedrige Arbeitslosenquote freut, dümpelt die Ökonomie des Pazifik-Anrainers British Columbia dagegen nur sachte vor sich hin. Der Grund für die krisenhafte Entwicklung in British Columbia ist in der immer noch schwelenden Finanz- und Immobilienkrise in den USA zu sehen, die u. a. ein jähes Absinken der kanadischen Exporte von Holz und Holzprodukten bewirkt hat. Ebenso klar ist, warum es andererseits gerade der Provinz Alberta derzeit ziemlich gut geht: Ihre reichlich vorhandenen fossilen Energieträger Erdöl, Ölsande und Erdgas sind gefragt wie nie. Für British Columbia bleibt nur zu hoffen, dass es das wirtschaftliche Tief bald durchschritten hat, dessen äußeres Kennzeichen u. a. eine hohe Verschuldung der öffentlichen Hand ist.

Lange Güterzüge mit mehr als 100 Waggons verkehren zwischen dem Pazifikhafen Vancouver und der Präriemetropole Winnipeg.

Geschichte

Vor über 30 000 Jahren kamen schon die ersten Menschen nach Kanada, ins historische Rampenlicht geriet das Land aber erst mit den spektakulären Goldfunden im 19. Jahrhundert. Über die europäische Kolonisation und ihre Folgen wird hier ebenso berichtet wie über den Ölboom und die Auswirkungen des 11. September 2001.

Ur- und Frühgeschichte

vor 30 000 Jahren	Indianische Ureinwohner kommen über die Beringstraße nach Alaska und ins Yukon-Gebiet.
vor 25 000 Jahren	Isolation der sibirischen Mammutjäger in Alaska
vor 20 000 Jahren	Indianer besiedeln den Raum.
vor 8000 Jahren	Indianer kultivieren Pflanzen und Tiere.
vor 6000 Jahren	Allmählicher Kulturwandel von Sammler- und Jägerkulturen zu Feldbauern und Handwerkern
vor 4000 Jahren	Die Pre-Dorset-Kultur entwickelt sich in der Tundra und am Eismeer.

Eiszeitliche Jäger wandern von Sibirien nach Nordamerika

Die meisten Ur- und Frühgeschichtler nehmen an, dass die indianischen Ureinwohner Nordamerikas vor etwa 30 000 bis 10 000 Jahren – also am Ende der letzten Eiszeit – über die seinerzeit bestehende Bering-Landbrücke von Nordeurasien nach Alaska und ins Yukon-Gebiet vordrangen. Zu dieser Zeit gab es auch einen eisfreien Korridor südlich von Alaska, der das Weiterziehen in südlichere Gefilde erlaubte.
Vor spätestens 25 000 Jahren schloss sich dieser Korridor, was zu einer Isolation der inzwischen nach Nordamerika eingesickerten sibirischen Mammutjäger führte. Sie waren nun gezwungen, ihre eigenen technischen Traditionen zu entwickeln bzw. auszubauen. Auch entstanden nach und nach ganz eigene kulturelle Leistungen.

Der Rückzug des Eises und die Folgen

Nach dem Rückzug des Eises stießen Paläoindianer nach Alaska, ins Yukongebiet und bis zu den Inseln des nordkanadischen Archipels vor. Die Jägerkulturen, die bislang am Südrand der Wisconsin-Vereisung (d.h. in den heutigen Prärien) lebten, teilten sich in zwei Gruppen. Die einen stellten nach dem Aussterben der letzten Mammuts, Steppenelefanten und Mastodonten weiter im Norden den Rentieren (Karibus) nach, die anderen verlegten sich weiter südlich auf die Büffeljagd. Frühindianische Kulturen bildeten sich aus.

Kultivierung von Pflanzen und Tieren

Etwa vor 8000 Jahren begannen altindianische Kulturen, systematisch verwendbare und erhaltungsfähige Pflanzen zu sammeln und eine breitere Palette von Wildtieren zu bejagen. Allmählich ging man auch zur Züchtung und Kultivierung von Nahrungs- und Faserpflanzen, wie z. B. Mais und Kürbis, sowie von Haustieren über. Einige Zeit später wurde auch mit der Domestikation von Wildschafen, Wildziegen, Wildrindern (u. a. Moschusochsen) und Karibus begonnen, die man als Fleisch- und Wolllieferanten schätzte oder sogar als Lasttiere einsetzen konnte.

← »Science World« auf dem Gelände der Expo 1986 in Vancouver.

Kulturwandel in der späten Steinzeit Etwa 6000 bis 1000 Jahre vor heute vollzog sich ein allmählicher Kulturwandel. Neben den Jäger-, Fischer- und Sammlerkulturen breiteten sich spezialisierte Feldbauern, Tierzüchter und Handwerker dort aus, wo sie mit ihren noch ziemlich einfachen Techniken gut zurechtkommmen konnten.
Im heutigen Westkanada breitete sich der Feldbau in seiner Frühzeit ohne den Einsatz von Gerätschaften aus Metall aus. In einigen Regionen lernte man jedoch schon recht früh, wozu man beispielsweise Kupfer gebrauchen kann. Trotzdem behielten nomadische archaische Jäger-, Fischer- und Sammlerkulturen in weiten Gebieten der Prärie die Oberhand.

Dorset-Kultur Etwa 4000 Jahre vor heute entwickelte sich in der Tundra und am Eismeer die sog. Pre-Dorset-Kultur. Die Vorfahren der heutigen Inuit verlegten sich auf die Jagd bzw. Hege von Rentieren (Karibus), Moschusochsen und Robben. Damals war es im kanadischen Norden zwar ziemlich kalt, aber einigermaßen trocken. Vor ca. 3500 Jahren blühte die Dorset-Kultur auf, deren bekannteste Fundstelle sich auf Baffin Island (Nunavut) befindet. Ihre herausragenden Leistungen sind die Erfindung des Kajaks und des Anoraks.

Altertum, Mittelalter und frühe Neuzeit

12. Jh. v. Chr.	Aufgrund klimatischer Veränderungen ziehen Dorset-Leute weiter nach Süden.
1000 v. Chr.	Die Inuit entwickeln Lampen und Brenner.
14. Jh. n. Chr.	Die europäische Kolonisation beginnt.
1497	Der Seefahrer John Cabot erreicht die nordost-kanadische Küste.
1534	Jacques Cartier betritt kanadischen Boden.
1576	Martin Frobisher sucht die Nordwestpassage.

Robben- und Waljagd Ab dem 12. Jh. v. Chr. mussten die Dorset-Leute aufgrund klimatischer Veränderungen den höchsten Norden verlassen. Sie ließen sich weiter südlich auf dem dort fester werdenden Eis nieder und brachten es in der Robbeneisjagd zur Meisterschaft. Sie verdrängten auch archaische indianische Fischer, die zuvor mit neuartigen Rindenbooten weit in den Norden vorgedrungen waren. Um 1000 n. Chr., auf dem Höhepunkt einer längeren Periode, die sich durch wärmeres Klima auszeichnete, breitete sich die Waljagd mit großen Booten aus. Die Dorset-Leute führten aus Grönland von Meteoriten stammendes Eisen ein, das alsbald zur begehrten Tauschware wurde.

Am Vorabend der »Entdeckung« Amerikas

Bereits kurz vor der letzten Jahrtausendwende hatten die Inuit eine technische Hochleistung vollbracht, nämlich die Entwicklung von Lampen und Brennern, die mit Tran befeuert wurden. Somit brauchte man nicht mehr lange Zeit nach brennbarem Holz zu suchen. Sie hatten auch Kontakte zu den Wikingern, die sich damals auf der höheren Kulturstufe der Eisenzeit befanden und an die kanadische Nordostküste gekommen waren. Die allmählich wieder einsetzende Abkühlung des Weltklimas bewirkte einen Rückzug der Wikinger bzw. Normannen aus Ostkanada und Grönland.
An der Nordwestküste Amerikas traten die Haida in den Vordergrund. Diese auch als »amerikanische Wikinger« bekannten Indianer taten sich als unerschrockene Händler hervor, die in weitem Umkreis tätig waren. Wenn es die Umstände zuließen, begaben sie sich auch auf Raub- und Beutezüge. Sie hielten auch Sklaven.
In den Wäldern und Steppen Westkanadas überlebten die steinzeitlichen Jäger-, Sammler-, Fischer- und Bauernkulturen.

? WUSSTEN SIE SCHON ...?

- ... dass die Haida-Indianer nicht als primitive Horden lebten, sondern vielmehr in Stämmen und Familienverbänden mit oftmals sehr komplizierten rechtlichen Strukturen? Die Führung oblag gleichberechtigten Häuptlingen, die einzelnen Gruppen vorstanden oder für Bereiche wie Kult, Krieg, Jagd usw. zuständig waren.

Die europäische Kolonisation

Fischer und Seefahrer entdecken die Neue Welt

Bereits im 14. und 15. Jh. tauchten die ersten portugiesischen, englischen und bretonischen Fischer im Gefolge der normannischen Seefahrer in den fischreichen Gewässern vor Grönland und Nordostkanada auf. Man darf annehmen, dass sie bereits Kontakte mit den hier jagenden Inuit (Eskimos) hatten.

◄ John Cabot

Im Jahre 1497 erreichte der abenteuerlustige Seefahrer John Cabot die nordostkanadische Küste. Cabot – wahrscheinlich um das Jahr 1449 als Giovanni Caboto in Genua geboren – war im Dienste der englischen Krone unterwegs und suchte einen neuen und kürzeren Weg nach Ostasien. Er beanspruchte das von ihm »neu« entdeckte Land für seinen König Heinrich VII. Im Jahre 1523 erkundete der Seefahrer Verazzano Teile Ostkanadas für den König von Frankreich.

◄ Jacques Cartier

Elf Jahre später, 1534, betrat der Bretone Jacques Cartier nach mehrwöchiger Seereise kanadischen Boden. Er segelte den St.-Lorenz-Strom aufwärts bis zur Indianersiedlung Hochelaga, aus der einmal die heutige Metropole Montréal erwachsen sollte. Ihm folgten die ersten französischen Kolonisten und Pelztierjäger, von denen einige weiter ins Landesinnere vorstießen.

◄ Martin Frobisher

1576 machte sich Martin Frobisher auf die Suche nach der Nordwestpassage, durch die man die sagenhaft reichen Länder Ostasiens schneller erreichen zu können glaubte. Auch er beanspruchte seine Entdeckungen im kanadischen Norden für die englische Krone.

Neuzeit

1605	Erste europäische Dauersiedlung auf kanadischem Boden
1670	Gründung der Hudson's Bay Company
1763	Friedensschluss von Paris
1774	Akte von Quebec (Rechte für die französischen Siedler)
1791	Kanada-Akte, Unterteilung in Upper und Lower Canada
1812–1814	Krieg zwischen USA und England um Kanada
19. Jh.	Mehrere Einwanderungswellen aus Europa und den USA
1841	Upper und Lower Canada zur britischen Kolonie vereinigt
1867	Das autonome Dominion of Canada entsteht.
1879–1885	Fertigstellung der transkontinentalen Eisenbahnstrecke
ab 1896	Goldrausch an Yukon und Klondike

Die Zeit von Samuel de Champlain

1603 erforschte Samuel de Champlain die kanadische Ostküste. Zwei Jahre später entstand an der Ostküste der heute als Nova Scotia bekannten Insel der stark befestigte Hafen Port-Royal. Er ist die erste europäische Dauersiedlung auf kanadischem Boden seit der Wikingerzeit. 1605 fuhr Champlain im St.-Lorenz-Strom aufwärts und gründete Québec, die erste erfolgreiche Siedlung von Weißen im Landesinnern, die alsbald Hauptstadt von »Nouvelle France« wurde. Champlain, nunmehr erster Gouverneur von Neufrankreich, baute ein umfangreiches Pelzhandelsnetz auf. In den Jahren 1609/1610 suchte der Seefahrer Henry Hudson die sagenumwobene Nordwestpassage. Der in Diensten der Holländisch-Ostindischen Kompanie stehende Kapitän fand das große, heute nach ihm benannte Binnenmeer im Nordosten Kanadas, die Hudson Bay. 1642 wurde bei der am St.-Lorenz-Strom gelegenen Indianersiedlung Hochelaga (siehe oben) die französische Kolonialstadt Montréal gegründet.

Henry Hudson ▸

Frankreich und England konkurrieren

Im Jahr 1663 erhob Ludwig XIV. das Territorium Nouvelle France in den Rang einer königlichen Provinz. Zu ihrem Schutz schickte er Truppen und weitere Siedlungswillige in die Neue Welt. 1670 erfolgte die Gründung der Hudson's Bay Company (HBC) durch einen Freibrief des englischen Königs. Karl II. übertrug der neuen Gesellschaft das Pelzhandelsmonopol für 8 Mio. km² Land. Die mit französischen Händlern rivalisierende, englisch geführte Company bemühte sich sehr um Einfluss bei den Indianern. Die Franzosen konnten jedoch ihre Interessensphäre entlang des St.-Lorenz-Stromes westwärts bis zu den Großen Seen ausdehnen und stießen von dort in die Prärien und an den Mississippi vor. 1745 bis 1748 bekriegten sich Engländer und Franzosen nicht nur in Europa, sondern auch in Nordamerika. Nach dem Friedensschluss von Paris (1763) kamen alle Kolonien an England.

Britische Vorherrschaft

Die Folgen des Vertrags von 1763

Gemäß dem Vertrag von 1763 verlor Frankreich alle seine Besitzungen östlich des Mississippi, die weiter westlich gelegenen konnte es behalten. 1774 garantierte England in der Akte von Québec den französischen Siedlern das Recht auf die französische Sprache, das französische Zivilrecht und die Ausübung der katholischen Religion. Im amerikanischen Unabhängigkeitskrieg (1775–1783), in dem sich die 13 britischen Kolonien vom Mutterland England lösten und die Vereinigten Staaten von Amerika bildeten, bewahrten die kanadischen Kolonien neutrale Loyalität zum Mutterland. 1791 verabschiedete die britische Regierung die Kanada-Akte, nach der das Land in Upper Canada und Lower Canada unterteilt wurde. Von 1812 bis 1814 versuchten die USA gewaltsam, ihren Einfluss auch in Kanada durchzusetzen. Es kam zum Krieg mit England, der mit einer Niederlage der Vereinigten Staaten endete.

Der Ruf des Goldes

Iren, Schotten und Deutsche kommen ins Land

Im Jahre 1823 startete das britische Mutterland eine Kampagne unter ihrer armen Bevölkerung, um sie zur Auswanderung in die nordamerikanischen Kolonien zu bewegen. Vor allem Iren und Schotten fühlten sich angesprochen. Von 1830 bis 1850 kamen mehrere Hunderttausend West- und Mitteleuropäer ins Land, darunter auch viele Deutsche.

Gold, Gold, Gold!

1858 entdeckte man am Fraser River Gold. Binnen weniger Wochen gruben mehrere Tausend Glücksritter die Gegend um die Ortschaft Yale um. So richtig los ging es mit dem Goldrausch in British Co-

Henry Hudson wird auf seiner dritten Reise im Jahre 1609 von Indianern begrüßt (Stahlstich nach einem Gemälde von Robert Weir, 1803–1889).

lumbia aber erst, als Billy Barker in den Cariboo Mountains binnen weniger Stunden Gold im Wert von mehreren Tausend Dollar fand. Doch schon in den siebziger Jahren des 19. Jh.s war es im neu entstandenen Barkerville wieder vorbei mit der Gold-Euphorie.

Das Dominion of Canada entsteht

Britische Kolonien

1841 wurden Ober- und Unterkanada zur britischen Kolonie Kanada vereinigt, die einen Gouverneur, eine gesetzgebende Versammlung und ein vom Volk gewähltes Unterhaus erhielt. Fünf Jahre später erklärte man den 49. Breitengrad zur Staatsgrenze zwischen den USA und den britischen Kolonien von Ontario bis zur Pazifikküste. 1858 schufen die Briten die Kolonie British Columbia, die 1866 mit der Kolonie Victoria auf Vancouver Island vereinigt wurde.

British North America Act

Rebellion der Métis ►

Neue Provinzen ►

Im Rahmen des 1867 verabschiedeten British North America Act entstand das autonome Dominion of Canada, dem bereits zwei Jahre später die riesigen, bis dato von der Hudson's Bay Company verwalteten Territorien im Norden und Westen zugeschlagen wurden. Wenig später (1869) kam es zur ersten großen Rebellion der Métis gegen die kanadische Regierung. Ihr Anführer war Louis Riel.
1870 schlossen sich die Provinz Manitoba und die Northwest Territories dem jungen Dominion an. Letztere reichten seinerzeit von der Westgrenze Manitobas bis zu den Rockies und bis zum Eismeer. Bereits ein Jahr später kam British Columbia dazu.

Gründung der North West Mounted Police

Im Mai des Jahres 1873 wurde die North West Mounted Police per Gesetz ins Leben gerufen. Sie hatte nicht nur für Sicherheit, Ruhe und Ordnung zu sorgen, sondern ihr oblagen auch hoheitliche Aufgaben, was in erster Linie die Gebietsverwaltung betraf. Mit viel Fingerspitzengefühl mussten die Rotröcke oftmals auch Streitigkeiten und Rechtshändel zwischen Indianern und neu ankommenden Siedlern schlichten. Ihre Hauptbeschäftigung war es jedoch, die gesetzlosen Zustände im »Wilden Westen« zu beenden.

Vernichtung der Bisonherden

In der zweiten Hälfte des 19. Jh.s kamen immer mehr weiße Pioniere in die Weiten der Prärie. Dort weideten seinerzeit riesige Bisonherden, die von den hier lebenden Indianern noch mit Methoden der Steinzeit bejagt wurden. Sie töteten aber immer nur soviele Tiere, wie sie zum eigenen Überleben brauchten. Nun brachten die Weißen Feuerwaffen ins Land, mit deren Hilfe man binnen kurzem ganze Bisonherden auslöschen konnte. Manch weißer Jäger tötete in einem einzigen Jahr mehr als 2000 Bisons. Und einzelne Handelsgesellschaften schickten jährlich mehrere Hunderttausend Büffelfelle zur Weiterverarbeitung in die Städte. Die Tage des Büffels waren gezählt. Dies mussten auch die Prärieindianer erkennen, die sich fortan mit den Weißen im Krieg befanden. 1877 fanden beim Fort Calgary langwierige Verhandlungen mit Regierungsvertretern der Northwest Ter-

Bisonherden sind heute wieder öfter zu sehen, wie auch hier im Riding Mountain National Park.

ritories statt, an deren Ende der Indianerhäuptling Crowfoot einen scheinbar ausgewogenen Vertrag unterzeichnete. Doch die Hoffnungen der Indianer sollten sich nicht erfüllen. Nach wie vor wurden Abertausende von Büffeln niedergemetzelt und die Indianer selbst schließlich in Reservate abgedrängt.

◄ Erneute Rebellion der Métis

Die von Louis Riel geführten Métis erhoben sich 1885 erneut gegen die Staatsmacht. Ihr Anführer musste sich jedoch ergeben und wurde gehenkt.

Das Eisenbahnzeitalter

Canadian Pacific Railway

Von 1879 bis 1885 wurde die transkontinentale Eisenbahnstrecke der Canadian Pacific Railway von Winnipeg an die Pazifikküste fertig gestellt. Während die Verlegung der Schienen durch die Prärien schnell vonstatten ging, bereitete die Überwindung der Gebirgsketten im Westen Kopfzerbrechen. Neuralgische Punkte waren der Fraser Canyon, der Rogers Pass und der Kicking Horse Pass. Nur durch den Einsatz ganzer Heerscharen chinesischer Kulis gelang es, die Zeit- und Ablaufpläne einigermaßen einzuhalten. Der neue Schienenstrang bewirkte eine nunmehr mit aller Macht einsetzende Erschließung der Prärien und auch der gebirgigen Regionen.
Nun konnten für die Weiterverarbeitung bestimmte Rohstoffe aus dem Hinterland in die wirtschaftlichen Ballungsräume bzw. zu den Häfen am Pazifik und am Atlantik transportiert werden. Umgekehrt wurden alle im Landesinnern benötigten Güter per Bahn in den Westen verfrachtet.

Goldrausch

Im August des Jahres 1896 wurde im Yukon-Gebiet hochreines Gold gefunden. Abertausende von Goldgräbern machten sich auf den beschwerlichen Weg in den unwirtlichen kanadischen Nordwesten.

Wegen der rasch angewachsenen Bevölkerungszahl wurde das Yukon-Gebiet 1898 als eigenständiges Territorium aus den Northwest Territories ausgegliedert und selbständige Provinz. Auch dieses neu geschaffene Territorium schloss sich dem Dominion of Canada an.

Das 20. Jahrhundert

ab 1900	Kanadische Prärien werden zur Kornkammer der Welt.
1914–1918	Kanada schickt mehrere Hunderttausend Soldaten für die Alliierten in den Ersten Weltkrieg.
ab 1929	Die Weltwirtschaftskrise erfasst auch Kanada.
1939	Kanada tritt in den Zweiten Weltkrieg ein.
1949	Kanada wird Mitglied der NATO.
1982	Eine neue Verfassung beseitigt die letzten Einflussmöglichkeiten Englands auf die kanadische Politik.

Kornkammer Prärie · Erster Weltkrieg

Erfolgreiche Züchtung

Kurz nach der Jahrhundertwende stellte der Pflanzenzüchter Charles E. Saunders nach langjährigen Versuchen eine neue Weizenart vor, die alsbald ihren Siegeszug über die kanadischen Prärien antreten sollte. Die Neuzüchtung erwies sich als so robust, dass sie auch im ziemlich weit im Norden gelegenen und eigentlich für den Getreideanbau wenig tauglichen Peace-River-Gebiet ausgesät werden konnte. Binnen weniger Jahre entwickelten sich die kanadischen Prärien zur »Kornkammer der Welt«.

Neue Provinzen ►

Im Jahr 1905 traten auch die in den immer volkreicher werdenden Prärien geschaffenen Provinzen Saskatchewan und Alberta der Kanadischen Konföderation bei.

Erster Weltkrieg

Das Dominion of Canada schickte mehrere Hunderttausend Soldaten für das Mutterland in den Ersten Weltkrieg. Viele wurden in den jungen Prärieprovinzen und in British Columbia rekrutiert. Daneben belieferte Kanada die Kriegsgegner Deutschlands mit Rohstoffen, Kohle, Holz, Getreide und diversen Industriegütern.

Weltwirtschaftskrise und Zweiter Weltkrieg

Zwanzigerjahre

Wenige Jahre nach dem Ersten Weltkrieg fiel der von den Kriegsereignissen ausgelöste wirtschaftliche Boom allmählich in sich zusammen. Vor allem die Prärieprovinzen wurden von krisenhaften Erscheinungen in Wirtschaft und Gesellschaft erfasst. Noch 1919 schlugen Polizei und Militär in Winnipeg einen von Fabrikarbeitern angezettelten Generalstreik gewaltsam nieder. Nichtsdestoweniger zeigte die Landwirtschaft – und hier vor allem der Getreideanbau – wieder Erholungstendenzen. Davon profitierten besonders die Provinzen Alberta und Saskatchewan.

The Great Depression

Schwierig wurde die Lage ab 1929 bis zum Ausbruch des Zweiten Weltkrieges. Die Weltwirtschaftskrise erfasste den vom Export seiner Produkte besonders abhängigen kanadischen Westen mit aller Macht. Erlöse der Farmer sanken praktisch auf Null.
Auf Bundesebene wurde im Jahr 1935 das Finanzwesen reformiert. Als schlagkräftiges Organ, das die Geld- und Finanzinstitute zu kontrollieren hatte, fungierte die neu gegründete Bank of Canada. Liberales Gedankengut wurde zurückgedrängt; nationalistisch-separatistische Tendenzen fanden immer mehr Anhänger. Auch wurden traditionelle Wertvorstellungen stark betont.

Zweiter Weltkrieg

Bereits am 10. September 1939 trat Kanada in den Zweiten Weltkrieg ein. Es schickte rund 600 000 Soldaten in den Krieg, von denen weit über 40 000 im Feld fielen. Daneben aber begann die heimische Wirtschaft allmählich zu florieren. Waffen, Munition und sonstiges militärisches Gerät wurden in hohen Stückzahlen produziert, darunter vor allem auch Flugzeuge und Panzer. Darüber hinaus erholte sich die Landwirtschaft der Prärieprovinzen ganz schnell, denn die Truppen der Alliierten sowie die Bevölkerung des europäischen Mutterlandes mussten ja mit Brot versorgt werden.
Das öffentliche und wirtschaftliche Leben in Westkanada wurde durch die Kriegsereignisse nachhaltig verändert. Nach Jahren der Depression »brummte« die Wirtschaft.

Nachkriegszeit

Mehrere Einwanderungswellen

Bereits während des Zweiten Weltkrieges waren europäische Juden auf der Flucht vor den Nazis nach Kanada gekommen. Auch viele Ukrainer und Italiener wanderten nach Kanada aus. Nach 1945 kamen vor allem Einwanderer aus Ost- und Südeuropa. An der Küste von British Columbia tauchten ab den sechziger Jahren vermehrt Kriegs- und Wirtschaftsflüchtlinge aus Südostasien und China auf.

Kalter Krieg

Bereits 1949 wurde Kanada Mitglied der NATO. Zusammen mit den USA entwickelte Kanada ein militärisches Frühwarnsystem, das rechtzeitig sowjetische Raketenangriffe melden sollte. Aus diesem Grund hat man an mehreren Stellen in der kanadischen Arktis hochempfindliche technische Geräte installiert.
1983 fanden in ganz Kanada Demonstrationen gegen die Entscheidung der Regierung statt, die sich gegen Tests US-amerikanischer Cruise Missiles auf kanadischem Staatsgebiet wandten. Sie blieben jedoch ohne Erfolg. Bei einer 1990 in Ottawa abgehaltenen Konferenz, an der neben den NATO-Außenministern auch deren Kollegen aus den Staaten des ehemaligen Warschauer Paktes teilnahmen, bekann-

ten sich die vier Siegermächte zur deutschen Einheit. Dies markierte auch in Kanada das Ende des Kalten Krieges.

Ölboom Im Jahre 1947 entdeckte man bei Leduc nahe Edmonton eine reiche Erdöllagerstätte. Dies war der Startschuss für eine systematische Erdöl- und Erdgasexploration und die Entwicklung einer florierenden petrochemischen Industrie in Alberta. 15 Jahre später begann die Ausbeutung der riesigen Ölsandvorkommen bei Fort McMurray in Nordalberta. Inzwischen wird in allen Prärieprovinzen Erdöl und Erdgas gefördert. Zusätzlich hat man riesige Lagerstätten im Mackenzie-Delta und in der Beaufort-See erschlossen. Neben Edmonton wurde auch Calgary zur »Boom-town«.
Schon mehrfach hatte Westkanada in den letzten Jahrzehnten seine wirtschaftliche Leistungskraft unter Beweis zu stellen. Am eindrucksvollsten gelang dies mit der 1962 erfolgten Fertigstellung des Trans-Canada Highway 1, der vom Atlantik zum Pazifik führt, sowie mit der Veranstaltung der »Expo ’86« in Vancouver und mit der Austragung der **XV. Olympischen Winterspiele** im Februar 1988 in Calgary und Umgebung.

Neue Verfassung 1982 verabschiedete das kanadische Parlament eine neue Verfassung, die den British America Act ablöste. Gleichzeitig erloschen die letzten Einflussmöglichkeiten des Mutterlandes auf die kanadische Politik.

NAFTA Am 1. Januar 1994 trat das North American Free Trade Agreement (NAFTA) in Kraft. Mit diesem von Kanada, den USA und Mexiko unterzeichneten Abkommen entstand der seinerzeit wirtschaftsstärkste Binnenmarkt der Erde, in dem rund 365 Mio. Menschen leben und der eine jährliche Wirtschaftsleistung von mehr als 6 Billionen US-Dollar erbringt. Vor allem die Ökonomie der Prärieprovinzen konnten von den Vereinbarungen bereits profitieren. Eher verhalten waren die Erfolge in Britisch-Kolumbien, das seit Sommer 1998 erheblich unter den Auswirkungen der Finanzkrise in Asien zu leiden hatte.

Eröffnung der XV. Olympischen Winterspiele in Calgary

1988 verankerte Kanada als erstes Land der Welt den Multikulturalismus im Gesetz. Das Meech-Lake-Abkommen, in dem der französischsprachigen Provinz Québec eine Sonderstellung zugestanden werden sollte, scheiterte u. a. am Abstimmungsverhalten des Cree-

Häuptlings im Parlament von Manitoba, der den Nachkommen französischer Einwanderer keinen Sonderstatus zubilligen wollte.

◂ Nunavut

1992 entschieden sich die Ureinwohner im kanadischen Norden für die Schaffung einer neuen Provinz, die aus den Northwest Territories herausgelöst werden sollte. Ein Jahr später unterzeichnete Premierminister Mulroney in Iqaluit das Nunavut-Abkommen. Im rund 2 Mio. km² großen Ostteil der Nordwest-Territorien ist seit 1.4.1999 die Selbstverwaltung der kanadischen Urbevölkerung verwirklicht.

◂ Der lange Kampf der Westküstenindianer

Seit den 1880er-Jahren streiten die Indianer an der Pazifikküste mit der kanadischen Bundesregierung und der Provinzregierung von British Columbia um ihre angestammten Rechte. Für Furore sorgten sie beispielsweise 1993, als sie sich lautstark am immer heftiger werdenden Widerstand verschiedener Umweltschutzgruppen beteiligten, der sich gegen die rücksichtslose Rodung des intakten Regenwaldes zugunsten eines weiteren Ausbaus der Papier- und Zelluloseindustrie richtete. Nicht zuletzt aufgrund dieser Aktionen hat die Forest Alliance of British Columbia 1998 neue und ökologisch richtungsweisende Leitlinien für die Waldbewirtschaftung herausgegeben.

Terror, BSE, SARS, Vogelgrippe und die Folgen

Die **Terroranschläge vom 11. September 2001** im Nachbarland USA hatten Folgen auch für Kanada. Besonders empfindlich getroffen wurde die Tourismuswirtschaft. So hatten beispielsweise Fluggesellschaften und Beherbergungsbetriebe mit stark sinkenden Auslastungsraten zu kämpfen. Auch andere Branchen der kanadischen Wirtschaft wie der Flugzeugbau und der Warenverkehr mussten kräftige Einbußen hinnehmen. Als im Frühjahr 2003 die Lungenkrankheit **SARS** aus Ostasien eingeschleppt wurde, hatte Kanada mehrere Todesfälle zu beklagen. Erneut wurde der Tourismus getroffen. Auch von **BSE** blieb Kanada nicht verschont. Nachdem im Mai 2003 der erste Fall registriert wurde, reagierten auch hier die Behörden mit einem Fleischexport-Verbot. Fehlt noch die **Vogelgrippe**: Im Frühjahr 2006 wurden auch in Kanada Notfallpläne für eine eventuelle Ausbreitung erstellt.

Klima im Wandel

Im anbrechenden dritten Jahrtausend erleben vor allem die Bewohner des kandischen Nordens den Klimawandel besonders dramatisch: Die Gewässer frieren immer später zu, um Robben und Rentiere zu jagen, müssen immer weitere Wege zurückgelegt werden und der Permafrost ist nicht mehr stark genug, um die Bodenkrume zu stabilisieren, was zu Problemen beim Verkehrswegebau führt.

Entschuldigung bei den Ureinwohnern

Am 11. Juni 2008 entschuldigte sich Ministerpräsident Stephen Harper im Namen der Regierung und aller Kanadier bei den Ureinwohnern für rassistische Verbrechen.

Olympische Winterspiele 2010

In Vancouver, am False Creek, in Whistler und einigen anderen Orten werden die Vorbereitungen auf die XXI. Olympischen Winterspiele des Jahres 2010 mit aller Macht vorangetrieben.

Kunst und Kultur

Welche magisch-religiösen Ziele hatten und haben verschiedene Inuit-Kulturen? Wer gehörte zur »Group of Seven«? Wie macht man in einem Tipi Feuer? In Kunst und Architektur haben die verschiedenen Ethnien und Einwanderer aus aller Welt ganz unterschiedliche Impulse eingebracht.

Kunstgeschichte

Multikulturelle Kunst

Die Kunst Westkanadas ist von einem Multikulturalismus geprägt, der im wesentlichen drei Wurzeln hat. Zunächst sind die Inuit zu nennen, jene Ureinwohner des Nordens, die bis zum heutigen Tag einen großen Anteil am künstlerischen Schaffen (bes. Skulptur und Malerei) haben. An zweiter Stelle seien die Indianer erwähnt, deren Einfluss jedoch immer mehr zurückgeht. Und zum Dritten sei auf die Einwanderer, vor allem Europäer, aber auch Asiaten verschiedener Herkunft, hingewiesen, die seit dem 17. Jahrhundert ins Land strömen.

Inuit

Pre-Dorset-Kultur

Obwohl es nicht möglich ist, die verschiedenen Inuit-Kulturen genau zu bestimmen, lassen sich doch fünf Perioden unterscheiden. Die ca. 1000 Jahre währende Pre-Dorset-Kultur entstand mit der Einwanderung der Menschen, die vor zirka 4000 Jahren von Sibirien über die Beringstraße gekommen waren. Aus dieser Zeit hat man bislang nur wenige, dafür aber recht bemerkenswerte Kunstobjekte gefunden. Es handelt sich vor allem um Harpunenspitzen und Speere aus sorgsam ausgesuchtem Gestein, die nicht nur funktionalen, sondern auch beachtlichen ästhetischen Wert hatten. Außerdem wurden ihnen magische Fähigkeiten zugesprochen.

Dorset-Kultur

Die Dorset-Kultur begann sich zwischen 600 und 500 v. Chr. zu entwickeln und kann als erste einheimische kanadisch-arktische Kultur bezeichnet werden. Sie breitete sich vom Coronation-Golf bis zur Südspitze von Neufundland und zur Westküste Grönlands aus. Diese bereits hoch entwickelte Kultur scheint weitgehend magisch-religiöse Ziele gehabt zu haben. Es wurden viele Arten von Kunstgegenständen entdeckt: Harpunenspitzen, Geweih- oder Holz-»Gesichtshaufen«, auch Holzmasken, menschliche Figuren, Mehrlings-Tierbilder sowie Objekte von verschiedenen Vögeln und Säugetieren. Während ihr Zweck weitgehend unbekannt ist, haben sie gemeinsame Kennzeichen: Die meisten sind in Elfenbein geschnitzt; sie sind sehr klein (ca. 1 bis 10 Zentimeter) und alle sind sehr ausdrucksstark gearbeitet.

? WUSSTEN SIE SCHON ...?

- ... dass die Kunstgegenstände der hoch entwickelten Dorset-Kultur oft magisch-religiöse Funktionen hatten? So gab es z. B. Pfeil- und Harpunenspitzen in Form von durchstochenen Bären und Falken. Die Muster dieser Spitzen müssen besondere Bedeutung gehabt haben.

← Das Städtchen Dauphin war Ziel vieler ukrainischer Einwanderer, die dort eine eigene Kirche errichteten.

Thule-Kultur Das Eindringen der Thule-Kultur von Nordalaska in die kanadische Arktis begann nach dem Jahr 1000 n. Chr. und erreichte Ostgrönland um 1200. Sie ist die einheitlichste Inuit-Kultur und war in der gesamten Arktis bis zum östlichen Zipfel von Sibirien verbreitet. Die am häufigsten vorkommenden Zeugnisse der Thule-Kunst in Kanada sind Kämme, Nadelkästchen, »schwimmende Figurinen« (Vögel, Geister und Menschen), die wahrscheinlich als Amulette oder für ähnliche magisch-religiöse Zwecke vorgesehen waren. Die Kunstwerke der Thule-Kultur sind – im Gegensatz zur Dorset-Kultur – in fast jedem Detail weiblich geprägt, fein gearbeitet und oft schön dekoriert, und haben interessanterweise kein herausgearbeitetes Gesicht.

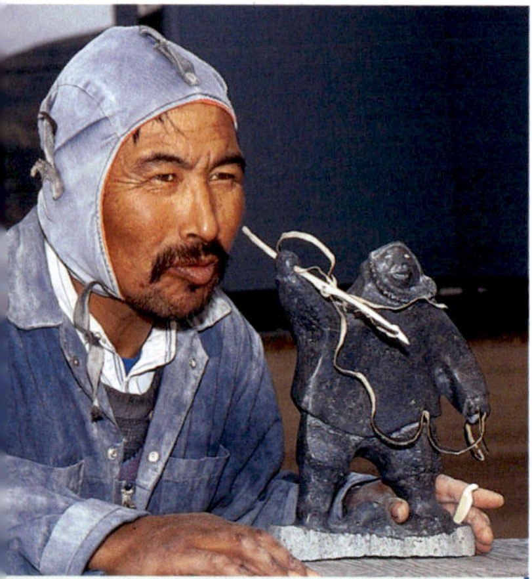

Ein Inuit mit seinem Kunstwerk aus Speckstein

Die **historische Periode** begann im 16. Jh., als vermehrt Europäer in die Arktis vordrangen. Zu Beginn des 19. Jh.s wurden Puppen, Spielzeug und Tierschnitzereien von hoher Qualität für den Tauschhandel angefertigt. Um 1920 hatten die weitgehend aus Elfenbein oder Knochen hergestellten Kunstwerke all ihre ursprünglichen magisch-religiösen Funktionen verloren. Obwohl die Inuit vor dem Zweiten Weltkrieg einen überwiegend traditionellen Lebensstil pflegten, orientierten sich ihre künstlerischen Formen – aber nicht ihre Techniken – immer mehr am Geschmack der Kundschaft.

Zeitgenössische Phase Diese Phase fiel mit der Öffnung des Nordens nach dem Zweiten Weltkrieg und vor allem mit dem Interesse Europas und Nordamerikas an der Kunst vor- und frühgeschichtlicher Gesellschaften zusammen. Die zeitgenössische Inuit-Kunst geht auf die Initiative des Malers und Schriftstellers James Houston zurück, der Unterstützung seitens der kanadischen Regierung fand. Auf Baffin Island haben sich die Inuit mit verschiedenen Drucktechniken (Steindruck, Kupferstich, Radierungen) angefreundet, schnitzten weiterhin in Speckstein (Soapstone), Elfenbein und Geweihknochen und fertigten kunstvolle Fellarbeiten (Wandbehänge, Mäntel aus verschiedenen Fellsorten und mit Bordüren), Applikationen und Stickereien aus Seide und Baumwolle an.

Die gesamte Inuit-Kunst hat hauptsächlich erzählerischen oder illustrativen Charakter. Traditionelle Lebensweisen, Überlebenstechniken, Tiere des Nordens (und deren Seelen) und Mythen spiegeln sich in den Arbeiten wider. Mit die bedeutendste Sammlung zeitgenössischer Inuit-Kunst ist in der Winnipeg Art Gallery ausgestellt.

Indianer

Frühzeit

Die Geschichte der indianischen Kunst begann vor etwa 25 000 Jahren mit der Einwanderung der nordamerikanischen Ureinwohner über die Beringstraße ins heutige Kanada. Als früheste Zeugnisse werden Felszeichnungen betrachtet, die heute noch an einigen Stellen in den Prärieprovinzen zu sehen sind. Die vorgeschichtliche Kunst variiert in Genre, Stil, Funktion, Bildern und Bedeutung nicht nur von Gebiet zu Gebiet, sondern hat sich zudem noch von Periode zu Periode verändert. Es gab einige herausragende Epochen der vorgeschichtlichen Kunst in Kanada. Die Marpole-Kultur (ca. 500 v. Chr. bis 500 n. Chr.), die auf das Fraser-Delta und die nahen Inseln im südlichen Britisch-Kolumbien konzentriert war, brachte eine große Vielfalt von Stein- und Knochenschnitzereien hervor (Zeremonialgefäße, Bildnisse und Utensilien).

Kolonialzeit

Die Kunst der Subarktis ist ausgesprochen archaisch. Ein Großteil der vorgeschichtlichen und frühen Felsenkunst wurde hier gefunden. Die Waldland- und Prärieindianer, darunter auch die Cree und die Blackfoot, führten weiterhin ein Nomadenleben, das auf Jagd und dem Sammeln von Nahrung basierte. Sie fertigten Stickereien mit Elchhaar und Wirkereien mit Stachelschweinborsten auf Birkenrinde sowie Leder- und Textil-Kleidung. Glasperlen, die von europäischen Händlern gebracht wurden, ersetzten das schwieriger zu verarbeitende Elchhaar und die Federn. Allerdings veränderten sich die Muster. Hervorzuheben sind Mäntel aus Karibuleder mit eingeritzten bzw. gemalten linearen und geometrischen Mustern.

Ähnlich wie bei den Inuit entstand nach dem Zweiten Weltkrieg eine **zeitgenössische indianische Kunst**, die sich zwar moderner Techniken bedient, aber auf traditionelle Themen aus der Mythologie, Stammesgeschichte und dem Brauchtum in Jagd und Alltagsleben zurückgreift. Ein wichtiges Zentrum der zeitgenössischen indianischen Kunst ist die Westküste. Die Darstellungen des Lebens in den Indianerreservaten durch Allen Sapp sind Reminiszenzen an den Realismus des 19. Jh.s und sind typisch für den konservativen Trend unter den indianischen Künstlern. Gemälde, Drucke und Skulpturen von kanadischen Indianern sind inzwischen auch zu teuren Sammlerobjekten geworden. Viele historische Artefakte der Cree, Blackfoot, Chipewayan usw. sind in den großen Kunstsammlungen von Winnipeg, Edmonton, Calgary und Vancouver ausgestellt.

? WUSSTEN SIE SCHON ...?

- ... dass sich die Kunst der Cree besonders durch exquisite Feder- und Elchhaar-Stickereien auszeichnete, die für technische Perfektion und farbliche Harmonie bekannt sind? Da die nomadisierenden Jäger ihren Besitz mit sich trugen, waren Kleidungsstücke, vor allem ihre bemalten und bestickten Mäntel, Mokassins und Fanghandschuhe, Ausdruck des eigenen ästhetischen Empfindens.

Indianer haben die traditionelle Schnitzkunst wiederentdeckt.

HIER IRRT KARL MAY – TOTEMPFÄHLE

Kraftvoll, jedoch von der Hand sicher geführt, entfernt das gebogene Messer Schicht um Schicht des Zedernholzes. Bald zeigt sich deutlich die entstandene Form: der Kopf eines Donnervogels. Mit dem ganzen Körper über den zehn Meter langen Stamm gebeugt, fährt John unbeirrt in seiner Arbeit fort.

John gehört zum Stamm der Salish-Indianer, die an der Westküste Kanadas heimisch sind und hier im Native Heritage Centre in Duncan ihre alten Traditionen wieder aufleben lassen. Groß ist das Interesse bei den Besuchern. Ein neues Bewusstsein bei den Ureinwohnern Kanadas hat über das ganze Land verteilt Kulturzentren entstehen lassen, wo Interessierte in die Kunst des Webens, der Herstellung verschiedener Musikinstrumente, in die Zubereitung indianischer Gerichte und in zeremonielle Tänze eingewiesen werden.

Wer selbst einmal die Fasern der Zedernholzrinde zu einem Seil gedreht hat, weiß um die Schwierigkeiten, mit denen Indianer, die vor ca. 200 Jahren die Küste besiedelten, zu kämpfen hatten. Verglichen mit ihren Brüdern im Inneren des Landes ging es ihnen aber gut. Das Meer lieferte unbegrenzt Nahrung, statt in Zelten konnten sie in feststehenden Langhäusern wohnen. Vor den Angriffen anderer Stämme durch die hohen Berge der Coast Mountains geschützt, pflegten die Westküstenindianer – zu ihnen zählt man u. a. die Tlingit, die Tsimshian, die Haida und die Kwakiutl – ein sesshaftes und wenig kriegerisches Leben, das ihnen auch Stunden der Muße bescherte, in denen die hohe Kunst des Schnitzens geübt wurde.

Nicht Marterpfahl, sondern Denkmal

John arbeitet an einem Totempfahl. Von den Europäern wurde er fälschlicherweise als Totenpfahl verstanden, an dem – frei nach Karl May – die Gefangenen gemartert wurden. Dabei dient der oft 20 Meter hohe Pfahl als Darstellungsmöglichkeit der verschiedenen Familienzeichen eines Stammes. Totempfähle schnitzte man aber auch aus besonderen Anlässen. Beim Tod einer bedeutenden Persönlichkeit wurde ein Grabpfahl errichtet, der die Urne mit der Asche des Toten enthielt. Zum Andenken an eine siegreiche Schlacht oder einen berühmten Krieger diente ein Memorial Pole. Zur Erinnerung an ein denkwürdiges Potlach-Fest, zu dem jeder Stamm eine Unmenge an Essen, Getränken und Geschenken beisteuerte, entstand ein Potlach Pole. Meist handelte es sich jedoch um Hauspfähle, die als Eckpfeiler der großen, rechteckigen Langhäuser angebracht wurden, um nach außen hin den bescheidenen Reichtum einer Familie kundzutun. Da die Indianer ihre Herkunft mit der Tierwelt verbinden, finden sich auf den Pfählen Tierwesen, teilweise nur stilisierte Segmente von Bären, Adlern, Wölfen, Bibern und Killerwalen. Oft werden auch Familienmythen, geschichtliche Ereignisse oder die besondere soziale Stellung eines Klans im Holz verewigt, was von einem außenstehenden Betrachter kaum mehr nachvollzogen werden kann. Hatten Wind und Wetter das Werk der Zerstörung vollzogen, wurde ein neuer Pfahl erstellt. Reparaturen hätten ständig kostspielige Richtfeste erfordert.

Das leicht zu bearbeitende Holz des großen Lebensbaums, der Zeder, die an der Küste weit verbreitet ist, wurde von den geschickten Indianerhänden auch zu alltäglichen Gebrauchsgegenständen verarbeitet. Staunend steht

Stilisierte Tierwesen schmückten auch die geschnitzten Masken der Nordwestküste-nindianer, die bei zeremoniellen Tänzen die Geister der Ahnen beschwören sollten.

man in Vancouver im Museum of Anthropology vor wuchtigen Holzschüsseln, die bei der Zubereitung großer Teigmengen notwendig waren, aus denen jedoch auch gemeinsam gegessen wurde. Auch eine vielseitige Auswahl an Tanzmasken ist dort zu sehen, deren Adlerköpfe mit weit aufgerissenem Schnabel oder andere furchterregende Dämonen hinter dem Glas hervorzugrinsen scheinen. Bei ihren zeremoniellen Tänzen bewegten sich die Indianer unermüdlich und oftmals bis zum Umfallen mit diesen schweren Masken im Kreis, um die Geister der Ahnen und die Mächte des Übernatürlichen heraufzubeschwören. Aber auch Besteck, Kämme und Schmuckstücke entstanden aus dem Werkstoff Holz.

Neue Stile und Formen

Mit den »modernen« Werkzeugen der Weißen blühte die Kultur der Westküstenindianer wieder auf. Jedoch kamen mit den Fremden auch neue Krankheiten, an denen viele Indianer starben. Neue Sozialformen, die von eifrigen Missionaren verbreitet wurden, und die Abhängigkeit vom Geld brachte das Volk an den Rand des Aussterbens. Die Indianer und ihre Schnitzkunst gerieten in Vergessenheit. Wenige Totempfähle konnten gerettet werden und sind heute im Museum in Vancouver zu sehen. In den 1950er-Jahren entstand eine neue Bewegung. Man erinnerte sich wieder an die Kunst der Vorfahren. Indianische Künstler entwickelten, aufbauend auf die früheren Traditionen, neue Stile und Formen. In Hazelton wurde ein eigenes Schnitzzentrum gegründet, das jungen Indianern die alte Kunst vermitteln soll. Ein erfolgreiches Projekt, denn heute sind die Totempfähle nicht nur im Indianerdorf zu finden, sie stehen in größeren Städten auch vor Banken und modernen Museen.

Kunst der Einwanderer

Entdeckungszeit

Die frühe kanadische Kunst folgte europäischen Traditionen. Erste Darstellungen von Eingeborenen auf Landkarten waren mehr von den überkommenen Vorurteilen als vom Wissen der Entdecker geprägt. Wahrheitsgetreuer waren Illustrationen in ersten Büchern über Kanada. So vermitteln Abbildungen in den Werken von Samuel de Champlain gute Einblicke in das Leben der Indianer.

17./18. Jahrhundert

Der französische Merkantilismus erschwerte die Entwicklung der Malerei in Kanada. Mit Ausnahme von Votivbildern und Porträts von Nonnen und Offizieren wurde Malerei während der französischen Herrschaft importiert. Die Ankunft der Briten in Nordamerika wirkte sich unmittelbar auf die Entwicklung aus. Englische Offiziere demonstrierten ihre Begeisterung für Kanada, indem sie topographische Zeichnungen und ornamentale Landschaften anfertigten. **Thomas Davies** war einer der frühesten und bedeutendsten dieser Aquarellmaler. Neue Einwanderungsströme hatten großen Einfluss auf die Kunst. Die Engländer bevorzugten lange Zeit den georgianischen Stil, der auch später noch die Verbindung mit der englischen Krone symbolisierte. Die Loyalisten brachten Kunstobjekte und Ideen aus den USA mit, z. B. Silber, Gravierungen und Malereien.

19. Jahrhundert

Um 1800 förderte wachsender Wohlstand die Bildung einer Mittelschicht. Gefragt waren Porträts von Kaufleuten und ihren Familien, von Soldaten, Regierungsmitgliedern und dem Klerus. **Robert Field** war ein glänzender Maler, der mit zeitgenössischen Stilen und Techniken vertraut war. Der in Düsseldorf ausgebildete Maler Cornelius Krieghoff malte romantisierende Szenen aus dem Alltag und Landschaften. Stilistisch blieb der europäische Einfluss in Kanada vorherrschend, aber das Themenspektrum in der Malerei erweiterte sich. Peter Rindisbacher (1806–1834) stellte seine Erlebnisse als Einwanderer auf kleinen Bildern dar. Paul Kane (1810 bis 1871) kann als Künstler und Abenteurer bezeichnet werden: Er hielt auf einer Reise durch Kanada im Jahre 1846 Indianer und Landschaft in 240 Skizzen und 100 Bildern fest.

Um die **Jahrhundertwende** war die Malerei repräsentiert von so wichtigen Künstlern wie James Wilson Morrice (1865–1924), dem Vater des kanadischen Modernismus; Ozias Leduc (1864–1955), der ambitionierte Kirchendekorationen und exquisite Stillleben sowie Landschaften um St. Hilaire schuf; Homer Watson (1855–1936), der eine intimere Landschaftsbetrachtung

? WUSSTEN SIE SCHON ...?

- ... dass die frühen 1920er-Jahre eine große Zeit für die kanadische Malerei waren? Die »Group of Seven«, die ihre Aufgabe darin sah, Kanada eine wirklich nationale Form der Malerei zu geben, betrachtete die erhabene kanadische Landschaft als Quelle ihrer Inspiration. Sie stellte diese Landschaft dekorativ und mit kraftvollen Farben dar.

vermittelte; sowie George Reid (1860–1947) und Paul Peel (1860–1892), die der akademischen Tradition näher standen. Tom Thomson (1877–1917) hinterließ trotz seiner kurzen Karriere eine erstaunliche Anzahl von Bildern und Skizzen in Öl. Die aus Victoria gebürtige Malerin Emily Carr (1871–1945), von den Fauves beeinflusst, war die erste Künstlerin, die hohes Ansehen in der kanadischen Kunst errungen hat.
Die zeitgenössische Kunst in Kanada hat verschiedene Entwicklungsphasen durchlaufen: z. B. die 1967 in Vancouver ins Leben gerufene Bewegung »Intermedia« oder die Konzept-Kunst, die versuchte, den essentiellen »Kunstgehalt« herauszuarbeiten, oder die Body-Kunst, sowie die Environmental-Kunst und in den späten 1970er-Jahren eine der bedeutendsten künstlerischen Mischformen, die Performance-Kunst.

Architektur

Bauten der Ureinwohner

Die frühesten Behausungen

Die frühesten Behausungen in Kanada wurden von Indianern und Inuit gebaut. Diese Einfachunterkünfte von Sammlern und Jägern waren bestens der jeweiligen Lebensweise und dem Lebensraum angepasst. Die nomadisierenden Stämme, die durch Kanadas weite Grasländer, Wälder und arktische Ödländer zogen, lebten in temporären Siedlungen, die aus Baumaterial bestanden, das vor Ort verfügbar war oder leicht transportiert werden konnte.

Iglu

Die »Iglu« genannte Schneehütte, die eine runde, kuppelförmige Form aufweist, hat eine erhöhte Schlaf-Plattform gegenüber einem niedrigen Eingang. Die hervorragende Isolation durch den Schnee wird im Innern oft noch durch Wandverkleidungen und Decken verstärkt. Außerdem sind die Schlafstätten mit Karibufellen und Seehundhäuten versehen.
In der wärmeren Jahreszeit hingegen ersetzt man den dahinschmelzenden Iglu durch das »Tupiq« genannte tragbare Zelt, eine mit Seehundhäuten bedeckte, zerlegbare Holzkonstruktion. An der Beaufortsee bauten die Inuit ihre Wohnungen meist aus Treibholz, Steinen oder Walbarten. Für die Dachkonstruktion verwendete man Felle und Grassoden. An der Beringstraße gab es auch Pfahlbauten, die an steilen Felshängen errichtet waren.

? WUSSTEN SIE SCHON ...?

- ... dass Iglus fälschlicherweise als charakteristische Behausung der Inuit angesehen werden? Nur einige Gruppen in der zentralen Arktis und in Teilen Labradors benutzen Iglus als Dauerwohnungen. In den übrigen Kaltgebieten werden sie nur auf der Jagd und auf Reisen als zeitweilige Unterkunft errichtet.

Einfach, aber effektiv: das Indianer-Tipi.

Tipi

Das »Tipi« war bei den Indianerstämmen Nordamerikas verbreitet. Die Grundstruktur besteht gewöhnlich aus 3 oder 4 Holzstangen, die oben zusammen gebunden sind und gegen die weitere Stangen gelehnt werden. Dieses Gerüst wird mit Büffelhäuten bedeckt und am Fuß mit Steinen beschwert. Die Spitze dieser Nur-Dach-Konstruktion ist oben offen, um den Rauch abziehen zu lassen.

Bauten der Westküstenindianer

Dauerhafte Behausungen wurden von den Küstenindianern in der Provinz British Columbia errichtet. Da diese Stämme in einem gemäßigten Klima lebten und gutes Baumaterial zur Verfügung hatten, errichteten sie große Gemeinschaftshäuser, die von einigen Familien bewohnt wurden. Diese niedriggiebeligen und rechteckigen Häuser bestehen meist aus massivem Zedernholz. Ähnlich den Behausungen in den östlichen Waldländern sind auch hier die Innenräume in zwei gegenüberliegende Reihen mit Schlafstätten und einen zentralen Korridor gegliedert. Die Küstenindianer versahen ihre Häuser und Tempfähle mit kunstvollen Ornamenten.

Bauten der Einwanderer

Erste Siedler

Die Übernahme europäischer architektonischer Traditionen in Kanada begann mit der Ankunft französischer Siedler im frühen 17. Jh. Die Bauweise der Inuit und Indianer hatte kaum Einfluss auf die von den Europäern geschaffenen Strukturen. Was in Neufrankreich zum Vorschein kam, war eine typisch koloniale Architektur. Diese bestand fast ausschließlich aus mittelalterlichen und barocken Formen und passte sich nur allmählich und in erstaunlich geringem Maße den klimatischen Verhältnissen des neuen Landes an.
Anglokanada zeigte Bewunderung für britische Institutionen, eine Tendenz, die deutlich in der Architektur zum Tragen kam. Einwanderer aus den früheren britischen Kolonien in Nordamerika brachten den amerikanisch-georgianischen Stil des 18. Jh.s mit. Jüngere Ein-

wanderer aus dem englischen Mutterland bauten im »Georgian Style« ihres Heimatlandes. Die ordentlichen rechteckigen Bauten der beiden Gruppen bestanden aus Stein, Holz oder Backstein. Besonderes Charakteristikum ist deren Symmetrie, die nicht zuletzt in den wohlproportionierten Schiebefenstern zum Ausdruck kommt.

19. Jahrhundert Im 19. Jh. übernahm man allmählich den elisabethanischen und den Tudor-Stil, gefolgt von Klassizismus und Neugotik. Im Kirchenbau entwickelte jede der großen Konfessionen unverwechselbare neugotische Varianten. Sehr schön lässt sich dies an den kleinen »bäuerlich-gotischen« Kirchen der Prärien nachvollziehen.

Klassische Vorbilder ► Zwischen 1890 und 1914, auf dem Höhepunkt der Machtentfaltung des British Empire, erlebte die an klassische römische Vorbilder angelehnte Architektur auch in Kanada eine Renaissance. Wichtigste Zeugnisse dieses Stils sind die Parlamentsgebäude der Prärieprovinzen, die Hauptbahnhöfe von Winnipeg und Vancouver aus den zwanziger Jahren oder die im klassischen Tempel-Stil gehaltenen Bankgebäude wie z. B. in Winnipeg.

Stilmix im Westen ► Im Gegensatz zur langen Tradition der Architektur in Ostkanada begann die Architektur im fernen Westen Kanadas erst am Ende des 19. Jahrhunderts. Ausnahmen waren die Forts und Handelsposten des Pelzhandels sowie die ersten Siedlungen auf Vancouver Island

Vielfalt prägt die Architektur: Stuckverzierte ukrainische Häuser gehören ebenso dazu wie russisch-orthodoxe Kirchen.

und das Red River Settlement. Vorherrschend war die Holzbauweise (Red River Frame). Ganz anders wirkte der geradezu pompöse Château-Stil der von den Eisenbahngesellschaften in Auftrag gegebenen schlossähnlichen Hotelbauten wie dem Banff Springs Hotel von 1888. Die Baustile reichen von mittelalterlich-französisch-schottisch bis zu Beaux-Arts-klassisch.

20. Jahrhundert

Die Gründung neuer Provinzen wie Manitoba oder Alberta brachte in Gestalt neuer Provinzialparlamente besonders kunstvolle Architekturformen hervor. Der Parlamentsbau von British Columbia wurde von Francis Mawson Rattenbury (1867 – 1935) in einem, wie er es sagte, »freien klassischen Stil« (1893 – 1897 und 1912 – 1916) errichtet, während das Parlamentsgebäude in Saskatchewan (1908 – 1912) eine amerikanische Beaux-Arts-Version des englischen Barocks ist.

◄ Art Deco

Die Periode zwischen den beiden Weltkriegen war geprägt von Experimenten und Innovationen. Der neue Design-Stil, Art Deco, und die technologische Stromlinienform wurden populäre Moden im Dekorativen, doch das konservative Element überwog. In Toronto modifizierte John Lyle die klassischen Formen der etablierten Beaux-Arts-Architektur und schuf eine moderne Art-Deco-Ornamentik wie z. B. im Neubau der Bank of Nova Scotia in Calgary (1930). Der repräsentative Gebäudekomplex der Marine in Vancouver (McCarter und Nairne, 1929 / 1930) ist ein schön dekoriertes Beispiel für Art Deco, erbaut in Backstein und Stein mit Terracotta-Reliefs.

◄ Nachkriegszeit und Gegenwart

Während die traditionelle Architektur weiterhin praktiziert wurde, setzte sich eine Generation von jüngeren Architekten (Parkin, Berwick, Pratt, Thornton) mit wachsendem Erfolg für den Modernismus ein. Einer der ersten Höhepunkte moderner Architektur im kanadischen Westen war das BC Electric Building (jetzt BC Hydro) in Vancouver von Thompson, Berwick & Pratt (1955 – 1957). Die einfachen Stile des europäischen Modernismus fanden in Kanada erst in den späten sechziger Jahren Verbreitung. Dies gilt beispielsweise für die St. Mary's Church von Douglas Cardinal in Red Deer, Alberta (1968). Weitere wichtige Vertreter der Moderne sind Barry Downs in Vancouver, Clifford Wiens in Regina und Étienne Gaboury in Winnipeg.

Anklang hat inzwischen die aus den USA importierte Glas-Beton-Hochbauarchitektur gefunden. Einer der wichtigsten Exponenten dieser neuen Richtung sollte der aus Vancouver gebürtige Stararchitekt Arthur Erickson (geb. 1924) werden. Zu seinen Hauptwerken gehören die Simon Fraser University (1963) in Burnaby bei Vancouver, das 1971 – 1977 erbaute Museum of Anthropology der University of British Columbia in Vancouver sowie das 1980 fertig gestellte neue Justizgebäude von Vancouver. Auch der moderne Sakralbau brachte etliche architektonisch höchst gelungene Gotteshäuser hervor. Erwähnt werden soll hier stellvertretend die von Etienne Gaboury entworfene Precious Blood Church (1968) in St. Boniface (Winnipeg, Manitoba).

Berühmte Persönlichkeiten

Für die großen Entdecker und Seefahrer der Neuzeit war das riesige Land im amerikanischen Norden eine ganz besondere Herausforderung. Ohne sie würde Kanada heute noch im Schneewittchenschlaf verharren.

William Baffin (1584? – 1622)

Seefahrer

Der Entdecker William Baffin wurde wahrscheinlich in London geboren. Er nahm 1612 an der Hall-Expedition auf der Suche nach der Nordwestpassage teil. Nach einem kurzen »Gastspiel« für eine russische Walfang-Kompanie, bei dem er sich genaue Kenntnisse über das Nordpolarmeer erwarb, suchte er 1615 mit der legendären »Discovery« nach der Nordwestpassage. Dabei erforschte er den Eingang der Hudson-Straße und kehrte um, als er Baffin Island sichtete. Ein Jahr später entdeckte er Baffin Bay, Jones Sound and Lancaster Sound. Damit war Baffin über 300 Seemeilen weiter nach Nordwesten vorgestoßen als seine Vorgänger. Baffin kam wenige Jahre später bei der Belagerung von Hormuz im persischen Golf ums Leben.

Emily Carr (1871 – 1945)

Malerin und Schriftstellerin

Emily Carr erblickte in Victoria, BC, als Kind englischer Eltern das Licht der Welt. Sie studierte in San Francisco Kunst. Prägend war ein Frankreich-Aufenthalt in den Jahren 1910 / 1911, der sich in einem farbkräftigen post-impressionistischen Stil zeigte. Schon Jahre zuvor hatte sie immer wieder Siedlungen der Nordwestküstenindianer besucht und deren bunt verzierte Holzhäuser und Totempfähle gemalt. Im Alter von 57 Jahren traf Emily Carr auf Mitglieder der »Group of Seven«. Nun setzte ihre reifste Periode ein, auf deren besonders individuelle Arbeiten sich der Ruf der Künstlerin später gründete. Nach 1932 wurden die indianischen Themen durch Natur-Sujets ersetzt, und ihre Bilder gaben auf freiere, geradezu expressive Weise Wälder, Strände und den Himmel wieder. Nach einem Herzanfall im Jahr 1937 widmete sie der Schriftstellerei mehr Zeit. Im Jahr 1941 kam »Klee Wyck« heraus, das den Governor General's Award erhielt. Vier Jahre später verstarb Emily Carr in ihrer Heimatstadt.

George Mercer Dawson (1849 – 1901)

Naturforscher

Der britische Naturforscher George Mercer Dawson nahm 1873 an einer Expedition in den Norden von British Columbia und ins Yukon-Gebiet teil. 1888 legte er in Montréal einen umfangreichen Bericht vor, der sich auch mit den im kanadischen Nordwesten vorhandenen Bodenschätzen befasste. Dawson blickte aber auch über die Grenzen seines angestammten Fachgebietes hinaus und beschäftigte sich intensiv mit der Kultur der Indianer. Gemeinsam mit dem Sprachforscher W.F. Tolmie legte er vergleichende Wörterbücher von Sprachen der Nordwestindianer vor. Nach ihm wurden die am Beginn des Alaska Highway gelegene Siedlung Dawson Creek sowie die am Yukon River gelegene Goldgräberstadt Dawson City benannt.

← Im Stanley Park von Vancouver erinnert ein Bronze-Denkmal an Harry Jerome, Kanadas berühmtesten Sprint-Star.

Peter Fidler (1769 – 1822)

Kanadas vergessener Kartograf und Geograf

Der aus dem englischen Derbyshire gebürtige Peter Fidler trat 1788 als Landvermesser in die Dienste der Hudson's Bay Company. Von 1796 bis 1821 unternahm er zahlreiche Expeditionen im Bereich der Northwest Territories, zu denen seinerzeit große Gebiete von Manitoba, Saskatchewan und Alberta gehörten. Besondere Bekanntheit erlangte er durch seine Arbeit im Gebiet der Assiniboine-Indianer und seinen Einsatz bei der Gründung des Red River Settlement. In seinen Aufzeichnungen hielt er zahllose Eindrücke von damals noch »weißen Flecken« der nordamerikanischen Landkarte fest, die jedoch erst 1934 einer breiteren Öffentlichkeit zugänglich wurden. Fidler starb bei einem Aufenthalt am Swan River.

Sir John Franklin (1786 – 1847)

Seefahrer, auf Entdeckungsreise verschollen

Der britische Seefahrer Sir John Franklin ist einer der Großen unter den Entdeckern der Arktis. 1819 zog er mit zwei Gefährten von Fort York aus zu Land bis zum Coppermine River im Norden der heutigen Northwest Territories. Auf der Rückkehr wäre er im Bereich der heute nach ihm benannten Franklin Mountains fast verhungert. Nach dieser großartigen Leistung erhielt er nicht nur den Adelstitel, sondern auch einen Ehrendoktorhut der Universität Oxford. Als fast Sechzigjähriger übernahm er die Leitung einer Expedition zur Erkundung der Nordwestpassage. Am 19. Mai 1845 verließen die beiden Schiffe »Erebus« und »Terror« die Themsemündung und fuhren gen Nordwesten. Am 26. Juli desselben Jahres hatte Franklin in der Melville Bay noch Kontakt mit dem Walfangschiff »Danner«. Danach verloren sich seine Spuren in der Arktis. Als man in England drei Jahre nach der Abfahrt noch keine Nachricht von ihm hatte, wurde eine der umfangreichsten Suchaktionen aller Zeiten gestartet. Der Eismeerforscher John Rae erfuhr schließlich 1854 von Inuit, dass Weiße auf einem Hungermarsch gen Süden beobachtet worden seien. Er brachte von den Eskimos eingetauschte Gegenstände mit (u. a. Uhren und Besteck), die eindeutig von der Franklin-Expedition stammten. Inzwischen weiß man, dass Franklin bereits bis zum King William Island im Norden des heutigen Nunavut Territory vorgedrungen war, wo er vom Eis eingeschlossen wurde. Im April des Jahres 1848 verließen die Besatzungen ihre Schiffe. Expeditionsleiter Franklin war bereits am 11. Juni 1847 verstorben. Alle 104 Mitglieder der Franklin-Expedition erlagen auf dem Weg nach Süden entweder den Strapazen oder kamen auf bislang ungeklärte Weise ums Leben.

Simon Fraser (1776 – 1862)

Pelzhandel war sein Leben

Simon Fraser, eine der legendären Gestalten des kanadischen Westens, wurde 1776 in Mapletown geboren. Er war der jüngste Sohn eines regierungstreuen Offiziers, der von Aufständischen gefangen genommen wurde und im Gefängnis starb. 1801 stieg Fraser als Partner bei einer Pelzhandelsgesellschaft ein. Er gilt als Mitbegründer der Pelzhändler-Niederlassungen New Caledonia, Fort McLeod (beide 1805), Fort St. James, Fraser (beide 1806) und Fort George (1807; heute Prince George). 1808 brach er auf, um den Fluss zu entdecken, den er für den Columbia River hielt. Er betrat unbekanntes Land und kämpfte sich durch eine wilde und gefährliche Schlucht, die heute als Fraser Canyon weltbekannt ist. Als er feststellte, dass er nicht auf dem Columbia sein konnte, kehrte er tief enttäuscht zurück. Einen Bericht über seine Entdeckungsfahrt verfasste er unter dem Titel »The Letters and Journals of Simon Fraser, 1806 – 1808«, die bis in die heutige Zeit immer wieder neu aufgelegt werden. Fraser kümmerte sich dann um den Pelzhandel. Er war einer der Offiziere der North West Company, die 1816 von Lord Selkirk festgesetzt und der Mittäterschaft im Seven Oaks Incident angeklagt wurden. Man sprach ihn jedoch frei. Er starb am 18. August 1862 in St. Andrews.

Sir Martin Frobisher (1539? – 1594)

Entdecker und Geograf

Der als Entdecker und Geograf berühmt gewordene Martin Frobisher gehört zu den imposantesten Gestalten der englischen Seefahrt. Am Beginn der Neuzeit bemühte er sich, die geheimnisumwitterte, aber damals in Europa noch unbekannte Nordwestpassage zu finden. Kartografische Grundlage für seine im Sommer 1576 angetretene Arktis-Expedition war die vage Skizze eines gewissen Zeno, außerdem die Aufzeichnungen des venezianischen Seefahrers Caboto, der 1508 vergeblich nach der Nordwestpassage gesucht hatte. Frobisher fuhr an Grönland vorbei, das auf der Zeno-Karte als »Friesland« verzeichnet ist, und entdeckte Resolution Island. Hier geriet er in eine Sackgasse, nämlich in die heute nach ihm benannte Bucht des südlichen Baffin Island. Mit einigen glitzernden Steinen, wahrscheinlich Katzengold, kehrte er nach England zurück. Königin Elisabeth I. stellte ihm nun ein ganz neues und großes Schiff zur Verfügung, mit dem er erneut nach Norden aufbrach. Doch Frobisher kehrte nur mit wertlosem Material zurück. Im Jahr 1578 brach er nochmals nach dem heute Baffin Island genannten Eiland auf, diesmal begleitet von einem Trupp erfahrener Bergleute. Doch nun verfehlte er die Einfahrt in die nach ihm benannte Bucht und geriet stattdessen in ein riesiges Binnenmeer, das man heute als Hudson Bay kennt. Im Herbst musste er seine Erkundung wegen starken Eisgangs abbrechen. 1586 ließ der Name Frobisher erneut aufhorchen, allerdings kamen die Nachrichten aus einer ganz anderen Weltgegend: Er war Vizeadmiral in Westindien an der Seite des berühmt-berüchtigten Francis Drake. 1588 nahm er erfolgreich an der Abwehr der spanischen Armada teil und erhielt dafür den Adelstitel.

Henry Hudson (um 1550 – 1611)

Entdecker der Hudson Bay

Aus der Zeit vor seinen Reisen von 1607 bis 1611 ist wenig bekannt. 1607 und 1608 suchte er zweimal nach einer Polarroute nach Asien über Norwegen und Russland. Im Auftrag der Dutch East India Co. fuhr er 1609 den Hudson-Strom hinauf. Englische Gönner finanzierten seine Suche nach einer Nordwestpassage im Jahr 1610. Er segelte nach Island, in die Hudson-Straße und die Ostküste entlang bis in die James Bay, wo er in einer sinnlosen Suche nach einer Passage zu den Spice Inseln hin und her kreuzte. Als er im Frühjahr 1611 die Suche fortsetzen wollte, brach eine Meuterei unter der Mannschaft aus. Die Anführer setzten Hudson, seinen Sohn und sieben andere in einem Boot auf dem Meer aus. Über sein weiteres Schicksal ist nichts bekannt. Hudson entdeckte nicht die Hudson-Straße – das waren Frobisher und Davis –, aber indem er dem gefährlichen Lauf folgte, ließ er seine Vorgänger weit hinter sich und entdeckte eine Route ins Landesinnere, die von unschätzbarem Wert für England war.

Harry Jerome (1940 – 1982)

Leichtathlet

Der aus Prince Albert, Saskatchewan gebürtige Harry Jerome machte sich als Rennläufer einen Namen. Bereits im Alter von 19 Jahren schaffte er die 100-Meter-Distanz in per Hand gestoppten 10,0 Sekunden. Damit war er Kanadas erster Weltrekord-Sprinter. Auch die Distanzen über 100 Yards sowie über 400 Yards schaffte er in Weltrekordzeit. Trotz einer schweren Sehnenverletzung schaffte er die 100-m-Strecke bei den Olympischen Spielen in Tokio (1964) in 10,2 Sekunden und errang damit die Bronzemedaille.Der Sprint-Star verstarb im Dezember 1982 in North Vancouver.

Alexander Mackenzie (1755? – 1820)

Entdeckungsreisender

Nach dem Entdeckungsreisenden sind der zweitlängste Fluss Nordamerikas und ein riesiges Gebiet in Nordkanada (District of Mackenzie) benannt. Mackenzie wurde vermutlich 1755 in Inverness/Schottland geboren. Im Alter von zehn Jahren kam er nach New York. Er trat 1779 in die Montréal Company (später North West Company) ein und stieg schnell in die Führungsriege auf. Die Gesellschaft setzte sich insbesondere die Erforschung des Nordwestens von Kanada zum Ziel und Mackenzie wollte unbedingt einen Weg vom Osten Kanadas zum Pazifik finden. Unter seiner Leitung startete am 3. Juni 1789 eine Expedition, die nach 100 Tagen und 3000 zurückgelegten Kilometern jedoch nicht am Pazifik, sondern am Nordpolarmeer endete. Mackenzie gab nicht auf und brach im Juli 1792 erneut auf. Diesmal hatte sein Vorhaben Erfolg: Am 22. Juli 1793 erreichten Mackenzie und seine Leute die Küste des Pazifischen Ozeans nördlich von Vancouver Island. Damit war Mackenzie die erste bekannte Durchquerung des nordamerikanischen Kontinents gelungen. Von seinen Eindrücken und außergewöhnlich genauen Beobachtungen zeugen seine Tagebücher, die im Jahr 1802 erstmals in London unter dem Titel »Voyages from Montreal, on the River St. Laurence, through the continent of North America ....« veröffentlicht wurden.

Louis Riel (1844 – 1885)

Anführer der Métis

Louis Riel, Anführer der Métis und »Vater der Provinz Manitoba«, wurde am Red River geboren. Er studierte zuerst für das Priesteramt, später Jura. Während der North West Rebellion der Métis 1869/1870 spielte er eine bedeutende Rolle und setzte sich vehement für deren Rechte ein. Am Ende floh Riel in die USA, kehrte aber bald zurück. Bei den Wahlen von 1874 war er erfolgreich. Wegen seiner Beteiligung an der Rebellion wurde er aber zu zwei Jahren Haft verurteilt und durfte sich fortan nicht mehr politisch betätigen. 1875 wurde ihm Amnestie gewährt. Der streng religiöse Riel war von dem Gedanken besessen, in Nordamerika einen neuen Katholizismus einzuführen. Er wirkte vorübergehend als Lehrer in der St.-Peter-Mission am Sun River. 1885 wurde er von einer Gruppe kanadischer Métis gebeten, sich für ihre Rechte in Saskatchewan einzusetzen. Daraufhin zog er nach Batoche, dem Zentrum der Métis. Auch in diesem Konflikt kam es 1885 zu Kämpfen, die mit der Niederlage der Métis endeten. Riel wurde wegen Hochverrat angeklagt und zum Tod verurteilt. Seine Hinrichtung hatte lang anhaltende Auswirkungen auf die Entwicklung Kanadas. Im Westen fühlten sich viele Métis entmutigt, dafür wurde der französisch-kanadische Nationalismus entscheidend gestärkt. Bis heute ist Riel Gegenstand hitziger politischer Debatten, besonders in Québec und Manitoba. Noch heute ist seine Exekution ein strittiges Thema und es gibt immer wieder Stimmen, die seine vollständige Rehabilitierung fordern.

George Vancouver (1757 – 1798)

Seefahrer

Der 1757 im englischen in King's Lynn geborene George Vancouver begleitete James Cook in die Südsee (1772 – 1775) und zur amerikanischen Nordwestküste (1176 – 1780). Er sollte die von den Spaniern eroberte britische Besitzung Nootka Sound zurückgewinnen und die Küste von Kalifornien bis zum Cook Inlet erforschen. Seine Verhandlungen mit den Spaniern verliefen jedoch ergebnislos. Drei Sommer lang erkundete Vancouver die Küste. 1795 kehrte er nach England zurück und veröffentlichte drei Jahre später »A Voyage of Discovery to the North Pacific Ocean and Round the World«. Darin nahm er für sich in Anspruch, jeden Zweifel am Bestehen der Nordwestpassage vom Atlantik zum Pazifik behoben zu haben.

Keep up
EIGHT
year old

Praktische Informationen

WO UND WIE KANN ICH WALE UND EISBÄREN BEOBACHTEN? GIBT ES EIN TICKET FÜR ALLE NATIONALPARKS? WANN FÄHRT MAN AM BESTEN IN WELCHE REGION? BEVOR EINER EINE REISE TUT, GIBT ES VIEL ZU ERFAHREN.

Anreise · Reiseplanung

Mit dem Flugzeug

Die bedeutendsten Zielflughäfen im kanadischen Westen sind **Vancouver, Calgary, Edmonton** und **Winnipeg.** Sie können täglich ab allen wichtigen mitteleuropäischen Flughäfen erreicht werden. Anschluss-Verbindungen nach Regina bzw. Moose Jaw, Saskatoon und Victoria gibt es ebenfalls jeden Tag. Schwieriger ist es, zu Zielen im Yukon, in den Northwest Territories und in Nunavut zu gelangen. Lediglich während der sommerlichen Hauptreisezeit kann man täglich nach Whitehorse und Yellowknife fliegen. Abgelegene Orte werden nur einmal in der Woche bedient. Ein Direktflug von Deutschland in den kanadischen Westen dauert 9 – 11 Stunden.

Besonders günstige und zeitsparende Verbindungen bieten an: **Air Canada, Deutsche Lufthansa, Air France, KLM, Northwest, Delta Air Lines, British Airways** und deren jeweilige kanadische Regionalflug-Partnergesellschaften.

Die Preisgestaltung der einzelnen Fluggesellschaften ist sehr unterschiedlich. Die preisgünstigsten Angebote für Flüge von Frankfurt am Main nach Vancouver liegen derzeit bei 750 €, während der sommerlichen Hauptsaison wird man jedoch mindestens 870 € für den Hin- und Rückflug inklusive Steuern und Sicherheitsgebühren bezahlen müssen. Man erkundige sich nach Sondertarifen, die nicht nur von den einzelnen Fluggesellschaften, sondern auch von einigen Reiseveranstaltern (z. B. Airtours, DER, Meier's Weltreisen, Thomas Cook, TUI) und Reisemittlern (u. a. Aeroplan, Thomas Cook, Atlas, First) angeboten werden. Preisgünstige Flugtickets bekommt man nicht zuletzt bei Spezial- und Last-Minute-Anbietern wie L'tur und Travel Overland.

? WUSSTEN SIE SCHON …?

- … dass etliche Fluggesellschaften (u. a. Air Berlin, Condor, Air Transat) während der sommerlichen Hauptreisezeit zumindest einmal wöchentlich Ziele in Westkanada ansteuern? So gibt es im Sommer preisgünstige Direktflüge von Frankfurt am Main und München nach Calgary und Vancouver.

Inlandsflüge

Rundflugtickets bzw. **Airpässe** für Inlandsflüge bietet Air Canada an. Auf diese Weise lassen sich größere Distanzen preisgünstig per Flugzeug überwinden. Diese Airpässe muss man jedoch schon in Europa erwerben. Sie werden nur dann ausgegeben, wenn der Transatlantikflug mit der gleichen oder einer Partnergesellschaft unternommen wird. Auch einige regional operierende Airlines offerieren preiswerte Rundflugtickets.

Mit dem Schiff

Mit dem Schiff kann man auf zweierlei Arten in den kanadischen Westen gelangen. Viele an der nordamerikanischen Pazifikküste operierende **Kreuzfahrtschiffe** steuern den Hafen von Vancouver an. Einige besuchen auch andere Häfen in British Columbia. Eine andere

WICHTIGE ADRESSEN ANREISE

FLUGGESELLSCHAFTEN

▶ **Air Canada**
Tel. 1-888-247-22 62 (CA)
Tel. 1-514-393-33 33 (CA)
Tel. (069) 2 71 15-111 (D)
Tel. (08 48) 33 35 55 (CH)
www.aircanada.com

▶ **Deutsche Lufthansa**
Tel. (1-800-563-5954 (CA)
Tel. (0 18 05) 83 84 26 (D)
Tel. (08 10) 10 25 80 80 (A)
Tel. (09 00) 90 09 22 (CH)
www.lufthansa.com

▶ **Air Transat**
Tel. 1-866-847-11 12 (CA)
Tel. (069) 69 76 57-0 (D)
Tel. (08 20) 40 01 25 (A)
Tel. (08 48) 00 44 22 (CH)
www.airtransat.com

▶ **Condor Flugdienst**
Tel. 1-800-364-16 67 (CA)
Tel. (0 18 05) 76 77 57 (D)
Tel. (08 10) 96 90 22 (CH)
Tel. (08 48) 10 10 22 (CH)
www.12.condor.com

▶ **Air Berlin**
Tel. 1-866-266-55 88 (CA)
Tel. (0 18 05) 73 78 00 (D)
Tel. (08 20) 73 78 00 (A)
Tel. (08 48) 73 78 00 (CH)
www.airberlin.com

▶ **Air France**
Tel. 1-800-992-39 32 (CA)
Tel. (0 18 05) 83 08 30 (D)
Tel. (01) 5 02 22 24 00 (A)
Tel. (08 48) 74 71 00 (CH)
www.airfrance.com

▶ **KLM**
Tel. 1-800-447-47 47 (CA)
Tel. (0 18 05) 21 42 01 (D)
Tel. (08 10) 31 08 90 (A)
Tel. (09 00) 35 95 56 (CH)
www.klm.com

SCHIFFSKREUZFAHRTEN

▶ **Hapag-Lloyd Kreuzfahrten**
Tel.(040) 30 01 46 00 (D)
www.hlkf.de

▶ **Hamburg Süd Reiseagentur**
Tel.(040) 37 05-158 (D)
www.hamburgsued-reiseagentur.de

FRACHTSCHIFFREISEN

▶ **Frachtschiff-Touristik Kapitän Zylmann**
Tel.(0 46 42) 96 55-0 (D)
www.zylmann.de

▶ **Hamburg Süd Reiseagentur**
Tel.(040) 37 05-157 (D)
www.hamburgsued-reiseagentur.de

EISENBAHN

▶ **VIA Rail**
Tel. 1-888-842-72 45 (CA)
Tel. (040) 30 06 16-0 (D)
www.viarail.ca

Möglichkeit ist die Passage auf einem **Frachtschiff**. Passagiere wohnen in speziell eingerichteten Kabinen und bekommen nahezu hotelähnlichen Service geboten. Der Hafen von Vancouver wird regelmäßig von deutschen Schiffen angelaufen.

Vancouver ist der wichtigste Hafen für Seereisende, die Westkanada einen Besuch abstatten wollen.

Mit der Eisenbahn

Wer viel Zeit hat und gerne mit der Eisenbahn fährt, der kann beispielsweise vom kanadischen bzw. US-amerikanischen Osten via Toronto in den kanadischen Westen weiterreisen. Auf der Strecke Toronto – Winnipeg – Edmonton – Jasper – Kamloops – Vancouver verkehrt der **Canadian**, ein luxuriöser Reisezug, der von **VIA Rail** betrieben wird. Diese Eisenbahn-Betriebsgesellschaft bietet verschiedene Rundreisepässe an, die jedoch nur außerhalb Kanadas zu günstigen Tarifen erworben werden können. Diese Bahnpässe haben 15 oder 30 Tage Gültigkeit. Mit dem **North America Rail Pass** kann man ganz Kanada und die USA bereisen. Der **Canrail Pass** gilt für das gesamte Streckennetz in Kanada.

Ein- und Ausreisebestimmungen

Reisedokumente

Deutsche, Österreicher und Schweizer können mit einem noch mindestens sechs Monate lang gültigen **Reisepass** ohne Visum nach Kanada einreisen, sofern ihr Aufenthalt nicht länger als neunzig Tage dauert.

Kinder und Jugendliche ▶

Die kanadischen Behörden akzeptieren den deutschen **Kinderausweis bis zum 16. Lebensjahr** (Ausweise mit Lichtbild bei Kindern ab dem 10. Lebensjahr notwendig!). Jugendliche ab dem 16. Lebensjahr benötigen einen Reisepass mit Lichtbild.

Visumspflicht für USA-Abstecher ▶

Grundsätzlich verlangen die US-amerikanischen Behörden von jedem Besucher ein Visum. Die Visumspflicht ist derzeit für die Angehörigen einer ganzen Reihe von europäischen Staaten aufgehoben, darunter auch Deutsche, Österreicher und Schweizer.

Rück- oder Weiterreisetickets ▶

Bei der Einreise muss neben den Personaldokumenten auch ein Rück- oder Weiterreiseticket vorgelegt werden können.

Längerer Aufenthalt

Wer länger als drei Monate in Kanada bleiben will, muss sich dies von der Einreisebehörde genehmigen lassen. Man muss ausreichende Geldmittel zur Bestreitung eines Aufenthaltes in Kanada nachweisen können.

Impfungen

Derzeit sind keine Impfungen zwingend vorgeschrieben.

Haustiere

Es wird ein offizielles ärztliches Gesundheits- und Tollwut-Impfzeugnis verlangt. Dieses Zeugnis muss mindestens einen Monat vorher ausgestellt werden und gilt nicht länger als ein Jahr.

Einfuhrbestimmungen

Touristen können persönliche Gebrauchsgegenstände (Sportausrüstungen, Fahrräder, Kameras, tragbare Radio- und Fernsehgeräte usw.) zoll- und gebührenfrei einführen. Die einführende Person muss volljährig sein, d. h. je nach Provinz bzw Territorium mindestens 18 oder 19 Jahre alt. Ferner können folgende Waren zollfrei eingeführt werden: 200 Zigaretten oder 100 Zigarillos oder 50 Zigarren oder 0,9 kg Tabak (nur Personen über 16 Jahre), 1,14 l alkoholische Getränke (nur Personen über 18 bzw. 19 Jahre) und Geschenkartikel bis zu einem Wert von 60 CAD. Nahrungsmittel, Pflanzen und Pflanzenteile, Drogen und Narkotika dürfen auf keinen Fall importiert werden. Die Einfuhr von Schusswaffen unterliegt strengen Bestimmungen. Im Ausland zugelassene Automobile und Motorräder können bis zu einem Jahr zollfrei eingeführt werden. Bei der Ankunft mit dem Fahrzeug erhält man eine zeitlich befristete Betriebserlaubnis (Temporary Permit).

◂ Wiedereinreise nach Deutschland und Österreich

Zollfrei sind alle bereits nach Kanada mitgenommenen persönlichen Gebrauchsgegenstände (vgl. oben). 200 Zigaretten oder 100 Zigarillos oder 50 Zigarren oder 250 g Tabak, 1 l Spirituosen mit über 22 Vol.-% Alkohol oder 2 l Spirituosen unter 22 Vol.-% oder 2 l Schaumwein. Ferner 2 l Wein, 500 g Kaffee oder 200 g Kaffee-Extrakt (Pulverkaffee), 100 g Tee oder 40 g Tee-Extrakt, 50 g Parfüm, 0,25 l Toilettenwasser (Tabakwaren und alkoholische Getränke nur bei Personen über 17 Jahren, Kaffee nur bei über 15jährigen). Andere Waren und Geschenke sind bis zu einem Wert von insgesamt 175 € (Erwachsene) bzw. 87 € (Kinder unter 15 Jahren) zollfrei.

◂ Wiedereinreise in die Schweiz

250 g Kaffee, 100 g Tee, 200 Zigaretten oder 50 Zigarren oder 250 g Tabak, 2 l Wein oder andere Getränke bis 15 Vol.-% Alkoholgehalt sowie 1l Spirituosen mit mehr als 15 Vol.-% Alkoholgehalt. Souvenirs dürfen in die Schweiz bis zu einem Wert von 200 CHF mitgenommen werden.

Reiseversicherungen

Reisekrankenversicherung

Die wichtigste Versicherung bei einer Kanada-Reise ist die Reisekrankenversicherung. Ein Krankenhausaufenthalt ist generell sehr teuer, zumal die einzelnen Provinzen noch hohe Zuschläge erheben, wenn der Patient seinen Wohnsitz außerhalb ihres Zuständigkeitsbereiches

! Baedeker TIPP

Reisekrankenversicherung

Achten Sie beim Krankenhausaufenthalt in Kanada darauf, dass die Rechnung, die Sie später Ihrer Versicherung vorlegen wollen, alle notwendigen Angaben enthält: Persönliche Daten, Ort und Datum der Behandlung, Diagnose, detaillierte Auflistung der erbrachten Leistungen, Unterschrift des behandelnden Arztes, Stempel.

hat. Der Abschluss einer zusätzlichen Reisekrankenversicherung ist deshalb dringend angeraten. Die meisten Reisebüros und einige Kreditkartenorganisationen bieten diesen Service.

Einige größere Versicherungsgesellschaften bieten **Versicherungspakete** für Kanada-Reisende an, die neben der Krankenversicherung eine Gepäck-, Haftpflicht- und Unfallversicherung einschließen. Die Pakete sind allerdings auf maximal 5 bis 8 Wochen begrenzt. Wer sich länger in Kanada aufhalten möchte, sollte die Leistungen der verschiedenen Versicherungsgesellschaften bei den unterschiedlichen Versicherungen vergleichen.

Auskunft

INFORMATIONEN FÜR TOURISTEN

DEUTSCHLAND

▸ **Canadian Tourism Commission Deutschland**
c/o Lange Touristik-Dienst
Eichenheege 1 – 5
63477 Maintal 1
Tel.(0 18 05) 52 62 32
www.canada.travel
E-Mail: canada-info@t-online.de

ALBERTA

▸ **Travel Alberta**
P. O. Box 2500
Edmonton, AB, T5J 2Z4
Tel. (780) 427-43 21
www.travelalberta.com

BRITISH COLUMBIA

▸ **Tourism British Columbia**
302, 3939 Quadra Street
Victoria, BC, V8X 1J5
Tel. (250) 380-76 11
www.hellobc.com

MANITOBA

▸ **Travel Manitoba**
7th floor, 155 Carlton Street
Winnipeg, MB, R3C 3H8
Tel. (204) 927-78 00
www.travelmanitoba.com

NORTHWEST TERRITORIES

▸ **Northwest Territories Tourism**
Box 610
Yellowknife, NT, X1A 2N5
Tel. (867) 873-72 00
www.explorenwt.com

NUNAVUT

▸ **Nunavut Tourism**
Box 1450
Iqaluit, NU, X0A 0H0

Tel. (867) 979-65 51
www.nunavuttourism.com

SASKATCHEWAN

- **Tourism Saskatchewan**
  1922 Park Street
  Regina, SK, S4P 3V7
  Tel. (306) 787-96 00
  www.sasktourism.com

YUKON

- **Yukon Department of Tourism**
  P. O. Box 2703
  Whitehorse, YT, Y1A 2C6
  Tel. (867) 667-53 40
  www.touryukon.com

NÜTZLICHE WEBSITES

- **www.canada.travel**
  Website der Canadian Tourism Commission mit vielen Links

- **www.pc.gc.ca**
  Umfangreiche Informationen zu allen kanadischen Nationalparks

- **www.statcan.ca**
  Kanada in Zahlen. Website der kanadischen Statistikbehörde

- **www.ec.gc.ca**
  Website der kanadischen Umweltbehörde »Environment Canada«

DIPLOMATISCHE VERTRETUNGEN

KANADISCHE VERTRETUNGEN

- **In Deutschland**
  Kanadische Botschaft
  Leipziger Platz 17
  10117 Berlin
  Tel. (030) 20 31 20
  www.dfait-maeci.gc.ca/canada-europa/germany/

- **In Österreich**
  Kanadische Botschaft
  Laurenzerberg 2
  1010 Wien
  Tel.(01) 5 31 38 30 00
  www.dfait-maeci.gc.ca/canada-europa/austria/

- **In der Schweiz**
  Kanadische Botschaft
  Kirchenfeldstr. 88
  3005 Bern
  Tel. (031) 3 57 32 00
  www.dfait-maeci.gc.ca/canada-europa/switzerland/

VERTRETUNGEN IN KANADA

- **Deutschland**
  Botschaft der Bundesrepublik Deutschland
  1 Waverly Street
  Ottawa, ON, K2P 0T8
  Tel. (613) 232-11 01
  www.germanembassy-ottawa.org

  Generalkonsulat der Bundesrepublik Deutschland
  World Trade Center
  Suite 704, 999 Canada Place
  Vancouver, BC, V6C 3E1
  Tel. (604) 684-83 77
  www.vancouver.diplo.de

- **Österreich**
  Botschaft der Republik Österreich
  445 Wilbrod Street
  Ottawa, ON, K1N 6M7
  Tel. (613) 789-14 44
  www.bmeia.gv.at

Generalkonsulat
der Republik Österreich
600 – 890 W. Pender Street
Vancouver, BC, V6C 1K4
Tel. (778) 327-58 19
E-mail: vancouver@
austriantrade.org

▸ **Schweiz**
Botschaft der Schweizerischen
Eidgenossenschaft
5 Marlborough Avenue
Ottawa, ON, K1N 8E6
Tel. (613) 235-18 37
www.eda.admin.ch/canada

Generalkonsulat der Schweizerischen Eidgenossenschaft
World Trade Center
790 – 999 Canada Place
Vancouver, BC
V6C 3E1
Tel.(604) 684-22 31
www.eda.admin.ch/canada

Mit Behinderung in Kanada

Hinweis Öffentliche Gebäude, Ladenpassagen, Gehwege, Verkehrsanlagen wie z. B. Flughäfen und Straßenbahnhaltestellen, öffentliche Verkehrsmittel sowie zahlreiche Beherbergungsbetriebe sind meist behindertengerecht ausgestattet. In vielen von Touristen frequentierten Einrichtungen (Museen, Vergnügungsparks etc.) gibt es einen Service für Körperbehinderte. Behindertenparkplätze stehen überall in ausreichender Zahl zur Verfügung.

RATGEBER

VERBAND

▸ **Canadian Paraplegic Association (CPA)**
Suite 630, 1101 Prince of Wales Drive
Ottawa, ON, K2C 3W7
Tel. (613) 723-10 33
www.canparaplegic.org

▸ **Acces Guide Canada**
Suite 401, 340 College Street
Toronto, ON, M5T 3A9
Tel. (416) 923-18 85
www.enablelink.org/agc

▸ **Whistler for the Disabled**
www.whistlerforthedisabled.com
Umfassende Website für Menschen mit Behinderungen, die gerne einen der Brennpunkte der Winterolympiade 2010 kennen lernen wollen.

BUCH

▸ **Hotel- und Reiseratgeber**
Yvo Escales, Handicapped-Reisen Ausland. Hotel- und Unterkunftsführer für Rollstuhlfahrer bzw. Behinderte
FMG Verlag
Postfach 2154
D-40644 Meerbusch
Tel.(0 21 59) 81 56 22
www.fmg-verlag.de

Elektrizität

110 Volt Wechselstrom

In Kanada werden – ebenso wie in den USA – **110 Volt Wechselstrom** in die Leitungen eingespeist. Weiterhin ist zu beachten, dass die Frequenz im Gegensatz zu Deutschland (50 Hz) bei 60 Hertz liegt. Mitgebrachte elektrische Geräte, die nach europäischer Norm (220 Volt Wechselstrom) ausgelegt sind, müssen also auf 110 Volt umschaltbar sein. Zudem braucht man einen **Zwischenstecker (Adapter; »Amerika-Stecker«)** und für nicht auf 110 Volt umschaltbare Elektrogeräte zusätzlich einen Transformator. Diese Zusatzgeräte beschaffe man sich am besten schon vor der Abreise. In Kanada sind Adapter und Trafos in einschlägigen Geschäften (Abteilung »Appliances«) erhältlich.

Essen und Trinken

Ethnische Vielfalt

Die **kanadische Küche** hat in den letzten Jahren internationale Anerkennung gewonnen. Sie ist von der ethnischen und landschaftlichen Vielfalt des Landes geprägt. So gibt es kein Nationalgericht, jedoch einige typische Gerichte wie **Steaks, Hummer und Lachs.** Vor allem in den größeren Städten findet man ein reichhaltiges Angebot an italienischen, chinesischen, nahöstlichen, ukrainischen, deutschen und französischen Restaurants.

Das reichhaltige **Canadian Breakfast** (Frühstück) besteht aus Fruchtsaft und Kaffee, Toast, Croissant oder Brötchen mit Konfitüre, gerösteten Kartoffeln oder »Pancakes« (eine Art von Pfannkuchen) mit Schinken oder Speck und Eiern (»Ham & Eggs«, »Bacon & Eggs«) oder mit Ahornsirup. Das bescheidenere »Continental Breakfast« setzt sich nur aus Fruchtsaft und Kaffee, Toast, Croissant, Muffin oder Brötchen mit Butter, Konfitüre oder Honig zusammen.

Zum **Lunch** (Mittagessen) nehmen viele Kanadier meist nur eine Kleinigkeit zu sich: Sandwiches, Hamburger, Pasta, bunte Salate oder gar eine herzhafte Suppe – am liebsten in einem sogenannten Food Court oder einem der vielen Fast-Food-Restaurants.

Das **Dinner** (Abendessen) darf dann wieder recht reichhaltig sein. Viele Restaurants öffnen gegen 17.30 Uhr. In nobleren Lokalen wird später gegessen. Zu beachten ist, dass Restaurants in kleineren Städten schon recht früh schließen.

! *Baedeker* TIPP

»Wait to be seated«

In kanadischen Restaurants bekommt man üblicherweise vom Bedienungspersonal einen Platz zugewiesen. Für vornehme Lokale und solche, die gerade besonders »in« sind, ist eine telefonische Tischreservierung empfehlenswert.

Alkohol-ausschank ► Alkoholische Getränke werden **nur in Lokalen mit einer entsprechender Lizenz** und **nur zu bestimmten Zeiten** serviert. In vielen Schnellrestaurants wird man daher vergeblich auf ein Glas Bier warten.

Speisen

Regionale Spezialitäten Die Präriestaaten sind berühmt für ihre vorzüglichen Steaks. Rindfleisch (u. a. »Red Angus«) fehlt auf keiner Speisekarte, v. a. das Fleisch der mit Korn gefütterten Rinder (»Alberta grain-feed beef«) sucht seinesgleichen. In Mode gekommen ist in den letzten Jahren auch Bisonfleisch.

Fisch An der Pazifikküste bestimmen Meeresfrüchte, Krabben, Heilbutt und Lachs den Speiseplan. Beliebt sind »Chowders«, sahnige Fischsuppen mit Muschel-, Hummer- und Fischeinlagen. Eine pochierte Lachsschnitte mit frischem Gemüse aus dem Frasertal gehört zu den besonderen Delikatessen des kanadischen Westens. An den Binnengewässern genießt man Forelle, Lachs, Hecht und Barsch.

Arctic Char ist eine Spezialität auf Victoria Island.

Obwohl Westkanada wildreich ist, findet man **Wildgerichte** nur vereinzelt auf der Speisekarte. Nur in einigen Gourmet-Restaurants oder im Rahmen einer privaten Einladung kann man in den Genuss lecker zubereiteten Wildbrets kommen. Im kanadischen Nordwesten sind Karibufleisch und Bärenragout Spezialitäten.

In vielen **Desserts** spielen Obst (Äpfel, Birnen, Kirschen) und Beeren (Erdbeeren, Blaubeeren, Cranberries) eine wesentliche Rolle. Sehr beliebt sind hausgemachte Pies (gedeckte Obstkuchen), Käsekuchen mit Obstbelag oder Muffins.

Käse Unter den kanadischen Käsesorten sind nur wenige – vor allem Cheddar und Oka – international bekannt geworden.

Getränke

Hochprozentiges Mindestens 40 Volumenprozent Alkohol hat der exzellente **kanadische Whisky**, der zumeist mit Eis (»on the rocks«) und / oder Wasser genossen oder auch in Mixgetränken serviert wird. Beliebte Marken des auf den britischen Inseln beheimateten »Lebenswassers« sind »Canadian Club« und »Seagram's«. Eine Spezialität des Nordens ist »Yukon Jack«, ein sehr starker Whiskylikör. Der kanadische Whisky wird aus Gerstenmalz, gebranntem Korn und Roggen sowie aus ungemalztem Mais gewonnen. Alle Whiskysorten müssen mehrere Jahre lang in Eichenfässern gelagert werden, bis sie trinkreif sind.

Wein Fast nicht zu glauben, aber es gibt ihn tatsächlich: den kanadischen Wein, der durchaus von guter Qualität ist. **Weinbauzentrum in Westkanada ist das Okanagantal** im Süden der Provinz British Columbia. Hauptsächlich ausgebaut werden Chardonnay, Riesling, Sylvaner und Gewürztraminer. Wein wird oft nur in besseren Restaurants serviert.

Bier Sehr gern wird Bier konsumiert. Großer Beliebtheit erfreuen sich Lager, Pilsener und andere Sorten. Ein Spitzenprodukt ist »Carling Black Label«. Die größten Brauereien sind »Molson«, »Labatt's«, »Carling – O'Keefe« und »Moosehead«.

Tee In traditionsbewussten Nobelherbergen wie etwa dem altehrwürdigen »The Empress Hotel« in Victoria und selbst in Berggasthäusern, die etwas auf sich halten, wird heute noch jeden Nachmittag der berühmte **Five O' Clock Tea** nach bester britischer Manier serviert.

Feiertage · Feste · Events

Montag frei Wie hierzulande gibt es auch in Kanada eine Reihe von Fest- und Feiertagen im Jahreslauf. Viele Feiertage werden auf den jeweils nächsten Montag gelegt, so dass die Kanadier mehrmals im Jahr lange Wochenenden haben. Darüber hinaus haben einzelne Provinzen noch zusätzliche Feiertage.

FEIERTAGE UND EVENTS

LANDESWEITE FEIERTAGE

- **1. Januar**
  New Year (Neujahr)
- **März/April**
  Good Friday (Karfreitag)
  Easter Monday (Ostermontag)
- **Montag vor dem 25. Mai**
  Victoria Day
- **1. Juli**
  Canada Day
  (Kanada-Tag)
  (Nationalfeiertag)
- **1. Montag im September**
  Labour Day (Tag der Arbeit)
- **2. Montag im Oktober**
  Thanksgiving (Erntedank)
- **11. November**
  Remembrance Day
  (Volkstrauertag)
- **25./26. Dezember**
  Christmas Day
  (1. Weihnachtsfeiertag)
  Boxing Day
  (2. Weihnachtsfeiertag)

PROVINZFEIERTAGE

▶ **3. Montag im Februar**
Family Day (AB)

▶ **1. Montag im August**
Heritage Day (AB)
British Columbia Day (BC)
Civic Holiday (MB, NWT, SK)

▶ **3. Montag im August**
Discovery Day (YK)

JANUAR

▶ **Vancouver**
Polar Bear Swim (am Neujahrstag stürzen sich besonders abgehärtete Stadtbewohner in die kühlen Fluten der English Bay)

FEBRUAR

▶ **Chetwynd, BC**
Chinook Daze (winterliches Volksfest)

▶ **Courtenay, BC**
Winter Carnival (winterliches Volksfest)

▶ **Dawson Creek, BC**
Winter Carnival

▶ **Golden, BC**
Snow Festival (winterliches Volksfest)

▶ **Hazelton, BC**
Ice Carnival (winterliches Volksfest)

▶ **Lac La Hache, BC**
Winter Carnival (winterliches Volksfest)

▶ **Prince Albert, SK**
Winter Festival

▶ **Victoria, BC**
Flower Count Week (wenn der Rest des Landes noch unter einer dicken Schneedecke liegt, zählt man in der klimatisch geschützten Provinzhauptstadt Frühblüher)

▶ **Winnipeg/St. Boniface, MB**
Festival du Voyageur (Festlichkeiten und sportliche Wettbewerbe zur Erinnerung an die französischen Landerkunder und Pioniere)

▶ **The Pas, MB**
Trappers' Festival (winterliches Volksfest zur Erinnerung an die frühen Pelztierjäger)

▶ **Whitehorse, YT**
Yukon Quest (eines der härtesten Langstrecken-Schlittenhunderennen der Welt von Whitehorse über Dawson City (Yukon) nach Fairbanks, Alaska, 1647 km)

MÄRZ/APRIL

▶ **Yellowknife, NT**
Caribou Carnival (Wettbewerbe im Eisangeln, Hundeschlittenrennen und diverse kulturelle Darbietungen im März)

▶ **Inuvik, NT**
Top of the World Ski Meeting (Ski-Marathon für Hartgesottene während der Osterfeiertage)

MAI

▶ **Chilliwack, BC**
Chilliwack Festival (Volksfest mit sportlichen Wettbewerben, u. a. Reitwettbewerbe)

▶ **Creston, BC**
Flower Festival (Blütenfest)

▶ **Fort St. John, BC**
Stampede (Cowboy-Festival mit diversen sportlichen Darbietungen wie Bronco-Reiten, Lasso-Schwingen, Kälber einfangen etc.)

- **Golden, BC**
  Columbia Rafting (Wildwasser-Wettbewerb)

- **New Westminster, BC**
  Fraser River Canoe Marathon (Kanu-Wettbewerb)

- **Victoria, BC**
  Victorian Days (Festtage mit buntem kulturellem und sportlichem Rahmenprogramm)

JUNI

- **Banff, AB**
  Festival of the Arts (bis August; Musik, Tanz, Theater, Kunstausstellungen usw.)

- **Chetwynd, BC**
  Rodeo

- **Chilliwack, BC**
  Indian Festival (Indianerfest)

- **Cranbrook, BC**
  Sam Steele Days (Festtage zur Erinnerung an den legendären Führer der North West Mounted Police)

- **Grande Prairie, AB**
  Stampede (Cowboy-Festival mit diversen sportlichen Darbietungen wie Bronco-Reiten, Kälber einfangen etc.)

- **Hazelton, BC**
  Kispiox Rodeo

- **Hope, BC**
  Blue Grass Festival (Countrymusik-Fesival)

- **Regina, SK**
  Western Canada Farm Progress Show (große Landwirtschaftsausstellung mit buntem Rahmenprogramm)

- **Whitehorse, YT**
  Yukon Storytelling Festival (Mythen, Legenden, Lieder werden in Anlehnung an indianische Traditionen vorgetragen); Yukon River Quest (härtestes Langstrecken-Kanu- und Kajak-Rennen der Welt von Whitehorse nach Dawson City, 742 km)

- **Williams Lake, BC**
  Stampede (Cowboy-Festival mit diversen sportlichen Darbietungen wie Bronco-Reiten, Kälber einfangen etc.)

- **Yellowknife, NT**
  Midnight Golf Tournament (Golfturnier zur Zeit der Sommersonnenwende); Folk on the Rocks

JUNI / JULI

- **Duncan, BC**
  Duncan – Cowichan Summer Festival (u. a. Indianerfest)

- **Winnipeg, MB**
  Red River Exhibition (Ausstellung und Messe)

JULI

- **Vielerorts**
  National Day Celebrations (1. Juli, Nationalfeiertag)

- **Austin, MB**
  Manitoba Threshermen's Reunion (Dreschwettbewerb)

- **Bella Coola, BC**
  Rodeo

- **Calgary, AB**
  Stampede & Exhibition (tollstes Cowboy-Festival Nordamerikas, mit Rodeos, Wagenrennen, Bronco- und Western-Reiten, Kälber einfangen, Zuchtvieh-Auktionen usw.; ►Baedeker-Special S. 181)

▶ **Campbell River, BC**
Salmon Festival (Fest der Lachsangler)

▶ **Dawson City, YT**
Yukon Gold Panning Championship (1. Juli; Wettbewerbe im Goldwaschen)

▶ **Edmonton, AB**
Klondike Days (die Goldgräberzeit der 1890er-Jahre erwacht zu neuem Leben, mit farbenfrohen Umzügen, Floßrennen usw.)

▶ **Flin Flon, MB**
Trout Festival (Fest der Forellenangler)

▶ **Fort St. John, BC**
Stampede (Cowboy-Festival mit diversen sportlichen Darbietungen wie Bronco-Reiten, Kälber einfangen etc.)

▶ **Howe Sound, BC**
Salmon Derby (Lachsfang-Wettbewerb)

▶ **Kamloops, BC**
Rodeo

▶ **Kelowna, BC**
Internationale Regatta auf dem Lake Okanagan

▶ **Saskatoon, SK**
Pioneer Days; Shakespeare on the Saskatchewan (Theater-Zeltfestival am Fluss)

▶ **Selkirk, MB**
Manitoba Highland Gathering (sportliche Wettbewerbe der schottischen Einwanderer)

▶ **Vancouver, BC**
Sea Festival & Nanaimo – Vancouver Bathtub Race (absoluter Publikumsrenner dieses sommerlichen Festes ist das Badezuberrennen)

▶ **Winnipeg, MB**
Folk Festival

▶ **Yorkton, SK**
Saskatchewan Stampede & Exhibition

JULI / AUGUST

▶ **Pazifikküste**
Walbeobachtung

▶ **Dauphin, MB**
National Ukrainian Festival (Fest der ukrainischen Einwanderer)

▶ **Penticton, BC**
Peach Festival (Pfirsich-Festival mit buntem Rahmenprogramm)

▶ **Regina, SK**
Buffalo Days (Volksfest mit buntem Rahmenprogramm)

▶ **Squamish, BC**
Squamish Days & Loggers Sports Festival (weltberühmte Waldarbeiter-, Holzfäller und Holzhacker-Wettbewerbe)

▶ **Steinbach, MB**
Pioneer Days (Volksfest zur Erinnerung an die ersten Siedler aus Mitteleuropa)

AUGUST

▶ **Abbotsford, BC**
International Air Show (eine der bedeutendsten Luftfahrt-Shows Nordamerikas)

▶ **Campbell River, BC**
Arts Festival (Kunstfestival)

▶ **Courtenay, BC**
Elks Rodeo

▸ **Dawson City, YT**
Discovery Days (Volksfest mit buntem Rahmenprogramm zur Erinnerung an den ersten Goldfund im Klondike-Gebiet)

▸ **Dawson Creek, BC**
Rodeo

▸ **Fernie, BC**
Rangler Valley Rodeo

▸ **Gimli, MB**
Icelandic Festival (Fest der isländischen Einwanderer)

▸ **Grande Prairie, AB**
Muskoseepi Sunday

▸ **Hazelton, BC**
Pioneer Days

▸ **Kamloops, BC**
International Aerial Meeting (Fliegertreffen)

▸ **Lethbridge, AB**
Whoop Up & Rodeo (zweitgrößte Veranstaltung ihrer Art in Alberta)

▸ **Regina, SK**
The Trial of Louis Riel (in einem historischen Spiel in der Mackenzie Art Gallery wird der bis heute umstrittene Gerichtsprozess nachgestellt)

▸ **Vancouver, BC**
Pacific National Exhibition (größte Landwirtschafts- und Industrieausstellung Westkanadas mit buntem Rahmenprogramm inkl. Holzhacker-Wettbewerben)

▸ **Winnipeg, MB**
Folklorama

SEPTEMBER

▸ **Golden, BC**
Rodeo

▸ **Grand Forks, BC**
Western Week & Rodeo

▸ **Vancouver, BC**
Pacific National Exhibition (Ausstellung und Messe)

Ukrainian Festival in Winnipeg

- **Victoria, BC**
  Fall Flower Show (herbstliche Blumenschau)

SEPTEMBER / OKTOBER

- **Penticton, BC**
  Harvest & Grape Fiesta (Erntedank- und Weinfest)

DEZEMBER

- **Chilliwack, BC; Duncan, BC**
  Santa Claus Parade (Parade der Nikoläuse)

- **Vancouver, BC**
  Christmas Carol Ship Parade (Bootsparade in der English Bay)

Filmen und Fotografieren

In Kanada kann man problemlos filmen und fotografieren. Das Netz von Servicestationen ist gut ausgebaut und die Verarbeitungsnormen entsprechen europäischem Standard. Allerdings: Film- und Fotomaterial ist vielerorts im kanadischen Westen erheblich teurer als beispielsweise in Deutschland. Selbst in touristischen Zentren hat man mitunter Mühe, eine moderne Speicherkarte oder einen guten Diafilm zu ergattern. Es lohnt sich, einen ausreichenden Vorrat an Filmmaterial mitzunehmen.

Geld

Banknoten und Münzgeld **Barzahlungsmittel** ist der kanadische Dollar (CAD oder auch can$; 1 CAD = 100 Cents). Es gibt Banknoten in unterschiedlichen Farb- und Gestaltungsvarianten zu 5, 10, 20, 50, 100, 500 und 1000 CAD. Außer 1 Cent (Penny), 5 Cents (Nickel), 10 Cents (Dime) und 25 Cents (Quarter) gibt es Münzen zu 1 Dollar (Loonie) und 2 Dollars (Toonie).

WECHSELKURSE

- **1 can$ (CAD) = 0,63 € (EUR)**
- **1 € (EUR) = 1,60 can$ (CAD)**
- **1 can$ (CAD) = 1,02 sfr (CHF)**
- **1 sfr (CHF) = 0,98 can$ (CAD)**

Aktuelle Wechselkurse unter www.oanda.com

Der kanadische Dollar ist starken Wechselkursschwankungen unterworfen. Beim Rücktausch kanadischer Banknoten müssen unter Umständen spürbare Kursverluste in Kauf genommen werden.

Kreditkarten (credit cards)

Fast überall in Kanada werden Kreditkarten als Zahlungsmittel akzeptiert. Besonders gern sieht man die Karten »American Express«, »MasterCard«, »Visa« und »Diners«. Kreditkartenbesitzer gelten als unbedingt kreditwürdig. Beim Mieten von Autos ist sie zur Kautionsleistung sogar unerlässlich. Auch viele Beherbergungsbetriebe der oberen Preiskategorien bieten ihre Dienste nur Kreditkartenbesitzern an. Bei Verlust der Kreditkarte benachrichtige man schnellst möglich die ausgebende Bank oder Kreditkartenorganisation.

Wer eine Kredit- und/oder Bankkarte mit Maestro-Zeichen und auch mit persönlicher Geheimnummer (PIN; Personal Identification Number) besitzt, kann an **Geldautomaten** (ATM; Automatic Teller Machine) problemlos Geld abheben.

> ! *Baedeker* TIPP
>
> **Reiseschecks**
>
> Europäischen Kanada-Touristen wird unbedingt empfohlen, auf kanadische Dollar ausgestellte Reiseschecks mitzuführen, die wie Bargeld behandelt werden. Bei Diebstahl oder Verlust der Schecks kann man bei den Filialen der ausstellenden Firmen (meist American Express, Visa oder Thomas Cook) unter Vorlage des Kontrollblatts sofort Ersatz erhalten.

Bargeld

Ausländische Banknoten, Reiseschecks usw. können in Bankfilialen und Wechselstuben gegen kanadische Dollars getauscht werden. Man erhält auch Bargeld gegen Vorlage einer Kreditkarte und des Reisepasses.

◄ Öffnungszeiten

Die Filialen der kanadischen Geldinstitute sind zu folgenden Zeiten geöffnet: Mo. – Fr. 10.00 – 15.00 Uhr.

◄ Ein- und Ausfuhr von Devisen

Die Ein- und Ausfuhr von kanadischen Dollars sowie von Fremdwährung ist derzeit unbeschränkt.

Gesundheit

Das medizinische Versorgungswesen ist in Kanada gut ausgebaut. Dies gilt nicht nur für die Zahl und Kompetenz der niedergelassenen Ärzte und Zahnärzte, sondern auch für die Hospitäle. Die Arzthonorare müssen in der Regel vor Ort bezahlt werden, was auch mit einer Kreditkarte möglich ist. Die Rechnungen können anschließend bei der heimischen Versicherung eingereicht werden.

Medikamente

Auch die Versorgung mit Medikamenten ist in Kanada bestens organisiert. Touristen, die regelmäßig ein bestimmtes Medikament einnehmen müssen, sollten gegebenenfalls eine Rezeptkopie mitführen, damit ein kanadischer Arzt das Rezept notfalls erneuern kann.

Drugstore, Pharmacy ► Kanadische Drugstores und Pharmacies ähneln eher unseren Drogerien oder kleinen Kaufhäusern. Ihr Angebot ist vielfältig und geht weit über den Verkauf von Medikamenten hinaus. In größeren Kaufhäusern und Supermärkten sind – quasi »shop-in-shop« – Pharmacies bzw. Drugstores eingerichtet. In den Regalen liegen – frei zugänglich – viele Medikamente, die in Deutschland verschreibungspflichtig sind. Öffnungszeiten: Mo. – Sa. 9.00 – 18.00 Uhr.

! *Baedeker* TIPP

Wasser abkochen

Leitungswasser kann man bedenkenlos trinken, Einschränkungen sind höchstens auf Campingplätzen zu machen. Wer bei Wildnistouren auf Wasser aus Flüssen und Seen angewiesen ist, sollte es 10 Minuten lang abkochen, um eventuelle Darmparasiten abzutöten.

Außerhalb der normalen Öffnungszeiten gibt es keinen Nachtdienst. Im **Notfall** rufe man über die Telefonnummern »1« (Operator) oder »911« (landesweiter Notruf) Hilfe herbei oder wende sich an die nächstgelegene Klinik, die über eine eigene Apotheke verfügt.

Insekten Eine ziemliche Plage im gewässerreichen Reiseland Kanada sind Myriaden von Stechmücken, Bremsen und »Black Flies«, die vor allem in den Sommermonaten über Camper, Kanuten und sonstige Outdoor-Enthusiasten herfallen. Wirksame Mückenschutzmittel und entsprechende Kleidung bzw. Vorsorgemaßnahmen sind dann dringend angeraten.

Karten

Gesamt-Kanada Empfehlenswert sind der Hallwag/Rand McNally Reiseatlas »USA / Kanada / Mexiko« mit Straßenkarten für jede der einzelnen kanadischen Provinzen und Territorien sowie mit Großraum-Stadtplänen und touristischen Hinweisen. Ähnlich aufgemacht ist der »Canada Road Atlas« der kanadischen Firma MapArt Publishing mit einer Vielzahl touristischer Hinweise und mehreren Dutzend Stadtplänen.

Einzelkarten der Provinzen und Territorien Einzelkarten der westkanadischen Provinzen und Territorien verschiedener Verlage sind in Mitteleuropa ebenfalls im gut sortierten Buchhandel erhältlich. Allerdings sollte man auf das Erscheinungsjahr achten. Aktuelle, gut lesbare und in vernünftigen Maßstäben produzierte Touristenkarten der einzelnen Provinzen erhält man in Kanada gegen geringes Entgelt in den Welcome Centers an den Grenzen der Provinzen bzw. an den großen Durchgangsstraßen sowie in den Büros des kanadischen Automobilklubs CAA.

Weitere Karten Detaillierte Straßen- und Wanderkarten touristisch interessanter Gebiete erwirbt man am besten vor Ort. Für vielbesuchte Landschaften wie beispielsweise den Mount Robson Provincial Park gibt es sehr übersichtliche Karten im Maßstab 1:250 000 bis 1:100 000. Für Fremdenverkehrszentren wie Banff, Jasper, Whistler usw. gibt es schöne Wanderkarten im Maßstab 1:50 000. An den Eingängen zu den Nationalparks werden informative Übersichtskarten ausgegeben, auf denen alle wichtigen Sehenswürdigkeiten, Routen und Wanderwege vermerkt sind.

Stadtpläne

Detaillierte Stadtpläne, beispielsweise von Banff, Calgary, Edmonton oder Vancouver, bekommt man im Buchhandel sowie bei den lokalen Fremdenverkehrsbüros.

Mit Kindern unterwegs

Kanada ist ausgesprochen kinderfreundlich. Es gibt überall Spielplätze und spezielle Einrichtungen für Kinder. In den Restaurants findet man beispielsweise meistens Kindersitze und Kindermenüs. Aber auch die Freizeitangebote für die Kleinen können sich sehen lassen. Ein paar Anregungen haben wir ausgesucht, es gibt darüber hinaus aber noch wesentlich mehr.

FREIZEITANGEBOTE FÜR KINDER

MUSEEN

▸ **Royal Tyrell Museum**
Drumheller (AB)
www.tyrrellmuseum.com
Das für seine Dinosaurier-Funde bekannte Haus bietet Programme für Kinder ab 7 Jahren, z. B. Dino-Camps und Jeep-Touren zu den Fossilienfundplätzen.

▸ **Manitobas Children's Museum**
Winnipeg (MB)
www.childrensmuseum.com
Hier können Kinder spielerisch allerlei Phänomenen aus der Welt der Naturwissenschaften und Technik auf den Grund gehen.

TIERE

▸ **Calgary Zoo**
Calgary (AB)
www.calgaryzoo.com
Dieser Tierpark ist besonders kinderfreundlich gestaltet. Außer Gehegen mit vielen interessanten Lebewesen gibt es hier auch einen tollen Spielplatz mit Rutschen und Labyrinthen. Gleich nebenan gibt es noch einen botanischen Garten und einen prähistorischen Park.

▸ **Elk Island National Park**
www.pc.gc.ca/pn-np/ab/elkisland
Für Jung und Alt ein unvergessliches Erlebnis ist die Begegnung mit leibhaftigen Bisons in diesem eine knappe Autostunde östlich von Edmonton (AB) gelegenen Nationalpark.

▸ **Wale beobachten**
Von etlichen Häfen auf Vancouver Island (BC) starten Ausflugsboote zu Walbeobachtungstouren. Mit

etwas Glück bekommt man nicht nur Buckel- und Grauwale, sondern auch Orkas zu Gesicht.

FREIZEITPARK

▶ **West Edmonton Mall**
www.westedmontonmall.com
Im Westen von Edmonton (AB) locken das »Galaxyland« mit Achterbahn, Unterwasserreise im echten U-Boot, Eislaufbahn und »World Water Park« mit Riesenwasserrutschen und Wellenbad.

KINDERFESTIVAL

▶ **Vancouver International Children's Festival**
www.childrensfestival.ca
EndeMai/Anfang Juni wird in Vancouver (BC) jede Menge Spaß für Kinder geboten.

SNOWBOARD & MOUNTAINBIKE

▶ **Whistler Kids**
www.whistlerblackcomb.com
Wo 2010 die Winterolympioniken die Hänge hinunterrauschen, werden im Winter Snowboard- bzw. Skikurse und im Sommer Mountainbike-Kurse für Kinder angeboten. Und zum Après-Ski treffen sich die »lieben Kleinen« im »Kids Club« oder bei den »Monster Kids«, wo sie neu erlernte Tricks zeigen können.

Knigge

Formelle Kleidung Im Geschäftsleben, in guten Restaurants und noblen Hotels, beim Konzert- oder Theaterbesuch und auch in manchen Nachtklubs wird formelle Kleidung (Jackett mit Krawatte, Abendkleid) erwartet. Man erkundige sich schon bei der Tischreservierung nach der Kleiderordnung.

Alkohol Jede kanadische Provinz hat eigene Regelungen in Sachen Alkohol erlassen. In allen Provinzen ist die Abgabe von alkoholischen Getränken nur an Personen **über 19 Jahren** erlaubt. Auf der Straße und in öffentlichen Anlagen (z. B. Parkanlagen, Erholungsgebiete) ist der Alkoholkonsum generell untersagt. Auch das Autofahren unter Alkoholeinfluss wird grundsätzlich streng geahndet. Die Grenze liegt je nach Provinz zwischen 0,0 und 0,8 Promille. Die offene Mitnahme von angebrochenen und auch leeren Flaschen oder Dosen mit alkoholischen Getränken im Auto ist verboten.

? WUSSTEN SIE SCHON ...?

- ... dass Trinkgelder in Restaurantrechnungen nicht enthalten sind? Es ist üblich, 15% zu geben, auch bei einfachen Mahlzeiten.

Liquor Stores, Licensed ▶ Alkoholische Getränke sind ausschließlich in speziell ausgewiesenen »Liquor Stores« erhältlich. Gaststätten und Restaurants dürfen nur dann Bier, Wein und Spirituosen ausschenken, wenn sie im Besitz einer entsprechenden behördlichen Erlaubnis (Licensed) sind.

Das Rauchen ist in Kanada verpönt. Für Inlandsflüge und internationale Flüge kanadischer Fluggesellschaften gilt ein striktes Rauchverbot. In vielen öffentlichen Einrichtungen darf ebenfalls nicht mehr geraucht werden. Gaststätten haben meist besondere Raucherzonen. **Rauchen**

Literatur

Bildbände

Kanada. Viedebantt, K; Weber, W.; Mosler, A., Vista Point Verlag, 2002. Eindrucksvolle Bilder und informative Texte stellen das Land zwischen Atlantik, Pazifik und Polarmeer vor.

Kanada, der Westen. Raach, Karl-Heinz; Teuschl, Karl, Stürtz, Würzburg, 2000. Viele schöne Fotos und kenntnisreiche Texte stellen die wilde Pazifikküste, die majestätischen Rocky Mountains, die weiten Prärien und auch die Tundren und Eiswüsten des Nordens vor.

Kanadas Westen. Jung, Roland E., Artcolor, 1999. Preiswerter und informativer Band.

Landeskunde

Kanada. Lenz, Karl (unter Mitarbeit von Schultze, Rainer-Olaf), Wissenschaftliche Buchgesellschaft, Darmstadt, 2001.

Reisebericht

Mit Gewehr und Kanu. Mackenzie, Alexander, Weitprecht Verlag; Edition Erdmann, 1990. Der Schotte Alexander Mackenzie (▶Berühmte Persönlichkeiten) berichtet über seine Suche nach der Nordwestpassage und seine erfolgreiche Expedition an den Pazifik.

Roman

Hinter dem weißen Horizont. Ross, Christopher, Schneekluth, 2000. Abenteuer und Gefahren der Wildnis, Leidenschaft und Liebe – und das härteste Schlittenhunderennen Kanadas sind der Stoff dieses spannenden Romans.

Filme

Kanada, der Westen. Komplett-Media Verlag, München. Der einstündige Film ist auf Video oder auf DVD erhältlich.

Canada. Canadian Tourism Commission. 10-minütiger Film, den man sich bei der Canadian Tourism Commission (01805/526232) besorgen kann.

Maße · Gewichte

metrisches System

In Kanada sind die Maße und Gewichte vor einiger Zeit vom britischen System auf das metrische System umgestellt worden. Temperaturangaben erfolgen in Grad Celsius (°C), Flüssigkeiten misst man in Litern (l), Hektolitern (hl) und Millilitern (ml). Gewogen wird in Gramm (g) und Kilogramm (kg). Streckenlängen werden in Kilometern (km), Metern (m), Zentimetern (cm) und Millimetern (mm) gemessen. Geschwindigkeiten werden in Kilometern pro Stunde (km / h) erfasst. Dennoch rechnen immer noch viele Kanadier nach dem alten Standard Imperial System.

MASSE UND GEWICHTE

Längenmaße
1 inch (in; Zoll) = 2,54 cm
1 foot (ft; Fuß) = 30,48 cm
1 yard (yd; Elle) = 91,44 cm
1 mile (mi; Meile) = 1,61 km

Flüssigkeiten und Gewichte
1 pint (pt) = 0,568 l
1 gallon (gal) = 4,546 l
1 ounce (oz; Unze) = 28,35 g
1 pound (lb; Pfund) = 453,59 g

Medien

Radio Die kanadischen **Radiosender** sind über Mittelwelle (AM) zu empfangen und sind wie bei uns die aktuellsten Informationsquellen über Veranstaltungen, Verkehr und das Wetter. Über UKW (FM) erhält man die staatlich finanzierten CBC-Kanäle. Wenn man längere Strecken übers Land fährt, sind oft nur ein oder zwei Sender zu empfangen, deshalb sollte man eventuell bei der Mietwagenfirma nachfragen, ob die Autos entsprechend ausgestattet sind.

Fernsehen In fast jedem Hotelzimmer steht ein **Fernsehapparat**. Unentgeltlich kann man die Programme öffentlich-rechtlicher Fernsehanstalten sehen. Dagegen hat man für den Konsum von Fernsehprogrammen der zahlreichen privaten Anbieter zu zahlen (»Pay TV«).

Online-Portal Das bekannteste deutschsprachige Online-Portal heißt **Canada Journal online** (www.canadajournal.ca). Es berichtet schwerpunktmäßig über Reisen, Wirtschaft und Kultur in Kanada.

Zeitungen In Kanada gibt es eine ganze Reihe deutschsprachiger Zeitungen, die allerdings oft nur für eine bestimmte Klientel (z. B. Mennoniten) oder nur in bestimmten Regionen erscheinen. Bekannte Blätter sind **Das Echo**, die **Deutsche Rundschau** und die **Deutsche Presse**.
Zeitungen und Zeitschriften aus Deutschland, Österreich und der Schweiz sind meist nur in den Großstädten oder in den Lobbys großer Luxushotels zu bekommen – und auch hier nicht selten mit erheblicher zeitlicher Verzögerung.

Museen

Allgemeines

Die wichtigsten Museen Westkanadas sind im Hauptteil dieses Reiseführers (▶Reiseziele von A bis Z) bei den jeweiligen Orten erwähnt. Hinsichtlich der aktuellen Öffnungszeiten und Eintrittsgebühren wende man sich an die lokalen Fremdenverkehrsbüros oder an die Institution »Virtual Museum of Canada«. Viele Museen sind montags geschlossen. Die Eintrittspreise können mitunter recht hoch sein. Einige Museen gewähren Kindern, Schülern und Senioren Nachlässe.

i Museumsführer

- Virtual Museum of Canada
  Tel. 1 - 800 - 520 - 24 46, Fax: (819) 994 - 95 55
  www.virtualmuseum.ca,
  E-Mail: vmc@virtualmuseum.ca

Die meisten Museen verfügen über Informationszentren und **Besucherdienste**. Auch Führungen nach besonderen Interessenschwerpunkten werden vielfach angeboten. Fast jedes Museum hat einen Shop, in dem man Souvenirs, Bücher, Postkarten etc. erwerben kann.

Virtual Museum of Canada

Die genauen Adressen und Öffnungszeiten der meisten Museen Westkanadas sind im »Virtual Museum of Canada« verzeichnet. In vielen Fällen sind auch kurze Museumsbeschreibungen beigefügt.

Nationalparks · Provinzparks

Visitor Centre, Park Ranger etc.

In jedem National- und Provinzpark gibt es mindestens ein Informationszentrum (Visitor Centre), in dem man sich mit den Besonderheiten des Schutzgebietes (u.a. Wetter, Schneelage, Waldbrandgefahr, Bärenwarnungen) vertraut machen kann. Hier gibt es auch umfangreiches Informationsmaterial (Karten, Tourenführer etc.). Park Ranger stehen mit Rat und Tat zur Verfügung. Wanderwege (Trails) und auch Lehrpfade führen zu den interessantesten Plätzen. Ferner gibt es in den meisten Parks auch Schutzhütten, Zeltplätze und Einfachst-Unterkünfte. Untersagt ist in allen Parks die Mitnahme jeglicher Feuerwaffen, die Jagd, Schneemobile oder Geländefahrzeuge und das Füttern der Tiere.

Um die Natur zu schonen, hat man in etlichen Schutzgebieten die tägliche Besucherzahl limitiert. Daher muss man längere Wanderungen, Kanutouren und Übernachtungen rechtzeitig mit dem Park Ranger bzw. mit der Parkverwaltung vereinbaren.

Die nachstehend erwähnten und viele weitere National Parks bzw. Provincial Parks sind im Hauptkapitel »Reiseziele von A bis Z« genauer beschrieben.

Kommerzielle Einrichtungen An manchen attraktiven Plätzen gibt es Hotels, Lodges, Campingplätze, Skilifte, Golfplätze etc. Da das Angebot jedoch aus Gründen des Naturschutzes beschränkt ist, sollte man Übernachtungen in den Parks frühzeitig vereinbaren.

DIE SCHÖNSTEN PARKS

NATIONALPARKS

▶ **Banff National Park**
www.pc.gc.ca/pn-np/ab/banff
Lage: in den Rocky Mountains westlich von Calgary (AB)

▶ **Jasper National Park**
www.pc.gc.ca/pn-np/ab/jasper
Lage: in den Rocky Mountains westlich von Edmonton (AB)

▶ **Elk Island National Park**
www.pc.gc.ca./pn-np/ab/elkisland
Lage: östlich von Edmonton (AB)

▶ **Pacific Rim National Park**
www.pc.gc.ca./pn-np/bc/pacificrim
Lage: Westküste von Vancouver Island (BC)

▶ **Nahanni National Park**
www.pc.gc.ca./pn-np/nt/nahanni
Lage: westlich von Fort Simpson (NT)

PROVINZPARKS

▶ **Manning Provincial Park**
www.env.gov.bc.ca./bcparks/explore/parkspgs/manning
Lage: südöstlich von Hope (BC; Fraser Valley)

▶ **Wells Gray Provincial Park**
www.wellsgray.ca
Lage: nördlich von Kamloops

Der Yellowhead Highway führt am majestätischen Mount Robson vorbei.

- **Mount Robson Provincial Park**
  www.env.gov.bc.ca./bcparks/explore/parkspgs/mtrobson
  Lage: in den Rocky Mountains nordwestlich von Jasper (AB)

- **Tweedsmuir Provincial Park**
  www.env.gov.bc.ca./bcparks/explore/parkspgs/tweed
  Lage: östlich von Bella Coola (BC)

- **Dinosaur Provincial Park**
  www.tprc.alberta.ca/parks/dinosaur
  Lage: östlich von Drumheller (AB)

PARKVERWALTUNGEN

- **Parks Canada (Nationalparks)**
  www.pc.gc.ca

- **Alberta Provincial Parks**
  www.tprc.alberta.ca/parks

- **British Columbia Provincial Parks**
  www.env.gov.bc.ca/bcparks

- **Manitoba Provincial Parks**
  www.manitobaparks.com

- **Northwest Territories Parks**
  www.explorenwt.com

- **Nunavut Parks**
  www.nunavutparks.com

- **Saskatchewan**
  www.tpcs.gov.sk.ca/parks

- **Yukon**
  www.environmentyukon.gov.yk.ca/parks

Notrufe

Polizei, Ambulanz, Feuerwehr

Im Notfall kann man auch von jedem Telefon aus die »0« wählen und sich vom Operator mit der Polizei, der Ambulanz oder der Feuerwehr verbinden lassen. Man nennt den Standort, seinen Namen und die Art des Notfalls.

Autopanne

Mitglieder europäischer Automobilclubs wenden sich an die Canadian Automobil Association (CAA).

NOTRUFNUMMERN

- **Polizei, Ambulanz, Feuerwehr**
  Tel. 911

- **CAA**
  Tel. 1 - 800 - CAA - HELP
  Tel. 1 - 800 - 222 - 43 57

- **ADAC/AAA/CAA**
  Tel. 1-888-222-1373
  Notrufstation des ADAC in Zusammenarbeit mit dem US-amerikanischen AAA in Orlando (Florida); deutschsprachige Mitarbeiter

Post · Telekommunikation

Post Die kanadischen Postfilialen sind in der Regel Mo. – Fr. 9.00 – 18.00 Uhr, z. T. auch samstags geöffnet.

Porto ▶ Die Versendung eines Standardbriefes mit einem Höchstgewicht von 30 g bzw. einer Standardpostkarte von Kanada nach Europa kostet gegenwärtig 1,60 CAD. An vielen Orten sind Wertzeichenautomaten installiert, besonders in Flughäfen, Bahnhöfen, an großen Busstationen, Zeitungskiosken und auch an vielen Hotelrezeptionen.

Postlagernde Sendungen ▶ Die kanadischen Postämter bewahren postlagernde Sendungen fünfzehn Tage lang auf. Wenn sie bis dahin nicht abgeholt werden, gehen sie an die Absender zurück. Postlagernde Sendungen nach Kanada müssen so adressiert sein: Name des Empfängers, c/o General Delivery, Main Post Office, Stadt, Provinz, Canada, Postleitzahl (sechsstellige Kombination aus Zahlen und Buchstaben).

TELEFONIEREN IM IN- UND AUSLAND

Kanada ist in Telefonbezirke mit dreistelligen Vorwahlnummern (Area Codes) eingeteilt. Dann folgt eine siebenstellige Rufnummer (die ersten drei Ziffern stehen für die örtliche Vermittlungsstelle, die folgenden vier Ziffern für die eigentliche Rufnummer).

INLAND

▶ **Innerhalb eines Telefonbezirkes**
1 + siebenstellige Nummer des Teilnehmers

▶ **innerhalb Kanadas**
1 + dreistelliger Area Code + siebenstellige Nummer des Teilnehmers

AUSLAND

▶ **von Privatanschlüssen nach Deutschland**
01149
+ Ortsnetzkennziffer ohne 0
+ Nummer des Teilnehmers

▶ **von Privatanschlüssen nach Österreich**
01143
+ Ortsnetzkennziffer ohne 0
+ Nummer des Teilnehmers

▶ **von Privatanschlüssen in die Schweiz**
01141
+ Ortsnetzkennziffer ohne 0
+ Nummer des Teilnehmers

▶ **von öffentlichen Telefonzellen**
0, der Operator meldet sich und erteilt weitere Instruktionen

! *Baedeker* TIPP

Kostenlos telefonieren

Telefonnummern mit einer 800- oder 888-Nummer zu Beginn sind gebührenfreie »Hotlines« von Hotelketten, Autovermietungen etc. Diese Nummern können jedoch vom Ausland aus nicht angerufen werden. Auch Anrufe bei der Auskunft sind in Kanada gratis. R-Gespräche werden vom Operator (»0«) gebührenfrei vermittelt.

Öffentliche Fernsprecher

Die öffentlichen Münzfernsprecher werden nach und nach durch Kartentelefone ersetzt, die im Voraus bezahlte und mit Magnetstreifen versehene **Smart Cards** (zu 10 CAD, 15 CAD und 20 CAD) akzeptieren. Diese erhält man an Zeitungsständen und in zahlreichen Geschäften. An vielen öffentlichen Fernsprechern ist auch der Einsatz von Kreditkarten und sog. Calling Cards einiger weltweit operierender Telefongesellschaften möglich.
Die kanadischen Telefongesellschaften und die deutsche Telekom bieten sog. **Calling Cards** an, die bargeldloses Telefonieren von öffentlichen Fernsprechern aus ermöglichen. Viele Telefonapparate können inzwischen auch mit einer Kreditkarte bedient werden. Diese Dienste sind billiger als Gespräche von Hoteltelefonen.

Internet-Kommunikation

In allen größeren Orten gibt es Lokale und öffentliche Einrichtungen mit **WLAN**- bzw. **WiFi**-Bereichen. In Kanada geht man zunehmend davon aus, dass Reisende mit WLAN-Laptops unterwegs sind. Überall, wo ein WiFi-Schild hängt, können sie problemlos online gehen. Dementsprechend werden Internet-Cafés allmählich obsolet.

Preise · Vergünstigungen

Alle **Nationalparks** im Westen Kanadas kosten Eintritt pro Person. Der **Tagespass** für einen Nationalpark in den Rocky Mountains (Banff, Jasper, Yoho und Kootenay) kostet für einen Erwachsenen rund 10 CAD pro Tag. Wer längere Aufenthalte in mehreren Parks plant, kann den **Annual National Parks Pass** zum Preis von derzeit 67,70 CAD kaufen. Dieser Pass berechtigt ein ganzes Jahr lang zur unbegrenzten Nutzung aller kanadischen Nationalparks.

WAS KOSTET WIEVIEL?

Einfache Mahlzeit
ab 10 CAD

3-Gang-Menü
ab 25 CAD

Doppelzimmer
ab 80 CAD

Eine Tasse Kaffee
ab 1,50 CAD

1 Liter Benzin
ab 1,50 CAD

Busfahrt Vancouver – Calgary
ca. 120 CAD

Reisezeit

Unterschiede zwischen dem Norden und dem Süden

Entsprechend der Breitenlage kennt man zumindest in den südlichen Gefilden Westkanadas vier Jahreszeiten. Im **Norden** (Yukon, Northwest Territories) dagegen **nur zwei Jahreszeiten**, nämlich die kalte Jahreszeit (Oktober bis April) und die wärmere Jahreszeit (Mai bis September). Wegen der großen Ausdehnung des Landes lassen sich keine generellen Empfehlungen geben. Im Norden ist es in der Regel

Kanada Westen Klimastationen

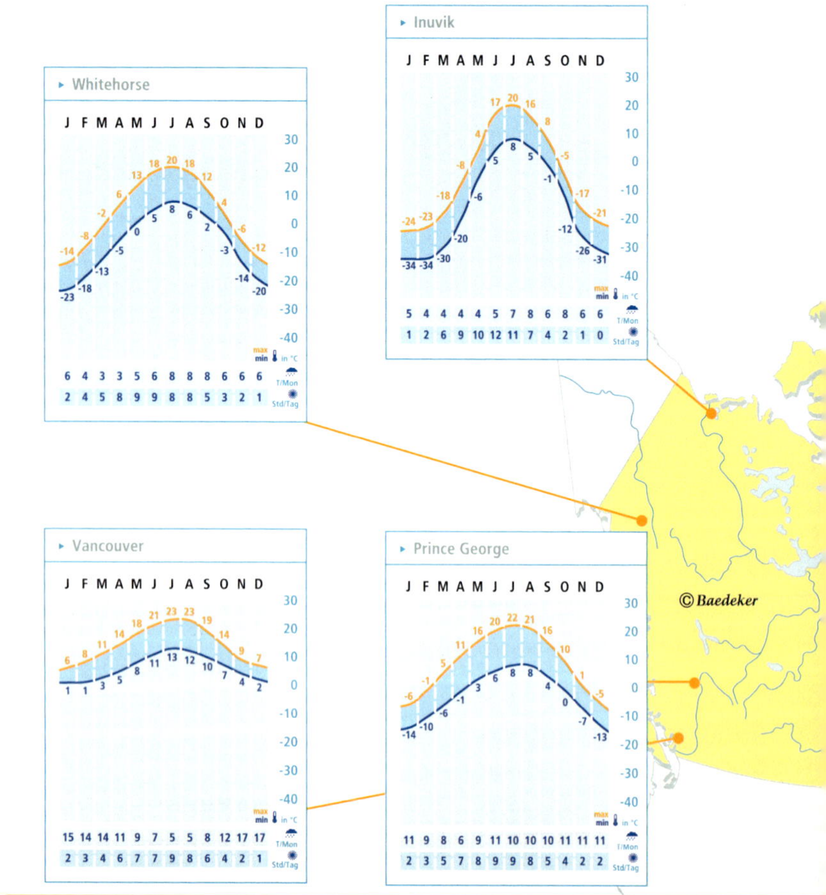

recht kalt, nur von Juni bis August kann man hier mit angenehmen Witterungsverhältnissen rechnen.

Den Süden Westkanadas bereist man am besten **zwischen Mai und Oktober.** In der ersten Oktoberhälfte zieht der **Indian Summer** mit seiner herbstlich bunten Laubfärbung viele Menschen in die Natur. Ende Oktober, manchmal aber auch schon früher, treten auch in den südlichen Regionen erste Nachtfröste und Schneefälle auf.

Spätherbst, Winter und Frühjahr sind in weiten Teilen des Landes **unfreundlich** und kalt. Im kanadischen Winter (Dezember bis Februar)

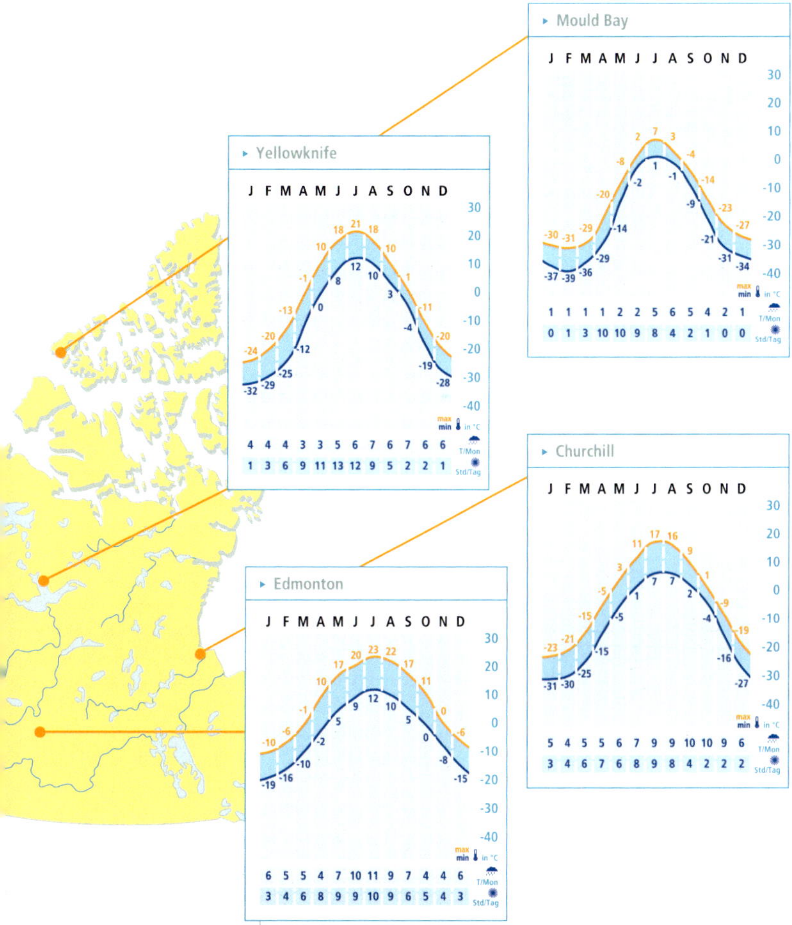

Die Inside Passage ist eine der schönsten und abwechslungsreichsten Schifffahrtsrouten der Welt.

fallen gebietsweise beträchtliche Schneemengen und es wird extrem kalt. Dann kommen Wintersportfreunde besonders in den Berggebieten von British Columbia und Alberta auf ihre Kosten.

Sommersaison Am **Victoria Day Weekend** (um den 22. Mai) **beginnt die Hauptreisezeit**. Dann werden viele National- und Provinzparks geöffnet und auch außerhalb der großen Städte sind nun alle Touristikinformationsbüros besetzt.

Skisaison In den Rocky Mountains dauert die mit hoher **Schneesicherheit** verbundene Skisaison von **Anfang November bis Mitte April**. Der allermeiste Schnee fällt im Dezember und Januar an jeweils 11 Tagen. Anfang März (größte Schneehöhe) liegt der legendäre, hier **Champagne Powder** genannte Pulverschnee in Banff und Jasper etwa 1 m hoch, in den Skigebieten gut 2 m hoch und in den Kammlagen, dem Revier für »Heli-Skiing«, durchschnittlich bis zu 3,5 m hoch.

Im Winter treten die gefürchteten **Blizzards** auf, jene ziemlich tückischen Schneestürme, die den Verkehr binnen Stunden durch meterhohe Schneeverwehungen lahm legen können. Die größte Gefahr für solche polaren Kaltluftausbrüche besteht im Januar. Niedrige Temperaturen und starke Winde können an ungeschützten Körperstellen schnell zu Erfrierungen führen. Die individuell gefühlten Temperaturen liegen dann deutlich unter den gemessenen Werten, so dass ein Aufenthalt im Freien kaum möglich ist. Der Unterschied

? WUSSTEN SIE SCHON ...?

- ... dass man in den Skigebieten nichts mehr fürchtet, als den berüchtigten trocken-warmen Fallwind namens Chinook, auch »snow eater« (Schneefresser) genannt? Er lässt die weiße Pracht binnen weniger Stunden zusammenschmelzen.

beider Temperaturen wird als »wind chill« bezeichnet. Über die aktuellen Gefahren eines Aufenthalts im Freien informieren die Medien im Winter laufend.

Je nach Wetter ...

Wer mit dem Schiff die Inside Passage zwischen Vancouver und Prince Rupert (beide British Columbia) bzw. Skagway (US-Bundesstaat Alaska) befahren will, sollte dies am besten in der Zeit von Juni bis Mitte August tun. Neben Hitzewellen gibt es in British Columbia auch kühle und feuchte Perioden mit entsprechend schlechtem Reisewetter für die Rocky Mountains. Wer zeitlich und in der Streckenwahl flexibel ist, der kann zur Überbrückung solcher Tage z. B. die sonnensichere Obstbau- und Weinregion des Okanagan mit ihren warmen Seen besuchen. Grundsätzlich sind die Gebiete im Regenschatten hoher Gebirgsketten wetterbegünstigt. Fahrten in den kanadischen Norden sind ohne Winterausrüstung erst ab Anfang Juni möglich. Für die Reiseplanung vor Ort bieten sich neben den überregionalen Zeitungen auch das Internet sowie der lokale TV-Wetterkanal an mit Wettervorhersagen bis zu einer Woche.

Sicherheit

Straßenkriminalität

Die Straßenkriminalität ist in Kanada, verglichen mit den USA, unbedeutend. In den größeren Städten ist es nachts ratsam, in den Hauptbezirken zu bleiben. Auch wenn Diebstahl eher selten vorkommt, sollte man dennoch keine unnötigen Risiken eingehen. Also behalten Sie Ihr Gepäck im Auge und lassen Sie im Auto oder am Strand keine Wertsachen liegen. Falls Sie die Polizei doch mal brauchen, erreichen Sie sie telefonisch unter 911. Damit ein bei Diebstahl entstandener Schaden von der Versicherung gedeckt wird, ist unbedingt Anzeige zu erstatten.

Shopping

Shopping Malls und historisches Ambiente

Insbesondere in den größeren Städten Kanadas bieten sich vielfältige und abwechslungsreiche Möglichkeiten zum Bummeln und Einkaufen. In den hochmodernen Einkaufszentren, wie beispielsweise dem Eaton Centre in Victoria oder der West Edmonton Mall, sind eine Vielzahl von Läden, Boutiquen, Restaurants und sogar Freizeitangebote durch weitverzweigte Glaspassagen oder unterirdische Tunnels zu **Shopping Malls** verbunden, in denen man auch bei schlechtem Wetter oder niedrigen Temperaturen dem Kaufvergnügen frönen kann. Wer seine Souvenirs lieber in historischem Ambiente erstehen will, kann dies seit einigen Jahren in den zu Laden- und Flanierstraßen umgebauten historischen Vierteln einiger kanadischer Großstädte tun, so etwa in Granville Island in Vancouver.

Öffnungszeiten Die Einzelhandelsgeschäfte haben in der Regel zwischen 9.00 und 18.00 Uhr geöffnet. Vielerorts haben einige Geschäfte bis spätabends geöffnet. Mit Lebensmitteln und mit sonstigen Artikeln des täglichen Bedarfs kann man sich auch am Wochenende versorgen.

Antiquitäten Die Ausfuhr von Gegenständen, die älter als 50 Jahre und von historischer, kultureller oder wissenschaftlicher Bedeutung sind, ist eingeschränkt. Die aktuellen Bestimmungen erfährt man bei den kanadischen Zollbehörden.

Kunst Erinnerungen von bleibendem Wert sind **Aquarelle, Lithographien, Holzschnitte und Skulpturen** (Holzmasken, Totempfahl-Miniaturen, Schnitzereien aus Speckstein und Walross-Elfenbein), die Motive aus dem Leben der Inuit bzw. Indianer zeigen. Die Preise richten sich oft nach dem Bekanntheitsgrad der in Frage kommenden Künstler.

Aber echt, bitte! ► Wer Arbeiten kanadischer Künstler erstehen möchte, sollte auf Echtheitsvermerke achten. Nicht selten werden minderwertige Imitate fernöstlicher Herkunft feilgeboten.

Handgefertige Kleidungsstücke Handgefertige Kleidungsstücke, darunter auch Strick- und Webwaren (bes. Pullover) sowie gefütterte Parkas werden ebenfalls gerne gekauft. Originelle Souvenirs sind handgefertigte Mokassins, die Lederhalbschuhe der nordamerikanischen Indianer. Diese Schuhe sind oft

In den Shopping Malls der westkanadischen Städte kann man Lederwaren oft zu recht günstigen Preisen erwerben.

KONFEKTIONSGRÖSSEN

Herrenbekleidung

Anzüge:

KAN	36	38	40	42	44	46	48
BRD	46	48	50	52	54	56	58

Hemden:

KAN	14	14½	15	15½	16	16½
BRD	36	37	38	39	41	42

Schuhe:

KAN	6½	7	8	9	10	10½	11
BRD	39	40	41	42	43	44	45

Damenbekleidung

Kleider:

KAN	32	34	36	38	40	42
BRD	38	40	42	44	46	48

Strümpfe:

KAN	8	8½	9	9½	10	10½
BRD	0	1	2	3	4	5

Schuhe:

KAN	5½	6	7	7½	8½	9
BRD	36	37	38	39	40	41

mit Stachelschweinborsten bestickt und mit Glasperlen geschmückt. Sehr beliebt sind auch Stetson-Hüte à la Ben Cartwright, verzierte Lederstiefel und -gürtel.

Produkte aus Ahornsaft

Besonders im östlichen Kanada kann man aus dem süßen Saft des Ahornbaums (engl. »maple«, franz. »érable«) gewonnene Erzeugnisse kaufen. Sehr begehrt sind Ahornsirup und Ahornzucker, die sich bestens zur Verfeinerung vieler Speisen eignen.

Alkohol

Alkoholische Getränke sind in Kanada nur in Läden des staatlichen Monopols erhältlich. Dies gilt auch für Bier. Die Preise werden streng überwacht, und in manchen Gebieten ist jede Alkoholwerbung untersagt. Lediglich als Sponsoren von Kultur- und Sportveranstaltungen können Hersteller alkoholischer Getränke auftreten. Mindestens 40 Vol.-% Alkohol hat der kanadische **Whisky.** Beliebte Marken sind »Canadian Club« und »Seagram's«. Dass in Westkanada Wein angebaut wird, hält man kaum für möglich.

◂ Mitbringsel mit Überraschungseffekt!

Verblüffen Sie die Daheimgebliebenen doch mit einer Flasche echtem kanadischen **Wein.** Insider schätzen die vorzüglichen Tropfen, die im Okanagantal im Süden der Provinz British Columbia ausgebaut werden. Es dominieren die Sorten Chardonnay, Riesling, Sylvaner und Gewürztraminer.

Umsatz- und Verkaufssteuern

Landesweit wird auf die meisten Waren und Dienstleistungen eine 7 %-ige Umsatzsteuer GST (Goods & Services Tax) erhoben. Darüber hinaus erheben alle kanadischen Provinzen eine unterschiedlich hohe Verkaufssteuern (PST = Provincial Sales Tax) zwischen 6 % und 12 % auf die meisten Waren, die man in Geschäften kaufen kann, auf Speisen in Restaurants und zumeist auch auf Hotel- und Motelübernachtungen.

GUTE EINKAUFSADRESSEN

ALBERTA

► **Edmonton**
West Edmonton Mall

► **Calgary**
Stephen Avenue

BRITISH COLUMBIA

► **Vancouver**
Robson Street, Granville Street Mall

► **Victoria**
Old Town, Trounce Alley, Market Square

MANITOBA

► **Winnipeg**
Portage Avenue

SASKATCHEWAN

► **Regina**
Cornwall Centre

Steuerrückerstattung Ausländische Touristen können sich bereits bezahlte Steuern rückerstatten lassen, sofern sie Belege gesammelt und einen entsprechenden Antrag gestellt haben. Die aktuellen und genauen Bedingungen entnehme man der Informationsbroschüre »GST Rebate for Visitors«, die an jeder Grenzübergangsstelle nach Kanada, bei jedem kanadischen Konsulat und bei der kanadischen Finanzbehörde erhältlich ist.

Sprache

Englisch/ Französisch Durch den Official Language Act von 1969 wurden in Kanada offiziell die englische und die französische Sprache zu gleich berechtigten Amts- und Umgangssprachen erklärt. Englisch ist in allen Provinzen und Territorien außer in Québec die Regel. Größere französischsprachige Minderheiten gibt es auch im kanadischen Westen, so etwa in Teilen Manitobas (Gegend um Winnipeg) und Albertas (Raum Edmonton).

SPRACHFÜHRER

Englisches Speisen- und Getränkelexikon

almonds .... Mandeln
anchovies .... Sardellen
apple .... Apfel
asparagus .... Spargel
bacon .... Schinkenspeck
beef .... Rind
beer .... Bier

beverages	Getränke
black pudding	Blutwurst
boiled	gekocht
bottle	Flasche
braised beef	Schmorbraten
bread	Brot
bream	Brasse
broth	Fleischbrühe
Brussels sprouts	Rosenkohl
cabbage	Kohl
cake	Kuchen
carrots	Karotten
cauliflower	Blumenkohl
celery	Sellerie
cereal	Getreide ...
cheese	Käse
cherry	Kirsche
chicken	Hähnchen
chips	Pommes frites
chop	Kotelett
cider	Apfelmost
cod	Kabeljau
coffee	Kaffee
cooked	gekocht
crab	Krebs
cream	Sahne
cutlet	Kotelett bzw. Schnitzel
cuttle fish	Tintenfisch
dish	Gericht
draught beer	Faßbier
duck	Ente
egg	Ei
soft (hard) boiled	weich (hart) gekocht
fried egg	gebratenes Ei
poached egg	verlorenes Ei
scrambled egg	Rührei
egg mayonnaise	Russische Eier
fish soup	Fischsuppe
French beans	grüne Bohnen
fried	in der Pfanne gebraten
fruit juice	Fruchtsaft
game	Wild
gammon	geräucherter Schinken
garlic	Knoblauch
ginger	Ingwer
goose	Gans
grapes	Weintrauben
gravy	Bratensauce

haddock	Schellfisch
halibut	Heilbutt
ham	gekochter Schinken
hare	Hase
haricot beans	weiße Bohnen
herbs	Kräuter
honey	Honig
ice-cream	Speiseeis
ice cubes	Eiswürfel
intestines	Innereien
jam	Konfitüre
joint of meat	Braten aus der Keule
kidney	Niere
lamb	Lamm
leek	Lauch, Porree
lettuce	Kopfsalat
liver	Leber
lobster	Hummer
loin	Lendenstück
mackerel	Makrele
main course	Hauptgericht
meat balls	Fleischklößchen
milk	Milch
minced meat	Hackfleisch
mineral water	Mineralwasser
mushrooms	Pilze
mussel	Muschel
mustard	Senf
mutton	Hammelfleisch
noodles	Nudeln
oil	Öl
onion	Zwiebel
orange juice	Orangensaft
ox-tail soup	Ochsenschwanzsuppe
oyster	Auster
pancake	Pfannkuchen
parsley	Petersilie
pastry	Gebäck, Kuchen
pea	Erbse
peach	Pfirsich
pear	Birne
pepper	Pfeffer
peppers	Paprikaschoten
pheasant	Fasan
pie	Pastete
pigeon	Taube
pike	Hecht
pike-perch	Zander

plaice	Scholle
plum	Pflaume
pork	Schweinefleisch
port	Portwein
potatoes	Kartoffeln
poultry	Geflügel
prawn	Garnele
quail	Wachtel
rabbit	Kaninchen
raspberry	Himbeere
red cabbage	Rotkohl
rice	Reis
roast	Braten
roll	Brötchen
salad	Salat
salmon	Lachs
salt	Salz
sausage	Würstchen
seafood	Meeresfrüchte
shark	Hai
shellfish	Schalentier
sirloin steak	Rumpsteak
skate	Rochen
slice	Scheibe
smoked	geräuchert
sole	Seezunge
soup	Suppe
sparkling wine	Schaumwein
spice	Gewürz
spinach	Spinat
starter	Vorspeise
steak	Steak
rare	englisch, fast roh
medium	mittel
well done	gut durchgebraten
steamed	gedämpft
stewed	geschmort
strawberry	Erdbeere
stuffed	gefüllt
suckling pig	Spanferkel
sweets	Süßigkeiten, Nachspeise
swordfish	Schwertfisch
tart	Obsttorte
tea with lemon	Tee mit Zitrone
tender	zart
tongue	Zunge
tough	zäh
trout	Forelle

turkey	Truthahn
turtle	Schildkröte
veal	Kalb
vegetable	Gemüse
vinegar	Essig
wine (red, rosé, white)	Wein (rot, rosé, weiß)

Wörterbuch für Autofahrer

construction	Baustelle
driver's licence	Führerschein
expressways	Stadtautobahnen
gas stations	Tankstellen
gravel highways	grobe Schotterpiste
highway	Hauptverkehrsstrasse
hitch-hiking	Autostop, trampen
king's highway	Hauptverkehrsader zwischen städtischen Zentren
logging roads	Holzabfuhrwege
maximum 100	Höchstgeschwindigkeit 100 km/h
metropolitan area	Ballungszentren
pedestrian	Fußgängerzone
ramp speed	Richtgeschwindigkeit auf der Rampe
school bus turning	Schulbusse wenden
secondary highway	Provinzhauptstraße
truck	Lastzug

Straßenverkehr

Land der Autofahrer

Das kanadische Straßennetz ist im Hinblick auf die schier unermessliche Weite des Landes sehr gut ausgebaut. Die hochindustrialisierten Ballungsräume sind nahezu perfekt »autogerecht« erschlossen: mehrspurige Expressways umringen die städtischen Zentren. Großzügig angelegte Highways verbinden die wichtigsten Städte des Landes miteinander und führen ins Landesinnere. Sämtliche Highways sind nummeriert. Man sollte sich diese Nummern einprägen, weil die Wegweiser mehr darauf Bezug nehmen und weniger auf Orte.

Verkehrsschilder

Die kanadischen Verkehrsschilder (s. S. 116/117) entsprechen weitgehend den europäischen. Natürlich gibt es in der Neuen Welt einige Besonderheiten, so zum Beispiel Schilder, auf denen vor Elchen, Hirschen, Bären usw. gewarnt wird, die vor allem nachts die Fahrbahn kreuzen könnten. Touristische Einrichtungen, wie z. B. Camping- und Picknickplätze, werden gut auf braunen Schildern angezeigt.

Entfernungen in km

Verkehrsvorschriften Generell unterscheiden sich die Verkehrsvorschriften in Kanada nur wenig von den in Europa gültigen Bestimmungen. Ebenso wie in Mitteleuropa herrscht in Kanada **Rechtsfahrgebot.** Auf mehrspurigen Straßen darf man auch außerhalb geschlossener Ortschaften links oder rechts überholen.

Auf Autobahnen beträgt die **Höchstgeschwindigkeit** meist 100 km/h, auf Landstraßen 80 km/h. Innerorts darf 50 km/h gefahren werden. Alle **Geschwindigkeitsbeschränkungen** sind deutlich markiert und **werden auch in kaum besiedelten Gebieten scharf überwacht.** Übertretungen werden streng bestraft. An einer roten Ampel darf man nach vorherigem Stopp und bei freier Fahrbahn rechts abbiegen.

Für Autofahrer besteht grundsätzlich **Gurtpflicht** und für Motorradfahrer **Helmpflicht**. Ferner muss grundsätzlich **auch tagsüber** das **Abblendlicht** eingeschaltet sein. Nur mit Standlicht zu fahren ist unzulässig. Das Führen eines Kraftfahrzeugs unter **Alkoholeinfluss** ist **strafbar**.

An vielen Kreuzungen herrscht Ampelregelung. Im Allgemeinen befinden sich die Ampeln jedoch hinter der Kreuzung. Verkehrsteilnehmer müssen bei Rot an der weißen Haltelinie vor der Kreuzung stehenbleiben. Vor gefährlichen Stellen wie Bahnübergängen und manchmal auch vor Ortsdurchfahrten blinken gelbe oder rote Warnleuchten. Dann heißt es: Abbremsen, gegebenenfalls anhalten und erst dann vorsichtig weiterfahren. **Polizeifahrzeugen** mit eingeschaltenem Blinklicht und Signalhorn ist unbedingt Vorfahrt zu gewähren. Wird man von einem Polizeifahrzeug mit eingeschaltetem Blinklicht verfolgt, sollte man unverzüglich am Straßenrand anhalten, im Fahrzeug sitzenbleiben und unaufgefordert seine Fahrerlaubnis (Führerschein, »driver's licence«) vorweisen.

Geschwindigkeiten *Umrechnungsskala*

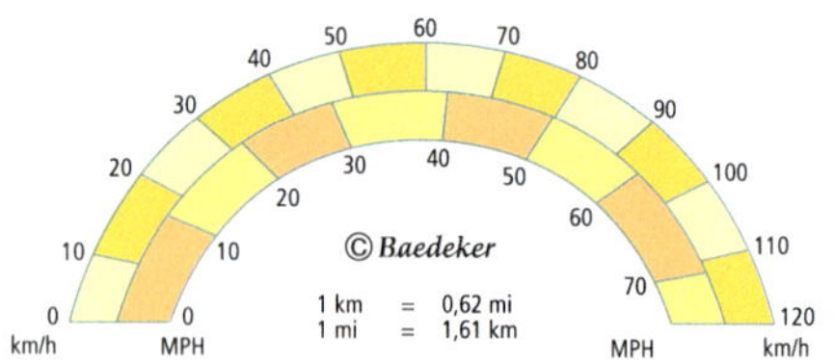

Tankstellen In den Verdichtungsräumen und entlang der Hauptverkehrsstraßen (Highways) gibt es genügend Tankstellen. Problematisch kann es werden, wenn man sich außerhalb von Siedlungen auf Nebenstraßen befindet. **Nordland-Reisende sollten unbedingt Vorräte mitnehmen**, denn in British Columbia, Yukon und den Northwest Territories kann man Hunderte, ja Tausende von Kilometern fahren, ohne dabei auf eine Tankstelle zu treffen.

Autostop Autostop – in Kanada **Hitch-hiking** genannt ist generell verboten. Dennoch sieht man in der Nähe touristischer Zentren (u. a. Calgary, Banff, Jasper, Vancouver) viele junge Leute, die versuchen, »per Daumen« weiterzukommen.

Bei heftigen oder nach lang anhaltenden Regenfällen kann man wirklich böse Überraschungen erleben. Die nicht befestigten Straßen sind dann stark in Mitleidenschaft gezogen. Straßenteile können völlig weggewaschen sein. Je nach Untergrund können tückische und sehr glitschige Lehmpisten entstehen. Nach den strengen kanadischen Wintern und dem stürmisch-regnerisch einsetzenden Frühjahr können selbst ansonsten gut ausgebaute Straßen von aufbrechenden Frostbeulen gebuckelt und unterspült sein.

Passierbarkeit der Straßen

> ! *Baedeker* TIPP
>
> **Vorsicht bei Schulbussen**
>
> An haltenden, meist auffällig gelb-orange lackierten Schulbussen mit eingeschalteter roter Warnblinkanlage darf nicht vorbei gefahren werden. Dies gilt auch für den entgegen kommenden Verkehr!

Für **Fahrten in nördliche Gebiete** erweisen sich außer fahrzeugtechnischem »Know how« mehrere Ersatzreifen, ein gut bestückter Werkzeugkasten, funktionierende Scheibenwischer, breites Klebeband, ein Abschleppseil und geeignetes Putzzeug als sehr hilfreich. Scheinwerfer und ggf. auch Windschutzscheiben sowie Ölwanne und Tank sollten besonders geschützt sein. Es empfiehlt sich, besondere Vorkehrungen gegen das Eindringen von Staub ins Wageninnere zu treffen. Man denke bespielsweise daran, das Gepäck zusätzlich in Plastiksäcken zu schützen.

Wer eine Panne hat, sollte sein Fahrzeug so abstellen, dass es den Verkehr nicht behindert. Man stelle die Motorhaube hoch und befestige an der Fahrerseite ein weißes Signaltuch. Die Polizei und die Pannendienste helfen. An den meisten Fernverkehrsstraßen sind Notrufsäulen installiert.

Verhalten bei einer Fahrzeugpanne

Mietwagen

Wer einen Mietwagen schon von zu Hause aus bestellt, zahlt weniger als bei der Miete erst nach der Ankunft in Kanada. Man achte auf **ausreichenden Versicherungsschutz** (Insassenversicherung, Selbstbeteiligung etc.). Solche Versicherungspakete können recht teuer sein. Eine Haftpflicht- und Vollkaskoversicherung mit einer gewissen Selbstbeteiligung sind jedoch meist schon im Mietpreis enthalten. Zudem müssen örtlich noch **Provinzsteuern** entrichtet werden. Ziemlich teuer kann es obendrein werden, wenn man den gemieteten Wagen zwar bei der gleichen Verleihfirma, aber an einem anderen Ort zurückgeben will.

von zuhause billiger

Normalerweise bekommt man einen Mietwagen nur dann, wenn eine **Kaution** hinterlegt wird. Die meisten Autovermieter akzeptieren ausschließlich Kreditkarten.

Personenkraftwagen werden in der Regel nicht an Personen unter 21 Jahren vermietet. Ein Wohnmobil (RV, Recreational Vehicle) bekommt nur, wer mindestens 25 Jahre alt ist.

Verkehrszeichen

Vorschriftszeichen

Halt! Vorfahrt gewähren

Vorfahrt gewähren

Achtung Streckenführung

Höchstgeschwindigkeit

Vorsicht Schulkinder

Kein Rechtsabbiegen bei roter Ampel

Einfahrt verboten

Falsche Fahrtrichtung

Überholverbot

Parkverbot

Halteverbot

Einbahnstraße

Nicht erlaubte Fahrtrichtungen

Fußgänger-zone

Parken bis zu 30 min. erlaubt

Vorgeschriebene Fahrtrichtungen

Verkehrsführung für Linksabbieger

Durchfahrtsverbot für Gefahrgüter

Verbot für schwere LKW

Überholspur

Gefahrzeichen

Hinweis auf Verkehrszeichen

Bahnübergang

Radweg kreuzt

Kreuzendes Snowmobil

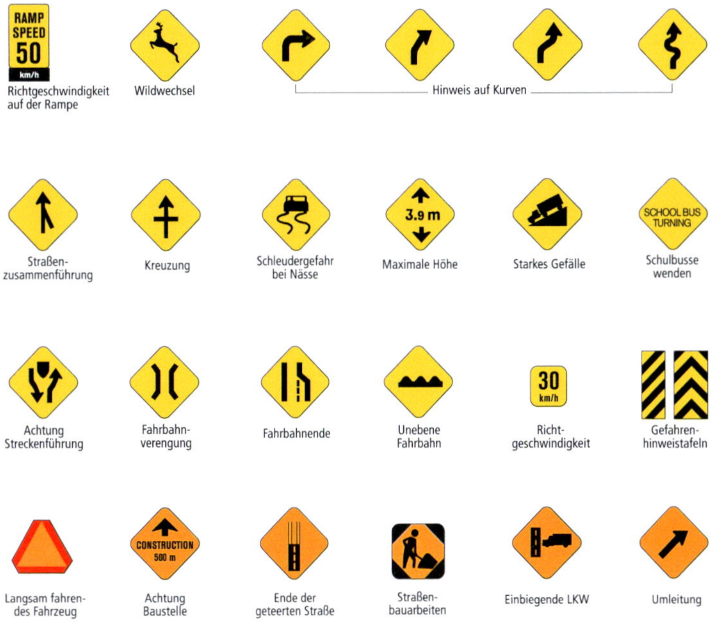

Richtzeichen

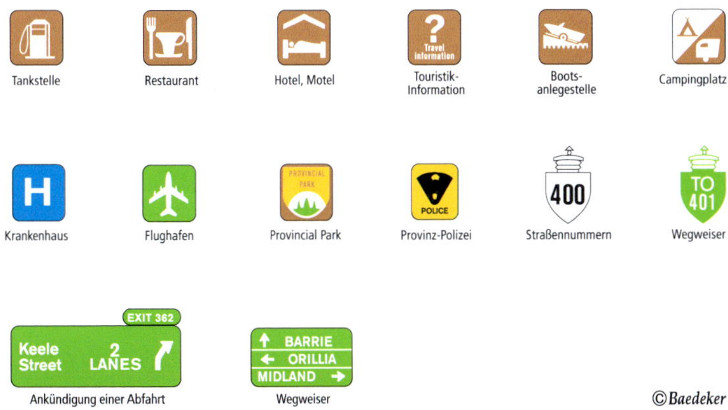

AUTOVERMIETER

► **Alamo**
Tel. 1-800-462-52 66
www.alamo.com

► **Avis**
Tel. 1-800-879-28 47
www.avis.com

► **Budget**
Tel. 1-800-268-89 00
www.budget.com

► **Hertz**
Tel. 1-800-654-31 31
www.hertz.com

► **National**
Tel. 1-800-227-73 68
www.national.com

► **Thrifty**
Tel. 1-800-667-59 25
www.thrifty.com

Wer in Kanada einen Mietwagen steuern will, muss den nationalen oder einen international anerkannten **Führerschein (driver's licence)** vorweisen. Der Internationale Führerschein gilt allerdings nur in Verbindung mit dem nationalen.
Vor der Abfahrt vom Gelände des Autovermieters vergewissere man sich immer über den **Zustand des überlassenen Fahrzeugs**. Entdeckte Mängel müssen unverzüglich beim Vermieter angezeigt werden.

Autoverleihfirmen ►

Alle namhaften Autovermieter unterhalten **gebührenfreie Telefondienste.** Über diese 800er-Nummern kann man sich informieren und auch Reservierungen vornehmen lassen. Auch per Internet kann inzwischen bequem reserviert werden. Neben den oben aufgeführten international operierenden Mietwagenfirmen gibt es eine sehr große Zahl lokaler Anbieter. Etliche haben sich auf das Ausleihen von Wohnmobilen bzw. Motor Homes oder den Verleih von Motorrädern spezialisiert.

Übernachten

Allgemeines

Über das ganze Land verteilt bieten die Beherbergungsbetriebe aller Kategorien Unterkunft mit insgesamt hohem Standard. Zahlreiche **Hotels, Motels und Lodges** befinden sich noch in Privatbesitz. Etliche haben sich großen Hotelketten (u. a. Fairmont, Comfort Inn, Best Western, Hilton, Holiday Inn, Westin, TraveLodge) angeschlossen. Zimmer in diesen Häusern können ohne Probleme von Mitteleuropa aus reserviert werden.

Hotels

Die eigentlichen Hotels finden sich zumeist in den Stadtzentren bzw. an den Ausfallstraßen von größeren Siedlungen sowie an den touristischen Brennpunkten. In den größeren Häusern gibt es neben Restaurants auch Coffee Shops, Snack Bars, kleine Geschäfte, Kosmetik- und Friseursalons sowie Büros von Mietwagenfirmen und Fluggesellschaften.

Für Kinder, die im Zimmer der Eltern wohnen, fallen keine weiteren **Übernachtungskosten** an. Für zusätzliche Erwachsene beläuft sich der Zuschlag auf 5 – 20 CAD.

> **► Preiskategorien**
>
> Luxus: über 250 CAD
> Komfortabel: ab 120 CAD
> Günstig: ab 50 CAD
>
> Hotels und Pensionen
> ►Reiseziele von A bis Z

Fast alle Provinzen erheben von Hotels, Motels und Restaurants eine **Zimmersteuer** (Room Tax). In Alberta liegt die Room Tax in Hotels gegenwärtig bei 5 %. In British Columbia sind gar 8 % Hotel Room Tax zu entrichten.

◄ Frühstück

Das Frühstück ist vielfach nicht im Übernachtungspreis inbegriffen und kann oft nur in einem separat geführten **Coffeeshop oder Restaurant** eingenommen werden.

◄ Wochenendtarife

Etliche, auch sehr luxuriöse Stadthotels bieten Wochenendtarife an, die z. T. **erheblich unter den Normalpreisen** liegen. Sofern gerade keine großen Veranstaltungen in der in Frage kommenden Stadt stattfinden, lohnt eine entsprechende Anfrage in jedem Fall.

◄ Reservierung

In den größeren Städten sollte man, sogar in der Nebensaison, sein Hotelzimmer **rechtzeitig reservieren**. Auch bei Farm-Unterkünften und Hotels in der Nähe von stark besuchten Feriengebieten empfiehlt es sich, so früh wie möglich zu buchen, weil es nicht so viele Übernachtungsmöglichkeiten wie in den Städten gibt. **Aktuelle Unterkunftsverzeichnisse** (Accomodation Guide) können bei den Fremdenverkehrsstellen der einzelnen Provinzen (►Auskunft) angefordert werden.

Motels

Die überwiegend gut ausgestatteten kanadischen Motels eignen sich bestens für motorisierte Touristen. Diese Herbergen befinden sich zumeist entlang der wichtigen Fernverkehrsstraßen. Sie verfügen über **Parkplätze in Zimmernähe** und je nach Komfort auch über Swimming-Pools und Sportplätze. Die meisten Motels hängen eine Leuchtreklame aus: »Vacancy« (Zimmer frei), »No Vacancy« (Zimmer belegt).

Lodges – Urlaub fern der Zivilisation

Fern jeder Zivilisation und oft nur mit dem Buschflugzeug zu erreichen sind viele Lodges. Dies sind oftmals Jagdhütten, Blockhäuser und ehemalige Holzfäller-Camps, die zu mehr oder weniger luxuriös ausgestatteten Beherbergungsbetrieben umgestaltet worden sind. Meist sind es **ideale Ausgangspunkte für Wildnistouren.** Hier werden Abenteuer-Touristen von ortskundigen Führern erwartet und erhalten auch die für Wildnis-Exkursionen notwendigen Ausrüstungen.

Einige Lodges, die in der Nähe bekannter Touristenzentren liegen oder über neu gebaute Highways leichter erreichbar sind, haben sich

VERMITTLUNG VON JUGENDUNTERKÜNFTEN

JUGENDHERBERGEN

► **Hostelling International Canada**
Tel. 1-800-663-57 77 (CA)
www.hihostels.ca

JUGENDREISEN

► **DJH Service GmbH**
Tel.(0 52 31) 74 01-0 (D)
www.jugendherberge.de

► **Wikinger Reisen**
Tel. (0 23 31) 90 46 (D)
www.wikinger-reisen.de

► **Ruf Jugendreisen**
Tel. (05 21) 96 27 20 (D)
www.ruf.de

► **Trek America**
Tel. 1-800-TREKUSA (USA/CA)
www.trekamerica.com

YMCA/YWCA

► **YMCA Canada**
Tel.(416) 967-96 22 (CA)
www.ymca.ca

► **YWCA Canada**
Tel.(416) 962-88 81 (CA)
www.ywcacanada.ca

► **CVJM Deutschland**
Tel.(05 61) 30 87-0 (D)
www.cvjm.de

in den letzten Jahren zu gut besuchten Hotelbetrieben gemausert, die zudem über eine **breite Palette von Sport- und Freizeiteinrichtungen** (Golfplatz, Reitstall usw.) verfügen.

Ranch-, Farm-Urlaub

Den Urlaub auf einer Ranch oder Farm zu verbringen, erfreut sich stark wachsenden Interesses. Besonders würzige Landluft kann man auf einem kleinen Bauernhof ebenso schnuppern wie auf einer Nobel-Ranch mit riesigen Ländereien und Viehherden, eigenem Gestüt, Golf- und Tennisplätzen sowie eigenen Angelgewässern.

Bed & Breakfast

Wachsenden Zuspruchs erfreut sich die mitunter überraschend preisgünstige Unterkunftsform des »Bed & Breakfast«. Die Fremdenverkehrsstellen der Provinzen sowie einzelner Regionen und Städte halten Listen von B & B-Anbietern bereit.

Jugendunterkünfte

Junge Menschen, die Westkanada bereisen wollen, finden ein vielfältiges Angebot an preiswerten Unterkünften. Dazu gehören **Jugendherbergen** und Einfachhotels von **YMCA** bzw. **YWCA**. Eine Übersicht aller Jugendherbergen gibt das jährlich aktualisierte Verzeichnis »Hostelling International«.
In der Zeit zwischen Mai und August können junge Menschen auch relativ preiswert in **Studenten- und Dozentenwohnheimen** etlicher Hochschulen nächtigen. Gegen geringes Entgelt dürfen Freizeit- und Sportanlagen mitbenutzt werden. Umfangreiche und detaillierte In-

formationen halten die Fremdenverkehrsbüros der einzelnen Provinzen (► Auskunft) bzw. die Verwaltungen der in Frage kommenden Hochschulen bereit.

Campingplätze

In Westkanada gibt es viele **staatliche und private Campingplätze**, die entlang der großen Fernverkehrsstraßen (u. a. Trans-Canada Highway, Yellowhead Highway, Crowsnest Highway) sowie in fast allen National- und Provinzparks eingerichtet sind. Die privaten Campingplätze sind oft teurer und kleinräumiger angelegt, aber meist komfortabler ausgestattet. Auf vielen Campingplätzen kann nicht im Voraus reserviert werden. Dies führt in der sommerlichen Hauptreisezeit vor allem in den Nationalparks zu Problemen. Man sollte deshalb versuchen, den Platz seiner Wahl möglichst früh anzusteuern.

◄ Campingplatzverzeichnisse

Die Fremdenverkehrsämter der einzelnen Provinzen sowie der kanadische Automobilclub (Canadian Automobile Association, CAA) geben jährlich aktualisierte Campingplatzverzeichnisse heraus.

◄ Freies Campen

Kampieren außerhalb eines Campingplatzes wird in der Nähe von Ortschaften nicht gern gesehen. In den Nationalparks ist wildes Campen verboten.

Wohnmobile, Motorhomes

Viele Urlauber erkunden Kanada mit dem komfortablen »Motorhome« (Wohnmobil) oder dem einfacheren **Camper** (Camp-Mobil). Man kann diese Fahrzeuge in allen größeren Städten sowie an allen internationalen Flughäfen mieten. Erfahrung im Umgang mit solchen Fahrzeugen ist ratsam.

Auch empfiehlt es sich, ein Motorhome bzw. einen Camper schon sehr **früh vor Reiseantritt** zu **buchen**. Außerdem kann eine Buchung in Europa erheblich preisgünstiger sein als eine Buchung vor Ort. In jedem Falle sollte man vor Vertragsabschluss das »Kleingedruckte« sehr genau lesen. Es ist vorab zu klären, wie im Schadensfall (Reparaturkosten, Abschleppgebühren, zusätzliche Hotelübernachtungen usw.) verfahren wird. Ferner sind die **Versicherungsleistungen** genau zu definieren.

◄ Steuern und Gebühren

Wer ein Camp-Mobil mietet, hat die unserer Mehrwertsteuer ähnliche Sales Tax, die GST (Goods & Services Tax), Bereitstellungskosten sowie die Zusatzversicherungen CDW (Collision Damage Waver) und VIP (Vacation Interruption Protection) zu entrichten.

Urlaub aktiv

Aktivurlaub heißt im kanadischen Westen sicherlich zunächst einmal Sporturlaub. Es gibt aber auch zahlreiche Aktivitäten, bei denen nicht so sehr die sportliche Betätigung im Vordergrund steht. Im folgenden sind einige Vorschläge für solcherlei Aktivitäten zusammengestellt.

Xcel
OILERS
EASTON
TPS

Zuschauersport

Die beliebtesten Zuschauersportarten im kanadischen Westen sind **Baseball, Football** und vor allem **Eishockey** (in der Landessprache übrigens nur Hockey genannt). Zu den berühmtesten Mannschaften der National Hockey League (NHL) zählen die Edmonton Oilers, die Calgary Flames und die Vancouver Canucks. Die Saison dauert von Oktober bis Ende Mai. Auch andere Sportarten erfreuen sich starken Zuspruchs, so etwa die Canadian Cup **Hydro-Plane Races**, die im August in Kelowna stattfinden. Jeden Sommer locken ferner wichtige **Segelregatten** in den Gewässern vor Vancouver und Victoria sowie auf dem Okanagan-See bei Kelowna Massen von Zuschauern an. Edmonton, Calgary und einige andere größere Städte können in jedem Sommer mit attraktiven **Leichtathletik-Konkurrenzen** aufwarten.

Sportliche Betätigungen

Mit seinen vielfältigen Naturschönheiten und seiner grenzenlosen Weite bietet Westkanada zahlreiche Möglichkeiten für einen Aktivurlaub im Freien. Einige besonders empfehlenswerte Sportmöglichkeiten sind unten aufgelistet, die zahlreichen anderen Veranstalterangebote sind bei den Auskunftsstellen (►Auskunft) erhältlich.

Angeln

Westkanada hat alle Voraussetzungen, die Herzen passionierter Angler höher schlagen zu lassen – denn zahllose Seen, unzählige Flüsse, Bäche und Gewässer mit ihrem immensen Fischreichtum bieten für jeden Angler etwas. Besonders begehrt sind die alljährlich die großen Flüsse hinaufsteigenden **Lachse** sowie die in vielen Binnenseen heimischen **Forellen, Barsche und Hechte**. Die Fische erreichen hier im Gegensatz zu Europa noch stattliche Größen. Je nach Region kann man auch Saiblinge, Weißfische, Zwergwelse, Barben, Aale und viele andere Fische fangen. Hochseeangler kommen in den küstennahen Gewässern des Pazifischen Ozeans auf ihre Kosten.

! *Baedeker* TIPP

Vorsicht Strafe!

Wer z. B. in einem Nationalpark ohne Sondergenehmigung angelt, wird ordentlich zur Kasse gebeten. Es dürfen auch nur maximal 10 Fische gefangen werden. Ausländische Gäste müssen eine Angellizenz (Kosten zwischen 10 und 50 CAD) an Ort und Stelle erwerben.

Hausbootferien

Auf etlichen Seen, darunter einigen im klimatisch begünstigten Okanagan, kann man komplett ausgestattete und leicht zu handhabende Hausboote für einen geruhsamen Urlaub auf dem Wasser mieten.

Kanu- und Schlauchboot - Abenteuer

Wer es spannender haben möchte, der kann in manchen Nationalparks bzw. auf einigen Flüssen an nervenaufreibenden Wildwasser-Abenteuern örtlicher Veranstalter teilnehmen. Beliebte **Rafting-Reviere** sind der Bow River im Banff National Park, der Athabasca River im Jasper National Park, der Kicking Horse River, der Thompson River und natürlich der Fraser River. Das **Kanu** gilt als Medium zur

← Zwei »Edmonton Oilers« mit vollem Körpereinsatz

wirklichen Erfahrung des riesigen Landes, denn Kanada ist ja mit dem Kanu erschlossen worden. Die zahllosen Seen, Bäche und Flussläufe des kanadischen Westens sind ein wahres Paradies für Kanuten und Kajak-Fahrer. Zu den schönsten **Kanu-Revieren** Westkanadas gehören die Seen im Wells Gray Provincial Park und im Tweedsmuir Provincial Park (beide in British Columbia). Passionierte Seekajakfahrer kommen an der Pazifikküste auf ihre Kosten, insbesondere im Bereich der geschützten Fjorde und Buchten der Inside Passage. Kanus, Ausrüstungen und Tourenführer erhält man in einigen Touristenzentren, in etlichen Lodges und bei den Outfittern.

Jagd Wer im September/Oktober nach Westkanada reist, dem bleibt nicht verborgen, dass **Hunting Season** ist. Wo sich im Sommer Freizeit-Kanuten und Wassersportler tummeln, sieht man jetzt die mit grellroten Jacken und Mützen gekleideten Jägerinnen und Jäger zu Fuß, per Kanu oder All Terrain Vehicle in die Wälder ziehen. Die herbstliche Jagd ist in Westkanada Volkssport. Wer älter als 18 Jahre ist, darf als Besitzer eines Jagd- bzw. Waffenerwerbsscheins ein Jagdgewehr nach Kanada einführen. Die Registriergebühr liegt derzeit bei 50 CAD. Die Jagd wird in Kanada durch Bundes- und Provinzgesetze geregelt. Für die Ausfuhr von Jagdtrophäen sind Genehmigungen erforderlich. Weitere Informationen sind bei den Auskunftstellen (► Auskunft) sowie bei den Veranstaltern von Jagdreisen erhältlich.

? WUSSTEN SIE SCHON ...?

- ... dass Ausländer sich in jeder Provinz, in der sie jagen wollen, eine Jagdlizenz besorgen müssen? In den Nationalparks und Reservaten sowie in den meisten Provinzparks und den angrenzenden Gebieten ist das Mitführen jeglicher Art von Waffen untersagt.

Trekking Westkanada ist das Paradies der Trekker, d. h. jener Outdoor-Aktivisten, die Landschaft und Wildnis **zu Fuß, per Mountainbike oder gar auf dem Rücken eines Pferdes** erkunden. Viele Lodges und Dude Ranches bieten von Ortskundigen geführte Touren durch urwüchsige Landschaften an.

Markierte Wege findet man allenfalls in einigen gern besuchten Gegenden bekannter National- und Provinzparks. Auf vielen Wanderstrecken – auch auf den markierten – ist eine generelle Vorsicht geboten, da diese natürlich auch durch echte Wildnis führen, in der noch wilde Tiere wie Bären und Pumas zu Hause sind. Vor einer Wildnistour sollte man sich also tunlichst bei der nächsten Ranger Station über eventuelle Gefahren informieren. Die schönsten **Trails** (Wanderpfade) gibt es in den großen National- und Provinzparks der Rocky Mountains sowie im Pacific Rim National Park auf Vancouver Island. Zu beachten ist, dass der Zugang zu einigen Trails aus Naturschutzgründen beschränkt ist, d. h. pro Tag darf nur eine bestimmte Anzahl von Wanderern einen Trail begehen. Vielfach ist die An- und Abmeldung bei der in Frage kommenden Parkverwaltung bzw. Ranger Station erforderlich. Weitere Impulse für den Wander- und Radtourismus verspricht man sich vom **Trans Canada Trail**, der ab 2005 durchgehend benutzbar sein soll.

Radfahren

Das Radfahren ist inzwischen auch in Westkanada groß in Mode gekommen. Besonders im Umfeld größerer Städte und Touristenorte wie Banff, Jasper und Whistler, aber auch in etlichen National- und Provinzparks hat man **tolle Strecken für Radler** hergerichtet.

SPORTLICHE AKTIVITÄTEN

ANGELN

- **Kootenay Lake, B. C.**
  in der Nähe von Nelson
- **Roderick Haig-Brown Provincial Park, B. C.**
  Informationszentrum in Salmon Arm
  www.shuswap.bc.ca
- **Grass River Provincial Park, Manitoba**
  Informationskiosk direkt im Park
- **Great Bear Lake, Northwest Territories**
  Informationen gibt es in Fort Franklin

KANU- UND SCHLAUCH-BOOTFAHREN

- **Bow River, Banff National Park, Alberta**
  Banff Information Centre
- **South Nahanni River, Northwest Territories**
  Nahanni National Park
  Fort Simpson
- **Inside Passage, Pazifikküste B. C.**
  Informationen in den einzelnen Städtchen entlang der Küste

JAGEN

- **Alberta**
  Alberta Sustainable Resource Development
  Edmonton, AB
  www.srd.gov.ab.ca/fishwildlife
- **British Columbia**
  Ministry of Environment
  Victoria, BC
  www.env.gov.bc.ca/wild/hunting
- **Saskatchewan**
  Saskatchewan Outfitters Association, www.soa.ca
- **Yukon**
  YT Department of Renewable Resources, Fish and Wildlife Branch, Whitehorse
  www.environmentyukon.gov.yk.ca

TREKKING

- **Pacific Rim National Park, Vancouver Island, B. C.**
  Pacific Rim National Park Information Centre, Long Beach
  www.pc.gc.ca/pn-np/bc/pacificrim

RADFAHREN

- **Kettle Valley Railway Trail**
  Informationsstellen in Hope, BC (Fraser Valley) und Midway, BC
  www.bcadventure.com

Wild-beobachtung Im kanadischen Westen können viele Wildtierarten aus nächster Nähe beobachtet werden. Wer durch die Rocky Mountains (z. B. Jasper NP, Kootenay NP, Yoho NP) fährt, bekommt ganz bestimmt ein **Deer**, ein **Wapiti**, eine **Bergziege** oder ein **Bergschaf** zu Gesicht, mit etwas Glück auch einen **Schwarzbären**. An Bach- und Flussläufen sieht man **Biberburgen** und manchmal auch deren Bewohner ihre Runden durchs Wasser ziehen.

Um **Eisbären** zu sehen, muss man sich schon weit nach Norden begeben. Von Dezember bis März lassen sich im Hafen von Nanaimo zahlreiche **Robben, Seelöwen und Seeadler** beobachten, später vor allem an der Mündung des Skeena River und vor den Queen Charlotte Islands (bes. Gwaii Haanas NP). Brackendale (nördlich von Vancouver) ist der Ort, wo man im Januar besonders viele Weißkopfadler sehen kann.

Welche Tiere am besten in welchen Parks und Regionen zu beobachten sind, ist in der folgenden Liste zusammengestellt.

TIERBEOBACHTUNGEN

ANTILOPEN

- **Grasslands National Park, Saskatchewan**
  www.pc.gc.ca/pn-np/sk/grasslands
  Das Park Reception Centre befindet sich in Val Marie.

BÄREN

- **Bowron Lake Provincial Park, British Columbia**
  www.env.gov.bc.ca/bcparks/explore/parkpgs/bowron
  Infos und Kartenmaterial erhält man im Büro am Ende der Zufahrtsstraße, dort muss man sich auch an- und abmelden.

- **Stone Mountain Provincial Park, British Columbia**
  www.env.gov.bc.ca/bcparks/explore/parkpgs/stone
  Infocentre in Fort Nelson

- **Kluane National Park, Yukon**
  www.pc.gc.ca/pn-np/yt/kluane
  Informationen gibt es auch im Visitor Reception Centre in Haines Junction

BISONS

- **Wood Buffalo National Park, Alberta**
  www.pc.gc.ca/pn-np/nt/woodbuffalo
  Das Visitor Centre des Nationalparks befindet sich in Fort Smith.

- **Elk Island National Park, Alberta**
  www.pc.gc.ca/pn-np/ab/elkisland
  Informationszentrum im Fort Saskatchewan

EISBÄREN

- **Churchill, Manitoba**
  www.tundrabuggy.com

- **Quttinirpaaq National Park, Ellesmere Island, Nunavut**
  www.pc.gc.ca/pn-np/nu/quttinirpaaq

ELCHE

- **Duck Mountain Provincial Park, Saskatchewan**
  www.tpcs.gov.sk.ca/duckmountain

▸ **Well Gray Provincial Park, British Columbia**
www.wellsgray.ca

KARIBUS

▸ **Kluane National Park, Yukon**
www.pc.gc.ca/pn-np/yt/kluane
Informationen gibt es auch im Visitor Reception Centre in Haines Junction

▸ **Ivvavik National Park, Yukon**
www.pc.gc.ca/pn-np/yt/ivvavik
Whitehorse, Yukon Visitor Reception Centre, Tel. (967) 667 - 29 15
In den Nationalpark kommt man nur per Flugzeug von Whitehorse, Dawson City oder Inuvik aus.

MOSCHUSOCHSEN

▸ **Quttinirpaaq National Park, Ellesmere Island, Nunavut**
Infocentre in Iqaluit,
Tel.(867) 975 - 46 43

▸ **Ivavvik National Park, Yukon**
www.pc.gc.ca/pn-np/yt/ivvavik
Yukon Visitor Reception Centre in Whitehorse

▸ **Aulavik National Park, Bank Islands, Northwest Territories**
www.pc.gc.ca/pn-np/nt/aulavik
Western Arctic Visitor Centre in Inuvik.
In die drei o.g. Nationalparks kommt man nur per Flugzeug von Whitehorse, Dawson City oder Inuvik aus.

WALE

▸ **Pazifikküste, Inside Passage, British Columbia**
Exkursionen von Campbell River, Telegraph Cove oder Alert Bay aus Infocentre in Campbell River.

▸ **Westküste von Vancouver Island, British Columbia**
Infocentre Tofino
www.tourismtofino.com
Infocentre Ucluelet,
www.uclueletinfo.com
Bootsausflüge von Tofino oder Ucluelet aus

▸ **Churchill, Manitoba**
Visitor Information Bureau,
www.churchill.wild.com
Hier kann man auch den seltenen Belugawal sehen.

In den kanadischen Rockies leben noch etliche Berglöwen.

WANDERROUTEN

REGIONEN

► **Nationalparks der Rocky Mountains**
www.pc.gc.ca
Unter dem Suchbegriff »hiking« gibt es viele gute Wandertipps.

► **Wells Gray Provicial Park, British Columbia**
www.wellsgray.ca
Infocentre in Clearwater

► **Riding Mountain National Park, Manitoba**
www.pc.gc.ca/pn-np/mb/riding
Besucherzentrum in Wasagaming

► **Ivavvik National Park, Yukon**
www.pc.gc.ca/pn-np/yt/ivvavik
Western Arctic Visitor Centre, Inuvik

FERNWANDERWEGE

► **Chilkoot Trail von B. C. nach Alaska**
www.pc.gc.ca/lhn-nhs/yt/chilkoot
Parks Canada Yukon, Whitehorse

► **West Coast Trail, Vancouver Island, B. C.**
www.pc.gc.ca/pn-np/bc/pacificrim
Parks Canada British Columbia, Port Renfrew

Ausrüster

Die sog. **Outfitter** (Ausrüster) und Buschpiloten fungieren als Mittler zwischen der hochtechnisierten Zivilisation und der unberührten Wildnis. Sie machen den Abenteuerurlaub heutigen Zuschnitts nicht nur denk-, sondern auch erlebbar. Bei ihnen bekommt man Segeljollen, Kanus, Mountainbikes, Pferde, Tauchgeräte, Lebensmittel, Treibstoff, Werkzeug und was man sonst noch für einen »zivilisierten« Abenteuerurlaub braucht.

Buschpiloten ►

Hand in Hand und oft genug auch in Personalunion mit dem Outfitter bieten Buschpiloten ihre Dienste an. Mit Wasserflugzeugen und Hubschraubern ermöglichen sie das Eindringen in die tiefste, unberührte Wildnis. Der Passagier sitzt neben oder hinter dem Piloten und bekommt hautnah mit, was draußen vor sich geht.

Fly-in Camps, Lodges ►

Etliche Outfitter und **Buschpiloten** bedienen sog. Fly-in Camps bzw. Lodges, jene versteckten und unerwartet gut ausgestatteten Zeltlager oder Blockhüttensiedlungen, die Jagdurlauber, Angler und wohlstandsmüde Abenteuerurlauber für ihre Streifzüge durch die kanadische Wildnis nutzen.

Wandern

Der Westen Kanadas bietet Wanderern aller Couleur großartige Möglichkeiten. In allen sieben Provinzen gibt es zahlreiche Routen, besonders gut ausgebaut und gepflegt sind diese freilich in einigen **National- und Provinzparks.** Den Banff National Park durchziehen beispielsweise über 1500 km Wanderpfade. In den meisten Parks können Führer engagiert werden. Wer auf eigene Faust losgeht, wird in den Park Centres oder in den örtlichen Tourist Offices mit Informationen versorgt. Wanderführer können aber natürlich auch im örtlichen Buchhandel erworben werden. Angesichts der umfangreichen Wandermöglichkeiten im Land der unendlichen Weiten können hier freilich nur wenige Routen als Vorschlag aufgelistet werden.

Verkehr

Mit dem Flugzeug

Internationale und nationale Flughäfen

Die beiden wichtigsten Luftverkehrsdrehkreuze in Westkanada sind **Vancouver** und **Calgary**. Von diesen »Hubs« aus sowie von Edmonton und Winnipeg werden zahlreiche kleinere Regionalflugplätze bedient. Charterfluggesellschaften (u. a. Condor) steuern während der sommerlichen Hauptreisezeit auch den weit im Norden gelegenen Flugplatz von Whitehorse (Yukon) an.

◄ Wartezeiten bei der Einreise

Bei der Einreise kann es – vor allem während der sommerlichen Hauptreisezeit – zu erheblichen Wartezeiten bei der Passkontrolle, bei der Gepäckausgabe und beim Zoll kommen. Dieser Umstand sollte bei Umsteigeverbindungen berücksichtigt werden.

Nahverkehrsanschlüsse

Alle Flughäfen sind bestens an das lokale bzw. regionale Nahverkehrsnetz angeschlossen. In der Regel pendeln zwischen den Flughäfen und den Stadtzentren zahlreiche Taxis, Autobusse (Airport Shuttles) oder sonstige öffentliche Verkehrsmittel. An jedem bedeutenden Flughafen unterhalten Autovermieter und größere Hotels Vertretungen bzw. Shuttlebusse, so dass man problemlos zu einer individuellen Autorundreise durch den kanadischen Westen aufbrechen bzw. für wenig Geld zum Ort der ersten Übernachtung gelangen kann.

Fluggesellschaften

Die innerkanadische Passagierluftfahrt wird von der Fluggesellschaft **Air Canada** dominiert, die ihrerseits mit mehreren Regionalfluggesellschaften kooperiert. Air Canada ist zudem Mitglied der »Star Alliance«, der auch die Deutsche Lufthansa angehört. Dadurch konnten die Abflug- bzw. Ankunftzeiten und vor allem die Anschlüsse harmonisiert werden. Zeitsparende Direkt- und Umsteigeverbindungen zu Zielen im kanadischen Westen bieten auch einige andere Fluggesellschaften bzw. -allianzen an, so z. B. KLM / Northwest Airlines, Delta Air Lines / Air France und British Airways (► Anreise). In Kanada buhlen mehrere Billigfluggesellschaften um Kundschaft. Die beiden erfolgreichsten sind **Fly Jazz** (Muttergesellschaft ist Air Canada) und **WestJet**. Neben den Großen gibt es etliche kleinere Fluggesellschaften, die in den meisten Fällen nur regional oder innerhalb einzelner Provinzen agieren. Viele dieser Unternehmen bieten auch Charterflüge mit kleinen Maschinen (z. B. Wasserflugzeuge) in abgelegenere Gebiete an.

Sondertarife ▶ **Air Canada** bietet in der Hauptreisezeit von April bis Oktober einen preisgünstigen, jedoch an verschiedene Auflagen gebundenen **Ahornblatt-Special-Tarif** mit hoher Ermäßigung für Kinder, Jugendliche und Studenten an. Die Fluggesellschaft **WestJet** offeriert den **Western Canada Flight Pass**, der auf allen Strecken des Unternehmens im kanadischen Westen gilt. Man erwirbt einen Flugpass (Coupons) und kann so von Calgary oder Vancouver aus beispielsweise nach Edmonton, Saskatoon, Regina, Kelowna, Abbotsford und Victoria fliegen.

Mit der Eisenbahn

VIA Rail Der provinzübergreifende schienengebundene Personenverkehr ist 1977 an die eigens dafür gegründete Gesellschaft VIA Rail übertragen worden. Dieses Unternehmen befasst sich lediglich mit der Fahrgastbetreuung und Fragen der Fahrplangestaltung. Die Bahnstrecken und das rollende Material stehen weiterhin unter der Regie der alten Eisenbahngesellschaften.

Obwohl der Reisezugverkehr in den letzten Jahren aus Kostengründen stark eingeschränkt wurde, fahren nach wie vor Reisezüge auf der Hauptstrecke **Toronto – Winnipeg – Edmonton – Jasper – Vancouver** sowie auf diversen Nebenstrecken, so etwa **Jasper – Prince Rupert** und **Winnipeg – Churchill** (Hudson Bay).

Ferienzüge ▶ Einige landschaftlich besonders reizvolle Strecken im kanadischen Westen werden von Sonderzügen anderer Reiseunternehmen bzw. Eisenbahngesellschaften befahren. Darunter sind die Luxus-Reisezüge der **Royal Canadian Pacific Railways** sowie die komfortablen Reisezüge von **Rocky Mountaineer Vacations**.

Tarife ▶ Das Bahnfahren ist relativ teuer. Günstig reisen Kinder und Senioren sowie Inhaber von Bahnpässen. Kinder bis zu zwei Jahren fahren in Begleitung eines Erwachsenen kostenlos. Für Kinder vom 2. bis zum 12. Geburtstag sind 50 % des Fahrpreises zu entrichten. Personen ab dem 60. Geburtstag erhalten eine Ermäßigungungen. Schlaf- und Liegewagenzuschläge müssen jedoch in voller Höhe bezahlt werden.

Bahnpässe ▶ Der **Canrail Pass** und der **North America Rail Pass** sind Netzkarten, die zu beliebig vielen Fahrten während eines bestimmten Zeitraums (15 oder 30 Tage) berechtigen. Diese Pauschalbilletts müssen jedoch vor der Abreise im Heimatland gekauft werden.

Berühmte Reisezüge

Canadian Das Nonplusultra der kanadischen Eisenbahngesellschaft VIA Rail ist der **Silver & Blue Train**, der als »Canadian« auf der Strecke Toronto – Winnipeg – Edmonton – Jasper – Vancouver verkehrt. Dieser Luxuszug der 1950er-Jahre mit seinem gediegen ausgestatteten rollenden Material aus glänzendem Aluminium (u. a. »Dome Car« und »Park Car«) ist 1993 neu aufpoliert worden. In drei Tagen und zwei Nächten reist man höchst komfortabel vom Ontariosee an den Pazifik

Luxuszug der 1950er-Jahre: Der »Canadian« mit seinen Aluminium-Waggons und Dome Cars auf dem Weg von Jasper an die Pazifikküste

und lernt auf der rund 4 500 km langen Strecke einige der interessantesten und schönsten Landschaften Kanadas kennen. Der Zug hält in Winnipeg, Saskatoon, Edmonton, Jasper und Kamloops.

Skeena

Eineinhalb Tage benötigt der komfortable VIA-Rail-Reisezug namens »Skeena« für die 1160 km lange Strecke von **Jasper** in den Rocky Mountains nach **Prince Rupert** an der Pazifikküste. Obligatorisch ist ein Zwischenaufenthalt in **Prince George** mit Hotelübernachtung.

Hudson Bay

Eineinhalb Tage und eine Nacht braucht der »Hudson Bay«, ein VIA-Rail-Reisezug, der Nordland-Reisende von **Winnipeg** via **The Pas** nach **Churchill** an der Hudson Bay bringt. Diese Strecke ist rund 1700 km lang.

Malahat

Entlang der Ostküste von Vancouver Island verkehrt der »Malahat«, der die Provinzhauptstadt **Victoria** mit dem an der Nordspitze der Insel gelegenen Ort **Courtenay** verbindet. Der VIA-Rail-Zug legt diese Strecke in viereinhalb Stunden zurück; unterwegs hält er in Chemainus, Nanaimo, Parksville und Qualicum Beach.

Rocky Mountaineer

Ebenfalls sehr beliebt ist der »Rocky Mountaineer«, der während der sommerlichen Hauptreisezeit regelmäßig und sonst bei entsprechender Nachfrage auf den beiden klassischen Strecken durch die Rocky Mountains nach Vancouver fährt. Eine Variante benutzt die CN-Strecke von **Jasper** über den **Yellowhead Pass** und vorbei am Mount Robson nach **Kamloops.** Die andere Variante folgt der CP-Strecke von **Calgary** bzw. **Banff** über den **Kicking Horse Pass** und vorbei an Lake Louise nach **Kamloops.** Von Kamloops geht es dann durch das wildromantische Frasertal an die Pazifikküste. Endstation ist **Vancouver**. Beide Streckenvarianten sind jeweils rund 1500 km lang und von diesem komfortablen Reisezug in zwei Tagen bewältigt.

Beide Varianten können auch zu einer Bahn-Bus-Rundreise kombiniert werden. Man fährt beispielsweise von Vancouver aus mit dem Zug bis Jasper, steigt dann in den Bus um und fährt auf dem Icefields Parkway durch den Jasper National Park und den Banff National Park südwärts in den Touristenort Banff. Von dort geht es dann per Bahn wieder zurück nach Vancouver.
Darüber hinaus bedient Rocky Mountaineer Vacations mit seinen Zügen auch die Strecke von **Vancouver** nach **Whistler** und weiter nach **Quesnel** und **Jasper**.

Royal Canadian Pacific Die höchst luxuriösen Ferienzüge von Royal Canadian Pacific verkehren auf verschiedenen Strecken durch die Rocky Mountains mit Zwischenaufenthalten an touristisch besonders interessanten Orten. So führt die einwöchige Rundfahrt namens **Royal Canadian Rockies Experience** von Calgary via Banff und über den Kicking Horse Pass hinunter nach Golden. Von dort geht es südwärts nach Fort Steele, dann über den Crowsnest Pass und via Fort MacLeod und Lethbridge zurück nach Calgary.

Mit dem Bus

Hinweis Alle touristisch bedeutsamen Orte zwischen der Prärie und dem Pazifischen Ozean sind von Vancouver, Calgary und Edmonton aus per Bus erreichbar. Die Busse sind i.d.R. gut ausgestattet und erlauben ein bequemes Reisen.

Canada Travel Pass Die Greyhound Buslines of Canada geben einen recht preisgünstigen Canada Travel Pass heraus, der nur im Ausland erhältlich ist und wahlweise für 7, 15, 30 und 60 Tage gültig ist.

Organisierte Busreisen Alle großen Reiseveranstalter in Deutschland, Österreich und der Schweiz (u. a. ADAC, Airtours, DER, Meier's Weltreisen, Thomas Cook, TUI) bieten organisierte Busreisen durch den Westen Kanadas an, die in guten Reisebüros gebucht werden können.

Mit der Fähre

Pazifikküste, Inside Passage An der Pazifikküste (British Columbia) stellen Fährschiffe die Verbindungen sicher. Mancherorts kann man sich in der sommerlichen Hauptreisezeit lange Umwege durch Benutzung regional und lokal operierender Fähren verkürzen. Die Fährschiffgesellschaft »BC Ferries« bedient mehr als zwei Dutzend Häfen an der buchtenreichen Pazifikküste bzw. auf Vancouver Island.
Sehr gut ausgelastet sind die Fähren, die von Mitte April bis Mitte Oktober auf der Inside Passage zwischen **Port Hardy** (Nordspitze von Vancouver Island) und **Prince Rupert** (Festland) verkehren. Diese sind in nördlicher und südlicher Richtung von 7.30 bis 22.30 Uhr auf See.

VERKEHRSUNTERNEHMEN

FLUGGESELLSCHAFTEN

▶ **Air Canada**
Tel. 1-888-247-22 62
www.aircanada.com
Kanadische Linienfluggesellschaft

▶ **Flying Jazz**
Tel. 1-888-247-22 62
www.flyjazz.ca
Billig-Airline und Tochter von Air Canada

▶ **WestJet**
Tel. 1-888-937 - 85 38
www.westjet.com
Billigflüge

▶ **First Air**
Tel. 1-800-267-12 47
www.firstair.ca
Maschinen dieser Fluggesellschaft bedienen hauptsächlich den kanadischen Norden.

▶ **Air Transat**
Tel. 1-866-847-11 12
www.airtransat.com
Billigflüge, Ferienflüge

BAHNREISEN

▶ **Via Rail**
Tel. 1-888-VIA RAIL
Tel. 1-888-842-72 45
www.viarail.ca
Reisezüge in ganz Kanada, u.a. nach Edmonton, Jasper, Port Rupert, Vancouver und an die Hudson Bay.

▶ **Rocky Mountaineer Rail Vacations**
Tel. 1-877-46032 00
www.rockymountaineer.com
Reisesonderzüge von Vancouver nach Whistler, Quesnel, Jasper, Kamloops, Banff und Calgary

▶ **Royal Canadian Pacific**
Tel. 1-877-665-30 44
www.cpr.ca
Luxus-Sonderreisezüge der traditionsreichen Eisenbahngesellschaft Canadian Pacific Railways verkehren auf einigen landschaftlich besonders reizvollen Strecken im kanadischen Westen.

BUSUNTERNEHMEN

▶ **Brewster Bus Tours**
Tel. 1-866-606-67 00
www.brewster.ca
Niederlassungen in Banff, Jasper, Calgary und am Columbia Icefield

▶ **Greyhound Canada Transportation Corp.**
Tel. 1-800-661-87 47
www.greyhound.ca
Niederlassungen in allen größeren Städten

▶ **Pacific Coach Lines Ltd.**
Tel. 1-800-661-17 25
www.pacificcoach.com
Niederlassungen in Vancouver, Whistler und Victoria

FÄHRUNTERNEHMEN

▶ **BC Ferries**
Tel. 1-888-BC FERRY
Tel. 1-888-223-37 79
www.bcferries.com
Fährverkehr entlang der kanadischen Pazifikküste und der Inside Passage

▶ **Alaska Marine Highway System**
Tel. 1-800-382-92 29
www.akferry.com
Fähren von Prince Rupert (BC) nach verschiedenen Häfen in Alaska

Eine weitere wichtige BC-Fährverbindung besteht in der warmen Jahreszeit zwischen **Port Hardy** (Vancouver Island) und **Bella Coola** (Festland), wo der BC Highway 20 endet. BC Ferries bedient ferner die Queen Charlotte Islands im Norden und die Gulf Islands ganz im Süden an der kanadisch-US-amerikanischen Grenze.

Alaska-Fähren

Fahrplanmäßiger Fährverkehr besteht zwischen Prince Rupert (British Columbia) und Ketchikan, Wrangell, Juneau, Petersburg, Sitka, Haines sowie Skagway in Alaska.

Mit dem öffentlichen Personennahverkehr

Verkehrsmittel

Der öffentliche Personennahverkehr ist gut ausgebaut. In allen größeren Städten und Ortschaften verkehren Autobusse auf festen Routen. Besonders engmaschig sind die Netze öffentlicher Nahverkehrsbetriebe in den Großstädten. In Calgary, Edmonton und Vancouver gibt es straßenbahnähnliche Light Rail Transit (LRT)-Systeme als Massenverkehrsmittel.

Tarife ▸

Die Benutzung öffentlicher Verkehrsmittel ist in den meisten Städten recht preiswert, d. h. mit mitteleuropäischen Verhältnissen vergleichbar. In Nahverkehrsautobussen wird die Beförderungsgebühr in der Regel nur genau abgezählt akzeptiert. Die Busfahrer verkaufen keine Fahrscheine und führen auch kein Wechselgeld mit.

Wintersport

Ski & Snowboard

Paradiesische Verhältnisse

Angesichts der überfüllten traditionellen Skigebiete in den europäischen Mittel- und Hochgebirgen wird von vielen Reiseveranstaltern Ski- bzw. Snowboard-Urlaub in Kanada als paradiesische Alternative empfohlen. Und tatsächlich: Im kanadischen Westen, genauer gesagt in den Rocky Mountains und in den Küstengebirgen von British Columbia, trifft man in der Zeit zwischen Ende November und April normalerweise auf reichlich Schnee.

British Columbia

Grouse Mountain ▸

Nur wenige Autominuten von Vancouver entfernt erhebt sich der Grouse Mountain. Hier werden zahlreiche Pisten präpariert und einige von ihnen abends mit Flutlicht erhellt, damit auch Feierabend-Skiläufer auf ihre Kosten kommen.

Whistler ▸

Absoluter Hot Spot und bekannt für seinen traumhaften Pulverschnee ist der 125 km nördlich von Vancouver gelegene Wintersportort Whistler, der zusammen mit Vancouver die **Olympischen Winterspiele 2010** austragen wird. Inmitten der Coast Mountains sind rund 200 Pisten aller Schwierigkeitsgrade markiert. Außerdem stehen hier drei Gletscherskigebiete zur Verfügung, die auch ein sommerliches

Der Traum aller Skiläufer – Pulverschnee und strahlend blauer Himmel – wird am Mount Whistler wahr.

Ski- und Snowboard-Vergnügen ermöglichen. Könner aus aller Welt tummeln sich im Blackcomb-Gebiet und auf dem dazu gehörenden Horstman Glacier.

◀ Golden

Ganz im Osten von British Columbia ist Golden ein aufstrebender Wintersportort. Hier heißt es: »Ski the Rockies«. Lange Abfahrten inmitten der traumhaft schönen Hochgebirgswelt der Monashee bzw. Columbia Mountains, neue Stationen wie das Kicking Horse Resort, der Retorten-Wintersportplatz Panorama sowie das schon seit längerem bekannte Skigebiet von Fernie locken sportliche Gäste aus aller Welt an.

◀ Region Okanagan – Thompson

In der dritten großen Skiregion von British Columbia gibt es drei Wintersportreviere, die sich in den letzten Jahren einen Namen gemacht haben. Skifreaks schätzen die tollen Abfahrten von Silver Star ebenso wie jene von Big White, wo es einen besonders feinen und leichten Pulverschnee gibt. Familien mit Kindern sind von den überwiegend leichten bis mittelschweren Abfahrten im Skigebiet Sun Peaks begeistert.

Alberta

◀ Banff

Was den Wintersport in der Provinz Alberta betrifft, ist Banff das Maß aller Dinge. Denn hier im Banff National Park werden weit über 200 Abfahrten aller Schwierigkeitsgrade gepflegt und zahlreiche Loipen gespurt. Bereits altbekannt ist das Skirevier am ortsnahen Mount Norquay. Südwestlich von Banff ist der Retorten-Skiort Sunshine Village entstanden, in dessen Umgebung man problemlos von Mitte November bis Mitte Juni skilaufen kann. Wenige Autominuten nördlich von Banff erreicht man die FIS-Abfahrten von Lake Louise, an denen sich jeden Winter die Ski-Asse aus aller Welt treffen. Ferner ist Lake Louise bekannt für die weitläufigste »Tree Ski Area« Nordamerikas, also eines Areals mit traumhaft schönen Waldabfahrten.

Langläufer, nordische Kombinierer, Biathleten und Tourengänger kommen in den Bergen um **Canmore** und **Kananaskis** auf ihre Kosten, wie man spätestens seit den Olympischen Winterspielen des Jahres 1988 weiß.

Jasper ▸ Herausragendes Ski- und Snowboard-Revier im Raum Jasper ist das besonders schneesichere Marmot Basin südlich vom Ort Jasper. Allein in diesem Gebiet werden nicht weniger als 53 Pisten aller Schwierigkeitsgrade präpariert.

Yukon Territory, Northwest Territories Im kanadischen Norden kommen vor allem Skilangläufer auf ihre Kosten, jedoch erst ab Februar, wenn die Tage wieder länger werden. Die Skisaison kann dann bis Mai dauern. Wintersportzentren sind Whitehorse, YT, Yellowknife, NT und Fort Smith, NT.

Saskatchewan, Manitoba Die beiden Provinzen besitzen nur kleine alpine Skigebiete, aber viele Langlaufmöglichkeiten. Die meisten Pisten und Loipen liegen in den Naherholungsgebieten von Städten.

Heli-Skiing Eine problematische Variante des Skilaufs findet immer mehr Freunde: Heli-Skiing, d. h. Skilauf mit einem Hubschrauber als Aufstiegs-

Snowmobil bzw. Snowscooter ersetzen im kanadischen Winter vielfach das Automobil bzw. Motorrad als Fortbewegungsmittel.

hilfe. In den 1960er-Jahren charterte ein österreichischer Skilehrer erstmals Helikopter, um Tiefschnee-Enthusiasten in höhere Regionen zu bringen. Die Skitouristen können dann Höhenunterschiede zwischen 500 und 2500 m bewältigen. Heute wird diese Art des wohl kaum als umweltverträglich zu bezeichnenden Skitourismus vor allem betrieben in den Cariboo Mountains, den Monashee Mountains, im Kootenay-Gebiet sowie in den Bergen um Revelstoke, Golden und Valemount.

Sonstige Wintersportarten

Cross Country Skiing

Der Skilanglauf ist das winterliche Pendant zum sommerlichen Wandern und Trekking. In den letzten Jahren in Mode gekommen sind Skilanglauf-Wettbewerbe über größere Distanzen mit entsprechend abgehärteten Teilnehmern aus aller Herren Länder.

Schneeschuhwandern

In einigen Wintersportorten werden erlebnisreiche Schneeschuh-Wanderungen angeboten. Statt der traditionellen und einfach geflochtenen Gehhilfen nach Art der alten Indianer kommen heute jedoch moderne High-Tech-Weiterentwicklungen zum Einsatz.

Hundeschlittenfahrten

In den arktischen Regionen Kanadas hat das Fahren mit Hundeschlitten eine lange Tradition. Das härteste Schlittenhunderennen, der »Yukon Quest«, findet alljährlich im Februar/März im kanadischen Nordwesten statt (►Baedeker-Special S. 28). Mittlerweile sieht man Huskies und Musher auch in den bekannten Wintersportorten der Rocky Mountains und der Coast Mountains. Wer will, kann sich hier zum Schlittenführer ausbilden lassen und mal auf eigene Faust ins Gelände ziehen.

Snowmobiling

Die moderne Version eines von Hunden oder Pferden gezogenen Schlittens ist der mit Raupenantrieb versehene Motorschlitten. Im winterlichen Westkanada sind mehrere Hunderttausend solcher Fortbewegungsmittel im Einsatz. Das Snowmobil eignet sich auch bestens als winterliches Fun-Sportgerät. Für Snowmobilisten werden viele Tausend Kilometer Strecken ausgewiesen, und in einigen Orten haben Snowmobil-Wettrennen bereits eine gewisse Tradition.

SKISTATIONEN

ALBERTA

► **Banff, Lake Louise, Sunshine**
Ski Banff, Lake Louise, Sunshine
119 Banff Avenue
Banff, AB,
Tel. ((403) 762-47 54
www.skibig.3.com

► **Marmot Basin**
Ski Marmot Basin
Box 13 00
Jasper, AB, T0E 1E0
Tel. (780) 852-38 16
Tel. 1-866-952-38 16
www.skimarmot.com

BRITISH COLUMBIA

▸ **Big White Ski Resort**
5315 Big White Road
Kelowna, BC, V1P 1P3
Tel. (250) 765-31 01
www.bigwhite.com
knapp 60 km südöstlich
von Kelowna

▸ **Fernie Alpine Resort**
5339 Fernie Ski Hill Road
Fernie, BC, V0B 1M6
Tel. (250) 423-46 55
Tel. 1-877-333-23 39
www.skifernie.com
in der Nähe des Crowsnest Pass

▸ **Kicking Horse Resort**
P.O. Box 839
1500 Kicking Horse Trail
Golden, BC, V0A 1H0
Tel. (250) 439-54 24
Tel. 1-866-SKI-KICK
www.kickinghorseresort.com
Nähe Kicking Horse Pass,
ca. 15 km südöstlich von Golden

▸ **Panorama Mountain Village**
Bag 7000
Panorama, BC, V0A 1T0
Tel. (250) 342-69 41
Tel. 1-800-663-29 29
www.panoramaresort.com
südwestlich von Radium
Hot Springs

▸ **Silver Star Mountain**
P.O. Box 3002
Silver Star Mountain, BC
V1B 3M1
Tel. (250) 542-02 24
www.skisilverstar.com
Okanagan, 22 km nordöstlich
von Vernon

▸ **Sun Peaks**
1280 Alpine Road
Sun Peaks, BC, V0E 5N0
Tel. (250) 578-72 22
www.sunpeaksresort.com
ca. 50 km nordöstlich
von Kamloops

▸ **Whistler – Blackcomb**
4545 Blackcomb Way
Whistler, BC, V0N 1B4
Tel. (604) 904-81 34
1-866-218-96 90
www.whistlerblackcomb.com

HELI SKIING

▸ **Canadian Mountains Holidays Heli-Skiing**
Box 1660
217 Bear Street
Banff, AB, T1L 1J6
Tel.(403) 762-71 00
Tel. 1-800-661-02 52
www.canadianmountains
holidays.com

▸ **Crescent Spur Helicopter Holidays Ltd.**
General Delivery
Crescent Spur, BC, V0J 3E0
Tel. (250) 553-23 00
Tel. 1-800-715-55 32
www.crescentspurheliski.com

▸ **Mike Wiegele Helicopter Skiing**
P.O. Box 159
1 Harwood Drive
Blue River, BC, V0E 1J0
Tel.(250) 673-83 81
1-800-661-91 70
www.wiegele.com

▸ **Whistler Heli-Skiing Ltd.**
The Crystal Lodge
Box 368
102 – 4154 Village Green
Whistler, BC, V0N 1B0
Tel.(604) 932-41 05
Tel. 1-888-HELISKI
www.whistlerheliskiing.com

Zeit

Das Staatsgebiet von Kanada erstreckt sich über 6 Zeitzonen: Newfoundland Time (= MEZ – 4½ Std.), Atlantic Time (= MEZ – 5 Std.), Eastern Time (= MEZ – 6 Std.), Central Time (= MEZ – 7 Std.), Mountain Time (= MEZ – 8 Std.) und Pacific Time (= MEZ – 9 Std.).

Zeitzonen

Die Sommerzeit (Daylight Saving Time), während der die Uhren um eine Stunde vorgerückt sind, gilt in der Regel vom letzten Aprilsonntag bis zum letzten Oktobersamstag.

Sommerzeit

Bei der Fahrt von Osten nach Westen muß man bei Überschreitung einer Zeitzonengrenze (die oft nicht mit einer Provinzgrenze zusammenfällt!) die Uhr jeweils um eine Stunde (bzw. eine halbe Stunde bei Neufundlandzeit) zurückstellen, von Westen nach Osten vorstellen.

Hinweis

Die Stunden von Mitternacht bis 12.00 Uhr mittags werden mit »a.m.« (lat. ante meridiem) bezeichnet, die Stunden von 12.00 Uhr mittags bis Mitternacht mit »p.m.« (lat. post meridiem).

a.m/p.m.

Zeitzonen in Kanada

Touren

KILOMETER
ZÄHLEN SOLLTE
MAN NICHT IM LAND DER UNENDLICHEN WEITEN. MIT AUSREICHENDEN VORRÄTEN KOMMEN HIER BESONDERS WOHNMOBIL-TOURISTEN AUF IHRE KOSTEN. AUCH FÜR SPORTLER UND ABENTEURER HAT DER WESTEN KANADAS VIEL ZU BIETEN.

TOUREN DURCH DAS LAND

Das Land der unbegrenzten Möglichkeiten lockt mit überwältigenden Naturansichten, jeder Menge Ziele für Sportler und Abenteurer, aber auch mit Goldgräberstädtchen und modernen Metropolen. Hier finden Sie Vorschläge für besonders schöne Strecken und Tipps, was Sie nicht verpassen sollten.

TOUR 1 **Trans-Canada Highway**
Ideale Kombination aus Stadtbesichtigungen und Besuchen von Nationalparks. Landschaftlich ist die Strecke durch Prärien und die Hochgebirgslandschaft der Rocky Mountains sehr abwechslungsreich. ▶ **Seite 146**

TOUR 2 **Crowsnest Highway**
Beschauliche Alternative zum westlichen Teil des Trans-Canada Highways. Auf der Tour erfährt man viel über den Bergbau in West-Kanada, ehemalige Forts und Pelzhandelsposten und über die einmalige Tier- und Pflanzenwelt in den geschützten Nationalparks. ▶ **Seite 148**

TOUR 3 **Yellowhead Highway**
Viel Zeit sollte man für die nördlichste Ost-West-Achse von Winnipeg an die Pazifikküste mitbringen. Der 3000 Kilometer lange Yellowhead Highway folgt den alten Handelsrouten der Indianer und Pelztierjäger. ▶ **Seite 150**

Vancouver
Die Pazifik-Metropole leuchtet.

TOUR 4 **Alaska Highway • Yukon Circle**
Wer die unendlichen Weiten des kanadischen Westens ausprobieren will, sollte diese Route wählen. Unter anderem kommt man nach Dawson City, der berühmten Goldgräberstadt am Yukon River, und in den Kluane National Park mit seinen Gletscherfeldern. ▶ **Seite 154**

TOUR 5 **Park Circle**
Auf einer Strecke, größtenteils in den Rocky Mountains gelegen, kommt man in die meistbesuchten Nationalparks des kanadischen Westens durch die Großstädte Calgary und Edmonton, sowie an berühmten Saurier-Fundstellen vorbei. ▶ **Seite 156**

Auf den Spuren
von Pelztierjägern und Goldgräber.

Imposantes Schauspiel
Takakkaw Falls

Einzigartige Landschaft
Mackenzie-Delta im eisigen Norden

Bergseen
in idyllischer Umgebung

Unterwegs in Kanadas Westen

Freiheit und Abenteuer

Der Westen Kanadas, für viele Mitteleuropäer das Traumreiseland schlechthin und Inbegriff von Freiheit und Abenteuer, hat es wirklich in sich: Alles ist riesig, gewaltig, unermesslich – ganz anders als das dicht besiedelte Mitteleuropa. Während es hierzulande praktisch an jeder Ecke eine Sehenswürdigkeit gibt, kann es einem Westkanada-Touristen schon mal passieren, dass er einen Tag braucht, um von einer Sehenswürdigkeit zur nächsten zu gelangen. Und richtige Großstädte lassen sich an einer Hand abzählen.

Fotogen präsentiert sich der Angel Glacier im Jasper National Park.

Recht problemlos kann man mit dem **Auto** durch den relativ dicht besiedelten Süden der Provinzen British Columbia und Alberta reisen. Hier gibt es ein vergleichsweise engmaschiges Verkehrswegenetz mit gut ausgebauten Fernstraßen, die vielerlei Sehenswürdigkeiten erschließen. Je weiter man aber in nördliche Gefilde vorrückt, desto spärlicher werden Siedlungen und Straßen. Tankstellen gibt es nur an den wichtigsten Überlandstraßen, wobei nicht selten mehrere hundert Kilometer von einer Tankstelle zur anderen zurückzulegen sind.
Westkanada ist das ideale Urlaubsland für **Wohnmobil-Touristen**, die viel Zeit haben. Entsprechend ausgerüstet und bevorratet, können sich diese auch mal von den Hauptstraßen entfernen und die herrliche Natur in einem abgelegenen Provinzpark genießen.
Wer wenig Zeit hat und trotzdem viel sehen will, sollte größere Distanzen mit dem Flugzeug überwinden und vom jeweiligen Zielflugplatz aus mit einem Mietwagen die oft höchst reizvolle Umgebung erkunden.

Für jeden etwas geboten

Westkanada bietet Attraktionen und Erlebnisse für jeden Geschmack. Wer Kultur, feines Essen und tolle Shopping-Möglichkeiten sucht, der wird ganz bestimmt in Vancouver, Victoria, Calgary oder Edmonton fündig. Naturliebhaber, Wildniswanderer, Kanuten, Angler und andere Abenteurer kommen in den weltberühmten Nationalparks in den Rocky Mountains sowie in zahlreichen Provinzparks auf ihre Kosten. Sportlich Ambitionierte finden in den altbekannten

Erholungsorten wie Banff, Jasper oder Whistler vielerlei Betätigungsmöglichkeiten. Die Palette reicht vom Golf- und Tennisspiel bis zu Mountainbike-Unternehmungen und winterlichen Skitouren.
Sehr gern von Touristen angesteuert werden auch die meist etwas abseits gelegenen, aber liebevoll rekonstruierten alten Pelzhändlerniederlassungen und Goldgräbersiedlungen, in denen in der Hauptsaison einprägsame Living-History-Programme geboten werden.
Abenteuerurlauber schätzen besonders die wenig erschlossenen nördlichen Regionen Westkanadas. Auf den Spuren von Trappern und Goldgräbern folgen sie dem Lockruf der Wildnis mit ihren endlosen Wäldern, Abertausenden von Seen, wilden Flusstälern, herrlichen Hochgebirgen und weiten Tundren, in den Moose und Flechten in allen Farben leuchten. Höhepunkte sind u. a. eine Kanutour auf dem wilden South Nahanni River sowie eine Fahrt auf dem Dempster Highway oder auch dem Alaska Highway in den hohen Norden.
Doch auch ohne Auto kann man Westkanada genießen. Touristenzüge wie der »Rocky Mountaineer« durchqueren einige der imposantesten Landschaften Westkanadas. Und vor der Westküste verläuft die Inside Passage, eine der schönsten Wasserstraßen der Welt, durch die in der Hauptsaison zahlreiche Fähr-, Kreuzfahrt- und Ausflugschiffe pflügen.

Wildwest-Romantik pur, in die auch Besucher integriert werden, gibt es eine gute Autostunde südwestlich von Calgary in der Bar U Ranch.

Tour 1 Trans-Canada Highway

Länge der Tour: 2700 km **Tourdauer:** ca. 4 Wochen

Bei dieser südlichen Route durch Westkanada sind sowohl die Weiten der kanadischen Prärien als auch das atemberaubende Hochgebirgspanorama der Rocky Mountains und die imposanten Großstadtkulissen der westkanadischen Metropolen vereint.

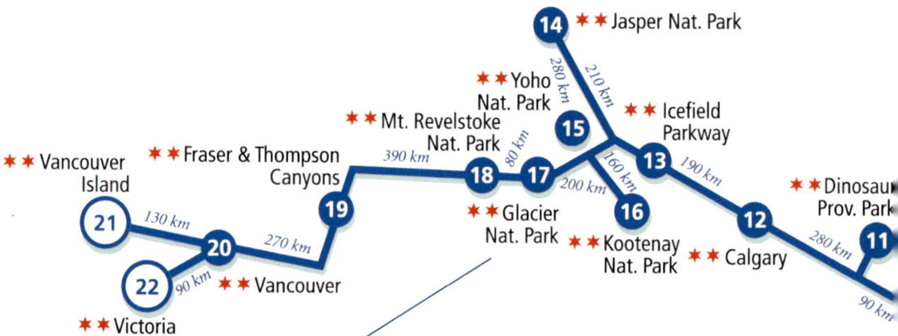

Bergsommer
in den Selkirk Mountains

Der ca. 2700 km lange westliche Teil des Trans-Canada Highway beginnt an der Grenze der Provinzen Manitoba und Ontario und läuft von hier am Südrand des ❶ ★ **Whiteshell Provincial Park** entlang bis nach ❷ ★ ★ **Winnipeg**. Die Präriemetropole fasziniert vor allem durch ihre ethnische Vielfalt. Bei ❸ **Brandon** lohnt ein Abstecher in den etwa 80 km weiter nördlich gelegenen ❹ ★ ★ **Riding Mountain National Park**. In ❺ ★ **Regina**, der sehenswerten Hauptstadt von Saskatchewan, sollte man sich eine der schnittigen Paraden der berühmten Rotröcke nicht entgehen lassen. Spätestens bei ❻ **Moose Jaw** merkt man, dass man sich mitten in der Prärie befindet. Vom Etappenziel ❼ **Swift Current** bietet sich ein Abstecher zu dem sich weiter nördlich dahinschlängelnden South Saskatchewan River mit dem ❽ ★ **Lake Diefenbaker** an. Südlich dehnt sich der ❾ ★ ★ **Cypress Hills National Park** aus, Etappenziel ist jedoch ❿ **Medicine Hat**. Durch die etwas abweisende Landschaft der High Prairie kommt man nach Brooks, von wo sich ein Umweg in nordöstlicher Richtung zu den Badlands und Saurierknochenfundplätzen des ⓫ ★ ★ **Dinosaur Provincial Park** emp-

Badespaß
am Stausee mitten in der Prärie

Regina
die Königin unter den Provinzhauptstädten

fiehlt. Nordwestlich von Brooks erreicht man den Bow River und schließlich die Metropole ⓬ ★ ★ **Calgary**.
Nach Calgary beginnt die grandiose Hochgebirgsetappe des Trans-Canada Highway 1. Eine gute Autostunde westlich erreicht man den bei Wintersportlern bestens bekannten Ort Canmore, von dem aus tolle Ausflüge in die Rockies möglich sind. Wenige Kilometer weiter westlich fährt man in den weltberühmten Banff National Park mit seinen zahllosen Natursehenswürdigkeiten ein.
Der ⓭ ★ ★ **Icefields Parkway**, eine Panoramastraße durch eine spektakuläre Hochgebirgslandschaft führt über den Bow Pass in den ebenfalls überwältigend schönen ⓮ ★ ★ **Jasper National Park**. Auf wildromantischer Strecke folgt man dem Kicking Horse River auf seinem Weg durch den ⓯ ★ ★ **Yoho National Park**, wo man die Takakkaw Falls, den Emerald Lake und die Natural Bridge gesehen haben muss. Etappenziel ist Golden, von wo aus man u.a. den ⓰ ★ ★ **Kootenay National Park** erkunden kann.
Von Golden geht es westwärts über den Rogers Pass und die Purcell Mountains. Man durchfährt den ⓱ ★ ★ **Glacier National Park** und berührt den ⓲ ★ ★ **Mount Revelstoke National Park**. Danach geht es über die Monashee Mountains und an den Shuswap Lakes vorbei nach Kamloops, dem Etappenziel im Tal des Thompson River. Von Kamloops folgt man dem Thompson River abwärts bis Cache

Creek, wo er vor der Cascade Range nach Süden abbiegt. Zirka zwei Autostunden weiter flussabwärts mündet der Thompson River bei Lytton in den tosenden Fraser River. Auf abenteuerlicher Trasse geht es nun durch den wilden 19 ✶ ✶ **Fraser Canyon** weiter abwärts in das allmählich immer breiter und fruchtbarer werdende untere Frasertal und ins weite Fraserdelta.
Schließlich erreicht man die Pazifikmetropole 20 ✶ ✶ **Vancouver**, unbestritten eine der schönsten Städte der Welt und ausgezeichneter Stützpunkt für tolle Ausflüge in eine landschaftlich überwältigende Umgebung. Der letzte Abschnitt des Trans-Canada Highway 1 verläuft auf der vorgelagerten Insel 21 ✶ ✶ **Vancouver Island**. Mit der Fähre geht es von Vancouver hinüber nach Nanaimo, und von hier führt das restliche Teilstück südwärts in die Provinzhauptstadt 22 ✶ ✶ **Victoria**.

Tour 2 Crowsnest Highway

Länge der Tour: 1350 km **Tourdauer:** ca. 2 Wochen

Der ca. 1350 km lange Crowsnest Highway führt – als Alternative zum Trans-Canada Highway – von Medicine Hat (Alberta) nach Vancouver (British Columbia). Er folgt dabei in mehr oder weniger breitem Abstand der kanadisch-US-amerikanischen Grenze und erschließt die schönsten Landschaften im kanadischen Südwesten.

Der Crowsnest Highway, sowohl in Alberta als auch in British Columbia als Highway 3 mit einem symbolisierten Krähennest ausgeschildert, zweigt in 1 **Medicine Hat** (Alberta) vom Trans-Canada Highway 1 in südwestlicher Richtung ab und zieht durch die ziemlich trockene Prärie westwärts zum gewaltigen Bergrutsch Frank Slide. 1903 wurde hier bei einem Bergrutsch die gesamte Bergbausiedlung Frank unter fast 100 Mio. Tonnen Gestein begraben. Der anschließende 5 ✶ **Crowsnest Pass** durchbricht die südlichen kanadischen Rockies. Unterwegs kann man einen Zwischenstopp in der Industriestadt 2 ✶ **Lethbridge** oder im 3 ✶ **Fort McLeod** einlegen. Von diesen beiden Städten aus kann man Ausflüge in die

Wahrzeichen
Weiße Segel des Canada Place

Mormonenstadt Cardston oder auch in den grenzüberschreitenden 4 ✶ ✶ **Waterton–Glacier International Peace Park**, eine faszinierende Hochgebirgslandschaft mit mehr als 50 Gletschern und über 200 Seen, unternehmen. Jenseits des Crowsnest Pass geht es auf wildromantischer Strecke hinunter in die Kohlestadt Sparewood und weiter nach 6 **Cranbrook**. In der höchstgelegenen Ortschaft Kanadas, 7 **Kimberley**, hat man aus der Not eine Tugend gemacht. Das nahe gelegene Blei-, Zink- und Silberbergwerk wurde 1972 geschlossen, deshalb wandelte man das Städtchen kurzerhand in eine Bavarian City und wurde so in ganz Nordamerika bekannt. 8 ✶ **Fort Steele** dagegen lockt mit einem Freilichtmuseum, in dem eine typische Siedlung aus der Zeit um 1900 rekonstruiert wurde. Südwestlich von Cranbrook überwindet der Crowsnest Highway die südlichen Ausläufer der Purcell Mountains und steigt dann hinab in die vom Kootenay Lake erfüllte Senke zwischen den Purcell Mountains im Osten und den Selkirk Mountains im Westen. Hinter Creston steigt der Highway wieder zum 1774 m hohen Kootenay Pass in den Selkirk Mountains hinauf und schlängelt sich dann via Salmo nach 9 **Castlegar** im Tal des Columbia River hinunter. Das 10 ✶ ✶ **Okanagan Valley**, das an das Tessin erinnert, ist mit seinem sonnig-trockenen Klima und seinen warmen Seen und sandigen Badestränden eine beliebte Ferienregion.

Weinliebhaber
kommen im Okanagan Valley auf ihre Kosten.

Traumhafte Seen
Umrahmt von majestätischen Bergen versprechen die Waterton Lakes Erholung und Abenteuer.

Die letzte Etappe des Crowsnest Highway führt vom Okanagan Valley via Keremeos und Princeton hinauf in den ⑪ ★ **Manning Provincial Park**, der einen landschaftlich besonders reizvollen Abschnitt der Cascade Range schützt. Über den Allison Pass gelangt man ins Tal des Fraser River. In ⑫ ★ **Hope** mündet der Crowsnest Highway wieder in den Trans-Canada Highway 1 und folgt diesem bis ⑬ ★ ★ **Vancouver**.

Tour 3 Yellowhead Highway

Länge der Tour: 3000 km **Tourdauer:** ca. 4 Wochen

Der gut ausgebaute Yellowhead Highway ist die nördlichste Ost-West-Achse, die von der Prärie-Metropole Winnipeg an die Pazifikküste bei Prince Rupert (British Columbia) führt. Er folgt im Wesentlichen den alten Handelsrouten der Indianer und frühen Pelztierjäger.

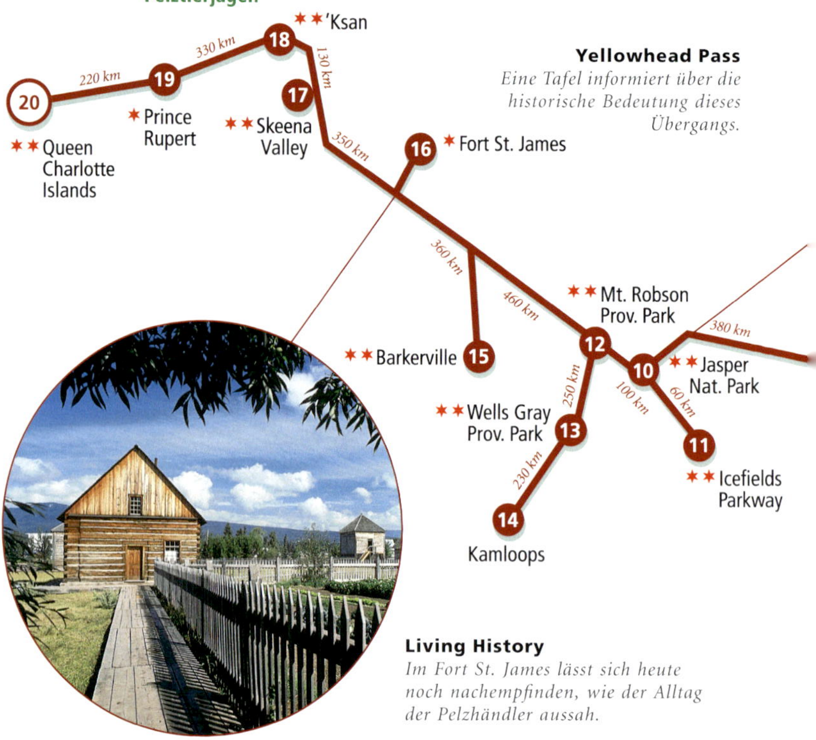

Yellowhead Pass
Eine Tafel informiert über die historische Bedeutung dieses Übergangs.

Living History
Im Fort St. James lässt sich heute noch nachempfinden, wie der Alltag der Pelzhändler aussah.

Der Yellowhead Highway – inzwischen auch als Trans-Canada Highway 16 ausgewiesen – zweigt westlich von ❶ ✶ ✶ **Winnipeg** bei ❷ **Portage La Prairie** vom Trans-Canada Highway 1 in nordwestlicher Richtung ab. Im ❸ ✶ ✶ **Riding Mountain National Park** kennzeichnen Grasländer, parkartige Laubwälder, saubere Seen und Flüsse die Prärielandschaft. Man fährt nun durch die immens großen Getreidefelder der Prärie und erreicht schließlich ❹ ✶ **Saskatoon**, die größte Stadt Saskatchewans. Ganz in der Nähe wird die Lebensweise der Métis und die Northwest Rebellion von 1885 im Freilichtmuseum ❺ ✶ **Batoche National Historic Park** dargestellt. Reges Strandleben herrscht im nahe gelegenen ❻ ✶ **Prince Albert National Park**.

Vor ❾ ✶ ✶ **Edmonton**, der Hauptstadt von Alberta, lohnen sich Aufenthalte in ❼ ✶ **Battleford** mit dem berühmten rekonstruierten Pelzhändler-Fort sowie in der Bergbaustadt ❽ **Lloydminster**.

Den ❿ ✶ ✶ **Jasper National Park** sollte man sich auf dieser Strecke unbedingt anschauen, faszinieren in ihm doch majestätische Berge, gewaltige Gletscher, kristallklare Seen, tosende Wasserfälle und enge Schluchten. Von dem bekannten Ferienort Jasper aus kann man

Strandleben
Im Nationalpark gibt es mehr als tausend Seen

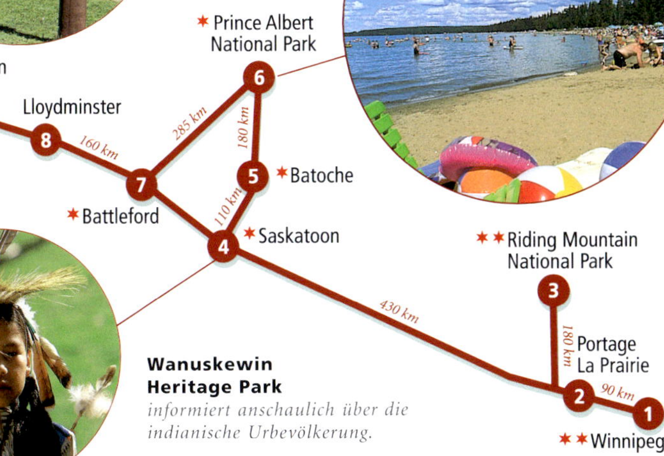

Wanuskewin Heritage Park
informiert anschaulich über die indianische Urbevölkerung.

erlebnisreiche Ausflüge in die überwältigende Hochgebirgswelt am ⓫ ✶ ✶ **Icefields Parkway** unternehmen. Eine halbe Autostunde westlich von Jasper erreicht man den Yellowhead Pass, der schon seit alters von den Indianern benutzt worden ist. Die Straße folgt nun dem Fraser River auf wildromantischer Strecke flussabwärts und durchmisst den ⓬ ✶ ✶ **Mount Robson Provincial Park** auf dessen ganzer Länge. Schließlich gelangt man nach Tête Jaune Cache. Hier, am Ostfuß der Cariboo Mountains, zweigt der B.C. Highway 5 als südlicher Ast des Yellowhead Highway ab.

Die Hauptstrecke führt von Tête Jaune Cache dem Fraser River folgend nordwestwärts nach **Prince George**, wo der in nord-südlicher Richtung verlaufende **Cariboo Highway** kreuzt. Von Prince George aus sollte man unbedingt einen Ausflug in die südöstlich aufragenden Cariboo Mountains zum alten Goldgräberstädtchen ⓯ ✶ ✶ **Barkerville** und in den nahen Bowron Lake Provincial Park unternehmen.

Im alten ⓰ ✶ **Fort St. James** bei Vanderhoof wird der Alltag der Pelzhändler Ende des 19. Jh.s demonstriert. Etwa 280 km nordwestlich von Vanderhoof liegt Smithers, das Tor zum ⓱ ✶ ✶ **Skeena Valley**. Im Tal des Bulkey River geht es hinunter nach Hazelton, das im Indianerdorf ⓲ ✶ ✶ **'Ksan** eine Attraktion ersten Ranges besitzt. Weiter talabwärts, bei der Kitwanga National Historic Site, zweigt der Stewart Cassiar Highway (Hwy. 37) in nördlicher Richtung ab. Via Terrace geht es nun durch das Skeena Valley hinunter an die Pazifikküste nach ⓳ ✶ **Prince Rupert**. Das letzte Stück des Yellowhead Highway verläuft auf der vorgelagerten Insel Graham Island, die ihrerseits zu den ⓴ ✶ ✶ **Queen Charlotte Islands** gehört. Sie kann von Prince Rupert aus leicht per Fähre erreicht werden.

Mit traumhaft schönen Hochgebirgspanoramen können die Nationalparks der Rocky Mountains aufwarten.

In Tête Jaune Cache biegt der südliche Ast des Yellowhead Highway als BC Highway 5 ab. Er führt über die Cariboo Mountains bzw. über die Monashee Mountains an den Oberlauf des Thompson River. Nach 216 km erreicht man den Ort Clearwater, von wo aus man keinesfalls einen Besuch des ⓭ ✶ ✶ **Wells Gray Provincial Park** versäumen sollte. Von Clearwater aus folgt man dem Thompson River weiter flussabwärts bis ⓮ **Kamloops**, wo man in den Trans-Canada Highway 1 einmündet.

Warm anziehen sollte man sich in der arktischen Bergwelt im Norden des Landes.

Tour 4 Alaska Highway · Yukon Circle

Länge der Tour: 4000 km **Tourdauer:** ca. 5 Wochen

Auf den Spuren der Goldgräber fährt man auf dieser Tour von Edmonton bis nach Alaska und über den Kluane National Park wieder nach British Columbia zurück.

Von ❶ ✶ ✶ **Edmonton** aus fährt man zunächst über den gut ausgebauten Alberta Highway 43 gute zwei Stunden durch die ausgedehnten Wälder am Fox Creek und am Smoky River. Von Valleyview geht es dann in westlicher Richtung weiter nach Grand Prairie, einem der städtischen Zentren in der Peace-River-Region. 40 km nach der Grenze zwischen British Columbia und dem Yukon Territory erreicht man ❷ ✶ **Dawson Creek**, wo der eigentliche Alaska Highway beginnt. Das Städtchen ❸ **Fort St. John** entstand bereits Ende des 18. Jhs. als Pelzhandelsstützpunkt und ist heute Versorgungszentrum eines weiten Umlandes, in dem riesige Getreidefarmen sowie Tausende von Erdöl- und Erdgasförderanlagen zu bestaunen sind. Bereits in den Northwest Territories liegt die fast unberührte Wildnis des ❺ ✶ ✶ **Nahanni National Park**. Um das wildromantische Tal des South Nahanni River möglichst lange zu erhalten, hat man sich dafür entschieden, im Nationalpark weder Straßen noch Unterkünfte zu bauen. Diese finden Sie dafür in ❹ **Fort Nelson** und natürlich in ❻ ✶ **Whitehorse**, der Hauptstadt des Yukon Territory. Im Stadtzentrum am Ufer des Yukon River liegt der legendäre Raddampfer S.S.Klondike, während der Zeit des Goldrausches das wichtigste Verkehrsmittel, heute Museumsschiff.

Der Ruf des Goldes
lockt heute noch Touristen.

Rasten unter Eisfeldern
Im Kluane Nationalparks fließen riesige Gletscherströme zu Tal.

Tor zum Norden
Aus der quirligen Metropole startet man in die Prärie.

Liegt voll im Trend: Rafting in reißenden Gewässern

Auf dem Klondike Highway (Yukon Hwy. 2) geht die Tour weiter nach 7 ★ ★ **Dawson City**, der berühmten Goldgräberstadt. Wer die gleiche Passage wie die Goldsucher nehmen will, kann auch den Schaufelraddampfer von Whitehorse nach Dawson City buchen. Etwa eine Autostunde vor Dawson zweigt der Dempster Highway nach Norden ab. Er erschließt die nordwestkanadische Arktis mit dem Mackenzie-Gebiet und endet in 8 ★ **Inuvik**.

Von Dawson City, wo man einen Besuch der legendären Goldfelder am 9 ★ **Klondike** einplanen sollte, geht es in westlicher Richtung weiter auf der grandiosen Panoramastrecke »Top of the World Highway« (Yukon Hwy. 9 bzw. Alaska Hwy. 5) über die Grenze bis Tetlin Junction (Alaska / USA), wo man den Alaska Highway (Alaska Hwy. 2 bzw. Yukon Hwy. 1) erreicht.

Der Alaska Highway führt von Tetlin Junction südostwärts und überquert nach 83 km wieder die Grenze nach Kanada. Nach weiteren 331 km gelangt man nach Haines Junction am Ostrand des 10 ★ ★ **Kluane National Park**. Diese schneebedeckte Hochgebirgswelt weist die gewaltigsten Eisfelder außerhalb der Polarregion auf. Die Gletscherströme sind bis zu 100 km lang und über 10 km breit. Hier biegt man vom Alaska Highway südwärts ab und folgt dem Haines Highway (Yukon Hwy. 3 bzw. Alaska Hwy. 7), der via Pleasant Camp hinunter zum Fährhafen Haines am Chilkat Inlet führt. Von hier besteht eine Fährverbindung nach Skagway, einer noch in Alaska gelegenen Hafenstadt. Auf dem Klondike Highway fährt man nordwärts zum ⓫ ✶ **White Pass** und zum Bennett Lake. Vor gut 100 Jahren quälten sich Tausende von Goldgräbern über diesen oft tief verschneiten Pass oder über den benachbarten und gefährlicheren Chilkoot Pass.

Tour 5 Park Circle

Länge der Tour: 1400 km **Tourdauer:** ca. 2 Wochen

Eine der schönsten Rundreisen, die Kanadas Westen zu bieten hat, ist der Park Circle, der nicht nur die berühmten Nationalparks in den Rocky Mountains erschließt, sondern auch zu den Fossilienfundplätzen führt und schließlich die beiden Metropolen Edmonton und Calgary berührt.

Die Reise beginnt in ❶ ✶ ✶ **Calgary**, dem Manhattan der Prärie. Wer im Juli hierher kommt, »macht« beim größten Spektakel des Jahres am besten »in Cowboy«.
Von hier folgt man dem Trans-Canada Highway 1 westwärts nach ❷ **Canmore** und in den ❸ ✶ ✶ **Banff National Park**, von dem aus man dann auch den ❹ ✶ ✶ **Kootenay National Park** und den ❺ ✶ ✶ **Yoho National Park** erkunden kann. Die drei weltberühmten Nationalparks bieten Superlative aller Art: türkis schillernde Bergseen, in denen sich schneebedeckte Gipfel, Gletscher und Bergwälder spiegeln, blühende Bergwiesen, tosende Wasserfälle und einsame Hochtäler. In Lake Louise beginnt der ❻ ✶ ✶ **Icefields Parkway**, eine Panoramastraße durch die spektakuläre Hochgebirgslandschaft der Rocky Mountains. Die 230 km lange Hochgebirgstraße führt in nordwestlicher Richtung vorbei am überwältigenden Columbia Icefield in den ❼ ✶ ✶ **Jasper National Park**. Von der Ortschaft Jasper bietet sich ein Abstecher nach Westen in den ❽ ✶ ✶ **Mount Robson Provincial Park** mit dem höchsten Berg der kanadischen Rockies an.
Der Park Circle folgt ab Jasper dem Yellowhead Highway bis ❾ ✶ ✶ **Edmonton**. Von dort

Bezaubernde Schönheit
Maligne Lake in einem Hochtal des Jasper National Parks

geht es nach Süden nach Wetaskiwin, dann folgt man dem Alberta Hwy. 26 bis Camrose und biegt südwärts ab auf den Alberta Hwy. 56, der durch endlose Getreidefelder, Viehweiden, Erdöl- und Erdgasfelder nach ⑩ ✶ ✶ **Drumheller** führt. Hier sollte man unbedingt die großartige Fossiliensammlung des Royal Tyrell Museum besuchen sowie den Dino Trail und den Hoodoo Trail abfahren. Von Drumheller aus geht es auf dem Alberta Highway 9 in östlicher Richtung bis Hanna. Kurz danach biegt man nach Süden ab und folgt dem Alberta Hwy. 36. Bald vor Brooks zweigt eine Stichstraße zum ⑪ ✶ ✶ **Dinosaur Provincial Park** ab, dessen Badlands und Fossilien man unbedingt gesehen haben muss. Von Brooks aus geht es auf dem Trans-Canada Highway 1 zurück nach Calgary.

Paradies
Lake Louise vor gewaltiger Hochgebirgskulisse

Natur-Skulptur
Erdpyramide am Hoodoo Drive

Felspyramide
Mount Assiniboine zwischen Kootenay und Banff National Park wird auch nordamerikanisches Matterhorn genannt.

Reiseziele von A bis Z

RIESIGE EISFELDER, SCHNEEBEDECKTE BERGE; ENDLOSE GETREIDEÄCKER, ABER AUCH ATTRAKTIVE STÄDTE UND KULTURDENKMÄLER DER UREINWOHNER – DIE VIELFALT MACHT DEN BESONDEREN REIZ IN KANADAS WESTEN AUS.

ALBERTA

Fläche: 661 848 km² **Einwohnerzahl:** 3,6 Mio.
Hauptstadt: Edmonton **Zeitzone:** Mountain Time

Alberta ist mit knapp 7% der Gesamtfläche des Landes die viertgrößte Provinz Kanadas. Über zwei Drittel Albertas liegen in den Great Plains, einer Hochebene, deren Schwarz- und Braunerdeböden sich für die landwirtschaftliche Nutzung hervorragend eignen.

Prärie, Wald und Hochgebirge

Vier landschaftliche Großräume lassen sich unterscheiden. Nordalberta – fast die Hälfte der Provinz – ist überwiegend mit nordischen Nadelwäldern bedeckt. Mittelalberta, das sog. Parkland, wird von weiten Flusstälern durchzogen und ist von zahlreichen Seen durchsetzt. Südalberta ist eine hügelige, baumlose Prärielandschaft (»rolling prairie«), in der extensive Viehweidewirtschaft betrieben wird. Das Landschaftsbild Westalbertas wird von den Hochgebirgsketten der kanadischen Rocky Mountains bestimmt.

Klima

In Alberta herrscht kontinentales Klima mit ausgeprägten Jahreszeiten. Im Regenschatten der Rockies beträgt die durchschnittliche Jahresniederschlagsmenge nur 400 bis 500 mm. Ein typisches Wetterphänomen für den Ostrand der Rocky Mountains und die Foothills ist der Chinook, ein föhnartiger Westwind, der die Temperaturen in kürzester Zeit in die Höhe klettern lässt. Durch das Fehlen einer von Westen nach Osten verlaufenden Gebirgsbarriere können aber auch arktische Kaltluftmassen ungehindert nach Süden gelangen und umgekehrt warme Luftmassen ungehindert nach Norden vorstoßen. Dies bedeutet, dass im Winter trockene Polarluft weit in den Süden Albertas gelangt, während im Sommer tropisch-feuchte Luft sogar noch weit im Norden heftige Regenfälle verursachen kann. In der Prärie sind heiße Sommer die Regel, und im Winter sinken dort die Temperaturen oft unter –40 °C. Besonders trocken, warm und sonnig ist es im Südosten von Alberta.

Geschichte

Das Gebiet von Alberta ist seit über 11 000 Jahren besiedelt. Von 1670 an gehörte das Land zum Einzugsbereich der Hudson's Bay

← *Türkisfarbene, von hohen Gipfeln umrahmte Bergseen – im Bild der Peyto Lake – erwarten den Besucher im Banff National Park.*

Company. Anthony Henday erforschte 1754 als erster Weißer das Gebiet bis zu den Rocky Mountains, und Peter Fidler entdeckte bei seinen Erkundungen zwischen 1792 und 1801 reiche Kohlevorkommen am Red Deer River. Bereits Ende der 1770er-Jahre wurde der erste Handelsposten gegründet. Im 19. Jh. schritt die Erschließung des Landes mit dem Zuzug weißer Siedler und dem Ausbau des Eisenbahnnetzes durch die Canadian Pacific Railway voran; 1886 war die Trans-Kanada-Eisenbahn fertig gestellt. Im gleichen Jahr förderte John »Kootenia« Brown als Erster Öl und verkaufte es als Schmieröl, die Gallone für 1 $. Der 1890 einsetzende Goldrausch am Klondike machte Edmonton zum wichtigsten Sammelplatz der Goldgräber. 1905 wurde die Provinz Alberta etabliert, ihren Namen erhielt sie von Prinzessin Louise Caroline Alberta, der vierten Tochter Königin Victorias. In den 1930er-Jahren erlebte Alberta eine verheerende Dürreperiode, die viele Farmer zum Aufgeben zwang. Ein verkehrstechnischer Meilenstein war 1962 die Fertigstellung des Trans-Canada-Highway durch Alberta. 1988 wurden die Olympischen Winterspiele in Calgary und Umgebung ausgetragen.

Bevölkerung

Über ein Zehntel der kanadischen Bevölkerung lebt in Alberta. Die für kanadische Verhältnisse vergleichsweise hohe Bevölkerungsdichte (rund 6 Einw./km²) erklärt sich vor allem aus den Zuwanderungen ab 1960 in Verbindung mit der Erdöl- und Erdgas-Förderung. Über drei Viertel der Bevölkerung Albertas wohnen in Städten, Calgary und Edmonton sind die größten. Etwa zwei Fünftel der heutigen Einwohner haben britische Ahnen, es folgen Deutsche (ca. 14 %) und Osteuropäer mit einem Anteil von 12 %. Die Urbevölkerung – vor allem Athabasca- und Algonkin-Indianer – macht heute nur noch 5 % der Gesamtbewohnerzahl aus.

Wirtschaft

Über zwei Drittel der kanadischen Vorräte an fossilen Brennstoffen (Kohle, Erdöl, Erdgas) schlummern in Alberta. Es wundert deshalb nicht, dass die Energiegewinnung der wichtigste Wirtschaftszweig ist. Die Bedeutung des Erdöls, das seit 1886 in Alberta gefördert wird, nahm immer mehr zu. Ein Pipeline-Netz von mehr als 100 000 km verbindet die rund 17 000 Ölquellen. Das meiste Erdöl hat man bislang im Süden Albertas gefördert. Große Lagerstätten, darunter enorme Ölsand-Vorkommen, werden gegenwärtig in Albertas Norden ausgebeutet. Die Landwirtschaft ist nach wie vor ein wichtiges wirtschaftliches Standbein Albertas. Der Weizenanbau spielt zwar noch eine wichtige Rolle, doch nehmen Futterpflanzen für die Viehzüchter

Alberta wird wegen seiner reichen Erdöl-, Ölsand- und Erdgasvorkommen »Arabien Nordamerikas« genannt.

(besonders Rinderhaltung) stetig an Bedeutung zu. Die Forstwirtschaft und mit ihr die Holz-, Zellulose- und Papierindustrie expandieren seit einiger Zeit stark.

Tourismus

Der Tourismus ist das dritte wirtschaftliche Standbein und nach der Ölförderung Albertas wichtigste Einnahmequelle. Im Südwesten der Provinz gibt es mehrere Skigebiete; im Sommer zieht es die Besucher zu den zahlreichen National- und Provinzparks – allen voran in den Jasper NP und den Banff NP, Kanadas ältestes Naturschutzgebiet. Unterhaltung und ein vielfältiges Kulturleben erwarten den Touristen in den beiden Großstädten Edmonton und Calgary. Ein Highlight im Veranstaltungskalender von Calgary ist die jährlich im Juli stattfindende Stampede, eine Art Weltmeisterschaft im Rodeo (► Baedeker Special S. 181). Die Olympischen Winterspiele 1988 im Großraum Calgary weckten auch bei europäischen Touristen das Interesse an der Provinz Alberta.

★ ★ Banff National Park

W/X 16/17

Höhe: 1326 – 3612 m ü. d. M. **Fläche:** 6 641 km²
Gründungsjahr: 1887 bzw. 1930

Der Banff-Nationalpark wurde 1985 als UNESCO-Weltnaturerbe ausgewiesen. Mehr als zwei Dutzend Berggipfel über 3000 m, türkis und smaragdgrün schillernde Bergseen, in denen sich schneebedeckte Gletscher und Bergwälder spiegeln, im Frühsommer blühende Bergwiesen, Wasserfälle und reißende Gebirgsbäche sowie einsame Hochtäler faszinieren, vor allem im Juli und im August, jährlich mehr als 4 Mio. Besucher.

Highlights Banff National Park

Banff Springs Hotel
Hier wird nobel mit bester Aussicht auf den Bow River diniert.
► Seite 168

Lake Louise
Ein smaragdgrünes Juwel glitzert vor imposanter Hochgebirgskulisse.
► Seite 170

Sulphur Mountain
Der Ausblick ist atemberaubend.
► Seite 168

Skigebiet Lake Louise
Es ist eines der besten der Welt.
► Seite 172

Moraine Lake
In dem märchenhaft schönen Bergsee spiegeln sich majestätische Gipfel.
► Seite 172

Mount Assiniboine
Dieser Berg hat den Beinamen »kanadisches Matterhorn«.
► Seite 173

Banff National Park Orientierung

Übernachten

1. Moraine Lake Lodge
2. The Jupiter
3. Hidden Falls Bed & Breakfast

Der wildromantisch gelegene Moraine Lake gehört zu den vielen landschaftlichen Höhepunkten im Banff National Park.

Zu jeder Jahreszeit bietet der Nationalpark beste Sport- und Erholungsmöglichkeiten: Bergtouren (»Backpacking«, Erlaubnis erforderlich), Wildwasserfahrten auf dem Bow River oder geruhsame Kanutouren auf einem der schönen Seen. Die einzige größere Siedlung im Nationalpark ist der Kurort Banff.

Anreise

Am schnellsten gelangt man von ►Calgary aus auf dem Trans-Canada Highway in den Nationalpark. Möglich ist auch die Anreise mit dem Touristenzug »Rocky Mountaineer«, der zwischen ► Calgary, Banff und ► Vancouver (BC) verkehrt. Von Norden (Jasper) führt der ►Icefields Parkway (Hwy. 93 N) in den Banff National Park, von Osten kommend erreicht man ihn über den David Thompson Highway (Hwy. 11; via ►Rocky Mountain House).

Flora

Bergwiesen und Nadelwälder prägen die Landschaft. Oberhalb der Baumgrenze gedeihen Buschweiden, Sträucher sowie Moose und Flechten. In den höheren Lagen dauert die Vegetationsperiode nur noch 2 – 3 Monate, im Winter fällt reichlich Schnee. Im Sommer sind die Bergwiesen ein einziger bunter Blumenteppich.

Fauna

Über drei Dutzend Arten von größeren Säugetieren leben im Banff National Park. Während Elche feuchte Talwiesen bevorzugen, suchen Waldkaribus, Weißwedel-, Wapiti- und Maultierhirsche Waldlichtungen und Bergwiesen auf. In höheren Berglagen leben Schneeziegen und Dickhornschafe. Auch Bären lassen sich immer häufiger blicken, vor allem Schwarzbären, aber auch etliche **Grizzlybären**. Besondere Vorsicht sollte man bei Wanderungen und Mountainbike-Touren im sog. Backcountry walten lassen. Aktuelle Bäreninfos findet man auf der Website des Nationalparks (www.pc.gc.ca/pn-np/ab/banff).

✶ Banff und Umgebung

Touristischer Brennpunkt

Das »kanadische Garmisch«, wie das 140 km westlich von ►Calgary im Tal des **Bow River** gelegene 8400-Einwohner-Städtchen Banff mitunter genannt wird, ist der meistbesuchte Ort in den kanadischen Rockies – sowohl im Sommer als auch im Winter.

Banff Park Museum

Dieses 1903 errichtete Blockhaus und seine anspruchsvolle naturkundliche Ausstellung sind heute als National Historic Site ausgewie-

Banff Orientierung

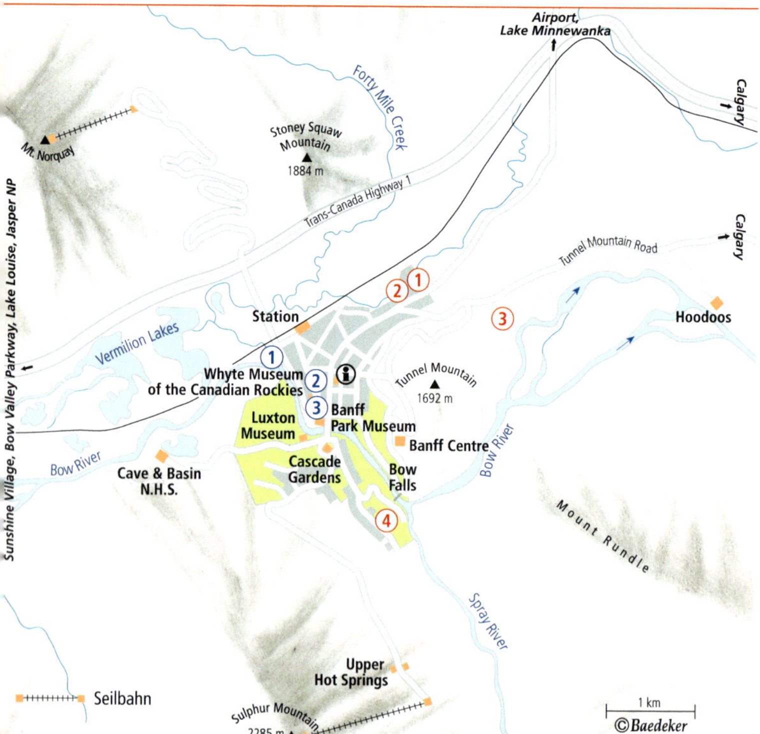

Übernachten
1. Banff Voyager Inn
2. Banff Caribou Lodge
3. Buffalo Mountain Lodge
4. The Fairmont Banff Springs Hotel

Essen
1. Banff Park Lodge
2. Coyote's
3. Wild Bill's Saloon

BANFF ERLEBEN

AUSKUNFT

Banff Lake Louise Tourism
Banff Info Centre
224 Banff Avenue
Banff, AB, T1L 1B3
Tel. (403) 762-81 63
www.banfflakelouise.com

Banff National Park
Box 900
Banff, AB, T1L 1K2
Tel. (403) 762-15 50
www.pc.gc.ca/pn-np/ab/banff

ESSEN

► Erschwinglich

① ***Banff Park Lodge***
222 Lynx Street, Banff
Tel. (403) 762 - 44 33
www.banffparklodge.com
Wenige Schritte vom Bow River entfernt, spektakulär gelegen, mit großartiger Aussicht.

② ***Coyote's***
206 Caribou St., Banff
Tel. (403) 762-39 63
Hier gibt es in der Manier des amerikanischen Südwestens zubereiteten Gerichte und vegetarische Küche.

► Preiswert

③ ***Wild Bill's Saloon***
201 Banff Ave., Banff
Tel. (403) 762-03 33
Gut besuchtes Western-Lokal, in dem man leckere Steaks und Ribs serviert bekommt.

ÜBERNACHTEN

► Luxus

④ ***The Fairmont Banff Springs Hotel***
405 Spray Avenue
Banff, AB, T1L 1J4
Tel. (403) 762-22 11
www.fairmont.com/banffsprings
Mineral-Thermalbad, Fitness Center mit Sauna, mehrere Restaurants und Bars, Diskothek, Boutiquen, Bibliothek, Tennisplätze, Golfplatz, Reitstall. Das traditionsreiche Nobelhotel – heute eines der Wahrzeichen der Provinz Alberta – ist bereits 1888 erbaut worden. Bemerkenswert: Die mit eigenem gläsernen Aufzug erreichbare Presidential Suite umfasst nicht weniger als acht Räumlichkeiten und verfügt über einen eigenen Pool. Sogar ein Konzertflügel ist hier aufgestellt.

► Komfortabel

② ***Banff Caribou Lodge***
521 Banff Ave., Banff
Tel. (403) 762-58 87
www.banffcaribouproperties.com
Moderner Beherbergungsbetrieb mit zweckmäßig ausgestatteten Räumlichkeiten und freundlichem Service.

③ ***Buffalo Mountain Lodge***
Tunnel Mountain Road, Banff
Tel. (403) 609-61 99
www.buffalomountainlodge.com
Knapp 2 km westlich außerhalb des Ortes, am Hang des Tunnel Mountain, bietet diese rustikale Lodge mit Dampfbad Holzfäller- und Indianerromantik.

► Günstig

① ***Banff Voyager Inn***
555 Banff Avenue
Tel. (403) 762-33 01
www.banffvoyagerinn.com
Freundliches Haus am Ortsrand von Banff mit Restaurant, Swimming Pool und Sauna. Wunderschön ist der Blick auf den Cascade Mountain.

sen (93 Banff Ave.; Öffnungszeiten: Juni – Sept. tgl. 10.00 – 18.00, sonst tgl. 13.00 – 17.00 Uhr).

Whyte Museum ►

Das Whyte Museum of the Canadian Rockies zeigt Kunstwerke, deren Thema die Rockies sind. Auch aus der Ortsgeschichte erfährt man hier Interessantes (111 Bear Str.; Öffnungszeiten: Sommer tgl. 10.00 – 17.00 Uhr, sonst n. V.).

Buffalo Nations Luxton Museum ►

Das liegt bereits jenseits des Bow River bei den terrassenförmig angelegten Cascade Gardens. In einer rekonstruierten Pelzhandelsstation sind Szenen aus dem **Leben der Plains-Indianer** nachgestellt (1 Birch Ave.; Öffnungszeiten: Juni – Sept. tgl. 9.00 – 19.00, sonst tgl. 11.30 bis 16.30 Uhr).

✶✶ **Fairmont Banff Springs Hotel**

»Canada's Castle in the Rockies« thront als denkmalgeschütztes Schloss hoch über dem Bow River, der hier ziemlich spektakulär über die Klippen einer ausgewaschenen Kalksteinschwelle stürzt. Das 1888 eröffnete Banff Springs Hotel ist das **Wahrzeichen der Stadt.** Einst mit 250 Gästezimmern größtes Hotel der Welt hat dieses traditionsreiche Grandhotel noch viel vom Glanz des frühen Eisenbahntourismus bewahren können, als sich nur Wohlhabende eine Fahrt in die Rockies leisten konnten. Und auch heute noch gehört die inzwischen der Fairmont-Kette angegliederte Nobelherberge zu den besten ihrer Art auf dem Globus, verfügt sie doch über ein eigenes Kurbad, ein modernes Kongresszentrum und einen 27-Loch-Golfplatz. Wer sich für die Geschichte des Hauses interessiert, kann an einer Führung durch den Hotelkomplex teilnehmen.

Wenn's draußen richtig kalt ist, wärmen die Thermalquellen bei Banff am besten.

Cave & Basin National Historic Site, Sundance Canyon: Das Museum (Cave Ave.; geöffnet Mitte Juni bis Sept. 10.00 – 20.00, sonst bis 17.00 Uhr) informiert über den Naturschutz in Kanada. Auf Lehrpfaden erfährt man Interessantes über die Naturgeschichte und die Bedeutung der hier austretenden **Thermalquellen.** Die historischen Bauten um das Schwimmbad sind restauriert, so auch das imposante Badehaus (1887). Vom Museum führt ein ca. 4 km langer Weg am Bow River entlang zum romantischen **Sundance Canyon**.

✶ **Sulphur Mountain**

Etwa 4 km südlich oberhalb von Banff (Stadt) entspringt die wärmste der **heißen Schwefelquellen** des Sulphur Mountain. Im Sommer ist das Thermalwasser 42 °C warm, im Winter nur 29 °C (Öffnungszeiten des Thermalbads: Mitte Juni – Mitte Okt. tgl. 8.30 – 22.30 Uhr, übrige Zeit Mo. – Do. 14.30 – 20.30 Uhr, Fr. – So. 8.30 – 22.30 Uhr). Eine Seilbahn bringt Besucher hinauf zur 2270 m hohen Bergstation. Vom Gipfelrestaurant und den Aussichtsplattformen bietet sich ein herrlicher Rundblick.

Mount Norquay

Der 2135 m hohe Mount Norquay wird im Winter gern von Skiläufern besucht, denn hier werden etliche attraktive Abfahrtspisten präpariert. Knapp 7 km sind es von Banff auf der kurvenreichen Mount Norquay Road bis zur Talstation des Sesselliftes.

! *Baedeker* TIPP

Wapitis unterwegs ...

Auf dem Golfplatz beim Banff Springs Hotel, am Bow River und bei den Vermilion Lakes kann man vor allem abends Gruppen von Wapitihirschen (meist Kühe mit Kälbern) aus nächster Nähe beobachten.

Vermilion Lakes

Westlich von Banff liegen die Vermilion Lakes im Überschwemmungsgebiet des Bow River, wo man u. a. **Weißkopfadler, Fischadler** und 236 weitere Vogelarten sowie – mit etwas Glück – auch Biber, Elche und Schwarzbären beobachten kann.

Tunnel Mountain

Lohnend ist die Besteigung des 1692 m hohen Tunnel Mountain wegen des schönen Rundblicks. Östlich des Berges kann man **Hoodoos** sehen, jene von Wind und Wetter herausmodellierten Erdtürmchen mit den charakteristischen steinernen Hütchen.

Lake Minnewanka

11 km nordöstlich von Banff, vorbei an den Resten einer alten Bergwerkssiedlung, erreicht man den Lake Minnewanka (»Teufelssee«), den größten Stausee im Nationalpark. Seine Dämme wurden in den Jahren 1912 und 1941 aufgeschüttet.

Two Jack Lake, Johnson Lake

Lohnend ist die Weiterfahrt zum Two Jack Lake (Kanuverleih) und zum Johnson Lake. In diesen beiden relativ flachen Seen kann man im Sommer sogar baden. Mehrere bequeme Wanderwege führen um die Gewässer.

Sunshine Village

Ca. 19 km südwestlich von Banff erreicht man Sunshine Village bzw. die Talstation einer Seilbahn, die allerdings nur im Winter in Betrieb ist. Von hier geht es hinauf zu den Sunshine Meadows, einer anmutigen Bergregion. Im Winter herrscht hier ein regelrechter **Skizirkus** mit verschiedenen Pisten für Anfänger, Fortgeschrittene und Könner. Ein Sessellift bringt Ausflügler auf den Standish Peak an der Grenze

◄ Standish Peak

zu British Columbia. Von Ende Juni bis Anfang September wird das Berghaus »Sunshine Inn« bewirtschaftet.

✶ **Bow Valley Parkway**

Für die knapp 50 km lange Strecke von Banff nach Lake Louise gibt es eine Alternative zum stark befahrenen Trans-Canada Highway: den Bow Valley Parkway (Highway 1 A). An dieser ruhigen (Tempolimit: 60 km/h) und landschaftlich reizvolleren Strecke sind Aussichtspunkte und Picknickplätze angelegt. Nicht selten kann man grasendes Wild oder gar einen Schwarzbären beobachten.

Der Bow Valley Parkway schlängelt sich entlang des **Castle Mountain**, einem gewaltigen Bergstock, der im 2728 m hohen **Eisenhower Peak** gipfelt. Er erinnert an die Sella-Gruppe in Südtirol. Etwa auf halber Strecke zwischen Banff und dem Bahnhof Lake Louise beginnt ein beliebter Wanderweg, der durch den Johnston Canyon mit seinem laut tosenden Wasserfall führt. Jenseits der Klamm (ca. 6 km) findet man die sog. Ink Pots, Quelltöpfe, von denen zwei durch ihre besonders intensive blau-grüne Färbung auffallen.

Ink Pots ►

✶✶ Lake Louise

Kleinod der kanadischen Rockies

Eine der meistbesuchten Natursehenswürdigkeiten im Banff National Park ist der 1731 m ü. d. M. gelegene und überaus malerische Lake Louise (60 km nordwestlich von Banff), von den Stoney-Indianern »See der kleinen Fische« genannt. Er ist etwa 2 km lang, bis zu 600 m breit und knapp 70 m tief. In der türkis bis dunkelgrün schimmernden Wasserfläche spiegeln sich vergletscherte Dreitausender, darunter auch der 3459 m hohe **Mount Victoria**, dessen Gletscher fast

Ein Bergsee der Superlative und ein Paradies für Freizeit-Kanuten: der Lake Louise vor gewaltiger Hochgebirgskulisse

LAKE LOUISE ERLEBEN

ESSEN

▶ Fein & Teuer

Post Hotel
Tel. (403) 522-39 89
Hier wird beste schweizerische, respektive französische Küche aufgetragen. Dazu genießt man hervorragende französische Weine.

Walliser Stube
im Château Lake Louise
Tel. (403) 522-1818
Nomen est Omen: Käsefondue, Raclette und »Toblerone Chocolate Fondue« mit frischen Früchten vor der imposanten Kulisse kanadischer Gletscher – man fühlt sich wirklich wie zu Hause bei den Eidgenossen.

ÜBERNACHTEN

▶ Luxus

The Fairmont Château Lake Louise
111 Lake Louise Drive
Tel. (403) 522-35 11
www.fairmont.com/lakelouise
Diese Luxusherberge liegt traumhaft schön am »Smaragdsee« inmitten der westkanadischen Hochgebirgswelt vor einer grandiosen Gletscherkulisse. Das zauberhafte, im Jahre 1890 eröffnete Märchenschloss am Lake Louise ist vor wenigen Jahren sehr aufwändig renoviert und modernisiert worden.

Moraine Lake Lodge
Lake Louise, AB, T0L 1E0
P.O. Box 70
Tel. (403) 522-37 33
www.morainelake.com
Das sehr beliebte Berghotel liegt im »Tal der zehn Gipfel« in der Nähe des außerordentlich malerischen Moraine Lake und nur ein paar Autominuten abseits vom Lake Louise, mit Flitterwochensuite.

bis zum See hinunterreicht. Zum Baden ist das Wasser daher viel zu kalt, schöne Kanupartien sind aber möglich. Entdeckt wurde der **Moränenstausee**, als man 1882 die CP-Eisenbahntrasse über den Kicking Horse Pass anlegte; benannt hat man den See nach der Tochter der englischen Königin Victoria
Vom weltberühmten Grandhotel **Fairmont Château Lake Louise** bietet sich ein überwältigender Blick auf den Lake Louise. Auf der Endmoräne, die den See aufstaut, errichtete die CP Railroad bereits 1890 ein schlossähnliches Grandhotel. Das heutige, sehr wuchtige Gebäude entstand 1924, nachdem ein Brand den aus Holz errichteten Vorgängerbau zerstört hatte. Von dem Grandhotel aus starteten Expeditionen zu Pferde zur Erforschung des Felsengebirges, auch Bergsteiger aus aller Herren Länder erklommen von hier aus die Gipfel der kanadischen Rockies.

★ Plain of the Six Glaciers

Eine Wanderung vom Lake Louise zur Plain of the Six Glaciers (Gehzeit ca. 5 Std.) verläuft am nordwestlichen Seeufer entlang bis zur Mündung des Gletscherbachs und dann hinauf zum 370 m höher gelegenen Berghaus unterhalb des imposanten **Victoria-Gletschers.**

! Baedeker TIPP

Tee am See

Ein beliebtes Wanderziel beim Lake Louise ist der Lake Agnes. Hier gibt es ein gemütliches Teehaus, das allerdings nur im Sommer geöffnet ist und in dem noch nach Wildwest-Manier gekocht wird. Übrigens: Von hier hat man einen schönen Blick auf den kleinen, tiefblau bis türkis leuchtenden Mirror Lake. Dieser wird gespeist von einem Wasserfall, der vom Agnes Lake herabstürzt.

Jenseits des Bow-River-Tales erschließt ein Vierer-Sessellift den 2672 m hohen **Mount Whitehorn** (Juni – Sept. tgl. 8.30 – 18.00, sonst tgl. 9.00 – 16.30 Uhr). Von der Aussichtsplattform der Whitehorn Lodge (2034 m ü. d. M.) bietet sich ein grandioser Ausblick auf den Lake Louise, den Victoria-Gletscher sowie auf die vergletscherten Grate und Gipfel der **Bow Range** bzw. der **Continental Divide**.

✶✶ Ski Lake Louise ►

Das Skigebiet von Lake Louise gehört zu den besten der Welt. Ende November 2001 fanden hier die Ski-Weltcup-Rennen der Damen statt als Vorbereitung für die Olympischen Winterspiele 2002 in Salt Lake City. Weitere Informationen: www.skilouise.com

✶✶ **Moraine Lake**

Der versteckt im zauberhaften **Valley of the Ten Peaks** gelegene und von einem Bergsturz aufgestaute Bilderbuch-Natur-Stausee ist einer der schönsten Bergseen der Rocky Mountains, erreichbar vom Lake Louise Drive aus über ein knapp 13 km langes Bergsträßchen. Atemberaubend ist die Szenerie am See selbst, der als türkis leuchtende, von Wäldern umrahmte Wasserfläche inmitten schneebedeckter Dreitausender liegt. Immer wieder hört man in der Ferne das Donnern von Gletscherabbrüchen oder Lawinen. Der schönste Blick auf den Moraine Lake bietet sich vom **Rockpile**, einem hohen Schutthügel am Ausfluss des Sees. Am nordwestlichen Seeufer führt ein Wanderweg entlang; auch können Kanus gemietet werden. Für Unterkunft und Verpflegung ist in der rustikalen Moraine Lake Lodge gesorgt. Anstrengend ist die Wanderung ins **Larch Valley** und zum **Sentinel Pass** (2611 m), einem der höchsten Übergänge im Nationalpark. Von der Passhöhe eröffnet sich ein zauberhaftes Panorama.

✶✶ Icefields Parkway

Hochgebirgs-Panoramastraße

Dieses 230 km lange Teilstück des Highway 93 verbindet Lake Louise mit dem Hauptort des ► Jasper National Park. Sie führt über den Bow Pass und den Sunwapta Pass zum eindrucksvollen Columbia Icefield und dann hinunter nach Jasper.

✶ **Bow Lake**

Erster Höhepunkt ist der Bow Lake (34 km nördlich von Lake Louise). Der See, auf dem sich die schneebedeckten Gipfel der Rockies spiegeln, liegt unterhalb des **Bow Glacier** und des **Crowfoot Glacier**. Die beiden Gletscher gehören zum ausgedehnten **Wapta/Waputik Icefield.** In den 1930er-Jahren, noch bevor es hier eine Straße gab, errichtete der Bergtourismus-Pionier Jimmy Simpson die Num-ti-jah Lodge (Restaurant, Unterkünfte, Reiten). Man kann hier herrlich

Das »kanadische Matterhorn«: der Mount Assiniboine

wandern, z. B. am See entlang zu einem Wasserfall am Fuß des Bow Glacier (Halbtagestour) oder zum **Helen Lake** und zum **Catherine Lake** am östlich liegenden **Dolomite Pass** (Ganztagestour).

◄ Bow Pass

Mit 2068 m ist der Bow Pass (Bow Summit) der höchste Übergang im ►Banff National Park und zugleich die **Wasserscheide** zwischen den Flusssystemen von North und South Saskatchewan River. Besonders schön ist es hier im Sommer, wenn die Bergwiesen erblühen. Eine kurze Stichstraße und ein Fußweg führen zu Aussichtspunkten mit tollen Ausblicken auf den Peyto Lake.

✶✶

◄ Peyto Lake

Knapp 3 km lang und steil ist der Weg hinunter zum malerischen, von Wäldern umrahmten und türkisfarben leuchtenden Peyto Lake, der von einer Endmoräne aufgestaut wird. Benannt ist das Gewässer nach dem Bergführer Bill Peyto, der das Gebiet Ende des 19. Jh.s erforscht hat. Weiter geht es am **Mistaya Canyon** und an den **Panther Falls** vorbei und hinauf zum **Sunwapta Pass**, wo der Banff National Park und der Jasper National Park aneinander grenzen. Weitere Höhepunkte des Icefields Parkway, darunter das **Columbia Icefield,** sind unter dem Stichwort ►Jasper National Park zu finden.

Mount Assiniboine Provincial Park

Zwischen Banff National Park und ►Kootenay National Park (BC) erstreckt sich dieses Schutzgebiet. Hauptattraktion ist der 3618 m hohe Mount Assiniboine, eine isolierte Felspyramide, die auch **»kanadisches Matterhorn«** genannt wird. Hineinfahren kann man nur von Canmore oder von Banff aus (Straße zum Sunshine Village; am Parkplatz Bourgeau muss man das Auto abstellen). Der Park gilt als Skifahrer- und Wanderparadies, doch gibt es dort weder Unterkunft noch Verpflegungsmöglichkeiten.

! *Baedeker* TIPP

Mit dem Luxuszug durch die Rockies

Mit dem »Royal Canadian Rockies Experience«, einem nostalgischen Luxuszug, kann man mehrere Tage lang von Calgary und Banff aus durchs Felsengebirge reisen. Auskunft: Royal Canadian Pacific, Tel. (403) 508-14 00, www8.cpr.ca

★★ Calgary

X/Y 17

Höhe: 1128 m ü. d. M. **Einwohnerzahl:** 1,02 Mio.

Die größte Stadt Albertas liegt im Süden der Provinz, gewissermaßen an der Nahtstelle von Prärie und hügeligem Vorland der Rockies. Dass die Stadt zwischen Wildnis und Weizenfeldern heute mehr ist als ein Handelsplatz für Farmer und Viehzüchter, wurde anlässlich der Olympischen Winterspiele 1988 für alle Welt sichtbar.

»Manhattan der Prärie«

Durch die Nähe zu den Rockies und zu den weltberühmten Nationalparks von Banff und Jasper hat das »Manhattan der Prärie« einen hohen Freizeitwert. Binnen zwei Stunden sind einige der schönsten Sommerfrischen und Wintersportgebiete Kanadas zu erreichen.

Geschichte

1875	Die North West Mounted Police errichtet Fort Calgary am Zusammenfluss von Bow River und Elbow River.
1883	Die Eisenbahn (Canadian Pacific Railway) erreicht Calgary.
1884	Calgary wird Stadt.
1905	In der näheren Umgebung wird Erdgas entdeckt.
1912	Erstmals wird eine Stampede abgehalten.
1914	Im Turner Valley wird Erdöl gefunden.
1988	XV. Olympischen Winterspiele
2005	Im Juni wird die Stadt von einer Jahrhundertflut heimgesucht.

Hervorgegangen ist die Stadt aus einem Lagerplatz der Blackfoot-Indianer. Als am Ende des 19. Jh.s das Fort Calgary (benannt nach einer hübschen Bucht auf der schottischen Insel Mull), ließen schon bald darauf Viehbarone in dessen Umgebung ihre Rinderherden grasen. Ein besonderer Entwicklungsschub setzte ein, als man im Raum Calgary Erdöl entdeckte. »Big Oil« sorgte nicht nur für einen Bauboom, sondern ermöglichte auch die Realisierung einiger ehrgeiziger kultureller Vorhaben. Heute ist Calgary das Finanzzentrum der Provinz Alberta.

? WUSSTEN SIE SCHON ...?

- ... welchem Umstand die Stadt Calgary ihre Existenz verdankt? Die »North West Mounted Police« errichtete hier einen Posten, um skrupellosen US-amerikanischen Whiskyhändlern das Handwerk zu legen. Die Händler tauschten im britischen Kanada ihr Feuerwasser gegen Büffelhäute der Prärieindianer.

Das Auf und Ab der Ölpreise in den 1980er-Jahren hinterließ allerdings auch in Calgary Spuren: Handel und Gastronomie verspürten den Kaufkraftschwund, und die Arbeitslosigkeit, die bis dahin immer weit unter dem kanadischen

Calgary Orientierung

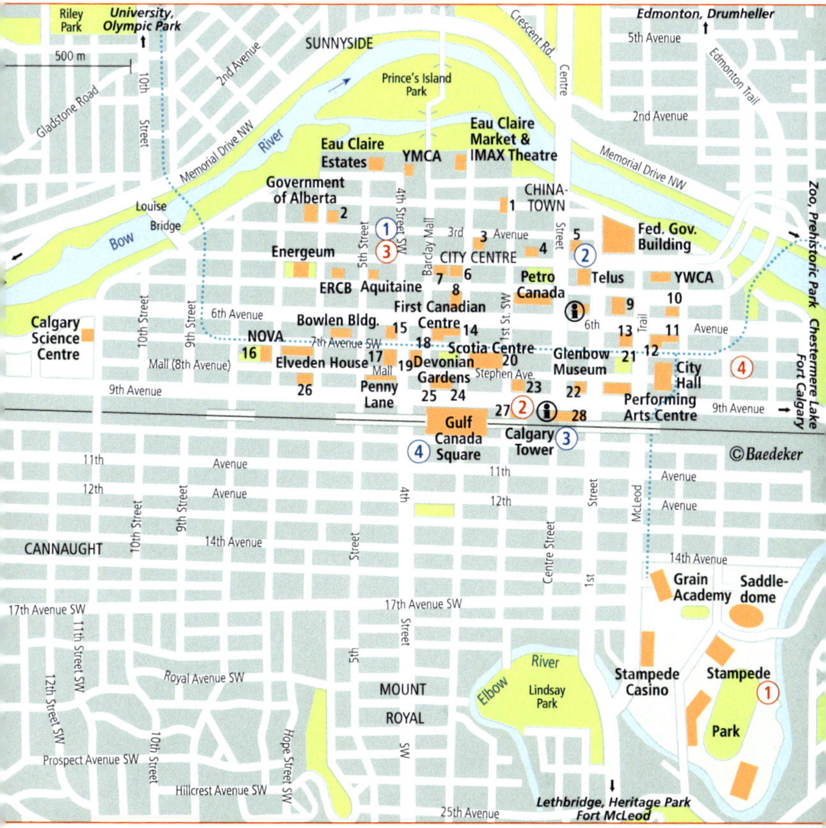

ernachten
Elbow River Inn & Casino
The Fairmont Palliser
Westin Hotel
Inglewood Bed & Breakfast

Essen
(1) Owl's Nest
(2) The Conservatory
(3) Calgary Tower Panorama Room
(4) Thai Sa-On

1 Chinese Cultural Centre
2 Shaw Court
3 Amoco Tower
4 Sun Life Plaza
5 Chinatown
6 Canada Place
7 Calgary Place
8 Alberta Wheat pool
9 Board of Education
10 Alberta Vocational College
11 Prov. Court and Remand
12 Public Library
13 Rocky Mountain Plaza
14 Energy Plaza
15 Court House
16 Century Gardens
17 Eaton's
18 Canada Trust
19 Eaton Centre
20 The Bay
21 Olympic Plaza
22 Convention Centre
23 Pan Canadian Plaza
24 Bankers Hall
25 Royal Bank Building
26 Western Canadian Place
27 Palliser Hotel
28 One Palliser Square

LRT (Straßenbahn)

Durchschnitt gelegen hatte, wuchs. Einen gewissen Ausgleich brachte der Bauboom, der im Zuge der Vorbereitungen zu den XV. Olympischen Winterspielen im Jahre 1988 einsetzte. In den 1990er-Jahren erlebte die Stadt einen neuerlichen Aufschwung, der bis heute anhält.

Highlights Calgary

1 Calgary Tower
Panorama-Rundblick auf die Stadt
► Seite 176

2 Stephen Avenue
Fußgängerzone mit Charme
► Seite 177

3 Glenbow Museum
Hier wird die Zeit der Indianer und Pelzhändler wieder lebendig.
► Seite 176

4 Centennial Planetarium
Ein »himmlisches« Vergnügen mit Laser-Astro-Shows
► Seite 177

5 Stampede Park
Tollkühne Cowboys ziehen im alljährlich im Juli Westernfans in ihren Bann.
► Seite 177

6 Calgary Zoo & Prehistoric Park
Besonders stolz ist man hier Erfolge in der Weiterzucht etlicher in Ihrem Bestand bedrohter Tierarten.
► Seite 178

7 Aerospace Museum
Hier schlagen die Herzen passionierter Flugzeug-Nostalgiker höher.
► Seite 178

8 Canada Olympic Park
Zu sehen sind die Schanzen, der Bob-Eiskanal und die Rodelbahn, auf denen 1988 Medaillen geholt wurden.
► Seite 180

9 Fort Calgary Historic Park
Ein Blick in die Geschichte der stürmisch gewachsenen Stadt
► Seite 178

Sehenswertes im Stadtzentrum

★ **Calgary Tower**

Das verhältnismäßig kleine Zentrum breitet sich zwischen dem Bow River im Norden und der 9th Avenue im Süden aus. Moderne Wolkenkratzer beherrschen die Skyline der schachbrettartig angelegten Innenstadt. Orientierungspunkt der Innenstadt ist der 191 m hohe Calgary Tower (9th Ave./Centre St.; Öffnungszeiten: tgl. 9.00 – 21.30 Uhr) mit Panoramablick.

★ **Glenbow Museum**

Nur wenige Schritte vom Tower entfernt, an der 9th Ave., liegt das moderne Calgary Convention Centre. In diesem Gebäudekomplex ist auch das Glenbow Museum zur **Kultur- und Wirtschaftsgeschichte Südalbertas** untergebracht. Besonders anschaulich aufbereitete Abteilungen sind die über die Geschichte und die Kultur der Indianer sowie die über die Zeit der frühen Pelztierjäger (130 9th Ave.; Öffnungszeiten: tgl. 9.00 – 17.00, Do. bis 21.00 Uhr).

Olympic Plaza, City Hall

Auf der Olympic Plaza wurden während der **Olympischen Winterspiele 1988** allabendlich die Medaillen verliehen. Heute ist der Platz ein beliebter Treffpunkt. Im Sommer finden hier Open-Air-Veranstaltungen statt. An die Ostseite des Platzes stößt die City Hall, die 1986 neben dem historischen Sandsteingebäude des alten Rathauses aus dem Jahr 1911 gebaut wurde. In den abgewinkelten Glasfassaden des dreieckigen Verwaltungskomplexes spiegeln sich die benachbarten Gebäude. Von der Olympic Plaza empfiehlt sich ein Spaziergang unter Bäumen durch die belebte **Stephen Avenue**. Dieser Abschnitt der 8th Ave. zwischen 1st St. SE und 3rd St. SW gehört den Fußgängern. Hier gibt es neben Geschäften und Kaufhäusern auch viele Cafés und Restaurants. An das alte Calgary erinnern noch einige historische Bauten mit liebevoll restaurierten Fassaden.

Ausstellung im Glenbow Museum

Im Toronto Dominion Square (2nd/3rd St., 4th Level) findet der Besucher die **Devonian Gardens**, ein Pflanzenparadies mit Teichen, Brunnen und einem kleinen Wasserfall. Unter Glas gedeihen hier 20 000 tropische, subtropische und einheimische Pflanzen (Öffnungszeiten: tgl. 9.30 – 18.00, Do., Fr. bis 20.00 Uhr).

In der **TELUS World of Science** am westlichen Ende der 7th Ave. kann man die Naturwissenschaften sozusagen mit Händen greifen, denn die Besucher dürfen hier sogar selbst experimentieren (701 – 11th St./7th Ave.; Öffnungszeiten: Mo. bis Do. 10.00 – 16.00, Fr. – So. 10.00 bis 17.00 Uhr, im Sommer länger). Ebenfalls ein Publikumsmagnet ist das **Centennial Planetarium**, wo am Wochenende Laser-Astro-Shows geboten werden.

Eau Claire Quarter

Über die Barclay Mall erreicht man den **Eau Claire Market**, von hier ist es nicht mehr weit in den stillen Prince's Island Park, einer vom Bow River umflossenen Insel.

◄ Chinese Cultural Centre

Wenige Schritte östlich vom Eau Claire Market liegt die rund 2000 Einwohner zählende Chinatown von Calgary. Im 1993 eingerichteten Chinese Cultural Centre empfängt ein Museum Besucher. Hier gibt es u. a. den im Jahre 132 v. Chr. konstruierten ältesten Seismografen der Welt zu sehen (Öffnungszeiten: tgl. 11.00 – 17.00 Uhr).

Außerhalb von Downtown

★ Stampede Park

Südöstlich vom Calgary Tower, in einer Biegung des Elbow River, breitet sich der 24 ha große Stampede Park (14th Ave./4th St.) aus. Schon seit 1912 finden hier jedes Jahr die Calgary Exhibition und die berühmte Calgary Stampede (►Baedeker-Special S. 181) statt.

★ **Saddledome**

Das Stampede-Gelände wird beherrscht vom Saddledome, einer riesigen Halle in Form eines Sattels, in der 18 800 Zuschauer Platz finden. Im Rahmen der Olympischen Winterspiele 1988 wurden hier Eislaufwettbewerbe ausgetragen. Seit seiner Fertigstellung im Jahre 1983 ist der Saddledome Heimstatt der legendären Eishockeymannschaft »Calgary Flames«, die schon viel zum Ruhm der Stadt beigetragen hat.

! *Baedeker* TIPP

Calgarys heißester Saloon

Abends schlüpfen viele Einheimische in ihre Bluejeans und Cowboystiefel und lassen die legendäre »Cowtown« wieder lebendig werden. Dann legen sie im »Ranchman's« mit ihren super gestylten Cowgirls einen flotten Two-Step aufs Parkett. Die besten Country-Bands Nordamerikas spielen hier auf. Adresse: 9615 MacLeod Trail, Tel. (403) 253-11 00; Öffnungszeiten: Mo. – Do. ab 20.30, Fr. u. Sa. ab 21.00 Uhr.

Im Stampede Park ist auch die sog. **Grain Academy** der Organisation der Weizenproduzenten Albertas angesiedelt. An das Thema Getreideanbau wird der Besucher auf verschiedene Arten herangeführt, u. a. durch Filme und Dokumentationen, aber auch durch einen Modell-Getreidespeicher und eine Modelleisenbahn, die den Getreidetransport von den Prärien über die Rocky Mountains bis zum Hafen von Vancouver zeigt (17. Ave./2nd St.; Öffnungszeiten: April bis Sept. Mo. – Fr. 10.00 – 16.00 Uhr).

★ **Fort Calgary Historic Park**

Östlich von Downtown, an der Mündung des Elbow River in den Bow River, wurde 1875 der erste Posten der North West Mounted Police errichtet. Heute wird hier »Living History« vorgeführt und die Geschichte der Stadt Calgary dokumentiert (750 9th Ave.; Öffnungszeiten: Mai – Anfang Okt. tgl. 9.00 – 17.00 Uhr).

★ **Calgary Zoo & Prehistoric Parc**

Ebenfalls östlich von Downtown, auf der Flussinsel St. George's Island, befindet sich der im Jahre 1920 gegründete Tierpark. Besonders stolz ist man hier auf Vertreter von mehr als 300 bedrohten Tierarten. Im prähistorischen Themenpark kann man Modelle von Sauriern bestaunen, die vor etlichen Jahrmillionen im Süden der heutigen Provinz Alberta gelebt haben. Die Parkanlage umfasst auch einen mit vielerlei seltenen Gewächsen bepflanzten Botanischen Garten (1300 Zoo Rd. NE; Öffnungszeiten: tgl. 9.00 – 18.00 Uhr).

★ **Aerospace Museum**

Das Luftfahrtmuseum liegt nordöstlich des Stadtzentrums, etwa auf halber Strecke zwischen Innenstadt und Flughafen. Gezeigt werden u. a. Fluggerät und Militärfahrzeuge aus dem Zweiten Weltkrieg sowie eine Dokumentation über diese Zeit (4629 McCall Way NE; Öffnungszeiten: tgl. 9.00 – 17.00 Uhr).

Im Zentrum von Calgary drängen sich die Bürotürme, → denen die Stadt ihren Namen »Manhattan der Prärie« verdankt. Vom Calgary Tower (links) ist der Blick über die Innenstadt am besten.

Selbst die Form des Saddledome auf dem Stampede-Gelände erinnert an die berühmte Calgary Stampede, bei der hauptsächlich vom Sattel aus agiert wird.

★ Canada Olympic Park

Westlich der Stadt, in der Nähe des Trans-Canada Highway, ragen die fremdartig wirkenden Türme der **Sprungschanzen** in den Himmel. Außerdem sind hier der **Bob-Eiskanal** und die Rodelbahn angelegt. Im Rahmen einer Führung (tgl. 9.00 – 17.00 Uhr) kann man vom Turm der 90-m-Schanze einen Blick auf die Skyline von Calgary werfen. In der **Olympic Hall of Fame** wird die Erinnerung an die Olympischen Winterspiele 1988 wach gehalten (Öffnungszeiten: tgl. 10.00 – 17.00, im Hochsommer bis 20.00 Uhr; Dokumentationen, Filme).

Calaway Park

Weiter westlich stadtauswärts (TC Hwy., Ausfahrt Springbank Rd.) liegt der größte Freizeit- und Erlebnispark Südwestkanadas mit diversen Attraktionen, darunter auch eine Achterbahn und ein Riesenrad (Öffnungszeiten: Ende Juni – Anfang Sept. tgl. 10.00 – 19.00 Uhr, Mitte Mai – Ende Juni u. Anfang Sept. – Mitte Okt. nur an Wochenenden und Feiertagen).

Glenmore Reservoir

Das Glenmore Reservoir, ein Stausee im Südwesten der Stadt erfreut sich vor allem bei Wassersportlern größter Beliebtheit. Hier kann man segeln, rudern und mit dem Kanu herumpaddeln. Auf dem See verkehrt auch ein Ausflugsboot.

CALGARY STAMPEDE – DIE GRÖSSTE SHOW DER WELT

Jedes Jahr im Juli wird in Calgary die Uhr um 100 Jahre zurückgedreht. Die Schalterhalle der Bank wird dekoriert, bis sie wie ein Pferdekorral aussieht, über das Pflaster hallen die Schritte hochhackiger Cowboystiefel, und Geschäfte werben mit »Stampede-Specials« – kurzum, die Stadt rüstet sich für das größte Spektakel des Jahres.

Alles begann vor über 100 Jahren mit einer landwirtschaftlichen Ausstellung und der Vision von Guy Weadick, einem Lassokünstler aus Wyoming: Er wollte hier, in der Mitte des kanadischen Westens, eine **Frontier Days Show** mit vielen Indianern, mexikanischen Reitern und Lassokünstlern ins Leben rufen. Seiner großen Überzeugungskraft ist es zu verdanken, dass er vier bekannte Bewohner Calgarys fand, die das Vorhaben mit 100 000 Dollar finanzierten – die Stampede war geboren.
Viele Cowboys aus den Nachbarprovinzen reisten an, um an dem Wettbewerb teilzunehmen. Weadick beauftragte seinen Show-Manager, aus Wyoming einige Cowboys als Teilnehmer herbeizuschaffen, wenn nötig mit Hilfe einer Schrotflinte. Diese erste Veranstaltung, zu der übrigens 14 000 Zuschauer kamen, erwies sich als riesiger Erfolg. Seit 1922 wird die Stampede jährlich durchgeführt. Heute sind es sogar eine Viertel Million Besucher und Teilnehmer, die jährlich anreisen und die Stadt verwandeln. Fast alle setzen weiße Stetsons auf, binden sich Westernkrawatten um und ziehen Bluejeans und handgearbeitete Stiefel an. Plötzlich ist überall breiter Cowboy-Slang zu hören.

Reiten ohne Sattel und andere Kunststücke

Bei allen Disziplinen geht es nicht nur um den Nervenkitzel der Zuschauer, denn schließlich haben sie alle im Alltag eines Cowboys ihren Ursprung. Was früher die wilden Mustangs waren, sind heute speziell für diesen Anlass präparierte Pferde, denen kurz vor der Show ein Gurt fest um den Leib gezurrt wird, wobei die Nieren des Pferdes schmerzhaft gequetscht werden. Wen wundert es da, dass die Pferde bockend in die Arena stürmen, um sich vom Schmerz zu befreien.
Beim **Bareback Riding** wird natürlich ohne Sattel geritten, und der einzige

Halt des Reiters ist ein Ledergurt mit Griff. Der andere Arm darf weder den eigenen Körper noch den des Pferdes berühren. 8 Sekunden muss der Reiter auf dem buckelnden Tier aushalten. Solche »Kunststücke« zu trainieren, führt nicht selten zu einer Überbelastung der Unterarmknochen. Ganz zu schweigen von den Verletzungen, die bei einem Sturz entstehen können.

Beim **Saddle Bronc Riding** ist das Pferd zwar mit Sattel und Steigbügel ausgestattet, jedoch ohne Trense und Kandare, nur mit einem Halfterstrick.

Zu den gefährlichsten Vorführungen gehört das **Bull Riding**. Bis zu 1000 kg schwere Bullen stellen das Können der Cowboys auf eine harte Probe. Wieder gilt es, 8 Sekunden auszuhalten auf der bockenden Muskelmasse. Ein gekonnter Sprung in die Arena bedeutet das Ende der Kraftprobe. Jetzt heißt es für die bereitstehenden Clowns, schnell zu handeln, damit das wütende Tier nicht angreift, während sich der Cowboy in Sicherheit bringt.

Beim **Steer Wrestling** gibt es ab und zu etwas zum Lachen. Gemeinsam mit einem Partner, der versucht, das Tier dazu zu bringen, geradeaus zu laufen, muss der Teilnehmer im vollen Galopp auf den Jungstier hechten und ihn innerhalb weniger Sekunden flach auf den Boden zwingen. Da kommt es schon mal vor, dass einer im Sand anstatt auf dem Tier landet.

Calf Roping erfordert nicht nur die Kunst des Reitens, sondern auch Sicherheit beim Lassowerfen. Vom galoppierenden Pferd aus wird das Kalb mit einem Strick eingefangen

Unsanfte Landung beim Kälberfangen

und gefesselt. Zum Anbringen von Brandzeichen ist diese Disziplin auch heute noch für jeden Cowboy notwendig. Zwischendurch gibt es humorvolle Einlagen zur Erholung.

Wagenrennen wie in alten Zeiten

Ein weiterer Höhepunkt ist das allabendliche **Chuckwaggon Race**. Früher war der Planwagen oft das einzige »Heim« des Cowboys, in dem gekocht, gegessen und manchmal auch geschlafen wurde. Außerdem diente er als **General Store**, der Materialien zum Reparieren von Sattelzeug oder zum Beschlagen der Pferde zu den weit auseinander liegenden Ranches brachte.

Bis zu 20 000 Dollar winken dem Sieger des Planwagen-Rennens. Die Planwagen-Gespanne werden von vier Vollblutpferden gezogen und von vier »outriders« begleitet. Insgesamt sind 32 Pferde mit vier Wagen auf dem Rundkurs unterwegs. Bei diesem Ereignis fällt es einem wahrlich nicht schwer, sich in die Zeit zurückzuversetzen, in der die Siedler die Gespanne vorwärts peitschten, wenn es galt, das beste Stück Land zu erwischen, oder die Cowboys sich kurz vor der Stadt ein Rennen lieferten – beim anschließenden Gang in die Bar musste nämlich der Verlierer die Getränke übernehmen.

Zum Schluss noch ein Wort zu den Siegerprämien. Hartnäckig hält sich das Gerücht, dass es sich dabei um stattliche Beträge handelt. Auf den ersten Blick stimmt das vielleicht auch, doch sind erst einmal die Kosten für Krankenversicherung, Anreise, Verpflegung und Aufzucht der Tiere abgezogen, bleibt nicht viel für den, der bei den Vorführungen Kopf und Kragen riskiert.

Zehn Tage lang herrscht in Calgary der Ausnahmezustand, wenn die »größte Show der Welt unter freiem Himmel« stattfindet.

Alles in allem ist die Stampede eine Show, die nicht nur der Nostalgie sondern auch dem Kommerz frönt. Doch wenn man sieht, mit welchem Engagement sich die zahlreichen Helfer für diese Veranstaltung einsetzen, spürt man die Verbundenheit der Menschen mit ihrer Stadt und ihrer Stampede.

CALGARY ERLEBEN

AUSKUNFT

Tourism Calgary
200 - 238 11th Avenue
Calgary, AB, T2G 0X8
Tel. (403) 263-85 10
www.tourismcalgary.com

EINKAUFEN

Die meisten Hochhäuser in der Innenstadt sind durch ein System von größtenteils überdachten Fußgängerwegen und -brücken verbunden, das sog. »Plus 15 Walkway System«. Die Abkürzungen hinter den Straßennamen geben den jeweiligen Stadtteil an: Südwesten (SW), Südosten (SE), Nordwesten (NW) und Nordosten (NE). Gute Shopping-Adressen findet man in der Stephen Avenue (8th Avenue), im Eau Claire Market (nördlich von Chinatown), am Toronto Dominion Square und im Scotia Centre (7th Avenue).

ESSEN

► Fein & Teuer

① ***Owl's Nest***
300 – 4th Avenue
Tel. (403) 226-16 11
Es ist eines der besten Restaurants in Calgary. Geboten wird exquisite französische Kochkunst.

② ***The Conservatory***
209 – 4th Avenue
Tel. (403) 205-5433
Gourmet-Restaurant mit französischer Küche im Bow Valley Hotel.

► Erschwinglich

③ ***Calgary Tower Panorama Room***
101 – 9th Avenue SW
Tel. (403) 266-7171
Auf dem Calgary Tower kann man Köstlichkeiten der kanadischen Küche genießen.

► Preiswert

④ ***Thai Sa-On***
351 – 10th Ave. S. W.
Tel. (403) 264-35 26
Schmackhafte thailändische Küche.

ÜBERNACHTEN

► Luxus

② ***The Fairmont Palliser***
133 – 9th Avenue SW
Tel. (403) 262-12 34
www.fairmont.com
Das »Erste Haus am Platz« ist 1914 eröffnet worden. Auch die englische Königin Elizabeth II. hat hier schon genächtigt.

► Komfortabel

③ ***Westin Hotel***
320 – 4th Avenue
Tel. (403) 266-16 11
www.westin.com
Die »Mission Style«-Innenarchitektur mit vielen hübschen Details erinnert an die Frühzeit der »Boomtown« Calgary.

► Günstig

④ ***Ingelwood Bed & Breakfast***
1006 – 8th Ave. SE
Tel. (403) 262-65 70
www.inglewoodbedandbreakfast.com
Das empfehlenswerte Haus im Zentrum der Stadt hat sehr komfortable Zimmer, das Frühstück ist wirklich opulent.

① ***Elbow River Inn & Casino***
1919 MacLeod Trail SE
Tel. (403) 269-67 71
www.elbowrivercasino.com
Preisgünstiges und gut geführtes Haus mit Restaurant in der Nähe des Stampede-Geländes, dessen besondere Attraktion das angeschlossene Spielkasino ist.

Auf einer in den Glenmore Stausee hineinragenden Halbinsel wurde eine typische Siedlung aus der Pionierzeit wieder aufgebaut. Dazu gehören eine Mühle, Wohnhäuser, Läden und Handwerkerstuben, eine Bäckerei und ein Postamt, ein Schaufelraddampfer und eine alte Dampflokomotive. »Dorfbewohner« in historischen Kostümen spielen »living history« (1900 Heritage Drive/14th St. SW; Öffnungszeiten: Mitte Mai – Anfang Sept. tgl. 9.00 – 17.00, Anf. Sept. – Mitte Okt. Sa., So. 9.00 – 17.00 Uhr).

✶ **Heritage Park Historical Village**

In der Nähe des Glenmore Reservoir liegt das Reservat der Sarcee-(Sarsi-)Indianer, eines kleinen, zu den Athabasken gehörenden Indianerstammes, der einstmals mit den Schwarzfuß-Indianern verbündet war. 1983 ließ der Stamm anlässlich der Hundertjahrfeier seiner geschriebenen Geschichte ein Museum einrichten (3700 Anderson Rd. SW; Öffnungszeiten: Mo. – Fr. 8.00 – 16.00 Uhr).

Sarcee People's Museum

Umgebung von Calgary

Etwa 35 km nordwestlich von Calgary liegt das freundliche Städtchen Cochrane im hügeligen Vorland der Rocky Mountains. Am nördlichen Stadtrand ist **The Western Heritage Centre & Canadian Rodeo Hall of Fame** ein Muss für jeden Western-Fan. Es wird von den beiden bedeutendsten kanadischen Cowboy- und Rodeoorganisationen unterhalten und bietet einen guten Einblick in die Geschichte der nordamerikanischen Weidewirtschaft (Öffnungszeiten: tgl. 9.00 bis 17.00, im Sommer bis 20.00 Uhr).

Cochrane

Ca. 20 km westlich von Cochrane erreicht man diesen idyllisch gelegenen und im Sommer von Wassersportlern gern besuchten Stausee. Kurz vor dem See zweigt der Highway 940 als landschaftlich besonders reizvolle Bergstraße in die Rocky Mountains Forest Reserve mit ihren bis zu 2000 m hohen Gipfeln ab.

Ghost Lake, Highway 940

Canmore · Kananaskis

X 17

Höhe: 1341 m ü. d. M. **Einwohnerzahl:** 11 000

Seit 1988 sind Canmore und Kananaskis, wo verschiedene Disziplinen der olympischen Winterspiele ausgetragen wurden, auch weit über die Grenzen Albertas hinaus bekannt. Die beiden Orte liegen rund 100 km westlich von ►Calgary, vor den Toren des ►Banff National Park, zu Füßen der majestätischen Gipfel der Three Sisters.

Canmore wurde bereits 1883 als Bergbausiedlung gegründet, Kananaskis entstand erst anlässlich der Olympischen Winterspiele 1988. Bei Kananaskis (Colonel's Cabin) waren während des Zweiten Welt-

Vom Gefangenenlager zum G-8-Gipfel

krieges und auch noch einige Jahre danach deutsche Kriegsgefangene interniert. Ende Juni 2002 kamen die Regierungschefs der acht führenden Industriestaaten in Kananaskis (Kananaskis Village) zu ihrem sommerlichen Gipfeltreffen zusammen.

Mount Rundle, Nordic Centre

Von Canmore führt der Smith-Dorrien Highway südwärts zum Mount Rundle mit dem Nordic Centre. Hier oben in 1500 m Höhe werden im Winter rund 60 km Loipen gespurt.

Smith-Dorrien/ Spray Trail ►

Der Smith-Dorrien/Spray Trail verläuft durch eine herrliche, beinahe unberührte Berglandschaft südwärts zum Spray Lake Reservoir und zum Highway 40 im Peter Lougheed Provincial Park.

? WUSSTEN SIE SCHON ...?

- ... dass im Kananaskis Valley starke Lawinengefahr besteht? Warme Chinook-Winde sorgen auch im Winter für plötzlichen Temperaturanstieg. Durch den Druck des nassen Neuschnees bildet sich auf der Altschneedecke eine Eisschicht, eine gefährliche Voraussetzung für Lawinenabgänge.

Oberhalb von Canmore sind die blau schimmernden **Grassi Lakes** beliebte Wanderziele. Die hiesigen Riffkalkfelsen haben es den Kletterern angetan. Im **Grotto Canyon** oberhalb der Grassi Lakes kann man Felszeichnungen prähistorischer Indianer bewundern.

Etwa 30 km östlich von Canmore, nahe beim Rafter Six Ranch Resort (westl. vom Reservat der Stoney-Indianer), erwartet das **Passing of the Legends Museum** Besucher, die sich für die Kultur der indianischen Urbevölkerung interessieren (Öffnungszeiten: April – Okt. tgl. 9.00 – 21.00 Uhr).

★ **Rundfahrt durch das Kananaskis Country**

Das eigentliche rund 4250 km² große Kananaskis Country erstreckt sich südöstlich von Canmore. Der Highway 40 führt durch das landschaftlich reizvolle und noch sehr ursprüngliche Kananaskis-Tal, das inzwischen auch im Sommer ein beliebtes Touristenziel ist. Knapp zwei Drittel des Kananaskis Country stehen heute unter Naturschutz.

Mount Allan ►

Bei der Weiterfahrt eröffnet sich ein guter Blick auf den mehr als 2800 m hohen Mount Allan, an dessen Flanke zahlreiche Schneisen von Skipisten unterschiedlicher Schwierigkeitsgrade zu erkennen sind. Innerhalb von zwei Jahren entstand hier für die Olympischen Winterspiele 1988 ein gigantischer Skizirkus, auf dem alle wichtigen Alpin-Wettbewerbe ausgetragen wurden.

Nakiska ►

Zu Füßen des Mount Allan und 56 km von Canmore entfernt breitet sich der Wintersportort Nakiska aus mit Liftanlagen, Skischule und Skiverleih, Cafeteria und Bar.

Fortress Mountain ►

Ein weiteres gern besuchtes Skigebiet erreicht man weiter südlich im Bereich des Fortress Mountain. Auch hier gibt es Lifte, Skischule, Skiverleih, Restaurant und Bar.

★ Peter Lougheed Prov. Park ►

Der Peter Lougheed Provincial Park bildet das Herzstück des Kananaskis-Gebietes. Mit einer Fläche von 508 km² ist er der größte Provinzpark Albertas, durch dessen großartige Hochgebirgswelt zahlreiche Trails führen. Hier kann man noch Elche, Wapitihirsche, Dick-

Idylle im Peter Lougheed Provincial Park

hornschafe, Schneeziegen, Biber, Grizzly- und Schwarzbären sowie Berglöwen (Cougars) und Wölfe beobachten. Im Park Visitor Centre am Nordende des Lower Kananaskis Lake (Öffnungzeiten: Juni bis Sept. tgl. 9.00 – 17.00 Uhr) wird man mit der Landschaftsgeschichte der Kananaskis-Region vertraut gemacht. Bei der William Watson Lodge beginnen einige Trails.

Etwa 15 km südlich von Longview zieht die als National Historic Site ausgewiesene **Bar U Ranch** viele Western-Nostalgiker an. In dem Living History Museum kann man z. B. lernen, wie man mit einem Lasso umgeht. (Öffnungszeiten: Labour Day – Victoria Day tgl. 9.00 – 18.00 Uhr).

CANMORE

ÜBERNACHTEN

► **Komfortabel**

Hidden Falls Bed & Breakfast
107 Three Sisters Drive, Canmore, AB
Tel. (403) 678-36 04
www.hiddenfalls.com
Wunderschön in der Nähe der Wasserfälle gelegene Unterkunft.

High River

Nach High River (5000 Einw.), etwa 8 km nördlich von Longview gelegen, lockt besonders ein Kuriosum der Natur, der Medicine Tree. Bei den zwei an einem Ast zusammengewachsenen Bäumen im G. Lane Memorial Park soll früher ein indianischer Medizinmann praktiziert haben. Über den Highway 22 gelangt man nordwärts nach ►Calgary.

KANANASKIS ERLEBEN

ÜBERNACHTEN

► Luxus

Delta Lodge at Kananaskis
1 Centennial Drive
Kananaskis Village, AB, T0L 2H0
Tel. (403) 591-77 11
www.deltahotels.com
Luxuriöses Sporthotel mit Spa, Fitness-Zentrum und Meerwasserschwimmbad im 1988er-Olympia-Skigebiet. Hier haben schon namhafte Spitzensportler und Regierungschefs von G-8-Staaten ihre Häupter zur Ruhe gelegt.

► Komfortabel

Mount Engadine Lodge
Kananaskis Village
Tel. (403) 678-40 80
www.mountengadine.com
Vom Highway 40 gelangt man auf der Smith Dorrien Road zu dieser gemütlichen Lodge mit 12 nett eingerichteten Gästezimmern.

Crowsnest Pass

X 18

Höhe: 1396 m ü. d. M.

Im äußersten Südwesten der Provinz Alberta bildet der Crowsnest Pass (dt. = Krähennest-Pass) die Grenze zur Provinz British Columbia. Weithin sichbar ist der 2785 m hohe Crowsnest Mountain, der als isolierter Felsklotz aus den Wäldern herausragt. Östlich des Passes verläuft das Crowsnest-Tal mit den Ende des 19. Jh.s von Kohlekumpels und Bahnarbeitern gegründeten Siedlungen Blairmore, Coleman, Frank, Bellevue und Hillcrest Mines.

Die Eisenbahngesellschaft hatte seinerzeit einen möglichst leicht zu trassierenden Weg durch diesen Teil der Rockies gesucht. Die Indianer rieten den Ingenieuren, mit den Gleisen der Flugbahn der Krähen zu folgen, da diese den besten Weg zu ihren Nistplätzen fänden. So kam der Pass zu seinem Namen.

★ Frank Slide

Im Jahre 1903 ging ein gewaltiger Bergsturz vom südlich des Crowsnest-Tales aufragenden Turtle Mountain nieder und begrub die junge Bergbausiedlung Frank unter fast 100 Mio. Tonnen Gestein und Geröll. Über 70 Menschen fanden den Tod. Noch heute ist die mehrere Hundert Meter breite Rutschzone als helle Wunde am Turtle Mountain sichtbar. Im Frank Slide Interpretive Centre kann man sich über den Bergrutsch sowie über die Geschichte des Kohlebergbaus am Crowsnest Pass informieren (Öffnungszeiten: Mai – Sept. tgl. 10.00 bis 20.00 Uhr, sonst 10.00 – 16.00 Uhr).

Frank Slide: Noch heute klafft die Wunde des gewaltigen Felssturzes von 1903 am Turtle Mountain.

Östlich vom Crowsnest Pass liegt **Pincher Creek** (4200 Einw.), das Tor zu den südlichen kanadischen Rockies. 1875 richtete die North West Mounted Police hier im weiten Grasland am Ostrand des Gebirges ein Gestüt ein, auf dem Pferde für die berittene Polizei gezüchtet wurden. Gegen Ende des 19. Jh.s kamen die ersten Viehzüchter und Siedler in diese Gegend.

Einen Besuch verdient das **Pincher Creek Museum & Kootenay Brown Historical Park** (James Ave./Grove St.; Öffnungszeiten: im Sommer tgl. 10.00 – 20.00, sonst 13.00 – 16.00 Uhr). Das Freilichtmuseum befasst sich mit dem Vordringen der weißen Siedler in den kanadischen Wilden Westen. Auf dem Gelände stehen originalgetreu eingerichtete Gebäude und Blockhütten, z. B. das Haus des Iren Kootenay Brown, der sich im Jahre 1889 hier als einer der ersten Siedler niedergelassen hat.

** Cypress Hills Interprovincial Park

Z/a 18

Provinzen: Alberta, Saskatchewan
Höhe: bis 1462 m ü. d. M.
Fläche: 200 km²

Wie eine grüne Oase ragen die von dichten Wäldern bedeckten, bis zu 1462 m hohen Berge aus der flachen und zumeist trockenen Landschaft der Great Plains heraus.

Da das Bergland von eiszeitlichen Gletscherbildungen verschont blieb, war es ein wichtiges Rückzugsgebiet für viele Pflanzen und

Das milde Klima im Bereich der Cypress Hills begünstigte die Entstehung einer vielfältigen Landschaft aus Wäldern, Feuchtgebieten und Grasland.

Tiere, die im Hochgebirge der Rocky Mountains oder weiter im Norden nicht überleben konnten. Die Besiedlung der Cypress Hills begann vor mehr als 7000 Jahren, als Indianer die wasserreichen Täler in diesem Gebiet aufsuchten. In den 1870er-Jahren waren die grünen Berge ein beliebtes Versteck von Schmugglern und Banditen.

CYPRESS HILLS

AUSKUNFT

Cypress Hills Interprovincial Park
Box 12, Elkwater, AB, T0J 1C0
Tel. (403) 893-37 77
www.cypresshills.com

ÜBERNACHTEN

► **Komfortabel**
Cypress Park Resort Inn
Maple Creek, SK, S0N 1N0
Tel. (306) 662-44 77
www.cpri.sasktelwebhosting.com
Wunderschön gelegene Ferienanlage.

Anreise: Das Schutzgebiet erstreckt sich ca. 70 km südöstlich von Medicine Hat, wobei ein Teil in die Nachbarprovinz ► Saskatchewan hineinreicht. Erreichbar ist der Provinzpark über den sog. Buffalo Trail (Hwy. 41), der 32 km östlich von Medicine Hat vom Trans-Canada Highway nach Süden abzweigt. In Elkwater befindet sich der Hauptzugang; dort gibt es auch ein Motel mit Restaurant und Tankstelle.

✶✶ Fort Walsh National Historic Site

National-denkmal

Das bereits in ►Saskatchewan gelegene Fort war einer der wichtigsten Stützpunkte der North West Mounted Police. Es wurde 1875 unter dem Kommandanten James Walsh erbaut und bis 1883 genutzt. Während dieser Zeit sorgte eine berittene Polizeitruppe für Recht und Ordnung. Ferner oblag es den »Mounties«, Tausenden von Sioux-Kriegern unter dem legendären Häuptling Sitting Bull, die nach der denkwürdigen Schlacht am Little Big Horn in Kanada Zuflucht suchten, neuen Lebensraum zuzuweisen. Nach dem Bau der Eisenbahn und der Rückkehr der Sioux in die USA wurde das Fort nicht mehr benötigt. 1942 erwarb die Royal Canadian Mounted Police das Land und unterhielt hier eine Pferdezucht. Später wurde die gesamte Anlage unter Denkmalschutz gestellt und das alte Fort unter Einbeziehung der noch bestehenden Ranch rekonstruiert.

Interieur von Fort Walsh aus dem 19. Jh.

Heute stellt sich das Fort so dar, wie es 1880 – auf dem Höhepunkt seiner Bedeutung – ausgesehen haben soll. Informationen über Fort Walsh und seine Geschichte gibt es im Visitor Centre; gezeigt werden u. a. die Aufgaben der berittenen Polizei, der Pelzhandel und der Branntwein-Schmuggel sowie verschiedene von der Regierung veranlasste Expeditionen in den kanadischen Westen (Öffnungszeiten: Victoria Day – Labour Day tgl. 9.00 – 18.00 Uhr).

Salomon's Trading Post, Farewell's Trading Post

Ca. 3 km südlich vom Fort Walsh gab es zwei alte Handelsposten. Sie wurden illegal von US-amerikanischen Händlern betrieben, die den Indianern für wertvolle Pelze im Tausch Schnaps und Gewehre weitergaben. Beide Handelsposten brannten 1873 nieder, wurden aber wieder aufgebaut. Salomon's Trading Post ist nicht zugänglich, doch Farewell's Trading Post kann besichtigt werden (Öffnungszeiten: tgl. 9.00 – 17.00 Uhr). Außer dem Laden, in dem bunte Kleider, Perlen, Pelze, Decken und Lebensmittelkonserven angeboten wurden, gehörte zu diesem Posten auch eine Schlafbaracke für Reisende sowie das Haus, in dem der Besitzer und sein Gehilfe wohnten.

★★ Dinosaur Provincial Park · Drumheller

Y/Z 17

Fläche: 7332 ha **Gründungsjahr:** 1955

Im Tal des Red Deer River, in dem der Dinosaur Provincial Park und das Städtchen Drumheller liegen, entstanden über Jahrhunderte hinweg die spektakulärsten Badlands Kanadas mit Hoodoos, Felsnadeln, Schluchten und Mesas. Zahlreiche Fossilien von Sauriern, die hier vor ca. 75 Mio. Jahren gelebt haben, wurden gefunden.

Saurier noch und noch...

Damals war das Klima tropisch und die Vegetation recht üppig. Doch als sich die Umwelt in relativ kurzer Zeit veränderte, wurde das Gebiet zu einem riesigen Saurier-Friedhof. Als Erster stieß der **Geologe J. B. Tyrell** 1884 zwischen Kakteen und Steinen am Red Deer River auf Saurierknochen. Sein Fund löste ein richtiges »Saurier-Fieber« aus. Fossilien aus dem Raum Drumheller sind heute nicht nur im Royal Tyrell Museum, sondern auch in vielen anderen Sammlungen auf der Welt zu sehen.

Dinosaur & Fossil Museum

Im Drumheller Dinosaur & Fossil Museum sind Überreste von Sauriern sowie von Tieren des Eiszeitalters zu besichtigen, ferner eine Mineraliensammlung und indianische Exponate (335 1st. St. E.; Öffnungszeiten: April – Okt. tgl. 10.00 – 17.00, Juli – Sept. bis 18.00 Uhr).

★★ Royal Tyrell Museum of Palaeontology

Auf keinen Fall versäumen sollte man einen Besuch des Royal Tyrell Museum of Palaeontology, das 6 km nordwestlich der Stadt am Nordufer des Red Deer River liegt. Mit modernster Technik wird hier die Zeit der Schrecken einflößenden **Saurier** wieder lebendig. In einem **Urweltgarten** werden tropische und subtropische Pflanzen kultiviert, die es bereits zur Zeit der Saurier gegeben hat. (Öffnungszeiten: Mitte Mai – Anfang Sept. tgl. 9.00 – 21.00, sonst Di. bis So. u. Fei. 10.00 – 17.00 Uhr).

Jurassic Park lässt grüßen: Ein Saurier bewacht das Royal Tyrell Museum of Palaeontology.

★ Dinosaur Trail

Der **Dinosaur Trail** (Hwy. 838), eine knapp 50 km lange Rundfahrt, erschließt das Tal des Red Deer River westlich von Drumheller mit seinen steilen und kahlen Felshängen, aus denen Wind und Wasser pilzförmige Erdpyramiden (sog. Hoodos) geformt und ganze Saurierskelette freigelegt haben. Ein beliebtes Fotomotiv erwartet den Vorbeifahrenden an der Brücke des Highway 9 über den Red Deer River – die Nachbildung eines gewaltigen Tyrannosaurus Rex. Nachdem man die kleine Holzkapelle passiert hat, erreicht man den **Horsethief Canyon** Viewpoint. Von hier aus sind die Sedimentschichten im Canyon gut zu erkennen. Pfade führen hinunter zu versteinerten Austernbänken. Mit einer der letzten Seilfähren Kanadas, setzt man über den Red Deer River (Betriebszeiten: April – Sept. tgl. 7.00 – 22.00 Uhr).

★ Hoodoo Drive

Interessant ist auch eine Rundfahrt auf dem 60 km langen Hoodoo Drive, der von Drumheller zunächst auf dem Highway 10 ostwärts führt. Nach etwa 10 km kommt man an der modernen Rosedale Suspension Bridge vorbei. Über eine Vorgängerin gelangten früher Koh-

Hier sieht man den Fußabdruck eines Dinosauriers, der vor etlichen Millionen Jahren gelebt hat.

lekumpel zu ihren Arbeitsplätzen. Nach 18 km, bei East Coulee, erreicht man den Talabschnitt mit bizarr anmutenden, zumeist von harten Steinplatten bedeckten **Erdpyramiden (Hoodoos)**, die für die **Red Deer River Badlands** so typisch sind. Einige tolle Exemplare der Hoodoos stehen direkt am Straßenrand. Um sie vor frühzeitigem Zerfall zu verschonen, sollte man sie tunlichst nicht betreten und sich nur auf den markierten Pfaden bewegen. Eine besondere Attraktion ist die als technisches Freilichtmuseum zugängliche **Atlas Coal Mine**, die von den 1930er- bis in die 1950er-Jahre in Betrieb gewesen ist (Öffnungszeiten: Victoria Day bis Labour Day, April – Mitte Okt. ab 9.00 Uhr).

Eine gute Autostunde südöstlich von Drumheller erstreckt sich der **Dinosaur Provincial Park**. Mit seinen freigelegten Saurierskeletten

DRUMHELLER

AUSKUNFT

Visitor Information Centre
60 – 1st Avenue West
Drumheller, AB
Tel. 1-866-823-81 00
www.traveldrumheller.com

ÜBERNACHTEN

▶ **Günstig**

Newcastle Country Inn
1130 Newcastle Trail
Tel. (403) 823-83 56
Kleine Herberge mit gemütlichen Gästezimmern.

Baedeker TIPP

Rau, aber herzlich

Alberta wie vor 100 Jahren: Das »Patricia Hotel«, ca. 16 km südlich des Dinosaur Provincial Park gelegen, bietet Frontier-Atmosphäre und Gastfreundschaft, wie sie einstmals im Westen üblich war. Weitere Informationen: Tel. (403) 378-46 47, http://patriciahotel.supersites.ca.

gehört zu den bedeutendsten Fossilienfundplätzen seiner Art in ganz Nordamerika. Im dazugehörigen **Museum** (Öffnungszeiten: April bis Mitte Okt. tgl. 9.00 – 17.00 Uhr) kann man Wissenschaftlern bei der Arbeit zusehen. Ein Rundweg (ab Museum ca. 1 bis 2 Std.) führt durch typische **Badlands** zu einigen Grabungsstellen und natürlich auch zu einem Dinosaurier-Skelett »in situ«. Der größte Teil des Parks kann jedoch nur im Rahmen einer von Park-Rangern geführten Tour besichtigt werden.

★★ Edmonton

Y 16

Höhe: 668 m ü. d. M.

Einwohnerzahl: 731 000 (Metropolitan Area: 1,1 Mio.)

Die Hauptstadt von Alberta liegt im Herzen der Provinz, an den Ufern des North Saskatchewan River. Sie ist heute eine der größten Städte Kanadas sowie das wirtschaftliche und kulturelle Zentrum des Agrarlandes in den nördlichen Ausläufern der kanadischen Prärien. Schon immer war Edmonton ein wichtiger Verkehrsknotenpunkt und das Tor zum Norden.

Geschichte

3000 v. Chr.	Paläoindianer siedeln im heutigen Stadtgebiet.
1795	Pelzhandelsposten entstehen.
1870	Erste weiße Siedler kommen an.
1891	Die Eisenbahn erreicht Edmonton.
1897/1898	Infolge des Goldrausches am Klondike versechsfacht sich die Einwohnerzahl.
1905	Edmonton wird Provinzhauptstadt.
1941	Der Alaska Highway wird gebaut.
1947	Südlich der Stadt, bei Leduc, wird Erdöl gefunden. Edmonton wird ein bedeutender Industriestandort.

Ihre Entstehung verdankt die Stadt dem Pelzhandel. Ende des 18. Jh. wurden am North Saskatchewan River Handelsposten errichtet. Wer in den Norden oder zum Pazifik wollte, machte in Edmonton Halt. Die Holzwirtschaft verdrängte allmählich den Pelzhandel, und die

Edmonton Downtown Orientierung

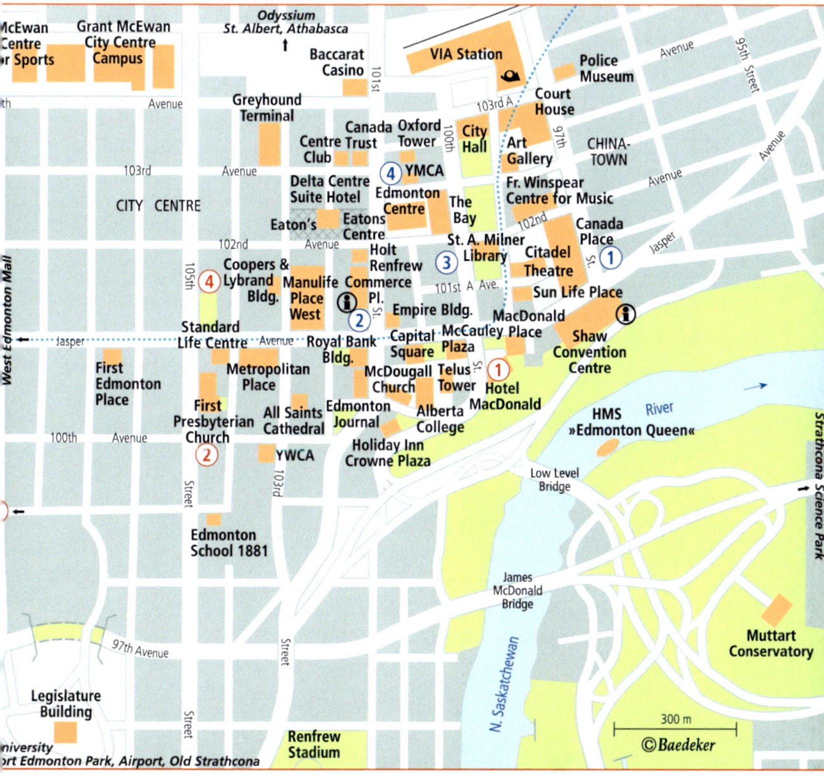

Übernachten
1. Fairmont MacDonald
2. Comfort Inn & Suites Edmonton
3. Tower On The Park Suite Hotel
4. The Coast Edmonton Plaza Hotel

Essen
1. Hardware Grill
2. Sunterra Market
3. Sorrentino's Downtown
4. Capitals

······· LRT (Stadtbahn)

Flussschifffahrt auf dem North Saskatchewan River gewann an Bedeutung. Als 1897 der Goldrausch am Klondike begann, versechsfachte sich die Einwohnerzahl der Stadt binnen kurzem. Der Bau des Alaska Highway 1941, vor allem aber die Entdeckung von Erdöl-Lagerstätten südwestlich der Stadt, schufen die Voraussetzungen dafür, dass Edmonton rasch zu einem bedeutenden Industriestandort heranwuchs. In den 1970er-Jahren ermöglichte es die beginnende Erdölförderung, dass aus der bis dahin beschaulichen Provinzmetropole eine quirlige Handels- und Industriestadt mit einer von Wolkenkratzern geprägten Downtown wurde. Auch namhafte Museen, Theater und sonstige Kultureinrichtungen konnten sich etablieren. Mit der

West Edmonton Mall, die bis heute eines der größten Einkaufs- und Freizeitzentren der Welt ist, besitzt die Stadt eine besondere Attraktion. Ohne einen Fuß ins Freie setzen zu müssen, kann man hier in den kalten Wintermonaten (die Durchschnittstemperatur im Januar liegt bei – 13 °C!) einkaufen, ausgehen und sich vergnügen.

★★ **Klondike Days**

Für Einheimische und Touristen gleichermaßen ein Ereignis sind die »Klondike Days«, die jedes Jahr Ende Juli stattfinden. Zehn Tage lang werden die Zeiten des Goldrausches wieder lebendig. Man »spielt« Pionierzeit und trägt Kleidung der Jahrhundertwende. Straßenfeste, Tanz, Paraden, Wettbewerbe im Goldwaschen gehören ebenso zum Programm wie das »Sourdough Raft Race« auf dem North Saskatchewan River.

Klondike Days: zurück in die Pionierzeit

Sehenswertes in Downtown Edmonton

Die meisten Geschäfte, Restaurants und Sehenswürdigkeiten liegen zwischen **Jasper Avenue** (Hauptgeschäftsstraße) und 103rd Avenue. Das 1983 terrassenförmig angelegte Kongresszentrum (9797 Jasper Ave.) schmiegt sich an das nördliche Steilufer des Flusses. Dahinter wurde drei Jahre später **Canada Place**, ein 16-stöckiges und inzwischen mehrfach preisgekröntes Bauwerk errichtet, in dem Büros verschiedener Behörden eingerichtet sind.

★ **Arts District, Civic Centre**

Das **Herz von Downtown** bildet der **Sir Winston Churchill Square**, um den sich wichtige öffentliche Gebäude gruppieren. An seiner Nordseite steht die 1992 fertig gestellte **City Hall** mit zwei Glaspyramiden als Dach und einem 60 m hohen Glockenturm. Dahinter folgt das **Court House**. An der Ostseite des Platzes lädt die im Jahre 1969 erbaute **Edmonton Art Gallery** zu einem Besuch ein, die sich vor allem der modernen kanadischen Kunst verschrieben hat (Öffnungszeiten: Mo.–Mi. 10.30–17.00, Do., Fr. bis 20.00, Sa., So. 11.00–17.00 Uhr).

Südlich gegenüber ist das 1997 eröffnete und großenteils von einem Privatmann finanzierte **Winspear Centre for Music** eine architektonische Bereicherung. Als eleganter Glaspalast präsentiert sich das **Citadel Theatre** mit mehreren Bühnen und einem Wintergarten.

Ein paar Schritte westlich vom Churchill Square warten die großen Einkaufszentren **Edmonton Centre** und **Eaton Centre** auf zahlungskräftige Kundschaft.

EDMONTON ERLEBEN

AUSKUNFT

Edmonton Tourism
World Trade Centre Edmonton
9990 Jasper Avenue
Edmonton, AB, T5J 1P7
Tel. (780) 426-47 15
Fax (780) 425-52 83
www.edmonton.com/tourism

EINKAUFEN

West Edmonton Mall
87 Ave/170th Street
Tel. (780) 444-52 00
www.westedmall.com

ESSEN

► Fein & Teuer

④ ***Capitals***
im Sutton Place Hotel
10235 – 101th Street
Tel. (780) 428-71 11
In dem sehr noblen Hotelrestaurant wird kanadische Küche mit Rindfleisch aus Alberta zelebriert.

► Erschwinglich

③ ***Sorrentino's Downtown***
10162 – 100th Street
Tel. (780) 424 - 75 00
Eine der besten Adressen der Stadt mit italienischer Küche

① ***Hardware Grill***
9698 Jasper Avenue
Tel. (780) 423 - 09 69
Recht beliebtes Großstadtrestaurant mit reichhaltiger Speisekarte

► Preiswert

② ***Sunterra Market***
Commerce Place 2nd level
10150 Jasper Avenue
Tel. (780) 426-37 91
Leckere Sandwiches und Salate gibt es in diesem europäisch geprägten Restaurant.

ÜBERNACHTEN

► Luxus

① ***Fairmont MacDonald***
10065 – 100 Street
Tel. (780) 424-51 81
Fax (780) 429-64 81
www.fairmont.com/macdonald
Das traditionsreiche Luxushotel im Stadtzentrum ist 1915 von der Grand Trunk Railway Company am nördlichen Ufer des North Saskatchewan River im damals modischen Loire-Schloss-Baustil (Château-Stil) errichtet worden. 1988 hat es die Canadian Pacific übernommen. Im Haus gibt es einen Health Club & Fitness Center mit Swimming Pool und Sauna.

► Komfortabel

② ***Comfort Inn & Suites Edmonton***
10425 – 100th Ave.
Tel. (780) 423-56 11
Fax (780) 425-97 91
www.comfortinnedmonton.com
Mitten in Downtown Edmonton liegt das Hotel mit Swimming Pool, Sauna und Whirlpool.

③ ***Tower on the Park Suite Hotel***
9715 – 110th Street
Tel. (780) 488-16 26
Fax (780) 488-06 59
www.toweronthepark.com
Von einigen Zimmern aus hat man eine spektakuläre Sicht auf das Legislature Building und auf das Tal des North Saskatchewan Rivers.

► Günstig

④ ***The Coast Edmonton Plaza Hotel***
Ecke Jasper Avenue und 105th Street
Tel. (780) 423-48 11
www.coasthotels.com
Das Haus liegt im pulsierenden Herzen des Geschäfts- und Regierungszentrums.

Südlich von Downtown, wo einst das letzte Fort Edmonton stand, befindet sich heute das Government Centre mit dem 1911/1912 erbauten **Legislature Building**, dem Provinzparlament (109th St./97th Ave.; zugänglich Mo. – Fr. 9..00 – 20.30 Uhr, Sa., So. 9.00 bis 16.30 Uhr). Von der Terrasse des Kuppelbaus kann man auf den Fluss hinunterblicken.

Im Untergeschoss befindet sich die Exhibition Hall mit Ausstellungen zu Geschichte, Kunst und Kultur Albertas.

! Baedeker TIPP

Blues on Whyte ...

... ist zurzeit die angesagteste Adresse in Sachen Rock & Blues in Albertas Hauptstadt. Ob am Wochenende oder werktags – der Laden ist immer gut besucht und das Publikum bunt gemischt. Höhepunkte sind die Jam Sessions, die bereits am Samstagnachmittag beginnen. Adresse: Blues On Whyte, 10329 Whyte Ave., Tel. (780) 439-50 58.

Am südlichen Flussufer, am Kopf der Walterdale Hill Bridge, kann man das **John Walter Museum**, drei in der Zeit um die Jahrhundertwende entstandene Gebäude, besichtigen. In ihnen wird an einen tüchtigen Unternehmer (u. a. Betreiber von zwei Sägemühlen, einem Kohlebergwerk und einem Transportunternehmen) erinnert, dem Edmonton diverse wirtschaftliche Impulse zu verdanken hat (Öffnungszeiten: So. 13.00 – 16.00 Uhr, im Sommer bis 17.00 Uhr).

Außerhalb von Downtown

★ Ukrainian Cathedral und Museum

Nördlich der Innenstadt, etwa auf halber Strecke zwischen Zentrum und Flughafen, erreicht man die Ukrainian Catholic Cathedral und die Ukrainian Canadian Archives & Museum of Alberta. Hier werden Dokumente über die zahlreichen ukrainischen Pioniere gesammelt, die sich in der Prärie angesiedelt haben (9543 – 110 Ave.; Öffnungszeiten: Di. – Fr. 10.00 – 17.00, Sa. 12.00 – 17.00 Uhr).

★★ TELUS World of Science Edmonton

Im Nordwesten der Stadt fällt ein Gebäudekomplex mit Rotunde ins Auge. Er umfasst ein **IMAX Theatre** für spektakuläre Filmvorführungen, das derzeit modernste **Planetarium** Kanadas sowie populärwissenschaftlich aufbereitete Ausstellungen zu Themen wie etwa Umwelt, Klima und Gesundheit. Ferner sind hier das **TransAlta Science Lab** sowie die **TransCanada PipeLine Gallery** angesiedelt (Coronation Park, 11211 – 142nd St.; Öffnungszeiten: Sommer tgl. 10.00 – 21.00, Winter So. – Do. 10.00 – 17.00, Fr., Sa. 10.00 – 21.00 Uhr).

★ Provincial Museum of Alberta

Das historisch und naturkundlich orientierte Museum liegt im Westen der Stadt. Eindrucksvoll sind die lebensgroßen Modelle von Sauriern, die in Alberta gefunden wurden. Auch das Leben der Indianer, der Trapper und frühen Siedler wird anschaulich dargestellt. Eine besonders gelungene Abteilung ist den Bisonherden und ihrer Ausrottung gewidmet (12805 – 102nd Ave.; Öffnungszeiten: tgl. 9.00 bis 17.00 Uhr).

Highlights Edmonton

Arts District
Hier spiegelt man sich in eindrucksvollen Glaspalästen.
▶ Seite 196

West Edmonton Mall
Dies ist eines der größten Einkaufs- und Freizeitzentren der Welt.
▶ Seite 200, 202

Jasper Avenue
Die Straße lädt zum beschaulichen Einkaufsbummel ein.
▶ Seite 196

TELUS World of Science
Spektakuläre Filmvorführungen und das modernste Planetarium Kanadas locken täglich viele Besucher an.
▶ Seite 198

Muttart Conservatory
Hier lässt man Blumen sprechen.
▶ Seite 200

Reynolds-Alberta Museum
Wahrlich ein Erlebnis für Auto- und Flugzeugfreaks
▶ Seite 201

Government House, Carriage House

Nebenan steht das im Jahre 1913 erbaute Government House hoch über einer Flussschleife. Es war bis 1938 Sitz des Lieutenant Governor von Alberta. Heute finden hier offizielle Empfänge und Konferenzen statt (So. Führungen). In der Nähe, im hübschen Carriage House, wohnten einst die Bediensteten des Lieutenant Governor. Im parkartigen Umfeld sind Skulpturen kanadischer Bildhauer aufgestellt.

✶ Fort Edmonton

Am Südufer des Flusses liegt der Fort Edmonton Park. Hier sind Gebäude aus dem historischen Edmonton originalgetreu wieder aufgebaut. Als Verkehrsmittel auf dem weitläufigen Gelände dienen eine historische Postkutsche und Pferdewagen sowie eine alte Straßenbahn und ein Dampfzug (Whitemud Dr./Fox Dr.; Öffnungszeiten: Mai, Juni Mo.–Fr. 10.00–16.00, Sa., So. 10.00–18.00, Juli–Sept. tgl. 10.00–18.00 Uhr).

John Jantzen Nature Centre

In der Nachbarschaft von Fort Edmonton informiert ein naturkundliches Zentrum über die geologischen und ökologischen Verhältnisse in der Provinz Alberta. Das Veranstaltungsprogramm umfasst auch naturkundliche Wanderungen (Öffnungszeiten: Mo.–Fr. 9.00 bis 16.00, Sa., So. 13.00–16.00, im Hochsommer bis 18.00 Uhr).

✶ Old Strathcona

Strathcona, ebenfalls am Südufer des North Saskatchewan River gelegen, war bis 1912 eine eigenständige Stadt und hat sich – anders als Edmonton – bis heute ihren »Frontier Town«-Charakter bewahrt. Sie ist 1899 an der Bahnlinie nach ▶Calgary entstanden. Im einstigen Zentrum, etwa zehn Straßenblocks zwischen Saskatchewan Drive und Whyte Avenue, sind noch gründerzeitliche Bauten erhalten. In der Main Street (194 St.) von Old Strathcona und ihren Parallelstraßen findet man Souvenirläden, Buchhandlungen, Galerien, Naturkostläden, Bistros und Restaurants. Theater, Straßenfeste, Märkte und Kunstausstellungen werden hier das ganze Jahr über geboten.

✶ Muttart Conservatory

Die vier pyramidenförmigen Gewächshäuser am Südufer des Flusses sind ein beliebtes Fotomotiv. Jedes Gewächshaus ist einer bestimmten Klimazone gewidmet: Im Tropical Pavilion kann man Pflanzen studieren, die in tropischen Regionen, so in Burma und auf den Fidschi-Inseln, beheimatet sind. Im Temperate Pavilion gibt es amerikanische Redwood, australische Eukalyptus und herrliche Magnolien zu sehen. Im Arid Pavilion sind Pflanzen aus den verschiedenen Wüstengebieten der Erde versammelt. Die vierte Glaspyramide ist Wechselausstellungen vorbehalten (9626-96 A St.; Öffnungszeiten: Mo. – Fr. 9.00 – 18.00 Uhr, Sa., So., Fei. 11.00 – 18.00 Uhr).

✶✶ West Edmonton Mall

Die 1986 eröffnete West Edmonton Mall im Westen der Stadt gehört zu den größten überdachten Entertainment-Komplexen der Welt (8770 – 170th St.; Öffnungszeiten: Mo. – Fr. 10.00 bis 21.00, Sa. 10.00 – 18.00, So. 12.00 – 17.00 Uhr). Der 1986 eröffnete **Mega-Konsumtempel** wurde innerhalb kürzester Zeit zum Publikumsmagneten, der pro Jahr 20 Mio. Besucher (= rd. 53 000 Besucher pro Tag!) anlockt. Mit ihren vielfältigen Attraktionen ist die Mall bereits dreimal im Guiness-Buch der Rekorde aufgeführt. Ein Publikums-

Imposant: die moderne Skyline von Edmonton

magnet ist der **World Water Park** mit 2 ha das größte Hallenbad der Welt. In dem riesigen, von einer Glaskuppel überdachten Spaß- und Wellenbad gibt es nicht weniger als 22 Wasserrutschen!

Umgebung von Edmonton

**** Reynolds-Alberta Museum**

Etwa 65 km südlich von Edmonton erreicht man das Städtchen Wetaskiwin, dessen Attraktion das Reynolds-Alberta Museum ist. Hier wird die Geschichte des Transportwesens nachgezeichnet. Außen stehen alte Dampftraktoren, Dreschmaschinen, Bergbau-Gerätschaften, Raupenschlepper, Lastwagen und Oldtimer-Flugzeuge. Die Ausstellung in der Haupthalle widmet sich der Geschichte des Fahrzeugbaus. Zu verschiedenen Themen, so etwa zur Heu- und zur Getreideernte, werden alte Filme gezeigt. Dabei sieht man die inzwischen historischen Fahrzeuge und Maschinen »bei der Arbeit«. In einer zweiten Halle wird die glorreiche Geschichte der kanadischen Luftfahrt präsentiert (Öffnungszeiten: Di. – So. 9.00 – 17.00 Uhr).

*** Stony Plain**

Am Westrand des Ballungsraumes Edmonton liegt der städtisch wirkende Ort Stony Plain. Im gut besuchten **Multicultural Heritage Centre** (5411 – 51st St.; Öffnungszeiten: tgl. 10.00 – 16.00 Uhr) steht ein altes Siedlerblockhaus, in dem sonntags Handwerk der Pionierzeit vorgeführt wird. In der **Homesteader's Kitchen** werden Speisen nach Art der ersten Siedler zubereitet. Jüngste Attraktion von Stoney Plain sind die so genannten **Murals**, große, schreiend-bunte Gemälde an den Hauswänden.

**** Elk Island National Park**

Hauptattraktion im Elk Island National Park mit seinen Hügeln, Seen, Biberdämmen, Elchwiesen und Espenwäldern ist eine rund 600 Tiere umfassende Bisonherde, die in einem umzäunten Areal weidet. Von einer Herde kleiner gewachsener Waldbisons im Buffalo Paddock stammen viele jener Tiere ab, die man in Zoos in aller Welt bestaunen kann. Die Cree-Indianer jagten hier Biber und Büffel für die großen Pelzhandelsgesellschaften. Im ausgehenden 19. Jh. waren diese Tiere nahezu ausgerottet. 1913 hat man Elk Island zum Dominion Park erklärt und später in Elk Island National Park umbenannt. Das Besucherzentrum liegt nördlich des Parkeingangs am Yellowhead Hwy. 16 (Öffnungszeiten: Victoria Day – Labour Day 10.00 – 18.00 Uhr).

Bison im Nationalpark

Im Nationalpark sind mehrere **Rundwanderwege** markiert (Gehzeiten: 1 – 8 Std.). Mit etwas Glück bekommt man bei einer Tour auch einen Bison, einen Elch oder gar einen Biber bei der Arbeit an seinem Damm zu Gesicht. An den versteckt gelegenen Seen und Waldteichen gibt es auch ein paar seltene Vogelarten.

Astotin Lake

23 km nördlich erreicht man den Astotin Lake, Golfplatz, Badestrand und Kanuverleih. Im Interpretive Centre kann man sich mit der Flora und Fauna des Nationalparks vertraut machen (Öffnungszeiten: Victoria Day – Labour Day Mo. – Fr. 12.00 bis 16.00 Uhr, So. bis 17.00 Uhr, sonst Sa., So. 11.00 – 16.00 Uhr).

✶✶ Ukrainian Cultural Heritage Village

Freilichtmuseum

(östlich vom Elk Island National Park) ►

Wenige Kilometer östlich vom Elk Island National Park erreicht man das Ukrainian Cultural Heritage Village. Das Museum pflegt das kulturelle Erbe der Einwanderer aus der Bukowina und der Ukraine, die im Osten Zentralalbertas leben. Auf dem Gelände sind verschiedene rekonstruierte historische Bauten vereint. Schon von weitem sieht man die Turmzwiebel eines ukrainischen Gotteshauses. In einer Schule, einem Gehöft, einer alten Schmiede und einem Krämerladen findet »Living History« statt: Museumsangestellte in alten Trachten »beleben« die Häuser und zeigen alte Handwerke. Gelegentlich werden traditionelle Volkstänze aus der Bukowina und der Ukraine vorgeführt. Unterhaltsam sind auch Ausfahrten mit alten Pferdefuhrwerken (Öffnungszeiten: Victoria Day – Labour Day tgl. 10.00 – 18.00, Labour Day – Thanksgiving Day tgl. 10.00 – 16.00, sonst Mo. – Fr. 10.00 – 16.00 Uhr).

Fort MacLeod

Y 18

Höhe: 945 m ü. d. M. **Einwohnerzahl:** 3000

Das kleine Städtchen Fort MacLeod ist Mittelpunkt eines weiten, von Bewässerungsfeldbau und Weidewirtschaft geprägten Umlandes. Die meisten Besucher kommen wegen der 20 km westlich gelegenen Felsklippe, die schon vor 5000 Jahren bei der Bisonjagd genutzt wurde.

✶ **Fort MacLeod Museum**

Das 1874 errichtete Fort der North West Mounted Police, aus dem die Stadt hervorgegangen war, ist gut erhalten und wird als Museum genutzt (25 St./3rd Ave.; Öffnungszeiten: Mai – Mitte Okt. tgl. 9.00 – 17.00, im Sommer bis 19.00 Uhr). Ursprünglich war es das Hauptquartier der berittenen Polizei, die von hier aus eine Reihe von Außenposten zu betreuen hatte. In den Blockhäusern kann man sich über den Dienstalltag der »Mounties« informieren. Eine

Sonderausstellung befasst sich mit der Geschichte und der Lebensweise der Blackfoot-Indianer. Während der sommerlichen Hauptreisezeit reitet mehrmals wöchentlich eine in die scharlachroten Uniformen von 1878 gekleidete Patrouille über den Exerzierplatz und manchmal auch durch die Straßen der Stadt.

Für Besucher nachgestellt: die Felsklippe von Head-Smashed-In Buffalo Jump

Ca. 20 km westlich von Fort MacLeod (ausgeschilderte Anfahrt via Highway 2 North und Highway 785) erreicht man **Head-Smashed-In Buffalo Jump**, eine felsige Abbruchkante im hügeligen Grasland der Porcupine Hills. Wie archäologische Forschungen ergaben, nutzten die Prärieindianer bereits vor 5000 Jahren diese Felsklippe bei der Bisonjagd. Sie verkleideten sich als Raubtiere, versetzten die Bisonherde in Panik und trieben sie über die Klippen, wobei viele Tiere stürzten oder sich das Genick brachen und dann leicht mit Speeren getötet werden konnten. Erst als die Prärieindianer von den Weißen Pferde und Gewehre erhielten, gaben sie diese traditionelle Jagdmethode auf. Head-Smashed-In Buffalo Jump ist die berühmteste dieser Abbruchkanten und wurde 1981 von der UNESCO zum World Heritage Site erklärt.

◄ Interpretive Centre

Das Interpretive Centre wurde in die Abbruchkante hineingebaut. Sehr anschaulich wird hier diese Methode der Bisonjagd vorgestellt. Außerdem wird gezeigt, welch überragende Bedeutung der Bison für die Prärieindianer hatte. Angehörige hier beheimateter Blackfoot-Indianer verstehen es bestens, interessierte Besucher mit dem Leben ihrer Vorfahren vertraut zu machen. Gelegentlich führen sie auch traditionelle Tänze auf, in farbenprächtigen Kostümen und mit dazugehörigem Federschmuck. Diverse Lehrpfade führen am Felsenrand entlang und hinunter zu den archäologischen Ausgrabungsstätten (Öffnungszeiten: Victoria Day – Labour Day tgl. 9.00 – 19.00, sonst 9.00 – 17.00 Uhr).

◄ Tipi-Saison

Von Mitte Mai bis Mitte September können an der Geschichte der hiesigen Ureinwohner interessierte Besucher im Tipi übernachten und den Ausführungen der indianischen Guides lauschen.

Oldman River Reservoir

Westlich von Fort MacLeod hat man den Oberlauf des Oldman River aufgestaut, damit auch in trockenen Jahren die Bewässerung von Feldern und Weiden gewährleistet ist. An dem Stausee wurde ein hübscher Erholungspark angelegt, in dem man campieren, picknicken und auch Wassersport betreiben kann.

Lebendige Geschichte im Remington Alberta Carriage Museum

Cardston Das Städtchen Cardston (3500 Einw.) liegt etwa 65 km südlich von Fort MacLeod. Es ist heute das Zentrum der kanadischen Mormonen und besitzt den einzigen Tempel dieser Religionsgemeinschaft in Kanada (348 – 3rd St.W.; Besucherzentrum). Über den Stadtgründer, der 1887 elf Mormonenfamilien von Utah nach Kanada führte, informiert das C. O. Card Museum (337 Main St.).

*** Remington Alberta Carriage Museum** Ein touristisches Highlight ist das Remington Alberta Carriage Museum, das mit mehr als 200 Kutschen und Droschken aus der Pionierzeit eines der größten seiner Art ist. Es zeigt die Geschichte des Wagnerhandwerks und des Transportwesens, das für die Erschließung und Kultivierung der Prärien von größter Wichtigkeit war (623 Main St.; Öffnungszeiten: Mai – Labor Day tgl. 9.00 bis 20.00 Uhr, sonst 9.00 – 17.00 Uhr).

FORT MACLEOD ERLEBEN

AUSKUNFT

Town of Fort MacLeod
P.O. Box 1420
Fort MacLeod, AB, T0L 0Z0
Tel. (403) 553-4425
www.fortmacleod.com

ÜBERNACHTEN

► Günstig

Sunset Motel
104 Highway 3 West
Fort MacLeod, AB, T0L 0Z0
Tel. (403) 553-44 48
www.telusplanet.net
Hübsch eingerichtete Gästezimmer

★★ Jasper National Park

V/W 16

Höhe: 1000 – 3747 m ü. d. M. **Fläche:** 10 878 km²
Gründungsjahr: 1907

Der Jasper National Park ist der größte Nationalpark der kanadischen Rockies. Hier setzt sich die großartige Hochgebirgslandschaft des ► Banff National Park fort: Majestätische Berge, gewaltige Gletscher, kristallklare Seen, tosende Wasserfälle und enge Schluchten, dunkelgrüne Nadelwälder und blühende Bergwiesen bestimmen das Landschaftsbild.

Eindrucksvoll sind die vergletscherte Pyramide des **Mount Columbia** (3747 m) und das **Columbia Icefield**, an dem der **Icefields Parkway** vorbeiführt. Touristisches Zentrum für Aktivitäten im Nationalpark ist Jasper. Obwohl auch hier im Sommer Hochbetrieb herrscht, gilt der Ort als das etwas ruhigere Gegenstück zur südlich gelegenen Touristenhochburg Banff. Die wichtigsten Aussichtspunkte im Parkgebiet kann man mit dem Auto erreichen; große Teile des Parks lassen sich aber nur zu Fuß, mit dem Kanu oder auf dem Rücken eines Pferdes erkunden. Von Jasper aus werden im Sommer Schlauchbootfahrten auf dem Athabasca River angeboten.

★ **Whistler Mountain**

Mit der **Jasper Tramway** (Seilbahn; in Betrieb: April – Okt. 8.00 bis 18.00 Uhr) geht es hinauf auf den Whistler Mountain. Die Talstation der Seilbahn liegt etwa 7 km südlich der Stadt. Von der Bergstation mit Restaurant in 2277 m Höhe bietet sich ein herrlicher Blick auf Jasper. Noch besser allerdings ist das Panorama vom 2470 m hohen Gipfel, den man nur zu Fuß (ca. 1 Std.) erreicht. Auf der Rückseite des Whistler-Massivs weitet sich das **Marmot Basin**. Hier ist in den letzten Jahren ein beliebtes Skigebiet entstanden (Saison: Dez. bis April). Man erreicht es von Jasper aus über den alten Highway 93 A und eine abzweigende Stichstraße (ca. 20 km südlich von Jasper).

? WUSSTEN SIE SCHON ...?

- ... dass der Whistler Mountain seinen Namen dem Pfeifen der Murmeltiere in der Region verdankt?

★★ **Mount Edith Cavell, Angel Glacier**

Von Jasper lohnt ein Ausflug zum 30 km südlich aufragenden Mount Edith Cavell (3363 m; Zufahrt über Hwy. 93 A). Eine ca. 15 km lange Bergstraße (geöffnet Juni – Sept.) führt hinauf zum Cavell Lake und zum Parkplatz unterhalb der Nordwand. Von einem Sattel schiebt sich der Angel Glacier hangabwärts. Zum See unter der Gletscherzunge, in dem kleine »Eisberge« schwimmen, ist es nur ein kurzer Fußweg, die Wanderung zu den Cavell Meadows hingegen dauert etwa 3 Std. Von hier oben hat man einen tollen Blick auf den Mount Edith Cavell und den Angel Glacier.

Jasper National Park *Orientierung*

Übernachten

1. The Fairmont Jasper Park Lodge
2. Sunwapta Falls Resort

JASPER ERLEBEN

AUSKUNFT

Jasper National Park Information Centre
P.O. Box 10
500 Connaught Drive
Jasper, AB, T0E 1E0
Tel. (780) 852-61 76
www.pc.gc.ca/pn-np/ab/jasper
Informationszentrum in der Nähe des Bahnhofs (Öffnungszeiten: tgl. 9.00 – 16.00, im Hochsommer bis 19.00 Uhr).

ESSEN

► Fein & Teuer

Papa George's
im Astoria Hotel
Tel. (780) 852-3351
Traditionslokal seit 1925 sowie beliebter Treffpunkt von Einheimischen und Touristen. Küchenchef Jean Louis gilt als sehr kreativ.

Pines Dining Room
am Pyramid Lake
Tel. (780) 852-4900
Das elegante Restaurant in traumhaft schöner Landschaft bietet leckere Speisen und erlesene Weine.

Overlander Mountain Lodge
Jasper East (Hinton)
Tel. (780) 866-2330
Weithin bekannt für »Fine Dining«, aber auch für Kalbsschnitzel, gegrilltes Lamm-Kotelett und Westfälischen Schinken.

► Erschwinglich

Sunwapta Falls Resort
südlich außerhalb,
Icefields Parkway
Tel. (780) 852-4852
Nettes Ausflugslokal am eindrucksvollen Wasserfall mit guter kanadischer Küche.

ÜBERNACHTEN

Baedeker-Empfehlung

► Luxus

① ***The Fairmont Jasper Park Lodge***
nordöstlicher Ortsrand von Jasper
Tel. (780) 852-33 01, Fax (780) 852-51 07
www.fairmont.com/jasper
Die berühmte, schon im Jahre 1922 erbaute Jasper Park Lodge befindet sich direkt am wildromantischen Lac Beauvert. Die Zimmer in den Zedernholzblockhütten und Chalets sind mit allem Komfort, vielfach sogar mit offenem Kamin, ausgestattet. Im Sommer kann man auf einem preisgekrönten 18-Loch-Platz Golf spielen sowie Wanderungen und Ausritte unternehmen, im Winter lädt das erstklassig ausgestattete Skigebiet des Marmot Basin zu sportlicher Betätigung ein.

► Komfortabel

② ***Sunwapta Falls Resort***
Box 97, Jasper AB T0E 1E0
Tel. (780) 852-48 52
Im Herzen des Nationalparks inmitten der Hügelketten und Wasserfälle gelegen

Der Maligne Lake im Jasper National Park ist eines der schönsten und bekanntesten Wahrzeichen Westkanadas.

Pyramid Lake, Pyramid Mountain

Eine weitere Bergstraße windet sich von Jasper zu den 7 km weiter nördlich gelegenen Seen Pyramid Lake und Patricia Lake hinauf. Die beiden Gewässer zu Füßen des 2768 m hohen Pyramid Mountain bieten gute Möglichkeiten zum Windsurfen, Kanu- und Bootfahren. Beim Pyramid-Reitstall beginnt ein ca. 5 km langer Rundweg, der auch am Patricia Lake vorbeiführt.

Maligne Canyon

Ein ideales Tagesausflugsziel von Jasper aus ist der Maligne Lake, zu erreichen über die Maligne Road, die 3 km nordöstlich von Jasper vom Yellowhead Highway südostwärts abzweigt. Erste Station ist nach 11 km der wildromantische Maligne Canyon mit drei größeren Wasserfällen. Beim Rasthaus, das nur während der Sommermonate geöffnet hat, beginnt ein 4 km langer, naturkundlicher Lehrpfad. Mehrere Brücken überspannen die sich stellenweise zur Klamm verengende Schlucht.

Medicine Lake

Am Nordende des etwa 10 km weiter südlich gelegenen, 6 km langen Medicine Lake ist kein nennenswerter Abfluss feststellbar. Trotzdem schwankt der Wasserstand des Gewässers im Jahreslauf in erheblichem Maße. Der See füllt und entleert sich über große Schlucklöcher auf seinem Grund. Im Spätherbst ist er fast leer. Unter dem See erstreckt sich ein riesiges Karsthöhlensystem.

★★ Maligne Lake

Nach weiteren 11 km erreicht man den Maligne Lake, der 1673 m ü. d. M. ein bezauberndes Hochtal ausfüllt. Die Szenerie wird beherrscht von majestätischen Schneegipfeln. Zu empfehlen ist ein **Bootsausflug** an die Südspitze des Sees (Juni – Sept. tgl. 10.00 – 16.00 Uhr). Man passiert dabei die weltbekannten Postkartenansichten »The Narrows« und »Spirit Island«. Sehr schön sind auch Wanderungen am Seeufer entlang bis zum Schäffer Viewpoint (ca. 1,5 km) oder hinauf zu den Opal Hills. Bei Letzterem muss man zwar 305 m Höhenunterschied überwinden, doch man wird mit einer großartigen Aussicht belohnt (Wegstrecke ca. 8 km, Gehzeit ca. 3 Std.).

★★ Columbia Icefield

Ganz im Süden des Nationalparks kommt man zum Columbia Icefield. Mit 337 km² (389 km² mit den umliegenden Gletschern) ist es das **größte zusammenhängende Eisfeld in den Rocky Mountains**. Im Hauptfeld ist das Eis stellenweise 600 bis 900 m dick! Das Columbia Icefield, dessen Weite man nur aus der Luft ermessen kann, ist quasi der letzte Rest eines gewaltigen und weit verzweigten Gletschers, der in der letzten Eiszeit die Täler der hiesigen Rocky Mountains ausgehobelt hat. In den vergangenen 300 Jahren sind die einzelnen Zungen des Columbia Icefield stark zurückgewichen.

Speziell ausgerüstete Autobusse bringen neugierige Touristen auf das gewaltige Columbia Icefield.

Im **Icefield Centre** (Öffnungszeiten: Mai – Mitte Okt. tgl. 9.00 bis 17.00, im Hochsommer bis 18.00 Uhr) verdeutlichen eine modellhafte Darstellung des Columbia Icefield und eine Multivisions-Diaschau die Entwicklungsgeschichte des Eisfeldes und der einzelnen Gletscher. Vom Icefield Centre bietet sich ein ausgezeichneter Blick auf die Zunge des 7 km langen Athabasca Glacier und auf die vergletscherte Nordwand des 3491 m hohen Mount Athabasca. Noch besser ist die Aussicht von den Wiesen oberhalb des Icefield Chalet (Übernachtungsmöglichkeit).

◄ Snocoach, Glacier Icewalks

Gletschererlebnis hautnah verspricht eine Fahrt mit dem »Snocoach« (Mai – Mitte Okt. tgl. 9.00 – 17.00 Uhr). Die robusten Auto-

Mit ohrenbetäubendem Getöse stürzt sich der Athabasca River über einen Felsriegel in eine enge Schlucht.

busse mit Allradantrieb befahren einen Teil des Athabasca-Gletschers. Noch näher am Eis ist man bei einer mehrstündigen geführten Gletscherwanderung. Sie bietet u. a. die Gelegenheit, unterhalb des Gletscher-Hauptabbruchs auf ca. 400 Jahre altem Eis spazieren zu gehen.

✶ **Wilcox Pass Trail**

Südlich vom Icefield Centre erschließt der Wilcox Pass Trail ein großartiges Hochgebirgspanorama mit dem Mount Athabasca, dem Athabasca Glacier, dem Mount Columbia und The Twins.

✶ **Sunwapta Falls, Athabasca Falls**

Etwa 60 km südlich von Jasper führt ein Abstecher zu den Sunwapta Falls (»Sunwapta« bedeutet in der Sprache der Indianer »reißendes Wasser«). Noch spektakulärer sind die Athabasca Falls etwa 20 km weiter. Hier stürzt der Athabasca River tosend über einen harten Felsriegel in eine enge Schlucht. Sehr eindrucksvoll ist das Naturschauspiel während der frühsommerlichen Schneeschmelze.

Bei **Pocahontas** (ca. 50 km nördlich von Jasper) zweigt die Miette Hot Springs Road vom Yellowhead Highway ab. 1908 wurde hier Kohle entdeckt und einige Jahre lang abgebaut. Von der früheren Bergwerkssiedlung Pocahontas sind nur noch spärliche Reste zu sehen. Kurz danach kommt man zu den Punchbowl Falls. Von hier sind es noch ca. 15 km bis zu den **Miette Hot Springs**, den mit 54 °C heißesten Quellen der kanadischen Rockies. Das Thermalbad (Öffnungszeiten: Mai – Labour Day tgl. 9.00 – 22.00 Uhr) gehört zu einem größeren Kurhotelbetrieb mit Restaurants und Reitstall.

! *Baedeker* TIPP

Feuchtes Vergnügen

Der Jasper National Park ist im Sommer ein Paradies für Schlauchboot-Abenteurer. Anfänger lernen auf dem etwas gemächlicher fließenden Athabasca River, Fortgeschrittene stürzen sich in die Fluten des reißenden Maligne River.

Auskünfte zum Whitewater Rafting: Maligne Rafting Adventures, Jasper, AB, Tel. (780) 852) 33 70, www.mra.ab.ca

Lesser Slave Lake

X 15

Höhe: 578 m ü. d. M. **Fläche:** 1170 km²

Um den kleinen Sklavensee findet man Sandstrände und -dünen. Während des Goldrausches am Klondike machten hier viele Goldsucher Station. Heute ist Slave Lake ein beliebter Ausgangspunkt für Wildnistouren und Jagdausflüge (Bären- und Elchjagd).

Slave Lake

Die Bewohner der Ortschaft Slave Lake (6500 Einw.) am Südostufer des Sees lebten früher überwiegend von der Holzwirtschaft, bis man in den 1960er-Jahren in der Umgebung auf beachtliche Mengen Erdöl und Erdgas stieß.

Im Slave Lake Native Friendship Centre kann man schönes indianisches Kunsthandwerk (Perlenschmuck, Mokassins, Kleider) kaufen (408 – 5th Ave. N. E.; Öffnungszeiten: tgl. 9.00 – 16.30 Uhr).

Nördlich der Ortschaft breitet sich der knapp 73 km² große **Lesser Slave Lake Provincial Park** am flachen Ostufer des Sees aus. Im Sommer kann man hier schwimmen, angeln und dem Kanusport frönen. Passionierte Angler nehmen von Mai bis September am »Golden Pike Fish Derby« teil.

An den Ufern und Zuflüssen des Kleinen Sklavensees kann man Biber bei der Arbeit beobachten.

! Baedeker TIPP

Sawridge Truckstop

Korpulente Trucker, emsige Bedienungen sowie Spiegeleier, Speck und Bratkartoffeln: Im »Sawridge Truckstop« bei der Ortschaft Lesser Slave Lake ist alles noch so wie in den 1950er-Jahren – Sitzbänke mit den roten zerschlissenen Kunststoffpolstern inbegriffen. Die Adresse lautet: Highway 88/Caribou Trail, Tel. (780) 849-40 30.

Über 170 Vogelarten sind am Kleinen Sklavensee beheimatet, darunter auch einige Weißkopf- und Fischadler. In dem Schutzgebiet leben heute wieder Biber, Elche und Schwarzbären, und sogar Grizzlybären und Wölfe wurden gesichtet. Der 1030 m hohe Marten Mountain ist der höchste Punkt des an den Provincial Park angrenzenden Pelican Mountain Upland (gute Aussicht!).

Hillard's Bay Provincial Park

Ca. 13 km östlich von Grouard dehnt sich der Hillard's Bay Provincial Park am Seeufer aus. Das schön gelegene Erholungsgebiet wird vor allem wegen seiner guten Sandstrände gern besucht. Am Shaw's Point, einer Landzunge, an der früher Schaufelraddampfer anlegten, begann der Grouard Trail, auf dem die von ► Edmonton kommenden Pioniere ins fruchtbare Peace-River-Gebiet und zu den Goldfeldern am Yukon weiterzogen. Heute gibt es hier einen wunderschönen Campingplatz mit Bootsverleih für Angler.

Fort Assiniboine

Südlich der waldreichen Swan Hills, in denen noch viele Grizzlybären leben, liegt Fort Assiniboine am Athabasca River, ein 1824 gegründeter Pelzhandelsposten. In dem rekonstruierten Fort kann man sich heute über die Geschichte des Pelzhandels informieren (Öffnungszeiten: Mitte Mai – Okt. tgl. 13.00 – 17.00 Uhr, sonst nur Mi. u. So.).

Lethbridge

Y 18

Höhe: 930 m ü. d. M. **Einwohnerzahl:** 75 000

Die Industriestadt Lethbridge verdankt ihren Wohlstand der Erdöl- und Erdgasförderung in der Umgebung. Außerdem ist sie zentraler Ort eines von Getreidebau und Viehzucht geprägten Umlandes. Auch der Tourismus spielt eine Rolle, denn Lethbridge ist ein guter Ausgangspunkt für Fahrten in den ► Waterton – Glacier International Peace Park sowie zu einigen Fossilienfundplätzen und historisch interessanten Stätten.

✶ Eisenbahnbrücke

Das eindrucksvollste Bauwerk von Lethbridge ist die riesige Eisenbahnbrücke, die sich über das weite Tal des Oldman River spannt. Auch heute noch donnern lange Kohle- und Getreidezüge über die eiserne Brückenkonstruktion, die bei ihrer Fertigstellung im Jahre 1909 alle anderen Eisenbahnbrücken dieses Typs in den Schatten stellte.

Grazile Konstruktion: Die Eisenbahnbrücke von Lethbridge überspannt als technisches Denkmal das Tal des Oldman River.

Direkt unter dieser Brücke befindet sich das Helen Schuler Coulee Centre, das über die Naturgeschichte der Prärielandschaft am Oldman River informiert (Öffnungszeiten: Juni – Aug. So. – Do. 10.00 bis 20.00, Fr., Sa. 10.00 – 18.00, sonst Di. – So. 13.00 – 16.00 Uhr).

Indian Battle Park

Nahe der berühmten Brücke erstreckt sich der Indian Battle Park am Ufer des Oldman River. Hier trug sich im Jahre 1870 die letzte blutige Auseinandersetzung zwischen Blackfoot- und Cree-Indianern auf kanadischem Boden zu. Die durch eine Pocken-Epidemie geschwächten Blackfoot-Indianer und ihre Mitstreiter konnten zwar den Überfall der Cree und der mit ihnen verbündeten Assiniboine zurückschlagen, doch das schauerliche Gemetzel forderte fast 400 Menschenleben.

Fort Whoop-Up

Das vor einigen Jahren rekonstruierte Fort Whoop-Up, das illegale Whiskyhändler hier gegründet hatten, beherbergt ein kleines Museum, in dem an die unruhigen Zeiten des Wilden Westens erinnert wird (Öffnungszeiten: Mai – Sept. Mo. – Sa. 10.00 – 18.00, So. 12.00 – 17.00 Uhr).

★ Nikka Yuko Gardens

Der ganze Stolz der Stadt sind die Nikka Yuko Japanese Gardens. Die kunstvoll gestaltete Gartenanlage ist ein Symbol der japanisch-kanadischen Freundschaft. Brücken und Gebäude wurden 1967 in Japan vorfabriziert und hier zusammengesetzt (8th Ave. S./Mayor Magrath Dr.; Öffnungszeiten: Mitte Mai – Mitte Okt. tgl. 9.00 – 17.00 Uhr).

★ Writing-on-Stone Provincial Park

Von Milk River aus fährt man auf dem Highway 501 ostwärts. Nach 32 km zweigt eine 10 km lange Stichstraße südwärts ab, die in den Provinzpark führt. An den von Wind und Wetter bizarr geformten Sandsteinfelsen am Rand des Milk-River-Tales findet man die größte

LETHBRIDGE ERLEBEN

AUSKUNFT

Economic Development Lethbridge
308 Stafford Drive South
Lethbridge, AB, T1J 2L1
Tel. (403) 331-00 22
www.chooselethbridge.ca

ÜBERNACHTEN

► **Komfortabel**

Lethbridge Lodge
320 Scenic Drive
Lethbridge, AB, T1J 4B4
Tel. (403) 328-11 23
www.lethbridgelodge.com
Die Zimmer liegen um einen schönen, tropisch anmutenden Innenhof herum; z. T. verfügen sie über Balkon.

Ansammlung indianischer Felszeichnungen in der kanadischen Prärie. Diese Gegend ist für die Prärieindianer bis heute von großer Bedeutung. Manche glauben, die Geister der Verstorbenen hätten Nachrichten an die Felswände geschrieben. In der Vergangenheit kamen indianische Krieger hierher, um Auskunft über den Ausgang eines Feldzuges zu erhalten.
1908 entdeckte man in den Felsen die Gräber von fünf Männern, einer Frau und einem Kind, bei denen Gegenstände der US-Kavallerie gefunden wurden. Man vermutet, dass es sich um Angehörige der Nez-Percé handelt, die 1877 von der US-Kavallerie in der Nähe der kanadischen Grenze fast vernichtet worden waren. Vielleicht handelt es sich aber auch um Indianer, die nach der Schlacht am Little Bighorn (US-Bundesstaat South Dakota) und dem Sieg über General Custer 1876 Zuflucht im Süden Kanadas gesucht haben. Die indianischen Petroglyphen können nur im Rahmen einer etwa einstündigen Führung besichtigt werden.

Lloydminster

Z/a 16

Höhe: 668 m ü. d. M. **Einwohnerzahl:** 24 000

Genau auf dem 4. Meridian – und damit auch genau auf der Grenze der beiden Provinzen Alberta und ►Saskatchewan – liegt die Stadt Lloydminster. Seine Bedeutung erhielt das Städtchen hauptsächlich durch Funde von schwerem Erdöl in den 30er-Jahren, was ihr 1988 den Titel Schwerölhauptstadt der Welt einbrachte.

Heavy Oil Capital of the World

Lloydminster wurde im Jahre 1903 von 2684 britischen Kolonisten gegründet. Zunächst war die Landwirtschaft das wichtigste wirtschaftliche Standbein der jungen Siedlung. Aber schon 1926 fand

Im Raum Lloydminster werden große Mengen Schweröl gefördert.

man südlich von Lloydminster (Alberta) erstmals eine dickflüssige, schwarze und nicht sehr wohl riechende Substanz, die man als schweres Erdöl identifizierte. 1934 erschloss man gleich in der Nähe, diesmal aber auf dem Gebiet der Provinz Saskatchewan, ein großes Erdgasvorkommen. Der Unternehmer Glenn E. Neilson ließ in den 1940er-Jahren eine komplette Ölraffinerie von St. Louis am Missouri nach Lloydminster versetzen. Dies war der Beginn von Husky Oil, einem Unternehmen, das heute einer der »Big Player« unter den multinational agierenden Ölkonzernen ist. 1988 erhielt Lloydminster gar den Titel »Heavy Oil Capital of the World«, denn damals wurde mit tatkräftiger Unterstützung der beiden Provinzen Alberta und Saskatchewan eine hochmoderne und eine Milliarde Dollar teure Anlage in Betrieb genommen mit einer Tageskapazität von 55 000 Barrel. Inzwischen hat man dieser Anlage auch ein sehr leistungsfähiges und nach dem neuesten Stand der Technik ausgestattetes Heizkraftwerk angegliedert.

! Baedeker TIPP

Einmal Cowboy sein ...

Ca. 20 Autominuten nördlich von Lloydminster liegt die Nothing Barred Ranch am Highway 19 bei Marwayne. Hier dürfen sich kleine Besucher mal als echte Cowboys fühlen und zu einem erlebnisreichen Trail Ride aufbrechen oder einige Tricks hoch zu Ross erlernen. Auskunft: Krista & Amber Graham, Tel. (780) 875-82 05, www.grahamsisters.com

Sehenswertes in Lloydminster und Umgebung

Barr Colony Heritage Cultural Centre

Das moderne Kulturzentrum der Stadt beherbergt mehrere museale Einrichtungen zu den Gründervätern und zum Pelzhandel. In einer Galerie sind Arbeiten des aus Deutschland stammenden Künstlers

LLOYDMINSTER ERLEBEN

AUSKUNFT

Lloydminster Tourism
4420 – 50th Ave.
Lloydminster, AB, T9V 0W2
Tel. /780) 871-83 33
www.lloydminstertourism.ca

ESSEN

► **Erschwinglich**

David's Steak House
5501 – 44th St., Lloydminster
Hier gibt es lecker zubereitete Steaks in allen Variationen.

ÜBERNACHTEN

► **Komfortabel**

Imperial 400 Motel
4320 – 44th St., Lloydminster, AB
Tel. (306) 825-44 00
Freundliches Haus mit Pool.

Best Western Wayside Inn
5411 – 44th St., Lloydminster, AB
Tel. (780) 875-44 04
www.bwwis.com
Angenehme Herberge am westlichen Stadtrand.

Berthold von Imhoff, der in vielen Orten Nordamerikas als Schöpfer eindrucksvoller Gemälde in Kirchen und öffentlichen Gebäuden bekannt ist, zu sehen.

Heavy Oil Science Centre ►

In dem Kulturbau befindet sich auch ein wissenschaftliches Informationszentrum, das Heavy Oil Science Centre, das sich mit dem »schwarzen Gold« von Lloydminster befasst. Das hiesige Erdöl ist im Devon, d. h. vor 408 bis 360 Mio. Jahren, entstanden, als weite Teile der heutigen Prärielandschaften Albertas und Saskatchewans von einem tropischen Meer bedeckt waren. Auch die technische Entwicklung der Erdölförderung und -weiterverarbeitung wird in vorbildlicher Weise anhand von Zeichnungen, Dokumenten und Modellen aufgezeigt.

Char-Mil Oil Rig

Im Vorgarten von Charles Coulter ist eine Miniatur-Erdölförderanlage aufgebaut, für die sich schon illustre Besucher aus aller Welt interessiert haben. Mittlerweile steht hier auch ein maßstabgetreu nachgebauter Grain Elevator.

Bud Miller's All Season Park

Kanadas größte Sonnenuhr, eine Anlage mit rund 60 Metern Durchmesser, findet man im Erholungspark der Stadt. Hier kann man spazieren gehen, Rad fahren, Volleyball spielen, in einem Wellenbad mit Riesenrutsche planschen oder einfach nur picknicken.

Border Marker, The Fourth Meridian

Im Jahre 1905, als man die beiden Provinzen Alberta und Saskatchewan aus dem Riesengebilde der North West Territories herauslöste, legte man den 4. Meridian als längste geradlinige Grenze Nordamerikas fest. Schaut man durch den Grenzstein nach Süden, so steht man mit einem Bein in Alberta und dem anderen in Saskatchewan.

Rocky Mountain House

X 16

Höhe: 990 m ü. d. M. **Einwohnerzahl:** 6000

Die Siedlung Rocky Mountain House liegt rund 230 km südwestlich von ►Edmonton am Highway 11. Neben Holz- und Weidewirtschaft spielt heute die Förderung von Erdöl und Erdgas eine wichtige Rolle. Außerdem erfreut sich Rocky Mountain House wachsender Beliebtheit als Etappenziel für Reisende, die in die großen Nationalparks der kanadischen Rocky Mountains fahren.

* **Rocky Mountain House NHS**

Seinen Namen verdankt der Ort einem Handelsposten, der 1799 am North Saskatchewan River eingerichtet und 1875 wieder aufgegeben wurde. An diesen erinnert man in der **National Historic Site**, 5 km südwestlich der Ortschaft. Von den Baulichkeiten der Pelzhandelsniederlassungen selbst ist zwar nicht mehr viel erhalten, doch im **Interpretive Centre** bekommt man ein anschauliches Bild vom Alltag in diesem abgelegenen Außenposten vermittelt.
Zwei **Lehrpfade** führen durch das Gelände. Museumsbedienstete demonstrieren, wie man früher »Bannock« genanntes Fladenbrot über offenem Feuer gebacken hat, und auf welche Weise einstmals Häute und Felle bearbeitet wurden (Öffnungszeiten: Mai – Sept. tgl. 10.00 bis 17.00 Uhr).

Nordegg

Gut 80 km westlich von Rocky Mountain House liegt die Ortschaft Nordegg am Highway 11. Die von einem schlesischen Unternehmer gegründete Bergbausiedlung ist mit kaum mehr 100 Einwohnern heute nur noch ein Schatten ihrer selbst.

> **? WUSSTEN SIE SCHON ...?**
>
> - ... dass in Nordegg von 1914 bis in die 1950er-Jahre mehr als 10 Millionen Tonnen Kohle gefördert wurden?

Das im alten Schulhaus untergebrachte **Nordegg Heritage Centre** erzählt mit alten Fotos und Zeitungsausschnitten vom dramatischen Auf und Ab dieser Siedlung. Hier bekommt man auch gezeigt, wo die Kohle abgebaut, wie Briketts hergestellt und wie die Kohle auf bereitstehende Eisenbahnwaggons verladen wurden (Öffnungszeiten: tgl. 9.00 – 17.00 Uhr).

Crescent Falls, Bighorn Dam

Wer auf dem Highway 11 weiter in Richtung ►Banff National Park fährt, erreicht nach 23 km die beachtlichen Crescent Falls des Bighorn River. Nach weiteren 5 km steht man vor dem 91 m hohen Bighorn Dam, der 1972 fertig gestellt worden ist und der den Abraham Lake aufstaut. Direkt am Staudamm befindet sich das Visitor Center (Öffnungszeiten: Victoria Day – Labour Day tgl. 9.00 bis 17.00 Uhr).

★★ Waterton – Glacier International Peace Park

X/Y 18

Fläche: 4630 km²

Gründung: Waterton Lakes National Park: 1895; Glacier National Park: 1910

Der kanadische Waterton Lakes National Park und der südlich angrenzende US-amerikanische Glacier National Park bilden seit 1931 zusammen den Waterton – Glacier International Peace Park mit seinen zahlreichen Gletschern und Seen. Der Mount Cleveland ist mit 3190 m die höchste Erhebung.

Anreise Der Eingang in den kanadischen Park liegt 45 km südwestlich von Cardston (► Fort MacLeod, Umgebung) und ist von ► Calgary am besten über die Alberta-Highways 2 und 5 zu erreichen. Im Waterton Lakes National Park werden rund 220 km Wanderwege unterhalten. Auf den größeren Seen – vor allem auf dem Upper Waterton Lake und dem McDonald Lake – kann man Bootsausflüge unternehmen. Ein 18-Loch-Golfplatz befindet sich ca. 5 km nördlich von Waterton an der Hauptzufahrt.

Vegetation und Tierwelt Den Kernbereich des Nationalparks bildet eine Hochgebirgsregion mit tief eingekerbten Tälern, deren Hänge von Kiefern, Douglasien und Rot-Zedern bedeckt sind. Weiter oben wachsen Fichten, Tannen, Lärchen und Weißkiefern. In der schneefreien Zeit verwandeln sich die Bergwiesen in farbenprächtige Blütenmeere mit seltenen Wildblumen. In den Feuchtzonen leben Biber, Bisamratten, Nerze, Enten und Gänse. Auch Elche finden hier Schutz und Nahrung. Die Präriezone am Westrand des Parks ist Lebensraum für Koyoten und Bisons. Im Gebirge sind Rotwild, Schwarzbären und Berglöwen (Cougars) zu Hause, und auch Grizzlybären streifen umher. Oberhalb der Baumgrenze leben Murmeltiere, Schneeziegen und Dickhornschafe, die jedoch im Herbst in die Täler hinunterziehen. Seit etlichen Jahren gibt es auch wieder ein Rudel Grauwölfe, das sich vorwiegend in den abgeschiedenen Tälern des nordwestlichen Schutzgebietes aufhält. Im Gegensatz zu Bären sind die Wölfe für Wanderer kaum eine Gefahr.

? WUSSTEN SIE SCHON ...?

- ... dass die Indianer das Gebiet des Parkes als »das Land der leuchtenden Berge« bezeichneten? Tatsächlich trifft man hier auf eine faszinierende Hochgebirgslandschaft mit mehr als 50 Gletschern und über 200 Seen.

Sehenswertes im Nationalpark

★ Bison Paddock In der Nähe des nördlichen Parkeingangs besteht ein Büffelgehege, durch das auch ein Schotterweg führt. Vom Auto aus kann man mit etwas Glück einige Nachfahren jener Tiere bestaunen, die einstmals in riesigen Herden die Prärien Nordamerikas bevölkerten.

Ein Bergsträßchen, das dem Blakiston Creek folgt und auch an den 2940 m hohen Mount Blakiston heranführt, erreicht nach 15 km den Red Rock Canyon. Die imposante Schlucht, die bei Sonnenlicht

★ **Red Rock Canyon Parkway**

Waterton-Glacier International Peace Park Orientierung

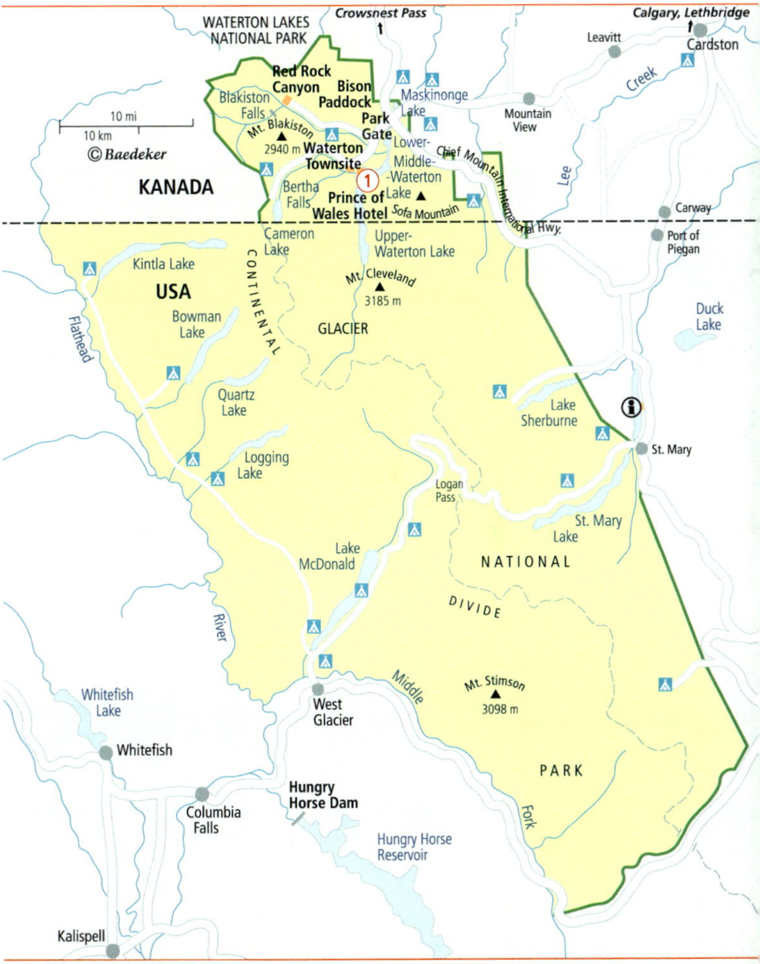

Übernachten
① Prince of Wales Lodge

WATERTON LAKES N. P. ERLEBEN

AUSKUNFT

Waterton Lakes National Park
Box 200, Waterton, AB, T0K 2M0
Tel. (403) 859-22 24
www.pc.gc.ca/pn-np/ab/waterton/
Visitor Information Centre am Parkeingang (Öffnungszeiten: Mitte Mai – Mitte Okt. Mo. – Fr. 9.00 – 16.00 Uhr).

ÜBERNACHTEN

▸ Komfortabel

① ***Prince of Wales Lodge***
Waterton Lakes, AB, T0K 2M0
Tel. (403) 859-22 31
www.mywaterton.com
Das altehrwürdige und kürzlich renovierte Berghotel ist 1927 erbaut worden. Wunderschön: das Gartenhof-Restaurant und die Lobby.

in allen Rot- und Brauntönen leuchtet, entstand durch einen Bach, der sich tief in das stark eisenhaltige Gestein gegraben hat.

✶ Waterton Lakes

Mit 152 m Tiefe ist der Upper Waterton Lake der tiefste See in den kanadischen Rocky Mountains. Eine Landzunge trennt ihn vom Middle Waterton Lake. Auf der Landenge thront das 1927 erbaute »Prince of Wales Hotel«, das mit seinen spitzen Giebeln und dem grünen Dach an ein Schweizer Chalet erinnert und sich bestens in die majestätische Bergwelt einfügt. Auf der anderen Seite der Emerald Bay, wo jeden Sommer Schatzsucher zu einem 1918 hier versenkten Dampfer hinabtauchen, liegt der Ort Waterton mit Marina, Hotels, Restaurants und Zeltplatz. Der Waterton Lake ist nur wenige Tage eisbedeckt. Die kurzen Sommer sind warm und trocken.

✶ Chief Mountain International Highway

Das kanadische und das US-amerikanische Naturschutzgebiet sind seit 1935 durch den 25 km langen Chief Mountain International Highway miteinander verbunden (Hwy. 6/AB 17; befahrbar Mai u. Sept. tgl. 9.00 – 18.00 Uhr, Juni bis Aug. tgl. 9.00 – 22.00 Uhr, ansonsten geschlossen). Von diesem hat man einen schönen Blick ins Waterton-Tal sowie auf den 2763 m hohen Chief Mountain, der sich als weithin sichtbare Landmarke über den sanften Hügeln der Prärie auftürmt. Er galt bei den Indianern als heiliger Berg. Nach 22 km erreicht man die Staatsgrenze (Grenzübertritt nur mit Reisepass und ausgefülltem I-94-Formular möglich; anfallende Gebühren können nur bar in US-$ entrichtet werden). Von hier sieht man im Südwesten

! Baedeker TIPP

US-Dollars mitnehmen!

Wer den zum US-Bundesstaat Montana gehörenden südlichen Teil des Waterton – Glacier International Peace Park besuchen will, ist gut beraten, einige US-Dollars in bar mitzuführen, die beim Übertritt in den US-amerikanischen Teil des Schutzgebietes zu entrichten sind. An der Grenzstation kann man weder kanadische Dollars wechseln noch mit Kreditkarte zahlen!

Ein touristischer Höhepunkt in der Provinz Alberta: das Prince of Wales Hotel im Waterton – Glacier International Peace Park

den Mount Cleveland, den mit 3190 m höchsten Berg im Glacier National Park. Nach weiteren 24 km stößt die Verbindungsstraße auf den US 89, auf dem man 21 km weiter nach Süden fährt. Bei St. Mary erreicht man den Eingang zum Glacier National Park.

Many Glacier

Etwa 14 km vor St. Mary, in Babb, zweigt die 20 km lange Zufahrtstraße (im Winter geschlossen) nach Many Glacier ab. In dieser landschaftlich überaus reizvollen Hochgebirgsregion lassen sich Schneeziegen und auch Schwarzbären von der Straße aus beobachten. Am Ufer des **Swiftcurrent Lake** steht das 1914 erbaute Many Glacier Hotel. Hier beginnt der 4 km lange Swiftcurrent Lake Nature Trail, der über Geologie, Vegetation und Tierwelt dieser Landschaft informiert. Man kann vom Hotel auch zu Bootsausflügen auf dem Swiftcurrent Lake und dem Josephine Lake aufbrechen.

*** Going-to-the-Sun Road**

Eine rund 80 km lange Bergstraße führt von St. Mary über den 2026 m hohen Logan Pass hinüber nach West Glacier. Sie gilt als eine der schönsten Panoramastraßen Nordamerikas. Allerdings ist die kurvenreiche Straße nur von der zweiten Juniwoche bis Mitte September befahrbar und für größere Fahrzeuge (mehr als 2,40 m Breite und 6,40 m Länge) gesperrt.

◄ Rising Sun Viewpoint

Der Ausblick auf den St. Mary Lake und die umgebenden Berggipfel von der großen Kurve hinter Rising Sun gilt als der spektakulärste im gesamten Nationalpark.

◄ Logan Pass

Vom See schlängelt sich die Bergstraße steil hinauf zum Logan Pass, wo man mit dem 2782 m hohen Reynolds Mountain und dem 2674 m hohen Clements Mountain ein tolles Hochgebirgspanorama genießt. Vom Visitor Center auf dem Logan Pass führt ein 2 km langer Nature Trail durch die Hanging Gardens, die sich während des kurzen Bergsommers in ihrer ganzen Pracht zeigen.

◄ McDonald Valley

Der Straßenabschnitt zwischen dem Logan Pass und dem McDonald Valley ist besonders kühn angelegt und gilt als technische Meisterleistung. Vom Campingplatz am Avalanche Creek im McDonald-Tal führt der Trail of the Cedars zu dem von fünf Wasserfällen gespeisten

Avalanche Lake. Direkt am See liegt die historische »Lake McDonald Lodge«, die 1913 als Privathaus erbaut worden ist. Hier ist noch viel von der Atmosphäre des alten Westens zu spüren. Von der Lodge kann man zu Bootsausflügen auf dem See aufbrechen. Auch Trail Riding wird angeboten.

★ Wood Buffalo National Park

X/Y 12/13

Alberta und Northwest Territories
Fläche: 44 807 km²
Höhe: 183 – 945 m ü. d. M.
Gründungsjahr: 1922

Das zweitgrößte Naturschutzgebiet der Welt umfasst eine von Flüssen, Seen und Sümpfen durchsetzte und kaum erschlossene Naturlandschaft, die zahlreichen, anderswo selten gewordenen Tierarten geeignete Lebensräume bietet. Kernraum des Nationalparks ist das größte Süßwasser-Binnendelta der Erde. Einen weiteren Höhepunkt stellt die hell leuchtende Salzebene der Salt Plains dar.

Geheimtipp

Der Nationalpark ist das ganze Jahr über zugänglich. Trotz seiner vielfältigen Möglichkeiten gehört er zu den weniger bekannten landschaftlichen Attraktionen Westkanadas. Einige Camping- und Picknickplätze stehen zur Verfügung. Wildes Campen ist mit Erlaubnis der Park Ranger gestattet. Die Schotterstraßen sind von Anfang Mai bis Ende Oktober geöffnet. In den Wintermonaten ist nur die Straße von **Fort Smith** (NT) nach **Fort Chipewyan** (AB) befahrbar. Wenige Kilometer südlich von Fort Smith (NT), dem Sitz der Parkverwaltung, beginnt eine rund 300 km lange Ringstraße, die den südlichen Teil des Nationalparks erschließt. Von ►Yellowknife (NT) aus kann man auch mit kleinen Flugzeugen nach Fort Smith fliegen.

? WUSSTEN SIE SCHON ...?

- ... dass der Wood Buffalo National Park 1983 von der UNESCO zum Weltnaturerbe erklärt wurde. Hauptgrund waren die Bisons, die Kraniche und die unberührten Lebensräume.

★★ Tierwelt

Der Nationalpark wurde bereits 1922 ausgewiesen, um **die letzten Waldbisonherden** vor dem Aussterben zu bewahren. Heute leben hier etwa 3000 dieser Tiere. Auch Schwarzbären, Elche, Karibus, Biber usw. kann man in dem riesigen Schutzgebiet beobachten. Darüber hinaus gilt der Wood Buffalo Park als **das letzte größere Refugium von Schreikranichen,** die alljährlich aus den südlichen Regionen der USA hierher kommen, um ihren Nachwuchs aufzuziehen. Auf etlichen Inseln im wasserreichen Slave River nisten noch einige Weiße Pelikane. Riesige Schwärme von Zugvögeln suchen Jahr für Jahr auf ihrem Flug nach Süden das ausgedehnte von Peace River und Athabasca River geschaffene Delta auf.

Hauptsehenswürdigkeit im 2500-Seelen-Ort **Fort Smith** (NT) ist das **Northern Life Museum**, in dem neben naturgeschichtlichen Funden (u. a. Mammutzähne) kulturhistorisch bedeutsame Artefakte zusammengetragen sind. Interesse verdienen Gebrauchsgegenstände und Handarbeiten der Indianer und Inuit sowie Fotografien und andere Dokumente aus der Zeit, als die ersten Weißen ins Land kamen (110 King St.; Öffnungszeiten: Juni – Labour Day tgl. 13.00 – 17.00, Di. u. Do. auch 19.00 – 21.00, Labour Day bis Mai Di. – Fr. u. So. 13.00 – 17.00 Uhr).

WOOD BUFFALO NATIONAL PARK

AUSKUNFT

Visitor Reception Centre
Box 38, Fort Chipewyan, AB, T0P 1B0
Tel. (780) 697-36 62
www.pc.gc.ca/pn-np/nt/woodbuffalo

◀ National Park Information Centre

Das Informationszentrum hält umfangreiche Literatur und aussagestarkes Kartenmaterial bereit. Außerdem bekommt man hier viele brauchbare Tipps für einen Aufenthalt im riesigen Schutzgebiet (126 McDouglas Rd.; Öffnungszeiten: Juni – Sept. Mo. – Fr. 8.30 – 17.00, Sa., So. 10.00 – 17.00, sonst nur Mo. – Fr. 10.00 – 17.00 Uhr).

Pine Lake

Ca. 60 km südlich von Fort Smith, am Pine Lake, findet man den einzigen Campingplatz des Nationalparks, der über alle Annehmlichkeiten verfügt.

Bison-Mutter mit ihrem Kälbchen im zweitgrößten Naturschutzgebiet der Erde

BRITISH COLUMBIA

Fläche: 944 735 km²
Hauptstadt: Victoria
Bevölkerungszahl: 4,4 Mio.
Zeitzonen: Pacific Time, Mountain Time

British Columbia, umgangssprachlich meist nur »B. C.« genannt, ist die westlichste und mit knapp 10 % der Gesamtfläche nach Québec und Ontario die drittgrößte Provinz Kanadas. Sie erstreckt sich im Bereich der Kordilleren, also jener zwei mächtigen nord-südlich verlaufenden Gebirgszüge, die als Coast Mountains (Pazifisches Küstengebirge) im Westen und Rocky Mountains (Felsengebirge) im Osten geläufig sind. Das Küstengebirge ist durch Fjorde und vorgelagerte Inseln stark zerklüftet.

Vielfalt der Natur

Mit 4016 m ist der Mount Waddington der höchste Berg der Coast Mountains und damit von ganz B. C. Östlich schließt sich die leicht wellige, seenreiche Plateauregion von Central B. C. an. Sie wird von Gebirgszügen wie den Columbia Mountains, den Cariboo Mountains bzw. Skeena Mountains unterbrochen und liegt zwischen 900 und 1300 m hoch. Die im 3954 m hohen Mount Robson gipfelnden Rockies bilden den Grenzsaum zur Nachbarprovinz Alberta und zugleich die kontinentale Wasserscheide. B. C. ist die einzige Provinz Kanadas, aus der praktisch alle Flüsse in den Pazifischen Ozean münden (und nicht ins nördliche Eismeer). Während des Eiszeitalters war British Columbia von mächtigen Gletschern bedeckt. Die heute noch vorhandenen Eisfelder und -zungen sind quasi die letzten Überbleibsel des Eiszeitalters. Das Gewässernetz der Provinz British Columbia ist stark verästelt. Die wichtigsten Flüsse sind der 1360 km lange Fraser River und der 1954 km lange Columbia River.

Flora und Fauna

Ausgedehnte Wälder mit Tannen, Fichten und Zedern, die in höheren Lagen in Tundra und ewiges Eis übergehen, bestimmen das Landschaftsbild von British Columbia und den vorgelagerten Inseln. In den geschützten Tälern im Süden der Provinz ist die Vegetation steppenartig. Bei entsprechender Bewässerung, wie beispielsweise im

← Die kunstvoll geschnitzten Totempfähle der Küstenindianer sind Wahrzeichen der Provinz British Columbia.

Okanagan-Tal, ist der Anbau von Pfirsichen, Aprikosen und Weintrauben möglich. B.C. ist bekannt für seine artenreiche Tierwelt. Rund 70 % aller in Kanada vorkommenden Tierarten kann man hier beobachten. In den National- und Provinzparks leben Grizzly-, Schwarz- und Braunbären, Wapiti-Hirsche und Elche sowie Bergziegen und -schafe. Auch kleinere Tiere wie Biber, Murmeltiere und Stachelschweine sind häufig zu sehen.

Klima Die Bergketten beeinflussen das Klima beträchtlich. Es herrscht ein ausgeprägtes Jahreszeitenklima. An der Küste ist es relativ mild, Schnee gibt es nur wenig, dafür umso mehr Regen. In Vancouver misst man pro Jahr 1460 mm und in Prince Rupert sogar 2330 mm Niederschlag, also mehr als doppelt bzw. dreimal so viel wie in Frankfurt am Main (676 mm). Das mittlere Januar-Temperaturminimum in Vancouver bewegt sich um den Gefrierpunkt, das mittlere Juli-Maximum liegt bei + 17 °C. Im Landesinnern bzw. im Lee der Berge ist es fast wüstenhaft trocken. So werden in Kamloops und Penticton jährlich nur rund 300 mm Niederschlag gemessen. Das mittlere Temperatur-Minimum des Monats Januar beläuft sich in Kamloops auf – 10 °C, das mittlere Maximum im Juli hingegen auf fast + 30 °C. In den küstennahen Bergen fällt ausgesprochen viel Schnee; im Hinterland von Vancouver fallen bis zu 9 m Schnee!

Geschichte Spanische Seefahrer segelten im 17. Jh. entlang der Pazifikküste nordwärts und entdeckten das bis dahin von ca. 80 000 Indianern be-

Auf ihre Entdeckung wartet die noch wenig berührte Landschaft am Clearwater River im Wells Gray Provincial Park

siedelte Gebiet der heutigen Provinz British Columbia. 1778 landete James Cook als erster Weißer auf Vancouver Island, 1792 folgte ihm George Vancouver (► Berühmte Persönlichkeiten). Alexander Mackenzie (► Berühmte Persönlichkeiten) erreichte 1793 als erster Weißer auf dem Landweg den Pazifik. Es folgten Simon Fraser und David Thompson, nach denen die größten Flüsse der Provinz benannt sind. Briten und Amerikaner trieben hier Pelzhandel. 1846 einigten sich Großbritannien und die USA über den Grenzverlauf. 1849 wurde Vancouver Island Kronkolonie. Sieben Jahre später lockten bedeutende Goldfunde zahlreiche Abenteurer und Siedler in das Fraser Valley und nach Barkerville. 1858 wurde die Kolonie British Columbia gegründet. 1866 erfolgte die Vereinigung der beiden bestehenden Kolonien zur Kronkolonie British Columbia. Diese schloss sich 1871 als 6. Provinz der Kanadischen Konföderation an. In den 1920er-Jahren besiedelten viele Tausend europäische Einwanderer die junge Provinz. Nach der Besetzung der Aleuten durch die Japaner während des Zweiten Weltkrieges beschlossen die USA im Jahre 1942 den Bau des Alaska Highway, der von Dawson Creek (B. C.) nach Fairbanks (Alaska) führt. Seit 1962 verbindet der Trans-Canada Highway die kanadische Pazifik- mit der Atlantikküste. Im Februar 2010 werden in Vancouver und Whistler die XXI. Olympischen Winterspiele veranstaltet.

Bevölkerung

In British Columbia leben derzeit rund 4,4 Mio. Menschen, rund ein Achtel der Gesamtbevölkerung Kanadas. Das sind knapp 5 Menschen auf einem Quadratkilometer Land (zum Vergleich Deutschland: 230 Einw. / km²). Der Großteil der Einwohner von B. C. lebt in den größeren Städten, mehr als die Hälfte, 2,3 Mio. Einwohner, allein im Großraum Vancouver. 70 % sind Weiße, davon zwei Drittel britischer Abstammung. Die Urbevölkerung macht etwa 3 % aus. Es sind zum großen Teil nomadisierende Salish und Kootenay, die hauptsächlich von der Jagd leben, sowie die sesshaften Nordwestküstenindianer (u. a. Tlingit und Wakashan), die bis heute vom Fischreichtum des Pazifiks profitieren. Jährlich lassen sich über 30 000 Einwanderer aus aller Herren Länder in B. C. nieder. Die am meisten gesprochenen Sprachen in B. C. sind heute Englisch, Chinesisch (Kanton, Mandarin), Vorderindisch (Pandschabi), Deutsch, Französisch, Holländisch, Italienisch, Spanisch und Japanisch.

Wirtschaft

B. C. gilt als reiche Provinz. Ihr Wohlstand beruht vor allem auf dem Export von Rohstoffen und Holzprodukten. Hauptwirtschaftszweige sind die Forstwirtschaft und die Holz verarbeitende Industrie, die Fischerei und die Aquakultur (bes. Zucht von Lachsen, Forellen, Krabben und Muscheln), der Bergbau (bes. Kohle, Kupfer, Zink und Blei) und das Fremdenverkehrsgewerbe. Eine wichtige Rolle spielt ferner die Landwirtschaft (u. a. Obst-, Gemüse- und Weinbau im Okanagan, Viehzucht). Wichtige Wirtschaftspartner sind traditionell alle Pazifik-Anrainerstaaten, insbesondere Japan und Südkorea. Die sog.

Asienkrise der 1990er-Jahre zog allerdings die gesamte Wirtschaft von B. C. in Mitleidenschaft. Auch die weltweite Finanzkrise in den Jahren 2007/2008 hat in B. C. Spuren hinterlassen. So setzte der Niedergang des Wohnungsmarktes in den benachbarten USA der Holzindustrie von B. C. schwer zu.

Filmindustrie In Europa wenig bekannt ist, dass B. C. und insbesondere der Großraum Vancouver in jüngerer Zeit zu einem bedeutenden Standort der Filmindustrie herangewachsen ist. Pro Jahr werden in B. C. rund 200 Produktionen für Film und Fernsehen durchgezogen, darunter auch Episoden für diverse beliebte TV-Serien. Die Filmindustrie von B. C. beschäftigt heute bereits mehr als 50 000 Menschen.

Tourismus Die grandiose Bergwelt, riesige Wälder, zahlreiche Seen und Flüsse sind ein Paradies für Naturfreunde und Freizeitsportler. Vom Paddeln auf einsamen Seen bis hin zu River Rafting ist alles möglich. Die Küste mit ihrer einzigartigen Fjordlandschaft lädt zum Segeln ein, während das Baden im Pazifik wegen starker Brandung und ungemütlicher Wassertemperaturen auf einige geschützte Buchten beschränkt bleibt. Die Seen im Landesinneren erreichen in warmen Sommern Temperaturen über 20 °C. Für Angler bieten sich vor allem im August und September zur Laichzeit der Lachse beste Möglichkeiten. Wanderfreunde finden in den National- und Provinzparks Gelegenheit, großartige Naturlandschaften kennen zu lernen. Darüber hinaus kommen auch passionierte Golfspieler und Reiter auf ihre Kosten. Stark an Bedeutung hat in den letzten Jahren der Wintersport gewonnen. Tolle Abfahrtspisten gibt es nicht nur im Skiort Whistler, wo 2010 diverse Wettkämpfe der XXI. Olympischen Winterspiele ausgetragen werden, sondern auch in den Rockies im Grenzgebiet zu Alberta. Ausflüge in die zauberhafte Winterlandschaft sind auch mit Snowmobil, Hundeschlitten, Langlauf- und Tourenskiern sowie mit Schneeschuhen möglich.

★★ Barkerville Historic Park

U 16

Höhe: 1280 m ü. d. M. **Einwohnerzahl:** 800

Das in liebevoller Kleinarbeit restaurierte Goldgräberstädtchen Barkerville, einstmals Zentrum des Cariboo-Goldrausches, ist die älteste noch komplett erhaltene historische Siedlung in British Columbia.

Älteste Siedlung in British Columbia Als der aus Cornwall stammende Billy Barker im Sommer 1862 am Williams Creek seinen sensationellen Goldfund machte, entstand über Nacht eine der typischen Goldgräberstädte aus Holzhütten, Zelten, Saloons und Läden. Barkerville war mit rund 100 000 Einwoh-

BARKERVILLE ERLEBEN

AUSKUNFT

Barkerville Historic Town
Highway 26
Tel. 1-888-994-33 32
www.barkerville.ca

ÜBERNACHTEN

▶ **Komfortabel/Günstig**

St. George Hotel
4 Main Street
Barkerville, BC
Tel. (250) 994-00 08
www.stgeorgehotel.bc.ca
Freundliche, ganz im Stil der Zeit des Goldrausches gehaltene Herberge.

▶ **Günstig**

White Cap Motor Inn
Wells, BC
Tel. (250) 994 - 34 89
www.whitecapinn.com
Moderne Unterkunft mit zeitgemäß eingerichteten Gästezimmern und Restaurant.

nern einige Jahre lang die »größte Stadt westlich von Chicago und nördlich von San Francisco«, bis sie 1868 abbrannte. Zwar wurde sie sofort wieder aufgebaut, aber das Ende des hiesigen Goldrausches zeichnete sich bereits ab. In der Hauptreisezeit (Victoria Day – Labour Day) findet in dem Museumsdorf mit seinen mehr als 120 restaurierten Gebäuden »Living History« statt. (Öffnungszeiten: tgl. 8.00 – 20.00 Uhr; volles Programm gibt es allerdings nur in der Hochsaison, d. h. von Juni bis Anfang September.)

Auch im kleinen Schulhaus von Barkerville muss gefegt werden.

Umgebung von Barkerville

Ca. 2 km weiter talaufwärts kommt man zum historischen **Richfield Courthouse**. Hier hat einstmals Richter Begbie Recht gesprochen, der als »Hanging Judge« in die Annalen der kanadischen Rechtsgeschichte eingegangen ist. In manchen Nächten soll noch sein Geist herumspuken. Im Haus selbst wird an verschiedene Episoden seiner abwechslungsreichen Karriere erinnert.

Der acht Kilometer nordwestlich von Barkerville gelegene Ort **Wells** (800 Einw.) entstand erst in den 1930er-Jahren, als Fred Wells die Cariboo Gold Quartz Mine erschloss. Die Häuser nörd-

Barkerville Historic Park Orientierung

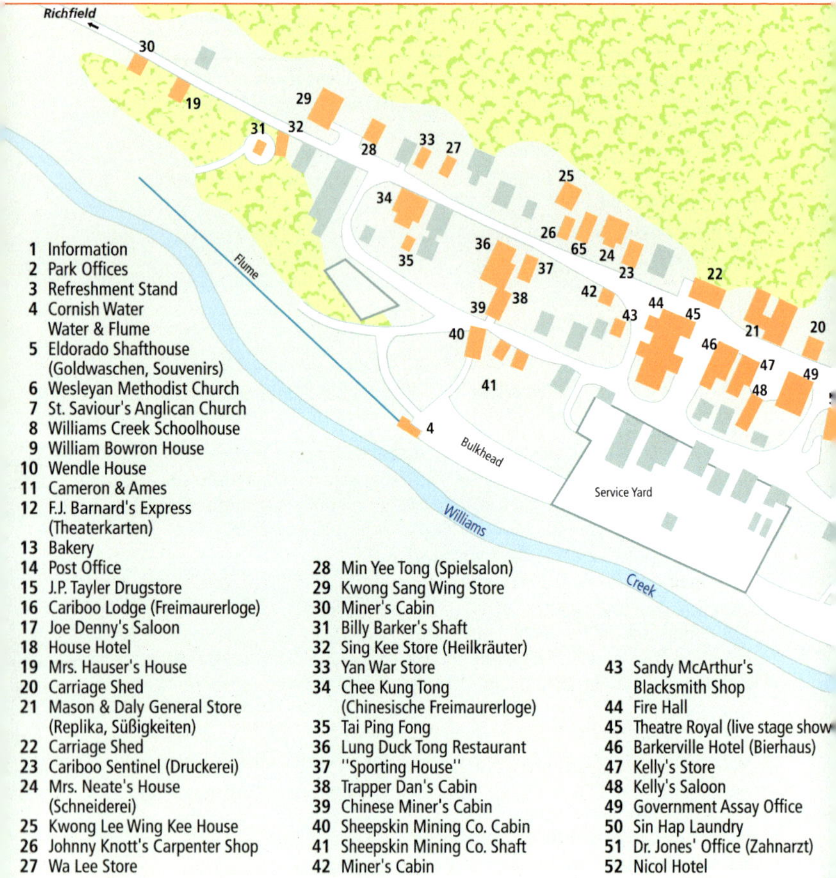

lich der Hauptstraße sowie die Ladengeschäfte mit den für diese Gegend typischen Blendfassaden und vor allem auch die breiten Gehwege erinnern an längst vergangene Zeiten.

★ Bowron Lake Provincial Park

Nordöstlich von Barkerville erstreckt sich der bereits in den Cariboo Mountains gelegene Bowron Provincial Park. Man erreicht ihn über eine knapp 30 km lange Straße, die kurz vor Barkerville vom Highway 26 abzweigt. Hauptanziehungspunkt des 1230 km² großen Schutzgebietes sind seine elf Seen, von denen einige durch Wasserläufe miteinander verbunden sind. Dieses größtenteils noch unberührte Gebiet ist ein Paradies für Kanu- und Kajakfahrer, die den

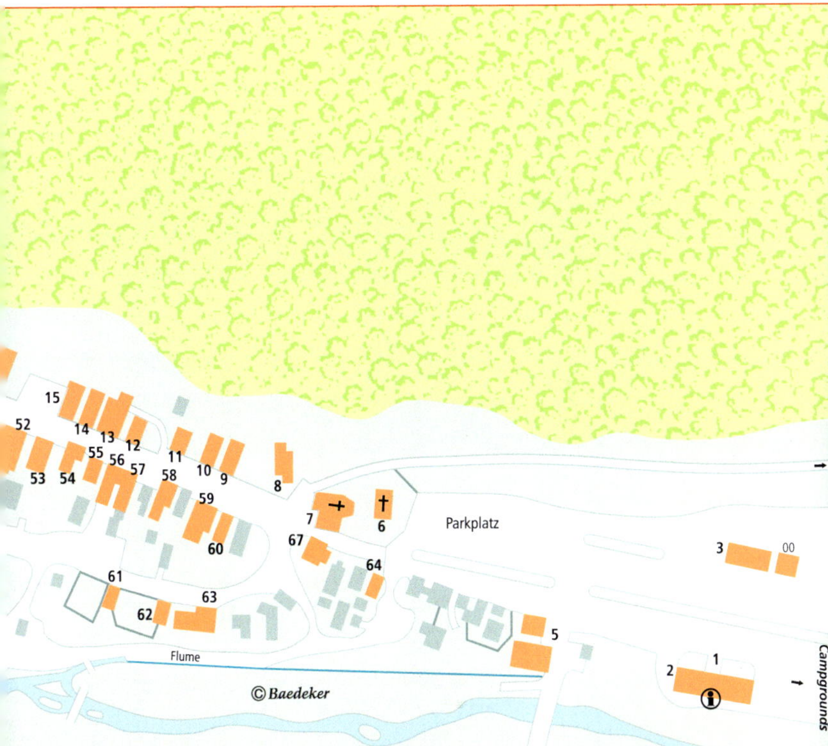

53 Mme. Benedixen's Saloon and Boarding House
54 Dr. Hugh Watt's Office and Residence
55 Moses' Barbershop
56 Wake Up Jake Restaurant
57 J.H. Todd Store
58 Gold Commissioner's Office and Library
59 John Bowron House
60 Bibby's Tin Shop
61 W. Baker Stables
62 Mundorf Stables (Reitstall)
63 Holt & Burgess (Zimmerei)
64 Park Ranger & First Aid
65 Kerr Brewery
66 Louis Wilde (Schuhmacher)
67 Miner's Boarding House

ganzen 116 km langen Zirkel in acht bis zehn Tagen bewältigen können. An sechs »Portages« müssen die Boote jedoch über Land getragen werden. Kanus kann man in zwei Lodges an der Einfahrt in den Provinzpark mieten. Reichhaltige Informationen und Kartenmaterial erhält man im Büro von BC Parks am Ende der Zufahrtstraße zum Park, wo man sich auch für Kanutouren an- und abzumelden hat.

Im Sommer ist die Zahl der ausgegebenen Permits (Erlaubnis) für die gesamte Rundtour auf 50 Kanuten pro Tag beschränkt. Für kürzere Bootstouren eignen sich der Bowron Lake und die langgestreckten Spectacle Lakes. ◂ Hinweis

Wo heute der Carboo Highway verläuft, schlängelte sich früher die alte Caribou Wagon Road entlang.

Cariboo Highway (Highway 97)

T/U 16/17

Der einsame Highway schlängelt sich entlang der alten Cariboo Wagon Road durch Kiefernwälder, vorbei an vereinzelten Ranches und kleinen sumpfigen Seen, auf denen man sich beim Fischen und Bootfahren vergnügen kann.

Geschichte Die ersten Abenteurer, die auf die Nachricht von großen Goldfunden hierher kamen, benutzten zunächst den felsigen Cariboo Trail, bis 1862 die Cariboo Wagon Road gebaut wurde. Diese alte Postkutschenroute von Lillooet Richtung Norden war 1865 bis hin zu den Goldfundstellen von Barkerville fertig gestellt. Entlang des Verkehrsweges entstanden mehrere Rasthäuser. Ortsnamen wie »100 Mile House« oder »150 Mile House« erinnern noch heute an diese längst verschwundenen Raststätten.

Sehenswertes am Cariboo Highway

Cache Creek Cache Creek (450 m; 1000 Einw.) war einst ein wichtiger Warenumschlagplatz. Von hier verkehrte 50 Jahre lang »Bernard's Express«, ein Postkutschendienst, der in vier Tagen ► Barkerville erreichte. Heute lebt der in wüstenhafter Umgebung gelegene Ort vom Durchgangsverkehr und vom Tourismus. Mehrere Ranches in der Region nehmen Gäste auf.

11 km nördlich von Cache Creek, liegt die **Hat Creek Heritage Ranch**, ein Rasthaus aus dem Jahr 1861.

Die Siedlung **100 Mile House** (930 m; 2 000 Einw.) ist Mittelpunkt einer aus mehreren abgelegenen Ranches bestehenden Streusiedlung und Standort zweier moderner Sägemühlen. Die Stadt geht auf das 1862 eröffnete 100 Mile Roadhouse zurück. Daran erinnert eine der roten Postkutschen von »Bernard's Express« vor dem Red Coach Inn. 13 km weiter nördlich folgt das 108 Mile House. Die Arbeiter wurden übrigens für das Markieren der alten Cariboo Wagon Road pro Meile bezahlt. Wen wundert es da, dass die Siedlung 100 Mile House weit weniger als 100 Meilen vom Beginn der Straße entfernt liegt?

CARIBOO HIGHWAY

AUSKUNFT

District of 100 Mile House
385 South Birch Avenue
100 Mile House, BC, V0K 2E0
Tel. (250) 395-24 34
www.100milehouse.com

ÜBERNACHTEN

► **Komfortabel**

Ramada Limited
383 St. Laurent Avenue
Quesnel, BC, V2J 2E1
Tel. (250) 992-55 75
www.ramada.com
Modernes Haus und guter Standort für erlebnisreiche Ausflüge auf dem Cariboo Highway.

* **Lac La Hache**

Bei Clearwater liegt die Zufahrt zum ►Wells Gray Provincial Park, in dem einige schöne Strände am Lac La Hache zum Baden (mit Bootsverleih) einladen.

Williams Lake

Bei der Industriestadt Williams Lake (586 m; 11 500 Einw.) finden sich noch zahlreiche Spuren aus der Zeit des Goldrausches, über den auch das Museum of the Cariboo Chilcotin informiert (113 – 4th Ave.; Öffnungszeiten: Mai – Sept. Mo. – Sa. 10.00 – 16.00 Uhr, sonst Di. – Sa. 11.00 – 16.00 Uhr).

◄ Stampede

Alljährlich findet am ersten Juli-Wochenende die Williams Lake Stampede mit größerem Rodeo statt.

Abstecher Highway 20 West

Wer viel Zeit hat, kann von hier einen Abstecher in den Westen durch den kaum erschlossenen Tweedsmuir Provincial Park zum Faser Plateau, vorbei am Mount Waddington, dem höchsten Berggipfel von British Columbia, unternehmen. Nach 480 km erreicht man Bella Coola (2000 Einw.), einen kleinen Fischerhafen, der am weit ins Land hineinreichenden Fjord liegt. Hier leben auch noch etliche Indianer.

Quesnel

Die Stadt Quesnel (545 m; 9000 Einw.) ist das Zentrum der nördlichen Cariboo-Region und nennt sich stolz »Gold Pan City« – in Erinnerung an den Goldrausch von 1860. Heute bestimmt jedoch die Holzwirtschaft die Szenerie. Einige restaurierte Gebäude sowie das örtliche Museum lassen die Geschichte der Stadt und der Region

Billy Barker Days ► lebendig werden. Alljährlich im Juli lebt bei den Billy Barker Days der Cariboo-Goldrausch wieder auf.

Fort St. John

U 14

Höhe: 693 m ü. d. M. **Einwohnerzahl:** 18 000

Die zweitgrößte Stadt am Alaska Highway ist Versorgungszentrum eines weiten Umlandes, in dem riesige Getreidefarmen sowie Tausende von Erdöl- und Erdgas-Förderanlagen das Landschaftsbild bestimmen. Eines der umfangreichsten Erdgasvorkommen der Welt befindet sich hier. Zwei weitere bedeutende Wirtschaftszweige sind die Forstwirtschaft und die Erzeugung von elektrischer Energie mit Hilfe der Wasserkraft.

North Peace River Museum Das moderne Museum informiert recht anschaulich über die Geschichte der Region, über das Leben der Indianer, Trapper und ersten Siedler, über den Bau des Alaska Highway und auch über die hiesige Erdölförderung. Weithin sichtbare Landmarke ist ein 40 Meter hoher Bohrturm vor dem Museum (9323 – 100th St.; Öffnungszeiten: im Sommer tgl. 8.00 – 20.00 Uhr, sonst Mo. – Fr. 11.00 – 16.00 Uhr).

Sehenswertes in der Umgebung

Charlie Lake Wenige Kilometer nordwestlich von Fort St. John erreicht man den bei Sportfischern beliebten Charlie Lake. Von hier aus bringen Wasserflugzeuge Jäger und Sportfischer in abgelegene Reviere.

Hudson's Hope Der südwestlich von Fort St. John gelegene Ort Hudson's Hope (520 m; 1200 Einw.), geht auf einen 1805 errichteten Pelzhändler-

FORT ST. JOHN ERLEBEN

AUSKUNFT

Fort St. John Visitor Centre
9523 – 100th Street
Fort St. John, BC, V1J 4N4
Tel. (250) 785-30 33
www.fortstjohn.ca/visitorinfocentre

ÜBERNACHTEN

► **Komfortabel**

Econo Lodge Fort St. John
10419 Alaska Highway
Fort St. John, BC, V1J 1B1
Tel. (250) 787-84 75
www.econolodgefortstjohn.com
Besonders familienfreundliche Unterkunft direkt am legendären Alaska Highway

stützpunkt zurück. Heute leben hier an der Grenze zur Wildnis vor allem die Beschäftigten der Wasserkraftwerke am Peace Canyon Dam und am W. A. C. Bennett Dam, der den riesigen Williston Lake aufstaut. Diese beiden Anlagen produzieren knapp 40 % der in B. C. erzeugten hydroelektrischen Energie.

✶ **W. A. C. Bennett Dam**

Das Museum am Nordufer des Peace River informiert über die Anfänge des Pelzhandels und den Bau der beiden Staudämme. Außerdem erfährt man Wissenswertes über jene Dinosaurier, deren Spuren und Skelettteile man im heute gefluteten Canyon des Peace River gefunden hat (Öffnungszeiten: Victoria Day – Labour Day tgl. 10.00 bis 17.00 Uhr).

✶ **Gwillim Lake**

Am Fuße des 2020 m hohen Bullmoose Mountain, südlich von Chetwynd, erstreckt sich der Gwillim Lake, ein tiefblauer See mitten in einem kleinen Provinzpark, in dem Wanderpfade zu einigen schönen Aussichtspunkten führen.

Tumbler Ridge

In der modernen Kohlebergbausiedlung des Northeast Coal Project leben etwa 2000 Angestellte mit ihren Familien. Während der Hauptreisezeit (Mitte Juni – Mitte Sept.) werden Besichtigungstouren zu den Abbaugebieten angeboten. Dabei lernt man auch die gigantischen, weitgehend computergesteuerten Förderanlagen der Quintette Coal Ltd. aus nächster Nähe kennen.

Monkman Provincial Park

Von Tumbler Ridge aus erreicht man den weiter südlich gelegenen Monkman Provincial Park, eine reizvolle, aber noch wenig berührte **Landschaft am Oberlauf des Murray River**. Im Süden wird er vom 2286 m hohen Ice Mountain begrenzt. Besonders eindrucksvoll sind die 60 m hohen **Kinuseo Falls**, deren Wasser in den Vorbergen der Rocky Mountains an einer geologischen Störzone ins tiefer gelegene Flussbett tost.

✶ **Dawson Creek**

Etwa 70 km südlich von Fort St. John stößt man auf das Städtchen Dawson Creek, wo der legendäre **Alaska Highway** beginnt. Im ehemaligen Bahnhof (1931) ist ein **Museum** untergebracht. Ausstellungsschwerpunkte sind die Tierwelt der Peace-River-Region, die Kultur der Cree-Indianer sowie die Erschließung der Peace-River-Senke zum Getreideanbaugebiet und vor allem auch die Baugeschichte des Alaska Highway (Öffnungszeiten: Juni – Sept. tgl. 8.00 – 19.00 Uhr, sonst Di. – So. 10.00 – 12.00 Uhr und 13.00 bis 16.00 Uhr).
Im alten Bahnhofsgebäude befindet sich auch das Touristenbüro der Stadt.

! *Baedeker* TIPP

Farmers' Market

Beim Stone Cairn Marker in der südwestlichen Ecke des Northern Alberta Railway Park in Dawson Creek findet von Mai bis Mitte Oktober jeden Samstag von 9.00 bis 13.00 Uhr ein bunter Bauernmarkt statt. Es ist kaum zu glauben, dass man so weit im Norden so frische und gute Gartenerzeugnisse bekommen kann!

★ **Walter Wright Pioneer Village** Am künstlich geschaffenen Rotary Lake in Dawson Creek lädt ein Freilichtmuseum zum Besuch ein. Hier stehen einige typische Bauten aus der Gründerzeit der Stadt und vor allem aus den 1940er-Jahren, darunter auch ein Gotteshaus und ein Kaffeehaus. In der Sudeten Memorial Hall wird an Einwanderer aus dem Sudetenland erinnert, die während des Zweiten Weltkrieges ins Peace-River-Gebiet gekommen sind (Öffnungszeiten: Victoria Day – Labour Day tgl. 9.00 bis 18.00 Uhr).

★ Fort Steele

X 18

Höhe: 770 m ü. d. M. **Einwohnerzahl:** 600

Das legendäre Fort Steele besteht heute hauptsächlich aus einem Freilichtmuseum, in dem die Zeit um 1900 wieder lebendig wird. Das eindrucksvoll rekonstruierte Dorf mit etwa 60 Gebäuden liegt in einer reizvollen von Bergen umrahmten Landschaft.

Geschichte In der ehemaligen Goldgräberstadt Fort Steele kam es Ende des 19. Jh. zu Konflikten mit den hier ansässigen Indianern. Aus diesem Grund verlegte man 1887 eine Abteilung der in ►Fort MacLeod (Al-

Living History in Fort Steele

berta) stationierten North West Mounted Police unter dem Kommando des legendären Superintendenten Sam Steele an den Kootenay River. Bereits ein Jahr später konnten die Rotröcke wieder abziehen. Die dankbaren Siedler am Kootenay River benannten den Ort nach Samuel Steele, dem umsichtigen Führer dieser für Recht und Ordnung sorgenden Polizeitruppe. Ein erneuter Aufschwung setzte ein, als in den 1890er-Jahren in den östlichen Kootenays reiche Silbererz-Lagerstätten entdeckt wurden. Zunächst wurden die Erze mit Raddampfern auf dem Kootenay River nach Jennings (Montana) transportiert, wo Anschluss an die Great Northern Railway nach Seattle bestand. Spekulationen über einen baldigen Bahnbau nach Fort Steele verstärkten den Boom. Die Stadt traf es daher hart, als 1898 wider Erwarten das benachbarte Cranbrook den Eisenbahnanschluss erhielt. Binnen kurzem sank die Einwohnerzahl auf wenige Dutzend. Fort Steele wurde dem Verfall preisgegeben.

Sehenswertes in Fort Steele und Umgebung

★ **Fort Steele Provincial Historic Park**

In den 1960er-Jahren erwachte Fort Steele als Freilichtmuseum zu neuem Leben. Rund 60 Gebäude der für die Jahrhundertwende ganz typischen Siedlung wurden restauriert bzw. nach historischen Vorlagen rekonstruiert. Auf dem ganzen Gelände wird »Living History« geboten. Im »Wild Horse Theatre« kommen Musikshows, Dramen oder Komödien aus der viktorianischen Zeit zur Aufführung. Auch im »Wasa Hotel« fühlt man sich in die Vergangenheit zurückversetzt; und im »Kershaw General Store« wird man wie vor 100 Jahren bedient. Dorfbewohner führen altes Handwerk vor und zeigen, wie beschwerlich die Hausarbeit ohne Elektroherd und Waschmaschine gewesen ist. Beliebt sind auch Ausflüge mit nostalgischen Pferdekutschen und mit einem Dampfzug (Öffnungszeiten: Juni – Sept. tgl. 9.30 – 17.30 Uhr, sonst tgl. 10.00 – 17.00 Uhr).

Cranbrook

Die größte Stadt im Südosten von B. C. (940 m; 18 500 Einw.) ist ein guter Ausgangspunkt für Exkursionen in die reizvolle Umgebung. Sie entstand Mitte der 1880er-Jahre. Ihr Aufschwung setzte jedoch erst ein mit dem 1898 erfolgten Bau der CP-Eisenbahnstrecke, die von ► Lethbridge (Alberta) über den Crowsnest Pass zum Kootenay Lake hinunterführt.
Im Zentrum von Cranbrook sind einige staatliche Gebäude aus dem 19. Jh. erhalten. Das 1889 errichtete Haus des Stadtgründers, »Baker's House« (1st St. / Baker Park), beherbergt neben einigen Büros ein kleines Museum mit historischen Fotografien (Öffnungszeiten: Mo. – Fr. 9.30 bis 17.30 Uhr).

? WUSSTEN SIE SCHON ...?

- ... dass die Stadt Cranbrook im Rocky Mountain Trench liegt, einem von steilen Hängen und Terrassen geprägten, bis zu 25 km breiten tektonischen Graben. Dieser erstreckt sich westlich der Rocky Mountains über 1600 km weit bis ins Yukon-Territorium.

★ **Museum of Rail Travel**

Eisenbahn-Enthusiasten finden hier einige alte Waggons der Canadian Pacific Railroad (1 Van Horne St. North; Öffnungszeiten: Juni – Aug. tgl. 8.00 – 20.00, sonst So. – Do. 12.00–17.00 Uhr).
Seit den 1960er-Jahren feiert Cranbrook jeweils am dritten Juniwochenende die **»Sam Steele Days«** zur Erinnerung an die Pionierzeit.

★ **Kimberley, Bavarian City**

Etwa 30 km westlich von Fort Steele werden Sie Ihren Augen kaum trauen, wenn man Ihnen in bayerischen Lederhosen oder Dirndln Bier in Maßkrügen serviert. Auf der Fußgängerzone, dem Bavarian Platzl, von Kimberley zieren aufgesetztes Fachwerk und alpenländische Fassaden die Häuser. Die höchstgelegene Ortschaft Kanadas entstand um ein nahe gelegenes Blei-, Zink- und Silberbergwerk. Im Jahre 1972 – die Schließung der Mine war bereits abzusehen – entschieden sich die Stadtväter dafür, Kimberley in eine »Bavarian City« umzuwandeln. Mit Erfolg, denn heute ist das nachgemachte bayerische Städtchen in ganz Amerika bekannt.

★★ Fraser River · Fraser Canyon

U17/18

Länge: 1360 km

Der Fraser ist einer der wichtigsten Flüsse im nordwestlichen Amerika. Er entspringt in den Rocky Mountains und mündet bei Vancouver in den Pazifik. In einem besonders schönen Teilabschnitt, zwischen Hope und Lytton, beeindrucken vor allem der Fraser und der Thompson Canyon.

Kernregion von B. C.

Der Einzugsbereich des Stromes ist mit rund 230 000 km² etwa so groß wie die alte Bundesrepublik Deutschland. Das untere Fraser Valley ist hinsichtlich Bevölkerungs- und Industriedichte die Kernregion Britisch-Kolumbiens. Auch kann hier ertragreicher Land- und Gartenbau betrieben werden. Wegen der nach wie vor bedeutenden Lachsfischerei kann die Wasserkraft nicht optimal genutzt werden. Leistungsstarke Energiezentralen sind lediglich an den beiden kleineren Zuflüssen Bridge River und Stave River installiert.

? WUSSTEN SIE SCHON ...?

- ... dass der Name des Fraser River auf den Pelzhändler Simon Fraser zurückgeht, der ab 1808 den Lauf dieses Flusses erkundet hat?

Entdeckung und Ausbau

Schon lange vor der Ankunft der Europäer war der Fraser ein wichtiger Verkehrsweg. Die schiffbaren Strecken legten die Indianer mit Kanus zurück, gefährliche Engpässe und Wasserfälle umgingen sie auf dem Landweg, auf sog. Portages. Ende des 19. Jh.s legte die Canadian Pacific Railway ihre Gleise am Fluss entlang, 1915 folgte die

Canadian National Railway am gegenüberliegenden Ufer. In den 1920er-Jahren entstand die Idee einer von der Pazifikküste ins Hinterland führenden Straße. Da beide Flussufer bereits von Bahntrassen belegt waren, war die Umsetzung dieses Projektes ziemlich schwierig. 1926 war die Straße bis Lytton fertig gestellt. In den 1950er-Jahren wurde sie mit größtem Aufwand zum Teilstück des Trans-Canada Highway 1 ausgebaut.

? WUSSTEN SIE SCHON ...?

- ... dass sich das Flussbett des Fraser River durch die Sprengungen beim Bau der Bahntrasse im Jahre 1914 stark veränderte? Dadurch erhöhte sich die Fließgeschwindigkeit des Wassers so sehr, dass die Lachse nicht mehr gegen den Strom ankamen und von ihren Laichgründen abgeschnitten waren. In den 1940er-Jahren legte man leicht überwindbare Fischtreppen an.

✶✶ Fraser Canyon

Der Fraser Canyon gehört zu den eindrucksvollsten Schluchttälern Westkanadas. Der reißende und zumeist wasserreiche Fraser River zwängt sich hier teilweise durch enge, fast senkrechte Felswände. Die folgende Beschreibung bezieht sich auf den 110 km langen Abschnitt zwischen ►Hope und Lytton.

Yale

23 km flussaufwärts liegt der kleine Ort Yale am Südausgang des Fraser Canyon (76 m; 200 Einw.). Einst kampierte hier Simon Fraser nach seiner abenteuerlichen Bootsfahrt durch die Schlucht. 1848

Zwei Eisenbahnlinien und der Trans-Canada Highway zwängen sich durch das Schluchttal des Fraser.

Hell's Gate im Fraser Canyon: Blick in die nasse Hölle aus luftiger Höhe

gründete die Hudson's Bay Company einen kleinen Handelsposten, der zehn Jahre später, während des Goldrausches, auf 20 000 Einwohner angewachsen war. Ab Yale war der Fluss nicht mehr schiffbar, stattdessen begann hier die **Cariboo Road** auf der bis in die 1880er-Jahre sämtliche Güter zu den Goldgräberstädten gebracht wurden. Die kleine anglikanische Holzkirche **St. John Church** wurde im Jahre 1860 fertig gestellt. Im Nachbarbau von 1880 ist ein lokalhistorisches **Museum** untergebracht (Öffnungszeiten: Juni – Sept. tgl. 9.30 – 17.30 Uhr). Der Gedenkstein erinnert an die beim Bau der Canadian Pacific Railroad eingesetzten chinesischen Kulis, die nur die Hälfte des Lohns der Weißen erhielten und zu Hunderten bei Unfällen oder an Krankheiten starben. Die Bahntrasse folgte der Cariboo Wagon Road, teilweise musste sie auch durch den Fraser Canyon gesprengt werden.

Hope ► dort

Hill's Bar Wenige Autominuten südlich von Yale, in Hill's Bar, war 1858 am Ostufer des Fraser River das erste Gold entdeckt worden. In weniger als sechs Monaten gewannen zwei Goldsucher hier über 21 kg des Edelmetalls aus dem Flusssand. Zeitweise arbeiteten über 3000 Goldwäscher zwischen ►Hope und Yale.

**** Hell's Gate** Höhepunkt des Fraser Canyon ist »Hell's Gate« (dt. Höllentor; etwa 40 km nördlich von Yale). Durchschnittlich schießen 900 Mio. Liter Wasser pro Minute durch die 180 m tief eingekerbte und 36 m breite

FRASER RIVER ERLEBEN

AUSKUNFT

Lytton Visitor Centre
400 Fraser Street
Lytton, BC, V0K 1Z0
Tel. (250) 455-25 23
www.lytton.ca

ÜBERNACHTEN

▸ Komfortabel

Totem Motel
320 Fraser Street, Lytton, BC
Tel. (250) 455-23 21
www.totemmotel.bc.ca
Das familienfreundliche Hotel bietet auch Appartements im historischen Postgebäude.

▸ Günstig

Fort Yale Motel
Yale, BC, V0K S2O
Tel. (604) 863 - 22 16
www.fortyalemotel.com
Kürzlich renoviertes Haus am Eingang zur imposanten Schlucht.

Blue Lake Resort
15 km östlich des Trans-Canada Highway 1 bei Boston Bar
Tel. (604) 867-92 46
www.bluelakeresort.ca
Gepflegte Ferienanlage und guter Stützpunkt für Wildwasser-Abenteuer auf dem Fraser River.

Felsenschlucht. Der Fluss selbst ist hier etwa 40 m tief. Während der Schneeschmelze kann der Wasserstand jedoch innerhalb kurzer Zeit um mehr als 20 m ansteigen. Eine **Seilbahn** fährt zum gegenüber gelegenen Ufer hinunter (in Betrieb: im Sommer tgl. 9.00 – 17.00 Uhr). Neben Souvenirläden und einem Restaurant gibt es dort ein kleines Informationszentrum, in dem man auch Wissenswertes über Pazifik-Lachse erfährt. Ein beschwerlicher Pfad führt ans Ufer, und über eine luftige **Hängebrücke** gelangt man auf die andere Seite zurück. Bequemer geht es jedoch mit der Seilbahn. Die touristischen Einrichtungen bei Hell's Gate sind geöffnet: März – Mai u. Sept./Okt. tgl. 9.00 bis 16.30, Juni – Aug. tgl. 8.00 – 20.00 Uhr.

Boston Bar

5 km flussaufwärts erreicht man Boston Bar (310 m; 500 Einw.), Bahnhof und Versorgungszentrum im mittleren Abschnitt des Fraser Canyon. Der Ort liegt auf einer breiten Flussterrasse.

Lytton

Der 42 km flussaufwärts gelegene Ort Lytton (199 m; 400 Einw.) nennt sich stolz und nicht ganz zu Unrecht »Canada's Rafting Capital«, denn hier vereinigen sich die beiden wilden Gebirgsflüsse Thompson und Fraser. Eiskalt und allein schon wegen ihrer gewaltigen Wassermassen beeindruckend sind die beiden Flüsse nichts für zarte Gemüter. In Lytton gibt es ein halbes Dutzend Outfitter, die **Rafting-Touren** anbieten. Auf welchem der beiden Flüsse man pitschnass werden will, entscheidet letztendlich die Szenerie: Der Fraser bietet den spektakuläreren Canyon, der Thompson führt mehr Wasser.

Augen zu und durch: Rafting-Abenteuer auf dem Thompson River

★ **Thompson Canyon** Der Trans-Canada Highway verläuft nun entlang des Thompson River bis ► Kamloops. Der Fluss hat sich einen recht eindrucksvollen Canyon geschaffen. Infolge Trockenheit sind die felsigen Hänge nur spärlich bewachsen. Man trifft vor allem auf Ponderosapinien, auf das für die amerikanischen Trockengebiete so typische blaugrüne Gesträuch namens Sagebrush und auf Kakteen. Landwirtschaft ist zumeist nur mit künstlicher Bewässerung möglich. In den letzten Jahren entstanden hier zahlreiche Ginsenggärten.

★ ★ Glacier National Park Mount Revelstoke N. P.

V/W 17

Der kleine Mount Revelstoke National Park und der weiter östlich gelegene, wesentlich größere Glacier National Park erstrecken sich im Südosten von B. C. zwischen den Bergzügen der Monashee, Selkirk, Columbia und Rocky Mountains. Schneebedeckte Gipfel, riesige Eisfelder, steile Abbrüche, tief eingekerbte Flusstäler und idyllische Bergseen prägen die herrliche Hochgebirgswelt.

Klima Feuchte, pazifische Meeresluft sorgt vor allem an der Westflanke der über 3000 m hohen Columbia Mountains für extrem hohe Niederschläge. Die Schneemassen nähren die weit über 100 Gletscher, die über 12 % des Schutzgebietes bedecken und dem Glacier National Park seinen Namen gaben. Die Verkehrswege sind während der kalten Jahreszeit extrem lawinengefährdet. In tieferen Lagen bis 1300 m finden sich richtige Regenwälder (Columbia Forest). Die Ostflanke des Gebirges liegt im Regenschatten und weist ein trockenes, ja geradezu kontinentales Klima auf. Beide Nationalparks sind Rückzugsgebiete von Karibus, Schneeziegen und Adlern (Golden Eagles).

Geschichte

Das raue Klima, Lawinen, wenig jagdbares Wild und eine nahezu undurchdringliche Vegetation verhinderten die Inbesitznahme des Landes durch Indianer und Einwanderer. Das Gebirge wurde erst genauer erkundet, als wirtschaftliche und politische Gründe den Bau einer Eisenbahn-Südtrasse notwendig machten. 1885 überquerte die Canadian Pacific Railroad den Rogers Pass. Als 1910 in den Columbia Mountains 62 Bahnarbeiter bei einem Lawinenabgang ums Leben kamen, entschloss man sich zum Durchstich des 8 km langen Connaugth Tunnel, der seither den Mount Macdonald unterquert. 1962 legte man den Trans-Canada Highway teilweise auf der alten Bahntrasse über den Rogers Pass an.

★★ Mount Revelstoke National Park

Höhe: 760 – 1920 m ü. d. M. **Fläche:** 263 km²
Gründungsjahr: 1912

Revelstoke

Die zwischen den Selkirk Mountains und den Monashee Mountains gelegene Kleinstadt Revelstoke (455 m; 8000 Einw.) entstand 1885 als Eisenbahner- und Holzmacher-Camp. Heute ist sie ein wichtiger **Holzumschlagplatz** und ein beliebter **Ferienort**. Zum reichen Angebot gehören Bergwandern, Heli-Skiing, Wildwasserfahren und Sportfischen. Bekannt ist sie aber vor allem als Ausgangspunkt für Exkursionen in die beiden Nationalparks.

★★ Meadows in the Sky Parkway

In Revelstoke beginnt der 26 km lange, kurvenreiche Meadows in the Sky Parkway, eine nur im Sommer befahrbare Straße. Sie endet auf dem Mount Revelstoke, wo verschiedene Wanderwege zu den drei Bergseen **Eva Lake, Miller Lake** und **Upper Jade Lake** führen. Die Touren sind allerdings sehr anstrengend. Besonders schön ist es hier von Mitte Juni bis September, wenn die Bergwiesen in voller Blüte stehen. Vom Gipfel des **Mount Revelstoke** bietet sich ein toller

! *Baedeker* TIPP

Heli-Skiing Capital

Von deutschen und österreichischen Ski-Experten in den 1960er-Jahren in Kanada eingeführt, hat sich Heli-Skiing inzwischen zu einem lukrativen Wirtschaftszweig entwickelt. Revelstoke ist einer der Brennpunkte. Von hier aus kann man Hubschrauber-Skiausflüge in die grandiose Hochgebirgswelt der Selkirk und Monashee Mountains unternehmen.

MOUNT REVELSTOKE NATIONAL PARK ERLEBEN

AUSKUNFT

Mount Revelstoke National Park
301B – 3rd Street
(im Post Office Building)
Revelstoke, BC, V0E 2S0
Tel. (250) 837-75 00
www.pc.gc.ca/pn-np/bc/revelstoke

ÜBERNACHTEN

► Komfortabel

Sandmann Inn
1901 Laforme Boulevard
Revelstoke, BC, V0E 2S0
Tel. (250) 837-52 71
www.sandmannhotels.com
Familienfreundliches Mittelklassehotel mit 170 zeitgemäß ausgestatteten Gästezimmern (u.a. Kitchenettes) und Swimming Pool.

The Hillcrest Hotel
Revelstoke, BC, V0E 2S0
Tel. (250) 837-33 22
www.hillcresthotel.com
Das gut geführte Berghotel liegt 3 km außerhalb des Stadtzentrums und westlich vom Rogers Pass.

Revelstoke Super 8 Motel
1700 West Victoria Road
Revelstoke, BC, V0E 2S0
Tel. (250) 837-08 88
www.super8revelstoke.com
Freundliches Stadthotel.

Glacier & Mt. Revelstoke National Parks

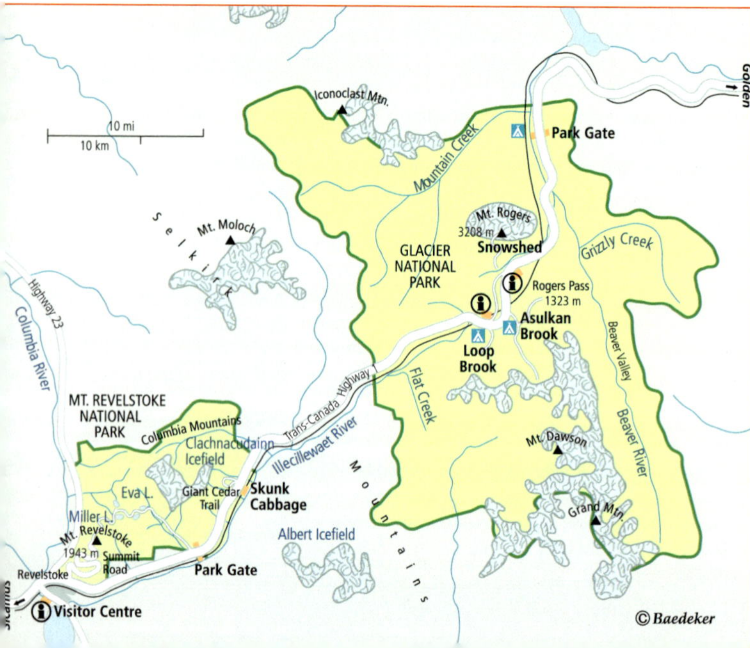

Blick über das Tal des Columbia River und auf die vergletscherten, zum Teil noch namenlosen Bergspitzen. Wegen des immer stärker werdenden Individualverkehrs sind die letzten Kilometer der Gipfelstraße inzwischen gesperrt. Im Sommer (tgl. 10.00 – 18.00 Uhr) verkehren jedoch Shuttle-Busse zwischen dem Autoparkplatz und der Gipfelstation.

Giant Cedars

Am Trans-Canada Highway in Richtung Rogers Pass beginnt der Giant Cedars Interpretive Trail (Riesenzedern-Lehrpfad). Ein Plankenweg führt in den Columbia-Regenwald hinein.

Revelstoke Dam, Lake Revelstoke

Ca. 5 km nördlich von Revelstoke (Ort), am Highway 23, staut der erst zu Beginn der 1980er-Jahre fertig gestellte und 175 m hohe Revelstoke Dam den Columbia River zum Lake Revelstoke auf. Der Stausee reicht bis zum 144 km weiter nördlich angelegten Mica Dam. Das moderne **Wasserkraftwerk** von B. C. Hydro zählt zu den größten der Provinz. Im Besucherzentrum erfährt man technische Details sowie Interessantes über das Flusssystem des Columbia River (Öffnungszeiten: Juni – Aug. 8.00 – 19.00, sonst 9.00 – 17.00 Uhr).

Nakusp Hot Springs

Etwa 12 km nordöstlich von Nakusp (910 m; 2000 Einw.) bieten die Nakusp Hot Springs Entspannung mit zwei rustikalen, ca. 40 °C warmen **Thermalbecken** (Öffnungszeiten: Viktoria Day – Sept. tgl. 9.30 – 22.00, sonst 10.00 – 21.30 Uhr). Ebenso in den Canyon Hot Springs, 35 km östlich von Revelstoke (Öffnungszeiten tgl. 9.00 bis 21.00 Uhr).

★★ Glacier National Park

Höhe: 500 – 3390 m ü. d. M. **Fläche:** 1350 km²
Gründungsjahr: 1886

Östlich von Canyon Hot Springs beginnt der Glacier National Park, ein phantastisches Ensemble aus wild gezackten und vergletscherten Gipfeln, rauschenden Wasserfällen und engen Talschluchten.

Wildes Naturparadies

Rund 50 km lang durchquert ihn der Trans-Canada Highway, von dem man Zugang zu verschiedenen lohnenden Wanderwegen hat, z. B. zum Loop Brook Interpretive Trail (Rundweg 6 km westlich vom Rogers Pass, ca. 1 Std. Gehzeit) mit mehreren Aussichtspunkten sowie Hinweistafeln zur alten Bahntrasse über den Pass. Der Illecillewaet-Campingplatz ist Ausgangspunkt für Wanderungen auf dem Avalanche Crest Trail (steiler Anstieg, 3 Std.; großartiger Ausblick), dem Great Glacier Trail (2 – 3 Std. Anstieg zur Stirn des Illecillewaet-Gletschers) oder dem Glacier Crest Trail (mehrere Stunden Anstieg, 800 – 1000 m Höhenunterschied; guter Ausblick auf zwei mächtige Gletscher). Allerdings ist Vorsicht geboten: Der Glacier National Park ist »Bärenland«.

GLACIER NATIONAL PARK ERLEBEN

AUSKUNFT

Glacier National Park
301B – 3rd St. (Post Office Building)
Revelstoke, BC, V0E 2S0
Tel. (250) 837-75 00
www.pc.gc.ca/pn-np/bc/glacier
Die Parkverwaltung betreibt auch das Discovery Centre auf dem Rogers Pass.

BERGWANDERUNGEN

Vom Illecillewaet Campground führen acht Wanderwege hinauf ins Gebirge. Die schönsten sind der Great Glacier Trail, der Glacier Crest Trail, der Asulkan Valley Trail und der Abbott Ridge Trail.

ÜBERNACHTEN

► **Komfortabel/Luxus**
Glacier Park Lodge
The Summit
Rogers Pass, BC, V0E 2S0
Tel. (250) 837-21 26
www.glacierparklodge.ca
Preisgekrönte Herberge in atemberaubender Hochgebirgswelt mit herrlichem Ausblick.

★ **Rogers Pass**

Auf dem 1327 m hohen, von steilen Dreitausendern umrahmten Rogers Pass erinnert ein Denkmal an die Fertigstellung des **Trans-Canada Highway** im Jahr 1962. Eine Ausstellung informiert über den Naturraum und die Geschichte des Bahnbaus. Wer Touren ins Hinterland unternehmen möchte, wende sich an die Ranger Station zur Registrierung. Der **Abandoned Rails Interpretive Trail** folgt ein kurzes Stück der alten Bahntrasse und führt zu einigen alten Lawinenverbauungen (Unterkünfte, Restaurant und Tankstelle; Öffnungszeiten: Juni – Okt. tgl. 8.00 – 20.30, April u. Mai tgl. 9.00 – 17.00 Uhr).

Blütenpracht im Bergsommer

Golden (790 m; 4300 Einw.) nennt sich das **Eingangstor zu den schönsten Nationalparks der kanadischen Rockies**. Hier beginnen Touren in noch wenig berührte Bergregionen. Wildwasserfahrer auf dem Kicking Horse, Kanu-Touristen auf dem gemächlicheren Columbia- und Blackberry River, Reiter (mehrere Guest Ranches), Angler und Jäger finden ein reichhaltiges Angebot vor. Sehr beliebt ist die **»Golden Triangle«-Radtour** von Golden über Radium Hot Springs in den ► Banff National Park (Alberta) und über Lake Louise bzw. den Kicking Horse Pass wieder zurück (320 km). In den **Purcell Mountains** südlich von Golden gibt es ein riesiges Skigebiet für Heli-Skiing-Enthusiasten.

★★ Bugaboo Provincial Park

Eine gute Autostunde südöstlich von Golden zweigt eine 44 km lange Schotterstraße ab, die vom Columbia-Tal westwärts bergan führt. Am Ende der Forstpiste leuchten die erhabenen Granitfelsen der Bugaboos im Sonnenlicht. Kenner halten dieses Naturschutzgebiet für eines der schönsten Westkanadas. Einige Felstürme gelten unter Bergsteigern als Klassiker, so der Pigeon Spire. Einer der schönsten Zeltplätze ist Applebee Dome Campground.

★ Hope

U 18

Höhe: 42 m ü. d. M. **Einwohnerzahl:** 7000

Der Ort liegt ca. 160 km nordöstlich von ►Vancouver, eingerahmt von den bis in den Sommer schneebedeckten Coastal Mountains. Umgeben von Seen, Flüssen und Bergen bietet Hope viele Freizeitmöglichkeiten und ist das Tor zum Manning Provincial Park.

Hope Museum, Christ Church

Im Hope Museum wird die Zeit der Pelzhändler und Goldsucher lebendig (919 Water St.; Öffnungszeiten: Mai/Juni tgl. 9.00 – 17.00, Juli/Aug. tgl. 8.00 – 20.00 Uhr); hier ist auch die Touristeninformation untergebracht. Wenige Straßenblöcke weiter trifft man auf die 1861 erbaute anglikanische Christ Church, eine der ältesten Kirchen in British Columbia.

Hope Slide

Knapp 15 km östlich des Ortes erreicht man via Highway 3 den Hope Slide. Hier hat sich 1965 ein gewaltiger Bergrutsch ereignet, der die Fernstraße auf einer Länge von 3 km überdeckt und außerdem einen See im Tal des Nicolum River zugeschüttet hat. Heute informieren 55 m über dem ursprünglichen Straßenniveau angebrachte Schautafeln über diese Naturkatastrophe.

HOPE ERLEBEN

AUSKUNFT

Hope & District Chamber
895 3rd Avenue
Hope, BC, V0X 1L0
Tel. (604) 869-31 11
www.hopechamber.bc.ca

ÜBERNACHTEN

► Komfortabel

Best Western Heritage Inn
570 Old Hope – Princeton Way
Hope, BC, V0X 1L0
Tel. (604) 869-71 66
www.bestwestern.com
Gemütliches Hotel vor herrlicher Hochgebirgskulisse.

► Günstig

Alpine Motel
505 Old Hope – Princeton Way
Hope, BC, V0X 1L0
Tel. (604) 869-99 31
Freundliche Unterkunft in ansprechender Umgebung.

★ **Manning Provincial Park** 64 km östlich von Hope beginnt der Manning Provincial Park, durch den sich der **Crowsnest Highway** (Hwy. 3) schlängelt. Er wurde 1941 eingerichtet und schließt nördlich an den US-amerikanischen North Cascades National Park. Der Manning Provincial Park umfasst 714 km² **herrliche Berglandschaft mit schroffen Bergspitzen, tiefen Tälern und bewaldeten Hängen**. Das Manning Park Resort (Motel, Restaurant, Reitstall, Wilderness Trails, Skilauf) liegt am Hwy. 3, das Visitor Center unweit östlich. Großartig ist die Fahrt zum **Cascade Lookout**, von wo aus man einen herrlichen Blick ins **Similkameen-Tal** und die umliegenden Zweitausender hat. Im Westteil des Schutzgebietes breiten sich die Rhododendron Flats aus, die sich ab Mitte Juni in ihrer ganzen Blütenpracht zeigen.

Skagit Valley Westlich schließt sich die 326 km² große Skagit Valley Provincial Recreation Area an (Zufahrt zum Ross Lake vom Trans-Canada Highway). Der Skagit River wird von Wildwasser-Abenteurern sehr geschätzt. Sehr lohnend ist eine Wanderung auf dem 30 km langen **Skagit River Trail.** Ferner gibt es hier diverse Möglichkeiten für passionierte Angler, Jäger und Western-Reiter. Im Winter kann man hier erlebnisreiche Skitouren unternehmen.

Cathedral Provincial Park Die 330 km² große, ungezähmte **Bergwildnis in der Nähe von Keremeos** an der Grenze zum US-Bundesstaat Washington mit tiefblauen Seen, schroffen, über 2000 m hohen Bergspitzen, eindrucksvollen

Als Erlebnis wirklich unvergesslich ist eine Schiffsreise durch die Inside Passage.

Felsformationen und alpinen Bergwiesen wird vor allem von Outdoor-Freunden gern besucht. Zentrum des Provinzparks ist das Gebiet um die reizvollen Cathedral Lakes, die allerdings nur zu Fuß oder mit einem Fahrzeug mit Allradantrieb erreicht werden können. Zu den besonderen Naturwundern gehören u. a. die **Stone City** genannte Gruppe gewaltiger Quarzblöcke, eine imposante Felsspalte namens **Giant Cleft**, eine Gruppe von Basaltsäulen mit der sinnigen Bezeichnung **Devil's Woodpiles** sowie **Smokey the Bear**, eine markante Felsnase, in der man bei entsprechender Beleuchtung einen Bären zu erkennen glaubt.

★★ Inside Passage

M-T 13-18

Länge: 274 Seemeilen (507 km) **Dauer:** 15 Stunden

Die Inside Passage, eine der längsten und schönsten Wasserstraßen der Welt, verläuft vor der Festlandküste der kanadischen Provinz British Columbia. Sie schlängelt sich von Seattle in den USA in Kanälen zwischen dem kanadischen Festland und den vorgelagerten Inseln bis Skagway in Alaska.

Insellabyrinth

Unvergesslich ist eine **Reise mit dem Kreuzfahrt- oder Fährschiff** durch die Inside Passage. Von Seattle (USA) und ►Vancouver aus werden Kreuzfahrten bis Alaska angeboten. Am meisten befahren wird die Etappe von Port Hardy (Nordostspitze von ►Vancouver Island) nach ►Prince Rupert. Dabei durchmessen die Schiffe ein ganzes **Labyrinth dicht bewaldeter, gebirgiger und nur sporadisch bewohnter Inseln, Kanäle und Fjorde.** An manchen Stellen zeugen abgeholzte Berghänge von der Anwesenheit des Menschen. Wenn man Glück hat, begleiten das Schiff zeitweise Delfine oder Orkas (Killerwale), sonnen sich Seelöwen auf einer Felseninsel, ziehen Seeadler ihre Kreise am Himmel. Auf dem Festland ragen immer wieder die schneebedeckten Bergketten des Küstengebirges auf. **Beste Reisezeit sind die Monate Juli bis September,** denn dann steigt – zumindest statistisch – die Zahl der Sonnentage. Bedingt durch den warmen Japanstrom ist das Klima an der kanadischen Pazifikküste das ganze Jahr über relativ mild, allerdings bringen die Westwinde reichlich Niederschlag.

INSIDE PASSAGE

AUSKUNFT

BC Ferries
1112 Fort Street
Victoria, BC, V8V 4V2
Reservierungen:
Tel. 1-888-223-37 79 (Kanada/USA)
Tel. 1-888-BC-FERRY (Kanada/USA)
Tel. (250) 386-34 31 (von Europa)
www.bcferries.com

Kamloops

U 17

Höhe: 347 m ü. d. M. **Einwohnerzahl:** 84 000

Kamloops ist für sein sonniges und trockenes Klima bekannt; es nennt sich deshalb stolz »Canada's Sunshine Capital«. Die zahlreichen Seen in der Umgebung locken mit einem breiten Wassersport- und Freizeitangebot. Die größte Stadt im Süden von B. C. ist Zentrum einer von der Land- und Forstwirtschaft sowie von der Holzindustrie geprägten Region, in der rund 150 000 Menschen leben.

Bootsausflüge Die Stadt und ihre Umgebung lernt man am besten vom Wasser aus kennen. Von Mai bis September werden zweistündige Ausflugsfahrten auf dem Raddampfer **Wanda Sue** angeboten.

Heritage Walking Tour Ein Rundgang durch das Stadtzentrum führt zu einigen historisch bemerkenswerten Stellen, so auch zum alten Courthouse (Gericht) und zur 1887 erbauten St. Joseph's Church. Im McArthur Island Park hat man das einstige **Fort Kamloops** originalgetreu rekonstruiert. Im Riverside Park ist der **Old Canadian National Steam Train Nr. 2141** ein besonderer Anziehungspunkt.

Der fjordähnliche See von Kamloops erstreckt sich im sonnig-trockenen Land zwischen Küstengebirge und Felsengebirge.

Auf dem Shuswap Lake bei Kamloops tummeln sich allerhand Boote und Wassersportler.

Über die indianische Urbevölkerung, die Zeit der Felljäger und der Pioniere sowie über die Geschichte der Stadt und ihrer Umgebung kann man sich im **Kamloops Museum** kundig machen. (207 Seymour Street; Öffnungszeiten: Juli/Aug. Mo.–Fr. 9.00–20.00, Sa. 10.00–17.00, So. 13.00–17.00, sonst Di. 9.30–16.30 Uhr).

★ **Secwepemc Native Heritage Park**

In diesem **rekonstruierten Indianerdorf** erfährt man, wie die Shuswap-Indianer einst gelebt haben (355 Yellowhead Hwy.;Öffnungszeiten: Juni bis Labour Day Mo.–Fr. 8.30–20.00, Sa., So. 10.00–18.00, Labour Day–Mitte Dez. u. Mitte Jan.–Mai werktags 8.30–16.30 Uhr). Alljährlich im August finden hier die im weitem Umkreis bekannten Kamloops Indian Band Days statt.

Kamloops Wildlife Park

Der Kamloops Wildlife Park mit seinem kleinen Zoo ist neben dem Spaßbad eine weitere Attraktion. Etwa 100 verschiedene Tierarten, darunter **viele einheimische Wildtiere** (u. a. Bären, Pumas, Elche, Wapiti-Hirsche, Adler und Bisons) bevölkern das Areal (16 km westlich von Kamloops; Öffnungszeiten: im Sommer tgl. 8.00–20.00 Uhr).

★ **Shuswap Lakes**

Dank der warmen und trockenen Sommer ist die nordöstlich von Kamloops gelegene Shuswap-Seenplatte **im Sommer ein viel besuchtes Feriengebiet**. Die Seen sind ein Dorado für Wassersportler. Am besten erkundet man sie mit einem Hausboot (Achtung: Vor allem in der Ferienzeit sind Bootsreservierungen unbedingt erforderlich). Info-Zentren befinden sich in Chase, Falkland, Sorrento und Salmon Arm, Hausbootverleihe u. a. in den beiden Touristenstädtchen **Sicamous** (352 m; 4000 Einw.) und **Salmon Arm** (358 m; 12 000 Einw.). Von Sicamous aus werden auch Kreuzfahrten angeboten.

Craigellachie

Von Sicamous folgt der Trans-Canada Highway 1 der in den 1880er-Jahren angelegten Strecke der **Canadian Pacific Railroad** über den 1865 entdeckten Eagle Pass durch die schroffen, 2500 bis 3000 m hohen Monashee Mountains. Nach 26 km erreicht man Craigellachie. Hier wurde am 7. November 1885 der **letzte Nagel** (last spike) in eine Schwelle der Canadian Pacific Railroad eingeschlagen. Damit war die erste transkontinentale Eisenbahnverbindung Kanadas fertig gestellt. Ein halbes Jahr später verließ der erste Personenzug Montréal, um nach sechs Tagen in Port Moody (bei Vancouver) anzukommen. Seinerzeit war dies die längste fahrplanmäßige Eisenbahnverbindung der Welt.

★ **Wintersportplätze**

Die Gegend um Kamloops ist für schneereiche Winter bekannt. Beliebte Wintersportplätze sind **Harper Mountain** (23 km nordöstlich), **Tod Mountain** (53 km nördlich) und **Lac Le Jeune Resort** (25 km südlich). Bestens ausgebaut ist der Skizirkus im Bereich des **Sun Peaks Resort** (50 km nordöstlich). Zwischen 1 255 m ü. d. M. und 2080 m ü. d. M. gibt es hier Pisten aller Schwierigkeitsgrade.

KAMLOOPS ERLEBEN

AUSKUNFT

Tourism Kamloops
1290 West Trans-Canada Highway
Kamloops, BC, V2C 6R3
Tel. (250) 372-80 00
www.tourismkamloops.com

ÜBERNACHTEN

► **Komfortabel**

Roche Lake Resort
Kamloops, BC, V2C 5L7
Tel. (250) 828-20 07
www.rochelake.com
Von dem gemütlichen im Chaletstil gehaltenen Ferienhotel hat man einen schönen Blick über den See. Wer möchte, kann hier angeln, wandern und joggen sowie Fahrräder und Kanus ausleihen.

ESSEN

► **Erschwinglich**

The Heritage Restaurant
im Plaza Hotel
405 Victoria Street
Kamloops
Tel. (250) 377-80 75
Im eleganten Speiselokal werden vorzügliche, ja exquisit zubereitete Köstlichkeiten geboten.

★★ Kootenay National Park

W/X 17

Höhe: 918 – 3424 m ü. d. M.
Fläche: 1406 km²
Gründungsjahr: 1920

Der Kootenay National Park umfasst einen besonders schönen Teil der Rocky Mountains im Südosten von B. C. bzw. an der Grenze zu Alberta. Östlich schließt der berühmte ►Banff National Park (AB) an und nördlich der ►Yoho National Park.

Eisgipfel und heiße Quellen

Der indianische Ausdruck Kootemik bedeutet Ort des heißen Wassers. Schon die Indianer schätzten die leicht radioaktiven Thermalquellen in dem heutigen National Park. Das Herzstück des Kootenay National Park bilden die Täler des Kootenay und des Vermilion River, die von den bis zu 3000 m hohen Gipfeln der Rockies umrahmt sind. Scharfe Felsgrate, schneebedeckte Bergmassive, enge Schluchten, glasklare Bäche und heiße Quellen machen eine Fahrt durch den Nationalpark zu einem besonderen Erlebnis. Mit etwas Glück kann man Elche, Wapiti-Hirsche und Schneeziegen beobachten.

Auch Schwarzbären fühlen sich im Kootenay National Park wohl.

Seit Jahrtausenden führten wichtige Handelsrouten der Indianer durch das Gebiet des heutigen Kootenay National Park. Im 19. Jh. folgten Erkundungsexpeditionen der Hudson's Bay Company den alten Indianerpfaden. Sie suchten Pelztiere und geeignete Transportwege entlang des Columbia River und in Richtung Pazifik. Ihnen folgten Siedler und Bergleute. Bald entdeckten findige Unternehmer den Wert der heißen Quellen bei Radium Hot Springs. 1911 entstand bereits das erste Badehaus und 1920 wurde die Hochgebirgslandschaft zum Nationalpark erklärt.

Vermilion Pass

Von Castle Junction bei ►Banff steigt der Banff-Windermere Highway hinauf zum 1651 m hohen Vermilion Pass, der nicht nur die Grenze von Alberta und British Columbia markiert, sondern auch die kontinentale Hauptwasserscheide. Am Vermilion Pass Fire View Point sind noch die Spuren eines verheerenden Waldbrandes von 1968 zu erkennen.

★ Stanley Glacier

Die Gegend erinnert an die Schweizer Alpen: Südlich ragt der Stanley Peak (3155 m) mit seinem berühmten Gletscher auf. Eine schöne, mitunter auch beschwerliche Bergtour (als Tageswanderung möglich)

Am Ausgang des Sinclair Canyon tritt radiumhaltiges Thermalwasser aus dem Schoß der Erde.

führt durch ein typisches Hängetal des Stanley Creek zum Gletscher. Westlich vom Vermilion Pass erhebt sich der Mount Whymper (2844 m), ebenfalls mit einem Gletscher. Der Berg ist nach dem englischen Matterhorn-Bezwinger benannt, der auch in Kanada so manchen Berg erklommen hat.

*** Marble Canyon** Im Marble Canyon hat sich ein Wildbach eine stellenweise nur 3 m breite und fast 40 m tiefe Schlucht geschaffen. Ein Lehrpfad erschließt diese einzigartige Klamm, die ihren Namen den anstehenden hellen Kalkstein- und Dolomit-Formationen verdankt.

*** Paint Pots** Vom nächsten Parkplatz (20 km) führt ein kurzer Wanderweg über den Vermilion River zu den seltsam orangeroten Ochre Beds und zu den Paint Pots (Farbtöpfe) genannten drei kleinen Teichen. Der Lehmboden ist vom eisenhaltigen Wasser rötlich-gelb gefärbt.

Kootenay Viewpoint Von hier hat man einen tollen Blick über das Tal des Kootenay River, in dem man nicht selten Wild äsen sieht. Jenseits des Tales bilden Mitchell Range und Stanford Range eine schöne Hochgebirgskulisse.

Radium Hot Springs Der Kurort (805 m; 1000 Einw.) liegt am Ausgang des Sinclair Canyon, also am Südende des Kootenay National Park. Schon die Indianer schätzten die leicht radioaktiven Thermalquellen, die heute ein modernes Thermalbad speisen (Öffnungszeiten: Mitte Mai – Mitte Okt. tgl. 9.00 – 23.00, sonst tgl. 12.00 – 21.00 Uhr).

KOOTENAY NATIONAL PARK ERLEBEN

AUSKUNFT

Kootenay National Park
P.O. Box 220
Radium Hot Springs, BC, V0A 1M0
Tel. (250) 347-95 05
www.pc.gc.ca/pn-np/bc/kootenay/
Besucherzentren gibt es in Radium Hot Springs (7556 Main Street) und 68 km nördlich von Radium Hot Springs in der Park Lodge.

★★ Mount Robson Provincial Park

V 16

Fläche: 2200 km²
Gründungsjahr: 1913
Höhe: bis 3954 m ü. d. M. (Mt. Robson)

Ganz im Osten von British Columbia grenzt der 2200 km² große Mount Robson Provincial Park an den bereits in Alberta gelegenen ►Jasper National Park. Die seit 1913 als Provinzpark ausgewiesene großartige Hochgebirgslandschaft breitet sich rund um den 3954 m hohen Mount Robson aus, den höchsten Bergstock der kanadischen Rocky Mountains.

Visitor Centre, Wanderungen

Einige Autominuten östlich von Tête Jaune Cache, wo sich der Yellowhead Highway in einen nördlichen und einen südlichen Ast teilt, liegt das Visitor Centre des Provinzparks direkt an der stark befahrenen Fernstraße und vor der höchst imposanten Kulisse des majestätischen Bergmassivs. Hier kann man sich über die Naturgeschichte dieser Landschaft und diverse Wanderrouten erkundigen (Öffnungszeiten: Juni – Sept. tgl. 8.00 – 20.00, sonst 8.00 – 17.00 Uhr).

★★ Berg Lake Trail

Zu den schönsten Bergtouren im kanadischen Westen gehört der Berg Lake Trail, der etwa 2 km talaufwärts am Robson River (Parkplatz) beginnt, am Kinney Lake, einem herrlichen Gebirgssee vor ge-

Knapp 4000 m hoch: der Mount Robson

MOUNT ROBSON PROVINCIAL PARK

AUSKUNFT

Mount Robson Travel Infocentre
am westlichen Eingang zum Park am Aussichtspunkt auf den Mount Robson

ÜBERNACHTEN

► **Komfortabel**

Hidden Lake Lodge
50 km westlich vom Mount Robson und 1 km abseits vom Yellowhead Highway
Tel. (250) 968-43 27
www.hiddenlakelodge.com
Wer einen erlebnisreichen Wildnisurlaub plant, ist hier gut aufgehoben. Wildwassertouren, Kanuausflüge, Wanderungen und Wildbeobachtung gehören zum Aktivprogramm.

waltigem Panorama vorbeiführt und am idyllischen **Berg Lake** (ca. 8 Std. eine Strecke!) endet. Hier oben, in der wildromantischen Fels- und Gletscherwelt des Mount Robson, kann man übernachten (Reservierung eines Zelt-Stellplatzes im Visitor Centre unbedingt erforderlich!) und am nächsten Tag wieder absteigen oder weiter zum **Snowbird Pass** bzw. zum North Boundary Trail hinaufsteigen.

Lohnende Ziele im Mount Robson Provincial Park sind ferner die **Overlander Falls**, der **Moose Lake,** an dessen sumpfigem Ostufer man häufig **Elche beobachten** kann, der Yellowhead Lake und schließlich die **Rearguard Falls** des jungen Fraser River. Hier stürzt der bereits in seinem Oberlauf recht wasserreiche Fraser River über eine Felstreppe. Im August kann man Lachse beobachten, die diese letzte Barriere auf ihren langen Wanderungen zu den Laichgründen überwinden wollen.

Nelson

W 18

Höhe: 543 m ü. d. M. **Einwohnerzahl:** 10 000

Der beliebte Ferienort am Kootenay Lake nennt sich stolz »Heritage Capital of the Kootenays«. Nirgendwo sonst in B. C. sind so viele historische Bauten konzentriert wie hier. Verwaltungsbauten wie das Post Office oder das heute als Rathaus dienende ehemalige Zollgebäude sowie schmucke viktorianische Privathäuser erinnern an die einstige Bedeutung der Stadt.

Geschichte Der Ort entstand Ende des 19. Jh.s in der Nähe der legendären »Silver King Mine«. 1907 waren die Vorräte der Mine allerdings bereits erschöpft, das Bergwerk wurde geschlossen. Nun entwickelte sich die Stadt zum Versorgungs- und Verwaltungzentrum für das vom Berg-

Nelson, die »Königin der Kootenays« →

! **Baedeker TIPP**

Champagne Powder

Das Whitewater Ski Resort ca. 20 km südlich von Nelson ist bekannt für seinen Pulverschnee, der so trocken ist, dass er zwischen den Skiern auseinander stiebt. Nach Whitewater kommen Kenner, die nur eins wollen. 20 Abfahrten, preiswerte Tageskarten und eine lange Saison sorgen für Hochgefühle.

bau geprägte westliche Kootenay-Gebiet. Im Winter locken nahe gelegene Skigebiete, so auch eines am 2585 m hohen Mount Ymir. Wegen seiner vielen historischen Gebäude diente Nelson in den Jahren 1986 und 1987 als Kulisse zu den beiden Filmen »Roxanne« und »Housekeeping«.

Touren Bei der lokalen Chamber of Commerce (225 Hall St.) gibt es Unterlagen für die Heritage Walking Tour durch das alte Stadtzentrum sowie für eine Heritage Motoring Tour durch die Umgebung.

Umgebung von Nelson

★ Kootenay Lake Der über 130 km lange und nur 2 bis 6 km breite See erstreckt sich zwischen schneebedeckten Zweitausendern der Selkirk Mountains. Er ist wegen seines Fischreichtums bei Sportfischern beliebt, außerdem lädt er zum Baden und Bootfahren ein. Einer der wenigen Orte am Ufer des Kootenay Lake ist das idyllische Balfour (21 km nördlich von Nelson; ca. 1000 Einw.), mit mehreren Campingplätzen und einem Motel. Eine Autofähre verbindet Balfour mit dem ca. 8 km entfernten Kootenay Bay am Ostufer des Sees.

Balfour ►

Kokanee Creek Provincial Park In dem 260 ha großen Kokanee Creek Provincial Park am Kootenay Lake gibt es Sandstrände, einen Campingplatz, ein Besucherzentrum sowie eine Informationsstelle für Touren im Kokanee Glacier Provincial Park.

Name ► Der Name Kokanee (indian. = roter Fisch) geht auf die im Kokanee Creek laichenden Kokanee-Lachse zurück, eine nur in Binnengewässern lebende Lachsart (während der Laichsaison von August bis September gibt es naturkundliche Führungen und Informationsveranstaltungen).

Visitor Centre ► Archäologen haben im Park Überreste zweier Indianer-Lagerplätze sowie Siedlungsreste aus der Pionierzeit gefunden. Das West Kootenay Visitor Centre informiert über die Geschichte der Region, den Bergbau, die Kootenay (Kutenai)-Indianer sowie die früher auf dem See verkehrenden Heckraddampfer (Öffnungszeiten: Juli / Aug. tgl. 11.00 – 21.00 Uhr, sonst nur So. 13.00 – 16.00 Uhr).

Eine etwa 16 km lange Schotterstraße führt am tief eingeschnittenen Kokanee Creek entlang zum Gibson Lake und bietet einen Zugang zur herrlichen Wildnis in der **Slocan Range** der Selkirk Mountains. Malerische **Bergseen** sowie schnee- und eisbedeckte Gipfel machen den knapp 260 km² großen Kokanee Glacier Provincial Park zu einem der schönsten Naturschutzgebiete in den Rockies. Der größte Teil der noch weitgehend unberührten Bergregion liegt über 2100 m hoch, der vergletscherte Kokanee Peak erreicht sogar 2774 m.

✶✶ **Kokanee Glacier Prov. Park**

Etwa 30 km südwestlich von Nelson, zwischen Castlegar und Brilliant gründeten die Duchoborzen, Mitglieder einer Sekte aus Russland, mehrere Gemeinden, die »Christian Communities of Universal Brotherhood«. Das zu bearbeitende Land gehörte allen gemeinsam. Die Mitglieder lebten in gemeinschaftlichen Wohnhäusern. Alkohol und Fleisch waren verpönt.

✶ **Doukhobor Historic Village**

Das Doukhobor Historic Village Museum vermittelt noch einen Eindruck von ihrer Lebensweise. Da sich die Duchoborzen nicht integrieren wollten, kam es alsbald zu beträchtlichen Schwierigkeiten. Man sperrte ihnen schließlich die öffentlichen Kredite. Das führte Ende der 1930er-Jahre zum Ruin der kleinen Gemeinde (Öffnungszeiten: tgl. 9.00 – 17.00 Uhr).

◀ Museum

NELSON ERLEBEN

AUSKUNFT

Visitor Info Centre
225 Hall Street
Nelson, BC, V1L 5X4
Tel. (250) 352-34 33
www.discovernelson.com

ESSEN

▶ Erschwinglich

Main Street Dinner
616 Baker Street
Tel. (250) 354-48 48
Dieses zentral gelegene Restaurant ist besonders beliebt bei den Einheimischen.

▶ Preiswert

All Seasons Cafe
The Alley, 620 Herridge Lane
Tel. (250) 352-01 01
An sonnigen Tagen kann man es sich hier auf der Terrasse mit gutem Essen gemütlich machen.

ÜBERNACHTEN

Baedeker-Empfehlung

▶ Komfortabel

Hume Hotel
422 Vernon St., Nelson, BC, V1L 4E5
Tel. (250) 352 - 53 31
www.humehotel.com
Zentral gelegenes Haus mit über 100-jähriger Geschichte. Neben liebevoll restaurierten, nostalgischen Gästezimmern gibt es Restaurant, Lounge, Pub, Nachtclub und ein Bier- und Weingeschäft im Haus.

▶ Günstig

Villa Motel
655 Hwy 3a, Nelson, BC, V1L 5R4
Tel. (250) 352 - 55 15
www.thevillamotel.com
Nettes Motel mit beheiztem Pool

✶✶ Okanagan Valley

V 17/18

Höhe: 300 – 900 m ü. d. M. **Länge:** 175 km

Die Tallandschaft des Okanagan Valley zwischen den Monashee Mountains im Osten und den Cascade Mountains im Westen wurde von den Gletschern der Eiszeit modelliert. Entstanden ist eine höchst abwechslungsreiche Landschaft mit zahlreichen warmen Seen und sandigen Badestränden. Die wichtigsten Städte sind Penticton, Kelowna und Vernon.

Im Okanagan Valley herrscht ein außergewöhnlich mildes Klima mit trockenen, sonnigen Sommern und milden Wintern. Die natürliche Vegetation mit allgegenwärtigen Sagebrush, anspruchslosen Ponderosakiefern und Kakteen ist nahezu wüstenhaft karg. Bei künstlicher Bewässerung gedeihen auf den fruchtbaren Böden jedoch Kirschen, Äpfel, Pfirsiche, Aprikosen und natürlich auch Weintrauben. Während der Erntezeit verkaufen die Gärtner ihre Erzeugnisse direkt an den Durchgangsstraßen. Einige Weinkellereien können besichtigt werden.

Sehenswertes im Okanagan Valley

Nachstehend werden die wichtigsten Sehenswürdigkeiten entlang des Highway 97 zwischen Osoyoos im Süden und Vernon im Norden (ca. 180 km) beschrieben.

Das Okanagan Valley ist Kanadas berühmtestes Weinanbaugebiet.

✶ **Osoyoos**

Das 4600 Einwohner zählende Ferienstädtchen Osoyoos mutet mit seinen weiß getünchten Häusern, den roten Dächern und den schmiedeeisernen Gittern geradezu spanisch an und nennt sich gern »Spanish Capital of Canada«. Schöne Sandstrände am Osoyoos Lake und angenehme Wassertemperaturen laden im Sommer zum Baden ein. Im Osoyoos Museum erfährt man Interessantes über die Natur- und Kulturgeschichte dieser Gegend (Main Street; Öffnungszeiten: Juni – Okt. tgl. 10.00 – 16.00 Uhr). Östlich des Stadtzentrums steht der Nachbau einer holländischen Windmühle von 1816. Am Ostufer des Lake Osoyoos breitet sich ein kleines Stück Wüste (»Pocket Desert«) aus.

Haynes Point Provincial Park

Wenige Autominuten südlich der Stadt ist eine schmale, weit in den See hineinreichende Landzunge als Erholungszone mit schönem Campingplatz ausgewiesen.

Anarchist Mountain Summit

Einen wunderschönen Ausblick hat man vom Anarchist Mountain (1233 m; 6 km auf dem Hwy. 3 in Richtung Osten).

Oliver

An Obstplantagen vorbei gelangt man nach Oliver (304 m; 2000 Einw.). Im örtlichen Museum wird man über die Flora und Fauna der kanadischen Wüste sowie die Anfänge der weißen Besiedlung aufgeklärt (106 West 6th St.; Öffnungszeiten: Juni – Aug. 9.30 – 20.30, sonst Mo. – Do. 9.30 – 16.00 Uhr).

✶ **Penticton**

Die Stadt Penticton (351 m; 33 000 Einw.) liegt malerisch zwischen Skaha Lake und Okanagan Lake. Der Ortsname bedeutet »Ort zum Bleiben« in der Sprache der Salish-Indianer, die wegen des günstigen Klimas und der reichen Nahrung das ganze Jahr über hier siedelten. 1874 legte der Ire Th. Ellis hier die ersten Obstkulturen an; heute ist Penticton das Zentrum des Pfirsichanbaus im Okanagan-Tal. Das Penticton Museum führt in die Geschichte der Gegend und in die Indianerkulturen ein (785 Main St.; Öffnungszeiten: tgl. 10.00 – 17.00 Uhr). Die Stadt besitzt an beiden Seen schöne Sandstrände; Wasserparks (White Water Slide und Wonderful Waterworld) und der am Seeufer aufgedockte historische Schaufelraddampfer »S.S. Sicamous« laden ebenfalls zu einem Besuch ein. Nur 37 km westlich liegt das Apex Ski Resort, ein Skigebiet mit 600 m Höhenunterschied und 45 Abfahrten.

? WUSSTEN SIE SCHON ...?

- ... dass in dem Okanagan-See schon seit Urzeiten die Seeschlange Ogopogo leben soll? Zwar gibt es außer Augenzeugen keine Beweise für ihre Existenz, trotzdem stellte die Provinzregierung das Ungeheuer 1990 unter Naturschutz.

Dominion Radio Astrophysical Observatory

Etwa 20 km weiter südwestlich kann man ein Weltraumobservatorium besichtigen. Es ist die einzige großtechnische Anlage dieser Art in Kanada.

! Baedeker TIPP

Edle Tropfen

Binnen eines Jahrhunderts hat sich das Okanagan-Tal zur bedeutendsten Weinbauregion Kanadas gemausert. Riesling, Chardonnay und Merlot stehen auf den Weinkarten der Neuen Welt ganz oben. Auch bei Prämierungen erzielen die Weine beste Ergebnisse. Gern gesehen sind Besucher beispielsweise in den Calona Vineyards, in den Hainle Vineyards sowie in der Mission Hill Winery.

Der Highway 97 verläuft am Westufer des Okanagan Lake durch endlos scheinende Obstplantagen und passiert die Ferienstädte **Summerland** (411 m; 11 000 Einw.) und **Peachland** (5000 Einw.). Auf der 1958 erbauten Okanagan Lake Brigde, der längsten »schwimmenden« Brücke Kanadas, überquert man den Okanagan-See und erreicht Kelowna.

Kelowna

Kelowna (344 m; 110 000 Einw.) ist die größte Stadt im Okanagan und das **Zentrum des Obst- und Weinbaus**. Schöne Badestrände, viele Wassersportmöglichkeiten, Ferienhotels, moderne Einkaufsläden und sehr viele Parks locken im Sommer reichlich Touristen.

Bekannt ist der beliebte Ferienort für seine seit 1906 alljährlich Ende Juli stattfindende **International Regatta** mit Segel- und Wasserski-Wettkämpfen. Knapp 60 km östlich entstand am bereits zu den Mo-

OKANAGAN VALLEY ERLEBEN

AUSKUNFT

Tourism Kelowna
544 Harvey Avenue
Kelowna, BC, V1Y 6C9
Tel. (250) 861-15 15
www.tourismkelowna.com

Wine Country Visitor Centre
553 Railway Street
Penticton, BC, V2A 8S3
Tel. (250) 493-40 55
www.tourismpenticton.com

ESSEN

► **Erschwinglich**

Vintage Dining Room
1171 Harvey Avenue, Kelowna
Tel. (250) 860-60 60
Erstklassiges Speiselokal.

Historic 1912 Inn
südlich außerhalb von Penticton
Tel. (250) 497-68 68
Romantisches und geschmackvoll eingerichtetes Resturant in historischen Mauern. Die Küche sucht ihresgleichen in weitem Umkreis. Sehr beliebt sind Fischgerichte.

ÜBERNACHTEN

► **Komfortabel**

The Grand Okanagan
1310 Water Street
Kelowna, BC, V1Y 9P3
Tel. (250) 763-45 00
www.grandokanagan.com
Elegante Hotelanlage mit allem Komfort (u. a. Fitness Center, Schönheitssalon, Marina).

The Clarion Lakeside Resort
21 Lakeshore Drive W., Penticton
Tel. (250) 493-82 21
www.pentictonlakesideresort.com
Gepflegte und komfortabel ausgestattete Ferienanlage für sportliche Gäste.

nashee Mountains gehörenden, 2317 m hohen **Big White Mountain** ein Skigebiet mit dem Big White Ski Village. Vom Stadtzentrum zum Seeufer erstreckt sich der schöne City Park.
Das **Kelowna Centennial Museum** gibt einen Einblick in die Lebensweise der Salish und informiert über die Stadtgeschichte (470 Queensway Ave.; geöffnet Di. – So. 10.00 – 17.00 Uhr). Im Bereich der **Pandosy Mission Provincial Heritage Site** zeugen im 19. Jh. aus rohen Baumstämmen errichtete Häuser vom harten und entbehrungsreichen Leben der Missionare (2685 Benvoulin Rd./Casorso Rd.; geöffnet tgl. ab 9.00 Uhr).

Old MacDonald's Farm

Vor allem mit Kindern lohnt der Besuch der Old MacDonald's Farm mit einigen Tieren und einer Wasserrutsche (13 km südl. am Hwy. 97; geöffnet Mitte Mai – Anf. Sept. 10.00 – 17.00, im Sommer bis 18.00 Uhr). Vergnüglich sind auch die Ausflugsfahrten auf dem Okanagan Lake, u. a. mit der MV »Fintry Queen«, die von 1948 bis 1958 zwischen Kelowna und Westbank verkehrte.

Entzückende viktorianische Architektur: die O'Keefe Mansion in Vernon

Vernon (381 m; 35 000 Einw.), die nördlichste der drei großen Städte im Okanagan Valley, liegt in einem hübschen Tal und wird von drei Seen begrenzt. Sehenswert sind das Greater Vernon Museum, in dem die Ortsgeschichte lebendig wird (im Civic Centre, 32nd Ave.; Öffnungszeiten: Mo. – Sa. 10.00 bis 17.00 Uhr), und die Historic O'Keefe Ranch (12 km nördlich am Hwy. 97; Öffnungszeiten: Mai bis Mitte Okt. 9.00 – 17.00, Juli und Aug. bis 19.00 Uhr) von 1867. Heute ist die im Stil der Zeit eingerichtete Farm mit ihren Nebengebäuden ein Museumsdorf. Die Unterhaltungsmöglichkeiten um Vernon sind recht zahlreich, sie reichen von sämtlichen Wassersportmöglichkeiten über Golf, Reiten, Wandern bis zu Skifahren.

✶ Silver Star Recreation Area

Etwa 22 km nordöstlich erstreckt sich das Silver Star Mountain Resort, ein über 80 km² großes Naherholungs- und Skigebiet. An Sommerwochenenden bringt ein Sessellift (in Betrieb: Juni – Sept. 10.00 – 16.00 Uhr) Besucher auf den 1915 m hohen Silver Star Mountain, wo man schöne **Wanderungen** unternehmen kann. Im Winter werden drei Dutzend **Skipisten** mit einer Höhendifferenz bis zu 485 m gepflegt.

Armstrong Das 3000 Einwohner zählende Städtchen Armstrong hat sich mit seinen zahlreichen Holzhäusern noch etwas von der Western-Atmosphäre erhalten. Es ist vor allem für seinen Cheddar Cheese bekannt. In der Armstrong Cheddar Cheese Plant (Pleasant Valley Rd.) kann man bei der Käseherstellung zuschauen.

★★ Pacific Rim National Park

S/T 18

Höhe: 0 – 140 m ü. d. M. **Fläche:** 500 km²
Gründungsjahr: 1970

Der Pacific Rim National Park auf Vancouver Island besticht durch seine atemberaubende Mischung aus Bergen, küstennahen Regenwäldern und wilden Stränden. Die 500 km² große Region zwischen Tofino und Port Renfrew zieht besonders Surfer und Walfreunde in ihren Bann.

Der Park gliedert sich in drei repräsentative Landschaftsteile: Long Beach zwischen Ucluelet und Tofino, Broken Group Islands im Barkley Sound und das West Coast Trail-Gebiet. Übernachtungsmöglichkeiten gibt es in Tofino, Ucluelet, Bamfield oder Port Alberni. Im Park selbst gibt es nur ganz einfache Zeltplätze.

Besonders reizvoll bietet sich in dem kleinen Fischerdorf (1800 Einw.) auf einer Halbinsel der Amphitrite Point mit seinem Leuchtturm und der Marine Tracking Station dar. **Ucluelet** ist auch beliebt bei Hochseeanglern, Tauchern und Walbeobachtern. Im April und im Spätherbst ziehen hier Grauwale auf ihren großen Wanderungen vorbei.

Die **Broken Group Islands** liegen wenige Kilometer südöstlich von Ucluelet im Barkley-Sund. Dieses Labyrinth von engen Durchfahrten und kleinen, dicht bewaldeten Inseln, ist wenig erschlossen und nur mit Booten erreichbar. Es gibt acht Zeltplätze ohne Einrichtungen, der Park Ranger befindet sich auf Nettle Island. Dieser Bereich des Parks, in dem noch zahlreiche Fischadler leben, ist vor allem bei erfahrenen Kanuten und Abenteuerurlaubern, die gerne in der freien Natur campen, beliebt. Ausgangspunkte sind Port Alberni, Bamfield und Ucluelet.

! *Baedeker* TIPP

Ein altes Dampfschiff als Hotel

Früher schipperte die »Canadian Princess« durch das Insel-Labyrinth der Inside Passage, heute liegt sie als »Canadian Princess Resort« im Hafen von Ucluelet vor Anker und ist mit ihren restaurierten Kajüten ein originelles »Resort«. Dazu gehört eine ganze Flotte von Außenbordern, die Angler zu Fischgründen und Wanderer zu schönen Stellen im nahen Pacific Rim National Park bringen (Canadian Princess Resort, 1943 Peninsula Rd., Ucluelet, BC, V0R 3A0, Tel. 250/ 726-77 71, www.canadianprincess.com).

Zu ausgiebigem Freizeitvergnügen lädt Long Beach auf Vancouver Island ein.

Long Beach

In der Long Beach Region, wenige Kilometer nordwestlich von Ucluelet, mit ihren reizvollen, beinahe 20 km langen Sandstränden lassen mächtige Treibholzstämme die Wucht der anbrandenden Wellen erkennen. Wassertemperatur (6 – 15 °C) und Strömung lassen allerdings kein Badevergnügen zu.
Long Beach ist der einzige Surfstrand von British Columbia. Vor allem im Frühjahr und Herbst sind häufig Wale zu beobachten. Das maritime Klima ist relativ mild, jedoch sehr wechselhaft und feucht, auch im Sommer ist mit Nebel oder länger anhaltendem Regen zu rechnen. Verschiedene Wanderwege und Naturlehrpfade durchziehen den moos- und farnbewachsenen Regenwald.

Wickaninnish Centre

Lohnend ist ein Besuch des in einer geschützten Bucht gelegenen Wickaninnish Centre (Information, naturhistorische Ausstellungen, Filme, Programme der Park Ranger; Restaurant, Terrasse mit Teleskop zum Beobachten der Seelöwen oder Wale; Öffnungszeiten: März – Okt. 10.30 – 18.00 Uhr). Von hier erstreckt sich ein 16 km langer Strandabschnitt nach Nordwesten.

Tofino

Etwa 42 km nördlich von Ucluelet, am Ende der Halbinsel, liegt das Fischerdorf Tofino (1700 Einw., im Sommer dreimal so viele). Bootsausflüge führen zu den knapp 50 °C warmen Quellen von **Hot Springs Cove** (Maquinna Marine Park, 30 km nördlich). Touren zum **Whale Watching,** Tauchen und Rundflüge werden ebenfalls angeboten.

Clayoquot Sound

Im Clayoquot Sound mit seinen tiefen Fjorden und zahllosen Inselchen dehnt sich einer der letzten intakten Regenwälder aus. Nachdem die Provinzregierung mehr als die Hälfte der 3500 km² großen

Wildnis zum Kahlschlag freigegeben hatte, formierte sich heftigster Widerstand mit Straßenblockaden und Verhaftungen gegen die Lobby der Holzindustrie. Ihr Aufstand lohnte sich aber nur vorübergehend. Die Holzindustrie nagt weiterhin an den Regenwäldern.

**** West Coast Trail**

Den südlichsten Abschnitt des Pacific Rim National Park, durch den nur ein Wanderweg führt, erreicht man von ►Victoria aus auf dem Highway 14 bis nach Port Renfrew (geöffnet Mitte April bis Oktober). Der Weg war 1906 zur Rettung Schiffbrüchiger angelegt worden. Moderne Navigations- und Kommunikationsmethoden und der Einsatz von Flugzeugen machten den West Coast Trail ab den 1940er-Jahren entbehrlich.
Vor einigen Jahrzehnten entdeckten die ersten »Backpacker« den alten Weg und heute suchen jedes Jahr Hunderte von »Trekkern« auf der mindestens siebentägigen Wanderung den besonderen »Kick«. Park Ranger patroullieren den Sommer über regelmäßig auf dem nur grob markierten Trail.
Die lohnende, jedoch sehr anstrengende Wanderung führt durch völlige Wildnis. Unterwegs gibt es nur primitive Zeltplätze ohne sanitäre Einrichtungen oder Versorgungsmöglichkeiten.
Während der Wandersaison setzen Indianer die Wanderer gegen ein kleines Entgelt über die Nitinat Narrows. Andere Wasserläufe werden durchwatet, oder man überquert sie auf recht einfachen Hängebrücken und Baumstämmen. Gute Ausrüstung und Regenbekleidung sind unabdingbar.
Am nördlichen Ende des Trails, d.h. an der Pachena Bay (5 km südlich von Bamfield) ist ein Informationszentrum eingerichet, in dem man auch gutes Kartenmaterial erhält.

! *Baedeker* TIPP

Streng geregelt

Der starke Ansturm auf den West Coast Trail (WCT) machte die Einführung eines Quotensystems erforderlich. Vom 1. Mai bis zum 30. September sind nur noch eine begrenzte Anzahl von Hikern pro Tag auf dem Trail zugelassen. Wer eine Reservierung (kostenpflichtig!) für den WCT vornehmen will, muss vorab mitteilen, wann und wo er mit seiner Wanderung beginnen will und wieviele Hiker eventuell zu seiner Gruppe gehören. Auch muss die E-Mail-Adresse und eine Kreditkartennummer genannt werden. In der Hauptsaison (15. Juni – 15. Sept.) hat die Reservierung zwei Monate im Voraus zu erfolgen. Weitere Informationen: Supernatural BC, Tel. (250) 387-16 42, www.pc.gc.ca/pn-np/bc/pacificrim/co/activ/

*** Bamfield**

Das malerische Fischerdorf Bamfield an der Ostseite des Barkley-Sunds liegt geschützt am Bamfield Inlet und ist nur auf einer 100 km langen Schotterstraße von Port Alberni (Busverbindung dreimal wöchentlich) oder per Wasserflugzeug und Schiff zu erreichen. Der Wasserweg und ein mehr als 1 km langer Steg ersetzen hier die Hauptstraße. Reizvolle Wanderungen führen zur Keeha Bay am offe-

← *Ein Naturraum ohnegleichen ist die Küstenlandschaft im Pacific Rim National Park.*

PACIFIC RIM NATIONAL PARK ERLEBEN

AUSKUNFT

Pacific Rim National Park Reserve
2185 Ocean Terrace Road
P.O. Box 280
Ucluelet, BC, V0R 3A0
Tel. (250) 726-35 00
www.pc.gc.ca/pn-np//bc/pacificrim/

ESSEN

► Erschwinglich
The Pointe Restaurant
im Wickaninnish Inn
Chesterman Beach, Tofino
Tel. 1-800-333-46 04
Regionale Produkte wie Lachs und Austern, aber auch Beeren und Pilze aus heimischen Wäldern.

ÜBERNACHTEN

► Luxus
Best Western Tin Wis Resort
1119 Pacific Rim Highway, Tofino
Tel. (250) 725-44 45
www.tinwis.com
Traumhaft am Pazifik gelegenes Hotel, das von Angehörigen der Tla-o-qui-aht First Nations betrieben wird. Auch Walbeobachtungstouren können hier gebucht werden.

► Komfortabel
Wickaninnish Inn
Chestermann Beach, Tofino
Tel. (250) 725-31 00
www.wickinn.com
Sehr komfortables Haus mit »Ancient Cedars Spa« und vorzüglicher Küche in atemberaubender Landschaft.

► Günstig
Villa Motel
655 Highway 3A
Tel. (250) 352-55 15
In dem kleinen Motel mit beheiztem überdachtem Pool kann man auch an nassen Tagen Badespaß haben.

nen Pazifik und zum Leuchtturm am Cape Beale. Für Ausflüge zu den Broken Group Islands, oder um zu gesunkenen Schiffswracks zu tauchen, kann man Boote mieten.

Prince George

T 16

Höhe: 690 m ü. d. M. **Einwohnerzahl:** 77 000

Wen die Holzwirtschaft, bzw. die Papier- und Zelluloseherstellung, schon immer interessierte, der sollte nach Prince George. Die hiesigen Industrieansiedlungen in diesen Bereichen sorgten dafür, dass die Stadt in den 1970er-Jahren in den Kreis der Kommunen mit den höchsten Pro-Kopf-Einkommen Kanadas aufrückte.

Fort George Park Eine Nachbildung des 1807 von Simon Fraser errichteten Forts befindet sich im Fort George Park, etwas östlich des Stadtzentrums. In dem ebenfalls hier gelegenen, gleichnamigen Museum erfährt man einiges zur Besiedlungsgeschichte der Region (20th Ave.; geöffnet Mai – Sept. tgl. 10.00 – 17.00 Uhr). Ein Teil des Parks liegt auf dem Gelände eines alten Indianer-Friedhofs.

Am Cottonwood Island Park nördlich des Stadtzentrums wurde 1986 das **Prince George Railway Museum** eingerichtet. Auf dem Gelände steht u. a. ein alter Bahnhof von 1914 (River Road; Öffnungszeiten: Mai – Sept. Do. – Mo. 10.00 – 17.00 Uhr). An Sommerwochenenden verkehrt hier ein historischer Dampfzug.

Moderne Technik hinter alten Fassaden in der Altstadt

Da man bereits nach wenigen Minuten Fahrzeit unerschlossene Naturräume erreicht, ist Prince George ein guter Ausgangspunkt für **Ausflüge** zu zahlreichen Seen und Flüssen. Wintersportgebiete findet man in den Hart Highlands (Winslow Drive) sowie am Mount Tabor (25 km östlich von Prince George), Skilangläufern bieten sich Gelegenheiten auf Cottonwood Island oder im Eskers Provincial Park.

Etwa 34 km östlich der Stadt am Yellowhead Highway erschließt ein 2 km langer Lehrpfad mit Schautafeln den **Willow River Demonstration Forest**, den Rest eines für diese Gegend früher typischen Waldgebietes. Eine Informationsbroschüre gibt es beim Visitor Bureau (1198 Victoria Street).

Vanderhoof

Knapp 100 km westlich von Prince George erreicht man das am gleichnamigen See gelegene Vanderhoof, ein Holz- und Landwirtschaftsstädtchen (674 m; 4000 Einwohner). Alljährlich findet hier am vierten Juliwochenende eine internationale **Flugschau** statt.

✶ Fort St. James National Historic Park

Das alte **Pelzhändler-Fort** bei Fort St. James (etwa 100 km nordwestlich von Prince George) ist aufwändig rekonstruiert worden. Während der sommerlichen Hauptreisezeit zeigen Mitarbeiter in historischen Kostümen, wie der Alltag der Pelzhändler Ende des 19. Jh.s ausgesehen hat. Ausstellungen und Multi-Media-Vorführungen im Besucherzentrum informieren über die Geschichte des abgelegenen Handelspostens. (Öffnungszeiten: Mitte Mai – Sept. tgl. 9.00 – 17.00, Visitor Centre auch Nov. – April Mo. – Fr. 8.30 – 16.30 Uhr).

PRINCE GEORGE ERLEBEN

AUSKUNFT

Tourism Prince George
101 – 1300 1st Avenue
Prince George, BC, V2L 2Y3
Tel. (250) 562-37 00
www.initiativespg.com

ÜBERNACHTEN / ESSEN

► **Komfortabel**

Esther's Inn
1151 Commercial Crescent
Prince George, BC, V2M 6W6
Tel. (250) 562-41 31
www.esthersinn.com
Kürzlich renoviertes Haus mit 120 modern ausgestatteten Zimmern. Im guten Restaurant des Hauses treffen sich viele Einheimische sonntags zum Brunch.

Sandman Inn & Suites
1650 Central Street
Prince george, BC, V2M 3C2
Tel. (250) 563-81 31
www.sandman.ca
Stadthotel mit 144 Zimmern und Suiten in zentraler Lage. Ein Familienrestaurant ist angeschlossen.

★ Prince Rupert

P 15

Höhe: 40 m ü. d. M. **Einwohnerzahl:** 13 000

Prince Rupert liegt malerisch am Pazifischen Ozean, auf Kaien Island, nur noch 60 km vom Südzipfel Alaskas entfernt. Die Küste ist hier stark zerklüftet und erinnert an die norwegische Fjordlandschaft. Allerdings werden in der Gegend die höchsten Niederschläge Kanadas gezählt, und so sind die umgebenden Berge und die Küste häufig im Regen oder Nebel versteckt.

Wirtschaft Der große, ganzjährig eisfreie Naturhafen ist einer der wichtigsten Fischereihäfen Kanadas. Von hier werden außerdem Getreide (riesige Silos auf Ridley Island), Kohle und Holz verschifft. Ferner ist Prince Rupert auch ein wichtiger Fährhafen, u. a. Endpunkt der BC Ferries von Vancouver Island (► Inside Passage) und von ► Queen Charlotte Islands sowie des Alaska Marine Highway (Fährverbindung von Seattle in den USA nach Südostalaska). Daneben bestimmen Zellulose- und Papierfabriken das Stadtbild. Unter anderem auch wegen des zunehmenden Fremdenverkehrs ist auf Digby Island ein moderner Flughafen entstanden.

! Baedeker TIPP

Preiswerte Hafenrundfahrt

Mit dem Rupert Water Taxi an der Mc Bride Street kann man eine günstige Hafenrundfahrt mit verschiedenen Zielorten unternehmen. Der Fahrplan ist auf die Schulzeiten abgestimmt. Weitere Auskünfte im Info Centre.

Prince Rupert Orientierung

Übernachten

① Howard Johnson Highliner Plaza Hotel

Essen

① Peglegs Seaside Grill

Sehenswertes in Prince Rupert und Umgebung

★ **Downtown, Totempfähle**

Im Zentrum der Hafenstadt sind noch zahlreiche Gebäude aus den Gründerjahren erhalten. Überall sieht man kunstvoll geschnitzte Totempfähle der Haida- und der Tsimshian-Indianer. Besonders schöne Beispiele sind am Harbour View Point (Summit Ave.; Rand des Roosevelt Park) zu sehen. Von hier oben hat man einen schönen Blick über den Hafen und die Bucht. Bei den alljährlich im Juni stattfindenden Indian Cultural Days werden indianisches Kunsthandwerk sowie traditionelle Tänze vorgeführt.

★ **Museum of Northern BC**

Das hervorragende Museum of Northern British Columbia ist vor allem der reichen Kultur der Nordwestküstenindianer gewidmet. Im Freigelände befinden sich ein Bremserhäuschen (Caboose) von 1917, ein ehemaliges Fischerboot vom Skeena River sowie ein Holzschup-

! Baedeker TIPP

Auge in Auge ...

... mit dem Grizzly: Als wahrlich einmaliges Erlebnis wird die 4-tägige geführte Grizzly Eco Tour per Boot von Prince Rupert aus empfohlen. Veranstalter ist: Sunchaser Charters, Box 1096, Prince Rupert, BC, V8J 4H6, Tel. 250/624 - 54 72, www.citytel.net/sunchaser/

pen, in dem Totempfähle, Masken, Schmuck und anderes Kunsthandwerk geschnitzt werden (1st Ave./ McBride St.; Öffnungszeiten: Victoria Day – Labour Day Mo. – Sa. 9.00 – 20.00 Uhr). Das Museum bietet Bootsausflüge zu den archäologischen Stätten in der Umgebung an, z. B. zum historischen Fischerdorf Dodge Cove und zum Indianerdorf Metlakatla.

Mount Hays Vom Gipfel des südlich vom Fährhafen sich erhebenden, 732 m hohen Mount Hays bietet sich ein großartiger Ausblick auf die Pazifikküste. An klaren Tagen reicht die Fernsicht bis zu den ►Queen Charlotte Islands und zum Südzipfel Alaskas. Die Seilbahn (Talstation in der Wantage Road) ist in den Monaten Juli und August in Betrieb (nähere Informationen über die Betriebszeiten im Travel Infocentre). Der Aufstieg zum Gipfel dauert etwa 4 Stunden. Im Winter kann man hier gut Ski laufen.

PRINCE RUPERT ERLEBEN

AUSKUNFT

Info Centre
Atlin Terminal
100 – 215 Cow Bay Road
Prince Rupert, BC, V8J 1A2
Tel. (250) 624-56 37
www.tourismprincerupert.com

KANU & KAJAK

Kanu-, Kajak- und Wildwasserfahrer kommen an der Küste und auf den Flüssen im Hinterland von Prince Rupert voll auf ihre Kosten. Es werden geführte Kanu- bzw. Kajak-Touren angeboten, die nur 3 Stunden, aber auch bis zu 7 Tage dauern können. Erkundet werden die vorgelagerten Inseln ebenso wie der hier mündende Skeena River und dessen Nebenflüsse. Einen besonderen Kick bekommen Wildwasserfahrer im Bereich der Butze Rapids, jenen Stromschnellen, die ihre Richtung mit den Gezeiten wechseln.

ESSEN

► **Preiswert**

① ***Peglegs Seaside Grill***
101 1st Avenue
Tel. (250) 624-56 67
Dieser beliebte Treffpunkt bietet nicht nur gute Küche, sondern auch einen schönen Blick auf den Hafen.

ÜBERNACHTEN

Baedeker-Empfehlung

► **Komfortabel**

① ***Highliner Plaza Hotel***
815 – 1st Avenue West
Prince Rupert, BC, V8J 1B3
Tel. 1-800-668-31 15
www.highlinerplaza.com
Im höchsten Gebäude der Stadt gibt es 94 modern ausgestattete Gästezimmer. Je höher man wohnt, desto spektakulärer ist die Aussicht.

Ein junger Grizzlybär im Khutzeymateen-Schutzgebiet

Diana Lake, Prudhomme Lake

Zwei etwa 16 km östlich gelegene Parks bieten einige Wassersportmöglichkeiten sowie ein Netz von Wanderwegen.

✶ North Pacific Cannery Village Museum

Das North Pacific Cannery Village Museum in **Port Edward** schildert recht anschaulich die Geschichte des Lachsfangs und seiner weiteren Verarbeitung. (1889 Skeena Drive; Öffnungszeiten: Mai – Ende Sept. tgl. 9.00 – 18.00, sonst Mi. – So. 10.00 – 16.00 Uhr).

Port Simpson

Ab Prince Rupert werden mehrstündige Ausflüge mit dem Luftkissenboot nach Port Simpson angeboten. Dieser abgelegene **Indianerort** liegt etwa 30 km nördlich von Prince Rupert. Er wurde 1834 als **Außenposten der Hudson's Bay Company** gegründet. Port Simpson ist auch zweimal wöchentlich mit einem kleinen Fährschiff oder mit dem Wasserflugzeug (Linienverkehr ab Seal Cove, Wasserflugzeug-Terminal) erreichbar.

? WUSSTEN SIE SCHON ...?

- ... dass Bär durchaus nicht gleich Bär ist? Im Falle einer Begegnung mit einem Grizzlybären könnte es Erfolg haben, sich tot zu stellen oder auf einen Baum zu klettern. Bei Schwarzbären dagegen ist das wirkungslos.

✶✶ Khutzeymateen Grizzly Bear Sanctuary

Etwa 50 km nordöstlich von Prince Rupert wurde das erste kanadische Schutzgebiet für **Grizzlybären** eingerichtet. Hier leben etwa fünf Dutzend der ansonsten ziemlich gefürchteten Wildtiere ziemlich ungestört von Jägern und Touristen – einmalig in Nordamerika. Die Grizzlys haben wohl kaum schlechte Erfahrungen mit Menschen gemacht und reagieren dementsprechend gelassen auf Besucher. Das Schutzgebiet am Ende des Khutzeymateen Inlet ist von den Zweitausendern der Kitimat Range umrahmt und nur per Boot vom Pazifik her erreichbar.

★★ Queen Charlotte Islands · Haida Gwaii

O/P 15/16

Fläche: 10 126 km²　　**Bewohnerzahl:** 6000

Die über 150 Inseln der Queen Charlotte Islands ziehen vor allem Natur- und Tierliebhaber an. Diese einzigartige Landschaft mit Fjorden, Bergen, einsamen Sandstränden und uralten Regenwäldern ist dünn besiedelt und weitgehend unerschlossenen. Das fischreiche Wasser ist ideal für eine große Seehundkolonie und viele verschiedene Arten von Vögeln.

Anreise Die Inselgruppe, auch Nebelinseln genannt, liegt 55 km vor der Südspitze Alaskas. Die beiden Hauptinseln sind Graham Island, die nördlichste und bevölkerungsreichste Insel, und Moresby Island, die zum großen Teil in einen Nationalpark umgewandelte südlichste Insel. Regelmäßige Flugverbindungen bestehen zwischen Vancouver und Sandspit sowie zwischen Prince Rupert und Masset. BC Ferries verkehren mehrmals wöchentlich zwischen Prince Rupert und Skidegate östlich von Queen Charlotte City (6 – 8 Std., je nach Wetter) sowie zwischen Skidegate und Alliford Bay. Das Klima ist wegen des warmen Japanstroms ganzjährig mild, man muss aber auch zur besten Reisezeit mit kühlem, regnerischem, stürmischem oder nebligem Wetter rechnen.

Geschichte Auf den Inseln lebten schon seit jeher die Haida, ein Stamm der Nordwestküstenindianer, die als stolze und kühne Seefahrer berühmt

Rau gibt sich die Natur auf den Queen Charlotte Islands.

und gefürchtet waren. Bekannt sind sie vor allem wegen ihrer hoch entwickelten Kunst. Die großen Plankenhäuser, Einbäume, Totempfähle, Masken, aber auch die kleineren Gegenstände für den Alltag waren aufwändig geschnitzt und teilweise reich verziert. Erhalten sind auch sehr kunstvolle Schnitzereien aus Argillit, einem schwarzen, schieferähnlichen Stein.

Bis um das Jahr 1830 lieferten die geschickten Jäger der Haida den weißen Händlern Seeotterfelle. Im Tausch erhielten sie Eisenwerkzeuge, mit deren Hilfe sie ihre Schnitzkunst weiter verfeinerten. Durch die von Europäern eingeschleppten Seuchen ging die Zahl der Haida Ende des 19. Jh.s stark zurück. 1915 lebten von ursprünglich über 8000 Haida nur noch 588. Heute wohnen die meisten der rund 1300 Nachkommen in Reservaten auf Graham Island, bei Skidegate Mission und Haida.

! *Baedeker* TIPP

Grauwale voraus

Wer zwischen Ende April und Anfang Juni auf den Queen Charlotte Islands weilt, kann den Besuch des Haida Gwaii Museums mit der Beobachtung von Grauwalen verbinden. Die beste Stelle dafür befindet sich gleich hinter dem Museum, denn von der Terrasse aus hat man einen herrlichen Blick aufs Meer und die vorbeiziehenden riesigen Meeressäugetiere.

Hinweis

Für einen Besuch der Haida-Reservate und der verlassenen Haida-Dörfer wird eine Genehmigung des Stammes benötigt. Zuständig für den Süden von Graham Island ist das Stammesbüro des Skidegate Band Councils in Skidegate Mission (Tel. 559 - 44 96), für den Norden und Langara Island das Büro des Masset Band Council in Haida (Tel. 626 - 33 37).

Sehenswertes auf Graham Island

Queen Charlotte City

Auf Graham Island leben rund 4 600 Bewohner. Hauptverbindungsstraße ist der Yellowhead Hwy., die Fortsetzung des festländischen Highway 16. Die größten Orte sind Queen Charlotte City (1000 Einw.), Verwaltungshauptort der Inseln, Skidegate an der Südküste sowie Masset an der Nordküste.

Das interessante **Haida Gwaii Museum** der Queen Charlotte Islands liegt nicht weit vom Fährhafen in Skidegate entfernt (Second Beach; geöffnet: Mai – Sept. 9.00 bis 17.00, sonst 13.00 – 17.00 Uhr). Hier wird vor allem die Geschichte und Kultur der Haida lebendig. Ausgestellt sind **Totempfähle**, Schnitzereien, Flechtarbeiten, ferner historische Aufnahmen aus der Pionierzeit. Auch wird die Naturgeschichte der Inselgruppe behandelt.

? WUSSTEN SIE SCHON ...?

- ... dass die Haida-Indianer ihre Gäste oft bis zum eigenen Ruin beschenkten? Bei diesen Potlatch-Zeremonien, Verdienstfesten, wurden einzelne Häuptlinge oder auch ganze Clans geehrt.

Skidegate Im Reservat von Skidegate Mission leben heute ca. 350 Haida. Von den zahlreichen Totempfählen, die auf historischen Aufnahmen vor den traditionellen Langhäusern zu sehen sind, steht nur noch ein einziger. Vor dem auffälligsten Gebäude, dem Sitz der Stammesverwaltung, steht ein Totempfahl des Schnitzers Bill Reid.

Eine der zahlreichen Künstlerwerkstätten in Haida

Bei **Masset**, einem Fischerdorf im Norden der Insel, machen unzählige Zugvögel Rast. Man kann sie in dem Vogelschutzgebiet, Delkatla Wildlife Sanctuary, von Hochsitzen aus beobachten.

Haida, ein Indianerreservat mit etwa 600 Einwohnern, liegt 3 km nördlich in der Nähe des verlassenen Haida-Dorfs Ka-Yung. Zahlreiche neuere Totempfähle erinnern an bedeutende Ereignisse oder Personen. In etlichen Geschäften kann man indianisches Kunsthandwerk erwerben.

Naikoon Provincial Park Am Nordostzipfel von Graham Island liegt der landschaftlich sehr reizvolle, 72,6 ha große Provincial Park, in dem man wandern und lange Strandspaziergänge unternehmen kann. Das Visitor Centre (Informationen, Wandervorschläge, Kartenmaterial etc.) befindet sich am südlichen Parkeingang in Tlell. Von Masset aus führt eine 26 km lange Sandpiste an der Nordküste entlang zum Tow Hill, einem 109 m hohen Basalthügel; hier erstreckt sich der schöne Achate Beach (Campingplatz).

Moresby Island · Gwaii Haanas National Park Reserve

★★ Einmalige Natur Die große Südinsel sowie die benachbarten Inseln kann man nur mit dem Boot, dem Flugzeug oder zu Fuß kennen lernen. Im Jahre 1989 wurde im Süden der Gwaii Haanas National Park eingerichtet. Hier existiert noch eine Flora und Fauna wie sonst kaum mehr auf der Erde – dies gilt nicht nur für den Regenwald, sondern auch für die alpin anmutenden Matten. Ferner kann man hier noch etliche Zeugnisse der reichen Haida-Kultur studieren.

★ Ninstints Innerhalb des Nationalparks liegt auch die kleine Insel Anthony Island vor der Südspitze von Moresby Island. Das verlassene Haida-Dorf Ninstints mit Hüttenruinen und einigen Totempfählen steht in der UNESCO-Liste des Weltkulturerbes.

QUEEN CHARLOTTE ISLANDS ERLEBEN

AUSKUNFT

Queen Charlotte Visitor Centre
3220 Wharf Street
Queen Charlotte, BC, VoT 1T0
Tel. (250) 559-83 16
www.qcinfo.ca
Das Besucherzentrum liegt 4 km westlich vom Fähranleger an der Bearskin Bay des Inselhauptortes.

Gwaii Haanas National Park Reserve & Haida Heritage Site
60 Second Beach Road
Skidegate (Haida Heritage Centre)
P.O. Box 37
Queen Charlotte, BC, VoT 1S0
Tel. (250) 559-88 18
www.pc.gc.ca/pn-np/bc/gwaiihaanas/

ESSEN

► Erschwinglich

Sea Raven Restaurant
3301 3rd Ave, Queen Charlotte City
Tel. (250) 559-85 83
Von den Einheimischen bevorzugtes Lokal im Sea Raven Motel

ÜBERNACHTEN

► Komfortabel

Premier Creek Lodging
3101 3rd Ave, Queen Charlotte City
Tel. (250) 559-84 15
www.qcislands.net/premier/
Das wunderschön restaurierte historische Gebäude aus dem Jahr 1910 mit Blick auf den Hafen und die Bearskin Bay ist eines der besten Hotels der Insel.

★★ Skeena Valley · 'Ksan Indian Village

Q/R 15

Der fast 500 km lange und rasch fließende Skeena River (von indianisch »Kshian« = »Wasser aus den Wolken«) spielte bei der Erschließung des kanadischen Nordwestens eine wichtige Rolle. Er diente sowohl den indianischen Ureinwohnern als auch europäischen Einwanderern bis zum Bau der Eisenbahn als wichtiger Verkehrsweg.

Fahrt durch das Skeena Valley

Hinweis

Die Beschreibung der sehenswerten Orte entlang des Skeena River beginnt an der Mündung und folgt dem Yellowhead Highway (Hwy. 16) flussaufwärts bzw. nach Osten.

Port Edward

Dort, wo der Skeena River in den Pazifik mündet, liegt die Ortschaft Port Edward, in der heute nur noch 700 Menschen leben. Dass dies 1889 ganz anders war, zeigt das North Pacific Cannery Museum & Village (im Sommer tgl. von 10.00 – 17.00 Uhr zugänglich). Aus der ehemaligen Fischfabrik wurde ein Museum, in dem man sich umfassend über die Fischindustrie am Skeena River informieren kann.

WENN DIE PAZIFIK-LACHSE ROT SEHEN ...

... ist die Zeit reif für die Liebe und den Tod. Die Rede ist vom leuchtend roten Schuppenkleid, das die Lachse auf ihrem Weg zum Laichplatz tragen. Sind die befruchteten Eier abgelegt und der Nachwuchs »gesichert«, endet das Leben der Lachse und der Kreislauf von Leben und Tod schließt sich.

Zurück in die Heimat

Nach dem Ausschlüpfen bleiben die jungen Lachse ein paar Jahre im Süßwasser ihres Heimatflusses. Erst dann ziehen sie mit der Strömung ins Meer, wo sie als **Einzelgänger** die Weiten des Pazifiks erkunden. Nach zwei bis fünf Jahren sind sie ausgewachsen und geschlechtsreif.

Einem bislang nicht erklärbaren Drang folgend, kehren sie an die Küste zurück, wo sie zwischen Juli und September an den Mündungen ihrer Heimatflüsse ihre Artgenossen wieder treffen. Wie die »Könige der Fische« trotz millionenfacher Verdünnung ihren Fluss an seinem Geruch wieder erkennen, gehört zu den großen Wundern der Tierwelt. Damit sich ihre Körper vom salzigen Meerwasser auf das »süße« Wasser der Flüsse und Bäche umstellen können, bleiben sie einige Zeit im Mündungsbereich, wo sich Salz- und Süßwasser vermischen. Dann brechen sie in Schwärmen auf. Das Ziel ihrer Wanderung sind die flachen Gewässer ihrer Heimat, egal ob diese drei, 300 oder, wie bei einigen Königslachsen des Yukon, 3500 Kilometer von der Flussmündung ins Meer entfernt sind.

Mit aller Kraft flussaufwärts

Vom ersten Tag im Süßwasser an nehmen die Lachse keine Nahrung mehr zu sich. Kaum ein Hindernis kann sie aufhalten. Sie springen bis zu 3 m hoch und überwinden Stromschnellen, kleinere Wasserfälle und sogar Wehre. Allerdings sterben viele Lachse unterwegs an **Erschöpfung** oder werden leichte Beute von Greifvögeln, fischenden Grizzlybären sowie nimmermüden Profi- und Sportfischern. Die anfangs noch recht kraftvollen Lachse werden bis zu 1,50 m lang und zwischen 3 und 16 kg schwer, 45-kg-Exemplare sind aber keine Seltenheit.

Wundersame Verwandlung

Während des Aufstiegs in Flüssen und Bächen verwandeln sich die schlanken silbrigen Gesellen in eher unförmige

Im glutroten »Hochzeitskleid« wandern ganze Schwärme von Lachsen im Hochsommer oftmals mehrere Hundert Kilometer flussaufwärts zu ihren Laichplätzen.

Der Lachs ist Kanadas berühmtester Fisch

und dickliche Gestalten. Ihre ungenutzten Verdauungsorgane schrumpfen, manchem fallen die Zähne aus. Der untere Teil des Kopfes krümmt sich, am Unterkiefer bildet sich ein hakenförmiger, knorpeliger Fortsatz. Die **auffälligste Veränderung** findet jedoch äußerlich statt. Rücken und Seiten nehmen eine leuchtend rote Farbe an – man spricht vom glutroten »Hochzeitskleid« der Lachse.

Beschwerliche Hochzeit

Wenn sie dann oft zentimetergenau an ihrem Laichplatz angekommen sind, besteht 10 % des männlichen Körpergewichts aus der Samenmilch und 25 % des weiblichen aus dem Rogen. Nun wühlt das Weibchen noch mit Körper- und Schwanzbewegungen eine 2 – 3 m lange und 30 cm tiefe Grube in den Flusskies, dann beginnt der **eigentliche Liebesakt**. Beide Lachse haben ihre Mäuler weit geöffnet. Das Männchen reibt sich einige Minuten am Weibchen, bevor es mit einem kräftigen Stoß in die Leibesmitte das Laichen provoziert. Schubweise presst das Weibchen zirka 2000 bis 4000 etwa 6 mm große Eier in die Kiesmulde, und im gleichen Moment ergießt das Männchen seine Milch über den Fischlaich. Bevor beide an Erschöpfung und Auszehrung verenden, bedeckt das Weibchen die Brut noch mit Steinchen.

Im Unterschied zu pazifischen Lachsen, die nur einmal laichen, schaffen einige ihrer atlantischen Verwandten nochmals den Weg ins Meer und erneut zum Laichplatz zurück. Aus den befruchteten Eiern schlüpfen die Lachslarven, die wie ihre Vorgänger zum Meer hinunter ziehen und nach höchstens zehn Lebensjahren zu den gleichen Laichplätzen zurückkehren. Aber meist gelingt es nur einem von tausend Lachsen, den Kreis wieder zu schließen …

Nur einer von tausend Lachsen schafft den Weg zurück an den Laichplatz und schließt den Kreislauf von Leben und Tod

Terrace Seit einigen Jahren ist Terrace (215 m; 14 000 Einw.) Ausgangspunkt für Abenteuer-Touren in die landschaftlich überaus reizvolle Umgebung. Sportangler, Jäger, Wildwasserfahrer und »Survival«-Touristen starten gern von hier aus in die Wildnis. Mit Wasserflugzeugen und Hubschraubern kann man die schneebedeckten Coastal Mountains überfliegen. Eine mehrstündige »Flightseeing Tour« nach Ketchikan / Alaska oder ein Urlaub auf einer abgelegenen, aber bestens ausgestatteten Lodge mit eigenem See und eigenem Jagdrevier sind hier ebenso möglich wie erlebnisreiche Bergtouren und Flusswanderungen per Kanu oder Schlauchboot.

Kitselas Canyon Nordöstlich von Terrace teilt sich der Skeena River in drei enge, felsgesäumte Wasserläufe, von denen nur zwei per Heckraddampfer befahren werden konnten. Bei der Bergfahrt reichte die Motorleistung der Schiffe nicht aus, sodass sie mit starken Trossen durch den Kitselas Canyon gezogen wurden. In die Felswände hat man dafür stabile Eisenringe einzementiert. Im Jahr 1907 sank ein Raddampfer, der eine größere Menge Gold an Bord hatte, im Kitselas Canyon. Das Gold konnte bislang nicht geborgen werden.

Lakelse Lake Im Lakelse Lake (gesprochen »La-kelse« = »Süßwassermuschel« in der Sprache der Tsimshian) findet man auch heute noch viele Muscheln. Mächtige Hemlocktannen und Sitkafichten sowie Rot-Zedern sind ganz typisch für diese zauberhafte Gebirgslandschaft, in der man sich bestens erholen (wandern, schwimmen, angeln usw.) kann.

Williams Creek ► Im August laichen Abertausende von Sockeye- oder Blaurücken-Lachsen im Williams Creek. Die ansonsten vom Aussterben bedrohten Trompeter-Schwäne überwintern am Lakelse Lake. Aus den Lakelse Hot Springs – man erreicht sie etwa sechs Kilometer weiter südlich – quellen 42 – 72 °C heiße Mineralwässer.

! *Baedeker* TIPP

Mondlandschaft mit Pfützen

Vorbei am Lava Lake kommt man auf der Nass Road zu den Tseax Lava Beds, einem von Flechten bewachsenen Feld vulkanischen Gesteinsmaterials, das beim letzten Vulkanausbruch im 18. Jh entstanden ist. Nach dem Erkalten der Lava entstanden Spalten, Klüfte und Hohlräume. In einigen dieser Hohlräume haben sich kleine Teiche gebildet, die im Sonnenlicht blinken. Eine gute Karte des Nass-River-Gebietes erhält man bei: Terrace & District Chamber of Commerce, Tel. (250) 635-20 63, www.terracechamber.com

Erst in den 1950er-Jahren ist das Städtchen **Kitimat** (130 m; 11 500 Einw.) entstanden. 1951 begann die Alcan (Aluminium Company of Canada) mit dem Bau einer riesigen Aluminiumhütte, die bis heute eine der größten der Welt ist. Die Werksanlagen können besichtigt werden. Die sog. »Alcan Smelter Tours« (90-minütige Führungen) finden Juni – Aug. Mo. – Fr. 12.45 u. 13.30 Uhr, Sept. – Mai Di. u. Do. nach Vereinbarung statt. Beachtenswert sind ferner die Moore Creek Falls, eine mächtige, etwa 500 Jahre alte Sitka-Fichte im Radley Park, das Kitimat Centennial Museum (Stadtgeschichte, Pionierzeit, Kultur der Haisla-Indianer) und das 13 km weiter südlich gelegene Kitimat Village, eine traditionelle Siedlung der Haisla, in dem man wunderschönes indianisches Kunsthandwerk erwerben kann.

Halsbrecherisch: Indianer beim Lachsfang

In Terrace zweigt ferner die landschaftlich ungemein reizvolle **Kitsumkalum (Kalum) Lake Road** nach Norden ab. Sie führt in das noch kaum erschlossene Hinterland. Immer wieder geben Aussichtspunkte den Blick frei über das Tal und auf die vergletscherten Berggipfel im Westen.
Hier stößt die Kalum Lake Road auf die **Nass Road**, eine bedingt für den privaten Verkehr freigegebene Forstpiste (Logging Road) der Skeena Cellulose Company, auf der die meist mit hoher Geschwindigkeit fahrenden Holzlaster Vorfahrt haben (mit Licht fahren, unbedingt ausweichen!). In diesem Gebiet kann man häufig Schwarzbären, Elche, Hirsche, Schneeziegen und Biber beobachten.

★ **Hazelton**

Die beiden Ortschaften Hazelton und New Hazelton, das am Fuß des eindrucksvollen, teilweise vergletscherten Rocher-Déboulé-Massivs liegt, haben zusammen nur noch wenige Hundert Einwohner.
Im Jahr 1914, also zur Zeit des Bahnbaus, fand hier bei einem der spektakulärsten Banküberfälle im kanadischen Westen eine schlimme Schießerei statt: Sechs Bankräuber wurden niedergestreckt. Der siebte entkam mit der Beute von nur 1400 Dollar.

◄ Old Town, Hagwilget Bridge

Der Ort ist aus einer schon im dritten vorchristlichen Jahrtausend benutzten Indianersiedlung hervorgegangen. Ihre Reste sind unter der 76 m hohen **Hängebrücke** zu sehen, die den tief eingeschnittenen Canyon überspannt. Einstmals bildete hier ein Fels im reißenden Fluss ein natürliches Wehr. Diesen Platz schätzten die überwiegend vom Lachsfang lebenden Indianer sehr. Als der Fels 1959 von den Fischereibehörden beseitigt wurde, gingen die Fänge der nur mit Holzreusen und Holzspeeren fischenden Indianer stark zurück. Das Dorf wurde schließlich aufgegeben. Hazelton ist Mittelpunkt des ursprünglich stark bewaldeten Siedlungsraumes der **Gitskan-Indianer**. Nirgendwo sonst in Westkanada findet man so viele Totempfähle in einem relativ eng umgrenzten Gebiet. **Emily Carr**, die berühmte Malerin aus ► Victoria, hat viele dieser kunstvoll geschnitzten Baumstämme in ihren Bildern festgehalten.

★★ **'Ksan Village**

In der Nähe von Hazelton findet man das **Freilichtmuseum** 'Ksan Village, das bei einem traditionellen Siedlungsplatz der Gitskan-In-

In einem Langhaus der Gitksan im 'Ksan Indian Village

dianer eingerichtet worden ist. In den sieben original nachgebauten, ursprünglich jeweils von einem Klan bewohnten Langhäusern erfährt man z.B. einiges über die indianischen Potlatch-Feste und über die tiefe Symbolik der kunstvoll geschnitzten Totempfähle. In der benachbarten Werkstatt kann man indianischen Holzschnitzern bei der Arbeit zusehen. Museumsöffnungszeiten: Mai – Oktober tgl. 9.00 – 18.00 Uhr, im Winter eingeschränkte Öffnungszeiten; im Sommer Filmvorführungen und gelegentlich auch Darbietungen traditioneller indianischer Tänze. Im **Northwestern National Exhibition Centre & Museum** (Öffnungszeiten: im Sommer tgl. 10.30 – 16.30 Uhr) sind wertvolle Schnitzarbeiten und rituelle Gegenstände der Nordwestküstenindianer ausgestellt.

Kispiox Village 14 km nördlich von Hazelton liegt das kleine Indianerdorf Kispiox Village im Tal des gleichnamigen Flusses. Seine eindrucksvollen, aus Zedernholz geschnitzten Totempfähle können nach Rücksprache im Tribal Council besichtigt werden. Diese standen ursprünglich vor den Langhäusern der Clans und stellen deren Geschichte und Bedeutung dar.

Moricetown Canyon Wenn man von New Hazelton dem Yellowhead Highway südwärts folgt, gelangt man bald zum Moricetown Canyon mit seinen tosenden Stromschnellen. Hier verengt sich der Bulkley River auf 15 m. Während der Lachssaison kann man noch Indianer beobachten, die in althergebrachter Manier die begehrten Fische fangen.

Smithers Die Kleinstadt Smithers (520 m; 6200 Einw.) liegt zu Füßen des 2576 m hohen Hudson Bay Mountain inmitten einer von der Weidewirtschaft geprägten Landschaft. Beachtung verdient das Bulkley Valley Museum (Öffnungszeiten: im Sommer tgl. 10.00 – 17.00 Uhr, sonst Di. – Sa. 13.00 – 17.00 Uhr), das sich mit der Kultur der Indianer und der Besiedlung des Bulkley-Tales durch die Europäer befasst.

Topley, Babine Lake Ca. 100 km südöstlich von Smithers liegt die kleine Siedlung Topley am Yellowhead Highway. Hier zweigt eine Stichstraße zum 50 km weiter nördlich gelegenen Lake Babine ab, dem größten natürlichen Süßwassersee Britisch-Kolumbiens. Der See und seine Zuflüsse sind das wichtigste Laichgebiet für die Skeena-Lachse. In Topley Landing und im Topley Provincial Park finden angelsportbegeisterte Touristen Unterkünfte und sonstige touristische Einrichtungen (u. a. Marina) vor. Unbedingt besuchen sollte man die Finley Falls sowie die am Fulton River angelegten Zählgatter und Laichkanäle für Lachse.

Burns Lake

Ca. 50 km südöstlich von Topley erreicht der Yellowhead Highway das Städtchen Burns Lake, in dessen von Vulkanismus geprägter Umgebung (Basalte) man Achate und Opale finden kann. Ferner ist Burns Lake ein guter Ausgangspunkt für Ausflüge zum Babine Lake sowie in den nördlichen ►Tweedsmuir Provincial Park.

★ Stewart Cassiar Highway

P/Q 13/14

Zwar gibt es auf dem Stewart Cassiar Highway nur wenige touristische Einrichtungen, Läden und Tankstellen, dafür aber führt er durch eine weitgehend noch unberührte Landschaft mit vergletscherten Bergketten, Vulkanen (z. B. im Mt. Edziza Provincial Park), ungezähmten Flüssen und malerischen Seen. Unterwegs kann man eine geradezu faszinierende nordische Flora bewundern, und häufig begegnet man Tieren, die man sonst kaum noch sieht.

Verlauf

Der 735 km lange Stewart Cassiar Highway (BC Highway 37) zweigt bei Kitwanga vom Yellowhead Highway nach Norden ab. Er ist die kürzeste, durchgehend befahrbare Strecke von British Columbia ins ►Yukon Territory und nach Alaska. Weitgehend asphaltiert finden sich längere Schotterabschnitte lediglich südlich von Kinaskan Lake sowie vor bzw. um den Dease Lake. Westlich von Watson Lake mündet er in den ►Alaska Highway ein.

Fahrt auf dem Stewart Cassiar Highway

Kitwanga, Gitwangak

Nördlich der Mündung des Kitwanga Rivers liegen die Siedlung Kitwanga und das benachbarte Reservat der Gitksan ('Ksan). Gitwangak, Versorgungszentrum für die ca. 1500 Einwohner des von hohen, meist schneebedeckten Berggipfeln umgebenen Kitwanga-Tals, besitzt eine Reihe schöner **Totempfähle** (bes. School Rd.; einige über 100 Jahre alt), wie sie für die 'Ksan-Indianer typisch sind. Von der Kitwanga Valley Road führt ein Weg hinauf auf den **Battle Hill**, wo früher einmal das **Kitwanga Fort** stand. Dabei handelte es sich um eine palisadengeschützte Verteidigungsstellung der Gitksan. Zu Beginn des 19. Jh.s fand hier eine Schlacht zwischen rivalisierenden Indianerstämmen statt. Kitwanga Fort gehört zu den ältesten »National Historic Sites« im kanadischen Westen.

Unberührte Landschaft am Stewart Cassiar Highway

Kitwancool Nach 19 km erreicht man Kitwancool, ein weiteres Indianerdorf im Kitwanga-Tal, das für seine **Totempfähle** bekannt ist. Der wahrscheinlich älteste trägt die ungewöhnliche Bezeichnung »Hole-in-the-Ice« (Totempfahl mit einem Loch). Erinnert wird an einen umsichtigen Menschen, der während einer winterlichen Hungersnot ein Loch in das Eis des zugefrorenen Flusses hackte und dann Fische fangen konnte. Er rettete so die Dorfbewohner vor dem Verhungern.

Meziadin Junction, Highway 37 A Am schön gelegenen, bei Sportfischern beliebten **Meziadin Lake** gibt es einige bescheidene touristische Einrichtungen. Die gut ausgebaute, landschaftlich ungemein reizvolle Straße nach Stewart führt an einigen wild tosenden **Wasserfällen** sowie an zehn höchst eindrucksvollen **Gletschern** vorbei, die von der bis 2700 m hohen Cambria Range herunterfließen.

Stewart Stewart (700 Einwohner) liegt am inneren Ende des **Portland Inlet**, einem Fjord, der 145 km tief ins Land hineinreicht. In seiner Mitte verläuft die Staatsgrenze zwischen Kanada und den USA (»Alaska Panhandle«). Stewart wurde zu Beginn des 20. Jh.s als Bergbausiedlung angelegt. In den mehr als 2000 m hohen Bergen gibt es reiche Erzvorkommen (u. a. Gold, Silber, Kupfer). Um 1910 zählte Stewart mehr als 10 000 Einwohner. Nach dem Ersten Weltkrieg sank die Einwohnerzahl auf ganze 20 ab. Heute sorgt die Holzwirtschaft für wirtschaftliches Wohlergehen. Im alten Feuerwehrhaus wird die wechselvolle Geschichte der Siedlung dargestellt.

Lohnend ist ein Abstecher zum **Fish Creek**, der vor allem bei Anglern sehr beliebt ist. Von August bis Oktober können hier seltene Lachsarten beim Laichen beobachtet werden. Da die Laichgründe jedoch seit den 1960er-Jahren durch Hochwasser bedroht sind (ein von einem Gletscher aufgestauter See bricht hin und wieder durch), hat man Schutzkanäle für die Lachse gebaut.

STEWART CASSIAR HIGHWAY

AUSKUNFT

Stewart & Hyder Tourism
222 – 5th Avenue (Main Street)
Stewart, BC, VoT 1W0
Tel. (250) 636-92 24
www.stewart-hyder.com

ÜBERNACHTEN

► **Günstig**

King Edward Hotel
Stewart, BC, V0T 1W0
Tel. (250) 636-22 44
www.kingedwardhotel.com
Das gemütliche 30-Zimmer-Hotel umfasst auch einen Dining Room, ein Café und zwei Pubs.

Von Meziadin Junction führt der Stewart Cassiar Highway weiter nach Norden. Von dem Ort **40 Mile Flats** aus kann man abenteuerliche Wildnistouren ins Tal des Stikine River sowie auf das **Spatzisi Plateau** und in das Naturschutzgebiet rund um den 2728 m hohen **Mount Edziza** unternehmen.

★ Tweedsmuir Provincial Park · Bella Coola Valley

R/S 16

Mit zu den schönsten Reisezielen im Bereich der Coast Mountains gehören der Tweedsmuir Provincial Park und das Bella Coola Valley, die man bei einer Fahrt auf dem BC Highway 20 kennen lernt.

Bella Coola

Ausgangspunkt der Reise ist der **Fährhafen** Bella Coola (1100 Einw.), der am Ende eines tief ins Küstengebirge eindringenden Fjords der ►Inside Passage liegt.Der BC Highway 20 folgt dem Bella Coola Valley landeinwärts. Schon vor der Ankunft der Europäer verlief auf dieser Strecke der sog. Grease Trail, ein alter Handelsweg der Nordwest-

BELLA COOLA VALLEY

AUSKUNFT

Bella Coola Valley Tourism
P.O. Box 670
Bella Coola, BC, V0T 1C0
Tel. (250) 799-52 02
www.bellacoola.ca

ÜBERNACHTEN

► **Komfortabel**

Bella Coola Motel
1228 Clayton St., Bella Coola, BC
Tel. (250) 799-53 23
www.bellacoolavalley.com
Mehreren Bungalows, ruhig gelegen.

küstenindianer. Im Landesinnern tauschten sie Fischöl, getrocknete Fische, Beeren, Zedernrinde u.v.m. gegen Elch- und Büffelleder, Biberfelle und Pfeilspitzen aus glasähnlichem vulkanischem Obsidian.

Der **Tweedsmuir Provincial Park** ist mit 9819 km² Fläche der größte Provincial Park in British Columbia. Nur der Südteil des Schutzgebietes ist touristisch einigermaßen erschlossen. Entlang des BC Highway 20 sieht man relativ häufig Elche, Hirsche, Bären und auch Biber. Mehrere Lodges und Resorts bieten Unterkünfte in teilweise recht rustikalen Blockhäusern sowie Einrichtungen für Sportfischer und Kanuten. Der Nordteil des Provinzparks, der von mehreren großen Stauseen begrenzt wird, bietet sich noch weitgehend als unberührte Wildnis dar. Markierte Wanderwege erschließen die Landschaft. Besonders schön ist der Hunlen Falls Trail, der zu den imposanten, fast 260 m hohen Wasserfällen am Tuner Lake führt.

★★ Vancouver

T 18

Höhe: 0 – 12 m ü. d. M.

Einwohnerzahl: 600 000 (City), 2,2 Mio. (Vancouver Metropolitan Area)

Die am Pazifik gelegene westkanadische Metropole, die 2010 Austragungsort der Olympischen Winterspiele sein wird, gilt als eine der schönsten Städte der Welt. Herrlich liegt das Stadtzentrum auf einer Halbinsel. Im Hinterland bilden die schneebedeckten Ketten der Coastal Mountains eine imposante Kulisse.

Mit einem ganzjährig milden Klima, einer reizvollen Umgebung, ausgedehnten Parkanlagen und Grünflächen sowie einem regen Kulturleben besitzt die Stadt einen hohen Freizeitwert. Vancouver ist heute Finanz-, Industrie- und Kulturzentrum sowie bedeutendster Hafen an der kanadischen Westküste. Es ist das Tor Kanadas zu den Märkten des pazifischen Raumes, insbesondere nach Japan, China und zu den sog. Tigerstaaten.

Skyline der pazifischen Metropole im Abendlicht. → Zu Recht gilt Vancouver als eine der schönsten Städte weltweit.

CENTRE

VANCOUVER

★★ **Westkanadas Pazifikmetropole ist als eine der schönsten Städte der Welt bekannt. Besonders reizvoll: die imposante Kulisse der Coastal Mountains, die ausgedehnten Parkanlagen und die beeindruckende Hafenanlage, aber auch die liebevoll restaurierte Altstadt und die futuristisch-eleganten Gebäudekomplexe der Innenstadt.**

① **Maritime Museum**
Hier wird über Seefahrt, Hafen, Fischfang und Meeresforschung informiert.

② **Vancouver Museum**
Besondere Beachtung verdienen die ethnografischen Sammlungen, die mit der Kultur der Nordwestküstenindianer bekannt machen.

③ **Granville Island**
In den umgebauten alten Lagerhallen hinter den Hausbooten herrscht buntes Künstlertreiben: Hier locken Theater, Malerateliers, Galerien, aber auch Restaurants, Geschäfte und schöne Grünanlagen sowie ein Obst- und Gemüsemarkt.

④ **BC Place Stadium**
Das Stadion wird von einer gewaltigen Kuppel überspannt.

⑤ **General Motors Place**
Im Stadion, von den Einheimischen »Garage« genannt, finden die Eishockeyspiele sowie Basketballspiele der Lokalmannschaften statt.

⑥ **Sam Kee Building**
Im schmalsten Geschäftshaus der Welt dürfte man sich kaum verlaufen.

⑦ **Steam Clock**
Diese Standuhr stößt zur vollen Stunde Dampf aus und pfeift im Viertelstundentakt.

⑧ **Harbour Centre**
Der Harbour Centre, eines der höchsten Gebäude der Stadt, wird von den Einheimischen liebevoll »Urinal« genannt, weil die oberen Stockwerke weiter herausragen als die unteren. Aber keine Sorge – es wird nur so genannt.

⑨ **Vancouver Travel Info Centre**
Hier können Sie sich mit Informationsmaterial eindecken oder Karten kaufen.

⑩ **Marine Building**
In die Fassade dieses im Art-Déco-Stil errichteten Gebäudes sind Terrakotta-Verzierungen eingearbeitet, die Vancouvers Beziehung zu Handel und Meer symbolisieren.

⑪ **Stanley Park**
Im grünen Herzen der Stadt gibt es einen See mit unzähligen Wasservögeln, den Lost Lagoon, den Zoo von Vancouver, weltbekannte Totempfähle, eine Kanone, die täglich um 21 Uhr gezündet wird, und vieles mehr.

⑫ **Canadian Craft Museum**
Kanadische Kunsthandwerker und Designer stellen hier ihre Werke aus.

⑬ **Hotel Vancouver**
In dem traditionsreichen Gebäude, bzw. seinen Vorläufern, sind schon so illustre Gäste wie Mark Twain, Rudyard Kipling, Winston Churchill, Indira Gandhi und Königin Elisabeth abgestiegen.

⑭ **Vancouver Art Gallery**
In dem alten restaurierten Justizgebäude sind heute Ausstellungen internationaler und kanadischer Künstler zu sehen.

⑮ **Court House**
Das neue Justizgebäude fällt durch seine eigenwillig schräg abfallende Dachkonstruktion aus Glas und Beton auf.

⑯ **Ford Centre for the Performing Arts**
Neueste internationale Produktionen sind in diesem architektonischen Prunkstück zu sehen.

⑰ **Vancouver Public Library**
In dem neunstöckigen und wahrlich lichtdurchfluteten Oval können auch Besucher Bücher ausleihen oder die hochmoderne Computertechnologie nutzen.

①

②

In der G
iktorianis
auf. Einf
rierte Ge
ıalige Lag
die den
Altstadt

★ **Downtown** In der Innenstadt wuchsen in den letzten drei Jahrzehnten silbern schimmernde Wolkenkratzer in die Höhe, Ausdruck eines riesigen wirtschaftlichen Potentials. Neben den postmodernen Apartmentblocks und den futuristisch-eleganten Gebäudekomplexen der Innenstadt gibt es reizvolle Einkaufsstraßen (Robson St., Granville St., Denman St.). Der älteste Stadtteil, Gastown, wurde sorgfältig restauriert und ist heute eine Touristenattraktion. Jenseits des Burrard Inlet entstanden ausgedehnte Wohnviertel, North Vancouver und West Vancouver.

Geschichte Wie archäologische Forschungen vermuten lassen, war der Raum Vancouver schon Jahrtausende vor unserer Zeitrechnung besiedelt. Man glaubt heute, dass sich im Bereich der Fraser-Mündung ein Zentrum der pazifischen Fischerkulturen befunden hat. Vor Ankunft der Europäer war der südliche Bereich der Georgia Strait Stammesgebiet der Küsten-Salish.

1791	Der Spanier José Navéz erkundet als Erster English Harbour.
1792	Der englische Kapitän George Vancouver sucht hier die Nordwestpassage.
1858	Die ersten Goldgräber kommen, anschließend Holzfäller und Landarbeiter.
1886	Vancouver wird zur Stadt erhoben.
1887	Die Eisenbahn erreicht den Burrard Inlet, dadurch wird Vancouver zum wichtigen Pazifikhafen.
2010	XXI. Olympische Winterspiele

Welthafen Von Vancouver aus werden Getreide, Bodenschätze, Schnitt- und Bauholz, Papier und Zellulose vorwiegend nach Asien exportiert. Lange Güterzüge bringen die Waren aus dem Hinterland in den Hafen von Vancouver, wo sie auf Schiffe umgeladen werden. Umgekehrt kommen via Vancouver alle möglichen Konsumgüter (Autos, elektronische Geräte) aus dem asiatischen Raum ins Land.

Ballungsraum In nur 100 Jahren entwickelte sich Vancouver zum Zentrum des drittgrößten kanadischen Ballungsraumes, in dem heute 2,1 Mio. Menschen leben. Fast die Hälfte der Einwohner Britisch-Kolumbiens wohnt im Verdichtungsraum zwischen Küstengebirge und Fraser-Delta. Neben Handel und Dienstleistungen sind Holzverarbeitung und Lebensmittelindustrie wichtige Wirtschaftszweige.

Downtown Vancouver

Robson Square Im Zentrum von Vancouver weitet sich der Robson Square zwischen dem historischen Gerichtsgebäude, das heute die Kunstgalerie von Vancouver beherbergt, und der siebenstöckigen gläsernen

Pyramide des neuen Gerichtsgebäudes, das 1979 nach Plänen des berühmten Architekten Arthur Erickson errichtet worden ist. Auf unterschiedlichen Ebenen sind diverse öffentliche Einrichtungen untergebracht. Begrünte Dachterrassen, ein kleiner Wasserfall und ein Teich sowie ein gut gestaltetes Foyer laden zu sommerlichen Veranstaltungen ein. An der **Robson Street**, dem Shoppingparadies in Vancouver, ist eine breite Ladenpassage mit Restaurants und Straßencafés sowie einer Rollschuhbahn angelegt. Im Winter kann man hier sogar Eis laufen. An der Ecke Robson St. / Carder St. liegt diese von Londons Crystal Garden beeinflusste Markthalle. Im ersten Stock findet man kleine Restaurants (fast food) mit internationalen Spezialitäten.

> ! *Baedeker* TIPP
>
> **Vorsicht geboten!**
>
> Wie in allen Großstädten gibt es auch in Vancouver Stadtviertel, die man meiden sollte. Besonders zu warnen ist vor den heruntergekommenen Quartieren im Bereich der East Hastings Street und der Granville Street, wo man nach Einbruch der Dunkelheit mit sehr unliebsamen Begegnungen zu rechnen hat.

◂ Robson Public Market

★ Vancouver Art Gallery

An der Nordseite des Robson Square lädt die 1911 im Chateau-Stil erbaute Galerie zum Besuch ein. Hier sind u. a. viele Werke von **Emily Carr** (▸ Berühmte Persönlichkeiten) zu sehen. Sie war fasziniert von der Kunst und Kultur der Nordwestküstenindianer (750 Hornby St.; Öffnungszeiten: tgl. 10.00 – 17.30, Di. u. Do. bis 21.00 Uhr).

Der Abschnitt zwischen Burrard Street und Bute Street ist auch als »Robsonstrasse« bekannt. Hier gibt es zahlreiche, ursprünglich von deutschen Einwanderern gegründete Geschäfte.

Canadian Craft Museum

Das Museum widmet sich dem Schaffen kanadischer Kunsthandwerker und Designer. Die Palette reicht von filigranem Schmuck aus verschiedenen Materialien bis zu phantasievoll gestalteten Gegenständen des täglichen Gebrauchs (639 Hornby St.; Öffnungszeiten: Mo. – Sa. 10.00 – 17.00, So. 12.00 – 17.00, Do. bis 21.00 Uhr).

Orpheum Theatre

Das Orpheum Theatre (865 Seymour St.) war einstmals das Varieté-Theater von Vancouver. Heute ist das liebevoll renovierte Bauwerk Konzerthaus und Heimstatt des Vancouver Symphony Orchestra.

CP Waterfront Station

Am Nordende der Granville Street steht der ehemalige Bahnhof der Canadian Pacific. Hier befinden sich heute die Zugänge zum »Sky Train« und zum »Sea Bus«. Während der viertelstündigen Fahrt mit der Personenfähre zum Nordteil von Vancouver kann man einen schönen Blick auf die Skyline der Stadt genießen.

★★ Canada Place

Westlich davon, an der Pier »British Columbia«, wurde 1986 anlässlich der Weltausstellung das neue Wahrzeichen der Stadt fertig gestellt. Der architektonisch höchst bemerkenswerte Komplex erinnert mit seiner ungewöhnlichen Dachkonstruktion an ein überdimensio-

Highlights Vancouver

Promenaden des Canada Place
Hier kann man den Betrieb im Hafen sowie startende und ankommende Wasserflugzeuge beobachten.
► Seite 293

Stanley Park
Mit Zoo und Aquarium ist dieser Park die grüne Oase der Stadt.
► Seite 300

Scenic Drive
Rundfahrt um Stanley Park und Hafen
► Seite 300

UBC Museum of Anthropology
Hier taucht man in die Kultur der Nordwestküstenindianer ein.
► Seite 303

Capilano Suspension Bridge
Auf der 140 Meter langen Hängebrücke sollte man schwindelfrei sein.
► Seite 305

Vancouver Art Gallery
Zu bewundern sind Werke Emily Carr, der berühmtesten Malerin Kanadas.
► Seite 293

Robson Street
In exklusiven Boutiquen und Restaurants kann man viel Geld lassen.
► Seite 293

Harbour Centre Tower
Von hier schaut man bei klarer Sicht bis Vancouver Island oder zum Mount Baker.
► Seite 294

Gastown
Mit viel Liebe zum Detail restaurierte Gebäude aus viktorianischer Zeit
► Seite 295

TELUS World of Science
Technisch-naturwissenschaftliche Schau der Superlative
► Seite 303

niertes Segelschiff. Das »Canada Place« beherbergt ein Kongresszentrum mit Hotel, Restaurants und einigen exklusiven Geschäften sowie ein hypermodernes IMAX Theatre. Entlang des Bauwerks können Kreuzfahrtschiffe festmachen. Promenaden führen auf verschiedenen, Schiffsdecks ähnelnden Ebenen um das Gebäude. Von hier kann man den Hafenbetrieb sowie startende und landende Wasserflugzeuge beobachten. Im Canada Place informiert eine eindrucksvolle Multimedia-Show (25 Minuten) über die Stadt Vancouver und deren 100-jährige Geschichte.

Szenerie am Hafen

Am Nordende der Granville Mall sind es nur wenige Schritte zum **Harbour Centre Tower** (555 W. Hastings St.), einem modernen Hochhauskomplex mit einem großen Einkaufszentrum. Im obersten Stockwerk gibt es ein Drehrestaurant sowie eine Aussichtsplattform

(167 m über Grund), beide erreichbar mit dem »Skylift«, zwei außen verlaufenden, gläsernen Aufzügen (in Betrieb: im Sommer tgl. 8.30 – 22.30, sonst tgl. 9.30 – 21.00 Uhr). An klaren Tagen reicht die Sicht bis hinüber nach Vancouver Island und Victoria im Südwesten. Und in Richtung Südosten leuchtet die Eis- und Schneehaube des ca. 140 km entfernten Mount Baker. In der »Lower Mall« befindet sich eines der größten Feinkostgeschäfte Kanadas.

Vancouvers berühmte Steam Clock

Gleich hinter dem Harbour Centre beginnt am Ostrand des Geschäfts- und Bankenviertels zwischen Richards St., Columbia St., Hastings St. und Water Street die **Gastown**, wie dieser Teil der Altstadt von Vancouver genannt wird. John Deighton eröffnete hier 1867 einen »Saloon« für die durstigen Arbeiter der nahen Sägemühlen. Da Deighton gerne großspurige Monologe hielt, bekam er bald den Beinamen »Gassy Jack«, und die Gegend um den Saloon wurde als »Gassy's Town« oder »Gastown« berühmt-berüchtigt. Liebevoll restaurierte Gebäude aus viktorianischer Zeit und umgewidmete ehemalige Lagerhäuser, die heute Restaurants, Bars, Boutiquen, Kunstgalerien und Souvenirläden beherbergen, prägen das Bild. Im Jahre 1972 stellte man den Bezirk unter Denkmalschutz. Besonders reizvoll bietet sich die Waterstreet mit ihren Gaslaternen und ihrem Steinpflaster abends dar.

★ **Steam Clock**

An der Ecke Cambie St. / Water Street steht die in den siebziger Jahren des 19. Jh.s gebaute Steam Clock (Dampfuhr), die alle Viertelstunde pfeifend Dampf ausstößt. Heute ist dieser Chronometer jedoch an das städtische Fernwärmenetz angeschlossen. Am Ende der Water Street, am Maple Tree Square, erinnert eine Statue an Gassy Jack und sein erstes Whiskeyfass.

Chinatown

East meets West

Östlich der Carrall Street breitet sich die Chinatown aus. Neben modernen Zweckbauten finden sich noch viktorianische Gebäude, teilweise mit typischen chinesischen Bauelementen. Hauptachsen sind die E. Pender Street und die Keefer Street. Hier findet man viele Restaurants, die mittags »Dim Sum« anbieten, eine Art chinesischen Brunch. Die Auslagen der Lebensmittelläden sind für europäische Augen recht ungewohnt. Gemüse und Obst werden auf der Straße feilgeboten. Selbst die Telefonzellen sind wie Pagoden gestaltet. Zwischen den Hauptstraßen verlaufen kleine, enge Gassen wie z. B. die Traunce bzw. »Blood« Alley. Alljährlich wird hier das chinesische Neujahrsfest mit Umzug und Feuerwerk begangen.

Vancouver Downtown Orientierung

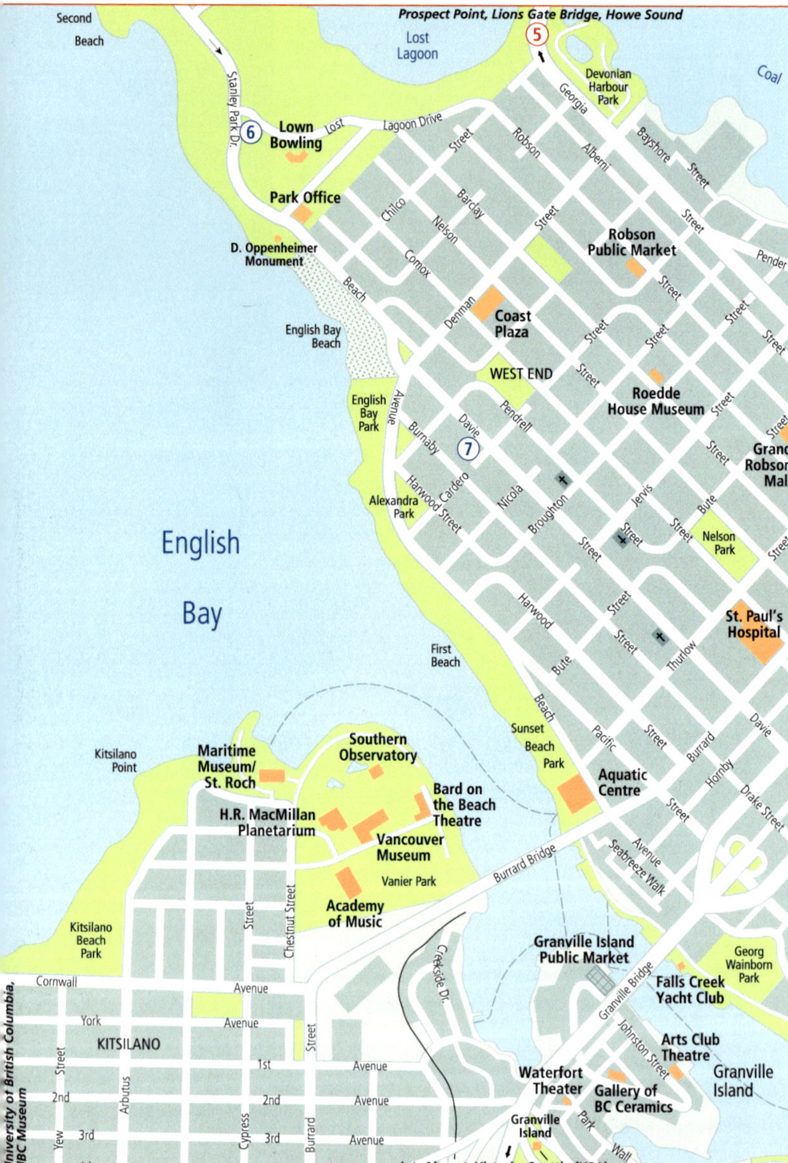

Übernachten

1. Four Seasons Hotel
2. The Fairmont Waterfront
3. The Fairmont Vancouver
4. Hyatt Regency
5. Best Western Capilano

Essen

1. Top of Vancouver
2. Water Street Cafe

③ Aurora Bistro
④ Diwa at the Met
⑤ Joe Forte's Seafood House
⑥ Liliget
⑦ The Teahouse at Ferguson Point
⑧ Kirin Mandarin
⑨ CinCin

VANCOUVER ERLEBEN

AUSKUNFT

Vancouver Touristinfo Centre
Plaza Level
200 Burrard Street
Vancouver, BC, V6C 3L6
Tel. (604) 683-20 00
Fax (604) 682-68 39
www.tourismvancouver.com

EINKAUFEN

Robson Street
Exklusive Boutiquen und vielerlei Geschäfte mit Spezialitäten aus aller Welt sowie zahlreiche hervorragende Restaurants und sonstige Lokale locken die Besucher der Stadt an. Hier kann man auch wunderschöne kunstgewerbliche Artikel der Nordwestküstenindianer erwerben.

Granville Street Mall
In den vielen Geschäften, Kinos, Theatern und Nachtklubs nordöstlich vom Robson Square herrscht Tag und Nacht Hochbetrieb. An der Kreuzung von Georgia Street und Granville Street sind das Pacific Centre und das Vancouver Centre zwei markante Treffpunkte.

ESSEN

► Fein & Teuer

④ ***Diva at the Met***
645 Howe Street
Tel. (604) 687-11 22
Das Restaurant im Metropolitan Hotel gehört zu den besten der Stadt. Seinen exzelllenten Ruf verdankt es vor allem seiner hervorragenden Fischküche.

⑧ ***Kirin Mandarin***
102 – 1166 Alberni Street
Tel. (604) 682-88 33
Sehr gutes und teures China-Restaurant mit ausgezeichneter Fischküche.

⑨ ***CinCin***
1154 Robson Street
Tel. (604) 688-73 38
Die feine mediterrane Küche an der Pazifikküste bietet auch Spezialitäten aus dem Holzbackofen und vom Holzkohlengrill.

► Erschwinglich

① ***Top of Vancouver***
Drehrestaurant auf dem Harbour Centre
555 Hastings Street
Tel. (604) 669-22 20
Die gute Küche ist international ausgerichtet. Zu leckeren Speisen gibt es einen herrlichen Blick über die Stadt und den Hafen.

Baedeker-Empfehlung

③ ***Aurora Bistro***
2420 Main Street
Tel. (604) 873-99 44
Küchenchef Jeff Van Geest offeriert sorgfältig zubereitete Kreationen der West Coast Cuisine, wobei auf frische Produkte aus der Region zurückgreift. Der gut sortierte Weinkeller bietet einige herausragende Tropfen aus BC.

⑦ ***The Teahouse at Ferguson Point***
Stanley Park Drive
Tel. (604) 669 - 32 81
Das für seine exzellente Fischküche bekannte Restaurant liegt im Stanley Park und bietet einen tollen Blick auf die English Bay. Hier kann man wunderbaren Pazifik-Lachs mit Kräuterkruste ebenso probieren wie wie einen köstlich zubereiteten Hawaii-Thunfisch und so manch andere leckere Kreation.

► **Preiswert**

⑤ ***Joe Forte's Seafood House***
777 Thurlow Street
Tel. (604) 669-19 40
Seit über zwei Jahrzehnten wird hier gute kanadische Wsetküstenküche geboten, wobei natürlich Fischgerichte im Vordergrund stehen.

⑥ ***Liliget***
1724 Davie Street
Tel. (604) 681 - 70 44
Lachs, Heilbutt, Kaninchen und Büffel werden hier nach Art der Nordwestküstenindianer zubereitet.

② ***Water Street Cafe***
Gastown, 300 Water Street
Tel. (604) 689-28 32
Vorzügliche Fischgerichte und Spezialitäten mit italienischem Touch.

ÜBERNACHTEN

► **Luxus**

③ ***The Fairmont Vancouver***
900 W. Georgia Street
Vancouver, BC, V6C 2W6
Tel. (604) 684-31 31
www.fairmont.com/hotelvancouver
Das 1939 im Château-Stil erbaute Luxushotel im Stadtzentrum – mit patiniertem Kupferdach – lässt kaum einen Wunsch offen. Mahagoni und Marmor prägen die luxuriös ausgestatteten Zimmer und Suiten.

② ***The Fairmont Waterfront***
900 Canada Place Way
Vancouver, BC, V6C 3L5
Tel. (604) 691 - 19 91
www.fairmont.com/waterfront
Mit allen Schikanen ausgestattete Nobelherberge in einem architektonisch bemerkenswerten modernen Hochhaus am Canada Place. Von hier aus hat man einen schönen Blick über die Hafenfront.

① ***Four Seasons Hotel***
791 West Georgia Street
Vancouver, BC, V6C 2T4
Tel. (604) 689-93 33
www.fourseasons.com/vancouver
Ausgesprochen elegantes Haus in zentraler Lage mit 372 höchst komfortabel eingerichteten Gästezimmern und Suiten.

► **Komfortabel**

④ ***Hyatt Regency Vancouver***
655 Burrard Street
Vancouver, BC, V6C 2R7
Tel. (604) 683-12 34
www.vancouver.hyatt.com
Diese ebenfalls sehr zentral gelegene Großhotel mit 644 Zimmern und Suiten wird von Geschäftsreisenden und Touristen gleichermaßen gern frequentiert.

⑤ ***Best Western Capilano Inn & Suites***
North Vancouver
1634 Capilano Road
Vancouver, BC, V7P 3B4
Tel. (604) 987 - 81 85
www.bestwesterncapilano.com
Modernes Mittelklassehotel am nördlichen Kopf der berühmten Capilano Bridge. Von hier aus ist es nicht weit in die Innenstadt und in den für seine Totempfähle berühmten Stanley Park.

Baedeker TIPP

Teeprobe

Das Pfund Tee für 2000 CAD? Im Geschäft der »Ten Ren Tea & Ginseng Ltd.« in Vancouvers Chinatown gehen Spitzentees durchaus zu solchen Preisen über die Ladentheke. Kenntnisreich wird man von freundlichem Personal über Details der richtigen Teezubereitung informiert (Ten Ren Tea & Ginseng Ltd., Vancouver, 550 Main St., geöffnet tgl. 9.30 – 18.00, Do. u. Fr. bis 21.00 Uhr).

Beachtenswert ist das knapp 2 m breite **Sam Kee Building** (8 W. Penter St.), das als schmalstes Geschäftshaus der Welt gilt. Anlässlich der Weltausstellung des Jahres 1986 legten Gartenarchitekten und Handwerker aus Su-zhou (China) an der Carrall Street bzw. am Rande der Chinatown einen klassischen **chinesischen Garten** an (Dr. Sun Yat Sen Garden). Im modernen Gebäude des chinesischen Kulturzentrums (Chinese Cultural Centre; 50 E. Pender St.) kann man sich über die Geschichte und das kulturelle Leben der hiesigen Chinatown anhand von Wechselausstellungen informieren. Das **Queen Elizabeth Theater & Playhouse** (Cambie St./ Dunsmuir St.) ist das größte Schauspielhaus von Vancouver.

★★ Stanley Park

Erholung und Kulturgenuss

Westlich der Innenstadt lockt die grüne Oase der Stadt, der Stanley Park mit zahlreichen Freizeiteinrichtungen und Sehenswürdigkeiten, wozu auch ein Zoo und ein Aquarium gehören. Über 80 km Wege und Straßen erschließen ihn. Am Coal Harbour – hier hat man im 19. Jh. ein kleines Kohleflöz entdeckt – beginnt eine ca. 11 km lange Wanderung bzw. Fahrradtour um die Halbinsel. Es geht über den Seawall, einen niedrigen Damm, von dem aus sich immer wieder herrliche Blicke auf die elegante Skyline von Vancouver bieten, auf den Burrard Inlet mit den ein- und auslaufenden Schiffen oder über die First Narrows auf North Vancouver und die dahinter aufragenden Berge.

? WUSSTEN SIE SCHON ...?

- ... dass die mächtigen jahrhundertealten Rotzedern und Douglasien im westlichen Teil des Stanley Park nur dadurch den Äxten und Sägen der Holzfäller entgingen, dass sie für eventuell notwendige Reparaturen der Segelschiffe der britischen Marine vorgesehen waren?

★★ Scenic Drive

Eine ca. 10 km lange Rundfahrt (Einbahnstraßensystem) führt auf dem Scenic Drive von der Georgia Street aus um den Park, vorbei am Coal Harbour mit dem Vancouver Ruder- und Jachtklub.

Deadman's Island

Dieses Eiland wird bis heute von der kanadischen Marine genutzt. Hier liegt auch die »Discovery«, das Schiff, mit dem Kapitän Vancouver 1792 die Gewässer um Vancouver Island erforschte. Vom Halleluja Point aus genießt man einen sehr schönen Blick auf Downtown Vancouver.

Der höchst eindrucksvollen Totempfähle wegen kommen alljährlich Tausende wissbegieriger Touristen aus aller Herren Länder in Vancouvers Stanley Park.

★★ Totempfähle

Schräg gegenüber stehen die weltbekannten Totempfähle des Stanley Park. Sie sind im 19. bzw. frühen 20. Jh. von Angehörigen verschiedener Nordwestküsten-Indianerstämme geschnitzt worden. Einige dieser Pfähle wurden bereits 1912 von der Stadt erworben und hier aufgestellt.

Brockton Point

Am Brockton Point steht die **9 O'Clock Gun**, eine 1816 in England gefertigte Kanone, die man Ende des 19. Jh.s nach Vancouver gebracht hat. Sie wird täglich um 21.00 Uhr gezündet. Einst läutete sie um 18.00 Uhr den Feierabend für die Fischer ein.

Empress of Japan

An einem weiteren Aussichtspunkt ist eine Nachbildung der Galionsfigur der »Empress of Japan« zu sehen. Dieses Schiff der Canadian Pacific Railroad verkehrte von 1891 bis 1922 zwischen Vancouver und Ostasien. Davor sieht man auf einem Felsen das Pendant zur Kopenhagener Meerjungfrau. Allerdings trägt die von Elek Imredy geschaffene kanadische Dame einen Taucheranzug und wird liebevoll »Girl in Wetsuit« genannt.

Beaver Lake

Lohnend ist ein Spaziergang zu dem im Sommer von verschiedenfarbigen Wasserlilien bedeckten Beaver Lake, dem einzigen natürlichen Süßwassersee im Park. Wo sich einstmals Biber tummelten, kann man heute Reiher und Trompeterschwäne beobachten.

Hollow Tree, Second Beach

Vom »Hollow Tree«, einer etwa 800 Jahre alte Rot-Zeder, führen Spazierwege zum beliebten Third Beach und zum Shiwash Rock. Der bekannteste Strand von Vancouver ist der Second Beach. Als man

1912 den False Creek ausbaggerte, brachte man den Sand hierher und baute die ersten Badehäuschen. Heute gibt es hier auch ein großes Meerwasserschwimmbad.

✶ Vancouver Aquarium

Ebenfalls im Stanley Park findet man Nordamerikas drittgrößtes und international renommiertes **Meerwasseraquarium**. Viele Besucher erfreuen sich an den Vorführungen mit Delfinen, Belugawalen und Orkas (Killerwale) sowie mit putzigen Seeottern und mächtigen Seelöwen im **Max Bell Marine Mammal Centre**. Daneben bietet die Sandwell North Pacific Gallery eine gute Einführung in die Unterwasserflora und -fauna des nördlichen Pazifiks. Nordpazifiks. Lachse und vielerlei Süßwasserfische sind in der benachbarten R. Gibbs Hall zu sehen (Öffnungszeiten: Victoria Day – Labour Day tgl. 9.00 – 19.00, übrige Zeit tgl. 9.30 – 17.00 Uhr).

Weitere Sehenswürdigkeiten in Vancouver

Granville Island

Auf Granville Island (südwestlich von Downtown unter der Granville Street Bridge, Hwy. 99), spürt man noch die Atmosphäre des ehemaligen Industriegeländes. In die umgebauten alten Lagerhäuser hinter den Hausbooten sind Künstler eingezogen, es entstanden Theater, Geschäfte, Galerien und Restaurants, eine Marina sowie verschiedene Grünanlagen. Einen Besuch lohnt die Ausstellung des **Emily Carr Institute of Art & Design** (1399 Johnston St.; Öffnungszeiten: tgl. 9.30 – 17.30 Uhr). Starken Zulaufs erfreut sich auch der **Granville Island Public Market**, auf dem Obst und Gemüse, Meeresfrüchte sowie allerlei Spezialitäten angeboten werden (Öffnungszeiten: tgl. 9.00 bis 18.00 Uhr). In der **Granville Island Brewery** wird Bier nach dem deutschen Reinheitsgebot gebraut (Führungen tgl. 14.00 Uhr).

✶ Vancouver Museum

Über die Burrard Bridge erreicht man den südlich des False Creek liegenden Vanier Park. Hier findet man das Vancouver Museum, das sich nicht nur mit der Stadtgeschichte, sondern auch mit der Natur- und Kulturgeschichte der Pazifikküste befasst. Beachtung verdienen die ethnografischen Sammlungen, die Einblicke in die Kultur der Nordwestküstenindianer gewähren (1100 Chestnut St.; Öffnungszeiten: Di. – So. 10.00 – 17.00, Do. bis 21.00 Uhr, Juli/Aug auch Mo.).

H. R. MacMillan Space Centre

Gleich nebenan lädt eine interessante Raumfahrtausstellung mit Planetarium und Himmelsobservatorium zum Besuch ein. Hier werden auch astronomische Vorführungen geboten. Von der Terrasse hat man einen tollen Blick auf die imposante Skyline der Stadt sowie auf die Berge an der North Shore (1100 Chestnut St.; Öffnungszeiten: Di. – So. 10.00 – 17.00 Uhr).

Vancouver Maritime Museum

Nahebei steht das Museum, das über Seefahrt und Fischfang, den Hafen von Vancouver und die Erforschung der Meere informiert. Im Heritage Harbour liegen alte Schiffe. Besonders interessant ist die in einem Trockendock liegende »St. Roch«, ein 1928 für arktische Gewässer gebauter Zweimaster, den die RCMP als Versorgungs- und Patrouillenschiff nutzte. 1944 startete er durch die Nordwestpassage nach Halifax und kehrte im selben Jahr wieder zurück (1905 Ogden St.; Öffnungszeiten: Victoria Day – Labour Day tgl. 10.00 – 17.00, übrige Zeit Di. – Sa. 10.00 – 17.00, So. 12.00 – 17.00 Uhr).

Kitsilano

Weiter südwestlich erreicht man den derzeit besonders angesagten Stadtteil Kitsilano mit seinen vielen netten Lokalen und Boutiquen. »Kits«, wie Kitsilano von den Einheimischen liebevoll genannt wird, hat auch einen beliebten Strand, den Kitsilano Beach.

**** UBC Museum of Anthropology**

Der North West Marine Drive führt an den Point Grey, wo sich der Campus der University of British Columbia (UBC) ausbreitet. Hauptattraktion ist das UBC Museum of Anthropology, dessen traditionelle Haida-Elemente integrierendes Gebäude vom berühmten kanadischen Architekten Arthur Erickson entworfen worden ist. Ausgestellt sind in erster Linie Kulturerzeugnisse der Nordwestküstenindianer. Weltberühmt ist die Skulptur **»The Raven and the First Man«** (s. Bild) des Haida-Künstlers Bill Reid, von dem auch noch andere Arbeiten ausgestellt sind. In der Great Hall beeindrucken bis zu 10 Meter hohe **Totempfähle**.

In den Außenanlagen des Museums sind imposante Langhäuser, Totempfähle und andere Skulpturen der Haida zu bewundern (6393 Marine Drive NW; Öffnungszeiten: Victoria Day bis Labour Day tgl. 10.00 – 17.00, Di. bis 21.00, übrige Zeit Mi. – So. 11.00 bis 17.00, Di. bis 21.00 Uhr).

The Raven and the First Man

UBC Botanical Gardens

Ebenfalls am North West Marine Drive liegen die UBC Botanical Gardens der Universität (Öffnungszeiten: Sommer tgl. 10.00 – 18.00 Uhr, sonst tgl. 10.00 – 14.30 Uhr). Benachbart sind die hübschen **Asian Gardens**, die man durch eine Fußgängerunterführung erreicht.

Van Dusen Botanical Gardens

Weiter östlich, zwischen 34th Street und 37th Street, erstrecken sich die Van Dusen Botanical Gardens in denen vielerlei exotische Pflanzen kultiviert werden (5251 Oak St.; Öffnungszeiten: Sommer tgl. 10.00 – 21.00 Uhr, sonst tgl. 10.00 – 16.00 Uhr).

★ **TELUS World of Science** Am Ende des False Creek, d.h. am südöstlichen Rand von Downtown, erstreckt sich das ehem. Ausstellungsgelände der EXPO '86. Im früheren Expo Centre ist heute die TELUS World of Science untergebracht. Didaktisch sehr geschickt wird man hier mit vielerlei naturwissenschaftlichen Phänomenen vertraut gemacht. Hauptattraktion des Zentrums ist die von Richard Buckminster Fuller entworfene silberne Kugel des **Geodesic Dome**, die der besondere Blickfang der Expo '86 war. Sie beherbergt heute ein Omnimax-Kino, in dem spektakuläre Filme auf Großleinwand zu sehen sind (1455 Québec St.; Öffnungszeiten: tgl. 10.00 – 17.00, Sa., So., Fei. bis 18.00 Uhr).

Vanterm Am Nordende des Clarke Drive, östlich der Innenstadt, befindet sich ein öffentlich zugänglicher Teil des Hafens von Vancouver (Vanterm). Von hier aus kann man das Beladen der Container-Schiffe beobachten (Führungen: Mo. – Do. 9.00 – 12.00 u. 13.00 – 16.00 Uhr).

Sehenswertes im Großraum Vancouver

Port Moody Das am Ende des Burrard Inlet, 20 km östlich von Vancouver liegende Port Moody (24 000 Einw.) ist heute Vorort von Vancouver. Hier befand sich einst der Endpunkt der transkontinentalen Eisenbahnlinie, weswegen man hier im Juli das **Golden Spike Festival** feiert.

Station Museum ► Das Museum in der 1907 erbauten CP Rail Station erinnert an die Anfänge des Eisenbahnzeitalters an der kanadischen Westküste (2734 Murray St.; Öffnungszeiten Juli, Aug. tgl. 13.00 – 20.00 Uhr, sonst Sa., So. 13.00 – 16.00 Uhr).

Burnaby In der östlichen Vorstadt Burnaby, die sich aussichtsreich an die Hänge des gleichnamigen Berges schmiegt, stehen die vom Star-Architekten Arthur Erickson entworfenen Bauten der **Simon Fraser University**, umgeben vom **Burnaby Mountain Park**. Von hier genießt man einen ausgezeichneten Rundblick über das südwestliche Festland British Columbias.

Das **Museum of Archeology & Ethnology** informiert über die Erforschung der 10 000 Jahre langen indianischen Besiedlung der Provinz (Öffnungszeiten: Mo. – Fr. 10.00 – 16.30, Sa. / So. 12.00 – 15.00 Uhr).

Die **Simon Fraser Gallery** präsentiert neben Wechselausstellungen zeitgenössischer Kunst über 900 Arbeiten von Inuit-Künstlern.

Nördlich des Deer Lake erreicht man das **Burnaby Heritage Village Museum** mit Gebäuden aus der Zeit von 1890 bis 1925 (4900 Deer Lake Ave.; Öffnungszeiten: März – Okt. tgl. 11.00 – 16.30 Uhr).

New Westminster Südöstlich schließt die Vorstadt New Westminster an. Im Zentrum sind noch viele **viktorianische Gebäude** erhalten, die den Stadtbrand von 1898 überstanden haben. Das 1864 fertig gestellte **Irving House**, eines der ältesten Häuser an der kanadischen Westküste und repräsentatives Heim eines Flussschiffers, kann besichtigt werden (302 Royal Ave.; Öffnungszeiten: Mai – Sept. 11.00 – 17.00, sonst Sa. / So.

13.00 – 17.00 Uhr). An der **New Westminster Waterfront** laden eine Promenade mit modernem Einkaufszentrum und der **Westminster Quay Public Market** zum Bummeln ein.

Richmond, Steveston

Besonders malerisch ist das mit dem noblen Vorort Richmond zusammengewachsene Fischerdorf Steveston im Südwesten mit liebevoll restaurierten alten Holzhäusern, Schuppen und Stegen, wo heute noch viele Fischerboote ihre Fänge anlanden. An der Moncton Street lädt das Steveston Museum zum Besuch ein.

★ Marine Drive

Diese aussichtsreiche Panoramastraße führt durch die wohlhabende Vorstadt **West Vancouver** (40 000 Einw.) und vorbei am Wanderparadies **Lighthouse Park** zur **Horseshoe Bay** mit dem **Whytheclift Park**. An der Nordseite dieser Bucht legen die Fähren nach Nanaimo (Vancouver Island), Bowen Island und Langdale ablegen.

★ Lions Gate Bridge

Vom Stanley Park gelangt man über die Lions Gate Bridge, die von steinernen Löwen bewacht wird, hinüber nach **North Vancouver**. Die imposante Hängebrücke, deren Bau der Brauerei-Magnat Guinness finanzierte, wurde 1938 eingeweiht. Ein hübscher Platz ist der **Lonsdale Quay** in North Vancouver. Auf dem quirligen Public Market mit seinen bunten Läden, Lokalen und Tischen im Freien treten gern Straßenmusikanten auf. Vom Observation Tower hat man einen schönen Blick auf die Skyline von Downtown Vancouver.

Seit 1899 können Fußgänger den wildromantischen, ca. 70 m tiefen Capilano Canyon auf der **Capilano Suspension Bridge** überqueren. Die knapp 140 m lange Hängebrücke (3735 Capilano Road) führt hinüber zu einem imposanten Bestand von mächtigen alten Rotzedern und Douglasien.

Kurz hinter der Hängebrücke zweigt links die Capilano Park Road ab. Sie führt zur **Capilano Salmon Hatchery**, einer Lachsaufzuchtstation, in der man Informaionen über den Laichzyklus der Lachse erhält. Die Station soll den Fischbestand erhalten, der durch den Bau des Cleveland-Dammes stark gefährdet war. Von Juli bis Oktober können Lachse an den Fischtreppen beobachtet werden.

Schwankender Boden über dem Capilano Canyon

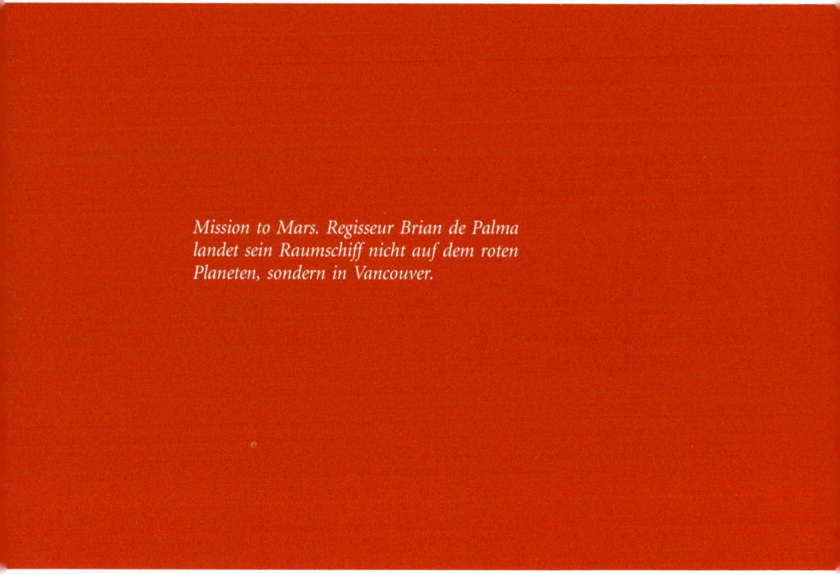

Mission to Mars. Regisseur Brian de Palma landet sein Raumschiff nicht auf dem roten Planeten, sondern in Vancouver.

HOLLYWOOD NORTH

Wilde Verfolgungsjagden durch Straßenschluchten, Bösewichte mit Maschinengewehren oder Raumschiffe voller Aliens – solche Szenen gehören in den Straßen von Vancouver schon fast zum Alltag. Denn in der kanadischen Filmmetropole werden jährlich rund 50 Kinofilme für den Weltmarkt gedreht. Dazu kommen TV-Serien, jede Menge Trickfilme und andere Produktionen.

Im Jahr 2020 landet das erste bemannte Raumschiff auf dem Roten Planeten: »Mission to Mars«. Kurz nach der Landung endet die Mission in einem geheimnisvollen Desaster. Eine Rettungsmannschaft startet, um die Tragödie zu untersuchen und Überlebende zu bergen. Doch im roten Staub, der den Mars überdeckt, erwartet die Astronauten eine böse Überraschung ... Mit seinem Science-Fiction-Film **»Mission to Mars«** realisierte Regisseur Brian de Palma ein ehrgeiziges Vorhaben mit aufwändigen Spezialeffekten und ausgefeilter Tricktechnik. Drehort: nicht Hollywood, sondern Vancouver, Kanada. Für die staubig-roten Szenen wurden im Stadtteil Richmond kurzerhand 30 Hektar Strand rot eingefärbt. Solche Aktionen sind in der Filmmetropole Vancouver nicht ungewöhnlich. Bei den Dreharbeiten zum Action-Thriller »Romeo Must Die« stellten die Stunt-Leute Melissa Stubbs und Ernie Jackson in Vancouver einen neuen Rekord auf: Sie stürzten vom Dach eines Büroturms am Hafen 90 m in die Tiefe.

Eine ganze Stadt als Kulisse

In »Romeo Must Die« doubelt Vancouver die an der Bucht von San Francisco gelegene Stadt Oakland.

Vancouver war aber auch schon mal New York, New Orleans, Seattle, Boston und einmal sogar Dänemark. Egal, wo in der Welt oder im All eine Filmhandlung spielt, ob Straßenschluchten benötigt werden oder idyllische Wohnviertel, ob es Berge sein sollen, Meer oder Sand: In und um Vancouver findet sich immer die **passende Kulisse**. Mit dem Pazifik, den schneebedeckten Coastal Mountains, dem Regenwald an der Küste und dem trockenen Hinterland des Okanagan mit Kakteen und Klapperschlangen kann man in Vancouver am gleichen Drehtag Liebesszenen am Strand aufnehmen und den Helden anschließend in den Schnee oder in die Wüste schicken. Die Schönheit der Stadt und ihres Umlandes ist aber nur einer von vielen Gründen für die Beliebtheit Vancouvers als Drehort. Filmemacher sparen hier dank der kanadischen Steuerpolitik und des immer noch relativ günstigen Wechselkurses eine Menge Produktionskosten. Und die publicity-geplagten Filmstars bzw. -sternchen können sich in Kanadas Pazifik-Metropole ein wenig erholen, denn die Einwohner der Stadt reagieren auf Prominenz recht gelassen. So gelassen, dass Denver-Biest Joan Collins bei ihrem ersten Aufenthalt in Vancouver irgendwann entnervt ausgerufen haben soll: »It's me, Joan Collins!«

Wirtschaftsfaktor Film

Mittlerweile arbeiten im Großraum Vancouver rund 50 000 Menschen in der **Filmindustrie**. Zwei der größten kanadischen Filmstudios sind hier angesiedelt und eine renommierte Film School bildet Nachwuchs für den prosperierenden Industriezweig aus. Einer Studie zufolge entsteht der US-amerikanischen Wirtschaft durch die Verlagerung der Dreharbeiten nach Kanada jährlich ein Verlust von rund 10 Mrd. US-Dollar, Tendenz

Baywatch-Star Pamela Anderson stammt zwar nicht direkt aus Vancouver, aber aus dem kleinen Städtchen Ladysmith auf Vancouver Island.

steigend. Kein Wunder, dass Demonstranten in Los Angeles auf Plakaten fordern: **»Bring Hollywood home!«** Der Erfolg der kanadischen Filmproduktionen lässt sich allerdings kaum aufhalten: »Roxanne«, die Cyrano-Neuverfilmung mit Steve Martin; die Filmkomödie »Cats and Dogs«, die Literaturverfilmung »Schnee, der auf Zedern fällt«; Schwarzeneggers »The 6th Day« oder auch »This Boy's Life« mit dem jungen Leonardo DiCaprio – das sind nur ein paar der bekanntesten Kinofilme quer durch alle Genres.

Dazu kommen erfolgreiche Fernsehserien wie »MacGyver«, »Highlander« oder »Akte X«, von der mittlerweile 118 Folgen in Vancouver gedreht wurden. Reiseveranstalter bieten inzwischen Touren zu den X-Schauplätzen an. Den Teilnehmern, die man in »streched limousins« zu den Drehorten kutschiert, wird empfohlen, Autogrammkarten bereitzuhalten.

Prominenz aus Vancouver

Natürlich hat eine Filmmetropole wie Vancouver viele **berühmte Töchter und Söhne** hervorgebracht. So stammt Baywatch-Star Pamela Anderson aus Ladysmith auf Vancouver Island. Michael J. Fox wurde zwar in Edmonton, AB, geboren, wuchs jedoch in Burnaby, einem Vorort von Vancouver, auf. In Deutschland bekannt ist auch der aus Vancouver gebürtige Jason Priestley, der vor allem durch seine Rolle als Brandon Walsh in »Beverly Hills 90210« bekannt wurde. Ebenfalls aus Vancouver stammt Gil Bellows, dem die Rolle des Billy Thomas in der Erfolgsserie »Ally McBeal« zum Durchbruch verhalf. Der ehemalige kanadische Wasserski-Champion William B. Davis ist in Europa als »Der Raucher« aus der TV-Serie »Akte X« ein Begriff. Er hat das Rauchen allerdings schon Ende der 1970er-Jahre aufgegeben und raucht bei den Dreharbeiten nur Kräuterzigaretten.

Vom 1250 m hohen Grouse Mountain, dem **Hausberg von Vancouver**, kann man bei guter Sicht einen tollen Rundblick genießen, vor allem abends, wenn überall die Lichter brennen. Eine Seilbahn (Skyride; Betriebszeiten: tgl. 9.00 – 22.00, letzte Talfahrt 24.00 Uhr) bringt Ausflügler vom Nancy Greene Way zum 1128 m hoch gelegenen Gipfelrestaurant. Von hier kann man per Sessellift zum Gipfel schweben. Im Winter ist der Grouse Mountain ein **beliebtes Skigebiet**. Auch Drachenfliegen und Hubschrauberrundflüge sind möglich.

✶ **Grouse Mountain**

Der 3 km² große Mount Seymour Provincial Park an den Hängen des 1453 m hohen **Mount Seymour** ist ein beliebtes Wander- und Naherholungsgebiet. Im Winter kann man hier wunderbar alpinen und nordischen Skisport betreiben. Eine gut ausgebaute, aber kurvenreiche Bergstraße führt bis etwa 1000 m ü.d.M. hinauf. Hier beginnen Wanderwege zum Gipfel sowie zu hübschen kleinen Bergseen und Aussichtspunkten. Im Sommer bringt der **Mystery Peak Lift** (Sessellift) Besucher bis auf 1200 m ü.d.M. hinauf.

✶ **Mount Seymour Provincial Park**

Etwa eine halbe Autostunde östlich von Vancouver, im Vorort Aldergrove, lockt der Greater Vancouver Zoo vor allem Familien mit Kindern an. Hauptattraktion ist der einzige bislang bekannte Schwarzbär-Albino (5048 – 264 St.; Öffnungszeiten: tgl. 9.00 Uhr bis Sonnenuntergang).

Greater Vancouver Zoo

Ca. 14 km südlich von Chilliwack liegt der 5 km lange Cultus Lake in einer schönen Waldgegend. Er ist Mittelpunkt eines beliebten Naherholungsgebietes im Süden der Provinz. Starken Zuspruchs erfreut sich der Cultus Lake Water Park mit seinen Riesenwasserrutschen.

Cultus Lake Provincial Park

Über die bei Vedder Crossing abzweigende Chilliwack Lake Road gelangt man in südöstlicher Richtung hinauf in die reizvolle Bergwelt an der kanadisch-US-amerikanischen Grenze. Man befindet sich hier bereits im nördlichen Kaskadengebirge, das jenseits der Grenze als North Cascades National Park geschützt ist.
Die Straße folgt meist dem wildromantischen Tal des **Chilliwack River**, auf dem begeisterte Wildwasserfahrer unterwegs sind und an dessen Ufern man auch viele Angler sieht. Nach 64 km erreicht man den bei Wassersportlern beliebten **Chilliwack Lake**, einen wunderschön gelegenen Bergsee, der von majestätisch wirkenden Zweitausendern umrahmt wird. Auf dem See kann man erholsame Kanutouren unternehmen.

✶ **Chilliwack Lake Road**

Eine halbe Autostunde südöstlich von Vancouver liegt Langley (23 000 Einwohner) in der Nähe der **Fraser-Mündung**. Beachtenswert ist das **BC Farm Machinery Museum** (9131 King St.; Öffnungszeiten: März – Nov. tgl. 13.00 – 17.00 Uhr) mit seinen zahlreichen alten Maschinen und Gerätschaften, die früher in der Land- und Forstwirtschaft der Fraser-Region eingesetzt waren.

Langley

Langley Museum ► Im benachbarten Langley Centennial Museum & National Exhibition Centre sind kunsthandwerkliche und Gebrauchsgegenstände der Küsten-Salish sowie Relikte aus der Pionierzeit ausgestellt (9135 King Road; Öffnungszeiten: Sommer tgl. 10.00 – 17.00, im Winter Di. – Sa. 10.00 – 17.00, So. 13.00 – 17.00 Uhr).

✶ Fort Langley Etwa 5 km nördlich des Trans-Canada Highway 1 erreicht man den teilweise rekonstruierten alten **Handelsposten der Hudson's Bay Company** am Ufer des Fraser River. Das Areal ist heute als Fort Langley National Historic Park ausgewiesen. Einziges erhaltenes Gebäude ist der im Stil des 19. Jh.s errichtete Gemischtwarenladen. Während der Hauptreisezeit wird Living History geboten (Öffnungszeiten: Juni – Labour Day 10.00 – 19.00, sonst 10.00 – 16.30 Uhr).

✶ Rundfahrt Sunshine Coast

Streckenführung Die 430 km lange Rundfahrt führt über Vancouver – Powell River – Courtenay – Nanaimo – Victoria zurück nach Vancouver. Enthalten ist eine Fährpassage (etwa 45 Minuten) über den häufig nebelverhangenen Howe Sound von Horseshoe Bay nach Langdale.

Gibsons Das Fischerstädtchen Gibsons, das heute überwiegend vom Tourismus lebt, ist **Tor zur Sunshine Coast,** einem klimatisch begünstigten Küstenstrich im Regenschatten von Vancouver Island. An den kleinen Buchten und weit ins Land reichenden Fjorden bauten sich Künstler und Schriftsteller ihre Ferienhäuser. Vom Soames Point bietet sich ein schöner Blick auf die Stadt, den Howe Sound und die Strait of Georgia. Von Gibson aus folgt man dem Highway 101.

Pelze sind in Fort Langley heute nur noch Schauobjekte.

Olympia-Wintersportplatz Whistler: Die Hänge für die Ski-Alpin-Wettbewerbe sind bereits präpariert.

XXI. OLYMPISCHE WINTERSPIELE

Vom 12. bis 28. Februar 2010 werden in Vancouver und Umgebung die XXI. Olympischen Winterspiele ausgetragen. Nach Calgary (1988) ist Vancouver die zweite kanadische Stadt, in der olympische Wintersportwettbewerbe stattfinden werden. Mit von der Partie ist der Wintersportort Whistler, der sich bereits 1976 erfolglos um die Ausrichtung olympischer Winterspiele bemüht hat.

Vancouver und Whistler konnten sich 2003 beim 115. IOC-Kongress in Prag gegen die Mitbewerber Salzburg (Österreich) und Pyeongchang (Südkorea) durchsetzen. Auch die heimische Bevölkerung befürwortete mit großer Mehrheit die Ausrichtung der Winterspiele.

Wettkampfstätten in Vancouver

Hauptveranstaltungsort ist Vancouver. Im hiesigen **BC Place Stadium** finden die Eröffnungs- und Schlussfeier sowie Siegerehrungen statt. Eishockey wird im **Canada Hockey Place** und in der UBC Thunderbird Arena gespielt. Im **Pacific Coliseum** wird man Eiskunstlaufen und Shorttrack-Wettbewerbe sehen, Curling im Hillcrest Park. Die Eisschnellläufer kämpfen im **Olympic Oval** im Vorort Richmond um Medaillen. Am **Cypress Mountain** bei West Vancouver messen sich die besten Freestyle-Skiläufer und Snowboarder.

Wettkampfstätten in Whistler

Ski- und Schlittenwettbewerbe finden im rund 130 km weiter landeinwärts gelegenen Wintersportort Whistler statt. Ski Alpin wird in **Whistler Creekside** geboten, Biathlon, Skilanglauf und Skispringen im **Callaghan Valley**. Die Bob-, Rodel- und Skeleton-Wettbewerbe werden in den mit allen technischen Raffinessen ausgestatteten Eiskanälen des **Whistler Sliding Centre** zu sehen sein.

Paralympics 2010

Im Anschluss an die Olympischen Winterspiele werden behinderte Wintersportler aus aller Welt vom 12. bis zum 21. März 2010 an verschiedenen Schauplätzen in Vancouver und besonders in Whistler um Gold, Silber und Bronze kämpfen.
Weitere Informationen zu den Olympischen Winterspielen 2010 findet man im Internet unter folgender Adresse: www.vancouver2010.com

Sechelt Bald erreicht man Sechelt, das an der schmalen Basis einer 20 km langen Halbinsel liegt und Zentrum der Sunshine Coast ist. Südlich des Ortes liegt das **Indianerreservat** der zu den Salish gehörenden Sechelt-Indianer mit hohen Totempfählen. Im stammeseigenen »Carving House« kann man indianischen Holzschnitzern bei der Arbeit zusehen. Die Umgebung von Sechelt ist ein Paradies für Taucher und Wilderness- und Kanu-Touren.

Porpoise Bay Provincial Park ► Nicht nur in der Ferienzeit sehr beliebt ist der Porpoise Bay Provincial Park (5 km nördlich am Fjord, Campingplatz) mit seinem 274 m langen Sandstrand. Gute Informationseinrichtungen und Programme für Parkbesucher.

Pender Harbour ► Pender Harbour setzt sich aus den Orten Madeire Park, Garden Bay und Irvines Landing zusammen und wird meist von Sportfischern aufgesucht. Neben der Holzwirtschaft und der Fischerei erlangten in den letzten Jahren die Fischfarmen zunehmende Bedeutung.

Garden Bay Provincial Marine Park ► Eine unbefestigte Straße führt zum 2 km nördlich gelegenen Garden Bay Provincial Marine Park. Der steil aufragende **Mount Daniel** ist von großer religiöser Bedeutung für die hier lebenden Sechelt-Indianer. Am Wasser ist ein indianischer Friedhof sehenswert.

Earls Cove, Skookumchuck Narrows ► An der Nordspitze der Sechelt-Halbinsel, in Earls Cove, (17 km nördlich) legen die Fähren nach Saltery Bay ab. Lohnend ist ein Abstecher zum nahen Fischerdorf Egmont. Ein 4 km langer Weg führt an den Skookumchuck Narrows entlang, wo man die Gezeitenströmungen am engen Eingang des Sechelt Inslet beobachten kann, die schon vielen Bootsfahrern zum Verhängnis geworden sind.

Powell River Wahrzeichen von Powell River (13 000 Einw.), der nördlichsten Stadt am Hwy. 101, ist eine gigantische **Zellstoff- und Papierfabrik der MacMillan Bloedel Ltd.** (Führungen Juni – Sept. Mo. – Fr. 9.00, 10.00, 13.00, 14.00 Uhr). Im Powell River Historical Museum (Willingdon Park; Öffnungszeiten: Mai – Sept. tgl. 11.30 – 16.30 Uhr) wird die Stadtgeschichte veranschaulicht. Von der Aussichtsplattform auf dem Mount Valentine kann man einen herrlichen Blick über die Malaspina Strait genießen. Powell River ist Ausgangspunkt für Wander- und Kanutouren in das unerschlossene Hinterland.

Die **Powell Forest Canoe Tour** umfasst knapp 60 km. Insgesamt 8 km lange »Portages« verbinden zwölf Seen und Fjorde. Anlegestellen, Zeltplätze und Wege sind gut ausgebaut. An Wochenenden können auch die privaten »Logging Roads« befahren werden, die zu einsamen Seen und Küstenabschnitten führen. Sportfischen und Tauchen sind möglich.

Desolation Sound Provincial Marine Park Ca. 32 km nördlich von Powell River erstreckt sich der größte Marine Park von British Columbia, ein **Paradies für Outdoor-Fans**. Die Ziele sind allerdings nur zu Fuß oder per Boot erreichbar.

Vancouver Island Von Powell River kann man mehrmals täglich mit den B. C. Ferries nach Comox / Courtenay auf ► Vancouver Island übersetzen. Über

Der »Royal Hudson Steam Train« kann heute in Squamish besichtigt werden.

Qualicum Beach, Parksville, Nanaimo und Duncan erreicht man die BC-Hauptstadt ►Victoria. Am Nordende der Saanich-Halbinsel setzt man wieder mit der Fähre über aufs Festland, nach Tsawwassen, von wo man über Richmond Vancouver erreicht.

Nugget Route

Die 670 km lange Rundfahrt führt von Vancouver nach Squamish, Lytton, Hope und zurück.

Britannia Beach

Auf dem Highway 99 am Ostufer des Howe Sound entlang kommt man nach 56 km in Britannia Beach an, zwischen 1930 und 1935 das größte **Kupferbergwerk** des britischen Kolonialreiches. Heute befindet sich hier ein Bergwerksmuseum (B. C. Museum of Mining; Öffnungszeiten: Mai – Labour Day, tgl. 10.00 – 17.00 Uhr). Man kann auch mit einer Bergwerksbahn in einen Stollen einfahren.

Squamish

Am Ende des Howe Sounds liegt 10 km nördlich die alte Holzfällersiedlung Squamish (16 000 Einw.) in reizvoller Landschaft. Eisenbahn-Enthusiasten kommen im **West Coast Railway Heritage Park** auf ihre Kosten, wo u. a. der »Royal Hudson Steam Train« (s. Bild) zu besichtigen ist (Öffnungszeiten: Mai – Okt. tgl. 10.00 – 17.00 Uhr). In Squamish werden lange **Flöße** aus den im Squamish-Tal geschlagenen Baumstämmen zusammengestellt und nach Vancouver geschleppt. Auch zwei Naturwunder gibt es um Squamish zu bestaunen, zum einen die etwa 3 km vor dem Ort gelegenen **Shannon Falls**, zum anderen der 510 m hohe Felsmonolith **Stewanus Chief**, der auch viele Felskletterer anzieht.

★ **Garibaldi Provincial Park** Squamish ist Ausgangspunkt für Touren in den 1950 km^2 großen Garibaldi Provincial Park mit dem **Diamond Head**. In dieser herrlichen, fast völlig unberührten Bergwelt um den eindrucksvollen, vergletscherten **Mount Garibaldi** (2678 m) gibt es einige Schutzhütten und einfache Zeltplätze. Die Landschaft zeigt Spuren relativ junger vulkanischer Aktivität. Ca. 37 km nördlich von Squamish gelangt man zum Parkplatz am **Rubble Creek**, Startpunkt für Touren in das Black-Tusk-Gebiet (höchste Erhebung 2316 m; Zentrum des Garibaldi Prov. Park) mit dem Garibaldi Lake.

Pemberton Über ►Whistler (123 km) gelangt man zur Streusiedlung Pemberton (157 km), wo man den Highway 99 verlässt und der Duffy Lake Road nach Lillooet am Fraser River (ca. 100 km) folgt.

★ Duffy Lake Road ► Die Duffy Lake Road windet sich durch die höchst eindrucksvolle Hochgebirgslandschaft der Coast Mountains. Dabei gelangt man ziemlich abrupt von den Regenwäldern des Küstengebirges in die karge Vegetation (Pinien, Sagebrush) des Binnenlandes. Und in der Ferne leuchten die Joffrey Ice Fields.

Lillooet Lillooet (260 km) verdankt seine Entstehung dem Cariboo-Goldrausch (1858). Sehenswert ist das **Lillooet Museum** (Main St., Öffnungszeiten: Juli / Aug. 9.30 – 17.30, Mai / Juni, Sept. / Okt. 13.00 bis 16.00 Uhr) in der ehem. anglikanischen Kirche mit zahlreichen Erinnerungen an die Goldrauschzeit, der Meilenstein »0« der einstigen Cariboo Road sowie der »Hanging Tree«, an dem damals ohne viel Aufhebens Gesetzesbrecher aufgehängt wurden. Die **Fraser Bridge** trägt seit 1980 den Namen »Bridge of the 23 Camels« und erinnert an die Lasttiere, die ein cleverer Geschäftsmann 1862 für die Goldminen einsetzen wollte. Allerdings erschreckten sie Pferde und Menschen, sodass man sie einfach frei ließ.

★ ★ Vancouver Island

Q-T 17/18

Höhe: 0 – 2200 m ü. d. M. **Fläche:** 31 284 km^2
Bewohnerzahl: 750 000

Die rund 450 km lange und bis zu 100 km breite Insel Vancouver Island ist die größte vor der nordamerikanischen Pazifikküste. An der stark zerklüfteten und noch sehr ursprünglichen Westküste liegt der ►Pacific Rim National Park. Das flachwellige Hügelland an der Ostküste und ganz im Süden ist relativ sonnig.

Anreise Wasserflugzeuge von ►Vancouver (Coal Harbour) nach ►Victoria, Nanaimo und Port Hardy. – Fährschiffe von ►Vancouver (Tsawwassen) nach ►Victoria (Swartz Bay) und Nanaimo sowie von West Vancouver nach Nanaimo.

Besonders eindrucksvoll sind die mächtigen Regenwälder auf Vancouver Island

Die häufigen Niederschläge an der Westküste haben das Entstehen eines dichten Regenwaldes begünstigt, dessen mächtige Bäume von Moosen und Farnen bewachsen sind. Diese Urwälder liefern den Rohstoff für die auf der Insel florierende Holz-, Zellstoff- und Papierindustrie.

✶ **Regenwälder**

Vor allem in den Provincial Parks und in abgelegenen Gebieten sind Waschbären, Wapiti-Hirsche, Rehwild (besonders Black Deer) und Murmeltiere verbreitet. Schwarzbären, Wölfe und Pumas, vor denen man sich in Acht nehmen sollte, leben ebenfalls auf der Insel.

◄ Tiere

? WUSSTEN SIE SCHON ...?

- ... dass es in etwa 50 Jahren durch die Abholzung – abgesehen von den Schutzgebieten – auf Vancouver Island keine Regenwälder mehr geben wird?

Vancouver Island ist seit langem von **Nordwestküstenindianern** besiedelt. Ihre kleinen Dörfer sind meist nur mit Booten oder Wasserflugzeugen erreichbar. Aufgrund ihrer Abgeschiedenheit haben sie sich viele ihrer Traditionen bewahren können. Die Ostseite von Vancouver Island ist relativ dicht besiedelt. Ganz im Süden liegt die Inselhauptstadt ►Victoria, die auch die Hauptstadt der Provinz British Columbia ist. Weiter nördlich, praktisch gegenüber von ►Van-

Die Menschen von Chemainus haben sich und ihre Geschichte an den Hausfassaden verewigt.

couver, liegen die Hafenstadt Nanaimo sowie der beliebte Wohnort Qualicum Beach. Ganz im Norden der Insel hat sich die Hafenstadt Port Hardy gut entwickeln können, von der aus die Fährschiffe durch die ►Inside Passage nach ►Prince Rupert ablegen.

Holzeinschlag Hauptwirtschaftszweig der Insel ist die Holzindustrie. Dabei werden die teilweise mehrere Hundert Jahre alten Regenwälder abgeholzt. Die großen Stämme werden abtransportiert, kleinere wandern in die Zellstoff- und Papierfabriken von Duncan, Nanaimo, Campbell River, Port Alberni oder Port Alice. Der Rest wird verbrannt. Die Gesellschaften sind inzwischen verpflichtet, die Flächen wieder aufzuforsten. Meist werden rasch wachsende Douglasien angepflanzt, um in 50 bis 70 Jahren erneut »ernten« zu können.

Von Victoria nach Qualicum Beach
(TC Hwy., BC Hwy. 19)

Hinweis Die Inselhauptstadt ►Victoria sowie der als ►Pacific Rim National Park ausgewiesene südliche Abschnitt der Pazifikküste der Insel sind als eigene Stichworte beschrieben.

British Columbia Forest Museum Das British Columbia Forest Museum, ein 40 ha großes Freilichtmuseum, etwa 2 km nördlich von Duncan gelegen, informiert sehr anschaulich über die Entwicklungsgeschichte der Forstwirtschaft und der holzverarbeitenden Industrie. Auf dem Gelände verkehrt eine Oldtimer-Schmalspurbahn (Öffnungszeiten: Mai – Sept. tgl. 9.30 bis 18.00 Uhr).

Am südlichen Stadtrand lohnt das Native Village (200 Cowichan Way; Öffnungszeiten: Mitte Mai – Mitte Okt. tgl. 9.30 – 17.30 Uhr) einen Besuch. Hier kann man den Indianern beim Schnitzen von Totempfählen und Flechten von Körben zusehen. Gelegentlich bringen sie traditionelle Tänze zur Aufführung.

★ Cowichan Native Village

Westlich von Duncan führt der BC Highway 18 zum Cowichan Lake (31 km), dem zweitgrößten See der Insel. 4 km westlich davon, Richtung Youbou, liegt die Teleglobe Canada Satellite Earth Station, Westkanadas Verbindung mit der übrigen Welt (Besichtigung möglich Juni – Sept. Di. – So. 10.00 – 17.00 Uhr).

Cowichan Valley, Cowichan Lake

Von Duncan folgt man dem Trans-Canada Highway 1 nordwärts und erreicht nach 16 km die Kleinstadt Chemainus (4000 Einwohner). An vielen Häusern sieht man **überlebensgroße Wandgemälde (Murals)**, die Begebenheiten aus der Stadtgeschichte thematisieren. Höhepunkt im jährlichen Veranstaltungskalender ist das »Festival of Murals« (Juli). Viele der alten viktorianischen Gebäude wurden restauriert. Das große Wasserrad im Zentrum erinnert an die erste Sägemühle in dieser Gegend, die 1862 errichtet worden ist.

★ Chemainus

Ca. 120 km nördlich von ►Victoria erreicht man Nanaimo (75 000 Einw.), die zweitgrößte Stadt von Vancouver Island. Hier legen die Fähren aus ►Vancouver an. Im alten Stadtzentrum oberhalb des malerischen Bootshafens wurden zahlreiche **historische Gebäude** restauriert, Straßen und Gehwege teilweise wieder gepflastert, Straßencafés laden zum Verweilen ein. Überaus reizvoll ist ein Spaziergang entlang der Waterfront Promenade zur künstlichen Swy-A-Lana Lagoon. Im Georgia Park kann man von Indianern angefertigte Totempfähle und Kanus bestaunen. Das **Nanaimo District Museum** (100 Cameron St.; Öffnungszeiten: Mai bis Sept. tgl. 9.00 – 18.00 Uhr, sonst Di. – So. 9.00 – 16.00 Uhr) befasst sich mit der Geschichte der Stadt und ihres Umlandes. Die **Front Street** führt an der einzigen erhaltenen Bastion der Hudson's Bay Company vorbei, einer Holzkonstruktion von 1853. Sie sollte die ersten Bergarbeiter vor Übergriffen der Indianer schützen. Im Juli und August wird hier »Living History« geboten, und täglich zur Mittagszeit hört man den Kanonenschlag der **12 O' Clock Gun**.

Nanaimo

! *Baedeker* TIPP

Rausch der Tiefe

Von der »Bungy Bridge« vor den Toren von Nanaimo kann man fast 50 m tief springen. Der Spaß kostet knapp 100 CAD. Rund 200 000 Menschen haben sich diesen Adrenalinstoß im »Wild Play Element Park« bereits gegönnt.

Die im Hafen gelegene 300 ha große Newcastle Island ist mit ihrem schönen Park im Sommer ein beliebtes Ausflugsziel.

Gabriola Von Nanaimo braucht die Fähre zirka 20 Minuten bis zur vorgelagerten **Ferieninsel** Gabriola (3500 Bewohner) mit ihren vielen hübschen Landhäusern, idyllischen Buchten und schönen Aussichtspunkten. Eine Straße rund um die Insel lädt zu herrlichen Radtouren ein.

Petroglyph Park Wenige Kilometer südlich von Nanaimo kann man im Petroglyph Park eine ganze Reihe **altindianischer Felszeichnungen** studieren. Diese sind vermutlich vor der letzten Jahrtausendwende von den Vorgängern der Küsten-Salish in den Fels geritzt worden.

Nanoose Bay Knapp 30 km nordwestlich von Nanaimo wirbt Nanoose Bay mit Sandstränden und einem großen, geschützten Jachthafen, inklusive Segelschule und Bootsverleih. Hier ist auch ein Ausbildungszentrum der kanadischen Marine angesiedelt.

Parksville An dem schönen Sandstrand von Parksville (11 000 Einw.) tummeln sich im Sommer Badegäste aus nah und fern. Alljährlich im Juli wird hier ein viel beachteter Wettbewerb im Sandburg-Bauen ausgetragen. Sehenswert ist das hiesige **Craig Heritage Park & Museum** (Öffnungszeiten: Juni – Anfang Sept. tgl. 9.00 – 17.00 Uhr), das mehrere historische Bauten (u. a. ein Schulhaus) aus der Zeit um die Jahrhundertwende zeigt.

Qualicum Beach Etwa 10 km nördlich von Parksville liegt der in den Sommermonaten sehr lebhafte Erholungsort Qualicum Beach (7500 Einw.) mit seinem feinen weißen Badestrand. In der Umgebung des Ortes gibt es mehrere große **Fischzuchten** (u. a. Big Qualicum River Hatchery). Sie haben die Aufgabe, den durch Überfischung bedrohten Bestand an Lachsen und Forellen in British Columbia auszugleichen.

Abstecher nach Port Alberni und Tofino

(BC Highway 4)

★ **Little Qualicum Falls Prov. Park** Bei Parksville beginnt der BC Highway 4, der die Insel durchquert und nach 185 km in Tofino an der Westküste endet. Auf dem Weg dahin gelangt man nach 20 km zu einem der schönsten Provinzparks der Insel, dem Little Qualicum Falls Provincial Park. In diesem Waldgebiet findet man mehrere **wildromantische Wasserfälle und Canyons** sowie hellgrün bis tiefblau leuchtende Teiche, in denen man im Sommer baden kann.

★ **MacMillan Provincial Park** Mächtige, bis zu 800 Jahre alte Douglasien blieben im MacMillan Provincial Park erhalten. Der Bestand ist als »Cathedral Grove« bekannt. Ein kurzer Spaziergang führt vorbei an bis zu 75 m hohen und bis zu 10 m dicken Bäumen, die bislang jeden Waldbrand überstanden haben.

Von hier führt die Straße über die Beaufort Range. Der hiesige Mount Arrowsmith (1806 m) ist im Winter ein beliebtes Skigebiet. ◄ Beaufort Range

✶ **Port Alberni**

Nach weiteren 16 km erreicht man die praktisch im Herzen von Vancouver Island gelegene Hafenstadt Port Alberni (20 000 Einw.), die am Ende des rund 50 km tief in die Insel eindringenden **Alberni Inlet** liegt. Dieser Fjord, der 1791 vom spanischen Kapitän Pedro Alberni erkundet worden ist, kann sogar von Hochseeschiffen befahren werden. In Port Alberni ist eine große **Lachsfangflotte** beheimatet. Alljährlich am Labor Day findet hier ein Wettbewerb im Lachsangeln statt.

Neben der Fischerei spielt die Holzindustrie in Port Alberni eine herausragende Rolle. Die erste Sägemühle ist hier bereits im Jahre 1860 errichtet worden. Während der Sommerferienzeit kann man die riesigen **Werksanlagen des Holzkonzerns MacMillan-Bloedel** (n. V., Tel. 724 - 78 90) besichtigen, darunter ein Sägewerk, eine Papierfabrik und ein Zellstoffwerk. Das **Alberni Forestry Information Centre** stellt die Holzindustrie auf Vancouver Island in allen Facetten dar (Alberni Habour Quay; Öffnungszeiten: im Sommer tgl. 9.30 – 17.30, sonst Fr.–So. 11.00 – 16.00 Uhr). Ca. 8 km nördlich des Ortes ist die alte Sägemühle der R. B. Mclean Lumber Company als technisches Museum hergerichtet. Das Sägewerk war von 1926 bis 1965 in Betrieb. Im **Alberni Valley Museum** (Öffnungszeiten: Di. – Sa. 10.00 – 17.00 Uhr) kann man sich mit der indianischen und pionierzeitlichen Geschichte der Stadt und ihrer Umgebung vertraut machen.

Der malerische Fischerhafen von Tofino

Tofino, Pacific Rim NP, Bamfield

Von Port Alberni führt der BC Highway 4 weiter an die Westküste nach Ucluelet und Tofino. Eine 70 km lange Forststraße führt von Port Alberni nach Bamfield, wo der West Coast Trail seinen nördlichen Endpunkt hat. Eine ausführliche Beschreibung ist unter dem Stichwort ►Pacific Rim National Park zu finden.

Von Qualicum Beach nach Port Hardy (Hwy. 19)

Courtenay, Comox Tal

Ca. 50 km nördlich von Qualicum Beach erreicht man die 1860 gegründete Stadt **Courtenay** (20 000 Einw.), die heute das Verwaltungs- und Wirtschaftszentrum der Region Central Vancouver Island ist. Hier endet auch die von ►Victoria nach Norden ziehende Eisenbahnstrecke. Zusammen mit dem Nachbarort **Comox** (12 000 Einw.) liegt Courtenay im hübschen Comox-Tal zwischen der Strait of Georgia und den im Westen aufragenden Beaufort Mountains. Benannt wurde die Stadt nach Kapitän Courtenay, der 1848 hier mit seiner Fregatte Schießübungen veranstaltete. Um 1862 schickte die Hudson's Bay Company die ersten Siedler ins Comox Valley.

! *Baedeker* TIPP

MV »Lady Rose«

Mit dem kleinen, 1937 in Schottland gebauten Motorschiff »Lady Rose«, das Passagiere, Post und Fracht zu abgelegenen Siedlungen transportiert, kann man im Sommer jeden zweiten Tag durch den Barkley Sound und die Broken Group Islands nach Ucluelet und nach Bamfield fahren.

Im Courtenay & District Museum (360 Cliffe Ave., Öffnungszeiten: Mitte Mai – Aug. tgl. 10.00 – 16.30, sonst Di. – Sa. 10.00 – 16.30 Uhr) kann man sich mit der Kulturgeschichte der Region vertraut machen. Zu den besonders sehenswerten Exponaten gehören ein nachgebautes Langhaus sowie Holzmasken und Korbwaren der Comox-Indianer. In Comox lockt das Air Force Museum (Öffnungszeiten: Juni – Aug. tgl., sonst nur Sa. u. So. 10.00 – 16.00 Uhr) Besucher an. Zwischen Courtenay und dem festländischen Hafen Powell River besteht eine Fährverbindung.

Campbell River

Die Stadt Campbell River (32 000 Einw.), rund 50 km nördlich von Courtenay gelegen, ist das Tor zum Norden der Insel und vor allem zum Strathcona Provincial Park. Sie nennt sich zudem stolz **»Salmon Capital of the World«** und ist ein bei Sportanglern beliebter Ferienort. Alljährlich im Juli findet das »Salmon Festival« statt. Um 1900 lebten in Campbell River gerade einmal fünf Familien. Bald entstanden Unterkünfte für Holzfäller und Lachsangler. In den 1940er-Jahren wurde am Elk River ein großes Wasserkraftwerk errichtet, dem die Stadt entscheidende Entwicklungsimpulse zu verdanken hat.

Im **Campbell River Museum** erfährt man allerhand Interessantes über Kultur und Kunst der Kwakiutlindianer sowie über das Leben in der Pionierzeit (1235 Island Hwy., Öffnungszeiten: Mai – Aug. tgl. 10.00 – 17.00, sonst Di. – So. 10.00 – 16.00 Uhr).

Im nahen Elk Falls Provincial Park stürzt sich 27 m tief der Campbell River in eine enge Schlucht. Gleich nebenan kann man die Werksanlagen der Elk Falls Pulp & Paper Mill (Papier- und Zellstofffabrik) besichtigen. **Elk Falls Provincial Park**

Von Campbell River nimmt man den nach Südwesten abzweigenden BC Highway 28 und gelangt bald in den 2300 km² großen Strathcona Provincial Park, der bereits 1911 in einem landschaftlich äußerst reizvollen, gebirgigen Gebiet eingerichtet wurde und somit das **älteste Naturschutzgebiet der Provinz** ist. Hier sind über 100 km Wanderwege und Lehrpfade markiert. **✶ Strathcona Provincial Park**

Gute **Wassersportmöglichkeiten**, Unterkünfte und Campingplätze gibt es am Upper Campbell Lake und am Buttle Lake. Die Strathcona Lodge veranstaltet verschiedene Kurse, u. a. im Bergsteigen, Kanu- und Kajakfahren.

Im Strathcona Provincial Park erhebt sich mit dem 2200 m hohen **Golden Hinde** der höchste Berg der Insel. Außerdem findet man nach anstrengender Wanderung die 440 m hohen Della Falls, die bislang wenig bekannten höchsten Wasserfälle Kanadas.

Die Fahrt in die etwa 92 km südwestlich von Campbell River am Zusammenfluss von Gold und Heber River liegende Holzfäller- und Arbeitersiedlung Gold River (1700 Einw.) führt ab dem Upper Campbell Lake durch unbesiedelte, z. T. unberührte Wildnis. Errichtet wurde der Ort 1965 für die Arbeiter der Zellulosefabrik. Der nahe Gold River mit seinem »Big Drop« ist beliebt bei Kajak- und Wildwasserfahrern. In der Umgebung gibt es mehrere unerschlossene Höhlensysteme. **Gold River**

Nördlich vor Campbell River liegt Quadra Island, eine der Discovery-Inseln. Sie kann mit der Fähre erreicht werden. Interessant ist das **Kwakiutl Indian Museum** (Cape Mudge, Quathiaski Cove, Öffnungszeiten: Sommer Mo. – Sa. 10.00 – 16.30, sonst Di. – Sa. 10.00 – 16.00 Uhr) mit Totempfählen und Masken. Beachtenswert sind die historischen Fotografien traditioneller Kwakiutl-Dörfer. In der Nähe des weithin sichtbaren **Cape Mudge Lighthouse** sieht man indianische Felszeichnungen. Bei Cape Mudge liegt die von Kwakiutl-Indianern erbaute **Tsa-Qua-Luten Lodge**, deren Hauptgebäude im Stil eines »Longhouse« der Nordwestküstenindianer erbaut ist. **Quadra Island**

Rund 200 km nordwestlich von Campbell River liegt der 3000 Einwohner zählende Hafen Port McNeill, der aus einem Holzfäller-Camp der 1930er-Jahre hervorgegangen ist. Touristisch interessant ist der Ort als Ausgangspunkt für Ausflüge nach **Telegraph Cove** und an die **Alert Bay**. In der Umgebung gibt es interessante **Karsterscheinungen** (z. B. Vanishing River, Devil's Bath, Eternal Fountain), die meisten sind über unbefestigte Waldwege erreichbar. Auskünfte erteilt das Travel Information Centre in der Pioneer Mall. **Port McNeill**

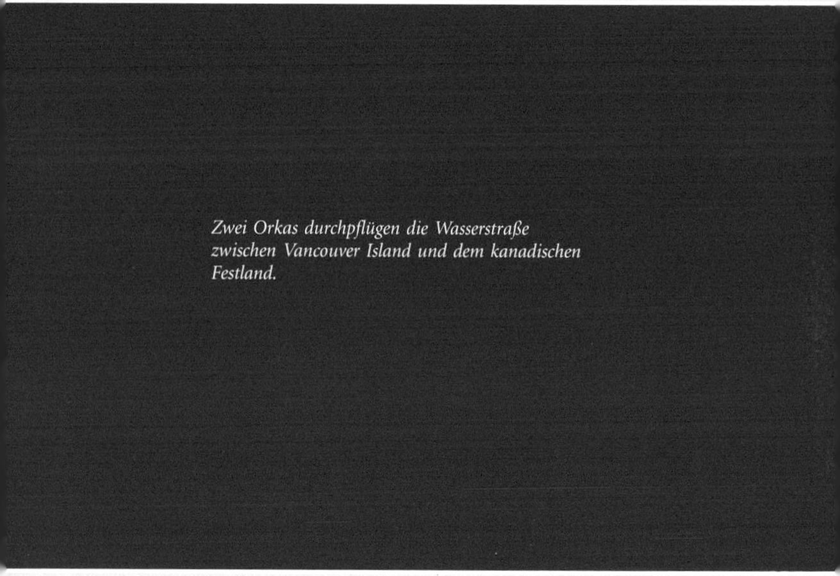

Zwei Orkas durchpflügen die Wasserstraße zwischen Vancouver Island und dem kanadischen Festland.

KILLERWALE, DIE SANFTEN RIESEN

»Orcas! Wale in Sicht!« Ein aufgeregtes Rufen vom Bug des Schiffes bringt die Menschen in Bewegung. In einiger Entfernung sieht man »spouts«, typische Wasserfontänen, die auf die Anwesenheit von Walen hinweisen. Das Walbeobachtungsboot drosselt seine Geschwindigkeit. Es ist strengstens verboten, den Meeressäugern mit Motorkraft nachzustellen.

Von Mai bis Oktober können Killerwale in den Gewässern des südlichen Vancouver Island gesichtet werden. Gespannt blickt man durch Ferngläser, um neue Fontänen zu entdecken. Ähnlich aufregend mag es vor 100 Jahren gewesen sein, als mutige Männer in kleinen Kajaks aus Seehundhäuten Kurs auf diese Fontänen nahmen, um sich den **Lebensunterhalt** für den Winter zu sichern. Die Jagd auf Wale führte beinahe zur Ausrottung der riesigen Meeressäugetiere. Einhalt gebot erst die Festlegung von Fangquoten, auch wenn diese nicht von allen Walfängern eingehalten werden.

Schwarz glänzende Kolosse

Das Wasser ist wieder ganz ruhig. Absolut nichts deutet auf das Vorhandensein eines mehrere Tonnen schweren Lebewesens hin. Doch plötzlich taucht ein schwarz glänzender Rücken auf, und mit einem eleganten Winken der Schwanzflosse, der sog. Fluke, verschwindet der Koloss rasch wieder in der Tiefe. Nicht weit davon entfernt macht sich ein Artgenosse bemerkbar.

Die **scheinbare Leichtigkeit**, mit der sich die schweren Körper bewegen, ist wirklich zutiefst beeindruckend. Zu Unrecht wird der sanfte Riese als »Killerwal« bezeichnet, denn Zusam-

menstöße, bei denen Menschen verletzt oder gar getötet wurden, sind nicht bekannt. Tatsache ist vielmehr, dass diese bezahnte Walart Fische und hin und wieder auch Seehunde verspeist.

Von der Wissenschaft überwacht

Wir schauen von unserem Boot hinüber in die Bucht, wo ein gelbes Schlauchboot in den Wellen schaukelt. Eine Gruppe von Wissenschaftlern ist unterwegs und beobachtet ihre Wale. Jedes Tier trägt einen Namen und wird schon seit Jahren immer wieder in diesen Gewässern gesichtet. Zurzeit erregt ein Wal besonderes Aufsehen, der sich nicht mit der Gruppe zusammen auf die Wanderung Richtung Süden begeben hat. Es handelt sich um ein Jungtier, das immer noch auf der Suche nach seiner toten Mutter ist. **Starke familiäre Bindungen** prägen das soziale Leben der Wale, die sich mit Hilfe von Tönen untereinander verständigen. Mikrofone, die am Bootsrumpf befestigt sind, übertragen die Unterhaltung nach oben. Obwohl die Wale heute ganz und gar an das Leben im Wasser angepasst sind, stammen sie von Landtieren ab. Als echte Warmblüter halten sie eine konstante Körpertemperatur von ca. 35 °C. Eine dicke Speckschicht schützt sie beim Aufenthalt in kaltem Wasser vor Wärmeverlust. Die Lunge, durch die das riesige Säugetier atmet, ist mit reichlich elastischen Fasern ausgestattet, um die wechselnden Druckverhältnisse in verschiedenen Wassertiefen auszugleichen. Luft- und Speiseröhre, Kehlkopf und Rachen sind völlig voneinander getrennt, damit bei der Nahrungsaufnahme kein Wasser in die Atemorgane gelangt. Normalerweise kommt ein Wal alle 5 Minuten an die Oberfläche, um Luft zu holen. Ist er jedoch verletzt, kann

er wesentlich länger unter Wasser bleiben. Der fontänenartige **»spout«** ist die kondensierte Atemluft.

Orcas, Buckel- und Grauwale

Außer den Orca-Walen werden vor der kanadischen Westküste auch noch andere Wale gesichtet, so etwa gelegentlich der seltene Buckelwal, der auf seiner Wanderung zur Baja California diesen Küstenabschnitt streift, oder ein Grauwal. Diese Bartenwale ernähren sich von Kleinstlebewesen, die sich schwebend in den oberen Wasserschichten halten. Statt der Zähne haben sie »baleens«, kammartige Hornplatten, die die festen Bestandteile heraussieben. Man kann sich vorstellen, welche **Unmengen an Plankton** nötig sind, um solch einen Riesen zu sättigen. Das Walweibchen bringt ein lebendes Junges zur Welt, das sofort in der Gruppe mitschwimmt und sehr lang bei der Mutter bleibt.

Walbeobachtung

Die Wasserstraße zwischen Vancouver Island und dem Festland ist ein beliebtes Walbeobachtungsgebiet. Von den meisten Häfen werden Walbeobachtungstouren angeboten. Dabei gibt es verschiedene Möglichkeiten, sich den Tieren zu nähern. Am sichersten ist vermutlich ein stabiles Motorboot, wohingegen man dem Riesen in einem Seekajak unter Umständen schon ziemlich nahe kommt. Man kann das ganze Jahr über Wale beobachten, wobei es Monate gibt, in denen sie häufiger zu sehen sind. In der Nähe von Telegraph Cove an der Nordostküste von Vancouver Island gibt es einen Strand mit Kieselsteinen im seichten Wasser. Dahin begeben sich die Riesen oft, um sich zu »kratzen«. Doch das Gebiet ist für Touristen gesperrt – mit gutem Grund, denn nur durch einen strengen Schutz haben die sanften Riesen eine Überlebenschance.

Telegraph Cove

Wenige Autominuten südöstlich von Port McNeill liegt eine der letzten auf Pfählen gebauten Siedlungen, die einstmals für die kanadische Westküste ganz typisch gewesen sind. Stubbs Island Charters bieten täglich Ausflüge zur Robson Bight an, einer Bucht, in der Orkas (Killerwale) ihre Jungen zur Welt bringen.

★ **Alert Bay**

Von Port McNeill aus erreicht man per Fähre via Sointula die auf der kleinen halbmondförmigen Cormorant Island gelegene Indianersiedlung Alert Bay. Sie ist eine der Niederlassungen der zu den Kwakiutl gehörenden **Nimpkish-Indianer**. Ende des 18. Jh.s wurden hier während der Lachssaison die Fische eingesalzen. Man überredete die Indianer, auf die Inseln zu ziehen, um genügend Arbeitskräfte zur Verfügung zu haben, und richtete eine Missionsstation ein. Heute zählt die Insel 600 Bewohner, die in dem Fischerdorf und im Indianerreservat leben. Auf dem indianischen Friedhof stehen zwölf kunstvoll gestaltete **Totempfähle**. In der First Street wurde ein lokalhistorisches Museum eingerichtet. Wenige Schritte weiter befindet sich das Village Office (Information). Die Gottesdienste in der 1879 errichteten anglikanischen Kirche an der Uferstraße werden immer noch in der Sprache der Kwakiutl abgehalten.

◄ U' Mista Cultural Centre

Im U' Mista Cultural Centre, etwa 2 km westlich des Fährhafens, sind typische **Masken** und kunsthandwerklich wertvolle Gebrauchsgegenstände ausgestellt, die einst bei den traditionellen Potlach-Fes-

Indianische Holzskulptur in Alert Bay

VANCOUVER ISLAND ERLEBEN

AUSKUNFT

Tourism Victoria Visitor Centre
812 Wharf Street
Victoria, BC, V8W 1T3
Tel. (250) 953-20 33
www.tourismvictoria.com
www.vancouverisland.com

ESSEN

► Erschwinglich

Lighthouse Bistro & Pub
50 Anchor Way
Nanaimo, BC
Tel. (250) 754-32 12
Beliebter Treffpunkt mit freundlichem Service. Hier gibt es Leckeres, vor allem Lachs in vielerlei Variationen und in Weinsud gedünstete Muscheln.

ÜBERNACHTEN

► Komfortabel

Best Western Dorchester Hotel
70 Church Street
Nanaimo, BC, V9R 5H4
Tel. (250) 754-68 35
www.dorchesternanaimo.com
Man übernachtet in einem restaurierten historischen Gebäude und hat einen tollen Blick auf Stadt und Meer.

Pioneer Inn
4965 Byng Road
Port Hardy, BC, V0N 2P0
Tel. (250) 949-72 71
www.vancouverisland.com/pioneerinn/
Ruhig gelegenes Waldhotel.

ten verteilt und 1921 nach dem Verbot dieser Zeremonien beschlagnahmt worden sind. Gelegentlich führen Angehörige der First Nations traditionelle **Tänze der Nordwestküstenindianer** auf (Front St.; Öffnungszeiten: Mo. – Fr. 9.00 – 17.00, Mai – Sept. auch Sa. 13.00 bis 17.00 Uhr). In der Nähe dieses Zentrums stehen ein traditionelles Langhaus und ein 1971 aufgestellter, 73 m hoher und kunstvoll geschnitzter Totempfahl.

Port Hardy

Von Port Mc Neill sind es nur noch 36 km bis nach Port Hardy (5500 Einwohner), das 1904 an der Nordostspitze von Vancouver Island gegründet worden ist. Hier endet der Island Highway. Am **Bear Cove Ferry Terminal** (Ostseite der Hardy Bay) legen die Fährschiffe ab, die durch die traumhaft schöne ► Inside Passage nach ► Prince Rupert fahren. Fremdenverkehr, Fischfang und Holzindustrie prägen das wirtschaftliche Leben der aufstrebenden Hafenstadt. Zum Wohlergehen der Stadt trägt aber auch der Kupferbergbau in der Umgebung bei, von wo etwa ein Zehntel der gesamten kanadischen Fördermenge stammt.

Fort Rupert ►

In der Nähe des städtischen Flugplatzes erinnert ein gemauerter Schornstein an das 1849 gegründete Fort der Hudson's Bay Company. Es war ein Warenumschlagsplatz für die hiesigen Indianer und ein wichtiger Versorgungsstützpunkt für die Arbeiter in den Kohlengruben am Beaver Harbour. 1912 wurde mit den Indianern des Kwakiutl-Dorfes am Beaver Harbour der Film »In the Land of the War

Canoes« gedreht, der im Provincial Museum in Victoria gezeigt wird. Das alte Fort brannte 1890 ab. Im Port Hardy Museum (Market St./ Shipley St.; Öffnungszeiten: Di. – Sa. 12.00 – 16.30 Uhr) informieren Wechselausstellungen über die Geschichte dieser Region. Zu sehen ist auch eine ausgezeichnete Sammlung von Kwakiutl-Gegenständen.

★ **Cape Scott Provincial Park**

Die Nordwestspitze von Vancouver Island nimmt der im Jahre 1973 eingerichtete, 151 km² große Cape Scott Provincial Park ein. Dieses Stück fast unberührter Natur ist zwar das ganze Jahr über meist regenverhangen, dafür bietet es eine **atemberaubende Küstenszenerie** mit scharfen Klippen und kleinen Stränden, gegen die mächtige Wellen anbranden. Von Port Hardy gelangt man zunächst über eine ca. 40 km lange Schotterpiste und anschließend über eine Forststraße in die Nähe des touristisch noch kaum unerschlossenen Provinzparks, dessen Kerngebiet nur zu Fuß zu erkunden ist. In der Ortschaft **Holberg** (seit dem Zweiten Weltkrieg kanadischer Stützpunkt mit Radarstation) gibt es ein kleines Motel mit Pub, Laden und Tankstelle.

◄ Cape Scott Trail

Von Parkplätzen 16 km westlich von Holberg führt ein schwer begehbarer Trail zum **Cape Scott** mit seinem Leuchtturm. Für die 28 km benötigt man auch bei gutem Wetter 8 Stunden, zur eindrucksvollen Nels Bay sind es etwa 6 Stunden. 1914 lebten am Nordzipfel der Insel etwa 1000 Menschen. Widrige Umweltbedingungen, die Isolation und die hohen Niederschläge ließen das Siedlungsprojekt scheitern. Verlassene Siedlerstellen mit verfallenden Gebäuden am Cape Scott Trail erinnern an diese Pioniere.

Mit den Wellen im Pazifik ist nicht zu spaßen.

San Josef Trail ► Eine einfachere Wanderung führt über den San Josef Trail (teilweise Knüppeldämme) zur reizvollen San Josef Bay an der Westküste. Namen wie Hansen Lagoon erinnern an die frühen dänischen Siedler, die 1897 und 1910 versuchten, sich hier niederzulassen.

Ausflug nach Nootka Island Vom 13 km weiter südwestlich gelegenen Muchalat Inlet fährt das Ausflugsschiff »Uchuck III« im Sommer nach Friendly Cove auf Nootka Island. Hier traf Kapitän Cook 1778 den Nootka-Häuptling Maquinna.

✶✶ Victoria

T 18

Höhe: 0 – 17 m ü. d. M.

Einwohnerzahl: Einwohnerzahl: 78 000 (Metropolitan Area: 330 000)

Victoria, die Hauptstadt der Provinz British Columbia, schmückt den Südzipfel von ► Vancouver Island. Die ruhige Verwaltungs-, Hochschul- und Wohnstadt mit Kurortqualitäten ist durch den warmen Pazifikstrom und durch ihre geschützte Südlage klimatisch sehr begünstigt.

Viktorianische Pracht Der Stadtkern ohne Hochhäuser rund um den geschützten Naturhafen bietet sich in viktorianischer Pracht dar. Gepflegte Parks, Blumenampeln an leuchtend blau gestrichenen Straßenlaternen, rote Doppeldeckerbusse und ein gemächlicher Lebensrhythmus vervollständigen das Bild einer typisch englischen Kolonialstadt.

Geschichte

1843	Victoria wird als Handelsposten der Hudson's Bay Company gegründet.
1849	Vancouver Island wird zur britischen Kronkolonie erhoben.
ab 1858	Über 20 000 Goldsucher machen in Victoria Station.
1868	Victoria wird Hauptstadt der Kronkolonie B. C.
1871	B. C. schließt sich der kanadischen Konföderation an.
1887	Die transkontinentale Eisenbahn wird fertig gestellt. Dadurch verliert Victoria die wirtschaftliche Vormachtstellung an Vancouver.

Als südlichster Hafen der kanadischen Westküste erlebte Victoria turbulente Zeiten. Besonders als in der Mitte des 19. Jh.s die Goldsucher in das Städtchen einfielen. Am Hafen entstand zunächst eine Zeltstadt, dann wurden die Wälder der Umgebung abgeholzt und ein gewaltiger Bauboom setzte ein. Nach wenigen Jahren ging das Goldfieber zurück. Obwohl Victoria in der zweiten Hälfte des 19. Jh.s mehr und mehr in den Schatten der Wirtschaftsmetropole Vancouver ge-

Kein Wunder bei diesem Namen: Viktorianisches prägt das Bild von British Columbias Hauptstadt.

riet, konnte es seine 1868 erworbene Stellung als Provinzhauptstadt bewahren. Bereits um die Jahrhundertwende zogen die geruhsame Atmosphäre und das milde Meeresklima immer mehr Touristen an.

Sehenswertes am Inner Harbour

Visitor Centre

Das überschaubare Zentrum von Victoria kann man ohne weiteres zu Fuß erkunden. Beim Informationszentrum von Tourism Victoria am Nordostende des Inner Harbour sind Karten und Broschüren für Rundgänge erhältlich. Im Sommer werden täglich Stadtführungen angeboten.

Parliament Buildings

Am Südende der Hafenbucht steht etwas erhöht das abends mit Lichterketten illuminierte Parlamentsgebäude inmitten großzügiger, gepflegter Parkanlagen. Der aus mächtigen Steinquadern errichtete Komplex wurde 1897 von dem aus Yorkshire stammenden Francis M. Rattenbury gebaut. Auf der wuchtigen Hauptkuppel prangt ein vergoldetes Standbild von Kapitän **George Vancouver** (1757 – 1798), der die nach ihm benannte Insel als Erster umsegelte. Die Fassade des monumentalen Gebäudekomplexes zieren Figuren von herausragenden historischen Persönlichkeiten aus British Columbia (Führungen Mo. – Fr. ab 10.00 Uhr).

? WUSSTEN SIE SCHON ...?

- ... dass die spätere Hauptstadt der britischen Kronkolonie Victoria nach der damaligen englischen Königin benannt wurde?

Highlights Victoria

Rund um den Inner Harbour
mit seiner viktorianischen Architektur fühlt man sich wie in »Merry Old England«.
► Seite 329

Empress Hotel
It's teatime!
► Seite 330

Old Town
Wer in der herausgeputzten Old Town nichts findet, ist selber schuld!
► Seite 331

Emily Carr
ist die berühmteste Tochter der Stadt.
► Seite 333

Royal British Columbia Museum
eines der besten natur- und kulturhistorischen Museen Nordamerikas, das mancherlei noch wenig bekannte Highlights vorzuweisen hat.
► Seite 334, 335

Art Gallery of Greater Victoria
vielbeachtete Kunstwerke in einem architektonisch bemerkenswerten Zweckbau
► Seite 336

In den Butchart Gardens
hat einer den grünen Daumen.
► Seite 336

Von der Terrasse des Parlamentsgebäudes überblickt eine Statue der Königin Victoria den Inner Harbour. Hier starten auch die Pferdekutschen zu ihren Stadtrundfahrten.

Royal London Wax Museum

Nördlich vom Parlamentsgebäude ist das Royal London Wax Museum (470 Belleville St.; Öffnungszeiten: im Sommer tgl. 9.30 – 19.30 Uhr, sonst nur bis 18.00 Uhr) im repräsentativen ehemaligen Hafenbahnhof der Canadian Pacific Railway untergebracht. Hier sind über 300 Wachsfiguren bekannter Persönlichkeiten aufgestellt.

! *Baedeker* TIPP

Dinner for two

Das Empress Hotel bietet nicht nur zur nachmittäglichen Teestunde verführerische Schlemmereien. Abends werden im edwardianischen Empress Dining Room ausgewählte Spezialitäten aufgetragen. Bedienung und Essen sind erstklassig, aber nicht ganz billig.

Vor dem Wachsfigurenkabinett werden die **Pacific Undersea Gardens** vor allem von Familien mit Kindern besucht. Meereslebewesen des Pazifiks können aus nächster Nähe beobachtet werden, darunter Seeanemonen, Lachse und Robben, aber auch Haie und eine riesige Krake (Öffnungszeiten: April – Juni tgl. 10.00 – 18.00, Juni – Anf. Sept. tgl. 9.00 – 20.00, Anf. Sept. – März tgl. 9.00 – 17.00 Uhr).

✶ Empress Hotel

Eines der Wahrzeichen der Stadt ist das 1908 am Hafen eröffnete Empress Hotel der Canadian Pacific Railway Company. Auch dieser Prachtbau ist von Francis Rattenbury konzipiert worden und erinnert an das Château Frontenac in Québec. In der riesigen Hotellobby fühlt man sich in die Zeit vor dem Ersten Weltkrieg zurückversetzt. Geradezu ein Muss für jeden Besucher ist die Teilnahme an der hier stilvoll zelebrierten Teestunde.

Miniature World

Im nördlichen Anbau (649 Humboldt St.) sind über drei Dutzend szenische Darstellungen »en miniature« aufgebaut (Öffnungszeiten: tgl. 9.00 – 17.00, im Hochsommer bis 21.00 Uhr). Besonders gelungen sind die Welt des Charles Dickens, Szenen aus Alt-London und der Miniaturzirkus. Auch eine Modellbahnanlage der Canadian Pacific Railway ist zu sehen.

★ Old Town

Nördlich des Empress Hotel erstreckt sich die in den letzten Jahren malerisch herausgeputzte Old Town von Victoria. In altehrwürdigen Bauten sind traditionsreiche Geschäfte untergebracht, so »Roger's Chocolate« (913 Government St.) und das Tabakwarengeschäft von E. A. Morris (1116 Government St.). Am heutigen Bastion Square mit seinen hübschen Boutiquen, Kunstgalerien und Restaurants wur-

Gönnen Sie sich einen Tee im Empress Hotel!

de 1843 das Fort Victoria errichtet. Zum Bummeln laden auch die etwas versteckte Trounce Alley und der Market Square ein. Auch das Einkaufsparadies Victoria Eaton Centre (zwischen Government St. und Douglas St.) ist in historischen Bauten untergebracht. Viele Touristen und Einheimische flanieren auf dem Harbour Walkway. Er führt von der hellblau leuchtenden Johnson Street Bridge, einer res-

Victoria Orientierung

Übernachten

① The Fairmont Empress
② The Bedford Regency Hotel

Essen

① Pescatores
② Spinnaker's Brew Pub
③ Cafe Brio

VICTORIA ERLEBEN

AUSKUNFT

Tourism Victoria Visitor Centre
812 Wharf Street
Victoria, BC, V8W 1T3
Tel. (250) 953-20 33
www.tourismvictoria.com

ESSEN

► Fein & teuer

① ***Pescatores***
614 Humboldt Street
Tel. (250) 385-45 12
Das Lokal gegenüber dem Empress Hotel ist als eines der besten Fischrestaurants der Stadt bekannt.

► Erschwinglich

③ ***Cafe Brio***
944 Fort St.
Tel. (250) 383-00 09
www.cafe-brio.com
Es heißt zwar »Cafe«, ist aber eher ein feines Restaurant mit typischen regionalen Speisen.

► Preiswert

② ***Spinnaker's Brew Pub***
308 Catherine Street
Tel. (250) 386-27 39
Preiswertes Speiselokal am Hafen mit Kanadas ältester Gasthausbrauerei (1984 eröffnet). Hübsche Terrasse.

ÜBERNACHTEN

Baedeker-Empfehlung

► Luxus

① ***The Fairmont Empress***
721 Government Street
Tel. (250) 384 - 81 11
www.fairmont.com/empress
Das Schlosshotel im Tudor-Stil sucht hinsichtlich Luxus und Eleganz seinesgleichen. Einige Suiten sind mit Erkerchen und offenen Kaminen versehen und mit wertvollem antiken Mobiliar ausgestattet. Seit der Eröffnung des Hauses im Jahr 1908 treffen sich jeden Tag Hotelgäste und Bürger der Stadt zur feierlichen »Five o'clock Tea«-Zeremonie in der Lobby.

► Komfortabel

② ***The Bedford Regency Hotel***
1140 Government Street
Tel. (250) 384-68 35
www.bedfordregency.com
Im Herzen des Geschäfts- und Einkaufszentrums. Gemütliche Zimmer mit Blumenkästen an den Fenstern vereinen den Charme vergangener Zeiten mit modernem Komfort.

taurierten Hebebrücke, um das geschützte Hafenbecken mit seinen bunten Booten bis zum Laurel Point und zur Fishermen's Wharf.

★ **Emily Carr Gallery**

Die Emily Carr Gallery zeigt beeindruckende Werke der berühmtesten Tochter Victorias, die sich als strömungsunabhängige Malerin einen festen Platz in der kanadischen Kunstszene gesichert hat. Wichtige Themen ihres Schaffens sind kanadische Landschaften und die First Nations (bes. Nordwestküstenindianer). Ein audiovisuelles Unterrichtsprogramm stellt Leben und Werk der Künstlerin vor (1107 Wharf St.; Öffnungszeiten: Di. – So. 10.00 – 17.00 Uhr).

Maritime Museum of British Columbia

Das Maritime Museum of British Columbia (28 Bastion Square) im 1889 erbauten ehemaligen Gerichtsgebäude zeigt Schiffsmodelle und allerlei Gegenstände aus der christlichen Seefahrt. Glanzstück der Sammlung ist das von Indianern gebaute Kanu »Tilikum«, mit dem Unerschrockene zu Beginn des 20. Jh.s von Victoria nach England reisten. Natürlich wird auch an Richter Matthew Begbie erinnert, der Ende des 19. Jh.s in diesem Hause Recht sprach und als »Hanging Judge« bekannt wurde (Öffnungszeiten: tgl. 9.30 bis 16.30 Uhr).

Chinatown

Nördlich an die Old Town schließt die kleine, aber feine Chinatown an, die nur zwei Straßenblocks westlich der Government Street an der Fisgard Street umfasst. Der Eingang ist durch ein auffälliges rotes Tor markiert. Vor 100 Jahren lebten in dem wegen seiner Bordelle, Spiel- und Opiumhöhlen berüchtigten chinesischen Viertel über 8000 Menschen.

★★ Royal British Columbia Museum

Im Heritage Court zwischen Parlamentsgebäude und Empress Hotel ist das Royal British Columbia Museum untergebracht. Es ist wohl das beste natur- und kulturhistorische Museum Westkanadas. Mit modernster Technik wird dem Besucher alles Wissenswerte über die Geschichte der Provinz British Columbia nahe gebracht.

Im ersten Stock werden die verschiedenen Naturräume der Provinz vorgestellt – eindrucksvoll ist die lebensgroße Darstellung eines Mammuts. Im zweiten Stock tritt man eine Reise in die Vergangenheit an. Interessant sind die Ausstellungen zur Pionierzeit (u. a. Rekonstruktion eines Straßenzuges zur Zeit der Jahrhundertwende, Sägemühle, Farm, Fischfabrik, Goldmine). Besondere Aufmerksamkeit verdient die Indian History Gallery mit ihrer wohl einmaligen und umfassenden Darstellung von Geschichte, Kultur und Kunst der Nordwestküstenindianer (u. a. Kanus, Textilien, Masken, ein Erdhaus der Salish, ein traditionelles »Big House« der Kwakiutl). Aus Lautsprechern ertönen geheimnisvolle indianische Gesänge. Ein absolutes Highlight ist der **Thunderbird Park** hinter dem Museum mit meisterhaft geschnitzten und bemalten Totempfählen. Außerdem ist ein für die Haida typisches Langhaus aufgestellt, in dem man indianischen Kunsthandwerkern beim Schnitzen von Totempfählen zusehen kann. Jüngste Attraktion des Museums ist das 1998 in Betrieb genommene **National Geographic Theatre**, das mit audiovisueller Technik Geheimnisse der Natur erhellt und Spuren längst vergessener Kulturen verfolgt (Öffnungszeiten: tgl. 9.00 – 17.00 Uhr).

✓ NICHT VERSÄUMEN

- Indian History Gallery
- Thunderbird Park
- National Geographic Theatre

Carillon Tower

Vor dem Museum steht ein 30 m hoher Glockenturm (Carillon Tower), der von kanadischen Bürgern niederländischer Abstammung gestiftet wurde.

Südlich des Museums kann man das 1852 fertig gestellte **Helmcken House** besichtigen. Hier wohnte und arbeitete der Arzt Dr. Helmcken, der sich als Politiker maßgeblich für den Anschluss der einstigen Kolonien Victoria und British Columbia an Kanada einsetzte. Das ursprüngliche Interieur ist im Originalzustand erhalten (Öffnungszeiten: im Sommer tgl. 10.00 bis 17.00, sonst tgl. 12.00 – 16.00 Uhr).

Schräg gegenüber lädt der **Crystal Garden** zum Besuch ein. Das Gewächshaus ist 1925 nach Plänen des Architekten Rattenbury erbaut worden. Vorbild war der Londoner Crystal Palace. Nach der Fertigstellung besaß Crystal Garden das größte Meerwasser-Hallenbad im britischen Kolonialreich. Heute gedeihen hier tropische Pflanzen. Flamingos, Papageien und Affen sorgen für einen Hauch Exotik (Öffnungszeiten: im Sommer tgl. 9.00–20.00, sonst 9.00–18.00 Uhr).

Südöstlich vom Royal BC Museum erhebt sich der **Beacon Hill**, dessen 74 ha große Parkanlage ein beliebtes Naherholungsgebiet ist. Von hier bietet sich ein schöner Ausblick über die Juan de Fuca Strait hinüber zu den Schneegipfeln der Olympic Peninsula (USA). An der Südwestecke des Parks (Douglas Street) markiert ein Kilometerstein den Beginn des Trans-Canada Highway 1, der sich rund 8000 km lang durch ganz Kanada zieht.

RB Columbia Museum Orientierung

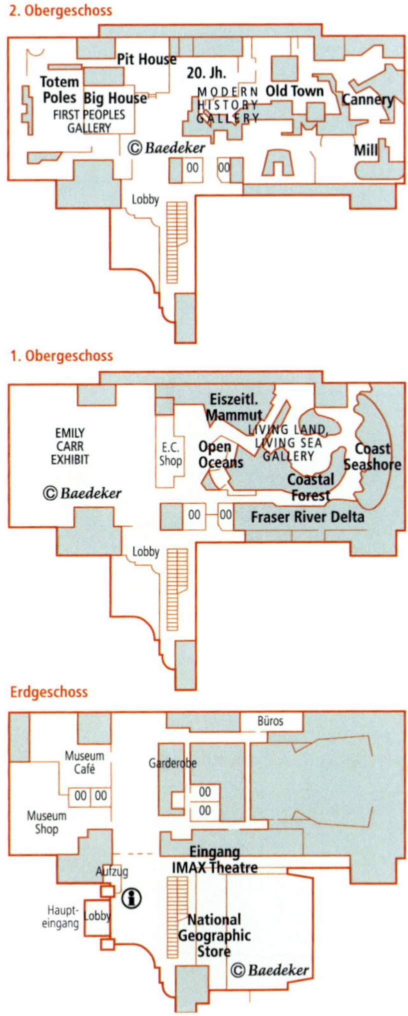

★ **Carr House**

Einige Schritte westlich vom Beacon Hill Park kann man das alte Holzhaus der Familie Carr besichtigen, das 1864 errichtet worden ist. Richard Carr ist durch Immobilienhandel zu Wohlstand gekommen. Seine Tochter Emily (►Berühmte Persönlichkeiten) wurde eine anerkannte Malerin (207 Government St.; Öffnungszeiten: Mitte Mai – Mitte Okt. tgl. 10.00 – 17.00 Uhr).

Sehenswertes im Viertel Rockland

Government House Die noble Wohngegend Rockland liegt einige Gehminuten südöstlich vom Stadtzentrum. Das inmitten einer gepflegten Gartenanlage gelegene Government House (1401 Rockland Av.) ist offizielle Residenz des Vertreters der englischen Königin in der Provinz British Columbia. Das schmucke Anwesen kann leider (noch) nicht besichtigt werden. Lediglich die zauberhafte Parkanlage steht Besuchern offen.

Craigdarroch Castle Weiter nördlich erreicht man Craigdarroch Castle, ein Meisterwerk viktorianischer Baukunst mit Kaminen, Türmchen und Säulenvorhalle. Robert Dunsmuir, ein schottischer Emigrant, der mit Kohlegruben auf Vancouver Island ein Vermögen machte, ließ das Schloss 1885 für seine Frau errichten (1050 Joan Crescent; Öffnungszeiten: im Sommer tgl. 9.00 – 19.00 Uhr, sonst tgl. 10.00 – 16.30 Uhr).

★ **Art Gallery of Greater Victoria** Weiter westlich, nahe der Fort Street, finden Kunstfreunde die Art Gallery of Greater Victoria, die in einem außergewöhnlich schönen viktorianischen Bauwerk untergebracht ist. Die Palette reicht von archäologischen Funden über indianische Artefakte bis zu modernen kanadischen Kunstwerken. Das Museum beherbergt auch eine der besten Kollektionen chinesischer und japanischer Kunst in Kanada und den einzigen Shinto-Schrein außerhalb Japans (1040 Moss St.; Öffnungszeiten: Mo. – Sa. 10.00 – 17.00 Uhr, So. 13.00 – 17.00 Uhr).

Ausflugsziele in der Umgebung von Victoria

★ **Butchart Gardens** Wenn man auf dem Highway 17A nordwärts fährt, erreicht man nach 22 km die Butchart Gardens , die auf der Saanich Halbinsel bei Brentwood Bay angelegt sind. 1904 begann Jenny Butchart, die Gattin eines Steinbruchbesitzers, in einem aufgelassenen Steinbruch einen Blumengarten anzulegen. Daraus entstand ein 20 ha großer Park mit der größten und schönsten Gartenschau Kanadas, zu der mehr als 5000 verschiedenen Blumenarten, elegante »tea rooms« und ein hervorragender »gift shop« gehören. Besonders idyllisch sind der Italian Garden, der Rose Garden, der Japanese Garden und der Sunken Garden. Mehrere Brunnen, Teiche und Wasserspiele sowie eine Freifläche für Konzertveranstaltungen gliedern die von exotischen Gewächsen bestandene Parkanlage (Öffnungszeiten: Juli, Aug. tgl. 9.00 – 23.00, Mai, Juni, Sept. tgl.

Die »versunkenen Gärten« der Jenny Butchart

9.00 – 21.00, März, April, Okt. tgl. 9.00 – 17.00, Nov. – Feb. tgl. 9.00 bis 16.00 Uhr, im Hochsommer jeden Samstagabend Feuerwerk).

Gleich in der Nähe laden die **Butterfly Gardens** mit ihren Schmetterlingsvolieren zum Besuch ein (1461 Benvenuto Ave.; Öffnungszeiten: Mai – Aug. 9.00 – 17.30, Sept., Okt., März, April tgl. 9.30 bis 16.30 Uhr).

! *Baedeker* TIPP

Das sind ja schöne Aussichten!

Der sog. Scenic Marine Drive führt als 13 km lange Panoramastraße an der Südküste entlang zum Cattle Point an der Oak Bay. Dabei benutzt man die Dallas Road, den Hollywood Crescent, die Crescent Road und den Beach Drive. Es bieten sich herrliche Ausblicke auf die schönen Meeresbuchten an der Juan de Fuca Strait.

★ **Fort Rodd Hill NHS**

13 km westlich von Victoria schützt Fort Roddmit seinen Bastionen den Naturhafen Esquimalt Harbour. Hier war von 1895 bis 1956 Militär stationiert. Im Hafen ankerten Kriegsschiffe der britischen Marine. Heute kann man die Befestigungsanlagen besichtigen und sich über die Funktionsweisen von Festungswerken und Geschützen informieren (Öffnungszeiten: tgl. 10.00 – 16.30 Uhr).

◂ Fisgard Lighthouse

Auf einem Landvorsprung steht dieser 1860 erbaute und damit älteste Leuchtturm der kanadischen Pazifikküste.

★★ Wells Gray Provincial Park

G 6/7

Höhe: 680 – 2570 m ü. d. M. **Fläche:** 5295 km²
Gründungsjahr: 1939

Der Wells Gray Provincial Park im Osten von B. C. gehört zweifellos zu den geologisch interessantesten Naturschutzgebieten im kanadischen Westen. Erloschene bzw. ruhende Vulkane, Basaltkegel, Felder aus erkalteter Lava und Mineralquellen bezeugen die unruhige Erdgeschichte dieser Gegend.

Zu den Naturschönheiten zählen nicht nur spektakuläre Wasserfälle, tiefe Schluchten und idyllische Bergseen, sondern auch hohe Berge mit Hauben aus Eis und Schnee. In der bislang nur punktuell für den Abenteuertourismus erschlossenen und noch recht dicht bewaldeten Wildnis leben noch **vielerlei Tierarten**. Wer Biber, Maultierhirsche, Elche, Grizzly- und Schwarzbären beobachten will, kommt im Wells Gray Provincial Park ganz bestimmt auf seine Kosten.

Wells Gray Park Road

In Clearwater zweigt die landschaftlich reizvolle Wells Gray Park Road vom Yellowhead Highway in nördlicher Richtung ab. Sie führt im Tal des Clearwater River hinauf zur Ranger Station, wo man sich über die aktuellen Bedingungen im Park informiert (Öffnungszeiten: tgl. 8.00 – 18.00 Uhr).

Rund 140 m tief stürzen die Wassermassen der Helmcken Falls.

★ **Helmcken Falls**

Nur 2 km nach dem Parkeingang erreicht man den ersten Höhepunkt: die 90 m breiten und 18 m hohen Dawson Falls. Nach weiteren 9 km überquert eine Brücke den rauschenden Murtle River. Kurz danach zweigt ein Sträßchen zu den Helmcken Falls ab, die zu den imposantesten Wasserfällen Kanadas gehören und sich 137 m tief in eine von dunklen Basaltwänden eingefasste Schlucht stürzen. Nach 32 km erreicht man schließlich den höchst idyllischen **Clearwater Lake** mit einem schönen Zeltplatz. Den See kann man per Kanu erkunden. Von hier lohnt auch eine kurze Wanderung zu erkalteten Lavaströmen (Lava Beds), die vor wenigen Tausend Jahren nach einer Eruption vom Mount Azure heruntergeflossen sind.

! *Baedeker* TIPP

Wo City Slicker Männer werden

Staubig, aber zufrieden auf treuem Ross in den Sonnenuntergang reiten? Am Lagerfeuer blutrünstigen Geschichten lauschen und dünnen Cowboy-Kaffee schlürfen? All dies ist möglich auf der Wells Gray Guest Ranch bei Clearwater. Die professionell geführte Ranch liegt am Rande des Wells Gray Provincial Park und bietet außer ein- und mehrtägigen Trail Rides auch Hiking Trips, Kanu- und Wildwassertouren durch die unberührte Wildnis an. Infos: Wells Gray Guest Ranch, Clearwater, BC, V0E 1N0, Tel. (250) 674-27 92, www.wellsgrayranch.com

97 km nordöstlich von Clearwater, bei Blue River, zweigt eine weitere Stichstraße vom Yellowhead Highway (BC Hwy. 5) in den südöstlichen Teil des Wells Gray Provincial Park ab. Sie führt zum überaus malerischen **Murtle Lake**, auf dem man erlebnisreiche Kanutouren unternehmen kann.

★★ Whistler

T 17

Höhe: 640 m ü. d. M. **Einwohnerzahl:** 10 000

Whistler, ca. 120 km nördlich von ► Vancouver in der grandiosen Hochgebirgslandschaft der Coast Mountains gelegen, gehört zu den bekanntesten Wintersportplätzen Nordamerikas. Hier werden 2010 die sportlichen Wettbewerbe in den Disziplinen Ski alpin, Ski nordisch, Skispringen, Biathlon, Bob und Rodeln ausgetragen.

Ganzjahres-Ferienort im Alpenlook

Geradezu perfekt inszeniert ist das Erscheinungsbild von Whistler im Stile eines alpenländischen Feriendorfs. Zunächst wurde der Ort generalstabsmäßig als Wintersport-Resort geplant und erschlossen. Inzwischen hat man aber auch sein Potenzial als lohnendes Ziel für Bergwanderer, Mountainbiker, Golf- und Tennisspieler, Reiter und Wildwasserfahrer erkannt und den Ort mit entsprechender Infrastruktur versehen.

★★ Wintersport

Die Hänge des **Whistler Mountain** (2182 m) und des **Blackcomb Mountain** (2440 m) sind bestens für den Skisport erschlossen worden. Der Skizirkus an den beiden Bergen ist heute einer der größten in ganz Nordamerika. Als Aufstiegshilfen stehen die beiden Luftseilbahnen **Whistler Gondola** und **Blackcomb Gondola** sowie über drei Dutzend Sessel- und Skilifte zur Verfügung. Neueste At-

Überwältigender Rundblick auf die Schneegipfel von Whistler

traktion ist die **Peak2Peak Gondola**, eine Kabinenseilbahn, die den Blackcomb Mountain und den Whistler Mountain verbindet. Insgesamt werden in jedem Winter über 200 Pisten aller Schwierigkeitsgrade präpariert. Die Höhendifferenz der längsten Pisten beträgt 1609 m (Blackcomb) bzw. 1530 m (Whistler Mountain). Snowboarder finden auf dem Blackcomb Mountain den tollsten Snowboard Park der Welt vor. Für Skilangläufer werden zahlreiche Loipen gespurt. Auf dem **Horstman Glacier** ist das auch im Sommer nutzbare Gletscherskigebiet »7th Heaven« eingerichtet.
Wem die vorhandenen Pisten nicht genügend »Thrill« bieten, dem bleibt noch das **Heli Skiing** als besonderes Vergnügen. Erfahrene Hubschrauberpiloten kennen traumhaft schöne Berghänge im Hinterland von Whistler, wo passionierte Abfahrtsläufer die Möglichkeit haben, durch jungfräulichen »Champagne Powder« zu wedeln.

✶✶ Sommerliche Aktivitäten

Die Seilbahnen am Whistler Mountain und am Blackcomb Mountain bringen **Bergwanderer** und **Mountainbiker** in luftige Höhen, wo bereits viele Kilometer Wege entsprechend hergerichtet sind. Auf dem Whistler Mountain ist extra ein Mountain Bike Park ausgewiesen. Man kann aber auch ins Tal hinunterwandern bzw. -»biken«. Dort gibt es inzwischen ebenfalls ein ganzes System von Rad- und Spazierwegen. Beliebt ist der **Valley Trail**, der auch die beiden Seen Alta Lake und Lost Lake erschließt.
Whistler gilt als eine der besten Destinationen Kanadas in Sachen **Golfsport**. Den tollen 18-Loch-Platz (par-72) des Whistler Golf Club hat Arnold Palmer entworfen. Golf-Guru Robert Trent Jones Jr. hat den Chateau Whistler Golf Course (par-72) gestaltet. Der Reigen wird geschlossen vom Nicklaus North Golf Course (par-71), der den beiden anderen an Schönheit und Gestaltung kaum nachsteht.
Inzwischen haben auch die **Wildwasserfahrer** Whistler als guten Ausgangspunkt für ihre abenteuerlichen Unternehmungen entdeckt.

> **!** *Baedeker* TIPP
>
> **Via Ferrata**
>
> Der erste und bislang einzige mit Eisentritten und Stahlseilen gesicherte Klettersteig Kanadas ist am Whistler Peak installiert. Wer ihn begehen möchte, wende sich an: The Whistler Activity & Information Centre, Tel. (604) 938-27 69

Whistler Village

Ein Touristenzentrum »par excellence« ist Whistler Village mit seinen pompösen Bettenburgen, zahlreichen Restaurants, Bistros und Bars sowie mit seinen vielfältigen Einkaufsmöglichkeiten.

✶ BC Highway 99

Von Whistler führt der BC Highway 99 nordostwärts weiter hinein in die landschaftlich reizvollen Coast Mountains mit ihren duftenden Wäldern und Schneegipfeln. Doch nach der Überquerung ihrer Kammregion ändert sich das Landschaftsbild abrupt, denn das Land im Regenschatten des Gebirges präsentiert sich jetzt recht trocken und vegetationsarm.

WHISTLER ERLEBEN

AUSKUNFT

Tourism Whistler
4010 Whistler Way
Whistler, BC, V0N 1B4
Tel. (604) 904-932-39 28
Tel. 1-800-WHISTLER
www.tourismwhistler.com

Whistler 2010 Winter Games Info Centre
Fußgängerzone am Marktplatz

EVENTS

Die Highlights im jährlichen Festkalender von Whistler sind: Freestyle World Cup (Januar), World Ski & Snowboard Festival (Mitte April), Whistler Roots Fest (internationales Folk Festival, 3. Juliwoche), Classical Musical Weekend (August), Whistler Mountain Alpine Wine Festival, Jazz & Blues Weekend (beide im September).

ESSEN

▸ Fein & Teuer

La Rua
4557 Blackcomb Way
Tel. (604) 932-50 11
Sehr gediegen geht es in dem feinen Restaurant in der Nachbarschaft des Chateau Whistler zu. Die Speisekarte ist französisch bis mediterran angehaucht. Zu besten Speisen werden auch exzellente Weine serviert.

Val d'Isere
8 – 4314 Main Street
Tel. (604) 932-46 66
Wie der Name andeutet, wird hier beste »cuisine française« geboten.

▸ Erschwinglich

Araxi
4222 Village Square
Tel. (604) 932-45 40
Küchenchef James Walt bietet besonders einfallsreiche Kreationen und greift hauptsächlich auf frische regionale Erzeugnisse zurück.

▸ Preiswert

Caramba!
12 – 4314 Main Street, Town Plaza
Tel. (604) 938-18 79
Mario Enero steht für eine recht schmackhafte mediterrane Küche, die Pasta & Pizza ebenso umfasst wie frisch zubereiteten Pazifiklachs.

Bavaria Restaurant
101 – 4369 Main Street
Tel. (604) 932-75 18
Süddeutsch-alpenländisches Ambiente und die entsprechende Küche (u.a. Schnitzel, Kässpätzle, Rindsgulasch) lassen heimatliche Gefühle aufkommen.

ÜBERNACHTEN

▸ Luxus

The Fairmont Chateau Whistler
4599 Chateau Boulevard
Whistler, BC, V0N 1B4
Tel. (604) 938-80 00
www.fairmont.com/whistler
Das »Erste Haus am Platz« zu Füßen des Blackcomb Mountain bietet allen erdenklichen Komfort, vom Wellness Spa bis zum Golfplatz und Reitstall.

Pan Pacific Whistler Mountainside
4320 Sundial Crescent
Whistler, BC, V0N 1B4
Tel. (604) 905-29 99
www.panpacific.com/en/whistlermountainside
Nobelhotel mit 121 Suiten und Studios. Von vielen der geschmackvoll eingerichteten Räumlichkeiten hat man einen schönen Blick auf die Hausberge von Whistler.

Garibaldi Provincial Park Herrliche Bergwanderungen können im südöstlich von Whistler gelegenen Garibaldi Provincial Park (► Vancouver, Umgebung) unternommen werden, dessen höchste Gipfel der 2678 m hohe **Mount Garibaldi** und der 2891 m hohe Mount Wedge sind. Im Gebiet des Parks liegen auch zwei romantische Bergseen, Lake Garibaldi und Cheakamus Lake, die zu erholsamen Kanutouren einladen.

★★ Yoho National Park

W 17

Höhe: 1098 – 3562 m ü. d. M. **Fläche:** 1313 km²
Gründungsjahr: 1930

Der Yoho National Park ist der vierte im Bunde der großen Naturschutzgebiete im kanadischen Felsengebirge. Schneebedeckte Gipfel, malerische Bergseen und tosende Wasserfälle sind die wichtigsten Merkmale dieses Nationalparks, der sich westlich des stark frequentierten Kicking Horse Pass erstreckt. Seine beiden Kerngebiete sind das Tal des Kicking Horse River und das wildromantische Tal des Yoho River.

Kicking Horse Pass Die Ostrampe der Kicking-Horse-Pass-Strecke liegt noch im ► Banff National Park (Alberta). Sie führt vom Tal des Bow River herauf und am Lake Louise vorbei. Auf der Passhöhe (1625 m) verläuft die sog. Great Divide, die kontinentale Wasserscheide (Pazifik / Altantik), die hier zugleich die Grenze der beiden Provinzen British Columbia und Alberta markiert.
Wenn man nun in westlicher Richtung, also in Richtung Pazifik bergab fährt, so passiert man den **Avalanche Path**, eine inzwischen verbaute Lawinenrutschbahn. Den Hang abwärts donnernde Schneemassen haben hier vor etlichen Jahren einen ganzen Wald mit sich gerissen.

? WUSSTEN SIE SCHON ...?

- ... dass »Yoho« in der Sprache der Indianer so viel wie Ehrfurcht bedeutet? Und diese bekommt jeder, der sich in die majestätische Hochgebirgswelt der Rocky Mountains im Grenzgebiet der beiden Provinzen British Columbia und Alberta begibt.

★ **Lake Wapta, Lake O'Hara** Vom Lake Wapta führt ein Weg im Engtal des Cataract Creek südwärts bergan zum Lake O'Hara, der von einer großartigen Hochgebirgskulisse umrahmt wird. Östlich erheben sich der Mount Huber (3368 m), der Mount Victoria (3364 m; Gletscher) und der Yukness Mountain (2847 m), im Süden ragt der 2693 m hohe Mount Schaffer auf, im Nordwesten leuchten der Cathedral Mountain (3189 m) und der 2469 m hohe Mount Vanguard. Die alte Brücke am Big Hill wurde früher von der Canadian Pacific Railway benutzt. Sie liegt an der einstmals sehr gefürchteten Steilstrecke (Höhenunterschied: 400 m) der Bahnlinie über den Kicking Horse Pass.

Wenige Kilometer unterhalb der Passhöhe hat man den Spiral Tunnels Viewpoint, eine Aussichtsplattform, errichtet, von der aus man die kühn angelegte Bahnstrecke mit den beiden Kehrtunnels überblicken kann. Besonders eindrucksvoll ist der Ausblick, wenn sich gerade ein langer, von mehreren Lokomotiven gezogener Güterzug zur Passhöhe hinaufquält.
Vom Mount Stephen Viewpoint kann man sehr schön einen Hängegletscher am 3199 m hohen Mount Stephen sehen. Rechts unterhalb des Gletschers erkennt man den Eingang zur Monarch Mine. Bis zu seiner Stilllegung im Jahre 1952 hat man aus diesem Bergwerk beachtliche Mengen Blei, Zink und geringe Mengen Silber gefördert.

Am Zusammenfluss von Kicking Horse River und Yoho River zweigt ein schmales Bergsträßchen vom Trans-Canada Highway 1 ab, das in das landschaftlich überaus reizvolle **Yoho Valley** hinaufführt.

Die Takakkaw Falls gehören zu den höchsten Wasserfällen Nordamerikas.

★★ **Takakkaw Falls**

Das Sträßchen endet bei den imposanten Takakkaw Falls, die zu den höchsten Wasserfällen Nordamerikas gehören. Hier stürzt Schmelzwasser des Daly Glacier (Gletscherzunge des Waputik Icefield) über eine 254 m hohe Felswand. Der Talschluss wird von den Eisfeldern des Mount Yoho (2760 m), des Gordon (3153 m; Wapta Icefield) sowie des Mount Daly (3152 m; Waputik Icefield) bzw. des Mount Niles (2972 m) umrahmt. Bergwanderer können hier erlebnisreiche Touren unternehmen. Dabei ist zu beachten, dass in dieser abgeschiedenen Gegend noch einige Schwarz- und Grizzlybären leben.

Field

Im Dampflok-Zeitalter war der 1224 m hoch gelegene Ort Field eine blühende Eisenbahnerstadt. Damals benötigten die Züge zur Bewältigung des »Big Hill« die Zug- bzw. Schubkraft zusätzlicher Lokomotiven. Heute ist der inzwischen sehr beschauliche Ort Sitz der Nationalparkverwaltung (ganzjähriger Informationsdienst am Trans-Canada Highway).

✶✶ Burgess Shale Fossil Beds

Oberhalb des Ortes sieht man die helle Abrissfläche eines gewaltigen Bergrutsches, der sich vor wenigen Jahren ereignete und der auch die Bahnstrecke in diesem Bereich zerstörte. An den Hängen von Mount Field und Mount Stephen sind aus dem Erdaltertum stammende Schiefer und Sedimente mit versteinerten Pflanzen- und Tierresten aufgeschlossen. Weltberühmt sind die Burgess Shale Fossil Beds östlich von Field. Sie gelten als einmalige Lagerstätte von über 530 Mio. Jahre alten Versteinerungen.

✶ Natural Bridge

2 km unterhalb von Field biegt eine 8 km lange Stichstraße vom Trans-Canada Highway 1 zur Natural Bridge und weiter zum Emerald Lake ab. Nach einem Spaziergang kommt man zur berühmten Naturbrücke, die der tosende und wasserreiche Kicking Horse River aus einer extrem harten Felsbarriere förmlich ausgefräst hat.

✶ Emerald Lake

Wenige Minuten später erreicht man den malerischen, türkis schimmernden Bergsee am Fuße der mehr als 3000 m hohen vergletscherten President Range. Vor allem im Hochsommer herrscht hier reger Ausflugsverkehr. Dann sind auf dem See Dutzende von Kanuten unterwegs. Wer etwas Zeit hat, sollte eine Wanderung rund um den See, hinauf zum Yoho Pass oder zum Burgess Pass unternehmen oder gar zum romantischen Hamilton Lake hinaufsteigen.

Steter Tropfen höhlt den Stein: die Natural Bridge im Yoho National Park

Der gut markierte und landschaftlich sehr reizvolle Wanderpfad Deerlodge Trail führt am Hoodoo Creek entlang zur ersten Wildhüterhütte des Nationalparks, die bereits 1904 errichtet worden ist. Eine besondere Laune der Natur sind die »Hoodoos« genannten Pyramiden aus verfestigten Sanden und Tonen, die widerständige Gesteinsbrocken als Schutzhelme tragen.

★ **Hoodoo Creek**

Er schimmert wie ein Schmuckstück: der Emerald Lake im Yoho National Park.

Wenige Kilometer abseits des Trans-Canada Highway 1 erreicht man den **Chancellor Peak Campground**. Auf dem Weg dorthin bietet sich ein schöner Blick über das Tal des Kicking Horse River zu den Gipfeln von Mount Vaux (3320 m), Chancellor Peak (3280 m) und Mount Ennis (3132 m; großer Gletscher).

Über eine 5 km vor dem westlichen Parkeingang abzweigende Stichstraße erreicht man den Wanderweg zu den Wapta Falls, wo Sir James Hector 1858 beinahe tödlich verunglückt wäre. Hier, an einer Biegung des Flusses, stürzt der Kicking Horse River über eine breite Felsstufe in die Tiefe.

YOHO NATIONAL PARK ERLEBEN

AUSKUNFT

Yoho National Park
P.O. Box 99
Field, BC, V0A 1G0
Tel. (250) 343-67 83
www.pc.gc.ca/pn-np/bc/yoho

ÜBERNACHTEN/ESSEN

► **Luxus**

Lake O'Hara Lodge
am Lake O'Hara
Tel. (250) 343 - 64 18
www.lakeohara.com
Die landschaftlich wunderschön gelegene Lodge wurde in den 1920er-Jahren von der Canadian Pacific Railway erbaut und ist heute eine der besten Adressen in den kanadischen Rockies.

► **Komfortabel**

Emerald Lake Lodge
am Ende der Emerald Lake Road, die ca. 2 km westlich von Field vom Trans-Canada Highway abzweigt.
Tel. (250) 343-63 21
www.crmr.com
Gemütliche Unterkunft mit gutem Restaurant

► **Günstig**

Whisky Jack Hostel
Yoho Valley Road, in der Nähe der Takakkaw Falls
Tel. (403) 670-75 80
www.hihostels.ca
Die Herberge in idealer Lage ist zwar sehr einfach, dafür aber auch recht preisgünstig.

MANITOBA

Fläche: 647 797 km²
Hauptstadt: Winnipeg
Bevölkerungszahl: 1,2 Mio.
Zeitzone: Central Time

Die Provinz Manitoba bildet als östlichste der Prärieprovinzen das Herz Kanadas. Die Landschaft ist von der Eiszeit geprägt. Grasebenen, wüstenähnliche Dünengebiete und bergige Regionen mit Wäldern und Seen bestimmen das Bild. An der Hudson Bay erstreckt sich ein weites Tiefland, von dem das Land nach Westen und Süden ansteigt.

Der Name »Manitoba« leitet sich von einer indianischen Bezeichnung ab, die sich auf die Engstellen des Manitobasees nordwestlich von Winnipeg bezieht. An stürmischen Tagen lassen hohe Wellen Kieselsteine ans Ufer prasseln. Das tosende Geräusch nannten die Indianer »Manito Waba«, denn sie glaubten, es würde von Manitu verursacht.
Die höchste Erhebung Manitobas ist der 831 m hohe Baldy Mountain in den Duck Mountains. Die meisten Seen sind Überbleibsel des riesigen eiszeitlichen Lake Agassiz, der einstmals einen Großteil der heutigen Provinz Manitoba bedeckt hat.

Klima

Das Klima ist ausgesprochen kontinental. Die sommerlichen Durchschnittstemperaturen liegen zwischen 17 °C und 24 °C. Die Nächte sind manchmal recht kühl. Die Winter sind normalerweise lang und kalt mit Temperaturen bis zu – 40 °C. Die Niederschlagsmengen sind durch die beachtliche Entfernung von den Weltmeeren vergleichsweise niedrig.

Geschichte

Um 1600 lassen sich im Gebiet von Manitoba vier Indianerstämme feststellen: die Chippewa in der rauen Tundra um die Hudson Bay, weiter im Süden Cree- und Salteaux-Stämme in den großen Wäldern und in den weiten Ebenen im Südwesten die Büffeljäger, die Assiniboine. Der erste Weiße, der das Land erkundete, war der Engländer Thomas Button, der 1612 am Westufer der Hudson Bay entlangsegelte. Bereits ein Jahr zuvor waren Henry Hudson (►Berühmte Persönlichkeiten) und sein Sohn zusammen mit sieben Seeleuten in einem kleinen Boot in der James Bay ausgesetzt worden, nachdem die Mannschaft des Schiffes »Discovery« gemeutert hatte. Sie wurden niemals wieder gesehen. 1631 bis 1633 erforschten Luke Foxe und Thomas James – nach ihm ist die James Bay benannt – die Hudson Bay und ihren südlichen Fortsatz, die James Bay, wiederum auf der Suche nach der Nordwestpassage. Charles II. von England gewährte der Hudson's Bay Company 1670 Handelsrechte in allen Gebieten, deren Wasserläufe in die Hudson Bay flossen. Sein Cousin, Prince

← Indian Summer am Whitemouth River in Manitobas viel besuchtem Whiteshell Provincial Park

Rupert, war der erste Direktor der Gesellschaft. Nach ihm wurde das Gebiet Rupert's Land benannt. In der Folgezeit zankten Briten und Franzosen um ihre Einflusssphären. 1731 begann Sieur de la Vérendrye eine Reihe von Festungen zwischen dem Oberen See und dem südlichen Saskatchewan River zu bauen. 1811 erhielt Lord Selkirk von der Hudson's Bay Company mehr als 260 000 km² Land, das große Teile der heutigen Provinz Manitoba, Nordwest-Ontario sowie der benachbarten US-Bundesstaaten North Dakota und Minnesota umfasste. Mit dem Manitoba Act (1870) erwarb das Dominion of Canada Rupert's Land von der Hudson's Bay Company. Die von Louis Riel (► Berühmte Persönlichkeiten) geführten französischsprachigen Métis opponierten jedoch gegen diesen Akt. Es kam zum Aufstand, der allerdings zusammenbrach; Riel wurde nach einem bis heute umstrittenen Gerichtsverfahren gehängt. Dennoch erhielt Manitoba als fünfte Provinz eine »Bill of Rights« mit wichtigen Zugeständnissen an die Métis. Die Provinz wurde 1881 nach Westen bis zur heutigen Grenze mit Saskatchewan und 1912 nordwärts bis zur Hudson Bay vergrößert. Neue Siedler kamen ins Land, darunter viele Mennoniten und Ukrainer.

Bevölkerung Manitoba hat eine Gesellschaft, die aus vielen verschiedenen ethnischen Gruppen besteht. Knapp 100 000 Einwohner sind Angehörige indianischer Stämme. Ganz im Norden der Provinz leben noch einige Hundert Inuit. Auf rund 50 000 wird die Zahl der französischsprachigen Métis geschätzt. Ca. 400 000 Manitobans haben britische Vorfahren. Weitere große Einwanderergruppen bilden Ukrainer, Franzosen, Polen, Deutsche, Holländer, Skandinavier, Ungarn, Italiener und Juden. In den letzten Jahren sind viele Asiaten (bes. Filipinos und Vietnamesen) und Südamerikaner hinzugekommen. Etwa die Hälfte der Bevölkerung lebt im Großraum Winnipeg.

Wirtschaft Obwohl Manitoba nicht so reich an Bodenschätzen ist wie seine Nachbarn Alberta und Saskatchewan, verfügt es doch im Norden über größere Nickel- und Kupfervorkommen. Bedeutende Energiereserven liegen in der Wasserkraft. So hat man in den vergangenen drei Jahrzehnten am Nelson River ein ehrgeiziges Wasserkraftprojekt realisiert. Hauptanbauprodukte der Landwirtschaft sind Weizen, Gerste, Roggen, Raps und Flachs. Der Süden der Provinz ist eine der Kornkammern Kanadas. Allerdings sind nur 9 % der Arbeitnehmer in der Landwirtschaft tätig. Eine gewisse wirtschaftliche Rolle spielt auch die Fischerei. In den zahlreichen Seen und Flussläufen können beträchtliche Mengen Süßwasserfische gefangen werden. Die Industrie Manitobas kann auf eine lange Tradition zurückblicken. In besonderem Maße gilt dies für Nahrungsmittelproduktion, den Fahrzeug- und Maschinenbau sowie für das Baugewerbe. In der jüngeren Vergangenheit hat auch der High-Tech-Bereich von sich reden gemacht. Der Tourismus gewinnt immer mehr an Bedeutung. Pro Jahr zählt man in Manitoba rund 3 Mio. Gäste, von denen die meisten aus anderen kanadischen Provinzen und aus den benachbarten US-Bundesstaaten kommen.

◄ Tourismus

Brandon

e/f 18

Höhe: 409 m ü. d. M. **Einwohnerzahl:** 42 000

Die rund 200 km westlich von ► Winnipeg gelegene »Weizenmetropole« Brandon ist die zweitgrößte Stadt Manitobas. Sie liegt in dem vom Assiniboine River durchzogenen Pembina Valley und hat auch einiges für Touristen zu bieten.

Daly House

Das im 19. Jh. errichtete Haus von Thomas Mayne Daly, dem ersten Bürgermeister der Stadt, ist heute als Museum zugänglich. Man bekommt hier gute Einblicke in die Geschichte der Stadt vermittelt (122 – 18th St.; Öffnungszeiten: Mi. – So. 10.00 – 12.00 Uhr, 13.00 bis 17.00 Uhr).

Brandon ist die zweitgrößte Stadt Manitobas, landwirtschaftliches Zentrum und Standort mehrerer bedeutender Forschungsinstitute.

BRANDON ERLEBEN

AUSKUNFT

Brandon Tourism
im Riverbank Discovery Centre
1 – 545 Conservation Drive
Brandon, MB, R7A 7L8
Tel. (204) 729-2141
www.brandon.com

ÜBERNACHTEN/ESSEN

► Komfortabel

Victoria Inn
3550 Victoria Avenue
Brandon, MB, R7B 2R4
www.vicinn.com
Gut geführtes Stadthotel mit 130 modern ausgestatteten Zimmern, Swimming Pool und empfehlenswertem Restaurant.

Canad Inns Brandon
1125 – 18th Street
Brandon, MB
Tel. (204) 727-1422
www.canadinns.com/brandon/
Neues 160-Zimmer-Hotel mit gutem Grill-Restaurant, Pub und Gartencafé.

University Gleich in der Nachbarschaft befindet sich die Universität von Brandon. Die ältesten Bauten der Hochschule sind das Administration Building (1901), die School of Music (1906) und das J. R. Brodie Science Building.

✶ B. J. Hales Museum of Natural History ► Besondere Beachtung verdient das B. J. Hales Museum of Natural History der Universität. Der Ausstellungsschwerpunkt liegt auf der **Ornithologie**. Über 200 verschiedene Vertreter heimischer Vogelarten sind präpariert. Ein zweiter Bereich befasst sich mit den indianischen Ureinwohnern. Zu sehen sind Pfeilspitzen, Werkzeuge, kunsthandwerkliche Erzeugnisse und auch frühe Keramik (Öffnungszeiten: tgl. 13.30 – 16.30 Uhr).

Agriculture Canada Station Seit Jahrzehnten befasst man sich in der Versuchsanlage an der Grand Valley Road mit der Anzucht besonders widerständiger und ergiebiger Getreidesorten (Führungen: Di. u. Do. 13.30, 15.30 Uhr).

Commonwealth Air Training Plan Museum Auf dem Flugplatz der Stadt am nördlichen Stadtrand befindet sich das **Commonwealth Air Training Plan Museum**. Man erinnert hier mit Luftwaffen-Oldtimern und interessanten Dokumenten an die Zeit des Zweiten Weltkrieges, als in Brandon Piloten der Royal Canadian Air Force ausgebildet wurden (Öffnungszeiten: tgl. 13.00 bis 16.00, im Sommer ab 10.00 Uhr).

Shilo 25 km südöstlich von Brandon, in Shilo, Standort eines riesigen Truppenübungsplatzes, sind von 1974 bis 2004 rund 140 000 Soldaten der Bundeswehr ausgebildet worden. Auf dem Gelände **Royal Canadian Artillery Museum** ist allerhand Kriegsgerät ausgestellt (Öffnungszeiten: Di. – Fr. 8.00 bis 16.00, im Sommer auch Sa., So. 13.00 – 16.00 Uhr).

Souris

Wer sich für die Geschichte der Pionierzeit interessiert, sollte in der Ortschaft Souris das **Hillcrest Museum** (Öffnungszeiten: Victoria Day – Labour Day tgl. 10.00 – 18.00 Uhr) besuchen. Die mit 177 m Spannweite **längste Fußgänger-Hängebrücke Kanadas** ist Hauptattraktion von Souris (1800 Einw.). Sie wurde vor fast 100 Jahren konstruiert. Nach ihrer Zerstörung durch ein Hochwasser 1976 hat man die Brücke wieder aufgebaut.

! *Baedeker* TIPP

Edle Steine

In einer Kiesgrube südöstlich außerhalb von Souris und nahe der Mündung des Plum Creek in den Souris River lassen sich schöne Halbedelsteine (bes. Achat und Jaspis), Bruchstücke fossiler Hölzer und diverse Fossilien, darunter auch Teile von Mammutzähnen, finden. Die Eintrittsgebühr entrichtet man im Souris Rock Shop, in dem man auch schön geschliffene Handstücke erwerben kann.

Im nahe gelegenen Ort **Virden** ist man 1951 auf ein großes Erdöl-Vorkommen gestoßen. Die vormals eher beschauliche, bäuerliche Siedlung wurde praktisch über Nacht zur »Boomtown«. Wie sich das Leben vor der Entdeckung des Schwarzen Goldes abgespielt hat, kann man im örtlichen Pioneer Home Museum nachempfinden (Öffnungszeiten: im Sommer tgl. 10.00 – 18.00 Uhr).

✶ Churchill

i 13

Höhe: 0 – 30 m ü. d. M. **Einwohnerzahl:** 920

Ganz im Nordosten von Manitoba und von den Aktivräumen Kanadas ziemlich isoliert liegt die kleine Hafenstadt Churchill an der Mündung des gleichnamigen Flusses in die südwestliche Hudson Bay. In der Umgebung des Städtchens kann man nicht nur eine vielgestaltige Tundrenvegetation studieren, sondern vor allem auch Eisbären und Beluga-Wale beobachten.

Anreise

Churchill ist nur per Flugzeug oder Eisenbahn erreichbar. Zumindest einmal täglich – gutes Wetter vorausgesetzt – kann Churchill von Winnipeg aus angeflogen werden (Flugzeit: ca. 2 Std. 30 Min.). Dreimal wöchentlich fahren VIA-Rail-Expresszüge von Winnipeg nach Churchill (Fahrzeit: 34 Std.). In beiden Fällen ist es ratsam, die Reise frühzeitig zu planen.

Tor nach Europa

Trotz ihrer Lage in der unwirtlichen Tundra des Nordens war sie vom 18. Jh. bis vor wenigen Jahrzehnten eines der bedeutenderen Tore Kanadas nach Europa. Denn über die im Sommer eisfreie Hudson Bay konnten Waren per Schiff angelandet und abtransportiert werden. Inzwischen hat Churchill seine Funktion als Ausfuhrhafen stark eingebüßt, stattdessen spielt der Tourismus eine wichtige Rolle.

Stadt am Nordrand der Ökumene Churchill präsentiert sich als eher schmucklose und von Zweckbauten geprägte Frontstadt am nördlichen Rand der Ökumene. Die schwierigen klimatischen Verhältnisse verbunden mit Dauerfrostböden, die nur für wenige Wochen und dann höchstens in ihren oberen Schichten auftauen, lassen einen Siedlungsausbau nur in sehr begrenztem Umfang zu.

Sehenswertes in Churchill und Umgebung

Visitor Reception Centre Hier wird dem Besucher die arktische Landschaft Nordmanitobas mitsamt den Eisbären vorgestellt. Ein zweiter Ausstellungsschwerpunkt hat die Stadtgeschichte sowie den Hafen- und Eisenbahnbau zum Thema. Musketen und verschiedene Handelswaren erinnern an die Zeit, als die Hudson's Bay Company noch das Sagen hatte (Bayport Plaza; Öffnungszeiten: Juni – Mitte Sept. tgl. 9.00 – 18.00 Uhr).

★ Inuit Museum In dem Museum sind Gerätschaften und Kunsthandwerk sowohl der heutigen Inuit als auch ihrer Vorfahren ausgestellt. Die ältesten Ausstellungsstücke sind Artefakte der Pre-Dorset-Kultur, die in dieser Gegend in der Zeit um 1700 v. Chr. nachweisbar ist. Auch die Dorset-Kultur und die später einsetzende Thule-Kultur sind mit diversen Exponaten vertreten. Besonders eindrucksvoll sind die Schnitzereien aus Walross-Elfenbein sowie die erstaunlich bunten bildlichen Darstellungen (Öffnungszeiten: Mo. – Sa. 13.00 – 17.00 Uhr).

Der Alltag liefert die Motive: Kunst der First Nations des Nordens im Inuit Museum in Churchill

Den seltenen Beluga-Wal bekommt man im Rahmen von Exkursionen ab Churchill zu Gesicht.

Jenseits des Churchill River liegt das nur per Boot oder Hubschrauber erreichbare Fort Prince of Wales (NHS). Es ist 1731–1771 im Auftrag der Hudson's Bay Company zum Schutz des Pelzhandels erbaut worden. Zu sehen gibt es eine Kanonengalerie sowie bauliche Überreste von Kommandantur, Kasernen und Vorratsräumen (Öffnungszeiten: Juli/Aug. tgl. 10.00–18.00 Uhr).

*** Fort Prince of Wales**

Östlich der Flussmündung ragt das Cape Merry in die Hudson Bay hinaus. Hier haben die sich zurückziehenden Gletscher der Eiszeit riesige rund geschliffene **Quarzit-Felsblöcke** zurückgelassen. Auf dem weichen Tundrenrasen zwischen den Blöcken erblüht im Sommer eine herrliche **Flora**. Birken, Weiden, Bärentrauben, Preiselbeeren und viele andere Pflanzen gedeihen hier.

Cape Merry

In der Sloop's Cove, einer 4 km weiter flussaufwärts gelegenen Bucht, konnten die Segelschiffe festmachen, die seit dem späten 17. Jh. zu Walfangexpeditionen und Handelsunternehmungen mit den Inuit eingesetzt wurden. Der als Nationaldenkmal ausgewiesene **Hafen** kann nur per Boot oder Hubschrauber erreicht werden.

Sloop's Cove

25 km östlich von Churchill hat man 1976 das Northern Studies Centre angesiedelt. Man befasst sich hier nicht nur mit den vielerlei Pflanzen und Tieren der Arktis, sondern auch mit der **Besiedlungs- und Kulturgeschichte** dieses Raumes. Wer sich etwa für Eisbären, Beluga-Wale, diverse Vogelarten des Nordens usw. interessiert oder wer wissen will, was es mit dem Nordlicht auf sich hat, kann sich hier umfassend informieren (Tel. 204/675-23 07).

Churchill Northern Studies Centre

York Factory Etwa 240 km südöstlich von Churchill erreicht man – nur per Boot oder Kleinflugzeug – die an der Hudson Bay gelegene ehemalige York Factory, die heute als National Historic Site ausgewiesen ist. Vor mehr als 250 Jahren hat die Hudson's Bay Company hier einen **Pelzhandelsposten** errichten lassen. Diesen baute man zu einer richtigen Fabrik aus, in der Felle gegerbt und Pelze verarbeitet wurden. Im Sommer werden von Churchill aus Exkursionen zur York Factory angeboten. Informationen über Führungen erteilt das Parks Canada Visitor Reception Centre in Churchill. Wenn es das Wetter gestattet, kann der abgelegene Ort per Charterflugzeug von Thompson oder Churchill besichtigt werden.

Exkursionen ►

★★ Tierbeobachtung

Vögel In der Umgebung von Churchill leben noch viele Tiere, die anderswo auf der Welt kaum mehr zu sehen sind. Vogelfreunde kommen besonders in der Bird Cove, etwa 16 km östlich von Churchill, auf ihre Kosten. Neben mehreren Gänsearten und Kranichen kann man noch rund 200 weitere Vogelarten beobachten, darunter auch die ganz selten gewordene Ross-Möwe.

Bird Cove ►

Eisbären Churchill wird oft »Welthauptstadt der Eisbären« genannt. Die Eisbären trauen sich inzwischen das ganze Jahr über zumindest bis in

Das ganze Jahr über kann man in der Umgebung von Churchill Eisbären beobachten.

CHURCHILL ERLEBEN

AUSKUNFT

The Town of Churchill
P.O. Box 459
Churchill, MB, R0B 0E0
Tel. (204) 675-88 71
www.churchill.ca

Churchill Northern Studies Centre
P.O Box 610
Churchill, MB, R0B 0E0
Tel. (204) 675-23 07
www.churchillsciences.ca

ESSEN

► Fein &Teuer

Trader's Table
141 Kelsey Boulevard
Tel. (204) 675-88 04
Besondere Spezialitäten sind Karibu-Burger und Seesaibling.

ÜBERNACHTEN

► Komfortabel

Bear Country Inn
Tel. (204) 675 - 82 99
E-Mail: bearcinn@mts.net
Zentral gelegene Unterkunft mit freundlichem Service

die Außenbezirke der Hafenstadt. Im Sommer und vor allem im Herbst sieht man sie auf Eisschollen durch die Hudson Bay treiben. Verschiedene Veranstalter bieten Eisbären-Safaris an, die mit so genannten Eisbären-Buggies zu den Sammelplätzen dieser Tiere unternommen werden.

Beluga-Wale

Von Juni bis Anfang September tummeln sich zahlreiche weiße Beluga-Wale in den Gewässern vor Churchill. Im Sommer ziehen sie auch im Churchill River ein Stück flussaufwärts. Beluga-Beobachtungstouren kann man bei verschiedenen Veranstaltern buchen.

Robben und Karibus

Der Hafen von Churchill ist im Sommer häufig Tummelplatz von possierlichen Robben. Und auf den dann blühenden Wiesen in der Umgebung der Stadt weiden viele Karibus.

Portage La Prairie

F 17

Höhe: 332 m ü. d. M. **Einwohnerzahl:** 13 500

Das Zentrum der Nahrungsmittelindustrie, Portage La Prairie, ist die drittgrößte Stadt Manitobas. Ca. 80 km westlich von Winnipeg liegt das Städtchen inmitten fruchtbarsten Ackerlands.

★ Fort la Reine Museum & Pioneer Village

Am östlichen Rand der Stadt hat man vor einiger Zeit das Fort nachgebaut, das der französische Voyageur Pierre Gaultier de la Vérendrye 1738 an dieser Stelle errichtet hatte. Das Fort ist heute Mittelpunkt eines recht gern besuchten Freilichtmuseums, das die Pionierzeit wieder aufleben lässt. Selbstverständlich kann man hier auch einen der legendären **Red River Wagon** bestaunen. Ein altes York-Boot sowie Waggons aus der Frühzeit der Eisenbahn erinnern an vergangene Zeiten (Öffnungszeiten: Victoria Day bis Labour Day tgl. 10.00 – 18.00 Uhr).

Auf der Insel, die von einem Nebenarm des wasserreichen Assiniboine River umflossen wird, lädt der hübsche **Island Park** zum Freizeitvergnügen (auch Golf) oder zum Beobachten von Kanadagänsen ein.

! *Baedeker* TIPP

Vogelkunde

Die Delta Marsh am Südende des Lake Manitoba ist heute eines der wichtigsten Wasser- bzw. Wat- und Stelzvogelschutzgebiete Nordamerikas. Vogelkundliche Exkursionen bietet an: Delta Marsh Bird Observatory, Tel. (204) 239-42 87, www.dmbo.org

Lake Manitoba Delta Marsh

Etwa eine halbe Autostunde nördlich von Portage La Prairie erreicht man das Südufer des großen Lake Manitoba. Hier breitet sich auch die Delta Marsh aus, eine rund 180 Quadratkilometer große Sumpflandschaft. Am Delta Beach ist eine Forschungsstation eingerichtet, die sich hauptsächlich mit ökologischen Problemen der **Süßwassermarsch** und vor allem auch mit Fragestellungen der Ornithologie beschäftigt.

Weiter nordöstlich am **St. Ambroise Beach** fühlen sich in der warmen Jahreszeit Badegäste und Sonnenhungrige vor allem aus dem Großraum ►Winnipeg wohl.

Die Pionierzeit lebt im Fort la Reine wieder auf.

PORTAGE LA PRAIRIE ERLEBEN

AUSKUNFT

City of Portage la Prairie
97 Saskatchewan Avenue East
Portage la Prairie, MB, R1N 0L8
Tel. (204) 239-83 26
www.city.portage-la-prairie.mb.ca

ESSEN

► Erschwinglich

Bill's Sticky Fingers
210 Saskatchewan Avenue East
Tel. (204) 857-99 99
Empfehlenswert: die leckeren Ribs

Essence Tea House
818 Saskatchewan Ave East
Tel. (204) 239-48 01
Spezialität des Hauses: Käsekuchen

ÜBERNACHTEN

► Komfortabel

Canad Inns Portage la Prairie
2401 Saskatchewan Avenue West
Tel. (204) 857-97 45
www.canadinns.com
Gepflegtes Stadthotel

Austin

Ca. 50 km westlich von Portage La Prairie zieht der Trans-Canada Highway durch Austin, das Zentrum eines besonders fruchtbaren Getreideanbaugebietes. Am Ortsrand ist das Manitoba Agricultural Museum eingerichtet, in dem zahlreiche betagte, aber noch funktionstüchtige **landwirtschaftliche Maschinen** und Geräte zu sehen sind. Im angeschlossenen **Homesteaders' Village** lässt sich das Landleben des 19. Jh.s studieren. Im Sommer wird auf dem Museumsgelände ein abwechslungsreiches Veranstaltungsprogramm geboten (Öffnungszeiten: Mai – Sept. tgl. 9.30 – 17.30 Uhr).

★ ◄ Manitoba Agricultural Museum

★ **Spruce Woods Provincial Park**

Etwa 30 km südwestlich von Austin liegt der Spruce Woods Provincial Park . Das 233 km² große Schutzgebiet umfasst einen großen Teil der **Carberry Sandhills**. Diese sind vor etwa 12 000 Jahren entstanden, als der **Assiniboine River** in den damaligen riesigen **Lake Agassiz** floss und mächtige Sandablagerungen hinterließ. Der Sand wurde vom Wind zu den heute noch sichtbaren **Wanderdünen** aufgeweht. Auf den wasserdurchlässigen Sandböden gedeihen anspruchslose Nadelhölzer wie Kiefern und Fichten sowie Trockenpflanzen. Zudem gibt es hier vielerlei kleine Reptilien (u. a. Eidechsen) und Schlangen. Die eigenartige, streckenweise schon wüstenhafte Landschaft erkundet man am besten auf dem **Isputinaw Trail** und dem **Oxbow Lake Trail**. Einige schön gelegene Camping- und Picknickplätze sind ausgewiesen.

★★ Riding Mountain National Park

e/f 17

Höhe: 230 – 756 m ü. d. M. **Fläche:** 2978 km²

Der Nationalpark ist Naturschutzgebiet und Erholungsraum in einem. Grasländer, Laubwälder, Seen und Flüsse prägen das Landschaftsbild. Die Plateaus, die bis zu 340 m hoch sind, erheben sich über die umgebende Prärie mit sanften Hügeln, Wiesen, Seen und Flüssen.

Anreise Der Nationalpark ist über den Northern Holiday Highway (Hwy. 10) erreichbar, der direkt durch das Zentrum des Gebiets führt und die Ufer der schönsten Seen streift.

Tierwelt In den tiefen und recht kalten Seen wie Clear Lake, Lake Catherine und Deep Lake leben Hechte, Weißfische, Zander und Forellen. Biber tummeln sich eher in sumpfigen und seichten Seen und Teichen. Mit Geduld kann man in den abgelegeneren Teilen des Nationalparks **Bären, Wölfe, Luchse, Elche, Wapitis** und Rehwild beobachten. Eine über fünfhunder Hektar große Einfriedung in der Nähe des Lake Audy dient einer großen Büffelherde als Lebensraum. Eine lehrreiche Ausstellung informiert über die einstmals in dieser Gegend recht zahlreichen Bisons.

RIDING MOUNTAIN NATIONAL PARK ERLEBEN

AUSKUNFT

Riding Mountain National Park
Wasagaming, MB, R0J 2H0
Tel. (204) 848-72 75
www.pc.gc.ca/pn-np/mb/riding

ÜBERNACHTEN

► Komfortabel

Elkhorn Resort & Spa
Onanole, MB, R0J 1N0
Tel. (204-848-28 02
www.elkhornresort.mb.ca
Recht komfortable Ferienanlage mit Haupthaus und zahlreichen Chalets sowie Spa (Wellness), Golfplatz und Reitstall, die sich auch bestens für Familien mit Kindern eignet. Von hier kann auch man zu erlebnisreichen Erkundungen der wildreichen Riding Mountains aufbrechen.

The New Chalet
116 Wasagaming Drive
(am Clear Lake)
Wasagaming , MB, R0H 2H0
Tel. (204) 848-28 92
www.newchalet.com
Die Gästezimmer bzw. Suiten sind hübsch eingerichtet und der Service ist ausgesprochen freundlich.

Wellman Lake Lodge
im Duck Mountain Provincial Park
Tel. (204) 525-44 22
www.wellmanlakelodge.com
Mehrere sehr gut ausgestattete Wohneinheiten an einem idyllisch gelegenen See mit Badestrand. Gut zu wissen: Die Lodge erfreut sich bei Anglern und Jägern besten Zuspruchs.

Der **Mount Agassiz** ist das ganze Jahr über ein viel besuchtes Ausflugsziel. Im Winter kann man hier Skilanglauf betreiben, und am Osthang (Zufahrt über Neepawa bzw. den Highway 5) werden sogar einige Abfahrtspisten präpariert.

! Baedeker TIPP

Unterwegs im Park

Im Nationalpark sind zahlreiche Wege angelegt. Man kann die schöne Landschaft zu Fuß, mit dem Mountainbike oder gar auf einem Pferd erkunden. Einer der schönsten Trails führt zur Blockhütte des englischen Naturforschers Grey Owl, der in den frühen zwanziger Jahren des 20. Jh. etliche Abhandlungen über die einheimische Tierwelt verfasst hat.

An der südöstlichen Einfahrt in den Nationalpark liegt der Erholungsort **Wasagaming** (indian. »klares Wasser«) am Ufer des Clear Lake. Hier gibt es neben etlichen anderen Unterkünften einen großen und gut ausgestatteten Campingplatz, zudem einen 18-Loch-Golfplatz, mehrere Tennis- und Badmintonplätze und sogar eine Rollschuhbahn.

Sehenswertes in der Umgebung

Dauphin

Dauphin (9000 Einw.), das heute Zentrum eines vom Getreideanbau und von der Holzwirtschaft geprägten Umlandes ist, zieht alljährlich Ende Juli Tausende zur Selo Ukrainia, bzw. zum National Ukrainian Festival.

Wenn alljährlich viele Besucher zum ukrainischen Festival nach Dauphin kommen, wird auch die ukrainisch-orthodoxe Kirche besichtigt.

Am Stadteingang wird man vom »Amisk« (Cree-Wort: »Biber«) begrüßt, jenem Pelztier, das in der Stadtgeschichte eine wichtige Rolle gespielt hat. Einen Besuch lohnt das in der Jackson Street gelegene Fort Dauphin Museum (Öffnungszeiten: Victoria Day – Labour Day Mo. – Sa. 11.00 – 17.00, So. 13.00 – 17.00 Uhr, im Sommer länger).

✶ Duck Mountain Provincial Park

Der 1273 km² große Duck Mountain Provincial Park liegt nördlich des Riding Mountain National Park. Die bergige, von Nadel- und Laubwäldern bestandene Landschaft ist durchsetzt von etlichen Seen. Hier erhebt sich der Baldy Mountain, mit 831 m der höchste Berg Manitobas. Die Seen und Bäche des Provinzparks sind gute Angelgewässer, in denen man Forellen, Hechte und viele andere Fische fangen kann. Sehr sauber und mit 60 Metern recht tief ist der East Blue Lake. An diesem sowie an den anderen Seen kann man vielerlei Wasservögel beobachten, darunter natürlich auch Enten und Kanadagänse. Wanderwege erschließen die schönsten Plätze im Schutzgebiet. Freunde des Kanusports kommen im Duck Mountain Provincial Park ebenfalls auf ihre Kosten.

Selkirk

g 17

Höhe: 231 m ü. d. M. **Einwohnerzahl:** 10 000

Etwa 40 km nördlich von ► Winnipeg liegt das hübsche Fischerstädtchen Selkirk. Gleich an der Stadteinfahrt erinnert ein 9 m hoher Fisch daran, dass das kleine Selkirk den Beinamen »Catfish Capital« (Welthauptstadt der Flusswelse) trägt.

Betagte Schiffe und Gerätschaften im Maritime Museum

In der Tat wurden in der Vergangenheit im Red River zwischen Selkirk und Lockport so viele Flusswelse gefangen, dass man die Fangquote limitieren musste. Einen Besuch lohnt das **Marine Museum of Manitoba** am nördlichen Stadtrand bzw. am Red River. Es befasst sich mit der Geschichte der hiesigen Binnenschifffahrt. Hauptattraktion ist die »S. S. Kenora«, ein Dampfer, der von 1923 bis 1965 als Ausflugsschiff auf dem Lake Winnipeg eingesetzt war. Auch einer der alten Leuchttürme ist aufgebaut (Highway 9; geöffnet: Victoria Day – Labour Day tgl. 10.00 – 17.00 Uhr).

Das Lower Fort Garry ist eines der meistbesuchten Ausflugsziele in den kanadischen Prärieprovinzen.

Selkirk Park

Nördlich vom Museum und ebenfalls direkt am Fluss erstreckt sich das Erholungsgelände Selkirk Park, dessen besondere Attraktion ein 14 m langer und über 6 m hoher **Ochsenkarren** ist. Es soll der größte seiner Art auf der Welt sein. In dem Park gibt es neben Camping- und Picknickplätzen auch Spiel- und Sportmöglichkeiten sowie eine Rampe, an der Sportfischer ihre Boote zu Wasser lassen können.

★ **Lower Fort Garry National Historic Park**

Wenige Autominuten südlich von Selkirk kann man eine der wenigen noch im Originalzustand erhaltenen Pelzhändler-Festungen Nordamerikas besichtigen. Lower Fort Garry ist in den 1830er-Jahren von der Hudson's Bay Company erbaut worden und war eine Zeit lang das **Zentrum des Pelzhandels** im damals noch ziemlich »wilden« Westen.
Nach seinem Bedeutungsverlust als Handelsplatz wurde das Fort zum Trainingslager für die Royal Canadian Mounted Police, später zum Gefängnis und zur Krankenanstalt. In den 1960er-Jahren begann man, das Fort als **Freilichtmuseum** herzurichten. Im Visitor Centre wird die Geschichte des Pelzhandels in aller Ausführlichkeit dargestellt. Ferner bietet man den Besuchern auch Living History (Öffnungszeiten: Victoria Day – Labour Day tgl. 10.00 – 18.00 Uhr).

Lockport

Weiter südlich flussaufwärts gelangt man nach Lockport mit einem bereits in den 1880er-Jahren angelegten Stauwehr samt **Schleusenanlage**, das heute als technisches Denkmal (St. Andrew's Lock & Dam) ausgewiesen ist. Im Lockport Heritage Park lohnt das Kenosewun Centre einen Besuch, das sich mit der indianischen Geschichte dieses Siedlungsplatzes beschäftigt. Der Cree-Ausdruck »Kenosewun« bedeutet so viel wie »viele Fische« (Öffnungszeiten: Juni bis Aug. tgl. 13.00 – 20.00 Uhr).

River Road Heritage Parkway

Südlich von Lockport ist die westliche Uferstraße am Red River als Heritage Parkway ausgewiesen, entlang der einige bemerkenswerte Bauten besichtigt werden können. Dazu gehören die **St. Andrew's on-the-Red Anglican Church**, eines der ältesten Gotteshäuser Westkanadas, die **St. Andrew's Rectory**, die Mitte des 19. Jh.s erbaute Mädchenschule **Twin Oaks** sowie die 1866 erbaute Villa des Unternehmers Captain Kennedy mit hübschem Teehaus hoch über dem Fluss.

! *Baedeker* TIPP

Ein Tässchen Tee ...

Wer auf dem vor allem an Wochenenden belebten River Road Heritage Parkway unterwegs ist, dem sei ein Päuschen in »The Garden Path Teahouse« in St. Andrew's empfohlen. In wirklich hübscher Umgebung kann man hier eine Tasse besten Tees, leckeres Gebäck oder gar eine kleine Mahlzeit genießen (5607 Hwy. 9; geöffnet Mai – Sept. tgl. 10.30 – 15.30 Uhr).

Eines der interessantesten Vogelschutzgebiete Westkanadas, die **Oak Hammock Marsh**, ist durch mehrere Trails erschlossen. In dem Feuchtgebiet kann man rund 300 verschiedene Vogelarten beobachten, darunter natürlich besonders viele Enten, Reiher und Gänse, aber auch Seeschwalben und sogar Pelikane. Im Frühjahr und Herbst sieht man hier zahllose Zugvögel. Außer gefiederten Lebewesen lassen sich in dem Schutzgebiet auch vielerlei Insekten, Amphibien, Reptilien und kleinere Säugetiere studieren. Am Westrand des Schutzgebietes ist ein hochmodernes Interpretive Centre angesiedelt, das ausführlichst über die Pflanzen- und Tierwelt dieses Ökotops informiert.

✶ Lake Winnipeg

Strände

Rund 40 km nördlich von Selkirk ist man am Südufer des riesigen Lake Winnipeg angekommen. Der südliche Teil des weit in den Norden von Manitoba reichenden Sees ist ein beliebtes **Erholungsgebiet.** Lange Strandabschnitte sowie Restaurants und unterschiedliche Unterkünfte von Campingplätzen bis zu Hotels und Motels gibt es vor allem am Grand Beach (südöstliches Seeufer) und am **Winnipeg Beach** (südwestliches Seeufer). In den naturgeschützten Uferabschnitten kann man vielerlei Wasservögel beobachten.

Gimli

Gut 60 km nördlich von Selkirk liegt das Landstädtchen Gimli (3000 Einw.) am sandigen Südwestufer des Lake Winnipeg. Die riesige **Statue eines Wikingers** weist auf die Abstammung der meisten Einwohner hin. Am Wochenende vor dem ersten Montag im August findet in Erinnerung an diese Herkunft das **Islendinggadagurinn (Islandic Festival)** statt. Der Ort ist heute einer der touristischen Brennpunkte Manitobas, der in den Sommermonaten Abertausende von Erholungsuchenden anzieht. Schließlich gibt es hier einen schönen Badestrand, einen gut ausgebauten Hafen für Jachtbesitzer, Segler sowie Sportangler und sogar einen Motorsportpark.

Wer sich für die Geschichte des Städtchens interessiert, dem sei ein Besuch des **Gimli Historical Museum** am Hafen nahe gelegt, das nicht nur die Geschichte der isländischen, sondern auch der später nachfolgenden polnischen und ukrainischen Einwanderer beleuchtet. Ferner wird in aller Ausführlichkeit auf den Fischfang am Lake Winnipeg eingegangen (geöffnet: Juni Mi. – So. 10.00 – 17.00 Uhr, Juli, Aug. tgl. 11.00 – 19.00 Uhr).

Etwa eine Autostunde nördlich von Gimli ist der **Südteil des Lake Winnipeg** von einer ganzen Flur felsiger und bewaldeter Inseln und Halbinseln durchsetzt, auf denen sich ebenfalls isländische Immigranten niedergelassen haben. Sie benannten das Gebiet nach dem heimatlichen Vulkan Hecla, der mit seinen Ausbrüchen viele Isländer zur Auswanderung bewog. Wegen seines landschaftlichen Reizes und seines Reichtums an vielerlei Wildtieren ist dieser Naturraum unter Schutz gestellt worden. Im **Hecla Provincial Park** und im nördlich anschließenden **Grindstone Provincial Park** leben noch viele Hirsche, Schwarzbären und Elche. Während des Sommers bieten die Feuchtgebiete Gänsen und Enten Lebensraum. Hier lassen sich nicht selten auch Seeschwalben, Weißkopfseeadler und sogar Blaureiher beobachten.

SELKIRK

ÜBERNACHTEN

► Komfortabel

Gull Harbour Resort
Riverton, Lake Winnipeg,
Hecla Island
Tel. (204) 279-20 41
www.gullharbourresort.com
Tolle Ferienanlage für sportliche Gäste mit Badestrand, Hallenbad, Golfplatz und Tennisplätzen.

The Pas

e 16

Höhe: 274 m ü. d. M. **Einwohnerzahl:** 6 000

Die gut acht Autostunden nordwestlich von ►Winnipeg gelegene Kleinstadt The Pas ist als Manitobas Tor zum Norden bekannt. Hier leben noch viele Opaskwayak-Cree-Indianer, die alljährlich Mitte August ein besonders farbenprächtiges Powwow (Opaskwayak Indian Days) veranstalten.

Woods & Water Route

The Pas liegt zudem an der legendären Woods & Water Route (Hwy. 10), die nach Ansicht von Kennern zu den besten Angel- und Jagdgründen sowie in eine der landschaftlich reizvollsten Gegenden der Provinz führt. Nicht von ungefähr wird in The Pas jedes Jahr der Angelwettbewerb **Bill Bannock Fishing Classic** ausgetragen, bei dem sich Angler aus ganz Nordamerika und auch aus Übersee miteinander messen.

Alljährlich im August findet in The Pas ein besonders farbenprächtiges Indianer-Powwow statt.

Sehenswertes in The Pas und Umgebung

Christ Church Beachtung verdient die Christ Church in The Pas, die 1840 vom ersten indianisch-stämmigen anglikanischen Priester Manitobas gegründet worden ist. An den Kirchenwänden sind das Vaterunser und die Zehn Gebote in der Sprache der Cree festgehalten.

Sam Waller Museum Das Museum ist im 1916 erbauten ehemaligen Gerichtsgebäude der Stadt an der Fischer Avenue untergebracht. Es befasst sich ausführlich mit der Kulturgeschichte der im Raum The Pas lebenden Indianer sowie mit der Geschichte des Pelzhandels, der hier bis vor wenigen Jahrzehnten eine große Rolle gespielt hat.

! *Baedeker* TIPP

Beeren bei den Bären

Auf diversen Picknickplätzen am Clearwater Lake kann man sehr schön rasten, besonders im Sommer, wenn vielerlei Wildblumen blühen und köstliche Waldbeeren gepflückt werden können. Durch die Wälder streifen Elche, Hirsche, Schwarzbären und viele andere Wildtiere.

18 km nördlich von The Pas erreicht man den **Clearwater Lake**, der für sein ausgesprochen sauberes und kristallklares Wasser bekannt ist. In dem See leben prächtige Forellen, Weißfische und Hechte, die das Herz jedes Anglers höher schlagen lassen. An seinem Südufer sind die so genannten Caves zu bestaunen. Riesige Dolomit-Felsplatten, die von Klippen abgebrochen sind, haben ein richtiges Höhlenlabyrinth geschaffen.

Etwa 50 km nördlich von The Pas breitet sich der von schütterem Nadelwald bestandene **Grass River Provincial Park** aus. Das ausgedehnte Gewässersystem des Grass River umfasst 150 größere und kleinere Seen mit zahlreichen Inseln im Bereich des Permafrostbodens. Es ist geradezu ein Eldorado für Angler, die hier u. a. Forellen, Flussbarsche, Weißfische und Hechte fangen können. Außerdem ist es ein ideales Revier für Kanuten. Geführte Touren werden von Mitte Mai bis Ende September angeboten.

THE PAS

AUSKUNFT

Town of The Pas
81 Edwards Avenue
The Pas, MB, R9A 1K8
Tel. (204) 627-11 00
www.thepasarea.com

ÜBERNACHTEN / ESSEN

▶ **Komfortabel**

Wescana Inn
439 Fischer Ave., Tel. (204) 623-54 46
www.wescanainn.com
Gut geführte Herberge mit Restaurant

Turtle Mountain Provincial Park

f 18

Fläche: 190 km²

Ganz im Süden der Provinz Manitoba breitet sich das interessante Naturschutzgebiet Turtle Mountain Provincial Park, dessen höchste Erhebungen die umgebende Prärielandschaft um mehr als 250 Meter überragen.

Anmutige Hügellandschaft

In der anmutigen, von Espen, Pappeln, Eschen und Birken bestandenen Hügellandschaft gibt es **fischreiche Seen**, an deren Ufern man das ganze Jahr über **vielerlei Wasservögel** beobachten kann, darunter auch Reiher, Kormorane und Haubentaucher. Die seichten Seen bieten auch einen idealen Lebensraum für die westliche Zierschildkröte, nach der der Park benannt ist.

Umgebung des Provinzparks

✶ International Peace Garden

An der südöstlichen Ecke des Provinzparks hat man eine **prachtvolle Gartenanlage** gestaltet mit herrlichen Blumenrabatten, Seerosenteichen und einer riesigen Blumenuhr. Der Jubiläumspavillon ist aus Anlass des 100-jährigen Bestehens Kanadas als Staatswesen errichtet worden. **All Faith Peace Chapel** und **Peace Tower** stehen als Mahnmale für den Frieden.

Im großzügig proportionierten **Errick F. Willis Memorial Centre**, benannt nach einem früheren Gouverneur der Provinz Manitoba, finden viel beachtete Kunstausstellungen, Konzerte und Theatervorführungen statt (Öffnungszeiten: Mitte Mai – Mitte Okt. tgl. 9.00 – 18.00 Uhr).

Boissevain In der wenige Kilometer nördlich des Provinzparks gelegenen Ortschaft Boissevain wird alljährlich Mitte August das legendäre **Canadian Turtle Derby** (Schildkrötenrennen) ausgetragen. Außerdem ist in Boissevain die Monour Gallery of Prehistory angesiedelt, in der einige tausend Jahre alte Artefakte der indianischen Ureinwohner ausgestellt sind (Öffnungszeiten: Mo. – Sa. 9.00 – 17.00 Uhr).

Killarney In dem knapp 30 km östlich von Boissevain gelegenen Ort Killarney ist das J. A. V. David Museum sehenswert, das sich mit der Natur- und Kulturgeschichte dieses Raumes beschäftigt. Nördlich von Killarney ist der Pelican Lake ein beliebtes Ausflugsziel. Hier kann man baden, campen und picknicken.

Whiteshell Provincial Park · Lake of the Woods

H 17/18

Außerordentlich abwechslungsreich und reizvoll bietet sich der Südosten der Provinz Manitoba dar, wo die eintönigen Getreideebenen des Umlandes von ►Winnipeg von waldreichen, teils recht felsigen Hügeln, Bergen und Tälern abgelöst sind. Durch den Whiteshell Provincial Park und die Lake of the Woods Vacation Area schlängeln sich wildromantische Bach- und Flussläufe.

Paradies für Outdoor-Freaks Hier kommen Erholungssuchende und Aktivurlauber jeglicher Couleur auf ihre Kosten. Vor allem für Angler, Jäger, Kanuten, Felskletterer, Mountainbiker, Wildniswanderer und natürlich für passionierte Fotografen bzw. Naturfilmer hat die Gegend etliche Höhepunkte zu bieten. Im Winter kann man die Landschaft per Schneeschuh, Langlaufski oder Snowmobil erkunden, auch Eisangeln und Eistauchen sind in der kalten Jahreszeit recht populär.

✶ Whiteshell Provincial Park

Der überwiegend von Fichten, Kiefern und Ulmen bestandene Provinzpark, in dem noch etliche **Hirsche, Elche, Biber und Schwarzbären** leben, erstreckt sich vom Falcon Lake im Süden bis zum ruhig dahinfließenden Winnipeg River im Norden. In den Flussläufen und weit über 100 kleineren und größeren Seen leben Prachtsexemplare von Forellen, Barschen und Hechten, und in den Feuchtgebieten um Hart Lake, Betula Lake, Nutimik Lake, White Lake und Jessica Lake kann man vielerlei Wasservögel, darunter natürlich auch Kanadagänse, beobachten.

✶ Falcon Lake Der nahe der Autobahn Winnipeg – Kenora (TC Hwy. 1) an der Grenze nach Ontario gelegene Falcon Lake ist eines der beliebtesten

Ausflugs- und Urlaubsziele Manitobas. Auf dem See kann man segeln, surfen und Kanusport betreiben, an seinen Ufern gibt es hübsche Badestrände und rings um den See sind Wanderwege ausgewiesen, die in die wenig berührte Wildnis führen.
In der gut besuchten **Feriensiedlung am Falcon Lake** gibt es moderne und bestens ausgestattete Unterkünfte. Auch findet man hier vielerlei Freizeiteinrichtungen vor, darunter mittlerweile zwei Marinas für Sportboote und Jachten, einen mustergültigen 18-Loch-Golfplatz und mehrere Tennisplätze.

! *Baedeker* TIPP

Wandern und Tiere beobachten

Besonders interessant ist eine Rundwanderung auf dem Beaver Creek Trail am Falcon Lake. Geduldige Naturliebhaber sehen bestimmt Biber und andere Wildtiere.

Falcon Lake Ski Resort

Auch Wintersportler kommen in der Nähe des Falcon Lake auf ihre Kosten. Östlich des Sees hat man ein **Skigebiet** erschlossen, in dem jeden Winter über ein Dutzend Abfahrten aller Schwierigkeitsgrade präpariert werden.

✶ West Hawk Lake

Ebenso reizvoll ist der bis zu 111 m tiefe West Hawk Lake , der **tiefste See Manitobas**. Er soll vor ungefähr 150 Mio. Jahren **durch einen Meteoriteneinschlag entstanden** sein und ist deshalb auch als »Crater Lake« bekannt. Das Wasser des West Hawk Lake ist selbst im heißesten Sommer recht frisch. Bei Tauchern gilt dieser See gar als Geheimtipp. Rund um den West Hawk Lake gibt es heute zahlreiche Ferienhäuschen, Jagdhütten etc.

Alf Hole Goose Sanctuary

Südlich der Siedlung Rennie befindet sich das Vogelschutzgebiet Alf Hole Goose Sanctuary, das besonders im Frühjahr und im Herbst interessant ist, wenn die **Kanadagänse** auf ihrer Wanderung hier Station machen (Öffnungszeiten: April – Okt. tgl. 8.00 – 17.00 Uhr).

Von der Kreuzung der beiden Highways 44 und 307 gelangt man nordwärts zum Jessica Lake und zum White Lake, an dessen Nordostspitze die **Rainbow Falls** äußerst fotogen über eine Felsnase in die Tiefe stürzen.

? WUSSTEN SIE SCHON ...?

- ... dass an der Stelle des heutigen Alf Hole Goose Sanctuary der Trapper Alf Hole in den 1930er-Jahren einige kranke und verlassene Kanadagänschen gesund gepflegt haben soll? Diese kehrten im folgenden Jahr mit einigen Artgenossen wieder. Heute kommen jedes Frühjahr ganze Hundertschaften von Kanadagänsen hierher.

Bannock Point

Danach geht es auf dem Highway 307 weiter. Etwa 3 km nördlich vom Betula Lake erreicht man den Bannock Point mit seinen berühmten **Felszeichnungen**. Fachleute nehmen an, dass diese Zeichen, die Menschen, Schildkröten, Schlangen, Fische und Vögel zeigen, von den Ojibwa-Indianern stammen.

Kanada wie aus dem Bilderbuch: eine verträumte Bucht des Lake of the Woods im äußersten Südosten Manitobas

Winnipeg River Von Bannock Point führt die Straße an glitzernden Seen, dunklen Nadelwäldern und hoch aufragenden Granitfelsen vorbei in Richtung Winnipeg River. Am Ende des Natalie Lake erreicht man die **Seven Sisters Falls**. Sie befinden sich neben der höchsten der sechs **Staustufen des Winnipeg River**. Früher machten diverse Wasserfälle, Stromschnellen, Strudel und andere Hindernisse eine Bootsfahrt zu einem gefährlichen Abenteuer. Heute ist der Fluss durch Staustufen und Dämme gezähmt.

✶ Mantario Hiking Trail Wirklich eine der schönsten Wanderrouten Westkanadas führt vom **Caddy Lake** aus 60 km durch die höchst imposante Felslandschaft am Südwestrand des Kanadischen Schildes.

✶ Lake of the Woods

Dreiländereck Ganz im Südosten hat Manitoba noch Anteil am Lake of the Woods. An dem See grenzen die beiden kanadischen Provinzen Manitoba und Ontario sowie der US-Bundesstaat Minnesota aneinander. Das fischreiche, 4860 km² große und **weit verzweigte Gewässer mit mehr als 14 000 Inseln** und Inselchen sowie einer Gesamtuferlänge von sage und schreibe 104 000 Kilometern bietet Postkarten-Idyllen, die ihresgleichen suchen: Traumhaft einsame Buchten, sandige Strände, wildromantische Felsklippen, parkähnliche Mischwälder, die im Indian Summer in allen Farben leuchten, dichte Nadelwälder, in denen sich Schwarzbär, Wolf, Luchs, Elch, Hirsch und Biber gute Nacht

sagen. Nicht zuletzt aufgrund des Wildreichtums wurde der See bereits im 17. Jh. von Voyageurs benutzt, die mit ihren Kanus weiter ins Innere Nordamerikas vordrangen. An der ein Stück weit nach Manitoba hineinreichenden Buffalo Bay ist der reizvolle **Birch Point Provincial Park** als Erholungsgelände ausgewiesen. Landeinwärts schließt sich der nicht minder schöne Moose Lake Provincial Park an, in dem man wirklich ab und an einen amerikanischen Elch sehen kann.
Hauptort, Bahnstation und Etappenziel am Trans-Canada Highway ist die am Nordufer des Sees und bereits in Ontario gelegene Stadt **Kenora**. Von hier starten Wasserflugzeuge, die Angler und Jäger zu einer der zahlreichen Lodges am See bringen.

WHITESHELL PROVINCIAL PARK

AUSKUNFT

Manitoba Conservation
Box 119, West Hawk Lake, MB, R0E 2H0, Tel. (204) 349-22 45

Box 40, Falcon Lake, MB, R0E 0N0, Tel. (204) 349-22 01
www.gov.mb.ca/conservation/parks/

ÜBERNACHTEN

► Komfortabel
Penguin Resort
Falcon Lake, MB, R0E 0N0
Tel. (204) 349-22 18
E-Mail: penguinrst@mts.net
Familienfreundliche Ferienanlage mit mehreren Cottages und Sandstrand

Winkler

g 18

Höhe: 272 m ü. d. M. **Einwohnerzahl:** 8500

Der schnellstwachsende Ort der Provinz und das wichtigste Versorgungszentrum des Pembina Valley liegt etwa 120 km südwestlich von ►Winnipeg in der sanft gewellten Prärielandschaft Südmanitobas, wo auf nicht enden wollenden Feldern Mais, Sonnenblumen, Kartoffeln, Zuckerrüben und Bohnen unter einem zumeist strahlend blauen »Mile High Sky« gedeihen.

Winkler ist darüber hinaus ein wichtiger Industriestandort mit größeren Fabriken, in denen Maschinen und Geräte vorwiegend für die Landwirtschaft hergestellt werden.

Pembina Treshermen's Museum

Zwischen Winkler und dem westlichen Nachbarort Morden beeindrucken urweltlich wirkende **Dampfmaschinen**, mit deren Hilfe Ende des 19. bzw. im frühen 20. Jh. Korn gedroschen wurde. Zu besonderen Anlässen, so etwa im Rahmen der alljährlich am zweiten September-Wochenende stattfindenden Pembina Treshermen's Union, sieht man Maschinen-Dinos in Aktion (Öffnungszeiten: Mitte Mai – Sept. Mo – Fr. 9.00 – 17.00, Sa., So. 13.00 – 18.00 Uhr).

Morden Nur 10 km westlich von Winkler liegt der Ort Morden. Im hiesigen Museum sind bis zu 80 Millionen Jahre alte **Fossilien** aus der Umgebung ausgestellt. Viele davon stammen aus dem sog. Colorado-See, die seinerzeit weite Teile des heutigen Nordamerika bedeckt hat. Ferner sind hier auch viele hochinteressante **Artefakte der Prärieindianer** und Erinnerungen an die ersten Mennoniten zu sehen (Öffnungszeiten: Mai – Sept. tgl. 13.00 – 17.00, Okt. bis April Mi. – So. 13.00 – 17.00 Uhr).

Altona Kanadas »Sunflower Capital« liegt ca. 30 km südöstlich von Winkler. Schon von weitem grüßt eine überdimensionale Replik von Van Goghs Meisterwerk »Sonnenblumen« von einer baumhohen Staffelei. Alljährlich am letzten Juli-Wochenende wird hier ein farbenprächtiges **Sonnenblumen-Festival** zelebriert, das viele Besucher aus nah und fern anzieht. Zwei interessante Sehenswürdigkeiten sind das 1903 erbaute und neurdings als Museum zugängliche **Schwartz House** am Stadtpark sowie das knapp 3 km südlich außerhalb gelegene **K. H. Sawatzky Museum**, eine kleine, noch aus der Pionierzeit stammende Farm.

★★ Winnipeg

g 17/18

Höhe: 248 m ü. d. M.

Einwohnerzahl: 634 000 (Metropolitan Area: 700 000)

Innerhalb von 260 Jahren hat sich Winnipeg quasi vom Schlammpfuhl (indian. = dt. »trübes Wasser«) zur Hauptstadt der Provinz Manitoba und zur heute achtgrößten Stadt Kanadas entwickelt.

Ein wesentliches Merkmal der Großstadt ist ihre ethnische Vielfalt mit mehr als drei Dutzend verschiedenen Volksgruppen. Sie hat eine gute Wirtschaftsstruktur und ein reges kulturelles Leben.

Geschichte

1738	Das spätere Pelzhandelszentrum Fort Rouge wird erbaut.
ab 1812	Viele Einwanderer aus Irland und Schottland kommen in die Region.
1882	Eisenbahnanschluss
1914	Eröffnung des Panamakanals, dadurch erhebliche wirtschaftliche Einbußen in Winnipeg

Bevor im 18. Jh. die ersten französischen Voyageurs an die Flussgabel südlich des Lake Winnipeg vorstießen, lebten hier Cree- und Assiniboine-Indianer. Der Pelzhandel brachte der Region in ihren Anfängen einen bescheidenen Wohlstand. Ende des 19. Jh. wurde Winni-

Highlights Winnipeg

The Forks National Historic Site
Hier schnuppert man Geschichte.
► Seite 374

Johnston Terminal Market
Dieser Markt lädt zum Shopping und Amüsement ein.
► Seite 374

Legislative Building
Es trägt das Wahrzeichen Manitobas auf der Kuppel
► Seite 00

Dalnavert
ist eines der schönsten Zeugnisse der Queen-Anne-Revival-Architektur.
► Seite 377

In der Winnipeg Art Gallery
wird Inuit-Kunst vom Feinsten geboten.
► Seite 377

Portage Place
Geschäfte, Büros, Kinos und Restaurants in hochmoderner Architektur
► Seite 377

Manitoba Centennial Centre
Hier gibt es Konzerte, Theater, Kunst und ein Planetarium zu erleben.
► Seite 378

Ukrainian Cultural Centre
Das lehrreiche Zentrum beherbergt Volkskunst aus dem osteuropäischen Land.
► Seite 380

Little Italy
Mediterranes Flair im hohen Norden
► Seite 380

St. Boniface Museum
Im ältesten und größten Eichenholz-Fachwerkbau Nordamerikas kann man die Geschichte der französischen Minderheit und der Metis studieren.
► Seite 382

Royal Canadian Mint
Hier erfährt man, wie Münzgeld hergestellt wird.
► Seite 382

Assiniboine Park & Zoo
Etliche vom Aussterben bedrohte Tierarten werden hier gepflegt.
► Seite 383

Western Canada Aviation Museum
Zu sehen sind Flugoldtimer wie z. B. die Junkers JU 52.
► Seite 384

peg ans Eisenbahnnetz angeschlossen, der Getreidehandel expandierte und die ersten Industrien wurden angesiedelt. Winnnipeg wurde zur bedeutendsten Siedlung Westkanadas.
Erst die Eröffnung des Panamakanals 1914 bremste diese rasante Entwicklung. Der Kanal erwies sich nämlich als billigere Route für Frachten nach British Columbia und Alberta. Die Stadt glich diesen Nachteil z. T. dadurch aus, dass sie die Industrialisierung forcierte. Bis heute ist die Industrie ein besonders stabiler Wirtschaftsfaktor.

Hochwasser

Winnipeg wurde schon mehrfach vom Hochwasser verwüstet. Bereits 1826 und 1852 wurden tiefer gelegene Teile der Stadt überschwemmt. Erneut geschah dies 1950 und 1979. Die letzte große Flutkatastrophe ereignete sich Anfang Mai 1997, als der Pegel des Red River um fast 8 m anschwoll. Rund 29 000 Einwohner der Stadt mussten vorübergehend ihre Wohnungen verlassen.

Winnipeg Orientierung

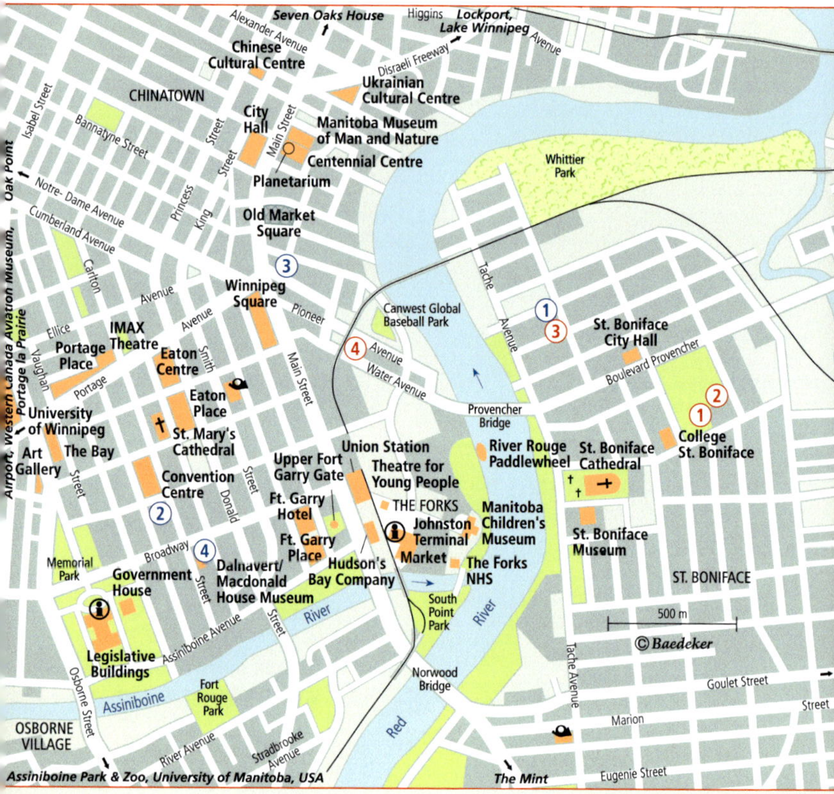

Übernachten
1. Delta Winnipeg
2. Place Louis Riel
3. Fairmont Winnipeg Hotel
4. Radisson Hotel Winnipeg Downtown

Essen
1. The Velvet Glove
2. The Rib Room
3. Liberty Grill
4. Amici Restaurant and Bombolini Wine Ba

Junges Aussehen Winnipeg stellt sich als typisch nordamerikanische Großstadt dar, deren Zentrum leicht an den hoch aufgeschossenen modernen Wolkenkratzern zu lokalisieren ist. Die stürmische Entwicklung der Stadt in den ersten beiden Dekaden des 20. Jh.s verursachte einen ungeheuren Bauboom. Repräsentative Gebäude verliehen der Präriemetropole damals schon fast weltstädtische Züge. Seit dem ausgehenden 20. Jh. sind Veränderungen des Stadtbildes zu verzeichnen. Spektakuläre Neubauten wie die hypermoderne Winnipeg Art Gallery und eine originelle Neugestaltung des einstigen Bahngeländes im Bereich der Flussgabel von Assiniboine und Red River verleihen Winnipeg zumindest partiell ein jugendlich-dynamisches Aussehen.

WINNIPEG ERLEBEN

AUSKUNFT

Destination Winnipeg
300 – 259 Portage Avenue
Winnipeg, MB, R3B 2A9
Tel. (204) 943-19 70
Fax (204) 942-40 43
www.destinationwinnipeg.ca

ESSEN

▶ Fein & Teuer

① ***The Velvet Glove***
im Hotel Fairmont Winnipeg
2 Lombard Place
Tel. (204) 985-62 55
Nach wie vor das beste Gourmet-Restaurant der Stadt kann mit einer sehr abwechslungsreichen Speisekarte aufwarten, die nicht nur kanadische, sondern auch vielerlei internationale Spezialitäten beinhaltet.

④ ***Amici Restaurant and Bombolini Wine Bar***
326 Broadway
Tel. (204) 943-49 97
Hier gibt es herrliche Spezialitäten wie Hummerrisotto oder verschiedene Pastas aus der norditalienischen Küche.

▶ Erschwinglich

② ***Charterhouse – Rib Room***
330 York Avenue
Tel. (204) 942-01 01
Stadtbekannt ist das Lokal für seine wunderbar zubereiteten Prime Ribs und Steaks.

③ ***Liberty Grill***
177 Lombard Ave
Tel. (204) 947-06 60
Wunderbar schmecken schon die gegrillten Vorspeisen. Aber ganz besonders zu empfehlen sind die vorzüglichen, mit viel Liebe zubereiteten Lachs-Spezialitäten.

ÜBERNACHTEN

▶ Luxus

③ ***The Fairmont Winnipeg***
2 Lombard Place
Winnipeg, MB, R3B 0Y3
Tel. (204) 957-13 50
www.fairmont.com
Weiß leuchtender und postmodern ausgestatteter Hotelturm mit Gourmet-Restaurant in der Nähe des Manitoba Centennial Centre.

④ ***Radisson Winnipeg Downtown***
288 Portage Avenue
Winnipeg, MB, R3C 0B8
Tel. (204) 956-04 10
www.radisson.com
Komfortables Stadthotel, in dem sich auch Familien mit Kindern wohl fühlen können. Witterungsunabhängige Promenaden führen zu den Geschäfts- und Dienstleistungszentren Eaton Place und Portage Place.

▶ Komfortabel

① ***Delta Winnipeg***
350 St. Mary's Avenue
Winnipeg, MB, R3C 3J2
Tel. (204) 942 - 05 51
www.deltahotels.com
Familienfreundliches Haus. Wer gern ein wenig exotisch isst, kann hier unter fernöstlicher, mexikanischer, französischer und einheimisch-kanadischer Küche wählen.

② ***Place Louis Riel***
190 Smith Street
Winnipeg, R3C 1J8
Tel. (204) 947-69 61
www.placelouisriel.com
Der gut geführte Hotelbetrieb ist in einem hochmodernen Wolkenkratzer mitten im Stadtzentrum untergebracht. Besonders preiswert kann man hier an Wochenenden logieren.

The Forks, das geschichtsträchtige Gelände an der Mündung des Assiniboine, ist in den letzten Jahren zu einer wirklichen Sehenswürdigkeit herausgeputzt worden.

The Forks

✶ **The Forks National Historic Site**

Das Gelände zwischen der 1911 im Beaux-Arts-Stil erbauten Union Station und der **Flussgabel** (engl. = »The Forks«; Einmündung des Assiniboine in den Red River), wo noch vor wenigen Jahren Bahnhöfe, Gleisanlagen, Lagerhäuser und Geräteschuppen das Bild bestimmten, präsentiert sich neuerdings als einer der touristischen Brennpunkte von Manitobas Hauptstadt. Wo vor nicht allzu langer Zeit noch Güterwagen rangiert und Waren verstaut wurden, hat man inzwischen einen **historischen Park** angelegt und Spuren jenes Handelsplatzes gesichert, an dem indianische Ureinwohner und europäische Pelzhändler Waren tauschten. Auch Reste von Befestigungen der Northwest Company und des Upper Fort Garry der Hudson's Bay Company können hier besichtigt werden.

✶ **Johnston Terminal Market, Explore Manitoba Centre**

Den alten Johnston-Kopfbahnhof hat man zu einem zeitgemäßen Treffpunkt für Jung und Alt umgestaltet, in dem man shoppen, sich amüsieren, gut speisen und trinken kann. Außerdem beherbergt der frühere Bahnhof ein **Besucherzentrum**, das über alle Sehenswürdigkeiten Manitobas und Winnipegs informiert. Unten an der Flussgabel gibt es ein Amphitheater und einen Anleger für Ausflugsschiffe.

Good Food Manitoba

Alljährlich im September treffen sich im **Johnston Terminal Market** die Feinschmecker aus nah und fern und küren die besten Köche der

Stadt. Jedes Wochenende steht unter einem bestimmten Thema, das aus den verschiedenen Naturräumen der Provinz entlehnt wird. Einmal dreht sich alles um wilden Reis der Wetlands, ein anderes Mal um das Fleisch der Bisons aus der Prärie. Nicht zu vergessen sind Fische aus den vielen Seen und mannigfaltig zubereitete Wildgerichte oder Köstlichkeiten aus Ahornsirup, die typisch fürs Waldland sind.

Manitoba Children's Museum

In einer restaurierten Lagerhalle über dem Red River können Kinder naturwissenschaftliche Zusammenhänge spielerisch erlernen, sich als Baumeister betätigen oder gar als Nachrichtensprecher in einem richtigen Fernsehstudio auftreten (Öffnungszeiten: Mo. – Mi. 9.00 bis 16.30, Do., Fr. 9.00 – 20.00, Sa. 10.00 – 20.00, So. 10.00 – 17.00 Uhr).

Winnipeg Railway Museum

In der VIA Rail Station an der Main Street wird an die Bedeutung der Eisenbahn für die Entwicklung der Stadt und die Erschließung der Prärie erinnert. Glanzstück der Ausstellung ist **The Countess of Dufferin,** die erste Dampflok, die in der Prärie ihren Dienst tat (Öffnungszeiten: Di. – So. 11.00 – 17.00 Uhr).

Stadtbesichtigung per Boot

Wer Winnipegs Skyline quasi aus der Frosch-Perspektive erleben möchte, dem sei eine Fahrt mit dem Raddampfer oder dem Wassertaxi empfohlen. Die »Paddlewheel Queen« verkehrt bei Bedarf von Mai bis Mitte Oktober ab Anlegestelle **Alexander Dock** (The Forks) auf dem Red River. Geboten werden nicht nur normale Rundfahrten, sondern auch Dinner Cruises und Moonlight Cruises. Auskunft: Tel. (204) 944 - 80 00.)

Das **Splash Dash Water Taxi** legt bei gutem Wetter von Mai bis Oktober im kleinen Hafen von The Forks ab und befährt sowohl Red River als auch Assiniboine River. Auskünfte sind erhältlich unter: Tel. (204) 783 - 66 33.

> ! *Baedeker* TIPP
>
> **Jogging-Kleidung nicht vergessen!**
>
> Erkunden Sie Winnipeg doch mal joggend! Unten an der Flussgabel ist ein schöner Riverwalk für Spaziergänger und Jogger angelegt. Der Weg führt am nördlichen Ufer des Assiniboine River westwärts zu den neu gestalteten Grünanlagen beim Legislative Building.

Downtown

Das eigentliche Stadtzentrum breitet sich nördlich des Assiniboine River zwischen Main Street (Union Station) im Osten und Legislative Building (Osborne Street) aus und wird im Norden von der geschäftigen Portage Avenue begrenzt.

Upper Fort Garry Gate

In einer kleinen Grünanlage gegenüber der Union Station bzw. zu Füßen der beiden mächtigen Gebäudekomplexe Fort Garry Hotel und Fort Garry Place ist noch ein steinernes Tor von Upper Fort Garry erhalten, dem einstigen **Hauptquartier der Hudson's Bay Company** in der kanadischen Prärie.

Main Street, Broadway

Hauptdurchgangsstraße und wichtigste Nord-Süd-Achse von Manitobas Hauptstadt ist die Main Street, die Downtown Winnipeg östlich begrenzt. In Höhe der Union Station zweigt der geschäftige Broadway als baumbestandener Boulevard und Teilstück des Trans-Canada Highway in südwestlicher Richtung zum Legislative Building ab.

★ Legislative Building

Das Wahrzeichen dieser Allee – und ganz Manitobas – ist der 4 m hohe **Golden Boy**, der auf der 72 m hohen Kuppel des prachtvollen Legislative Building prangt. Die Fackel in seiner rechten Hand symbolisiert das wirtschaftliche Wachstum und den Fortschritt, während das Weizenbündel unter dem linken Arm für die Landwirtschaft steht.

Im 1919 vollendeten Legislative Building, das aus heimischem Tyndall-Stein und italienischem Marmor in **neoklassizistischem Stil** erbaut ist, tagt das Parlament der Provinz Manitoba. Außerdem sind hier die Büros des Premiers und seiner Minister sowie einige Regierungsbehörden untergebracht. Zwei mächtige Bisons aus Bronze flankieren den Aufgang zur Ehrfurcht gebietenden Eingangshalle (Führungen: Mo. – Fr. 9.00 – 15.00 Uhr).

Das Parlamentsgebäude ist von einem 12 ha großen Park umgeben, in dem Statuen von Königin Victoria sowie einigen wichtigen Staats-

Ein starker Ausdruck wirtschaftlicher Potenz: das Legislative Building hoch über dem Assiniboine River

männern und Schriftstellern aufgebaut sind. Nahe am Ufer des Assiniboine River fällt das vom Künstler Miguel Joyal geschaffene **Monument von Louis Riel** (►Berühmte Persönlichkeiten) ins Auge.

Das restaurierte **Haus von Hugh John MacDonald**, dem früheren Premierminister von Manitoba, findet man nordöstlich abseits in der Carlton Street 61. Die 1895 mit damals modernstem Komfort ausgestattete Villa gilt als eines der schönsten Zeugnisse der **Queen-Anne-Revival-Architektur** (Führungen: Di., Mi., Do., Sa., So. 12.30 – 16.30 Uhr).

✶ Dalnavert

Äußerlich eher abweisend wirkt der hypermoderne, in Form eines Schiffsbugs gehaltene Zweckbau der Winnipeg Art Gallery, die nur wenige Gehminuten nördlich vom Legislative Building zu finden ist. Dafür werden Besucher in ihrem Innern mehr als entschädigt. Die Galerie beherbergt eine der größten und besten Sammlungen von **Inuit-Kunst** mit einigen tausend Bildwerken, Skulpturen und Textilien (Öffnungszeiten: Di. – So. 11.00 – 17.00, Mi. bis 21.00 Uhr).

✶ Winnipeg Art Gallery

Wenige Schritte weiter nördlich erreicht man die Portage Avenue, die **Haupteinkaufsstraße** der Stadt, deren Anrainer u. a. große Filialen der beiden Kaufhausketten »The Bay« und »Eaton« sind.

Portage Avenue

Hauptattraktion dieser Shopping-Meile ist ein hochmoderner und langgestreckter **Geschäfts- und Bürokomplex** namens »Portage Place«, der nicht nur zahlreiche Geschäfte, Anwaltskanzleien, Arztpraxen usw. beherbergt, sondern auch ein **IMAX-Filmtheater** mit Riesenleinwand, mehrere »normale« Kinos und etliche Restaurants. Ferner befindet sich hier das **Prairie Theatre**, in dem man nicht selten bekannte Mimen live erleben kann.

✶ Portage Place

Weiter nordöstlich erheben sich einige der höchsten Gebäude der Prärienetropole. Sie sind durch unterirdische Einkaufspassagen miteinander verbunden, was auch an kalten Wintertagen Shopping bei angenehmen Temperaturen ermöglicht.

Winnipeg Square

Exchange District

Das Quartier nördlich vom Winnipeg Square ist als »Exchange District« bekannt. Das Bild dieses Viertels wird von zahlreichen in den letzten Jahren wieder aufwändig herausgeputzten **Bankpalästen und Geschäftshäusern** geprägt, die hier in der Zeit von den 1880er-Jahren bis in die 1920er-Jahre errichtet worden sind. Damals war Winnipegs Exchange District das unangefochtene wirtschaftliche Herz des kanadischen Westens. Heute sind in den alten und inzwischen unter Denkmalschutz gestellten Prachtbauten exklusive Modeboutiquen, Kunsthandlungen, noble Ladengeschäfte und Restaurants sowie Büros eingerichtet.

✶ Exchange National Historic Site

Winnipeg Commodity Exchange

Der Winnipeg Commodity Exchange (Commodity Exchange Tower, 360 Main St.) ist bis heute **die wichtigste Warenterminbörse Kanadas**. Von der Besuchergalerie kann man das Geschehen auf dem Parkett verfolgen (Öffnungszeiten: Mo. – Fr. 9.30 – 13.15 Uhr).

Old Market Square

An schönen und warmen Sommertagen erwacht der **alte Marktplatz von Winnipeg** zu neuem Leben. Dann sorgen hier Straßenmusiker, Kleinkünstler und Fliegende Händler für ein buntes Flair.

City Hall

Einige Schritte weiter nördlich kommt man zur modernen City Hall, die allerdings vor den Prachtbauten der Jahrhundertwende eher unscheinbar wirkt.

★ **Manitoba Centennial Centre**

Aus Anlass der Hundertjahrfeier Kanadas ist in den 1960er-Jahren gegenüber der City Hall das Manitoba Centennial Centre entstanden. Dieses umfasst eine **Konzerthalle**, ein **Theater**, das **Manitoba Museum of Man & Nature** sowie ein **Planetarium**. Die einzelnen Gebäudekomplexe sind durch terrassenförmig angelegte Gärten miteinander verbunden.

Kleine Verschnaufpause mit musikalischer Unterhaltung am alten Marktplatz von Winnipeg

Die vielgerühmte Centennial Concert Hall ist **Heimstatt des Winnipeg Symphony Orchestra**, das zu den besten Klangkörpern der Welt gehört. Genauso bekannt ist The Royal Winnipeg Ballet, das ebenfalls in diesem Kulturzentrum zuhause ist. Schließlich sei noch das Ensemble der Manitoba Opera erwähnt, das seine Auftritte in der Centennial Concert Hall einstudiert.

★ Centennial Concert Hall, Manitoba Theatre Centre

Im benachbarten Manitoba Theatre Centre treten national und international namhafte Stars der Darstellenden Kunst ins Szene. Hier wurde 1970 die Hundertjahrfeier der Provinz Manitoba gebührend begangen.

◂ Manitoba Theatre Centre

Das außerordentlich reichhaltige Museum of Man & Nature in der Rupert Avenue präsentiert auf unterhaltsame und informative Weise die **Geschichte von Mensch und Natur der Provinz**. In der erdgeschichtlichen Abteilung wird der geologische Unterbau der Provinz Manitoba erklärt. Ein sehr eindrucksvolles **Wandgemälde von Daphne Odjig** stellt die Erschaffung der Welt dar, wie sie sich die hiesigen Indianer vorgestellt haben. Eine große Abteilung ist dem arktischen Norden der Prärieprovinz gewidmet. Die **Inuksuk** genannten Wegmarken der nördlichen Ureinwohner werden hier ebenso erklärt wie das Phänomen **Nordlicht**. Gleich mehrere Dioramen beschäftigen sich mit dem Leben im borealen Nadelwald. Ein besonderes Highlight des Museums ist der Nachbau des Segelschiffes **HMS Nonsuch**, das 1668 von England kommend die Hudson Bay durchmaß. Der Erfolg dieser Expedition führte seinerzeit zur Gründung der **Hudson's Bay Company**, deren Geschichte sehr ausführlich dargestellt wird. Lederkajaks und Birkenrindenkanus sind hier ebenso zu sehen wie ein originales **York-Boot**. Selbstverständlich ist auch ein historischer Pelzhandelsposten aufgebaut. Die **Urban Gallery** zeigt Winnipeg, wie es in den 1920er-Jahren ausgesehen hat. Das harte Leben der Bisonjäger und der ersten weißen Pioniere ist Thema der **Grasslands Gallery**, in der übrigens ein originaler Red-River-Karren aufgebaut ist, der seinerzeit das wichtigste Landtransportmittel in der Prärie gewesen ist (Öffnungszeiten: Di.–Fr. 10.00–16.00 Uhr, Sa., So. u. Fei. 10.00–17.00 Uhr).

★ Manitoba Museum of Man & Nature

Das Werk »Creation« der indianischen Künstlerin Daphne Odjig

✔ NICHT VERSÄUMEN

- Wandgemälde von Daphne Odjig
- der Nachbau des Segelschiffes »HMS Nonsuch«

Nicht weniger anregend ist ein Besuch im angeschlossenen **Planetarium & Science Centre**. Dort laufen Programme über die Wunder des Universums. Öffnungszeiten wie Museum (s. oben).

✶✶ **Ukrainian Cultural & Educational Centre**

Wenige Gehminuten weiter nordöstlich, an der Alexander Avenue, befindet sich das **Ukrainische Kulturzentrum**. Es beherbergt reichhaltige historische und ethnografische Sammlungen, eine umfangreiche Bibliothek sowie eine Kunstgalerie, in der Wechselausstellungen ukrainischer Künstler stattfinden (Öffnungszeiten: Mo. – Sa. 10.00 bis 16.00 Uhr, an ukrainischen Feiertagen geschlossen).

Chinatown

Touristenattraktion mit eigenem Flair

In Winnipeg leben seit mehr als 100 Jahren Chinesen. Die ersten sind ins Land gekommen, als die transkontinentale Eisenbahnstrecke gebaut wurde. Von da an wuchs die Ansiedlung stetig, in der heute zahlreiche Restaurants mit exotischen Genüssen locken. Obwohl die Chinatown von Winnipeg eine Touristenattraktion ist, hat sie ihr eigenes Flair bewahren können.

Chinese Cultural Centre ►

Mittelpunkt des Quartiers ist das Chinese Cultural Centre inmitten einer gepflegten Gartenanlage, das man von der King Street her durch ein prächtig verziertes Tor betritt.

Osborne Village

Bohème-Viertel von Winnipeg

Vom Legislative Building führt die Osborne Street Bridge über den Assiniboine River hinüber ins sog. Osborne Village, einen außerordentlich dicht besiedelten und lebhaften Stadtteil, der sich auf der **Halbinsel zwischen Assiniboine und Red River** ausbreitet. Es ist sozusagen das Bohème-Viertel von Winnipeg, denn hier leben und arbeiten auch viele **Kunstschaffende** und sonstige Kreative. Es gibt alles zu kaufen, vom billigen Ramsch bis zu edlen Designer-Klamotten, und man kann genießen, was das Herz begehrt: eine »Mexican Cantina« ebenso wie die japanische Sushi-Bar, das Fünf-Sterne-Edelrestaurant und den vornehmen Tea Room, oder den ersten Brew Pub der Präriemetropole, in dem das Bier in Strömen fließt.

✶ **Little Italy**

Geradezu südländisch lebhaft geht es im Bereich der **Corydon Avenue** zu. Nirgendwo sonst in ganz Winnipeg gibt es so viele Espresso-Bars, Pizzerien und Restaurants mit mediterraner Küche und zahlreiche gute Shopping-Möglichkeiten. Die Palette reicht von modischem Fummel bis zu exklusivem Mobiliar und zeitgenössischer Kunst.

Saint-Boniface

Französischsprachige Vorstadt

Am Ostufer des Red River breitet sich die französischsprachige Vorstadt St-Boniface aus. Sie ist hervorgegangen aus einer **katholischen Missionsstation**, die zwei Geistliche aus Québec im Jahre 1818 gegründet haben. Sehr vorteilhaft für das neue Gemeinwesen wirkte sich das gute Verhältnis aus, das die Abkömmlinge französischer Einwanderer mit den zumeist französischsprachigen Métis (s. S. 348) pflegten. In der Folgezeit verblieb St-Boniface allerdings im Entwicklungsschatten der Boomtown Winnipeg am Westufer des Flusses und nahm immer mehr den Charakter einer Wohnvorstadt von Winnipeg an. Doch erst im Jahre 1972 wurde St-Boniface nach Winnipeg eingemeindet.

Provencher Bridge

Als **Verbindungsglied zwischen Kernstadt und Vorstadt** fungiert die nach dem katholischen Bischof Provencher benannte Brücke, die nördlich der Assiniboine-Red-River-Flussgabel (»The Forks«) den Red River überspannt. Hauptachse von St. Boniface ist der fähnchengeschmückte Provencher Boulevard, der von der Provencher Bridge in östlicher Richtung zieht. An seiner Nordseite fällt das schmucke alte Rathaus der einstmals selbständigen Stadt Saint-Boniface ins Auge. Heute können sich hier Touristen umfassend über die einstige Bedeutung der **französischsprachigen Siedlung** informieren.

◂ St. Boniface City Hall

Centre Culturel Franco-Manitobain

Weiter östlich befindet sich eines der wichtigsten frankokanadischen Kulturzentren mit **Galerie, Theater, Bibliothek** und – natürlich – einem guten Restaurant. Wer sich für die Geschichte der französischen Einwanderung und der Métis in Westkanada interessiert, dem steht ein umfangreiches **Archiv** zur Verfügung (Öffnungszeiten: Mo. bis Fr. 9.00 – 16.30 Uhr).

Wuchtige Westfassade der 1968 zerstörten St. Boniface Cathedral

★ St. Boniface Cathedral

Wandert man von der Provencher Bridge am begrünten Hochufer des Red River südwärts, erreicht man zunächst den Friedhof der St. Boniface Cathedral, auf dem **Louis Riel** (► Berühmte Persönlichkeiten), der Begründer Manitobas, beigesetzt ist.
Dahinter erhebt sich die wuchtige **steinerne Westfassade** der 1968 durch Brand zerstörten Kathedrale. Dahinter befindet sich die 1972 fertig gestellte, architektonisch hochmoderne **Bischofskirche**, die nach einem Entwurf von Étienne Garboury entstanden ist. Wundervoll ist ihr ganz in Holz gehaltener Innenraum, der im Stil eines überdimensionalen Tipi gestaltet wurde.
Ein erstes Gotteshaus bzw. die älteste Kathedrale Westkanadas ist an dieser Stelle im Jahre 1818 errichtet worden. Doch die heutige moderne Kirche ist schon die sechste an diesem Standort! Immer wieder – zuletzt 1968 – machten Brände und sonstige Zerstörungen Neubauten erforderlich.

★★ St. Boniface Museum

Weiter südlich steht der älteste und größte Eichenholz-Fachwerkbau Nordamerikas. Er wurde 1846 für die Grauen Schwestern errichtet, die in ihm einen Konvent, ein Hospital, Unterkünfte für Waisen und Westkanadas erstes Mädchenpensionat einrichteten. In späteren Jahren wurde der Gebäudekomplex als Krankenhaus und Waisenhaus genutzt, 1967 restauriert und in ein Museum umgewandelt. In aller Ausführlichkeit wird die **Geschichte der starken französischen Minderheit und der Métis** in Westkanada dargestellt. Sehr eindrucksvoll sind ein Jagdcamp der Métis, ferner original im Stil des 19. Jh.s eingerichtete Arbeitsräume, Wohn- und Schlafzimmer sowie eine Küche. In der Klosterkapelle kann man reich geschmückte Priesterornate und kostbare sakrale Gerätschaften bestaunen (Öffnungszeiten: Mai – Sept. Mo. – Fr. 9.00 – 17.00, Sa. 10.00 – 16.00, So., Fei. 10.00 bis 20.00 Uhr, übrige Zeit n. V., Tel. 237 - 45 00).

Weitere Sehenswürdigkeiten im Stadtgebiet

Seven Oaks House

Das Seven Oaks House, nahe der nördlichen Main Street in der Rupertsland Avenue gelegen, ist das **älteste noch bewohnbare Haus in Manitoba**. Das zweistöckige Gebäude wurde 1851 ganz aus Holz errichtet – ohne einen einzigen Nagel! Das kunsthandwerklich wertvolle Interieur stammt aus der Gründerzeit (Öffnungszeiten: Mitte Mai bis Mitte Juni, Sa., So. 10.00 – 17.00, Juli – Labour Day tgl. 10.00 – 17.00 Uhr).

★ Royal Canadian Mint

Am südöstlichen Stadtrand, wo sich der Trans-Canada Highway 1 und der Highway 59 (Lagimodière Blvd.) kreuzen, fällt die hochmoderne Glaspyramide der Royal Canadian Mint ins Auge. **Hier werden alle in Kanada gebräuchlichen Münzen geschlagen**. Auch viele ausländische Staaten lassen hier ihr Münzgeld prägen. Interessierte Besucher können den ganzen Herstellungsprozess verfolgen (Führungen Mo. – Fr. 10.00 – 14.00 Uhr).

★ Riel House

In der südlichen Vorstadt St. Vital lohnt das im Jahre 1881 erbaute Haus der Familie von Louis Riel (River Rd. 330) einen Besuch. Louis Riel (▸ Berühmte Persönlichkeiten) selbst hat zwar hier nicht gewohnt, doch wurde sein Leichnam nach seiner Exekution im November 1885 hier aufgebahrt. Kürzlich hat man das Anwesen im Stil der 1880er-Jahre restauriert. Eine Ausstellung beschäftigt sich mit der **Familie Riel**. (Führungen: Victoria Day – Labour Day tgl. 10.00 – 18.00 Uhr.)

Die neue Münzprägeanstalt in Winnipeg

Am südwestlichen Stadtrand (Mac Creary Road) breitet sich das **Fort Whyte Nature Centre**, ein Naturschutzgebiet, aus, das auch als Naherholungsraum geschätzt ist. Stege und Wanderwege erschließen mehrere Feuchtbiotope, in denen man vielerlei **Wasservögel** beobachten kann. Auch ein Rest der einstmals für diese Gegend ganz typischen Hochgrasprärie ist erhalten, in der heute wieder ein paar Bisons weiden. Ausführlich und multimedial informiert das **Interpretive Centre** über diesen Naturraum (Öffnungszeiten: Mo. – Fr. 9.00 – 17.00, Sa., So. 10.00 – 17.00 Uhr).

★ Assiniboine Park & Zoo

Eine großzügig gestaltete **Parklandschaft** mit englischem Rasen, englischem Garten und altem Baumbestand erstreckt sich im Westen der Stadt an den südlichen Gestaden des Assiniboine River. Auf dem Gelände, das als Naherholungsgebiet sehr geschätzt ist, gibt es auch einen **Botanischen Garten** und einen **Skulpturengarten** mit Werken des ukrainischen Künstlers Leo Mol. In der angeschlossenen Galerie sind dessen Entwürfe und Zeichnungen ausgestellt. Berühmteste Figur ist **Winnie the Bear**, der eigentlich für Winnipeg steht, der aber auch den englischen Kinderlyriker Alan Alexander Milne (1882 – 1956) zur Schöpfung seines **Winnie the Pooh** (dt. = »Puh der Bär«) angeregt haben soll. Der **Zoo** gehört zu den interessantesten Kanadas. Hier kümmert man sich vor allem um einige vom Aussterben bedrohte Tierarten des Nordens (u. a. Eisbären, Berglöwen). Im Tropenhaus kann man vielerlei Vogelarten und diverse Reptilien beobachten. Kinder dürfen in »Aunt Sally's Farm« Jungtiere streicheln (Öffnungszeiten: im Sommer 10.00 – 18.00, Winter tgl. 10.00 – 16.00 Uhr.)

Assiniboine Forest

Südlich schließt ein größeres Waldgebiet an, durch das Spazierwege und ein naturkundlicher Lehrpfad führen. Hier kann man über drei Dutzend verschiedene Säugetierarten und rund 80 verschiedene Vogelarten beobachten.

Western Canada Aviation Museum

Kanadas zweitgrößtes Luftfahrtmuseum ist in einem restaurierten alten Terminal am Winnipeg International Airport untergebracht. Ausführlich wird hier die Bedeutung des Flugzeugs bei der wirtschaftlichen Entwicklung des Landes dargestellt. Zu sehen gibt es einige Oldtimer, z. B. eine Tiger Moth, eine **Junkers JU 52** und eine Bristol Freighter. Ferner sind auch die dazugehörigen Ausrüstungsgegenstände und interessante luftfahrtgeschichtliche Dokumente ausgestellt. In einem **Flugsimulator** kann man eine virtuelle Reise durch den Weltraum unternehmen. Kleine Museumsbesucher sind fasziniert von **Skyways**, einem wirklich kindgerecht konzipierten Teil der Ausstellung (Öffnungszeiten: Mo. – Sa. 10.00 bis 16.00, So., Fei. 13.00 bis 16.00 Uhr).

Prairie Dog Central

Nördlich vom Flughafen, am Inkster Boulevard, fährt von Mai bis September jeden Sonntag um 11.00 und 15.00 Uhr ein **Museumsdampfzug** nach Warren ab. Der Zug hält in mehreren kleineren Ortschaften, wo sich die Fahrgäste mit Backwaren, Obst- und Gemüsekonserven nach Landfrauenart und hübschem Kunsthandwerk eindecken können.

Wie lebten die Mennoniten vor mehr als 100 Jahren? Im Mennonite Heritage Village in Steinbach erfährt man es.

Umgebung von Winnipeg

★ **Birds Hill Provincial Park**

Das rund 3000 Hektar große Schutzgebiet erstreckt sich nördlich der Präriemetropole Winnipeg. Alte Eichen-, Espen- und Pappelbestände sowie Erdbeer- und Heidelbeer-Dickichte prägen hier das Vegetationsbild. Zudem findet man **Weiße Zedern** sowie einige **seltene Orchideenarten**. Besonderheiten der Fauna sind die **starke Hirsch-Population** und **zahlreiche Vogelarten**. Der Park besitzt einen zum Schwimmen geeigneten künstlichen See mit kleinen Inseln. Zudem gibt es Reitstall, Camping- und Picknickplätze sowie Fahrradwege.

★ **Costume Museum of Canada**

Etwa eine halbe Autostunde östlich von Downtown Winnipeg (Hwy. 15) liegt die Ortschaft Dugald, deren besondere Attraktion Kanadas einziges **Modemuseum** ist. Hier sind weit über 30 000 Damenkleider, Herrenanzüge, Kostüme, Kinderkleider und dazugehörige Accessoires zusammengetragen (Öffnungszeiten: Juni – Aug. tgl. 10.00 bis 17.00, Apr., Mai, Sept. – Nov. Mi. – So. 10.00 – 17.00 Uhr).

★★ **Mennonite Heritage Village**

Südöstlich von Winnipeg am nördlichen Stadtrand von **Steinbach** vermittelt ein Freilichtmuseum beste Einblicke in die **Lebensweise der Mennoniten**. Besucher fühlen sich hier wirklich ins 19. Jh. zurückversetzt. Hier sind einige »Semlins« zu sehen, primitive Hütten, in denen die Pioniere im ersten harten Winter Schutz suchten. In der **Windmühle** – sie ist mit ihren 20 Meter langen Flügeln das Wahrzeichen des Museums – wird Korn auf traditionelle Weise gemahlen, in der benachbarten Bäckerei wird wie anno dazumal Brot gebacken und in der alten Schmiede werden Pferde beschlagen. Die rekonstruierten **Bauernhäuser** sind noch wie im 19. Jh. eingerichtet (Öffnungszeiten: Mai, Sept. Mo. – Sa. 10.00 bis 17.00, So. 12.00 – 17.00, Juni Mo. – Sa. 10.00 – 19.00, So. 12.00 bis 19.00, Juli, Aug. Mo. – Sa. 9.00 bis 20.00, So. 12.00 – 20.00 Uhr). Im angeschlossenen **Village Centre** sind interessante Ausstellungen über die Mennoniten aufgebaut. Außerdem gibt es hier einen Museumsladen, in dem man Leckereien wie Honig und hausgemachte Marmeladen sowie Backwaren, Kräuter etc. kaufen kann. Auch gibt es hier wunderschön gearbeitetes Kunsthandwerk (Öffnungszeiten: Mo. – Sa. 10.00 – 18.00, So 12.00 – 18.00, im Winter bis 16.00 Uhr).

> **! *Baedeker* TIPP**
>
> **Pioneer Days**
>
> Alljährlich am langen Wochenende Anfang August werden auf dem Gelände des Steinbacher Freilichtmuseums die Pioneer Days abgehalten. Man glaubt sich wirklich ins 19. Jh. zurückversetzt, denn es wird Living History vom Feinsten geboten, dazu ländlich-sportliche Wettbewerbe wie Tractor Pulling, Wett-Mähen und Wett-Dreschen. Und dazu gibt's Köstlichkeiten nach alten Rezepten.

Weitere Ausflugsziele

►Portage La Prairie, ►Selkirk, ►Whiteshell Provincial Park · Lake of the Woods, ►Winkler

NORTHWEST TERRITORIES

Fläche: 1 346 106 km² **Bevölkerungszahl:** 43 000
Hauptstadt: Yellowknife **Zeitzone:** Mountain Time

Die Northwest Territories nehmen fast ein Siebtel Kanadas ein. Sie reichen von den Mackenzie Mountains im Westen bis in die Tundrengebiete des östlichen Mackenzie-Einzugsbereiches. Naturräumlich können die Nordwest-Territorien in drei Großräume unterteilt werden: ganz im Westen die nördlichen Ausläufer des Felsengebirges. Nach Osten schließt ein Tiefland mit vielen Seen an. Ganz im Nordwesten sind Fjorde und riesige Gletscherfelder charakteristisch für die flachen Inseln des Kanadischen Archipels.

Baumgrenze

Als markante Linie durchzieht die Baumgrenze das riesige Gebiet der Northwest Territories. Man kann sie vom Mackenzie-Delta im äußersten Nordwesten bis zum Dubawnt Lake an der Grenze zu Nunavut verfolgen. Südwestlich dieser Linie stehen lichte Wälder aus Tannen, Fichten und Birken, nördlich und nordöstlich, in den »barren grounds« und im westlichen kanadischen Archipel herrscht baumlose Tundra mit Flechten, Moosen, Gräsern und Zwergsträuchern vor.
Im Bereich der Northwest Territories tritt subarktisches und arktisches Klima unterschiedlich starker Ausprägung auf. Praktisch in allen Gebieten werden im Winter Temperaturen unter – 30 °C gemessen. Dagegen registriert man im kurzen Sommer, beispielsweise am Großen Sklavensee, Temperaturen über + 20 °C.

Geschichte

Vor etwa 12 000 Jahren, nach dem Ausklingen der letzten Eiszeit, drangen Urahnen der heutigen Indianer von Sibirien aus über die Beringstraße auf das nordamerikanische Festland vor. Einige Jahrtausende später folgten die Dene-Indianer den riesigen Karibuherden, die im Sommer in den arktischen Norden und im Herbst wieder in die Waldgebiete des Südens zogen.
Der Kanadische Archipel ist erst vor zirka 10 000 Jahren besiedelt worden. Vorfahren der heutigen Inuit kamen damals ebenfalls von Asien nach Alaska bzw. an die Küste der Beaufort-See und brachten hier die Pre-Dorset-Kultur hervor. Einige Jahrtausende später wanderten deren Nachfahren in die kanadische Arktis. Sie haben vielerorts Artefakte der Dorset-Kultur hinterlassen. Eine letzte große Wanderung führte das Volk der Thule vor etwa 1000 Jahren von Alaska in den Norden Kanadas.
Ende des 17. Jh.s kamen die ersten weißen Kundschafter im Auftrag der Hudson's Bay Company in diese Gegend. Bis zur Bildung der Kanadischen Konföderation (1867) wurde das Gebiet von der Hudson's

← *Nur per Boot (oder zu Fuß) erreicht man die schönsten Stellen im Nahanni National Park.*

Bay Company verwaltet und als Rupert's Land für die englische Krone reklamiert. Bis ins späte 19. Jh. umfassten die Northwest Territories auch Labrador und die nördlichen Gebiete der heutigen Provinzen Québec, Ontario und Manitoba sowie ganz Saskatchewan, ganz Alberta und das Yukon-Territorium. Die heutigen Grenzlinien der Nordwest-Territorien wurden 1912 gezogen. Bis 1921 verwaltete die Royal Canadian Mounted Police das Gebiet. Seither gibt es ein eigenes Parlament und eine eigene Regierung. Seit den 1970er-Jahren kam es immer wieder zu Auseinandersetzungen mit den Angehörigen der »First Nations« (so bezeichnen sich Indianer und Inuit), die ihre überkommenen Rechte einfordern. Ihr bislang größter Erfolg war die Ausgliederung von Nunavut aus den übrigen Northwest Territories zum 1. April 1999.

Bevölkerung In den Nordwest-Territorien leben rund 43 000 Menschen, was eine rechnerische Bevölkerungsdichte von weniger als 0,03 Einwohnern/km² ergibt. Fast zwei Drittel der Bevölkerung sind Angehörige der sog. First Nations (Indianer und Inuit). Weiße sind in der Minderheit. Ihre Zahl ist jedoch seit den 1930er-Jahren von etwa 1000 auf heute mehr als 13 000 angestiegen.

Wirtschaft Noch vor einem halben Jahrhundert war der Pelzhandel der mit Abstand wichtigste Wirtschaftsfaktor, heute jedoch dominiert der Abbau von Bodenschätzen. Es gibt große Vorkommen von Kupfer, Zink, Silber, Blei und Uran. Am Großen Sklavensee wird seit 1896 Gold gefördert. Erst vor wenigen Jahrzehnten hat man im Hohen Norden reiche Erdöl- und Erdgaslagerstätten entdeckt, deren Erschließung sich jedoch angesichts der klimatischen Unbilden als recht schwierig erweist. Als relativ krisenfeste Wirtschaftszweige haben sich die Fischerei an den größeren Flüssen und Seen, die Holzwirtschaft im Süden des Mackenzie-Distrikts und die Pelztierzucht erwiesen. Neuerdings wird die Kultivierung nachwachsender Rohstoffe (Wälder, Speisefische usw.) ebenso propagiert wie die Entwicklung von kleinen Gewerbebetrieben, die für die lokalen Märkte produzieren. Gute Erfolge hat man bereits mit dem Kunstgewerbe erzielt, das Touristen sehr gern kaufen.

Verkehr Die wichtigste Zufahrtstraße in die wenig berührten Landschaften des Hohen Nordens ist der Mackenzie Highway, der von Peace River (► Alberta) bis nach Yellowknife bzw. Fort Simpson und Wrigley

In den Northwest Territories geht der boreale Nadelwald in die waldlose Tundra über.

führt. 1983 wurde der Liard Highway eröffnet, der von Fort Nelson (BC) bzw. vom Alaska Highway (YT) zum Nahanni National Park und weiter nach Fort Simpson führt. Auf dem Dempster Highway (YT) gelangt man von Dawson City (YT) aus ins riesige Delta des Mackenzie River und nach Inuvik.

Tourismus

Die touristischen Möglichkeiten sind durch die Besonderheiten der Landesnatur begrenzt. Angler und Kanuten finden jedoch ideale Verhältnisse vor. Wer größere Strecken überwinden will, kann ein Wasserflugzeug chartern. Die einsamen Regionen des nordkanadischen Archipels sind etwas für abenteuerlustige Touristen. Für Nordlandtouristen, die auf gewohnten Komfort nicht verzichten wollen, werden Wilderness-Touren mit Unterbringung in gut ausgestatteten Lodges angeboten. In den Northwest Territories hat man mehrere Nationalparks ausgewiesen, die aber schwer zu erreichen sind. Einigermaßen problemlos gelangt man mit dem Auto in den Wood Buffalo National Park (auch ► Alberta) sowie in die Nähe des Nahanni National Park, der bei Kanuten sehr beliebt ist.

Banks Island · Aulavik National Park

U/V 5/6

Fläche: 70 028 km² **Höhe:** 0 – 762 m ü. d. M.
Bewohnerzahl: ca. 200

Die westlichste Insel des Kanadischen Archipels ist etwas kleiner als die Republik Irland. Ihre Nord-Süd-Ausdehnung beträgt etwa 400 km zwischen 71° und 74° 30′ nördlicher Breite. Außer im Norden sind die Küsten den Sommer über eisfrei. Die Küstenlinie ist kaum durch Fjorde gegliedert.

Im Inselinnern überwiegt eine flach gewellte Landschaft mit weiten Flusstälern. Eine vielfältige Tundrenvegetation ist Lebensgrundlage für eine artenreiche Fauna, deren spektakulärste Vertreter mehrere Zehntausend Moschusochsen sind. Der Südwesten von Banks Island ist als Vogelschutzgebiet ausgewiesen.

Anreise

Die Anreise per Flugzeug erfolgt via ►Whitehorse (YT) oder ►Yellowknife und ►Inuvik. Von Inuvik aus bestehen regelmäßige Flugverbindungen zum 500 km weiter nordöstlich gelegenen Sachs Harbour auf Banks Island. Der Canadian Wildlife Service in Yellowknife sowie die Arctic Nature Tours in Inuvik sind bei der Ausarbeitung von Exkursionen auf Banks Island behilflich.

Archäologische Forschungen

Im Gebiet um die am Shoran Lake gelegene Forschungsstation Umingmak (= Moschusochsen) haben deutsche Archäologen Geräte und Waffen aus Stein und Knochen der Prä-Dorset-Kultur (um 2000 – 1500 v. Chr.) gefunden, die z. T. mit kultisch-mythologischen Ritzzeichnungen verziert sind. Angesichts der Abfallhaufen mit Skeletten von Moschusochsen und der Feuerstellen schätzt man die Zahl der Jäger auf 60 – 100 Personen.

Sachs Harbour (Ikaahuk)

Eine ständige Siedlung gibt es auf Banks Island erst seit 1929, als drei Inuit-Familien sich in Sachs Harbour (Südwestspitze der Insel) niederließen. Der Siedlungsname rührt von der kanadischen Arktis-Expedition 1913 – 1915 unter Vilhjalmur Stefansson her. Sein Schiff hieß »Mary Sachs«. Mit ca. 160 Einwohnern ist Ikaahuk, wie der Ort auf Inuvialuktun heißt, Basis für Exkursionen. Das Banks Island Museum informiert über Geschichte und Archäologie der Insel. Zu erreichen ist Sachs Harbour per Flugzeug von ►Inuvik aus.

Moschusochsen auf Banks Island: Die größte zusammenhängende Population dieser mächtigen Tiere lebt im Aulavik National Park.

BANKS ISLAND ERLEBEN

AUSKUNFT

Aulavik National Park
Box 29
Sachs Harbour, NT, X0E 0Z0
Tel. (867) 690-39 04
www.pc.gc.ca/pn-np/nt/aulavik

Arctic Nature Tours
Box 1190
Inuvik, NT, X0E 0T0
Tel. (867) 777-33 00
www.arcticnaturetours.com

ÜBERNACHTEN

► **Günstig**

Kuptana's Guest House
Sachs Harbour, NT, X0E 0Z0
Tel. (867) 690-36 14
http://inuit.pail.ca/kuptanas-guest-house.htm
Mehrere Gästezimmer mit Gemeinschaftseinrichtungen. Da es im Ort kein Restaurant gibt, sollte man sich in dem kleinen zum Guest House gehörenden Lebensmittelladen versorgen.

Aulavik National Park

Der 1994 im Norden der Insel ausgewiesene Aulavik National Park umfasst den Unterlauf des Thompson River, dessen 12 300 km² großes Delta sowie das Land an der Castle Bay. Am Thomson River sieht man Moschusochsen grasen. Im Sommer findet sich hier ein Großteil aller in Kanada lebenden Schneegänse ein. Auch Ringelgänse, verschiedene Möwenarten und vielerlei sonstiges Federvieh lässt sich hier beobachten. Im Übrigen kann man in dem Nationalpark wildromantische Schluchten und eine noch völlig intakte Tundrenvegetation erkunden.

★ Great Bear Lake

S-V 9/10

Fläche: 31 153 km² **Höhe:** 157 m ü. d. M.

Der Great Bear Lake (Großer Bärensee) breitet sich östlich des Mackenzie River beiderseits des Polarkreises aus. Das riesige, bis 446 m tiefe Gewässer misst an seiner breitesten Stelle ca. 400 Kilometer. Gebirgige Halbinseln trennen fünf buchtenreiche Seearme voneinander. Der achtgrößte See der Erde ist an mehr als 8 Monaten im Jahr von Eis bedeckt.

Anreise

Man erreicht den See am schnellsten von ►Yellowknife aus mit dem Wasserflugzeug. Bester Ausgangspunkt für Erkundungen ist Fort Franklin.

Fische

Kein anderer See Nordamerikas kann so viele Angelrekorde aufweisen wie der Große Bärensee. In erster Linie ist er bekannt für die größten Forellen und Saiblinge der Erde, die hier bis zu 30 kg schwer werden können. Außerdem hat man hier die größten Äschen und die größten Weißfische der Welt gefangen. Da der Bestand sehr schnell gefährdet sein kann, was in der Vergangenheit schon mehrfach vorgekommen ist, gelten strenge Regeln für Angler. Wer eine Angeltour auf dem Großen Bärensee unternehmen möchte, sollte sich in Fort Franklin einem Führer anvertrauen.

! *Baedeker* TIPP

Angeln, essen, schlafen ...

Die außerordentlich klare Luft lässt die Seele abheben, man scheint tatsächlich allein in der Wildnis zu sein, und wie die Äschen beißen, das glaubt einem in der fernen Heimat sowieso niemand: Der Große Bärensee gehört wirklich zu den besten Angelrevieren der Welt. Von Juni bis September kann man hier erlebnisreiche Angelferien verbringen. Auskunft: Grey Goose Lodge, P.O. Box 175, Deline, NT, X0E 0G0, Tel. (867) 589-55 00, www.greygooselodge.ca

An den Ufern des Großen Bärensees lebt eine überraschend artenreiche Tierwelt. Ausgesprochen zahlreich sind **Marder**. Im Sommer streifen **Grizzlybären** an den Seeufern entlang, und im Winter suchen **Karibus** Schutz in den nahen Wäldern.

Hauptort am Großen Bärensee ist **Fort Franklin**, das am Westende des Keith Arm bzw. am Ausfluss des Great Bear River liegt. In der aus einem Pelzhandelsposten hervorgegangenen Siedlung leben das ganze Jahr über 500 Menschen überwiegend von der Fischerei. In der warmen Jahreszeit kommen noch einige Hundert Touristen dazu, besonders Angler, Jäger und Abenteuerurlauber.

★ Great Slave Lake

W-Y 11/12

Fläche: 28 570 km² **Höhe:** 156 m ü. d. M.

Als fünftgrößter See Nordamerikas breitet sich der Great Slave Lake (Großer Sklavensee) fast 500 km weit aus, und an manchen Stellen ist das riesige Gewässer über 600 m tief. Der Große Sklavensee ist nur 4 Monate im Jahr eisfrei. Im Sommer kommen passionierte Angler an den See. Man kann aber auch tolle Segel- und Kanupartien unternehmen und an einigen Stränden sogar baden.

Geschichte Über Jahrtausende lebten Dene- und Slave-Indianer in diesem Gebiet. Nach letzteren ist der See auch benannt. Die vielen Tausend Goldsucher, die in den Jahren 1896 bis 1899 auf ihrem Weg zum Klondike (► Yukon) hier vorbeikamen, berichteten von der ausgesprochen reizvollen Landschaft, was jedoch keine Folgen für die Gegend haben sollte.

Erst in den 1930er-Jahren, als man einige größere Rohstofflagerstätten (u. a. Gold, Blei und Zink) entdeckte, wuchs das Interesse an der Region. Vor allem die Goldfunde von ► Yellowknife lösten einen wahren Boom aus. In letzter Zeit hat auch die Fischerei an Bedeutung gewonnen.

! *Baedeker* TIPP

Tausende auf einen Streich!

Der beste Schutz gegen die größte Plage im Norden in den Sommermonaten sind Moskitonetzhemden mit Kapuze. Man zieht sie wie eine Jacke an und dann müssen die blutgierigen Tierchen draußen bleiben. Salben und Sprühmittel sind im Vergleich dazu wesentlich weniger wirkungvoll.

Rund um den Großen Sklavensee

Enterprise

Das südliche Tor zum Großen Sklavensee und zum Mackenzie-Gebiet ist der Ort Enterprise (60 Einw.). Von hier bietet sich ein toller Blick in die Schlucht des Hay River. Ca. 10 km südlich (nahe am Mackenzie Highway) erstreckt sich der Twin Falls Gorge Territorial Park, dessen besondere Attraktionen die 33 m hohen Alexandra-Wasserfälle und die etwa halb so hohen Louise-Wasserfälle sind.

Hay River

Hay River (4000 Einw.), das »Tor des Nordens«, ist ein geschäftiger Fischerhafen eine knappe Autostunde nordöstlich von Enterprise. Während der kurzen Schifffahrtssaison wird hier die Fracht für die Siedlungen im Norden auf Lastkähne umgeladen. Einen wahren Boom erlebte Hay River, als mit der Erdöl- und Erdgasprospektion auch feste Straßen gebaut wurden. Die Altstadt mit ihren hübschen kleinen Holzhäusern liegt auf Vale Island in der Mündung des Hay River. Hier leben die vielen Berufsfischer, die Forellen, Weißfische und Hechte fangen. Nach zwei verheerenden Überflutungen wurde auf einer höheren Terrasse ein neues Stadtzentrum errichtet, dessen weithin sichtbare Dominante das 17-stöckige Mackenzie Place Apartment Building ist. Gegenüber steht die Diamond Jenness School als eindrucksvolles Beispiel der modernen Architektur des Nordens. Die Station der Coast Guard kann nach Vereinbarung besucht werden.

Dene Reserve: Die außerhalb der Stadt gelegene Reservation der Dene-Indianer erstreckt sich um den

GREAT SLAVE LAKE

AUSKUNFT

Discover North
#4 4807 – 49th Street
Yellowknife, NT, X1A 3T5
Tel. (867) 873-42 62
www.northernfrontier.com

ÜBERNACHTEN

► Komfortabel

Ptarmigan Inn
10 J. Gagnier Street
Hay River, NT, X0E 1G1
Tel. (867) 874-67 81
www.ptarmiganinn.com
Freundliches Haus mit Swimming-Pool und Fitness Center

einstigen Handelsposten der Hudson's Bay Company aus dem Jahre 1868. Hier sind noch einige alte Behausungen sowie ein Missionskirchlein zu sehen. Im Dene Cultural Institute wird den Besuchern die reiche Kultur der Dene nahe gebracht (Öffnungszeiten: Victoria Day – Labour Day tgl. 9.00 – 17.00 Uhr).

Mackenzie Bison Sanctuary

Das Schutzgebiet erstreckt sich nördlich von Fort Providence am Highway 3 in Richtung Rae-Edzo. Im Jahre 1963 wurden zwei Dutzend der damals vom Aussterben bedrohten »Wood Buffalos« in diesem Gebiet ausgesetzt. Heute lebt hier eine rund 2000 Tiere starke Herde, damit eine der größten Büffelherden Nordamerikas. Leider lassen sich die Tiere vom Highway aus nur sehr selten beobachten. Wer sie sehen möchte, muss schon einen längeren und beschwerlichen Fußmarsch an das Seeufer unternehmen.

★ Inuvik

0 8

Höhe: 3 m ü. d. M. **Einwohnerzahl:** 4 000

»Platz des Menschen« heißt diese moderne, jenseits des Polarkreises im Mackenzie-Delta gelegene Siedlung in der Sprache der Inuit. Der Ort wurde 1955 bis 1961 im Zuge der Erdgas- und Erdölexploration förmlich aus dem Boden gestampft.

Versorgungszentrum

Inzwischen hat Inuvik der älteren, weiter westlich gelegenen Siedlung Aklavik den Rang als Handels-, Verwaltungs- und Versorgungszentrum für die westliche kanadische Arktis abgelaufen. Inuvik verfügt über einen Flugplatz, mehrere Schulen, ein Krankenhaus und eine Polizeistation. Von hier starten die Versorgungsflugzeuge zu den Erdöl- und Erdgasfördergebieten im Mackenzie-Delta bzw. in der Beaufort-See. Auch die Flüge zu den Inseln der Arktis (► Banks Island usw.) werden über Inuvik abgewickelt. Die Stadt am Ende des Dempster Highway (► Yukon) liegt 3600 km nördlich von ► Calgary (Alberta).

? WUSSTEN SIE SCHON ...?

- ... dass das arktische Klima und der dauernd gefrorene Boden die Planer der Stadt vor nicht geringe technische Probleme stellte? Alle Versorgungsleitungen mussten über der Erde verlegt und die Häuser auf Pfählen errichtet werden, um ein Auftauen des gefrorenen Bodens und das damit verbundene Absinken der Bauten zu verhindern.

Ende März findet hier oben, im nördlichsten über eine öffentliche Fernstraße erreichbaren Ort Nordamerikas, ein berühmtes **Curling-Turnier** statt. Einen Monat später wird die »Top of the World Championship« genannte Meisterschaft im **Skilanglauf** ausgetragen, und im Juni / Juli, wenn die Sonne kaum untergeht, werden sogar einige Straßenfeste abgehalten.

An die traditionelle Hausform der Inuit, den Iglu, erinnert die Roman Catholic Church in Inuvik.

Sehenswertes in Inuvik und Umgebung

Als moderner, igluartiger Kuppelbau präsentiert sich die katholische Kirche von Inuvik. Ebenfalls wie ein Iglu ist der Tabernakel gestaltet. Den höchst eindrucksvollen Kreuzweg hat die Inuit-Künstlerin Mona Trasher geschaffen.

✶ Our Lady of Victory Church

Bis zum Bau von Inuvik war das weiter westlich gelegene Aklavik Hauptort der westkanadischen Arktis. Diese nur auf dem Luftweg erreichbare 700-Seelen-Siedlung, in der Sprache der Inuit »Wohnplatz des Eisbären«, wurde 1912 von der Hudson's Bay Company als Außenposten gegründet.
Sehenswert ist hier die anglikanische Bischofskirche mit großartigen Buntglasfenstern.

Aklavik

Erst 1996 hat man in der Arktis östlich von Inuvik den **Tuktut Nogait National Park** ausgewiesen. Dieses riesige Schutzgebiet erstreckt sich über eine Fläche von 16 340 km² und ist Heimat einer über 120 000 Tiere zählenden Kari-

? WUSSTEN SIE SCHON ...?

- ... dass Jesus Christus ein Kind des Nordens gewesen sein muss? Jedenfalls meint man das, wenn man sich die Buntglasfenster der Bischofskirche in Aklavik genauer anschaut. Die Heilige Familie ist mit einem Eisbären abgebildet, die Anbetung der drei Weisen findet im Schnee statt, und Maria mit dem Kinde ist in Pelze gehüllt.

Tuktut National Park

bu-Herde. Hier kann man eine wenig bekannte, aber großartige Felslandschaft mit spektakulären Canyons und Klippen erkunden. Ferner gibt es Hunderte von archäologischen Fundplätzen, die belegen, dass in dieser unwirtlichen Gegend seit Jahrtausenden Menschen leben.

INUVIK ERLEBEN

AUSKUNFT

Town of Inuvik
Box 1160, 2 Firth Street
Inuvik, NT, X0E 0T0
Tel. (867) 777-86 00
www.inuvik.ca

ÜBERNACHTEN

► Komfortabel

① *The Mackenzie Hotel*
Mackenzie Road
Tel. (867) 777 - 28 61
www.inuvikhotels.com
Das älteste Hotel am Ort ist zugleich auch der wichtigste Treffpunkt von Inuvik. Vor allem an den Wochenenden geht es hier recht lebhaft zu.

② *Finto Lodge*
288 Mackenzie Road
Tel. (867) 777-26 47
www.inuvikhotels.com
Gut geführtes Haus mit zeitgemäß eingerichteten Zimmern und gemütlichem Restaurant

Inuvik Orientierung

Übernachten
① The Mackenzie Hotel
② Finto Lodge

Mackenzie Region

M-S 7-12

Das Mackenzie-Gebiet bildet den Westteil der Northwest Territories. In dem riesigen, ca. 1,5 Mio. Quadratkilometer großen Gebiet leben nur wenige Tausend Menschen, vor allem im bewaldeten subarktischen Teil. Ganz im Nordwesten erheben sich die Mackenzie Mountains. Das Herzstück des Gebietes bilden die großen Schwemmländer des Mackenzie River.

Der Mackenzie River ist der zweitlängste Strom Nordamerikas und damit einer der längsten Flüsse der Erde. Von seiner meerfernsten Quelle (Finlay River) bis zu seiner Mündung in die Beaufort-See ist er 4250 km lang.

Mackenzie Mountains

Die in der kanadischen Arktis als Ausläufer des nordamerikanischen Felsengebirges in nordwestlicher Richtung laufenden Mackenzie Mountains bilden die Grenze zwischen dem ►Yukon und dem Mackenzie-Tiefland. Das aus zwei etwa 800 km langen Strängen bestehende und noch wenig erforschte Gebirge erreicht im Westen Höhen bis zu 2900 m ü.d.M.; die östliche Kette wird wegen ihrer vielen Schluchten auch »Canyon Range« genannt.

Mackenzie River

Die beiden wichtigsten Wasserläufe, die den Mackenzie River bilden, sind der Peace River und der Athabasca River, die sich zunächst zum Slave River vereinigen. Ab dem Austritt aus dem Großen Sklavensee bis zur Mündung trägt der Strom den Namen des Entdeckungsreisenden Sir Alexander Mackenzie (►Berühmte Persönlichkeiten). Im 18. Jh. war der Mackenzie River Transportweg für die großen Pelz-

Das Mackenzie-Delta präsentiert sich aus der Vogelperspektive als einzigartige Landschaft aus Flussarmen, Seen und Inselchen.

MACKENZIE

AUSKUNFT

Fort Simpson Visitor Centre
P.O. Box 438
Fort Simpson, NT, X0E 0N0
Tel. (867) 695-31 82
www.fortsimpson.com

ÜBERNACHTEN

► Komfortabel

Bannockland B & B
am Liard River
Fort Simpson, NT, X0E 0N0
Tel. (867) 695-33 37
www.bannockland.com
Kleine gemütliche Unterkunft

Nahanni Inn
Fort Simpson, NT, X0E 0N0
Tel. (867) 695-22 01
E-Mail: nahanin@cancom.net
Sympathisches Haus mit Café und Speisesaal

handelsunternehmen. Die meisten Siedlungen sind daher aus einstigen Handelsposten der Hudson's Bay Company bzw. der North West Company hervorgegangen.

Das Mündungsgebiet des Mackenzie River, das rund 12 000 km² große **Delta** zwischen den Richardson Mountains im Westen und den Caribou Hills im Osten, kann man gut von ► Inuvik aus erkunden. Der breite Strom verästelt sich hier – etwa 200 km vor der Mündung ins Nordpolarmeer – in zahllose, von Seen und Sümpfen durchsetzte Flussarme. Niedriges Busch- und Strauchwerk, Flechten und Moose prägen die Vegetation. Während des kurzen Sommers zeigen sich Moose und Blütenpflanzen in ihrer ganzen Pracht. Im gesamten Mackenzie-Delta leben heute einige Tausend Menschen, die sich auf die Siedlungen Aklavik, Tuktoyaktut, ► Inuvik, Fort McPherson und Arctic Red River verteilen.

Erdöl und Erdgas

Im Mündungsgebiet und in der vorgelagerten Beaufort-See, einem Randmeer des Nordpolarmeeres, hat man vor wenigen Jahrzehnten riesige Erdöl- und Erdgasreserven entdeckt. Dies hatte einen enormen Entwicklungsschub zur Folge. Waren früher Fischfang und Jagd die wichtigsten Erwerbsquellen, so sind es heute die Erdöl- und Erdgasprospektion bzw. -förderung.

Siedlungen am Mackenzie River

Fort Simpson

Das rund 1000 Einwohner zählende Städtchen Fort Simpson, die älteste ständig bewohnte Siedlung am Strom, liegt nicht ganz 300 km westlich vom Ausfluss des Mackenzie aus dem Großen Sklavensee an der Einmündung des Liard River.
Für Outdoor-Enthusiasten aus aller Welt ist Fort Simpson Ausgangspunkt für Trips in den ►Nahanni National Park und für Kanu-Expeditionen in Richtung Eismeer.

Tulita (Fort Norman)

Weiter flussabwärts und gut 100 km südwestlich vom ►Great Bear Lake liegt die 500-Einwohner-Siedlung Tulita an der Mündung des Great Bear River. Sie ist nur per Flugzeug oder Boot erreichbar. Der indianische Siedlungsname »Tulita« bedeutet so viel wie »wo sich die Flüsse treffen«. Hier hat die North West Company 1810 ihren Stützpunkt Fort Norman gegründet. In der Nähe kann man eines der ältesten anglikanischen Gotteshäuser im kanadischen Norden besichtigen, das in den 1860er-Jahren errichtet worden ist.

Inuvik

►dort

★★ Nahanni National Park

R-T 12

Fläche: 4 784 km^2 **Höhe:** 1850 – 2853 m ü. d. M.

Der Nahanni National Park liegt in den Mackenzie Mountains und schützt einen ca. 300 km langen und besonders spektakulären Abschnitt des wildromantischen Tals, das sich der South Nahanni River gegraben hat. Um diesen Naturraum möglichst lange zu erhalten, hat man sich dafür entschieden, im Nationalpark weder Straßen noch Unterkünfte zu bauen.

Ursprüngliche Landschaft

Gerade dieses Unerschlossensein übt heute einen starken Reiz auf abenteuerlustige Touristen aus. Imposant sind die hohen Berge, die tiefen Canyons und die gewaltigen Wasserfälle, besonders jene in den stark verkarsteten South Mackenzie Mountains. Steile Felswände, spitze Felsnadeln, Grotten und Höhlen prägen das Landschaftsbild. Im Nationalpark lässt sich eine artenreiche Flora studieren, zu der auch mancherlei Orchideen gehören. Häufig zu beobachtende Wildtiere sind Bergziegen, Dallschafe, Hirsche, Karibus, Elche sowie – natürlich – Grizzlybären und Schwarzbären.

Nichts für Anfänger: Der South Nahanni River stellt hohe Anforderungen an Wildwasserfahrer.

Die **beste Zeit** für einen Besuch des Nationalparks ist der Hochsommer, wenn das Wetter einigermaßen stabil ist. Doch man hat selbst in dieser Zeit mit heftigen Gewittern, mitunter sogar mit Schneegestöber zu rechnen. Die wichtigsten Ausgangspunkte und Versorgungsstationen sind Fort Simpson und Fort Liard sowie der Blackstone Territorial Park, wo es auch geeignete Unterkünfte gibt.

NAHANNI NATIONAL PARK

AUSKUNFT

Nahanni National Park Reserve
Box 348
Fort Simpson, NT
X0E 0N0
Tel. (867) 695-31 51
www.pc.gc.ca/np-pn/nt/nahanni

Die Virginia Falls und die Rabittkettle Hot Springs dürfen nur von **Buschflugzeugen** lizensierter Unternehmen angeflogen werden. Der wild dahinbrausende South Nahanni River sollte wegen seiner vielen Wasserfälle und Stromschnellen nur von erfahrenen **Wildwasserkanuten** befahren werden. Eine solche Wildwassertour bedarf der Genehmigung durch die Nationalparkverwaltung in Fort Simpson bzw. durch die Ranger Station in Nahanni Butte. Pro Tag werden nur noch zwei Kanu-Touristengruppen in den Nationalpark eingelassen. Für eine Kanutour durch den Nationalpark sind mindestens zwei Wochen zu veranschlagen.

Die harten Bedingungen im Nahanni National Park erfordern sehr viel Ausdauer und Kondition von **Wassersportlern** und **Wanderern**. Wer dem nicht gewachsen ist, braucht aber trotzdem nicht auf einen Ausflug in das atemberaubende Naturschutzgebiet zu verzichten. Denn **Rundflüge** über den Nahanni National Park sowie Flüge zu den Virginia Falls bzw. zu den Rabittkettle Hot Springs werden von folgenden Orten aus angeboten: Fort Simpson (NT), Fort Liard (NT), Fort Nelson (BC) und Watson Lake (YK).

✶✶ Kanutour auf dem South Nahanni River

heiße Quellen

Der South Nahanni River entspringt in den Selwyn Mountains und fließt südwärts durch die Ausläufer der Mackenzie Mountains, bevor er bei Nahanni Butte in den Liard River mündet. Der Fluss tost durch wilde Schluchten und über steile Felstreppen. An mehreren Stellen treten heiße Quellen aus, in deren Umgebung sich eine für diesen Breitengrad ungewöhnliche Vegetation entwickelt hat.

Rabittkettle Hot Springs

Das anstrengende Abenteuer beginnt bei den schwefelhaltigen Thermalquellen von Rabittkettle Hot Springs. Da hier der Boden nie gefriert, gedeihen sogar Farne, Rosenbüsche und Kirschbäume.
Wenig später passiert man eine Schlucht mit der Bezeichnung **»Hell Roaring Creek«**. Danach folgt ein längerer Abschnitt, auf dem der South Nahanni River etwas gemächlicher dahinfließt.

✶✶ Virginia Falls

Schon von weitem hört man das Tosen der Virginia Falls. Die Fälle, die hier 90 m in die Tiefe stürzen, sind zwar nicht so gewaltig wie die der Niagarafälle, dafür aber fast doppelt so hoch. Ein widerständiger Felssporn teilt die gewaltigen Wassermassen, die in einen brodelnden, von Felszacken umrahmten Kessel fallen. In den letzten Jah-

Das absolute Highlight im National Park sind die wild tosenden Virginia Falls.

ren hat man ein ganzes Netz von Wanderwegen angelegt, die zu Plätzen mit herrlichen Ausblicken auf das gewaltige Naturschauspiel führen. Auch einen Campingplatz findet man vor.

*** Sunblood Mountain**

Vom östlichen Flussufer (Höhe Campingplatz) lohnt eine Besteigung des Sunblood Mountain, von dem aus sich ein toller Blick über den Nationalpark und auf die Virginia Falls bietet. Kanuten, die weiter flussabwärts fahren wollen, müssen die Virginia Falls auf der beschwerlichen Portage Albert Faille umgehen.

*** Canyons und Stromschnellen**

Es folgen die Stromschnellen mit der sinnigen Bezeichnung »Figure 8 Rapids«. Nach der Einmündung des von Westen herbeiströmenden Flat River ist der Third Canyon zu meistern. Hier wendet sich der Fluss in einer nahezu rechtwinkligen Kurve. Dieses »Gate« mit der gewaltigen Felsnadel namens »Pulpit Rock« ist eines der Wahrzeichen des Nationalparks. Die in allen Farben leuchtenden Felswände sind teilweise über 400 m hoch. Einige Zeit später folgt der Second

? WUSSTEN SIE SCHON ...?

- ... wie das »Headless Valley« im Nahanni National Park zu seinem ungewöhnlichen Namen kam? Anfang des 20. Jh.s zog das Goldfieber etliche Abenteurer ins Tal des South Nahanni River, so auch 1905 die drei Brüder McLeod. Rasch verbreitete sich das Gerücht, sie hätten Goldstücke so groß wie Weintrauben gefunden. Drei Jahre später fand man die enthaupteten Körper von zweien der Brüder.

Canyon mit seinen jäh aufragenden Felstürmen und bis über 700 m hohen Felswänden aus Sandstein. Endlich weitet sich das Deadman Valley, eine breite Senke, in der der Nahanni River wieder ruhiger wird. Danach aber zwängt sich der Fluss durch den geradezu dramatischen First Canyon, in dem sich bis zu 900 m hohe Dolomit-Felsnadeln und -wände auftürmen. Die kräftezehrende, aber unvergessliche Kanupartie endet in Nahanni Butte, wo der Nahanni River in den Liard River einmündet.

Wood Buffalo National Park

►Alberta

★ Yellowknife

X 11

Höhe: 205 m ü. d. M. **Einwohnerzahl:** 19 000

Yellowknife liegt zwar noch südlich der Baumgrenze am Großen Sklavensee (►Great Slave Lake), aber bereits im Übergangsbereich vom borealen Nadelwald zur Tundra. Die größte Siedlung im Norden – die Jahresmitteltemperatur liegt bei –6 °C – ist seit 1967 Hauptstadt der Northwest Territories.

Geschichte

Die Gegend um Yellowknife durchstreiften schon vor Jahrtausenden prähistorische Jäger. Der Ortsname ist auf die Indianer zurückzuführen, die Werkzeuge und Waffen aus Kupfer benutzten. In den 1770er-Jahren tauchten erstmals Europäer auf, die sich hier jedoch nicht dauerhaft niederließen. Dies geschah erst ab 1935, als man in der Gegend erfolgreich mit dem **Goldbergbau** begann. Yellowknife entwickelte sich kontinuierlich zu einem wirtschaftlichen Brennpunkt und zentralen Ort im Norden. 1967 wurde Yellowknife zur Hauptstadt der Northwest Territories erhoben. 1978 kam die Stadt in die Schlagzeilen der Weltpresse, als ein nuklear betriebener sowjetischer Satellit in der Nähe auf die Erdoberfläche prallte.

Zu Beginn des 21. Jh.s kam der Goldbergbau zum Erliegen. Die letzte Mine wurde 2004 stillgelegt. Doch die Bergleute sollten nicht lange arbeitslos bleiben, denn in der Umgebung der Stadt hatte man inzwischen **Diamanten** gefunden. Ein neuerlicher Boom setzte ein.

? WUSSTEN SIE SCHON ...?

- ... dass man in Yellowknife häufig das Phänomen Nordlicht (Aurora borealis) beobachten kann? Von September bis April tauchen am Himmel oft spiralförmige Schleier aus blauen, grünen und weißen Tönen auf.

Yellowknife Orientierung

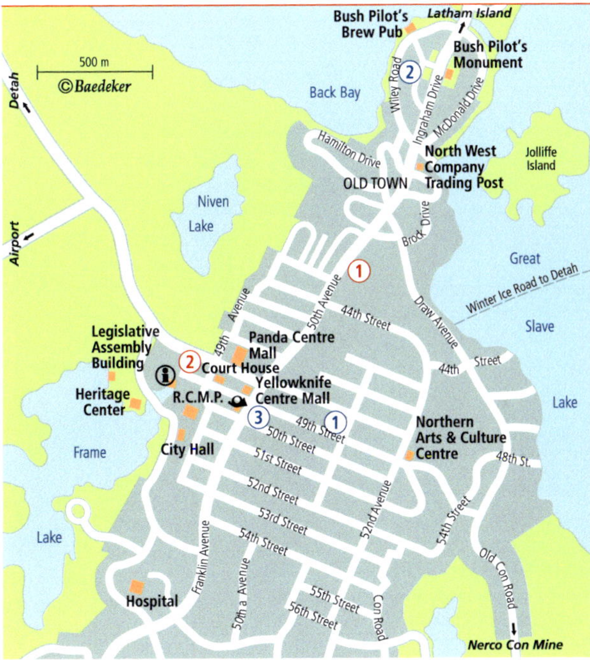

Übernachten
1. Arnica Inn
2. The Explorer Hotel

Essen
1. Le Frolic Bistro/Bar
2. The Wildcat Cafe
3. L'Atitudes

Sehenswertes in Yellowknife und Umgebung

★ **Prince of Wales Northern Heritage Centre**

In dem modernen Komplex am Ufer des Frame Lake kann man sich über die Kulturen der Inuit, der Inuvialuit, der indianischen Dene, der Métis und auch der Einwanderer informieren. Beleuchtet wird ferner der Pelzhandel. Auch stellen hier Künstler aus dem Hohen Norden ihre Arbeiten aus. Besondere Beachtung verdient die reichhaltige Minerlien- und Edelsteinsammlung (Öffnungszeiten: Juni bis Aug. tgl. 10.30 – 17.30, Sept. Mai Mo. Fr. 10.30 – 17.00, Sa., So. 12.00 – 17.00 Uhr).

Legislative Assembly

Das moderne Gebäude, in dem seit 1967 das Parlament der Northwest Territories tagt, steht während der Sitzungsperioden täglich zur Besichtigung offen.

Bush Pilots' Monument

Jenseits der Altstadt, auf dem höchsten Punkt der Stadt, erinnert ein Denkmal an jene wagemutigen Buschflieger, die in den vergangenen Jahrzehnten bei der Erschließung des kanadischen Nordens behilflich waren. Von hier oben bietet sich ein schöner Ausblick, wie ihn auch die Buschpiloten bei ihren Flügen geniessen.

YELLOWKNIFE ERLEBEN

AUSKUNFT

Discover North
4 4807 – 49th Street
Yellowknife, NT, X1A 3T5
Tel. (867) 873-42 62
www.northernfrontier.com

EVENTS

Caribou Carnival
Viel geboten wird beim spätwinterlichen »Karneval« im März. Besondere Höhepunkte dieses Festes sind Hundeschlittenrennen, Wettbewerbe im Gestalten von Eisskulpturen sowie das abschließende Feuerwerk.

Midnight Sun Festival
Alljährlich am Sommeranfang (21. Juni) feiert man den längsten Tag des Jahres, an dem die Sonne auch zu mitternächtlicher Stunde scheint. Ein Höhepunt an diesem Tag ist das »Midnight Sun Golf Tournament« (Golfturnier).

ESSEN

► Fein & Teuer

① *Le Frolic Bistro & Bar*
5019 – 49th Street
Tel. (867) 669-98 52
Downtown Yellowknife
Fondue, Pfeffersteak und Fisch sind Spezialitäten des Hauses.

► Erschwinglich

③ *L'Atitudes*
im Yellowknife Inn
Center Square Mall
Tel. (867) 873-26 01
Dieses noch recht neue und beliebte Restaurant im Bistro-Stil mit guter Küche. Hier genießt man Spezialitäten des Hohen Nordens, so beispielsweise Karibu mit Rosmarin, und auch eine breite Palette vegetarischer Gerichte.

Baedeker-Empfehlung

► Preiswert

② *The Wildcat Café*
3904 Wiley Road
Tel. (867) 873-40 04
An die Zeit der Pioniere fühlt man sich in diesem Blockhaus erinnert, das nicht nur als Restaurant, sondern auch als Sehenswürdigkeit erwähnenswert ist. An langen Tischen und Bänken nimmt man mit Genuss einen schmackhaft zubereiteten Fisch aus einem der nahe gelegenen Seen zu sich oder vielleicht auch ein leckeres Wildgericht nach Jägerart.

ÜBERNACHTEN

► Luxus

② *The Explorer Hotel*
4825 – 49th Street
Yellowknife, NT, X1A 2R3
Tel. (867) 873-35 31
www.explorerhotel.ca
Im »Ersten Haus am Platz«, einem achtstöckigen, schneeweißen Bau, hat schon die englische Königin Elisabeth II. übernachtet. Von den nobel ausgestatteten Zimmern kann man eine schöne Aussicht genießen. Im Hause befinden sich auch ein gutes Restaurant, eine Lounge und mehrere Konferenzräume.

► Komfortabel

① *Arnica Inn*
4115 Franklin Avenue
Yellowknife, NT, X1A 2N4
Tel. (867) 873-85 11
www.arnicainn.com
Frisch renoviertes Motel mit 42 modern ausgestatteten Gästezimmern. Gut speist man im hauseigenen »Comforts Café«.

Kühles »Pflaster«: In Yellowknife klettern die Temperaturen nur im Sommer über den Gefrierpunkt.

✶ Diavik Diamond Display

Die Diavik Diamond Mines Inc., die etwa 300 km nordöstlich von Yellowknife am Lac de Gras Diamanten zutage fördert, unterhält in der Stadt ein Besucherzentrum, in dem man sich umfassend über den diesbezüglichen Bergbau in der baumlosen Tundra und die Qualität der Diamanten informieren kann (5007 – 50th Ave.; Öffnungszeiten: Mo. – Fr. 8.30 – 17.00 Uhr).

Bootsausflüge

Vom Yellowknife Trading Post Dock fahren im Sommer Ausflugsschiffe auf den Großen Sklavensee hinaus. Im Rahmen eines solchen Ausflugs wird auch eine Indianersiedlung besucht.

Detah

Am gegenüberliegenden Ufer der Yellowknife Bay liegt die kleine Indianersiedlung Detah (150 Einw.), von der aus man schöne Ausblicke auf den Großen Sklavensee genießen kann.

Wanderwege

Um Yellowknife herum gibt es einige sehr schöne Wanderwege. Der Prelude Wildlife Trail beginnt am Campingplatz beim Prelude Lake und führt zu einigen guten Aussichtspunkten. Unterwegs hat man ganz bestimmt Gelegenheit, diverse Wildtiere aus nächster Nähe zu beobachten.
Im Fred Henne Park bzw. in der Nähe des Long Lake ist der sog. Prospectors Trail ausgeschildert. Dieser Weg erschließt verschiedene geologische Formationen. Wer gerne Mineralien und Edelsteine sammelt, kommt hier auf seine Kosten.

✶ Ingraham Trail

Der ca. 70 km lange Ingraham Trail (Hwy. 4) erschließt die reizvolle Seenlandschaft um den Reid Lake und den Tibbet Lake. Für Kanuten, Wildniswanderer und Camper ist bestens gesorgt, denn es sind mehrere Campingplätze und Bootsrampen angelegt.

NUNAVUT

Fläche: 2 093 190 km²
Hauptstadt: Iqaluit

Bevölkerungszahl: 32 000
Zeitzonen: Mountain Time, Central Time, Eastern Time

Das erst 1999 geschaffene Territorium Nunavut nimmt den gesamten Nordosten bzw. rund ein Fünftel Kanadas ein. Der größte Teil des Territoriums liegt nördlich der Baumgrenze. Tundra mit Flechten, Moosen, Gräsern und Zwergsträuchern herrscht hier vor.

Land des Wassers

Der festländische Teil des Territoriums umfasst in erster Linie die 400 – 500 m hohe Keewatin-Region. Tausende von Seen sind für dieses Gebiet charakteristisch. Nördlich und nordöstlich der Hudson Bay bilden die riesigen Inseln Baffin Island, Ellesmere Island, Devon Island und Bylot Island den Kontinentalrand Nordamerikas. Nach Westen schließen vergleichsweise flache Inseln an. Typisch für diese Region sind Fjorde und riesige Gletscherfelder. Dieser arktische Teil Nunavuts erstreckt sich nördlich des Polarkreises.

Klima

Fast überall werden im Winter Temperaturen unter – 30 °C gemessen. Dagegen registriert man im Sommer an einigen Stellen (z. B. Keewatin-Region) Temperaturen über + 18 °C. Der lange Winter geht mehr oder weniger übergangslos in den kurzen Sommer über. So kann es passieren, dass die Seen der Keewatin-Region noch vereist sind, obwohl die Lufttemperatur schon über + 20 °C liegt. Nördlich des Polarkreises scheint die Sonne im Sommer praktisch rund um die Uhr, im Winter herrscht Polarnacht. Die mehrere Monate vereiste Hudson Bay und der kalte Labradorstrom im Osten bewirken, dass die Temperaturen auch im Sommer nicht hoch ansteigen. Allerdings hinterlässt der **Klimawandel** immer deutlichere Spuren: Das Eis der Arktis wird immer dünner, und im Sommer 2008 waren die Norsost- sowie die Nordwestpassage erstmals gleichzeitig eisfrei.

Geschichte

Eigenständige Geschichte hat Nunavut noch kaum geschrieben, denn es wurde erst am 1. April 1999 von den ►Northwest Territories abgetrennt. Ca. 350 000 km² der Landfläche des neuen Territoriums wurden mit allen Rechten an die Inuit zurückgegeben.

← *In der Arktis von Nunavut leben noch einige Tausend Ureinwohner.*

Bevölkerung In Nunavut leben derzeit rund 32 000 Menschen, was eine theoretische Bevölkerungsdichte von nur 0,01 Einwohnern/km² ergibt. Etwa 20 000 Einwohner sind Inuit. Damit leben etwa 70 % aller kanadischen Inuit in dem neu geschaffenen Territorium.

Wirtschaftliche Entwicklung Zwar sind die traditionellen Erwerbsgrundlagen der einheimischen Inuit, Robbenjagd und Fischfang, durch den dramatischen Temperaturanstieg in der Arktis bedroht, doch sieht man jetzt Chancen für den Aufbau einer lukrativen Garnelen- und Shrimps-Fischerei. Auch dank seiner reichen, weitgehend noch unerschlossenen Rohstoffvorkommen hat Nunavut gute Entwicklungsperspektiven. Neben Erdöl und Erdgas können hier große Mengen Gold, Silber, Kupfer, Zink, Blei und Diamanten gefördert werden. Recht erfolgreich ist das Kunsthandwerk. Eine wachsende Zahl von Touristen kauft im Sommer von den Inuit gefertigte Lederwaren, Anoraks, Elfenbeinschnitzereien und Schmuck. Auch gerät der äußerste Norden Kanadas immer mehr ins Blickfeld von abenteuerlustigen Reisenden, die seiner Faszination erliegen. An einigen Stellen ist bereits eine rudimentäre Infrastruktur entstanden.

✶ Baffin Island

I-v 6-11

Fläche: 507 451 km² **Höhe:** 0 – 2591 m ü. d. M.
Bewohner: 11 000

Baffin Island ist mit 507 451 km² Fläche die fünftgrößte Insel der Erde und größer als Spanien. An der Ostküste, mit ihren tief eingeschnittenen Fjorden und vorgelagerten kleinen Inseln der Küste Norwegens sehr ähnlich, erhebt sich ein langer und schmaler Gebirgszug mit hochalpinem Charakter, der im Auyuittuq-Nationalpark (Cumberland-Halbinsel) 2591 m Höhe erreicht. Die südlichen Ausläufer bilden ein Hochland, der Westen ein flaches Tiefland.

Anreise Direktflugverbindungen in den Hauptort Iqaluit bestehen von Ottawa und Montréal (ca. 3 Std.) aus. Von Iqaluit aus sind auf Baffin Island mit Linienflügen zu erreichen: Cape Dorset, Lake Harbour, Pangnirtung, Broughton Island, Clyde River, Pond Inlet, Nanisvik. Viel Geld kann man sparen, wenn man den Anschlussflug zusammen mit dem Transatlantikflug bucht.

Der etwas andere Urlaub! Baffin Island, die östlichste und größte Insel des nordkanadischen Archipels, wirbt intensiv um Touristen – mit einer in der Tat atemberaubenden Landschaft und mit der Gastfreundschaft der Inuit. Dennoch wird Baffin Island wohl kaum je unter Invasionen von Touristen zu leiden haben. Es ist nur mit dem relativ teuren Flugzeug zu erreichen, ebenso teuer ist die Lebenshaltung. Auch das Klima ist eher unfreundlich und im Sommer stürzen sich Myriaden von Insekten auf die »Backpacker« – insgesamt also eine Angelegenheit für abgehärtete Spezialisten.

Bewohner

Auf Baffin Island leben rund 11 000 Menschen, davon sind ca. 25 % Weiße und 75 % Inuit. Hauptort mit zentralen Funktionen ist die Siedlung Iqaluit an der Frobisher Bay. Ferner sind Cape Dorset, Lake Harbour, Pangnirtung, Clyde River, Pond Inlet, Nanisvik und Arctic Bay zu nennen.

Siedlungen auf Baffin Island

Cape Dorset

Die Siedlung Cape Dorset (1000 Einw.) ist bekannt als archäologischer Fundort (Dorset-Kultur). Außerdem gibt es hier einige Inuit-Künstler, die zauberhafte Skulpturen und Lithografien anfertigen. Im Juli finden in Cape Dorset die »Baffin Summer Games« statt. Dann messen sich die Inuit in traditionellen Sportarten.

Pangnirtung

In Pangnirtung (auf Inuktitut: Pangniqtuuq = »Wo es viele Karibu-Bullen gibt«) leben rund 1100 Menschen. Die Siedlung liegt in einer atemberaubenden Landschaft und ist ein guter Ausgangspunkt für einen Besuch des ca. 50 km entfernten Kekerten Historic Park, wo ein Freilichtmuseum über die Geschichte des Walfangs informiert. Von Pangnirtung fährt man in den Auyittuq National Park.

? WUSSTEN SIE SCHON ...?

- ... dass Franz Boas, der deutsche Sprachwissenschaftler und Begründer der modernen amerikanischen Ethnologie, in den Jahren 1883 und 1884 in Pangnirtung forschte?

Iqaluit

»viele Fische«

Der 6000 Einwohner zählende Hauptort des Territoriums Nunavut liegt am Ende der Frobisher Bay und war lange Zeit Stützpunkt von Walfängern, Wissenschaftlern, Händlern und Missionaren. Erst seit 1942 wuchs er zu einer größeren Siedlung heran, als die US Air Force eine Basis baute. 1986 wurde die Inuit-Bezeichnung wieder offizieller Name: »Iqaluit« heißt so viel wie »viele Fische«. Als Service- und Verwaltungszentrum für das Territorium gibt sich Iqualuit als moderne Siedlung mit vollständiger Infrastruktur. Der Tourist findet hier alles für seinen Abenteuerurlaub und das Kunsthandwerk sucht seinesgleichen. Ein restauriertes Gebäude der Hudson's Bay Company am Strand (Gebäude Nr. 212) beherbergt das ethnografische Museum »Nunatta Sunaqutangit« (= »Dinge des Landes«), das hervorragende Einblicke in die Kultur der Inuit vermittelt. In diesem Museum, im benachbarten Unikkaarvik Visitor Centre sowie in etlichen Galerien kann man wunderschönes Kunsthandwerk der Inuit (u. a. Elfenbeinschnitzereien, Schmuck) bestaunen.

Mit größter Sorge betrachtet man im kanadischen Norden den durch den globalen Klimawandel bewirkten Rückzug der arktischen Eisdecken.

EIN WEG DURCH DAS EWIGE EIS

Seefahrer suchten nach ihr und nahmen dafür die härtesten Entbehrungen auf sich, mancher ließ gar sein Leben – die Nordwestpassage zu finden war lange Zeit das Ziel ehrgeiziger Expeditionen.

Diese Wasserstraße verläuft auf ca. 73° nördlicher Breite entlang der Nordküste des amerikanischen Kontinents vom Atlantik durch den Kanadisch-Arktischen Archipel, die Beaufort-See (Nordpolarmeer) und die Beringstraße zum Pazifik.

Gesucht: Eine Route nach Ostasien

Die Erkundung der Nordwestpassage begann im 16. Jh., als englische und holländische Seefahrer einen günstigen Seeweg nach Ostasien suchten, um das portugiesische Monopol auf die Umfahrung Südafrikas umgehen zu können. Den ersten vergeblichen Versuch unternahm **Martin Frobisher** im Jahre 1576. Zwischen 1585 und 1587 drang dann John Davis durch die später nach ihm benannte Meeresstraße bis in die Baffin-See vor, und **Henry Hudson** entdeckte 1609/10 eine riesige Meeresbucht, die seinen Namen erhielt: die Hudson Bay. Im Jahr 1616 gelangte William Baffin bis zum Lancaster Sound. Er nahm schließlich an, dass die Nordwestpassage gar nicht existiere, weshalb weitere Erkundungsversuche für die nächsten beiden Jahrhunderte unterblieben. Erst 1818 begann mit einer englischen Expedition unter **John Ross** die Suche von neuem. 1829 entdeckte er den magnetischen Nordpol auf der Boothia-Feliy-Halbinsel. Es folgte 1845 die fehlgeschlagene Expedition von **John Franklin**. Bei mehreren Such-

aktionen nach den am 16. Juli 1845 im Lancaster Sound letztmals gesehenen und erst 1859 auf King Williams Island tot aufgefundenen Teilnehmern gelang es, große Teile der arktischen Küste Nordamerikas zu erkunden. In den Jahren 1850 bis 1853 konnte erstmals McClure die Passage – von Westen kommend – im vereisten Sund zu Fuß verfolgen. Als Erster schließlich durchfuhr der norwegische **Polarforscher Roald Amundsen** zwischen 1900 und 1903 die Nordwestpassage mit dem Schiff. Im Jahre 1960 durchquerte das Atom-U-Boot »USS Sea Dragon« die Barrow-Straße, und im August/September 1969 gelang es dem Tanker »Manhattan« in Begleitung des kanadischen Eisbrechers »St. Laurent«, die Nordwestpassage mit flugzeug- und satellitengestützter Navigationshilfe bis nach Alaska zu bewältigen. Dabei nutzte man die Erkenntnis, dass die Eisdecke im arktischen Meer in der Zeit von August bis Oktober ihr Minimum erreicht und die Barrow-Straße größtenteils eisfrei ist.

Transportweg für Erdöl

Die in den 1960er-Jahren entdeckten reichlichen Erdöl- und Erdgasvorkommen im Norden Alaskas und im Polarmeer haben vor allem in den USA wieder das Interesse an einer Befahrbarkeit der Nordwestpassage geweckt. Denn es gibt **keine kürzere und billigere Frachtroute** an die dicht besiedelte Ostküste der USA als jene durch den nordkanadischen Archipel. Bereits 1988 befassten sich die USA und Kanada sehr ernsthaft mit der Frage einer eventuellen Souveränität der Arktis sowie mit Durchfahrtsrechten für US-amerikanische Eisbrecher und Tanker. Doch bis zur Stunde spielt die nördliche Durchfahrt vom Atlantik in den Pazifik bzw. umgekehrt noch keine Rolle: Zu widrig sind die Verhältnisse.

Eisgang in der Nordwestpassage

Bald das ganze Jahr schiffbar

Was sich nicht nur US-Amerikaner, sondern auch Chinesen, Japaner, Russen usw. wünschen, könnte dennoch bald Wirklichkeit werden: die ganzjährige Öffnung der Nordwestpassage. Sie wird heute schon von interessierten Stellen als »Segen für den Welthandel« apostrophiert, verkürzt sie doch die Fahrzeit eines Seeschiffes von Tokio nach Glasgow von 40 auf nur noch 15 Tage. Und von Tokio nach Boston würde ein Schiff dann nur noch 13 statt zuvor 25 Tage brauchen. Die inzwischen sehr realistische Perspektive ergibt sich aus der **globalen Erwärmung**, die im hohen Norden wesentlich stärkere Ausmaße hat als bislang befürchtet. So ist das Eis der kanadischen Arktis seit den 1950er-Jahren um fast die Hälfte zurückgegangen. Im Sommer 2000 schaffte ein Boot der kanadischen Küstenwache die Nordwestpassage ziemlich problemlos. Die kaum mehr aufzuhaltende Öffnung der Nordwestpassage verursacht inzwischen nicht nur bei den Militärstrategen, sondern auch bei vielen anderen Stellen der kanadischen Regierung gewaltige Bauchschmerzen. Schon hat man Bewegungen unbekannter U-Boote im Cumberland Sund vor Baffin Island registriert, und ein chinesisches Forschungsschiff ist bereits 1999 mehr oder weniger unangemeldet und unbemerkt in die kanadische Arktis vorgestoßen. Man befürchtet, dass bereits in naher Zukunft Tanker, Frachtschiffe und auch Kreuzfahrtschiffe die Nordwestpassage als »Panamakanal des Nordens« befahren werden – mit unermesslichen Schäden für die ökologisch sensiblen Küstenlandschaften des Nordens.

»Panamakanal des Nordens«

BAFFIN ISLAND ERLEBEN

AUSKUNFT

City of Iqaluit
P.O. Box 460
Iqaluit, NU, X0A 0H0
Tel. (867) 979-56 00
www.city.iqaluit.nu.ca

Auyuittuq National Park
P.O. Box 353
Pangnirtung, NU, X0A 0R0
Tel. (867) 473-25 00
www.pc.gc.ca/pn-np/nu/auyuittuq

Sirmilik National Park
P.O. Box 300
Pond Inlet, NU, X0A 0S0
Tel. (867) 899-80 92
www.pc.gc.ca./pn-np/nu/sirmilik

ÜBERNACHTEN

► Komfortabel

Discovery Lodge
P.O. Box 387, 1056 Mivvik Street
Iqaluit, NU, X0A 0H0
Tel. (867) 979-44 33
www.discoverylodge.com
Modernes Haus am Stadtrand

Frobisher Inn
P.O. Box 4209
Iqaluit, NU, X0A 0H0
Tel. (867) 979-22 22
www.frobisherinn.com
Gepflegtes Haus mit tollem Blick auf die Frobisher Bay

»Toonik Tyme«

In Iqualuit wird der Winter mit einem ganz besonderen Fest ausgetrieben. Beim »Toonik Tyme« in der dritten Aprilwoche messen sich die Festgäste beispielsweise im Bart-wachsen-Lassen oder beim Iglubau. Traditionelle Gesänge und Tänze werden aufgeführt, außerdem wird den Tooniks, jenen sagenhaften kleinen und starken Ahnen der Inuit, Ehre erwiesen. Höhepunkt des Festes ist die Krönung des »Mister Toonik«, der auf einem Hundeschlitten ankommt, um das Fest zu eröffnen.

Umgebung von Iqaluit

Begeisterte Wildwasserfahrer kommen auf dem Sylvia Grinnell River auf ihre Kosten. Auf einer 12 km entfernten Insel, die per Boot erreichbar ist, kann man den Qaummaarviit Historic Park besichtigen. Hier sind Zeugnisse der über 2500-jährigen Siedlungsgeschichte zu sehen, darunter Winterbehausungen der Thule-Kultur.

Auyuittuq National Park

Anreise

Den Nationalpark erkundet man am besten von Pangnirtung aus, dem Tor dieses spektakulären Reiseziels. Zuvor informiere man sich beim hiesigen Park Ranger.

✶ **»Land, das nie auftaut«**

Der 21 470 km² große Auyuittuq National Park, der 1972 als solcher ausgewiesen worden ist, erstreckt sich im Osten der Cumberland-Halbinsel vom Polarkreis aus ca. 200 km weit nordwärts. Ein Teil des Nationalparks wird von der Penny Ice Cap eingenommen, die sich als riesiges Eisfeld über die bis 2591 m hohen Gipfel stülpt. Auf sie bezieht sich das Inuit-Wort Auyuittuq: »Land, das nie auftaut«. Geprägt ist diese wilde Landschaft am Rand des Kanadischen Schildes durch weite Täler und zerklüftete Gebirge mit bis zu 1200 m hoch aufragenden Felswänden und charakteristischen Tafelbergen. Das eindrucksvollste Beispiel ist der Mount Asgard.

Pangnirtung Pass

Der bevorzugte Fußweg durch den Nationalpark führt auf knapp 100 km von Overlord am Ende des Pangnirtung-Fjords quer durch die Halbinsel. Es ist zwar möglich, den ganzen Weg in 10 bis 14 Tagen zurückzulegen, doch der Anschluss nach Broughton Island erweist sich immer wieder als sehr problematisch. Deshalb unternimmt man Rundwanderungen verschiedener Länge von Overlord aus, maximal bis Summit Lake bzw. Glacier Lake. Diese »große« Route ist 103 km lang und erfordert ca. 50 Std. reine Gehzeit. Overlord ist von Pangnirtung 31 km entfernt und mit dem Schneemobil oder – im Sommer – per Boot erreichbar.

Wer die beschwerliche Reise in den Auyuittuq National Park auf sich nimmt, wird mit solchen Panoramen belohnt.

✶ Sirmilik National Park

Anreise

Man erreicht das Schutzgebiet am leichtesten per Flugzeug via Yellowknife bzw. Iqaluit bis Pond Inlet. Von dort bringen Outfitter abenteuerlustige Wildnis-Touristen ins Nationalparkgebiet.

»Ort der Gletscher«

Im Norden von Baffin Island breitet sich der 22 200 km² große Sirmilik (in der Sprache der Inuit = »Ort der Gletscher«) National Park aus. Das riesige Schutzgebiet im arktischen Tiefland umfasst drei höchst unterschiedliche Landschaften. Bylot Island bietet einerseits eine wilde Gebirgslandschaft mit schroffen Felsen, schneebedeckten Gipfeln und langen Gletscherströmen, andererseits ein offenes Tiefland, in dem sich im Sommer Abertausende von Wasservögeln aufhalten. Oliver Sound, ein lang gestreckter Fjord, hält großartige Möglichkeiten für Bergwanderer und Seekanuten bereit. Und die Borden Peninsula ist eine weiträumige, von breiten Flusstälern durchzogene Plateaulandschaft.

Schneegänse und Eisbären

Mehrere Zehntausend Schneegänse kann man im arktischen Sommer (besonders Mitte August) im südwestlichen Tiefland von Bylot Island beobachten. Darüber hinaus brüten hier über 50 verschiedene Seevogelarten. Ferner ist Bylot Island eine beliebte »Sommerfrische« von Eisbären, die hier nicht nur Fische fangen, sondern auch Seehunde und Walrösser jagen. Auf der Borden-Halbinsel leben noch zahlreiche, gut an die schwierigen Verhältnisse der Arktis angepasste Karibus.

Ellesmere Island

I-z 1-4

Fläche: 212 000 km²
Bewohnerzahl: ca. 300
Höhe: 0 – 2604 m ü. d. M.

Die Insel Ellesmere Island ist die nördlichste und zweitgrößte des Kanadischen Archipels. Der äußerste Norden Kanadas ist hier erreicht. Mit einer Nord-Süd-Ausdehnung von 800 km erstreckt sie sich zwischen 76 ° und 83 ° nördlicher Breite. Die Siedlungsspuren an der Südküste von Ellesmere Island reichen in prähistorische Zeit zurück. Auch die Thule-Kultur ist hier nachgewiesen.

Anreise

Vom Cap Columbia aus unternahm Robert Peary (1856 – 1920) im Jahre 1909 seinen Fußmarsch zum Nordpol. Heutzutage geht es etwas bequemer: mit dem Linienflugzeug via ► Yellowknife, NT oder Iqaluit (► Baffin Island) nach Resolute Bay, von dort mit dem Charterflugzeug weiter nach Grise Fjord sowie in den Ellesmere Island National Park.

Nur etwas für Abgehärtete: Zelten am Otto Fjord auf Ellesmere Island

Grise Fjord (Ausuittuq) Grise Fjord, die nördlichste kanadische Inuit-Gemeinde, ist immer noch ein Beispiel für eine misslungene Siedlungspolitik der kanadischen Regierung. Sie siedelte 1953 vier Inuit-Familien von der Ostküste der Hudson Bay (Provinz Québec) im Südosten von Ellesmere Island an, ohne Rücksicht darauf, dass diese andere Lebensumstände gewohnt waren – hier, 1500 km vom Nordpol entfernt, ist das Klima um einiges menschenfeindlicher als im weiter südlich gelegenen Labrador. Nachdem die Québec-Inuit einen Winter unter großen Schwierigkeiten überstanden hatten, ließ man eine Familie von Pond Inlet (Baffin Island) zur Unterstützung nachkommen, die sich auskannte. Doch trotz guter Jagdmöglichkeiten wurden die Inuit nicht heimisch, auch die einzelnen Gruppen behielten ihre unterschiedlichen Sprachen und Gewohnheiten bei. Sogar noch 1962, als man Grise Fjord als Siedlung gründete, waren ihre Häuser voneinander getrennt.

Trotz des Charakters von Grise Fjord als einer Vorzeige-Ansiedlung mit relativ guter Versorgung überwiegen die Nachteile einer kleinen, sozial problematischen und künstlich gebliebenen Siedlung. Derzeit hat Grise Fjord (Ausuittuq = »Ort, der nie auftaut«) etwa 100 Einwohner und versucht, etwas vom Tourismus abzubekommen. Die Landschaft wird als besonders schön gerühmt, außerdem kann man hier Touren mit Kanu und Schneemobil unternehmen oder zur Eisbären-Safari aufbrechen.

Eureka

Die Radio- und Wetterstation Eureka, seit 1948 von den USA und Kanada betrieben, liegt auf 80° nördlicher Breite an der Westküste der Insel. Sie ist nur durch eine schmale Meerenge von Axel Heiberg Island getrennt. Bekannt wurde Eureka durch seine fossilen Wälder aus dem Alttertiär (vor ca. 35–60 Mio. Jahren), die man am Eureka-Sund und am Hot Weather Creek im Remus-Becken entdeckt hat. Zusammen mit fossilen Echsen und Schildkröten zeugen sie davon, dass sich diese Gegend einstmals in wärmeren Gefilden befunden haben muss.

! *Baedeker* TIPP

Fit und belastbar

– sowohl physisch, als auch psychisch – sollte sein, wer die großen Nationalparks der Arktis erkunden möchte. Auch auf eine besonders gute Ausrüstung ist Wert zu legen. Selbst im Hochsommer hat man mit schlechtesten Wetterverhältnissen zu rechnen. Tagelang Regen- und Schneestürme können das Gelände oft unpassierbar machen. Man sollte auch für längere Zwangsaufenthalte in der Wildnis gewappnet sein.

✶ Quttinirpaaq National Park

Von Edmonton aus finden planmäßige Flüge nach Qausuittuq (Resolute Bay) statt. Von dort geht es per Charterflieger weiter ins Nationalparkgebiet und zwar an den Lake Hazen oder an den Tanquary Fjord. An beiden Stellen sind von Juni bis August Warden Stations besetzt, bei denen sich Nationalparkbesucher anmelden müssen. Die Nationalparkverwaltung (Tel. 867 - 4 73-88 28) befindet sich in Pangnirtung (►Baffin Island)

Schneegipfel und Gletscherströme

Im äußersten Norden der Insel, wo bis zu 2600 m hohe Schneegipfel, Eis- und Felsgrate sowie gewaltige Gletscherströme das Landschaftsbild prägen, sind ca. 40 000 km² als Nationalpark ausgewiesen. Blendend weiße Gletscher zwischen Geröllhügeln und Felsen in den verschiedensten Schattierungen von Gelb, Braun und Schwarz, Eiberge in den Fjorden und ein großer Binnensee, der Lake Hazen, faszinieren den Besucher. Das Gebiet um den See ist eine polare Wüste, windig und trocken. Der höchste Berg der Insel, der 2604 m hohe Mount Barbeau, ragt mitten im Nationalpark aus dem Gletschereis heraus. Südwestlich des mächtigen Gebirgsstocks breitet sich das Hazen Plateau aus, das in jähen, oftmals mehrere Hundert Meter hohen Klippen ins Nordpolarmeer abstürzt.

Pflanzen und Tiere

In der trockenen arktischen Gebirgswüste gibt es Wärmeinseln, die feucht und warm genug sind, dass einige Pflanzen und Tiere existieren können. Besonders gut lässt sich dies um den Lake Hazen beobachten, den größten See nördlich des Polarkreises. Über 130 verschiedene Pflanzenarten wurden hier gezählt. Lemminge, Polarfüchse, Polarwölfe, Peary-Karibus und Moschusochsen sind die am häufigsten vorkommenden Säugetierarten. Und überall muss man sich vor Eisbären in Acht nehmen.

Victoria Island

V-e 6-8

Fläche: 211 000 km² **Höhe:** 0 – 655 m ü. d. M.
Bewohnerzahl: ca. 2000

Vor der Nordküste des kanadischen Festlandes liegt Victoria Island, die drittgrößte Insel des nordkanadischen Archipels. Die eintönige und zumeist flache Landschaft ist von Gletschern geformt. Die höchsten Erhebungen findet man auf der südwestlichen Wollaston-Halbinsel (bis 518 m) sowie im Norden im Bereich der bis zu 655 m hohen Shaler Mountains.

Anreise Victoria Island erstreckt sich über rund 650 Kilometer in ostwestlicher Richtung. Ihr südlichster Punkt liegt bei 68°30' nördlicher Breite und damit deutlich nördlich des Polarkreises. Man erreicht die Insel mit dem Flugzeug via ► Yellowknife, NT und Coppermine, NT bzw. ► Inuvik, NT nach Cambridge Bay an der Südostküste.

Geschichte Victoria Island ist im Jahre 1826 von Sir John Franklin (1786 – 1847) entdeckt worden. In ihrer Gesamtheit kartografisch erfasst wurde die Insel erst in jüngerer Zeit. Mit der Konstituierung des Territoriums Nunavut ist Victoria Island politisch geteilt worden. Der größere östliche Teil ist Nunavut zugeschlagen worden, der kleinere westliche den ► Northwest Territories.

Eine Spezialität auf Victoria Island ist Arctic Char, eine Lachsart.

Siedlungen auf Victoria Island

Im Südosten der Insel liegt **Cambridge Bay** (1000 Einw.), das Verwaltungs- und Versorgungszentrum der Kitikmeot Region und einer der größten Orte des hohen Nordens. In der Sprache der Inuit heißt der Ort »Ikaluktutiak«, was soviel bedeutet wie »guter Platz zum Fischen«. Kurz nach dem Zweiten Weltkrieg entstand hier eine Station des US-Frühwarnsystems. Der Bau dieser militärischen Anlage war ein wichtiger wirtschaftlicher Impuls.

Architektonische Wahrzeichen von Cambridge Bay sind die aus Stein gebaute katholische Kirche sowie die Windkraftanlagen zur Strom-

VICTORIA ISLAND ERLEBEN

AUSKUNFT

Arctic Coast Visitors Centre
Cambridge Bay, NU (Ikaluktutiak)
Tel. (867) 983-22 24
www.cambridgebay.ca/services

ÜBERNACHTEN

► Komfortabel

Arctic Island Lodge
Cambridge Bay, NU (Ikaluktutiak)
Tel. (867) 983-23 45
www.cambridgebay.ca/accomodations
Das »Erste Haus am Platz« wird von der Ikalukttiak Co-op betrieben, die ihren Gästen auch vielerlei Aktivitäten anbietet, darunter Ausflüge zur Beobachtung von Moschusochen. Außerdem sind im Haus einige bemerkenswerte Kunstwerke der Inuit ausgestellt.

Green Row
Cambridge Bay, NU (Ikaluktutiak)
Tel. (867) 983-34 56
www.cambridgebay.ca/accomodations
Mehrere moderne Gästezimmer

erzeugung. Eine Fischfabrik verarbeitet vor allem das hervorragende rote Fleisch des Arctic Char, eines Verwandten des Lachses. Durch die kooperative Fischverarbeitungsanlage gehen in den Sommermonaten etwa 50 000 kg des delikatesten Fisches des Nordens. Wer sich nicht vom strengen Fischgeruch abschrecken läßt, kann die Anlage auch besichtigen. Weitere Einnahmequellen sind das **Kunsthandwerk** und das **Outfitting** von passionierten Anglern, Abenteuertouristen und Naturfreunden, die hier im Hohen Norden während der kurzen Sommersaison Wild und Vögel beobachten wollen. In Cambridge Bay kann man auch traditionell angefertigte Parkas und Kunsthandwerk erwerben.

Die zweite nennenswerte Siedlung auf Victoria Island ist der **300-Seelen-Ort Holman** an der Spitze der Diamond-Jenness-Halbinsel. Auch hier hat man sich bereits auf abenteuerlustige Nordland-Touristen eingestellt und sogar einen 9-Loch-Golfplatz gebaut.

Vor Holman weitet sich der nach dem berühmten Polarforscher benannte **Amundsen Gulf**. Roald Amundsen (1872 – 1928) war von 1903 bis 1906 die Durchfahrt der Nordwestpassage vom Atlantik in den Pazifik gelungen (► Baedeker-Special S. 410).

! Baedeker TIPP

Wie der Ochse zum Schal wird

Bei einigen alteingesessenen Inselbewohnern kann man sich in eine besondere Handwerkskunst einweisen lassen: die Verarbeitung von »qiviut«. In der Sprache der Inuit heißt so das Unterfell des Moschusochsen. Die Haare dieses Fells sind feiner als Kamelhaar, ja fast so fein wie Kaschmir. Das »qiviut« wird mit aus Flechten gewonnenen Substanzen gefärbt. Das gesponnene »qiviut« kann man schließlich verweben oder zur Herstellung wunderschöner Strickwaren verwenden.

SASKATCHEWAN

Fläche: 651 036 km²
Hauptstadt: Regina
Bevölkerungszahl: 1,01 Mio.
Zeitzone: Central Time

Zwei Großlandschaften prägen die »Provinz der hunderttausend Seen«. Im Süden herrschen fruchtbare, leicht ansteigende Ebenen vor, die im Westen und Südwesten in Hügelland übergehen. Dagegen kennzeichnen weiträumige Feuchtgebiete und Tausende von Seen den Norden der Prärieprovinz.

Vegetation

Die höchsten Berge der Provinz findet man in den Cypress Hills, die ganz im Südwesten bis 1392 m ü. d. M. aufragen. Im Nordosten befindet sich auch mit dem nur 65 m ü. d. M. gelegenen Lake Athabasca die tiefste Stelle von Saskatchewan.
Lagebedingt ändern sich von Norden nach Süden Klima und Vegetation. Die Nadelwälder der Subarktis gehen allmählich über in Nadelmischwälder (Fichten, Espen, Pappeln und Birken). Weiter südlich tritt dann die Grassteppe (Prärie) in den Vordergrund.
Saskatchewan ist das Hauptdurchgangsgebiet für Zugvögel. Vom späten August bis manchmal in den November rasten Millionen von Gänsen, Enten, Schwänen und Kranichen in den Feuchtgebieten Saskatchewans.

Klima

In Saskatchewan herrscht ein ausgeprägtes trocken-kontinentales Klima mit Nord-Süd-Gefälle. Der lange und strenge Winter beginnt oft schon im Oktober. Im Januar liegen die Temperaturen im Norden beispielsweise bei – 20 °C bis – 30°C. Der Frühling beginnt in der Regel im April. Im kurzen, aber sehr warmen Sommer können dann Temperaturen bis zu + 40°C erreicht werden.
Saskatchewan gilt als sonnenreichste Provinz Kanadas, wobei Estevan durchschnittlich 2540 Sonnenstunden im Jahr zu bieten hat. Regen wird meist von heftigen Gewittern am späten Nachmittag oder Abend begleitet.
Die jährliche Niederschlagsmenge liegt zwischen 250 mm und 400 mm. Nur Höhenzüge, wie beispielsweise die Cypress Hills, empfangen bis zu 600 mm Niederschlag.

Geschichte

Vor einigen Tausend Jahren drangen nomadisierende Jäger und Sammler von Nordwesten her in das Gebiet der heutigen Provinz Saskatchewan vor. Schon früh spielte die Büffeljagd eine wesentliche Rolle. Bei Saskatoon haben Archäologen mindestens 8000 Jahre alte Artefakte von indianischen Ureinwohnern entdeckt.
Auch in der jüngeren Vergangenheit lebten hier mehrere Indianervölker, u. a. die Assiniboine, die Blackfoot, die Chipewyan und die

← Mähdrescher im Kornfeld – allein im Süden der Provinz Saskatchewan wird im Sommer etwa ein Zehntel der Weltweizenernte eingefahren.

Cree. Ab dem 17. Jh. kamen die ersten Kundschafter und Pelzhändler ins Land. Rupert's Land, wie das Gebiet damals hieß, kam nach und nach in den Besitz der Hudson's Bay Company. 1870 kaufte die kanadische Regierung dieser Gesellschaft das Land ab. Wenig später strömten Einwanderer aus Europa in die Prärien. Die Regierung veräußerte das Land an die Neuankömmlinge für wenig Geld und setzte 1873 eine provisorische Regierung ein. Das Land, das flächenmäßig praktisch ganz Westkanada umfasste, wurde pauschal Northwest Territories genannt. In dieser Zeit entstand auch die North West Mounted Police, die später in der Royal Canadian Mounted Police (► Baedeker Special S. 444/445) aufging.

Zu Beginn des 20. Jh.s kamen in Wellen Hunderttausende neue Siedler ins Land. Die Entwicklung ging von nun an so rasch vonstatten, dass Saskatchewan bereits 1905 als eigenständige Provinz aus den Nordwest-Territorien ausgegliedert werden konnte. Doch die Farmer und Rancher sollten in den 1930er-Jahren schwere Zeiten durchleben. Zunächst machten ihnen der Börsenkrach von 1929 und die Weltwirtschaftskrise zu schaffen, dann trieben Dürre und Ernteausfälle viele Landwirte in den Ruin. Während des Zweiten Weltkrieges erholte sich die Wirtschaft.
Im Jahre 1944 kam in Saskatchewan die erste sozialistische Regierung Nordamerikas an die Macht, die sich bis 1967 halten konnte. Sie initiierte Programme zur Verbesserung der Lebensbedingungen, was auch die Modernisierung des Schulwesens umfasste, und richtete – erstmals in der Neuen Welt – staatliche Betriebe ein.

Bevölkerung

Die meisten der etwas mehr als 1 Mio. Einwohner Saskatchewans haben ihre Wurzeln in Europa, vor allem im heutigen Russland, in der heutigen Ukraine, in Skandinavien und auf den Britischen Inseln. Gut 75 000 Einwohner sind indianischer Abstammung; rund 37 000 bezeichnen sich als Métis. Über die Hälfte der Bevölkerung wohnt in Städten, allein ein Drittel in ► Regina und ► Saskatoon. Die meisten Menschen leben im Süden der Provinz, etwa 40 % davon in bäuerlichen Siedlungen.

Wirtschaft

Die Provinz Saskatchewan ist als **»Brotkammer Kanadas«** bekannt. Auf den vor allem im Süden der Provinz gelegenen Ackerflächen werden etwa 60 % des kanadischen Weizens – das entspricht etwa einem Achtel des Weltbedarfs! – produziert. Auch Viehhaltung ist ein wichtiger Zweig der Landwirtschaft. Mehr als ein Viertel der kanadischen Rinder sowie ein Fünftel aller kanadischen Schafe, Schweine und ein Großteil des Geflügels werden in Saskatchewan großgezogen. Zu einem wichtigen Wirtschaftszweig hat sich in der jüngeren Vergangenheit die Nahrungsmittelindustrie entwickelt, die Kartoffelprodukte, Teigwaren und vielerlei Fleisch- und Wurstwaren herstellt.

◄ Bergbau und Energie

Beachtliche Steigerungsraten können die Wirtschaftszweige Bergbau und Energie vorweisen. Die Provinz verfügt über die umfangreichsten **Schweröl-Lagerstätten** Kanadas. Jährlich werden hier über 80 Mio. Barrel gefördert. Die **Erdgasreserven** der Provinz schätzt man auf rund 70 Billionen Kubikmeter, die **Braunkohlevorräte** werden auf etwa 7,6 Billionen Tonnen veranschlagt. Saskatchewan besitzt nicht nur fast zwei Drittel der bekannten Weltreserven an **Kaliumkarbonat**, sondern auch das größte Uranvorkommen der Welt. Seit den späten 1980er-Jahren wird in der Provinz auch wieder in größerem Umfang **Goldbergbau** betrieben. Star Lake, die erste einer ganzen Reihe neuer Goldminen, begann im Jahre 1987 mit der Produktion. Allein hier wird jährlich Gold im Wert von weit über 50 Mio. Dollar gefördert.

? WUSSTEN SIE SCHON ...?

- ... dass sich der Name der Provinz von ihrem größten Fluss ableitet? In der Vergangenheit nannten die Cree-Indianer der Großen Ebenen ihre wichtigste Wasserstraße »Kisiskatchewan« (= schnell fließender Strom).

◄ Wälder

Nicht zu unterschätzen sind in ihrer wirtschaftlichen Bedeutung die Wälder Nordsaskatchewans, von denen knapp die Hälfte kommerziell genutzt werden. Jährlich wird Holz im Wert von mehreren Hundert Millionen Dollar eingeschlagen und zu Bauholz, Spänen, Zellstoff etc. weiterverarbeitet.

◄ Neue Technologien

Doch Saskatchewan ist bemüht, seine Wirtschaft in Richtung neuer Technologien zu diversifizieren. Auf den Gebieten **Biotechnologie, Faseroptik** und **Satellitenkommunikation** hat man sich eine Führungsrolle erkämpft. SaskTel unterhält nicht nur das weltweit erste, sondern auch eines der größten kommerziellen Faseroptiksysteme für Telefon-, Fernsehkommunikation und Datenfernübertragung.

Das erwirtschaftete Bruttosozialprodukt stieg in den letzten 15 Jahren ständig, wobei 60 % der produzierten Güter in den Export gehen. Etwa ein Drittel der Ausfuhrprodukte kommt aus dem Agrarbereich. Die Arbeitslosigkeit lag 2008 bei 5,5 %. Damit stellte sich die Situation im Vergleich zu den anderen Provinzen günstig dar.

Tourismus

Saskatchewan zieht Touristen an, die großflächig unberührte und unzerstörte Natur erleben wollen. Angler und Wassersportler kommen auf den vielen Seen des Nordens auf ihre Kosten. Auch wer gerne mit dem Hausboot oder dem Planwagen unterwegs ist, findet hier entsprechende Angebote. Ebenso begeistert viele Besucher die Möglichkeit, Tiere in freier Wildbahn beobachten zu können. Zudem gibt es mehr als vier Dutzend Wintersportgebiete (u. a. Cypress Hills, Duck Mountain, Qu' Appelle Valley), die alpine Abfahrtspisten, Loipen und Snowmobil-Routen aller Schwierigkeitsgrade bieten.

Battleford · North Battleford

a 16

Etwa zwei Autostunden nordwestlich von ►Saskatoon liegen die Schwesterstädte Battleford und North Battleford beiderseits des North Saskatchewan River. Sie sind durch die längste Brücke der Provinz miteinander verbunden. Die Doppelstadt ist heute ein wichtiges Etappenziel am Yellowhead Highway, der von ►Manitoba an die Pazifikküste (►British Columbia) führt.

Battleford

Einstige Hauptstadt der Northwest Territories

Die am Südufer des North Saskatchewan River gelegene Stadt Battleford (4000 Einw.) ist eine der ältesten Siedlungen im kanadischen Westen. Sie erwuchs aus dem starken Fort Battleford der North West Mounted Police und war von 1876 bis 1882 Sitz der für die Northwest Territories zuständigen Regierung. Als die Canadian Pacific Railway mit dem Bau ihrer transkontinentalen Eisenbahnstrecke begann, sahen die Stadtväter Battleford schon zur Metropole des Westens aufblühen. Doch alle Träume verflogen 1883, als die CPR ihre Trasse viel weiter südlich verlegte und ►Regina Provinzhauptstadt wurde. Ein weiteres Mal sah man 1905 Battlefords große Zukunft am Horizont, als die Canadian Northern Railway eine Bahnstrecke in den Westen vorantrieb. Doch die neue Eisenbahnlinie lief nördlich der Stadt und jenseits des North Saskatchewan River vorbei. So hat sie lediglich den Aufbau der neuen Stadt North Battleford (s. u.) begünstigt.

! *Baedeker* TIPP

Kunsthandwerk vom Feinsten

Alljährlich Mitte Juli ist Battleford Schauplatz des Saskatchewan Handicraft Festival, auf dem eine große Zahl bekannter kanadischer Kunsthandwerker ihre zum Teil recht originellen Produkte zeigt.

✶ Fort Battleford National Historic Site

Etwa 2 km abseits des Highway 4 lohnt der Fort Battleford National Historic Site (geöffnet Memorial Day – Thanksgiving Day tgl. 9.00 bis 17.00 Uhr) einen Besuch. Hier wurde im Jahre 1876 das Hauptquartier der für die Nordwest-Territorien zuständigen North West Mounted Police aufgebaut. Gelegentlich spielen Uniformierte Szenen aus dem Alltagsleben der berittenen Polizei vor. Auch farbenprächtige Paraden werden abgehalten.

North Battleford

Lage und Bedeutung

Nördlich des Flusses breitet sich die jüngere Schwesterstadt North Battleford (14 000 Einw.) aus, die ab 1905 im Gefolge des Eisenbahnbaus förmlich aus dem Boden gestampft wurde. Sie hat auch heute noch Bedeutung als Handelszentrum, das den Nordwesten der Provinz mit Gütern aller Art versorgt.

Ein gewaltiger Koloss aus der Frühzeit des Landmaschinen-Zeitalters dient heute als Foto-Kulisse vor dem Western Development Museum.

✶ Western Development Museum Heritage Village

Sehenswert ist dieses Freilichtmuseum (geöffnet Victoria Day – Labour Day tgl. 9.00 – 17.00 Uhr) an der Kreuzung von Yellowhead Highway (Hwy. 16) und Highway 40, denn es vermittelt hervorragende Einblicke in das Alltagsleben einer bäuerlichen Pioniersiedlung. Im Sommer werden alte Gerätschaften vorgeführt.

✶ Allen Sapp Gallery

Die Allen Sapp Gallery (Öffnungszeiten: Mai – Sept. tgl. 13.00 – 17.00 Uhr, sonst Mi. – So. 13.00 – 17.00 Uhr) an der Railway Avenue zeigt herausragende Arbeiten des Künstlers Allen Sapp, der ein Angehöriger des Indianerstammes der Cree ist. Sapp gehört zu den herausragenden Vertretern der zeitgenössischen kanadischen Malerei. Er stammt aus der ca. 50 km südlich von Battleford gelegenen Red Pheasant Reservation. Mit seinem Werk vermittelt er Einblicke in den Alltag seines Volkes während der 1930er- und 1940er-Jahre.

Umgebung von Battleford

Cut Knife

Eine halbe Autostunde westlich von Battleford liegt die Ortschaft Cut Knife (600 Einw.), in deren Umgebung es in den 1880er-Jahren zu Indianeraufständen gekommen ist. 1885 fand am Cut Knife Hill eine denkwürdige Schlacht zwischen den von Häuptling Poundmaker angeführten Cree-Indianern und den von Colonel Otter befehligten Einheiten der North West Mounted Police statt. Otter glaubte, dass die Indianer Battleford geplündert und niedergebrannt hätten. Der Indianerhäuptling wurde des Verrats beschuldigt und kam ins Gefängnis. Er starb wenig später und wurde auf einem nahen Hügel beigesetzt. Weithin sichtbare Landmarke ist ein überdimensionaler Tomahawk, dessen Stiel aus einem 16 m langen Baumstamm geschnitzt ist; das Beil besteht aus Fiberglas.

Clyton McLain Memorial Museum

Das Museum im Tomahawk Park erinnert an die besagte Schlacht. Ferner sind einige hochinteressante indianische Kulturzeugnisse ausgestellt. Auch auf die Pionierzeit wird eingegangen. Auf dem Gelände stehen mehrere alte Bauten (u. a. Kirche, Schule, Bahnhof, General Store, Siedler-Blockhaus) aus den 1920er- und 1930er-Jahren (Öffnungszeiten: Juni – Aug. tgl. 14.00 – 17.00 Uhr).

Battlefords Provincial Park

Am Jackfish Lake, gut 40 km nördlich von Battleford, kann man angeln, zelten, Rad fahren, Golf spielen, wandern und Kanutouren unternehmen. Badegäste finden einen schönen Sandstrand vor, und für Naturfreunde ist ein interessanter Lehrpfad angelegt.

★ Meadow Lake Provincial Park

Wenn man auf dem Highway 4 noch etwa 110 km weiter nach Norden fährt, erreicht man die Seenplatte des Meadow Lake Provincial Park. Die **herrliche Wald- und Seenlandschaft** an der Grenze zur Provinz ►Alberta kann mit einem guten Freizeitangebot aufwarten. Es gibt hier schöne Badeplätze, Möglichkeiten für Angler, Reit- und Wanderwege, Tennisplätze und im Winter tolle Langlaufloipen.

Lac des îles ►

Fast im Zentrum des Schutzgebietes windet sich der von Inseln durchsetzte See wie ein breiter Fluss durch die Waldlandschaft. Wer Jubel und Trubel sucht, ist an den östlichen Seeufern besser aufgehoben, die touristisch gut erschlossen sind. Wer jedoch Natur pur erleben will, dem sei der westliche Teil des Lac des îles empfohlen, denn hier hat man eher Gelegenheit, Hirsche, Bären, Elche, Biber, Kojoten, Otter zu sehen.

Noch sehr viel unberührte Natur findet man im Meadow Lake Provincial Park.

BATTLEFORD ERLEBEN

AUSKUNFT

Battlefords Tourism
P.O. Box 1715
North Battleford, SK, S9A 3W2
Tel. (306) 445-20 00
www.tourism.battlefords.com

ESSEN

► Erschwinglich

Happy Cookers
156 – 22nd Street, Battleford
Tel. (306) 937 - 34 00
Solide Hausmannskost

ÜBERNACHTEN

► Komfortabel

Happy Inn
992 – 101st Street
North Battleford, SK, S9A 0Z3
Tel. (306) 445-94 25
www.happyinn.ca
Zentral gelegene und sehr angenehme Unterkunft mit Restaurant, Cocktail-Bar, Schwimmbad und anderen Annehmlichkeiten. Ermäßigungen für Senioren; spezielle Wochenend- und Aktionspreise.

Grasslands National Park

b 18

Höhe: 747 – 998 m ü. d. M. **Fläche:** 907 km²

Ganz im Süden der Provinz, direkt an der Grenze zum US-Bundesstaat Montana, erstreckt sich der zweigeteilte Grasslands National Park im Einzugsbereich des Frenchman River. Die herbe Schönheit dieser nahezu unberührten und hügeligen Prärielandschaft zwischen Val Marie und Killdeer ist ziemlich einmalig in Kanada.

Anreise

Man erreicht den Nationalpark am besten von ► Swift Current aus, wo der Highway 4 den Trans-Canada Highway kreuzt und weiter nach Süden an den Westrand des Naturschutzgebietes heranführt. Die touristische Erschließung des Nationalparks ist noch im Gange. Freizeiteinrichtungen wie Camping- und Picknickplätze sind bislang nur an wenigen Stellen vorhanden.

◄ Besonderer Hinweis

✶ Felszeichnungen

Schon seit vielen Jahrhunderten durchstreiften Indianer dieses Gebiet, als sie sich auf Büffeljagd begaben. Felsritzungen und Tipi-Ringe bezeugen dies. Auch die Métis aus den frühen Red-River-Siedlungen gingen hier auf die Jagd.

Pflanzen und Tiere

Verschiedene Grasarten, vielerlei Wildblumenarten und etliche Kakteenarten wachsen in den Grasslands. Man kann Tiere beobachten, die man sonst nur selten sieht. Dies gilt insbesondere für Pronghorns (Antilopen), Maultierhirsche und Präriefalken. Letztere halten ebenso Ausschau nach leichter Beute wie Habichte und Adler. Vielerlei

Präriehund

Kleinechsen und ganze Heerscharen von Präriehunden bevölkern die Graslandschaft. Bei Val Marie hat die Saskatchewan Natural Society ein Schutzgebiet für Präriehunde (Prairie Dog Town) eingerichtet, in dem man viele dieser netten Tierchen auf engstem Raum beobachten kann.

In **Val Marie** (160 Einw.) am Westeingang zum Nationalpark ist das Visitor Centre des Nationalparks eingerichtet, in dem man sich umfassend über den Naturraum, seine Entwicklungsgeschichte, über Pflanzen und Tiere und auch über die Kulturgeschichte dieser Region informieren kann. Ausgestellt sind u. a. diverse Fossilien aus der Umgebung, Pfeilspitzen und Speere der Indianer, alte Gewehre usw.; einige alte Ölgemälde haben die Grasslands zum Thema. Nordwestlich von Val Marie, wo der Frenchman River aufgestaut ist, hat man ein Wildschutzgebiet ausgewiesen, in dem man noch viele der oben erwähnten Tiere beobachten kann.

Frenchman River Valley

Am Rand des vom Frenchman River geschaffenen Tales verläuft der Two Trees Nature Trail, der einen für den Nationalpark ganz typischen Abschnitt erschließt. Die Landschaft hat hier einen ganz besonderen Reiz.

Der Frenchman River schlängelt sich durch den Grasslands National Park.

Landschaftlicher Höhepunkt im Ostteil des Nationalparks sind die Badlands bei Killdeer. Hier hat man im Jahre 1874 erstmals auf kanadischem Boden Dinosaurier-Überreste gefunden. Außerdem haben Archäologen in dieser eigentlich unwirtlichen Gegend Spuren altindianischer Besiedlung entdeckt.

Killdeer Badlands

Umgebung des Grasslands National Park

Ca. 20 km nordöstlich vom Ostteil des Nationalparks bzw. nördlich der Ortschaft Killdeer lohnt der **Wood Mountain Post Provincial Historic Park** einen Besuch (Öffnungszeiten: Juni – Aug. Do. – Mo. 9.00 – 17.00 Uhr). Auf diesem Gelände hat von 1874 bis 1918 ein kleines Fort der North West Mounted Police (später RCMP) bestanden, von dem heute nur noch einige Pfostenstümpfe zu sehen sind. Die hiesige Ausstellung befasst sich mit der schwierigen Arbeit der berittenen Polizeitruppe. Diese hatte es nicht nur mit kämpferischen Indianern, sondern auch mit allerlei zwielichtigen Gestalten zu tun. Nach der denkwürdigen Schlacht am Little Big Horn führte der legendäre Indianerhäuptling Sitting Bull die Sioux von Montana nach Norden auf kanadisches Gebiet, wo sie sich für einige Jahre niederließen.

! *Baedeker* TIPP

Lange Hosen unerlässlich

Wer durch die Grasslands streift, sollte unbedingt lange Hosen und festes Schuhwerk tragen! Der Grund: Manche der hier vorkommenden Gräser sind ziemlich spitz oder haben schneidend scharfe Blätter. Ferner wachsen nicht wenige unscheinbar aussehende Kakteen, deren Stacheln allerdings üble Verletzungen verursachen können. Auch sollte man sich tunlichst vor Klapperschlangen in Acht nehmen, die eigentlich auf der Jagd nach Präriehunden sind. Im Frühling und Frühsommer gibt es hier zudem Zecken, deren Bisse beim Menschen erhebliche gesundheitliche Komplikationen hervorrufen können.

In der Nähe des Wood Mountain Post kann man auch das Wood Mountain Rodeo & Ranching Museum besichtigen. Hier bekommt man eindrucksvoll vorgeführt, wie hart das Leben auf einer Ranch gewesen ist. In den Blockhäusern, der Schmiede und der Sattlerei wird man in die Pionierzeit zurückversetzt. Jedes Jahr am zweiten Juliwochenende findet hier ein Rodeo statt (Öffnungszeiten: Victoria Day – Labour Day tgl. 10.00 – 17.00 Uhr).

Wood Mountain Rodeo & Ranching Museum

Assiniboia (2700 Einw., 80 km nordöstlich des Grasslands National Park) ist Zentrum der gleichnamigen Region, die 1882 innerhalb der Northwest Territories gebildet wurde. Den Ausdruck der Ojibwa-Indianer könnte man mit »einer, der mit Steinen kocht« übersetzen. Das im Stadtzentrum gelegene **Assiniboia & District Historical Museum** umfasst ein Ladengeschäft von 1912, eine Arztpraxis, eine Poststation, eine Schmiede und die alte presbyterianische Kirche. Auch einige indianische Artefakte kann man hier begutachten (Öffnungszeiten: Juli – Aug. tgl. 10.00 – 17.00 Uhr, Sept. – Juni n. V.).

Assiniboia

GRASSLANDS NATIONAL PARK

AUSKUNFT

Grasslands National Park
P.O Box 150
Val Marie, SK, SoN 2T0
Tel. (306) 298-22 57
www.pc.gc.ca/pn-np/sk/grasslands

Etwa 30 km südöstlich von Assiniboia sollte man unbedingt den **St. Victor Petroglyphs Historic Park** (ganzjährig zugänglich) besuchen. Hier sind Felszeichnungen zu sehen, die in prähistorischer Zeit von Indianern in den anstehenden Sandstein geritzt worden sind. Dargestellt sind Tiere und menschliche Figuren sowie totemistische Wiedergaben von menschlichen Gesichtern. Die leider schon ziemlich verwitterten Felszeichnungen kann man besonders gut nachmittags bei tiefer stehender Sonne erkennen.

Lac La Ronge Provincial Park

c 15

Höhe: 365 m ü. d. M. **Fläche:** 344 470 ha

Um den Lac La Ronge breitet sich der größte Provinzpark Saskatchewans aus. Neben dem großen See, der ihm seinen Namen gab, gehören zu dem bewaldeten Gebiet noch etwa 100 kleinere Seen. Am Rande des zerklüfteten Kanadischen Schildes gelegen, verfügt der Park über besondere landschaftliche Reize: gewaltige Felsblöcke, die aus dem Wasser ragen, bewaldete Inseln, Flüsse mit Stromschnellen und Wasserfällen sowie nicht enden wollende Waldgebiete.

Freizeitangebote So bietet der Lac La Ronge Provincial Park exzellente Möglichkeiten zum Angeln und Kanufahren sowie zum Campen und Wandern (z. B. Nut Point Trail). Zudem gibt es die Möglichkeit, Hausboote zu mieten. Mit etwas Glück kann man hier Hirsche, Bären, Biber, Nerze sowie Eulen, Adler, Reiher und Enten beobachten.

La Ronge La Ronge (3000 Einw.), am Südwestufer des gleichnamigen riesigen Sees gelegen, ist ein belebter Urlaubsort im Süden des Provincial Parks. Im **La Ronge Regional Museum** (Öffnungszeiten: Juni – Okt. Mo. – Sa. 13.00 – 17.00 Uhr, So. 13.00 – 17.00 Uhr) in der La Ronge Ave. wird die Geschichte der Gegend um La Ronge thematisiert. Das **Mistasinikh Place Interpretive Centre** (Öffnungszeiten: Mo. – Fr. 8.00 – 17.00 Uhr) bietet diverse Ausstellungen. La Ronge ist ein guter Ausgangspunkt für Ausflüge in die Umgebung.

Stanley Mission Fährt man vom Highway 102 nach Osten die Straße 915 weiter, erreicht man nach 52 km Stanley Mission. In diesem Ort (200 Einw.)

ist die Holy Trinity Anglican Church, die auf einem Hügel am Nordufer des Churchill River steht und nur mit dem Boot erreichbar ist, zu sehen. Die hölzerne Kirche wurde von 1854 bis 1860 erbaut und ist damit das älteste Gebäude in Saskatchewan. Dahinter liegt ein Friedhof, dessen Gräber von vielen bunten Zäunen umgeben sind.

Von Stanley Mission aus sollte man eine Bootstour zu den beeindruckenden Nistowiak Falls unternehmen. Hier stürzt das Wasser des Lac La Ronge ziemlich spektakulär ins Einzugsgebiet des Churchill River.

*** Nistowiak Falls, Churchill River**

Ganz im Norden des Provinzparks erstreckt sich der landschaftlich reizvolle Otter Lake. Geradezu wildromantisch zeigen sich die Otter Rapids.

Otter Lake, Otter Rapids

Wer noch weiter in die Wildnis vordringen will, folgt dem Highway 102 in nordöstlicher Richtung. Man passiert eine Reihe von kleineren Seen, wie den McLennan und den Brabant Lake mit einigen einfachen Campingplätzen an den Ufern. Kurz hinter dem Brabant Lake teilt sich die Straße. Der Highway 102 führt dann 22 km weiter zum Südufer des großen Reindeer Lake, wo es einen kleinen Campingplatz gibt.

Highway 102

Wer es noch abenteuerlicher haben will, folgt ab der oben genannten Straßengabel der in Ausbau befindlichen Route 905. Nach rund 250 km Fahrt durch nordische Wälder erreicht man endlich den Wollaston Lake, der bei Outdoor Freaks, Sportanglern und Jägern als Geheimtipp gilt.

Route 905

LAC LA RONGE ERLEBEN

AUSKUNFT

Lac La Ronge Provincial Park
Box 5000
La Ronge, SK, S0J 1L0
Tel. (306) 425-42 34
www.tpcs.gov.sk.ca/laclaronge

ESSEN

► Erschwinglich

Willow's Cafe
322 Husky Avenue
La Ronge
Leckere hausgemachte Speisen

ÜBERNACHTEN

► Komfortabel

Harbour Inn
1327 La Ronge Avenue
La Ronge, SK, S0J 1L0
Tel. (306) 425-32 62
www.harbourinn.ca
Gepflegtes kleines Hotel am Hafen

★ Lake Diefenbaker

a/b 17

Höhe: 556 m ü. d. M. **Fläche:** 430 km^2

Etwa zwei Autostunden südlich von ►Saskatoon staut der Gardiner Dam den South Saskatchewan River zum größten Süßwassersee in der Prärie Saskatchewans auf. Mit seinen hübschen Badebuchten und reichen Fischgründen zieht der Stausee das ganze Jahr über Besucher an. An seiner nicht weniger als 800 km langen Uferlinie sind etliche inzwischen sehr beliebte Erholungsparks ausgewiesen.

Trinkwasser-Reservoir

Bei normalem Wasserstand ist der nach dem früheren Premierminister Diefenbaker benannte Stausee 225 km lang und bis zu 58 m tief. Er enthält und 9,4 Mrd. Kubikmeter Wasser. Der Lake Diefenbaker ist das bedeutendste Trinkwasser-Reservoir der Provinz, rund 40% der Bevölkerung Saskatchewans wird mit kühlem Nass aus diesem See versorgt. Auch für Bewässerungszwecke wird der See genutzt. Darüber hinaus können mit Hilfe des Lake Diefenbaker Hochwasserfluten des South Saskatchewan River gebändigt werden. Am Gardiner Dam ist zudem ein leistungsstarkes Wasserkraftwerk installiert.

Gardiner Dam

Der 5000 m lange und 64 m hohe Staudamm wurde in den Jahren 1958 bis 1967 aufgeschüttet. Mit einer Füllmenge von rund 65 Mio. Kubikmetern ist er einer der größten Erddämme weltweit.

Freizeitspaß am Lake Diefenbaker, dem Stausee, der sich über 225 Kilometer durch die kanadische Prärie zieht.

LAKE DIEFENBAKER ERLEBEN

AUSKUNFT

Lake Diefenbaker Tourism
Box 8, Elbow, SK, S0H 1J0
Tel. 1-866-LDT-SASK
www.lakediefenbakertourism.com

ÜBERNACHTEN

► Komfortabel

Elbow Sunset Suites
Box 269, Elbow, SK, S0H 1J0
Tel. (306) 854-21 44
www.elbowsunsetsuites.ca
Die schöne Ferienanlage mit RV-Park liegt nahe am Ufer des Lake Diefenbaker. Von hier hat man einen schönen Blick über den See.

Lakeview Lodge Motel
Box 128, Elbow, SK
Tel. (306) 854-44 44
www.elbowsask.com
Sieht von außen unscheinbar aus, hat aber allen Komfort wie Kücheneinheiten, Kabel-TV, DVD-Player etc.

Danielson Provincial Park

Gleich neben dem Staudamm ist ein Provinzpark ausgewiesen mit allerlei Erholungseinrichtungen. Hier kann man angeln, schwimmen, Boot fahren und kampieren. Im Visitor Centre wird man umfassend über die Enstehungsgeschichte und die Bedeutung des ehrgeizigen Staudamm-Projektes informiert.

Wenige Kilometer weiter südlich erreicht man den an schönen Wochenenden und in den Sommerferien von Badegästen und Sonnenhungrigen förmlich überlaufenen **Coteau Beach**.

Besonders malerisch bietet sich **Elbow Harbour** dar, das am südöstlichen Arm des Stausees liegt. Viele Besucher schätzen den Ort als den schönsten am See. Hier gibt es sogar einen Yachthafen und einen Golfplatz. Südlich des Ortes schließt das gut frequentierte Erholungsgelände des **Douglas Provincial Park** an.

> **! *Baedeker* TIPP**
>
> **Dinner Cruise**
>
> Täglich um 11.00 Uhr (in der sommerlichen Hauptreisezeit) legt die »Betty Lou« in Riverhurst zur Dinner Cruise ab. Unterwegs bekommt man die wunderschöne Landschaft am Stausee zu sehen und wird mit einigen Höhepunkten der Regionalgeschichte vertraut gemacht. Dazu gibt's ein köstliches Mittagsmahl. Auskünfte erteilt: Sask River Tours, Tel. (306) 353-46 03.

Riverhurst

Eine halbe Autostunde südlich vom Staudamm kann man von der CanGro Fish Farm per Fähre ans gegenüberliegende Seeufer nach Riverhurst übersetzen. Im hiesigen Museum (Öffnungszeiten: Mitte Juni – Aug. 14.00 – 17.00 Uhr, sonst n. V.) erfährt man Interessantes über die Zeit, als noch Indianer in diesem Gebiet lebten. Auch die Pionierzeit ist gut dokumentiert, u. a. mit einer im Stil des 19. Jh.s eingerichteten Siedlerstelle. Ein besonderes Erlebnis ist eine Bootsfahrt auf dem Stausee von Riverhurst aus.

★ **Saskatchewan Landing Provincial Park**

Bevor man von ►Swift Current aus auf dem Trans-Canada Highway weiter nach Westen fährt, sollte man einen Abstecher zum Saskatchewan Landing Provincial Park unternehmen, der sich ca. 70 km nördlich der Stadt beiderseits des Lake Diefenbaker ausbreitet. Vor der Flutung des Stausees gab es hier eine Furt des South Saskatchewan River, die in der Vergangenheit von Pelzhändlern und Siedlerpionieren auf ihrem Weg in den Westen und Norden Kanadas genutzt worden ist. Heute wird diese Stelle von einem modernen Brückenbauwerk des Highway 4 überspannt. Für Erholungssuchende hat man eine Reihe von Freizeiteinrichtungen, darunter auch einen Campingplatz, geschaffen.

Moose Jaw

c 17

Höhe: 542 m ü. d. M. **Einwohnerzahl:** 35 000

Die am gleichnamigen Fluss gelegene Stadt ist das lebhafte wirtschaftliche Zentrum des Weizenlandes westlich von ►Regina und ein bedeutender Industriestandort mit großen Getreidemühlen, Fleischverarbeitungsbetrieben und Erdölraffinerien.

★ **Murals**

Seit den 1990er-Jahren zieren großflächige Gemälde mehr als 30 Hauswände in der ganzen Stadt. Die szenischen Darstellungen haben historische Begebenheiten aus den ersten Jahrzehnten von Moose Jaw zum Thema.

★ **Western Development Museum**

Mit der Geschichte des Transportwesens in der Prärie beschäftigt sich das Zweigmuseum am Diefenbaker Drive. Im Mittelpunkt steht die Eisenbahn. Man kann sich in einer rekonstruierten Bahnstation umsehen und eine mächtige alte Lokomotive der CPR bewundern. Auch alte Personen- und Lastkraftwagen sind aufgebaut. Ein weiteres Highlight ist das Dampfschiff »Northcote«, das zur Zeit der Northwest Rebellion auf dem South Saskatchewan River verkehrte. In der Sektion Luftfahrt sind einige Oldtimer zu sehen, darunter eine »Red Pleasant« aus dem Jahre 1927 (Öffnungszeiten: tgl. 9.00 – 18.00 Uhr, Jan. – März Mo. geschlossen).

Art Museum & National Exhibition Centre

Eine Ausstellung kanadischer Kunst gibt es im Cresent Park zu sehen, ferner Kunsthandwerk und Schmuck der Sioux und Cree sowie Wechselausstellungen zu verschiedenen Themen aus Geschichte, Wissenschaft und Kunst (Öffnungszeiten: Di. – So. 12.00 – 17.00 Uhr).

Wild Animal Park

Der ca. 203 ha große Wild Animal Park (Öffnungszeiten: Mai – Okt. tgl. 10.00 Uhr bis Dämmerung) im Moose Jaw River Valley südlich der Stadt, der 1929 eröffnet wurde, ist die Heimat von etwa 300 einheimischen und exotischen Tieren. Außerdem gibt es einen Streichelzoo für Kinder und ein Vergnügungszentrum.

MOOSE JAW ERLEBEN

AUSKUNFT

Tourism Moose Jaw
450 Diefenbaker Drive
Moose Jaw, SK, S6J 1N2
Tel. (306) 692-80 97
www.moosejaw.ca

ESSEN

► Erschwinglich

Copper Cafe
76 Fairford Street West
In der Yvette Moore Fine Art Gallery werden leckere Speisen zubereitet (täglich wechselnd).

ÜBERNACHTEN

► Luxus/Komfortabel

Temple Gardens Mineral Spa Resort
24 Fairford Street East
Moose Jaw, SK, S6H 0C7
Tel. (306) 694-50 55
www.templegardens.sk.ca
Vornehmes Kurhotel mit Mineralbad und gutem Restaurant

Sukanen Ship Pioneer Village & Museum

Wenn Sie Heimweh bekommen auf Ihrer Reise, sollten Sie ins Sukanen Ship Pioneer Village & Museum, ca. 15 km südlich der Stadt, gehen. Hier steht das hochseetaugliche Boot namens »Sukanen«, das ein heimwehkranker Siedler in der Prärie (!) gebaut hat. Alte Gebäude, die im Stil der Gründerzeit eingerichtet sind, sowie betagte landwirtschaftliche Geräte sorgen außerdem für Pionierzeit-»Feeling« (Öffnungszeiten: Ende Mai – Mitte Sept. tgl. 9.00 – 17.00 Uhr).

Claybank Brick Plant

Ca. 70 km südöstlich von Moose Jaw kann man eine im Jahre 1912 in Betrieb genommene Ziegelei besichtigen. Die noch voll funktionstüchtige Anlage ist als technisches Denkmal geschützt (Öffnungszeiten: Mai – Mitte Sept. tgl. 10.00 – 17.00 Uhr).

★ Prince Albert National Park

b 15/16

Fläche: 388 000 ha **Gründungsjahr:** 1927

Die leicht hügelige Landschaft des riesigen Prince Albert National Park mit ihrem Mosaik aus Nadelwäldern, Feuchtgebieten und ihren mehr als 1500 größeren und kleineren Seen ist ein Ergebnis der letzten Eiszeit, deren Gletscher sich hier erst vor rund 10 000 Jahren zurückgezogen haben. Genauso vielfältig wie das Landschaftsbild ist die Pflanzen- und vor allem die Tierwelt.

★★ Tiere

In den Grasländern des südlichen Parkgebietes kann man noch Bisons beobachten. Auch Dachse, Koyoten, Erdhörnchen usw. lassen sich hier blicken. Weiter nördlich, in den Wäldern der kühl-gemäßigten Klimazone, leben Elche, Hirsche, Schwarzbären, Wölfe und

Reges Strandleben herrscht im Hochsommer am Wakesiu Lake, der Touristenhochburg im Prinz-Albert-Nationalpark.

Füchse. In manchen Jahren tauchen hier sogar einige Waldkaribus auf. Ganz im Norden des Schutzgebietes, am Lavallée Lake, gibt es eine größere Kolonie weißer Pelikane. Fast schon von selbst versteht sich, dass im wasserreichen Prince Albert National Park noch zahlreiche Biber zu Hause sind. – Archäologen haben herausgefunden, dass im Nationalparkgebiet schon seit Tausenden von Jahren sowohl Waldland- als auch Prärie-Indianer jagen und angeln.

Freizeitmöglichkeiten

Der Prince Albert National Park ist ein Paradies für Naturfreunde. Nur in wenigen anderen Regionen Westkanadas kann man so viele verschiedene Wildtiere beobachten wie hier. Die unzähligen Seen laden zu ausgedehnten Kanutouren ein. Angler schätzen Kingsmere Lake, Crean Lake und Waskesiu Lake als besonders fischreiche Gewässer. Wanderer können unter etlichen langen Trails auswählen. Im Winter werden hier über 150 km Loipen gespurt. An vielen Stellen, so auch an Sandy Lake, Anglin Lake, Trappers Lake und Waskesiu Lake, werden Strände, Picknick- und Campingplätze sauber gehalten. Selbst Reiter, Tennis- und Golfspieler finden an einigen Stellen entsprechende Möglichkeiten vor.

Sehenswertes im Prince Albert National Park

✶ Grey Owl's Cabin

In der Beaver Lodge am Ufer des Ajawaan Lake (kleiner See nördlich des Kingsmere Lake) lebte Grey Owl, der bekannteste – und umstrittenste – Naturliebhaber der 1930er-Jahre. Der leidenschaftliche Trapper hatte sich im Laufe der Zeit zu einem Umweltschützer und Schriftsteller gewandelt. Einige seiner Werke sind von den Wäldern und der Fauna des Nationalparks beseelt. Sie erzählen von der Liebe zu den indianischen Ureinwohnern und zu den von der Zivilisation bedrohten Tieren. Nach triumphalen Vortragsreisen durch England und die Vereinigten Staaten zog er sich in sein Blockhaus am Ajawaan Lake zurüc und starb 1938.

! *Baedeker* TIPP

Hängende Herzen ...

Eine tolle, auch von weniger erfahrenen Kanuten zu bewältigende Strecke führt vom östlichen Wakesiu Lake durch die fjordähnlichen Hanging Heart Lakes nordwärts zum Crean Lake. Unterwegs bekommt man Naturgenuss pur geboten und vielleicht auch einen Elch oder einen Schwarzbären vor die Linse des Fotoapparates. Auskunft: Nature Centre, Tel. (306) 663-45 22.

Das touristische Zentrum des Nationalparks und ein sehr geschäftiger Touristenort ist **Waskesiu Lake** am gleichnamigen See. Der Name bedeutet in der Sprache der Cree »roter Hirsch«. Außer vielen Geschäften und Beherbergungsbetrieben gibt es hier auch einen Sandstrand, der an heißen Sommertagen besonders viele Erholungssuchende anzieht.

Auf einer Halbinsel, die vom Lakeview Driver erschlossen wird, liegt das Nature Centre (Öffnungszeiten: Ende Juni – Anfang Sept. tgl. 10.00 – 17.00 Uhr), in dem man sich über die Entstehung der Landschaft, Pflanzen und Tiere sowie ökologische Zusammenhänge informieren kann. Eine Sonderausstellung hat den berühmten Trapper Grey Owl zum Thema.

* ◄ Nature Centre

Der Lavellée Lake ist die Heimat der momentan zweitgrößten Kolonie von weißen Pelikanen in Nordamerika. Außerdem findet man in der Umgebung dieses Sees noch Schwingelgrasland vor. Dieses ist der Rest eines früher viel größeren Ökosystems, in dem zahlreiche Bisons weideten.

* **Lavellée Lake**

Prince Albert (Stadt)

Forstwirtschaft

Die lebhafte, 35 000 Einwohner zählende Stadt am North Saskatchewan River ist ein bedeutendes Zentrum der Forstwirtschaft und zugleich Pforte zum gleichnamigen Nationalpark. Darüber hinaus ist Prince Albert wichtiger Versorgungsort für ein weites, stark von der Landwirtschaft geprägtes Umland.

Historical Museum

Das Museum im alten Feuerwehrhaus der Stadt beschäftigt sich mit der Geschichte der Stadt und ihrer Umgebung. Exponate, Fotografien und Dokumente erläutern das Leben der Indianer, die Ankunft der ersten weißen Pioniere und natürlich auch die sog. Northwest Rebellion. Eine Abteilung ist den Bodenschätzen der Region gewidmet (Öffnungszeiten: Mitte Mai – August tgl. 10.00 – 18.00 Uhr).

Diefenbaker House

Das Haus von John Diefenbaker, dem kanadischen Premierminister der 1950er-Jahre, ist als Museum zugänglich. Die Lebensgeschichte des Politikers und seine enge Verbindung zur Stadt Prince Albert wird in Wort und Bild nachgezeichnet (Öffnungszeiten: Victoria Day – Labour Day tgl. 10.00 – 20.00 Uhr).

Prince Albert Art Centre

Kunstinteressierten sei ein Besuch des Prince Albert Art Centre empfohlen. Die Grace Campbell Gallery und die Little Gallery zeigen herausragende Arbeiten regionaler Künstler, insbesondere Malerei und Fotografie.

Fort Carlton Provincial Historic Park

Etwa 80 km südwestlich von Prince Albert liegt der Fort Carlton Provincial Historic Park. Das 1820 errichtete und später niedergebrannte Fort ist in den 1960er-Jahren nach den Maßgaben von Archäologen und Historikern teilweise rekonstruiert worden. Holzbauten und Palisaden spiegeln die Zeit um 1880 wider. Das größte Gebäude der Anlage ist ein Warenlager der Hudson's Bay Company. Man sieht all jene Artikel, die einstmals hier gestapelt und gehandelt wurden: Decken, Gewehre, Perlen, Pfeifen, Schneeschuhe. Auch eine Presse ist aufgebaut, mit der man früher Häute und Pelze zu kompakten Bündeln zusammendrückte. In einem weiteren Lagerhaus sind Pelze vieler verschiedener Tierarten ausgestellt. Außerdem kann man sich hier umfassend über den damaligen Pelzhandel informieren (Öffnungszeiten: Victoria Day – Labour Day tgl. 10.00 – 18.00 Uhr).

Canoe Landing ► Ein kurzer Weg führt zum Fluss, wo die Pelzhändler ihre Kanus und Boote festbanden und Waren sowie Vorräte verstauten.

Carlton Trail ► Der Carlton Trail beginnt hinter dem Picknick-Gelände und windet sich über Hügel sowie durch Wälder, wo noch der alte Trapperpfad erkennbar ist.

PRINCE ALBERT ERLEBEN

AUSKUNFT

Prince Albert & District Tourism
3700 – 2nd Avenue West
Prince Albert, SK, S6W 1A2
Tel. (306) 953-43 85
www.patourism.ca

Prince Albert National Park
Northern Prairies Field Unit
Box 100
Waskesiu Lake, SK, S0J 2Y0
Tel. (306) 663-45 22
www.pc.gc.ca/pn-np/sk/princealbert

ÜBERNACHTEN

► Komfortabel

Hillcrest Inn B & B
133 – 20th Street West
Prince Albert, SK, S6V 4G1
Tel. (306) 763-47 43
www.hillcrestinn.ca
Preisgekrönte kleine Herberge mit fünf elegant eingerichteten Zimmern

The Hawood Inn
Box 188, Waskesiu Lake, SK, SoJ 2Y0
Tel. (306) 663-52 19
www.hawood.com
Gepflegtes Ferienhotel mit weithin geschätzter Küche

Frühling im Qu' Appelle Valley

★ Qu' Appelle Valley

c/d 17

Höhe: 400 – 550 m ü. d. M. **Länge:** 430 km

Das landschaftlich sehr reizvolle Qu' Appelle Valley wurde von eiszeitlichen Schmelzwässern ausgewaschen, der Fluss selbst grub sich allmählich in die hügelige Prärielandschaft ein. Der Reichtum an Holz und Pelztieren zog schon relativ früh weiße Siedler an. Heute spielt die Landwirtschaft – insbesondere der Weizenanbau – eine wichtige Rolle im Qu' Appelle Valley. An einigen besonders schönen Plätzen sind inzwischen auch Provinzparks ausgewiesen.

Legende

Um das Valley rankt sich eine indianische Legende: Ein junger Mann unternahm eine Reise mit dem Kanu. Bald nachdem er aufgebrochen war, wurde das schöne junge Mädchen, das er sehr liebte, krank und rief seinen Namen. Obwohl der junge Mann viele Meilen entfernt war, hörte er ihre Rufe, kehrte um und rief: »Qu' appelle?« (»Wer ruft?«). Als er heimkam, war das Mädchen tot. Man sagt, dass seither das Echo seiner Stimme immer wieder im Tal ertönt.

Sehenswertes im Qu' Appelle Valley

Buffalo Pound Provincial Park

Der ganzjährig zugängliche, 1900 ha große Provinzpark liegt eine halbe Autostunde nordöstlich von ►Moose Jaw. Früher trieben hier die Indianer Bisons in den Korral. Auch heute kann man hier Bisons sehen, denn extra für die Touristen wird hier eine Büffelherde gehalten. Der Buffalo Pound Lake bietet für jede Art von Wassersport beste Voraussetzungen. Es gibt einen Badestrand, Campingplätze, Tennisplätze, Reitställe und Wanderwege. Im Winter kann man hier skilaufen und eisangeln.

✶ Echo Valley Provincial Park

Nordöstlich von ► Regina und nur wenige Kilometer vor Fort Qu' Appelle nimmt der Echo Valley Provincial Park einen besonders schönen Abschnitt des Flusstales ein. Hier kann man tolle Wanderungen unternehmen und auch baden. Natürlich kommen hier auch passionierte Angler auf ihre Kosten. Im Osten des Parks, am Highway 210, befindet sich die Saskatchewan Fish Culture Station, in der vor allem Forellen und Weißfische aufgezogen werden. Genaueres erfährt man im Visitor Centre (Öffnungszeiten: Mai – Aug. 9.00 bis 12.00 u. 13.00 – 16.00 Uhr).

✶ Fort Qu' Appelle

Außerordentlich fotogen präsentiert sich Fort Qu' Appelle (2000 Einw.), ein Städtchen, das nach einem Handelsposten der Hudson's Bay Company benannt ist. Im hiesigen **Museum** sind indianische Artefakte, diverse Gegenstände aus der Pionierzeit und Dokumente der Northwest Mounted Police ausgestellt (Öffnungszeiten: Mitte Mai – Labour Day 10.00 – 12.00 u. 13.00 – 17.00 Uhr, sonst n. V.). Wer sich für indianisches Kunsthandwerk interessiert, findet bei **Qu' Appelle Valley Crafts** (310 Broadway) ein breit gefächertes Angebot vor.

QU' APPELLE VALLEY

AUSKUNFT

Tourist Information Centre
im alten CNR-Bahnhof
Boundary Aveenue/
Ecke Highway 10
Fort Qu' Appelle, SK
Tel. (306) 332 - 44 26

ÜBERNACHTEN

► Komfortabel

Country Squire Inn
Bay Street
Fort Qu' Appelle, SK
Tel. (306) 332-67 08
Im Herzen von Fort Qu' Appelle und nur wenige Gehminuten vom See entfernt gelegen, bietet dieses Hotel guten Service und eine gepflegte Atmosphäre.

Einige Kilometer weiter südöstlich ist der **Katepwa Provincial Park**, ein hübscher Erholungspark am Ufer des Katepwa Lake mit Badestrand ausgewiesen, in dem sich Familien mit Kindern wohl fühlen. Der Name Katepwa leitet sich von einem Wort der Cree ab, das »Fluss, der ruft« bedeutet.

Nur wenige Autominuten weiter südlich liegt die Ortschaft **Indian Head** (2000 Einw.), deren Name sich von einer Erhebung ableitet, die südöstlich aufragt. Das örtliche Museum (Öffnungszeiten: Juli bis Aug. Sa., So. 14.00 – 17.00 Uhr u. n. V.) ist im alten Feuerwehrhaus untergebracht. Mit vielerlei Exponaten wird an das Leben der ersten Pioniere erinnert. Etwa 2 km südlich des Ortes kommt man zum Shelterbelt Centre (Öffnungszeiten: Mo. – Fr. 9.00 – 16.00 Uhr), das von der Prairie Farm Rehabilitation Administration (PFRA) betrieben wird. Die Anlage ist eine Kombination aus Baumschule, Gärtnerei und landwirtschaftlichem Betrieb mit Arboretum und Naturlehrpfad.

✶ Motherwell Homestead NHS

Ca. 30 km östlich von Fort Qu' Appelle steht die Villa des Politikers William R. Motherwell, der sich in den ersten beiden Jahrzehnten des 20. Jh.s große Verdienste bei der Modernisierung der Landwirtschaft in Westkanada erworben hat. Das denkmalgeschützte Bauwerk inmitten einer wunderschönen Gartenanlage kann besichtigt werden (Öffnungszeiten: Victoria Day – Labour Day tgl. 9.00 – 17.00, im Juli und August bis 18.00 Uhr).

✶ Crooked Lake Provincial Park

Ein weiterer Höhepunkt einer Reise durch das Qu' Appelle Valley ist der landschaftlich sehr reizvolle Provinzpark knapp zwei Autostunden östlich von Motherwell Homestead am Crooked Lake. Hier kann man direkt am See unter Schatten spendenden Ahornbaumen und Ulmen kampieren, sich an einem extra angelegten Badestrand sonnen und die reizvolle Landschaft zu Fuß oder per Fahrrad erkunden. Auch Angler kommen auf ihre Kosten. Ca. 3 km südöstlich, bei Last Oak gibt es sogar einen Golfplatz.

Das landschaftlich sehr reizvolle Qu' Appelle Valley kann man auch per Boot erkunden.

★ Regina

c 17

Höhe: 578 m ü. d. M. **Einwohnerzahl:** 195 000

Die Hauptstadt der Provinz Saskatchewan, in einer fruchtbaren Weizenebene gelegen, präsentiert sich als modernes Verwaltungs-, Handels- und Industriezentrum mit starker Ausstrahlung in ein weites Umland. Hochmoderne Wolkenkratzer beherrschen die Downtown, gleichzeitig kontrastiert dazu das üppige Grün des riesigen künstlich angelegten Wascana Parks mit seinen namhaften kulturellen Institutionen.

Weizenmetropole

Über viele Jahrzehnte war Regina eine der führenden Getreidemetropolen. Noch heute befindet sich hier die Zentrale des Saskatchewan Wheat Pool, einer der weltgrößten Weizenanbau-Kooperativen. Inzwischen hat sich eine Differenzierung des wirtschaftlichen Lebens vollzogen. Neben Behörden, Handelskontoren und zahlreichen Dienstleistungsbetrieben gibt es moderne Produktionsstätten, darunter auch eine Erdölraffinerie und ein großes Stahlwerk. In der jüngeren Vergangenheit haben sich in der Präriemetropole auch einige namhafte Forschungseinrichtungen und High-Tech-Betriebe angesiedelt.

? WUSSTEN SIE SCHON ...?

- ... dass Regina durchaus königlichen Ursprungs ist? Denn die Hauptstadt der Provinz Saskatchewan wurde nach der englischen Königin (lat. = »regina«) Victoria benannt.

Auch als Kulturstadt hat Regina einiges zu bieten. Das 1908 gegründete Regina Symphony Orchestra ist das älteste kontinuierlich spielende Orchester Kanadas. Die Stadt besitzt eine der besten Konzerthallen Nordamerikas. Hochkarätige Theater- und Ballett-Aufführungen werden im Saskatchewan Centre of Arts geboten.

Die dynamische wirtschaftliche Entwicklung, das kulturelle Leben, viele neue Naherholungseinrichtungen haben Saskatchewans Hauptstadt auch als Wohnort attraktiv werden lassen.

Geschichte

1882	Die Eisenbahn erreicht den Wascana Creek, eine kleine Niederlassung entsteht.
1883	Regina wird Hauptstadt der Northwest Territories.
1905	Regina wird Hauptstadt der neu geschaffenen Provinz Saskatchewan.

Noch im 19. Jh. war der Ort unter dem Namen »Pile of Bones« bekannt. Große Mengen von Büffelknochen, die man in der Nähe des Wascana Creek gefunden hat, deuten darauf hin, dass sich hier indianische Bisonjäger gesammelt haben. Die moderne Entwicklung begann 1882 mit dem Bau der transkontinentalen Hauptstrecke der Canadian Pacific Railroad. Am Wascana Creek wuchs eine kleine Niederlassung heran, die schon kurze Zeit später zur Hauptstadt der Northwest Territories und 1905 zur Hauptstadt der neu geschaffenen Provinz Saskatchewan erhoben wurde. Zahlreiche Einwanderer aus aller Welt machten die Gegend um die junge Stadt zu einem der produktivsten Getreideanbaugebiete der Welt, wodurch sich Regina zur Kornmetropole emporschwingen konnte.

★ Wascana Centre

Das grüne Herz der Stadt

Mit fast 1000 Hektar Fläche ist das Wascana Centre im Zentrum von Regina das überdimensionale grüne Herz von Saskatchewans Hauptstadt. Einer der größten und schönsten Stadtparks der Welt ist an einem künstlichen See angelegt. Die Parklandschaft ist als Vogelschutzgebiet ausgewiesen, in dem Enten, Gänse, Schwäne, Pelikane und viele andere Vögel leben. Ein wunderschönes Plätzchen ist Willow Island im nördlichen Wascana Lake, das allerdings nur per Fähre erreicht werden kann.

Nicht umsonst »königlich« benannt: die Hauptstadt der Provinz Saskatchewan, Regina.

Mächtig und stolz präsentieren sich in Regina die Rotröcke der Royal Canadian Mounted Police.

DIE MOUNTIES

Man kennt sie von Bildern, aus Filmen und Fernsehserien oder von Plakaten mit der freundlich gemeinten Warnung, man möge sich das nächste Mal an die vorgeschriebene Geschwindigkeit halten. Der freundliche Habitus sollte allerdings nicht darüber hinwegtäuschen, dass die Herren im Notfall, ohne zu zögern, ihre Waffe einsetzen.

Unbeirrt von winkenden Zuschauern, den Blick starr geradeaus, marschieren die Männer in ihren leuchtend roten Uniformen im Gleichschritt zu den flotten Rhythmen der Militärkapelle. Hunderte von Besuchern begleiten die Zeremonie des Einholens der Fahne. Das Ganze spielt sich vor dem Royal Mounted Police Centennial Museum in Regina ab, wo dieser Brauch anlässlich des 100. Geburtstags der **nationalen kanadischen Polizeitruppe**, der seinen Ursprung in der britischen Militärtradition des 19. Jh.s hatte, wieder eingeführt wurde.

Ordnungsmacht zu Pferde

Die »Mounties« in ihren roten Fräcken und mit den breitkrempigen Hüten auf dem Kopf sind ein Symbol für Recht und Ordnung in Kanada. Dabei hat ihr Name »Royal Canadian Mounted Police« nichts mit Bergen zu tun, sondern rührt daher, dass sie »mounted«, also zu Pferd, ihrer Pflicht nachgehen – auch wenn inzwischen der Chevrolet zumeist den Platz der Pferde eingenommen hat und die Ordnungshüter in einer dezenten blauen Uniform daherkommen.

North West Mounted Police

Im Jahr 1873 etablierte sich mit 150 Rekruten die North West Mounted Police. Bald schon vergrößerte sich die Truppe, die ihr Gebiet vom Pferd aus patrouillierte, gekleidet in den bekannt gewordenen roten Uniformen. Zu ihren **Aufgaben** gehörte es, mit den Indianern Verträge auszuhandeln, bei Konflikten zwischen Siedlern und Ureinwohnern zu vermitteln und während des Baus der Canadian Pacific Railway dafür zu sorgen, dass die Arbeiten friedlich verliefen. Um den Aufstand von Louis Riel niederzuschlagen, der für die Gleichberechtigung der Métis kämpfte, war die Truppe 1885 bereits auf 1000 Mitglieder vergrößert worden, und während des legendären Goldrauschs im Yukon sorgte die Anwesenheit der Männer für eine geregelte Abwicklung der Geschäfte. Auch im arktischen Teil Kanadas waren sie nötig, um die

Ausbeutung der Inuits zu verhindern und um das Gebiet vor europäischen Invasoren zu schützen. Als Dank für ihre Arbeit verlieh König Edward VII. den Ordnungshütern 1904 das **Prädikat »Royal«**. 1920 wurden sie offiziell zur Nationalen Polizei erklärt und das Hauptquartier von Regina, Saskatchewan, nach Ottawa, Ontario, verlegt. Die Truppe ist in 13 Divisionen unterteilt, sodass in jeder Provinz eine Division in der jeweiligen Hauptstadt stationiert ist. In Regina befindet sich die Ausbildungsakademie, während das Canadian Police College in Ottawa angesiedelt ist.

Gründliche Ausbildung

Um Mitglied der Elitetruppe zu werden, bedarf es einer gründlichen Ausbildung. Zuerst erfolgt die Sprachschulung, die bis zu 29 Wochen dauern kann, danach absolviert der Polizeischüler eine intensive Ausbildung von 26 Wochen – mindestens ein Jahr lang werden also die männlichen oder weiblichen Bewerber auf ihre harte Arbeit vorbereitet. Danach können sie sich spezialisieren: zum Einsatz bei Indianern, zur Eigentumsüberwachung, als Flughafenpolizist oder bei der Pass- und Zollkontrolle. In den Reihen der RCMP stehen heute 16 000 Polizisten und 5000 zivile Angestellte. Die RCMP vertritt Kanada international als Mitglied von Interpol und hat Verbindungsagenten in mehreren Ländern: Über die Jahre hinweg hat sich die Truppe von einer kleinen, ländlich geprägten Polizei zur international anerkannten Einheit entwickelt, die modernste kriminologische Methoden anwendet.

Paraden zu Pferde mit Musik

Was ursprünglich Unterhaltung nach einem harten Arbeitstag war, ist inzwischen ein fester Bestandteil der Organisation geworden: die Pferdeparade mit Musik. Die Pferde werden eigens dafür auf einer Zuchtstation in Pakenham, Ontario, gezüchtet. Sie dürfen eine gewisse Höhe und ein bestimmtes Gewicht nicht überschreiten, um bei der Parade ein einheitliches Bild zu geben. Ihre Ausbildung beginnt mit drei Jahren und dauert ungefähr ebenso lang. Jedes Pferd hat auf der Hinterbacke **das berühmte Ahornblatt**, das mit Hilfe einer bestimmten Bürsttechnik entsteht, also kein Brandzeichen ist. Die Reiter sind freiwillige Mitglieder, die zwei Jahre Erfahrung als Polizisten nachweisen müssen, worauf eine zehnmonatige Ausbildung in Pferdedressur erfolgt. Erst dann haben sie sich für den »Ride« qualifiziert. Kein Wunder, wenn die Zuschauer von dem farbenprächtigen Schauspiel begeistert sind, bei dem Disziplin auch auf »höherer Ebene« demonstriert wird.

★ **Royal Saskatchewan Museum**

Der beachtliche Museumskomplex in der nordwestlichen Ecke des großen Stadtparks (Ecke College Ave./Albert St.) umfasst gleich mehrere Sammlungen. Im Museum of Natural History bekommen die Besucher Einblicke in mehr als zwei Milliarden Jahre Erdgeschichte. In Dioramen der neuen Life Sciences Gallery sind u. a. Mastodons und Dinosaurier in ihrer natürlichen Umgebung zu sehen.

Viele Jahrhunderte indianischer Geschichte hingegen zeichnet die First Nations Gallery nach (Öffnungszeiten: 1. Mai – Labour Day tgl. 9.00 – 17.30 Uhr, übrige Zeit tgl. 9.00 – 16.30 Uhr).

Saskatchewan Science Centre

Diese populärwissenschaftlich ausgerichtete »Museum zum Anfassen« ist in einem früheren Kraftwerk am Nordufer des Wascana Lake untergebracht. Man darf Ausstellungsstücke »begreifen«, einfache naturwissenschaftliche Experimente durchführen, sich auf eine virtuelle Reise in den Weltraum begeben oder seine Stimme auf dem Computerbildschirm »sehen«. Ein Publikumsmagnet besonderer Art ist das SaskTel 3-D Laser Theatre (Öffnungszeiten: Di., Mi., Do. 9.00 bis 17.00, Fr. 9.00 – 20.30, Sa., So. 12.00 – 18.00 Uhr).

Kramer IMAX Theatre ►

Jüngste Attraktion ist das Kramer IMAX Theatre, in dem man spektakuläre Filmproduktionen auf einer Großleinwand sehen kann. Programmauskunft: Tel. (306) 522-46 29).

Legislative Building

Das Legislative Building wurde 1908 bis 1912 auf kreuzförmigem Grundriss errichtet. Es zeigt Architektur-Elemente der englischen Renaissance und der Louis-XVI-Periode. Besonders sehenswert sind das Büro des Premierministers und das Kabinett mit kunsthandwerklich wertvollem Inventar (Führungen: Victoria Day – Labour Day tgl. 8.00 – 20.30, übrige Zeit tgl. 8.00 – 16.30 Uhr).

Highlights *Regina*

Wascana Centre
Das grüne Herz der Stadt
► Seite 443

Royal Saskatchewan Museum
Geballtes Wissen zur Erdgeschichte, über die Dinosaurier und über die Geschichte der Indianer in drei Häusern
► Seite 446

MacKenzie Art Gallery
Kunst von der Antike bis heute
► Seite 447

Conexus Arts Centre
Hier gehen Ihnen die Ohren auf.
► Seite 448

Regina Plains Museum
Zeigt, wie das heutige Stadtgebiet aussah, als sich hier noch Bisonknochen türmten...
► Seite 448

Royal Canadian Mounted Police Training Adademy
Stillgestanden! Wo die berühmten Rotröcke ausgebildet werden.
► Seite 444, 448

Government House
Eleganz und Lebensart in und um Regina zu Beginn des 20. Jahrhunderts
► Seite 450

Ludwig XVI. lässt grüßen: In diesem Prunkbau tagt die gesetzgebende Versammlung der Provinz Saskatchewan.

Die in der südwestlichen Ecke der Wascana-Parkanlage angesiedelte und nach einem einflussreichen Rechtsanwalt benannte Galerie zeigt ein außergewöhnlich breites Spektrum von Kunstwerken. Die Palette reicht von antiker Kunst aus Mesopotamien bis zu Arbeiten zeitgenössischer kanadischer Künstler, unter denen sich auch Werke namhafter indianischer und Inuit-Künstler befinden (Öffnungszeiten: tgl. 11.00 – 18.00 Uhr) ★ **MacKenzie Art Gallery**

? WUSSTEN SIE SCHON ...?

- ... dass im repräsentativen Gebäudekomplex des Legislative Buildings nicht weniger als 34 verschiedene Marmorarten verbaut wurden? Er umfasst 265 Räumlichkeiten mit einer Gesamtfläche von 19 000 m².

Nahe am Südufer des Wascana Lake lädt die **Diefenbaker Homestead** zum Besuch ein. Hier ist John G. Diefenbaker, kanadischer Premierminister von 1957 bis 1963 und berühmtester Sohn Saskatchewans, aufgewachsen. Das Haus wurde 1967 von seinem ursprünglichen Standort in Borden hierher versetzt und enthält kostbare Einrichtungsgegenstände aus dem Besitz der Familie Diefenbaker (Öffnungszeiten: Victoria Day – Labour Day 9.00 – 18.00 Uhr).

Weitere Sehenswürdigkeiten in Regina

City Hall

Ein architektonisches Schmuckstück im Stadtzentrum ist die an der Victoria Avenue gelegene City Hall. Man kann sie im Rahmen einer Führung besichtigen (n. V. Mo. – Fr. 10.00 – 16.30 Uhr).

Regina Plains Museum ★

Wer wissen möchte, wie es im heutigen Stadtgebiet aussah, als sich hier noch die Bisonknochen türmten, der besuche das regionalgeschichtlich ausgerichtete Museum in der ehemaligen Post in der Scarth Street. In aller Ausführlichkeit werden hier die Sitten und Gebräuche der Plains-Indianer, der Métis und der ersten weißen Pioniere dargestellt. Besonders eindrucksvoll sind eine vollständig eingerichtete Küche aus dem 19. Jh., ein »Salon« und ein Schulzimmer der Pionierzeit (Öffnungszeiten: April – Sept. tgl. 10.00 – 16.00, Okt. – März Mo. – Fr. 10.00 bis 16.00 Uhr).

> ! *Baedeker* TIPP
>
> **Conexus Arts Centre**
>
> Im Westteil des Wascana-Parks hat man vor einigen Jahren den hochmodernen Veranstaltungskomplex, das Conexus Arts Centre, erbaut. Kern dieses Kulturzentrums ist das Shirley Bell Theatre, das hinsichtlich seiner Akustik zu den besten seiner Art weltweit gehört. Ein besonderer Genuss ist es, hier ein Konzert des berühmten Regina Symphony Orchestra zu hören. Auskunft: Tel. (306) 525-99 99.

Gleich hinter dem Rathaus, an der 12th Avenue, befindet sich das Hauptgebäude der Stadtbibliothek, das auch die **Dunlop Art Gallery** beherbergt. In der Galerie sind Arbeiten namhafter Künstler aus aller Welt zu sehen (Öffnungszeiten: Mo. – Do. 9.30 – 21.00 Uhr, Fr. 9.30 – 18.00 Uhr, Sa. 9.30 – 17.00 Uhr, So. 13.30 – 18.00 Uhr).

Prairie History Room ►

Ebenfalls in der Bibliothek ist der Prairie History Room eingerichtet, der in Wort und Bild (u. a. Zeitungsausschnitte) die Erschließung der Prärie durch weiße Siedler nachzeichnet (Öffnungszeiten: Mo. bis Mi. 9.30 – 21.00, Do., Fr. 9.30 – 17.00, Sa. 12.00 – 17.00, So. 13.30 – 17.00 Uhr).

Saskatchewan Sports Hall of Fame

Im denkmalgeschützten früheren Land Titles Building (schräg gegenüber der City Hall) werden heute berühmte Sportler aus der Provinz Saskatchewan und beliebte Sportarten vorgestellt. Ein ganzer Saal ist dem in der Prärie sehr populären Rodeo gewidmet (Öffnungszeiten: Mo. – Fr. 9.00 – 17.00, Sa., So. 13.00 – 17.00 Uhr).

Royal Canadian Mounted Police Training Academy

Die interessanteste Einrichtung Reginas findet man im Westen der Stadt an der Dewdney Avenue. Hier werden die berühmten Rotröcke (► Baedeker Special S. 444) ausgebildet. Bis heute achtet die RCMP in fast allen kanadischen Provinzen und Territorien auf die Einhaltung der Gesetze, nur die Provinzen Ontario und Québec haben eigene Polizeibehörden.

★ RCMP-Paraden ►

Auf keinen Fall entgehen lassen sollte man sich eine der prächtigen Paraden der Royal Canadian Mounted Police. Höhepunkt im Tagesablauf ist die **Sergeant Major's Parade**, die Mo. – Fr. um 12.45 Uhr stattfindet.

Im Juli und August kann man jeden Dienstag um 18.45 Uhr auch der abendlichen **Sunset Retreat** Ceremony beiwohnen. Diese farbenprächtige Zeremonie des Fahneneinholens mit Rekruten und

Regina Orientierung

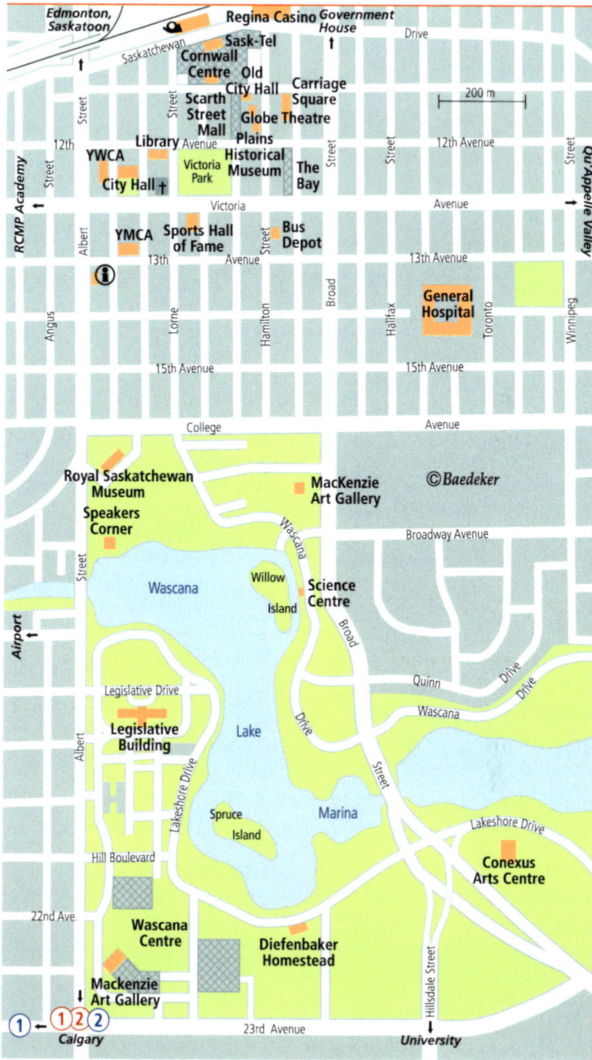

Übernachten

1. West Harvest Inn Regina
2. Travelodge Regina

Essen

1. Boston Pizza
2. Blarney Stone

Marschkapelle hat ihren Ursprung in der britischen Militärtradition des 19. Jh.s und dem Zapfenstreich des 18. Jahrhunderts. Beide Veranstaltungen finden in der warmen Jahreszeit auf dem Parade Square statt, im Winter und bei schlechtem Wetter wird die Zeremonie in die Drill Hall verlegt.

★★ **RCMP Museum**

Quasi ein Muss für jeden Regina-Besucher ist eine Visite im Museum der Royal Canadian Mounted Police. Es stellt die Geschichte dieser Polizeitruppe parallel zu der Entwicklung Kanadas dar. Gezeigt werden Waffen, Uniformen, Ausrüstungsgegenstände, Fotografien und eine Menge Archivmaterial. Auch Hollywoods Sichtweise der RCMP, wie sie in zahllosen »Mountie«-Filmen deutlich wird, ist Thema der Ausstellung. Außerdem gibt es einige indianische Gegenstände und Kleider. Die große, bemalte Büffelhaut mit einer ganzen Geschichte in Piktogrammen ist eine der wertvollsten ihrer Art in Kanada. Eine weitere wichtige Abteilung des Museums ist der Northwest Rebellion von 1885 und ihrem Führer Louis Riel gewidmet (Öffnungszeiten: Victoria Day – Labour Day tgl. 8.00 – 18.45 Uhr, übrige Zeit tgl. 10.00 – 16.45 Uhr).

✔ NICHT VERSÄUMEN

- Hollywood-Streifen über die Mounties
- Sitting Bulls Geschichte
- bemalte Büffelhaut

★ **Government House**

Eine weitere wichtige Sehenswürdigkeit, das Government House, befindet sich ebenfalls im Westen der Stadt. Es wurde 1891 erbaut und war bis 1983 der offizielle Amtssitz des Lieutenant Governor, dem Vertreter der britischen Krone in Saskatchewan. Die restaurierten Räume spiegeln die Eleganz der Zeit um 1900 wider.

REGINA ERLEBEN

AUSKUNFT

Tourism Regina
Highway 1 East
Box 33 55
Regina, SK, S4P 3H1
Tel. (306) 789-50 99
www.tourismregina.com

Tourism Saskatchewan
1922 Park Street
(im Leaderpost Building)
Regina, SK, S4N 7M4
Tel. (306) 787-96 009
www.sasktourism.com

ESSEN

► Erschwinglich

① ***Boston Pizza***
4657 Rae Street, Tel. (306) 585-17 22
Hier gibt es nicht nur Pizza, sondern auch Spareribs und Pasta.

② ***Blarney Stone***
4177 Albert Street
Tel. (306) 586 - 77 44
Authentischer Irish Pub mit guter Küche

ÜBERNACHTEN

► Komfortabel

① ***West Harvest Inn Regina***
4025 Albert Street
Tel. (306) 586-67 55
www.westharvest.ca
In der Nähe des Zentrums gelegen gibts hier auch Fitness-Möglichkeiten.

② ***Travelodge Regina***
4177 Albert Street South
Tel. (306) 586-34 43
www.travelodgeregina.com
Familienfreundliches Haus mit Spaßbad und Riesenrutsche

Eine Oase in der Prärie ist der Moose Mountain Provincial Park.

Jeden Sommer wird hier das Theaterstück »The Trial of Louis Riel« anhand der Gerichtsakten aufgeführt (Dewdney Ave.; Führungen: Di. – So. 10.00 – 16.00 Uhr).

Umgebung von Regina

IPSCO Wildlife Park

Knapp 7 km nördlich der Stadt lädt der IPSCO Wildlife Park zu einem Besuch ein, in dem u. a. Bisons, Elche, Hirsche und Fasane gehalten werden. Außerdem gibt es hier einen Vergnügungspark mit Spaßbad und Riesenrutschbahn (Öffnungszeiten: Mai 11.00 – 18.00, Juni – Aug. 11.00 – 20.00 Uhr).

Last Mountain Lake

◄ Last Mountain House

Etwa eine Autostunde nördlich von Regina erreicht man den lang gestreckten Last Mountain Lake, an dessen südlichem Zipfel beliebte Erholungsorte wie Regina Beach und Saskatchewan Beach liegen. Ein interessantes Ausflugsziel ist Last Mountain House, ein 1869 angelegter Außenposten der Hudsons's Bay Company, in dem Trapper und Pelzhändler überwintern konnten. Das Gelände bei Saskatchewan Beach ist heute als Freilichtmuseum hergerichtet (Öffnungszeiten: Juli/Aug. Di.–So. 10.00 – 17.00 Uhr).

✶ **Moose Mountain Provincial Park**

Ganz im Südosten der Provinz und gut 2 Autostunden von Regina entfernt breitet sich der Moose Mountain Provincial Park aus, der oft als »Oase in der Prärie« beschrieben wird. Birken- und Espenwälder bedecken die reizvolle Landschaft, die auch für ihren Wild- und Fischreichtum bekannt ist. Bereits im Jahre 1906 hat man am Lake Kenosee ein Erholungsgelände ausgewiesen. Inzwischen ist der Moose Mountain Provincial Park einer der stärkstfrequentierten Erholungsräume Saskatchewans. Man kann hier Wassersport treiben, reiten, Tennis spielen und schöne Wanderungen unternehmen. Im

Nordteil des Parks ist eine Kanuroute ausgewiesen. Neueste Attraktionen sind ein 18-Loch-Golfplatz, Fahrradwege, mehrere Kinderspielplätze und im Winter gespurte Loipen für Skilangläufer. Abseits der touristischen Brennpunkte lassen sich Elche, Hirsche, Biber und viele verschiedene Vögel beobachten.

★ **Cannington Manor**

Einige Kilometer südöstlich vom Moose Mountain Provincial Park erreicht man Cannington Manor. 1882 errichtete Captain Edward Mitchell Pierce hier einen Gutshof im englischen Stil. Er hoffte, hier das Leben eines Aristokraten führen zu können. Er ließ mehrere Farmen anlegen, eine Wagner- und Zimmermannswerkstatt sowie eine Schmiede und ein Sägewerk bauen. Auch eine kleine Kirche und ein Schulhaus gab es auf dem Gelände. Die Kolonie bestand jedoch nur 15 Jahre lang. Die gesamte Anlage ist heute als Provincial Historic Park zugänglich (Öffnungszeiten: Victoria Day – Labour Day tgl. 10.00 – 18.00 Uhr).

★ Saskatoon

b 16

Höhe: 487 m ü. d. M. **Einwohnerzahl:** 208 000

Saskatoon, die größte Stadt der Provinz, liegt am South Saskatchewan River und ist weithin als »Stadt der Brücken« bekannt. Breite Alleen sowie großzügig proportionierte Parks und Grünflächen lockern das Stadtbild auf.

Die Handels- und Industriestadt liegt im fruchtbaren Weizenanbaugebiet der »rolling prairie«. Neuerdings spielt sie in Kanada eine führende Rolle als Standort der High-Tech-Industrie und wird deshalb auch »Mini Silicon Valley« genannt . Als Sitz der angesehenen University of Saskatchewan (ca. 17 000 Studenten) hat sich Saskatoon in den letzten Jahren zu einem kulturellen Zentrum mit einer lebendigen Kunstszene entwickeln können.

Geschichte

1882	Erste Siedler, die Methodisten, lassen sich hier nieder.
1890	Anbindung an die Eisenbahn
ab 1908	Einwanderungswelle europäischer und amerikanischer Siedler

Vor der Ankunft der Weißen schlugen im Stadtgebiet Cree-Indianer ihre Zelte auf, die im Sommer Bisons in der Prärie jagten. Als die ersten weißen Siedler sich hier niederließen, waren die großen Büffelherden bereits verschwunden und die Tage der nomadisierenden Indianer der Ebenen gezählt. Den neu angekommenen Siedlern ver-

langten Überschwemmungen, Blizzards, Präriebrände und Moskitos neben den alltäglichen Mühen sehr viel ab. Deshalb wuchs Saskatoon zunächst sehr langsam.
Als der Eisenbahnanschluss kam, stiegen die Bevölkerungszahlen rasch an und damit auch die Wirtschaft. Als wichtige Antriebskräfte sollten sich der lukrative Pottasche- und Uranbergbau in der Umgebung erweisen.

! *Baedeker* TIPP

Eine Bootsfahrt ...

»... die ist lustig, eine Bootsfahrt die ist schön« – dies gilt auch in Saskatoon. Von Mai bis September legt bei der Mendel Art Gallery täglich mehrmals ein Ausflugsschiff zu 45-minütigen Rundfahrten auf dem Saskatchewan River ab. Unterwegs wird man genauestens über die Sehenswürdigkeiten an beiden Flussufern informiert. Auskunft: Shearwater Boat Tours, Tel. 1-888-747-75 72.

Sehenswertes in Saskatoon

Schön oder hübsch heißt in der Sprache der Cree »meesawin«. In Saskatoon wird dieser Ausdruck neuerdings gebraucht, um das Tal des South Saskatchewan River zu beschreiben, der die Stadt von Südwest nach Nordost durchmisst. An beiden Flussufern hat man in den letzten Jahren hübsche Grünanlagen geschaffen, Picknickplätze angelegt und Wege befestigt, auf denen man spazieren gehen, joggen, skaten, Rad fahren und im Winter per Ski oder Schlittschuh unterwegs sein kann. Der **Meewasin Valley** Trail verbindet einige der interessantesten Sehenswürdigkeiten der Stadt.

Valley Centre

Am westlichen Flussufer (Friendship Park, 402 3rd Avenue South) ist ein Besucherzentrum eingerichtet, in dem man sich umfassend über die Naturgeschichte des Flusstales und auch über die Geschichte der

Unverwechselbar nordamerikanisch ist die moderne Skyline der Stadt am South Saskatchewan River.

Stadt Saskatoon informieren kann. Das ganze Jahr über wird hier ein abwechslungsreiches Veranstaltungsprogramm geboten.

✶ Ukrainian Museum of Canada

Dieses Museum am Riverside Park (910 Spadina Crescent East) dokumentiert das Leben der ukrainischen Siedler, die einen ganz wesentlichen Beitrag zur Entwicklung der Prärieprovinz geleistet haben. Neben vielen bunten Trachten fallen hier vor allem kostbare Stickereien und wunderschön verzierte Ostereier ins Auge. Hervorzuheben sind auch die Arbeiten zeitgenössischer ukrainischer Künstler bzw. Kunsthandwerker. Wechselausstellungen beschäftigen sich mit historischen Themen oder auch mit einzelnen herausragenden Persönlichkeiten (Öffnungszeiten: Victoria Day – Labour Day Mo. – Sa. 10.00 – 17.00 Uhr, So. 13.00 – 17.00 Uhr, übrige Zeit Di. – Sa. 10.00 – 17.00 Uhr, So. 13.00 – 17.00 Uhr.

✶ Mendel Art Gallery

Weiter nördlich (950 Spadina Crescent East) zieht eine moderne Galerie Kunstbegeisterte an. Diese Sammlung wurde von einem wohlhabenden Fleischwarenfabrikanten deutscher Abstammung ins Leben gerufen und finanziert. Die Gemäldesammlung umfasst nicht nur Arbeiten von Emily Carr und der Group of Seven, sondern auch Werke von Pisarro, Utrillo, Marc Chagall und Lionel Feininger. Ungewöhnlich, aber passend: An die Kunstgalerie ist ein Wintergarten mit farbenprächtigen, tropischen Pflanzen angeschlossen (Öffnungszeiten: tgl. 9.00 – 21.00 Uhr).

Diefenbaker Canada Centre

Diese Einrichtung auf dem Universitätsgelände befasst sich mit Kanadas 13. Premierminister. Dazu hat man eigens John G. Diefenbakers Ministerbüro und den Versammlungsraum des kanadischen Kabinetts in Ottawa nachgebaut. Wechselausstellungen erhellen diverse Aspekte seines politischen Wirkens. Diefenbaker und seine Frau Olive sind in der Nähe der Gedenkstätte beigesetzt (Öffnungszeiten: Mo. – Fr. 9.30 – 16.30, Sa., So., Fei. 12.00 – 16.30 Uhr).

Highlights Saskatoon

Meewasin Valley
Hier wird gejoggt, geskatet oder Picknick veranstaltet.
► Seite 453

Ukrainian Museum of Canada
Ei ist halt doch nicht gleich Ei.
► Seite 454

Mendel Art Gallery
Begeisternde moderne kanadische und internationale Gemälde
► Seite 454

Western Development Museum
Lassen Sie sich ins Saskatoon von 1910 versetzen. Hier wurde eine ›Boomtown‹ nachgebaut nach Vorbild der Main Street mit Schule, Friseursalon und chinesischer Wäscherei!
► Seite 455

Wanuskewin Heritage Park
Auf den Spuren der Indianer wandeln... Nicht verpassen sollte man die Tänze!
► Seite 457

Saskatoon Orientierung

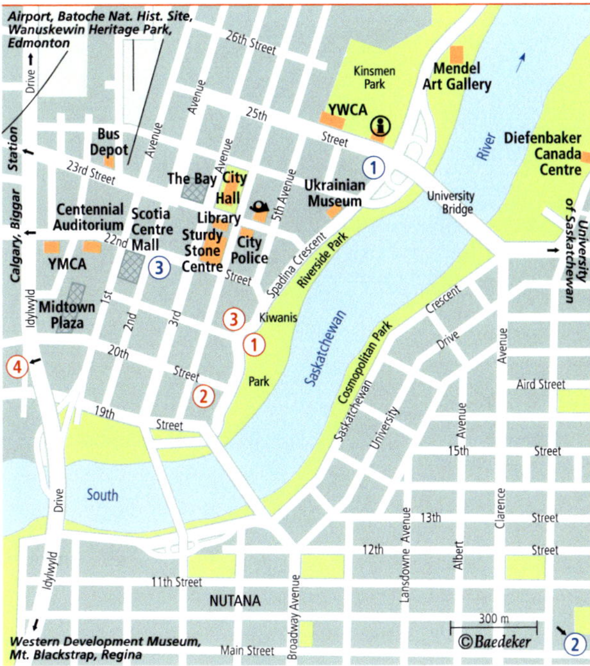

Übernachten

1. Delta Bessborough
2. Radisson Hotel Saskatoon
3. Sheraton Cavalier
4. Courtney Leanne Bed & Breakfast

Essen

1. Four Seasons Restaurant
2. Mano's Restaurant & Lounge
3. Fuzion Sushi & Deli Bar

Little Stone School House

Ebenfalls auf dem Universitätsgelände befindet sich das älteste öffentliche Gebäude der Stadt, das alte Schulhaus von 1887. Es ist im Stil der Jahrhundertwende eingerichtet. Während der Öffnungszeiten (Victoria Day – Labour Day tgl. 9.00 – 16.00 Uhr) wird hier »living history« geboten.

Forestry Farm Park & Zoo

Wenige Autominuten nordöstlich vom Diefenbaker Canada Centre erreicht man eine Mischung aus Bauernhof, Tierpark, botanischem Garten und Vergnügungspark. Im Mittelpunkt des Geschehens stehen Wild- und Haustiere, die für diesen Teil Nordamerikas typisch sind: Elche, Hirsche, Bären, Wölfe, Füchse, Rinder, Schafe, Gänse, Enten usw. Und im Winter kann man das weitläufige Gelände per Langlaufski erkunden (Öffnungszeiten: Victoria Day – Labour Day 9.00 – 21.00 Uhr, übrige Zeit tgl. 9.00 – 16.00 Uhr).

★ **Western Development Museum**

Wer wissen will, wie es in Saskatoon um 1910 zugegangen ist, dem sei ein Besuch des Western Development Museum im Süden der Stadt empfohlen. Hauptattraktion des Museums ist die »Boomtown«, eine originalgetreue Nachbildung der Main Street Saskatoons mit Kirche und Schulhaus, Bahnhof, Hotel und Theater, Feuerwehrmagazin, di-

SASKATOON ERLEBEN

AUSKUNFT

Tourism Saskatoon
101 – 202 4th Avenue North
Saskatoon, SK, S7K 0K1
Tel. (306) 242-12 06
www.tourismsaskatoon.com

ESSEN

► Fein & Teuer

② *Mano's Restaurant & Lounge*
200-1820 – 8th Street East
Tel. (306) 955-55 55
Besonders begehrte Spezialitäten des Hauses sind »Lemon Chicken Rice Soup«, »Canadian Beef« und »Baby Back Greek Ribs«.

► Erschwinglich

① *Four Seasons Restaurant*
924 Spadina Crescent East
(im Park Town Hotel)
Tel. (306) 244-55 64
Hier diniert man in eleganter Atmosphäre mit herrlichem Blick auf den South Saskatchewan River. Und sonntags kann man hier exzellent brunchen.

③ *Fuzion Sushi & Deli Bar*
2-100 2nd Avenue South
Tel. (306) 244-20 05
Der beste Japaner der Stadt: Hier gibt es tolle Sushis sowie verschiedene Nudel- bzw. Reisgerichte.

ÜBERNACHTEN

► Luxus

① *Delta Bessborough*
601 Spadina Crescent East
Saskatoon, SK, S7K 3G8
Tel. (306) 244-55 21
www.deltabessborough.com
Wie ein französisches Schloss präsentiert sich diese in den 1930er-Jahren erbaute Nobelherberge, von der aus man einen schönen Blick auf den Saskatchewan River hat. An Wochenenden können hier Familien mit Kindern relativ günstig logieren.

② *Radisson Hotel Saskatoon*
405 – 20th Street East
Saskatoon, SK, S7K 6X6
Tel. (306) 665-33 22
www.radisson.com/saskatoonca
Am Saskatchewan River steht dieses luxuriös ausgestattete Hotel mit Erlebnisbad und Sauna.

► Komfortabel

③ *Sheraton Cavalier*
612 Spadina Crescent East
Saskatoon, SK, S7K 3G9
Tel. (306) 652-67 70
www.sheraton.com/saskatoon
Das Haus wird von Geschäftsreisenden und Touristen gleichermaßen gern besucht. An Wochenenden drängen sich hier Familien mit Kindern. Hauptattraktion ist die 250 m lange Riesenwasserrutsche.

► Günstig

④ *Courtney Leanne B & B*
3428 Dieppe Street
Saskatoon, SK
Tel. (306) 382-04 44
E-Mail: soopdan@shaw.ca
Die liebevoll gepflegte kleine Herberge mit hübschem Garten liegt am historischen Montgomery Place.

versen Geschäften und Friseurladen, ja selbst die chinesische Wäscherei hat man wiederaufgebaut. In weiteren Gebäuden sind Automobil-Oldtimer, dampfbetriebene landwirtschaftliche Maschinen und Traktoren sowie vielerlei andere betagte Gerätschaften ausgestellt (Öffnungszeiten: tgl. 9.00 – 17.00 Uhr, im Winter montags geschlossen).

! *Baedeker* TIPP

Tanzen erlaubt

Gelegentlich tritt im Wanuskewin Heritage Park eine Truppe indianischer Tänzer in besonders farbenprächtigen Kostümen und Federschmuck auf und zeigt sowohl traditionelle als auch zeitgenössische Tänze der sog. First Nations. Dazu erklingen natürlich auch traditionelle Instrumente, meist Trommeln. Weitere Infos: Tel. (306) 931-67 67, www.wanuskewin.com

Ein alter Bahnhof samt dazugehörigen Nebengebäuden, alte Diesellokomotiven, alte Straßenbahnen sowie alte Personen- und Güterwagen locken Eisenbahn-Fans an den südwestlichen Stadtrand ins **Saskatchewan Railway Museum**. Gelegentlich darf man hier sogar als Passagier in einem alten Triebwagen mitfahren. Man erreicht das Areal über den Highway 7 West und den Highway 60 South (Öffnungszeiten: Mai, Juni u. Sept. Sa., So., Fei. 13.00 – 18.00, Juli, Aug. Mi. – So. u. Fei. 13.00 – 18.00 Uhr).

✶✶ Wanuskewin Heritage Park

Bereits vor 6000 bis 7000 Jahren haben sich nomadisierende Indianer alljährlich im Sommer etwa 5 km nördlich vom heutigen Stadtzentrum niedergelassen und sind von hier aus zur Bisonjagd aufgebro-

Während der sommerlichen Hauptreisezeit lassen sich im Wanuskewin Heritage Park Indianer in farbenprächtigen Kostümen bestaunen.

Living History im Freilichtmuseum von Batoche

chen. Dies haben archäologische Funde ergeben. Die Gebietsbezeichnung »Wanuskewin« ist der Sprache der Cree entnommen und bedeutet so viel wie »Zusammenleben in Harmonie«. Im ganzen Parkgebiet sind mittlerweile mehrere Lehrpfade angelegt, die zu einer ganzen Reihe von archäologischen Fundplätzen führen. Im Visitor Centre erfährt man alles Wissenswerte über die traditionelle Lebensweise der indianischen Urbevölkerung.

Unter den reichen archäologischen Schätzen befindet sich auch ein sog. **Medicine Wheel**, dessen Alter auf 1500 Jahre geschätzt wird. Es besteht aus einem zentralen Steinhügel, der von einem Ring aus kleineren Hügeln umgeben ist.

Ferner gibt es auf dem Gelände einen sog. **Buffalo Jump**, d. h. eine steile Böschung, an der einstmals von den Indianern gejagte Bisons zu Tode stürzten. Die toten Tiere wurden an Ort und Stelle zerlegt und gänzlich verarbeitet. Die Büffel lieferten nicht nur Fleisch, sondern letztlich auch Häute, Leder, Felle usw. Aus den Büffelknochen schufen die Indianer einfache Werkzeuge, Kufen für Schlitten, Gefäße, Spielzeug und vieles andere.

Umgebung von Saskatoon

Blackstrap Provincial Park

Eine knappe Autostunde südöstlich von Saskatoon erhebt sich der Mount Blackstrap 91 m hoch in den Himmel über der Prärie. Dieser Berg ist in den 1970er-Jahren extra für Abfahrtsskiläufer aufgeschüttet worden. Doch auch in der warmen Jahreszeit kann man sich hier gut aufhalten. Es gibt einen Badesee mit Strand, Angelmöglichkeiten und einen gepflegten Campingplatz.

Ca. 100 km südöstlich von Saskatoon, in der Nähe der Ortschaft Watrous, gibt es den Little Manitou LakeSchon seit Jahrhunderten schätzen die Indianer seine Heilkraft wegen der hohen Konzentration an Mineralsalzen, die jene des Toten Meeres noch übertrifft. In den 1930er-Jahren ist hier der Badekurort **Manitou Beach** entstanden. Dessen besondere Attraktion ist das 1988 eröffnete **Manitou Springs Resort & Mineral Spa**.

Little Manitou Lake

Etwa eine Autostunde nordöstlich von ►Saskatoon erreicht man die **einstige Hochburg der Métis** am South Saskatchewan River. Sie war während der Northwest Rebellion von 1885 das Hauptquartier ihres Anführers Louis Riel. Hier fand auch die entscheidende Schlacht zwischen den Aufständischen unter Riel, Gabriel Dumont und General Middleton mit seinen Truppen von der North West Mounted Police statt, sie markiert das Ende der Rebellion.

★ Batoche National Historic Site

Die Ereignisse von 1885 nehmen breiten Raum ein im Visitor Centre des Freilichtmuseums. Ein Schützengraben der Métis, ein Feldgeschütz der Truppen von Middleton sowie diverse Erinnerungen an Louis Riel (u. a. Zaumzeug, Steigbügel, Schreibutensilien) lassen die Vergangenheit wieder lebendig werden (Öffnungszeiten: Mai, Juni, Sept. 9.00 – 17.00, Juli, Aug. 10.00 – 17.00 Uhr).

◄ Visitor Centre

Swift Current

b 17

Höhe: 817 m ü. d. M. **Einwohnerzahl:** 15 000

Swift Current ist Handels- und Verwaltungszentrum einer der wirtschaftlich stärksten Regionen der Provinz, in der nicht nur der Getreidebau floriert und die Viehzucht viel Geld einbringt, sondern in der auch beträchtliche Mengen Erdöl und Erdgas gefördert werden.

Wer bleibt länger im Sattel? Das Ereignis im jährlichen Festkalender sind die Frontier Days im Juli. Im Rahmen dieses Festes findet auch das größte Rodeo der Provinz Saskatchewan statt. Obwohl Swift Current verglichen mit anderen Orten recht groß ist, hat es für Touristen

SWIFT CURRENT ERLEBEN

AUSKUNFT

Tourism Swift Current
P.O. Box 1480
Swift Current, SK, S9H 3G6
Tel. (306) 778-91 74
www.tourismswiftcurrent.ca

ÜBERNACHTEN

► Komfortabel

Westwind Motel
Highway 1 West, 155 N. Service Rd.
Tel. (306) 773-14 41
www.westwindmotel.com
Guter Service, Restaurant im Hause

relativ wenig zu bieten. Allerdings lassen sich von hier aus interessante Ausflüge in die Umgebung unternehmen.

Sehenswertes in Swift Current

Swift Current Museum Im 2008 neu eröffneten Museum sind Exponate aus der Natur (u. a. Fossilien, präparierte Tiere) ebenso zu sehen wie indianische Artefakte und Gerätschaften aus der Pionierzeit. Auch über die »Underground Railroad« (Fluchtwege der dunkelhäutigen Sklaven) wird berichtet (44 Robert St. W.; Öffnungszeiten: Juni – Aug. Mo. – Fr. 10.00 – 17.00 Uhr, Sa., So. 13.00 bis 17.00 Uhr, Sept. bis Mai Mo. – Fr. 13.30 – 16.30 Uhr).

Art Gallery In der modernen Kunstgalerie werden Wechselausstellungen von herausragenden Arbeiten kanadischer und internationaler Künstler gezeigt (411 Herbert St. E.; Öffnungszeiten: tgl. 14.00 – 17.00 Uhr).

Doc's Town/ Mennonite Village Die Zeit um 1900 wird im kleinen Freilichtmuseum der Stadt wieder lebendig. Hier kann man eine alte Siedlung mit Kirche, Schulhaus, Schmiede und Gemischtwarenladen besichtigen. Ferner ist hier ein alter Bauernhof von Mennoniten samt Scheune und diversen Nebengebäuden aufgebaut (Führungen: Juni–Labour Day Fr., Sa., So. u. Fei. ab 13.00 Uhr).

Umgebung von Swift Current

Etwa eine Autostunde nordwestlich von Swift Current erreicht man die **Great Sand Hills**. Diese von fruchtbarem Ackerland umgebenen Sanddünen wurden am Ende der letzten Eiszeit durch Windfracht aufgehäuft. Einige dieser Hügel bewegen sich auch heute noch als Wanderdünen weiter. Die Great Sand Hills sind Lebensraum einer ungewöhnlich artenreichen Pflanzen- und Tierwelt. Auf den festen Dünen wachsen verschiedene Gräser, Wacholder, Kakteen, Salbei und Wildrosen, aber auch einige Espen, Birken und Weiden. Nur die richtigen Wanderdünen zeigen kaum Vegetation. Wer viel Zeit mitbringt, kann hier nordamerikanische Antilopen, Kojoten, Stachelschweine, Kängururatten und sogar Leopardenfrösche beobachten.

! *Baedeker* TIPP

Einmal Dinos ausgraben

Im »T-rex Discovery Centre« können Sie selbst nach den Überresten der ausgestorbenen Tierchen graben. Wenn Ihnen das zu filigran ist, können Sie auch nur den Fachleuten zusehen. (Informationen im T-rex Interpretive Centre, Tel. 306/295 - 40 09)

Sceptre In der Ortschaft Sceptre ist das Great Sand Hills Museum, das sich mit der interessanten Natur- und Landschaftsgeschichte dieser Landschaft befasst (Öffnungszeiten: Di. – Fr. 14.00 – 16.30 Uhr).

Ein paar Kilometer westlich von Sceptre erreicht man den 300-Seelen-Ort **Prelate**. Hier haben deutsche Ursulinen 1919 den St. Angela's Convent gegründet, zu dem auch eine High School gehört. Im Klostermuseum (Öffnungszeiten: Mai–Sept. tgl. n. V.) wird auf das Leben und Werk der Nonnen in aller Ausführlichkeit eingegangen. Schwerpunkt der Ausstellung ist das Schulwesen im frühen Saskatchewan. Hochinteressant sind die hier ausgestellten Schülerarbeiten aus der Anfangszeit der Klosterschule.

Tyrannosaurus Rex

Bei der etwa 130 km südwestlich von Swift Current gelegenen Ortschaft **Eastend**, wo der Frenchman River aus den Cypress Hills heraustritt, liegt das berühmte »Dinocountry« der Provinz Saskatchewan. Hier hat man Reste von Sauriern gefunden, die vor ungefähr 65 Mio. umhergestreift sind. Am Fundplatz eines Tyrannosaurus Rex ist inzwischen ein modernes **»T-rex Discovery Centre«** eingerichtet, in dem man Paläontologen bei der Arbeit zusehen und sich auch selbst an Grabungen beteiligen kann (Öffnungszeiten: Mo.–Fr. 9.00 bis 12.00 Uhr u. 13.00–17.00 Uhr, Sa., So. 11.00–16.00 Uhr).

Weitere lohnende Ausflugsziele in der Umgebung von Swift Current sind Saskatchewan Landing Provincial Park am ► Lake Diefenbaker (ca. 60 km nördlich) und der ► Grasslands National Park (ca. 120 km südlich).

Yorkton

d 17

Höhe: 499 m ü. d. M. **Einwohner:** 17 000

Die Stadt Yorkton ist ein wichtiges Handelszentrum im Südosten von Saskatchewan, geprägt von der ethnischen Vielfalt seiner Bewohner. Vorherrschend ist jedoch das ukrainische Erbe, das sich auf vielfältige Weise zeigt: in der Architektur, den Ausstellungen, den kunsthandwerklichen Arbeiten und der schmackhaften osteuropäischen Küche.

Weithin sichtbares Wahrzeichen der Stadt ist die 1914 in typisch ukrainischer Manier errichtete Marienkirche, eine der ältesten ihrer Art im kanadischen Westen. Höchst eindrucksvoll ist das Gemälde in der 21 m hohen Kuppel, das der Künstler Steven Meush in den Jahren 1939 bis 1941 geschaffen hat. ✶ St. Mary's

★★ **Western Development Museum**

»The story of the the early pioneers ist told at the WDM in Yorkton.« – Wer sich für die Besiedlung der kanadischen Prärie durch verschiedene Einwanderergruppen interessiert, dem sei ein Besuch dieses Museums empfohlen. Hier sind Wohnstuben, Schlafzimmer, Küchen von Immigranten aus der Ukraine und aus einigen anderen Gegenden Europas aufgebaut. Im Außenbereich stehen einige »Monster der Prärie« aus der Frühzeit des Landmaschinenzeitalters, darunter wirklich gigantische Dampfmaschinen, Traktoren und Dreschmaschinen (Öffnungszeiten: Mai – Sept. tgl. 9.00 – 18.00 Uhr).

Wenn Sie es einrichten können, besuchen Sie Yorkton am ersten Augustwochenende. Denn da findet im Western Development Museum ein farbenfrohes Fest statt, bei dem nach Art der Altvorderen Stroh gedroschen wird und einige der monströsen Oldtimer-Dampftraktoren zu neuem Leben erwachen. Dazu gibt's frisch gebackenes Holzofenbrot und leckere Spezialitäten vom Holzkohlengrill; eiskaltes Bier und diverse Soft Drinks fließen in Strömen.

Ein beliebtes Ausflugsziel westlich von Canora ist der **Good Spirit Provincial Park** am gleichnamigen, im Sommer recht warmen See,

Paradiesische Landschaft im Duck Mountain Provincial Park

der sogar mit Stränden und Dünen aufwarten kann. Hier wurde 1880 ein Handelsposten der Hudson's Bay Company eingerichtet.

Westlich von Canora liegt der Ort **Veregin**, dessen besondere Attraktion das **Doukhobour Heritage Village** ist, in dem das Leben dieser Sekte aus der Zeit des frühen 20. Jh. gezeigt wird. Ende des 19. Jh.s kamen mehrere Tausend russische Duchoborzen unter Führung von Peter Veregin nach Saskatchewan, die in ihrer Heimat wegen ihrer christlich-religiösen Radikalität (u. a. Wehrdienstverweigerung) verfolgt wurden. Auch in ihrer neuen Heimat fielen die »Söhne des Friedens« mit ihren religiösen Praktiken, ihrer Askese und ihrem Nudismus auf. Sie schufen aber höchst rentable Farmen und bauten eigene Straßen und Bewässerungssysteme. Im hiesigen Freilichtmuseum lässt sich nachvollziehen, wie die Duchoborzen hier im frühen 20. Jh. gelebt haben. Man kann ein Bethaus, ein Badehaus, Verwaltunggebäude, eine Schmiede und diverse Nebenbauten wie Scheunen samt landwirtschaftlichen Geräten besichtigen. Im Museum wird auch der religiöse Führer Peter Veregin vorgestellt (Öffnungszeiten: Mitte Mai – Mitte Sept. tgl. 10.00 – 18.00 Uhr, Mitte Sept. – Mitte Mai Mo. – Fr. 9.00 – 17.00 Uhr, Sa., So. n. V.).

> **! Baedeker TIPP**
>
> **Golden Sheaf Awards**
>
> Alljährlich im Mai ist Yorkton Schauplatz des ältesten kanadischen Kurzfilmfestivals. Dann herrscht in der Stadt vier Tage lang Ausnahmezustand, begleitet von einem außerordentlich bunten Rahmenprogramm mit Preisverleihung, Film-Gala, Barbecue, Entertainment und auch einigen sportlichen Wettbewerbern. Informationen: Yorkton Short Film & Video Festival, Tel. (306) 782-70 77, www.yorktonshortfilm.org

★ **Duck Mountain Provincial Park**

Eine halbe Autostunde weiter östlich, an der Grenze zu Manitoba, erreicht man den besonders malerischen Duck Mountain Provincial Park mit dem verträumten **Madge Lake** (Clear Lake). In dieser Idylle kann man noch Elche, Hirsche, Biber und natürlich auch Schwarzbären beobachten. Inzwischen hat man begonnen, diese Landschaft auch touristisch zu erschließen. Man kann hier auch Golf und Tennis spielen, reiten, Rad fahren, Kanutouren unternehmen und im Winter mit dem Snowmobil durch die Wälder brausen.

YORKTON ERLEBEN

AUSKUNFT

Tourism Yorkton
P.O. Box 460
Junction of Highways 9 & 16
Yorkton, SK, S3N 2W4
Tel. (306) 783-87 07
www.tourismyorkton.com

ÜBERNACHTEN

► Komfortabel

Parkland Inn
100 Broadway Street East
Tel. (306) 783-97 81
www.parklandinn.com
Gut geführtes Haus in zentraler Lage mit vielen Annehmlichkeiten

KLONDIKE
KLONDIKE
KLONDIKE

YUKON

Fläche: 482 443 km² **Bevölkerungszahl:** 32 000
Hauptstadt: Whitehorse **Zeitzone:** Pacific Time

Wer Lust auf Natur und Abenteuer verspürt, findet im Yukon-Territorium noch geradezu paradiesische Verhältnisse vor. Der ►Kluane National Park bietet vor allem geübten Bergsteigern unvergessliche Momente: die höchsten Berge Kanadas, riesige Eisfelder und kalbende Gletscher.

Die beiden ganz im Nordwesten gelegenen Schutzgebiete Ivvavik National Park und Vuntut National Park bieten sich noch als weitestgehend völlig intakte arktische Naturlandschaft dar. Begeisterte Jäger, Angler, Kanuten, Wildwasserfahrer, Bergwanderer, Edelsteinsucher und Skiläufer kommen von Mitte Mai bis Mitte September voll auf ihre Kosten. Und in Whitehorse und Dawson City kann man noch viel von jener Stimmung verspüren, die zu Zeiten des Goldrauschs herrschte.

Yukon River

Ganz im Nordwesten Kanadas gelegen grenzt das Yukon Territory an den US-Bundesstaat Alaska. Die Hochgebirge im Westen und im Osten umrahmen das durchschnittlich 1000 m hohe **Yukon Plateau**. Hauptwasserader ist der Yukon River, der mit 3184 km einer der längsten Ströme Nordamerikas ist und in Alaska in einem riesigen Delta in die Beringsee mündet. Sein Einzugsbereich umfasst rund 855 000 Quadratkilometer. Seine beiden Quellflüsse Pelly River und Lewes River entspringen im Süden des Territoriums. Der Yukon River fließt zunächst über Whitehorse und Dawson in Richtung Norden entlang der Kettengebirge. Auf Höhe des Polarkreises vollzieht der Fluss die große Biegung (»big bend«) nach Westen. Normalerweise ist er ein ruhig dahinfließender Strom, der von Oktober bis Mai mit Eis bedeckt ist. Die Schneeschmelze verursacht in den Sommermonaten mitunter außergewöhnlich starke Hochwasserfluten. Bekanntester Nebenfluss des Yukon River ist der bei Dawson City einmündende Klondike River, der Ende des 19. Jh.s durch den Goldrausch berühmt wurde.

? WUSSTEN SIE SCHON ...?

- ... dass der Name »Yukon« vom indianischen »Diuke-on« kommt und so viel wie »sauberes Wasser« bedeutet?

Klima

Im Winter wird es im Yukon Territory sehr kalt, bis – 60 °C. Andererseits sind die Sommer eher trocken und relativ warm und dauern von Juni bis Mitte September.

← *Mit dem Raddampfer S.S. Klondike, der heute in Whitehorse bestaunt werden kann, kamen einstmals die Goldsucher ins Yukon-Gebiet.*

Die Übergangsjahreszeiten sind ziemlich kurz und dauern oft nur zwei bis drei Wochen.

Vegetation Bei der Vegetation unterscheidet man im Wesentlichen zwei Regionen: Im Süden herrscht borealer Nadelwald vor, im Norden ist es die Nadelwaldtundra. Parallel dazu überwiegen in den Tälern Nadel- und Birkenwälder, im Gebirge Tundrenlandschaften.
Bedingt durch den Dauerfrostboden haben sich nur wenige Vegetationsformen entwickeln können. Zudem mussten die Pflanzen nach Rückzug der Wisconsin-Vereisung vor 13 000 Jahren erst wieder zuwandern.

Geschichte Vor dem 17. Jh. war das Yukon-Gebiet lediglich von Indianern besiedelt. Im 19. Jh. entwickelte sich zunächst ein reger Pelzhandel, bis schließlich in den 1880er-Jahren die ersten Goldsucher ins Yukon-Gebiet kamen, nachdem die Claims in ►British Columbia immer weniger Erträge erbrachten. Im Jahr 1887 erforschte George Mercer Dawson (► Berühmte Persönlichkeiten) als Erster das Gebiet um die heute nach ihm benannte Stadt.

Als George Carmack am 17. August 1896 im Bonanza Creek, einem Nebenfluss des Klondike, faustgroße Goldnuggets entdeckte, löste er einen unvorstellbaren Goldrausch aus. Die Einwohnerzahl von Dawson City schnellte binnen kurzem auf 25 000 empor, manche Quellen sprechen sogar von mehr als 50 000! Aufgrund der Goldfunde erklärte man das Yukon-Gebiet im Boomjahr 1898 zum eigenen Territorium. Zwischen 1897 und 1904 wurde Gold im Wert von fast 100 Mio. Dollar gesammelt. Danach ging es mit den Goldfunden rapide abwärts und die Menschen verschwanden so schnell, wie sie gekommen waren. Nachdem die Japaner im Zweiten Weltkrieg die Aleuten besetzt hatten, ließ die US-Armee 1942 in aller Eile den Alaska Highway anlegen. 1978 wurde der Dempster Highway eröffnet, die damals einzige öffentliche Straße Nordamerikas, die nördlich des Polarkreises verlief.

Bevölkerung Bei einer Bevölkerungszahl von rund 32 000 Einwohnern ergibt sich eine rechnerische Bevölkerungsdichte von ca. 0,07 Einwohnern pro Quadratkilometer Landfläche. Etwa ein Drittel der heutigen Bevölkerung Yukons hat indianische Vorfahren. Die größten Siedlungen sind Whitehorse mit rund 25 000 Einwohnern und Dawson City mit rund 1300 Einwohnern.

Das raue Klima und der in weiten Teilen anzutreffende Permafrostboden lassen nur an ganz wenigen Plätzen eine landwirtschaftliche Nutzung zu. Eine gewisse Bedeutung hat die Forstwirtschaft, wenn man bedenkt, dass etwa die Hälfte des Territoriums von Wald bedeckt ist. Der mit Abstand bedeutendste Wirtschaftszweig ist der **Bergbau**. Zu den zehn wichtigsten Rohstoffen, die im Yukon gefördert werden, gehören Silber, Blei, Zink, Antimon und Wolfram. Auf dem zweiten Platz rangiert der **Tourismus**. 2008 zählte man im Yukon-Gebiet zirka 300 000 Touristen, die dem Ruf der Wildnis bzw. dem Lockruf des Goldes gefolgt waren.

Wirtschaft

✶ Alaska Highway

K-U 11-15

Provinzen: British Columbia und Yukon Territory **Länge:** 2288 km

Früher galt der Alaska Highway als extremes Abenteuer für besonders Hartgesottene. Heute ist die Straße deutlich gezähmt. Dennoch hat sie nichts von ihrem Reiz einer Fahrt durch die unendlichen Weiten eines der letzten extremen Grenzgebiete des Kontinents verloren.

Der Alaska Highway, offiziell »Alaska – Canada Military Highway« (Alcan), führt auf 2444 km von Dawson Creek (British Columbia) aus quer durch das Yukon-Territorium nach Delta Junction in Alaska. Der Highway ist zwar das ganze Jahr über zur Durchfahrt freigegeben, jahreszeiten- und wetterbedingte Streckenbehinderungen wie Tauwetter im Frühjahr und starke Regenfälle im Sommer sind gerade im Yukon-Territorium aber nicht auszuschließen. Fast die gesamte Strecke ist wetterfest ausgebaut. Die Höchstgeschwindigkeit ist auf 80 km/h beschränkt. Entlang der Strecke gibt es in regelmäßigen Abständen Tankstellen, ebenso Lodges, Motels und Campingplätze, insbesondere auf dem Teilstück zwischen Watson Lake und Burwash Landing nördlich des ►Kluane National Park.

? WUSSTEN SIE SCHON ...?

- ... dass der Schilderwald an der Kreuzung von Alaska Highway und Campbell Highway inzwischen aus mehr als 30 000 Schildern besteht? Reisende haben hier die Ortsschilder ihrer Heimatstädte aufgehängt.

Geschichte

Anlass für den Bau dieser Allwetterstraße war die Besetzung der vor Alaska gelegenen Aléuten-Inseln durch die Japaner während des Zweiten Weltkrieges (1941 / 1942). In der Rekordzeit von nur acht Monaten (März – Oktober) bauten amerikanische und kanadische Pioniere eine Trasse, die den Truppentransport und den Versorgungsnachschub in das militärisch bis dahin nahezu ungeschützte Alaska ermöglichte. Nach dem Ende des Krieges wurde der Alaska-Highway auch für den zivilen Verkehr geöffnet und ist seither die wichtigste Erschließungsachse und Fremdenverkehrsroute für das Yukon-Territorium und den Süden Alaskas.

Fahrt auf dem Alaska Highway

Watson Lake Die erste größere Siedlung im Yukon-Territorium von British Columbia kommend ist Watson Lake, das »Tor zum Yukon«. Hier waren zeitweise bis zu 25 000 Soldaten stationiert. Im Alaska Highway Interpretive Center (Öffnungszeiten: Victoria Day – Labour Day tgl. 9.00 – 19.00 Uhr) kann man sich mit der Entstehungsgeschichte der Straße vertraut machen. Weltberühmtes Wahrzeichen von Watson Lake ist ein imposanter Schilderwald. Dem Beispiel eines aus dem Jahr 1942 vom Heimweh gepackten Bauarbeiters nacheifernd haben Tausende von Touristen an der Kreuzung von Alaska Highway und ►Campbell Highway Wegweiser mit den Namen ihrer Heimatstädte aufgestellt.

Viel Einsamkeit, endlose Weiten und Natur pur begleitet den Alaska Highway.

Grüße aus der Heimat: Mit jedem Touristen, der hier seine Heimatstadt verewigt, wächst der berühmte »Schilderwald« von Watson Lake.

★ Teslin Lake

Zwischen Watson Lake und ►Whitehorse führt der Alaska Highway eine Weile am Teslin Lake entlang. Es bieten sich herrliche Ausblicke sowohl auf den fjord- bzw. flussähnlichen See als auch auf die Höhenzüge des Yukon-Plateaus.
Bei der Ortschaft Teslin (200 Einw.) überspannt eine imposante Brückenkonstruktion einen Arm des Lake Teslin. Teslin ist bekannt als eine der größten Indianersiedlungen des Yukon-Territoriums. Hier leben Nachkommen der Küstenindianer (Tlingit). Sehenswert ist das westlich abseits des Highway gelegene George Johnston Museum (Öffnungszeiten: Victoria Day – Labour Day tgl. 9.00 – 19.00 Uhr), das sich mit der Kulturgeschichte der Tlingit befasst und auch die turbulente Zeit der Goldgräbertrecks beleuchtet.

★ Lake Atlin

Von Jakes Corner aus empfiehlt sich ein Abstecher zu der etwa 100 km weiter südwestlich gelegenen Ortschaft Atlin. Diese Siedlung aus der Zeit des Goldrausches ist wegen ihrer bezaubernden Lage am See (Lake Atlin) ein lohnendes Ausflugsziel.

Marsh Lake

Zwischen Jakes Corner und ►Whitehorse, der Hauptstadt des Yukon-Gebietes, verläuft der Alaska Highway direkt am türkisblau schimmernden Marsh Lake entlang, der von einem malerischen Gebirgspanorama umrahmt ist.

Haines Junction

Hinter ►Whitehorse biegt der Highway westwärts ab in Richtung St. Elias Mountains. Von Haines Junction gelangt man zum ►Kluane

National Park im westlichsten Zipfel des Yukon-Gebietes. Sein Besucherzentrum befindet sich in Haines Junction.

Burwash Landing Etwa 60 km weiter nördlich liegt die kleine Ortschaft Burwash Landing (80 Einwohner) am Ufer des fischreichen Kluane Lake. Beachtenswert ist das Kluane Museum of Natural History (Alaska Hwy., km 103; Öffnungszeiten: Victoria Day – Labour Day tgl. 9.00 – 21.00 Uhr) mit seiner Mineralien- und Fossiliensammlung. Auch schönes indianisches Kunsthandwerk ist ausgestellt.

ALASKA HIGHWAY ERLEBEN

AUSKUNFT

The Village of Haines Junction
Box 5339
Haines Junction, YK, Y0B 1L0
Tel. (867) 634-71 00
www.hainesjunctionyukon.com

ÜBERNACHTEN / ESSEN

► Luxus

The Raven Hotel & Gourmet Dining
Box 5470
Haines Junction, YK, Y0B 1L0
Tel. (867) 634-25 00
www.yukonweb.com/tourism/raven
Kleines, aber feines Hotel mit exzellentem Restaurant. Kulinarische Spezialitäten sind z. B. kaltgerauchter Königslachs oder Geschnetzeltes vom Büffel mit Spätzle.

► Komfortabel

Toad River Lodge
Mile 422, Alaska Highway
BC, V0C 2X0
Tel. (250) 232-54 01
www.toadriverlodge.com
Gut geführte Lodge mit Restaurant in herrlicher Lage

Dawson Peaks Resort & RV Park
Box 80, Teslin YK, Y0A 1B0
Tel. (867) 390-23 10
www.dawsonpeaks.ca
Hütten und Campingplatz mit gutem Restaurant

Burwash Landing Resort
Burwash Landing, Kluane Lake, YK
Tel. (867) 841-44 41
www.karo-ent.com/burwash
Schön gelegene Herberge mit Restaurant. Es werden auch Gletscherflüge, Angeltouren und Ausflüge zum Goldwaschen angeboten.

Westmark Inn Beaver Creek
Milepost 1202
Beaver Creek, YK, Y0B 1A0
Tel. (867) 862-75 01
www.westmarkhotels.com/beavercreek
Beliebtes Rasthaus am Alaska Highway mit Restaurant, Dinner Theater, Souvenirladen, Lebensmittelmarkt und kleinem Wildlife Museum.

Alcan Motor Inn
Box 5460
Haines Junction, YK, Y0B 1L0
Tel. (867) 634-23 71
www.alcanmotorinn.com
Neues Motel mit tollem Blick auf die St. Elias Mountains

► Günstig

The Cabin B & B
Box 5334
Haines Junction, YK, Y0B 1L0
Tel. (867) 634-26 00
www.thecabinyukon.com
Gute Unterkunft am Kathleen Lake

★★ Dawson City

L 10

Höhe: 320 m ü. d. M. **Einwohnerzahl:** 1300

In dem landschaftlich reizvoll gelegenen Ort, der seine Existenz dem Goldrausch Ende des 19. Jhs verdankt, erinnert auch heute noch alles an diese abenteuerlichen Zeiten.

Dawson City präsentiert sich wie eine zum Leben erwachte Westernfilm-Kulisse aus Hollywood. In den frühen 1980er-Jahren wurde die gesamte Stadt unter Denkmalschutz gestellt. Jetzt kommen in jedem Sommer die Touristen, um zwischen Can Can Show und Goldwaschen am Klondike ein wenig von der Atmosphäre zu erspüren, die hier zu Zeiten des Goldrausches herrschte.

Geschichte

Dawson wurde zu Beginn des Goldrauschs, den die spektakulären Funde am Klondike 1896 auslösten, gegründet. Wenige Monate nachdem George Washington Carmack und seine Kumpane Skokum Jim und Dawson Charlie im Bonanza Creek des Klondike faustgroße Nuggets entdeckt hatten, strömten Abertausende von hoffnungsvollen Goldsuchern hierher. Im Zentrum des Goldrausch-Gebietes entstand Dawson City.

◂ weiter auf S.475

Wie in alten Zeiten: Temperamentvolle Can-Can-Darbietung für Touristen aus aller Herren Länder

Nichts konnte sie abhalten, dem Lockruf des Goldes zu folgen: Goldsucher stapfen schwer bepackt über den Chilkoot Pass.

DER LOCKRUF DES GOLDES

Schräge Klaviermusik klingt aus dem halb offenen Fenster des Saloons. Aber sonst – kein Gläserklirren, keine knallenden Champagnerkorken, kein vor Übermut schäumendes Lachen der vielen Gäste, wie es vor etwas mehr als hundert Jahren zur Zeit des großen Goldrausches in Dawson City gewesen sein muss. Doch bummelt man die Kings Street entlang, kann man sich mit ein bisschen Fantasie ins Jahr 1898 zurückversetzen.

Als im Sommer 1897 die Nachricht von **ersten Goldfunden** im Yukon um die Welt ging, setzte sich eine Völkerwanderung in Bewegung. Abertausende Glücksritter aus aller Herren Länder begaben sich auf den steinigen Pfad, der Reichtum versprach. Um an den Klondike zu gelangen, mussten Bergpässe und Gletscher überstiegen, Sümpfe mit Millionen von Mosquitos, unerforschte Flüsse mit gefährlichen Stromschnellen durchquert werden. Die einzig sinnvolle Route nahm ihren Anfang in Skagway (Alaska) und führte über den White Pass beziehungsweise den Chilkoot Pass in den Coast Mountains zum Oberlauf des Yukon River. An sich schon ungenügend ausgerüstet, mussten die Goldsucher auch noch bis in die Sommermonate tagelang durch **meterhohen Schnee** stapfen. Um die Wasserwege zu bewältigen, bauten sie sich Boote in allen Größen und Formen: Katamarane, Ruderboote, Auslegerboote und Kajaks. Von den 100 000 Männern und Frauen, die entsprechend ausgestattet das Abenteuer wagen wollten, erreichten nur 40 000 das Ziel.

Stadt aus dem Nichts

Sozusagen über Nacht entstand aus dem Nichts eine Stadt mit Hotels, Warenhäusern, Tanzlokalen, Spielsalons: Dawson City an der Mündung des Klondike River in den Yukon River. Die Stadt besaß manches, was größere Städte in zivilisierteren Gegenden nicht hatten: ein Telefonsystem, elektrisches Licht und drei Tageszeitungen. Innerhalb eines Jahres wuchs sie mit 35 000 Einwohnern zur **größten Siedlung im kanadischen Westen** heran.

Im nahe gelegenen Eldorado, ebenso in Bonanza, gab es Claims, die mindestens eine Million Dollar wert waren.

Abends floss der Champagner und es wurde mit Geld im wahrsten Sinne des Wortes um sich geschmissen. Nicht selten wurden z. B. einer Sängerin nach ihrem Auftritt Goldklumpen in ihren hochgehaltenen Rock geworfen.

Mit Rüttelsieb und Pfanne

Gefunden wurde das wertvolle Metall in den von Flüssen zurückgelassenen Kiesbänken und Uferterrassen. Das Geschäft mit dem Gold verhalf dem Kontinent aus der Wirtschaftskrise der 1890er-Jahre. Damalige »Dörfer« wie Vancouver und Edmonton verwandelten sich in blühende Zentren, als Abertausende von durchreisenden Glücksrittern den harten Winter 1897/1898 in diesen Orten verbringen mussten. Aber der Goldrausch am Yukon bzw. Klondike hatte nur kurze Zeit gedauert, als sich die Nachricht von neuen sagenhaften Goldfunden im 1300 Kilometer entfernten **Nome an der Küste Alaskas** wie ein Lauffeuer verbreitete. Rasch kehrte Ruhe in Dawson City ein, denn es blieben nur wenige hundert Bewohner in der Stadt.

In den damals entstandenen Gebäuden herrscht auch heute noch Handel und Wandel. Nun sorgen Nachkom-

Versuchen Sie es selbst: Werden Sie reich über Nacht!

men der Goldsucher dafür, dass der Geist jener Zeit weiterlebt. Denn das Yukon Territory erlebte einen **erneuten »gold rush«**, als der Goldpreis Ende der 1970er-Jahre steil nach oben stieg. Doch nun wurde mit Bulldozern und Planierraupen Kubikmeter um Kubikmeter abgetragen, um dann, unter Zugabe enormer Wassermengen, auf einem Rüttelsieb das Gold vom Geröll zu trennen: die moderne Version des am Ufer sitzenden Schürfers, der mit der Pfanne Gold wäscht. Kapitalkräftige Minengesellschaften erwirtschaften mit dem »placer mining« – Goldgewinnung im Waschverfahren – ungefähr noch drei Tonnen des Edelmetalls pro Jahr.

Früher Strapaze, heute Touristenattraktion

Wandert man heute mit leichtem Rucksack den Chilkoot Pass entlang, ist es kaum vorstellbar, dass damals viele Goldgräber bis zu 100 kg Ausrüstung unter grausamen Strapazen über das Gebirge trugen. Bis zu acht Monaten brauchte man in jener Zeit, um von Seattle oder Vancouver nach Dawson City zu gelangen, stets bedroht von gefährlichen Wetterstürzen und Kälteeinbrüchen. Heute setzt man sich ins Flugzeug und ist in wenigen Stunden am Ziel. Die **Traditionspflege** in den bekannten Touristenzentren des Yukon-Territoriums lässt heutzutage die Erinnerungen an jene Zeit wieder aufleben, als unerwarteter Reichtum, Straßenräuber und Schneestürme zum täglichen Leben gehörten. Vor den restaurierten Holzhäuschen parken Wohnmobile, Pick-ups und Limousinen. Kaum einer der vielen Touristen denkt noch an die Risiken vergangener Zeiten, während man sich selbst im Museum beim Goldwaschen versucht oder abends Gast der Show im Saloon ist, wenn die Frantic Follies ihre langen Beine schwingen.

Viele Goldsucher kamen mit völlig unzureichenden Vorräten an, auch wenn die Regierung eine Verordnung erlassen hatte, nach der jeder Neuankömmling Kleidung und Nahrungsvorräte für mindestens ein Jahr mitzubringen hatte. Ende 1897 zählte Dawson City bereits 3500 Einwohner.

»San Francisco des Nordens«

Die ungekrönten »Könige des Klondike« machten die Stadt zum **San Francisco des Norden**. Bald zählte man 60 000 Einwohner. Diese finanzierten mit ihrem Gold den Bau ebenso luxuriöser wie zweifelhafter Hotels, Saloons, Tanzsäle und Spielhallen; dazu erwarben sie eine ganze Reihe von Schifffahrtsgesellschaften. Auf dem Wasserweg kamen feinste Pariser Mode, kostbare persische Teppiche, edle Möbel und beste Delikatessen nach Dawson City. Der französische **Can Can** eroberte die Saloons, Tanzhallen und das von Arizona Charlie Meadows erbaute Theater, wo u. a. die legendäre Kitty Rockwell alias »Klondike Kate« auftrat. Für die meisten Goldsucher bedeutete Dawson einen täglichen Überlebenskampf. So schnell die Nuggets entdeckt waren und Geld gebracht hatten, so schnell wurden die Erlöse wieder in den Saloons der Stadt umgesetzt. Für Gesetz und Ordnung sorgte nach einer anfänglichen Wildwest-Ära die North West Mounted Police. Als im August 1899 neue Goldfunde bei Nome in Alaska bekannt wurden, zogen die ersten 8000 Goldsucher weiter gen Westen. Wenige Jahre vor Ausbruch des Zweiten Weltkriegs zählte man in Dawson City nur noch knapp 4000 Einwohner.

? WUSSTEN SIE SCHON ...?

- ... dass »Big Alex« McDonald zu den bekanntesten Glücksrittern des Klondike gehörte, der bis zu 5500 Dollar am Tag einnahm und schließlich 7 Mio. Dollar angehäuft hatte. »Big Alex« war so berühmt, dass er sogar eine Privataudienz beim Papst in Rom erhielt.

★ Spring Carnival

Höhepunkt im jährlichen Festkalender ist der Spring Carnival (Mitte März) mit dem Zieleinlauf des Percy DeWolfe Memorial Race & Mail Run. Zu diesem Anlass messen sich die besten Hundeschlittenführer mit ihren Tieren. Das kräftezehrende Rennen führt von Eagle (Alaska) nach Dawson City.

Discovery Claim

Wer auf den Spuren von George Carmack, der mit seinen spektakulären Goldfunden den Goldrausch am Klondike einleitete, wandeln möchte, kann dessen Discovery Claim (Claim 33) am Bonanza Creek besichtigen.

Auf der Suche nach Gold

In der Umgebung von Dawson bietet sich an vielen Stellen Gelegenheit zum **Goldwaschen** und -schürfen. Auskünfte über Touren zu den Goldfeldern und -minen von Bonanza Creek und Guggieville sowie zum 13 km südlich gelegenen Bear Creek Complex, dessen gewaltige Maschinen zum Abbau der Goldseifen bis 1966 im Einsatz waren, erteilt das Visitor Reception Centre in Dawson City.

In dieser gemütlichen Blockhütte lebte Jack London (1897).

★ **Schiffsausflüge auf dem Yukon**

Unvergesslich bleibt ein Schiffsausflug auf dem Yukon River mit dem Raddampfer »Yukon Lou« oder dem luxuriösen Katamaran »M. V. Klondike«.

Sehenswertes in Dawson City und Umgebung

★ **Palace Grand Theatre**

Zu den eindrucksvollsten historischen Bauten gehört das 1899 von Arizona Charlie Meadows erbaute Palace Grand Theatre (3rd Ave./ King St.). Von Mai bis September treten hier abends (außer Di.) die »Gaslight Follies« auf und bieten mit ihren Chansons und Can-Can-Darbietungen ein authentisches Vaudeville von 1898.

Dawson City Museum

Im Museum an der 5th Avenue kann man sich mit der Geschichte der Stadt und der Klondike-Region vertraut machen (Öffnungszeiten: Mai bis Labour Day tgl. 10.00 – 18.00 Uhr).

Jack London's Cabin

In dem Holzhaus, in dem 1897 der amerikanische Schriftsteller Jack London (1876 – 1916) wohnte, wird während der Hauptreisezeit täglich aus dessen bekanntesten Werken wie »Ruf der Wildnis« und »Lockruf des Goldes« vorgelesen (Öffnungszeiten: Mitte Mai – Mitte Sept. tgl. 10.00 – 18.00 Uhr).

Robert Service's Cabin

In der 8th Avenue steht das 1898 erbaute Blockhaus von Robert Service, dem »Barden des Yukon«. Er hat um die Jahrhundertwende Gedichte und Balladen (u. a. »Die Bestattung des Sam McGee« und »Die Erschießung des Dan McGrew«) verfasst (Öffnungszeiten: Victoria Day – Labour Day tgl. 9.00 – 17.00, Lesungen 10.00 u. 15.00 Uhr).

Entlang der **Front Street** sind mehrere Bauten aus historischer Zeit erhalten: das Federal Building, einstmals Sitz der Territorialregierung, die Post von 1901, der Kaufladen von Madame Tremblay, in dem noch Kleidungsstücke aus der Zeit des Goldrausches ausgestellt sind, sowie die Canadian Bank of Commerce, in der Gold geschmolzen und zu Barren gegossen wurde.

! *Baedeker* TIPP

Rien ne va plus!

In der Diamond Tooth Gertie's Gambling Hall, der legendären Tanz- und Spielhalle, kann man nicht nur Black Jack, Roulette und Poker spielen, sondern auch mitreißende Can-Can-Vorführungen sehen (4th Av. / Queen St.; geöffnet Mitte Mai bis Mitte Sept. tgl. 19.00 – 2.00 Uhr).

Der 1922 gebaute Raddampfer **»S. S. Keno«** ist der letzte von mehr als 200 »Sternwheelers«, die bis Ende der fünfziger Jahre auf dem Yukon zwischen Dawson City und ►Whitehorse verkehrten.

* **Midnight Dome**

Lohnend ist ein Ausflug zum Midnight Dome, der sich ca. 7 km südöstlich der Stadt erhebt. Von oben bietet sich in den hellen Mittsommernächten ein toller Panorama-Rundblick auf Dawson City, das Yukon- und das Klondike-Tal sowie auf die im Norden aufragenden Ogilvie Mountains. Auf dem Friedhof am Berghang haben viele Glücksritter der Goldrausch-Zeit ihre letzte Ruhestätte gefunden.

* **Top of the World Highway**

Der Top of the World Highway verdankt seinen Namen den Plateaus und Höhenzügen, über die er – fast immer oberhalb der Baumgrenze – von Dawson aus in westlicher Richtung nach Alaska führt. Die

DAWSON CITY ERLEBEN

AUSKUNFT

Klondike Visitors Association
P.O. Box 389C
Dawson City, YK, Y0B 1G0
Tel. (867) 993-55 75
www.dawsoncity.ca

ÜBERNACHTEN

► **Komfortabel**

Aurora Inn
Ecke Fifth Avenue/Harper Street
Dawson City, YK, Y0B 1G0
Tel. (867) 993-68 60
www.aurorainn.ca
Zentral gelegenes Gasthaus mit mehreren gemütlich eingerichteten Fremdenzimmern und empfehlenswerter Küche

► **Günstig**

Downtown Hotel
Ecke 2nd / Queen Street
Dawson City, YK, Y0B 1G0
Tel. (867) 993-53 46
www.downtownhotel.ca
Einache Gästezimmer mit Wild-West-Feeling

ESSEN

► **Erschwinglich**

Klondike Kate's
3rd Street / Ecke King Street
Tel. (867) 993-65 27
In diesem authentischen Goldrausch-Restaurant, gebaut 1904, bekommt man auch Falafel, Gyros, Tortillias oder ein New Yorker Steak.

Denkmalgeschützte Fassaden der Goldgräberstadt

Grenze passiert man nach 107 km auf einer höchst eindrucksvollen Panoramastrecke. Von dort sind es weitere 181 km bis nach Tetlin Junction, wo man den ►Alaska Highway erreicht.

Ivvavik National Park, Vuntut National Park

Im äußersten Nordwesten des Yukon-Territoriums, erreichbar nur mit dem Flugzeug von Dawson City oder Whitehorse aus, erstrecken sich die beiden Naturschutzgebiete Ivvavik National Park und Vuntut National Park. Diese arktische Wildnis gehört zu den letzten großen Reservaten im kanadischen Norden, in denen das ökologische Gleichgewicht noch einigermaßen intakt zu sein scheint. Im Frühling bringen Karibus hier ihre Jungen zur Welt. In riesigen Herden ziehen sie aus Osten und Süden in die schütter bewachsene Landschaft zwischen Porcupine River und Beaufort-See. Außerdem leben hier noch zahlreiche Dallschafe, Moschusochsen und Elche. Auch Bären fühlen sich wohl, vor allem Grizzlys und Schwarzbären sowie eine größere Zahl von Eisbären. Im Sommer nisten riesige Schwärme verschiedenster Wasser- und Watvogelarten. An der Küste der Beaufort-See sieht man Bartrobben und Walrosse, und vor der Küste lassen sich Wale beobachten. In beiden Nationalparks gibt es keinerlei Service-Einrichtungen. Wenn Sie sich per Flugzeug dort hinbringen lassen, sollten Sie also alles dabei haben.

Dempster Highway

L-O 8-10

Provinzen: Yukon Territory und Northwest Territories

Länge: 740 km

Die einzige öffentliche Straße Nordamerikas, die nordwärts über den Polarkreis führt, hat ihren Ausgangspunkt 40 km südöstlich von ►Dawson City (Yukon) und endet nach rund 740 km in ►Inuvik im ►Mackenzie-Delta (Northwest Territories) am Polarmeer.

Die Straße (weitgehend Schotterpiste) führt durch großenteils noch unberührte Wildnis. Die klimatischen Bedingungen sind ausgespro-

chen rauh – die Temperaturskala reicht von –45 °C im Winter bis +35 °C im Sommer.
Der ursprüngliche Pfad erlangte im Winter 1911 traurige Berühmtheit, als eine berittene Patrouille vom Weg abkam und nur noch tot geborgen werden konnte. Nach dem Führer des Suchtrupps, Corporal W. D. Dempster, ist der Highway benannt.

Hinweis für Autofahrer

Vor einer Fahrt auf dem Dempster Highway sollte man sein Fahrzeug gründlich warten. Empfohlen wird die Mitnahme von Ersatzrädern und Schutzgittern für die Scheinwerfer bzw. für die gesamte Frontpartie. Tankstellen mit Reparaturwerkstätten gibt es nur in Eagle Plains, Fort McPherson und Inuvik!

Fahrt auf dem Dempster Highway

Ogilvie Mountains

Der Dempster Highway beginnt etwa 40 km südöstlich von Dawson City an den schütter von Nadelhölzern, Gestrüpp, Moosen und Flechten bewachsenen Südhängen der ansonsten kahlen Ogilvie Mountains. Ca. 70 km weiter nördlich erreicht er den 1289 m hohen North Fork Pass und damit auch die Waldgrenze. Von der Passhöhe blickt man auf den Tombstone Mountain, der wie ein überdimensionaler Grabstein aufragt. Jenseits des Passes durchfährt man die fremd wirkenden Blackstone Highlands, wo kälteunempfindliche Vogelarten und auch einige Dallschafe leben.

Für Zivilisationsmüde und Abenteurer genau das Richtige: eine Fahrt auf dem Dempster Highway

DEMPSTER HIGHWAY ERLEBEN

AUSKUNFT

Department of Tourism & Culture
Box 2703
Whitehorse, YK, Y1A 2C6
Tel. (1-800-661-04 94
E-Mail: vacation@gov.yk.ca

ÜBERNACHTEN

► Komfortabel

The Peel River Inn
Fort McPherson, NT
Tel. (867) 952-23 73
www.peelriverinn.com
Hoch im kanadischen Norden, am geschichtsträchtigen Peel River, erlebt man gepflegte Gastlichkeit.

► Günstig

Eagle Plains Hotel
Kilometer 371, Dempster Highway
Bag Service Number 2735
Whitehorse, YK, Y1A 3V5
Tel. (867) 993-24 53
www.eagleplainshotel.com
Das Eagle Plains Hotel ist eine Oase halbwegs zwischen Dawson City und Inuvik. Man ist hier autark mit elektrischem Generator und Wassertank, gespeist aus dem Eagle River. Hier erholt man sich von den Strapazen der bisherigen Reise, tauscht das Zelt gegen ein Hotelbett und lässt alle Erlebnisse Revue passieren.

Nach 403 km ist der **Polarkreis** (Arctic Circle) erreicht. Danach steigt der Highway auf die Höhen der weithin baumlosen, von Schutt- und Geröllmassen geprägten **Richardson Mountains** hinauf. Am Scheitel des Gebirges wird die Grenze zwischen dem Yukon-Territorium und den ►Northwest Territories überschritten.

Mackenzie-Tiefland

Nun geht es hinunter in das Mackenzie-Tiefland. Am Ostufer des Peel River liegt Fort McPherson, dessen 600 Einwohner zumeist indianischer Abstammung sind. Der Highway führt dann durch ein seenreiches Waldgebiet nach Arctic Red River, wo man mit der Fähre über den breiten Mackenzie River übersetzt. Schließlich gelangt man nach ►Inuvik (NT), dem nördlichen Endpunkt der Fernstraße.

Klondike Highway

K/L 10/11

Der 717 km lange Klondike Highway, der von Skagway (Alaska) über den White Pass nach ►Whitehorse und weiter nach ►Dawson City führt, wurde in seiner gesamten Länge erst 1979 fertig gestellt.

Die Straße folgt den Spuren der Goldsucher, die Ende des 19. Jh.s von Skagway aus den halsbrecherischen Weg über den White Pass nach Carcross nahmen, um von dort aus per Boot oder Floß und

Der Klondike Highway – »Straße der Goldsucher«

dann per Raddampfer von ►Whitehorse nach ►Dawson City weiterzufahren.

Skagway (Alaska)

Das Hafenstädtchen Skagway (800 Einw.), Ausgangspunkt des Klondike Highway, liegt am Ende eines tiefen Fjords im sog. Alaska Panhandle. Skagway ist die nördliche Endstation der von Seattle (USA) bzw. ► Vancouver (BC) nach Norden führenden ► Inside Passage (BC).

Aus der Zeit des Goldrausches sind noch etliche Gebäude erhalten. Das alte Zentrum mit dem Broadway ist heute Teil des Klondike Gold Rush National Historic Park. In den Sommermonaten bringen Fähren bzw. Kreuzfahrtschiffe Touristen, die von hier aus weiter nach Norden ins Land des Goldes fahren.

? WUSSTEN SIE SCHON ...?

- ... dass der Ortsname von Skagway von den indianischen Tlingit stammt und so viel wie »Heimat der Nordwinde« bedeutet?

✶ White Pass

Auf wildromantischer Strecke geht es im Tal des Skagway River steil hinauf zum 1003 m hohen White Pass, dessen höchste Stelle man nach 23 km erreicht (Grenzübertritt nach Kanada). Über diesen Pass zogen einstmals die Wohlhabenderen unter den Goldsuchern, die sich Lasttiere leisten konnten. Die weniger Begüterten mussten sich unter kaum vorstellbaren Strapazen über den benachbarten und wesentlich unbequemeren Chilkoot Pass quälen.

Eine reizvolle Alternative zur Autofahrt über den White Pass ist ein Ausflug mit der **White Pass & Yukon Railroad**, einer Museums-Schmalspurbahn, die von Skagway über den Pass bis Log Cabin fährt. Von hier besteht dann ein Autobusanschluss nach ► Whitehorse. Diese Eisenbahnstrecke ist in der Goldgräberzeit um 1900 angelegt worden. Sie führt an jähen Abgründen entlang und über kühne Brückenkonstruktionen. Schon aus diesem Grund hinterlässt eine Fahrt mit dieser Bahn bei vielen Passagieren bleibende Eindrücke.

✶ **Carcross, Lake Bennett**

Von der Passhöhe fährt man hinunter nach Carcross bzw. an den Lake Bennett. Wo Ende des 19. Jh.s Abertausende von Goldsuchern die Boote in Richtung Klondike bestiegen, leben heute nur 200 Menschen. Die Indianer nannten diesen Platz »Caribou Crossing«, die verkürzte Version des Namens wurde später von den Goldsuchern übernommen.

! *Baedeker* TIPP

Alt, aber urig

Das 1910 am Lake Bennett eröffnete »Caribou Hotel« ist das älteste noch betriebene Haus seiner Art im Yukon-Gebiet und steht heute unter Denkmalschutz. Vor dem Haus sieht man den alten Raddampfer S. S. »Tutsi« und die kleine Dampflok »Duchess«, die einstmals auf der Strecke von Taku zum Atlin Lake verkehrte.

Ca. 3 km nördlich von Carcross erreicht man das **Museum of Yukon Natural History & Frontierland** (Öffnungszeiten: Victoria Day – Labour Day tgl. 9.00 – 18.00 Uhr). In Dioramen sind die wichtigsten (ausgestopften) Vertreter der nordischen Tierwelt zu sehen und ein botanischer Lehrpfad macht mit der hiesigen Pflanzenwelt vertraut. Vom Aussichtspunkt bietet sich ein schöner Blick auf Carcross und den Lake Bennett. Auf dem Museumsareal ist das so genannte Frontierland angelegt. Hier erfährt man, wie die von der Suche nach Gold motivierte Erschließung des Yukon-Territoriums vonstatten gegangen ist.

Carcross Desert

Die 250 ha große Carcross Desert entlang des Klondike Highways ist die »kleinste Wüste der Welt«. Der Sand auf dem Boden eines Gletscherzungenbeckens wird vom Wind ständig umgeschichtet, sodass sich keine Vegetation ansiedeln kann.

Whitehorse

40 km nördlich erreicht man ► Whitehorse, die Hauptstadt des Yukon. Hier kreuzt der ► Klondike Highway den ► Alaska Highway.

Takhini Hot Springs

10 km westlich abseits des Klondike Highway lädt das Thermalbad Takhini Hot Springs (Öffnungszeiten: tgl. 8.00 – 22.00 Uhr) zum Besuch ein.

Braeburn Lodge

83 km weiter empfiehlt sich die »Braeburn Lodge« als Zwischenstation. Hier kann man übernachten und auch gut essen.

KLONDIKE HIGHWAY ERLEBEN

AUSKUNFT

Tourism Yukon Visitor Reception Centre
Tel. (867) 993 - 55 66
www.dawsoncity.ca

ÜBERNACHTEN

► Komfortabel
Takhini Hot Springs
30 km nördlich von Whitehorse und 10 km westlich vom Klondike Highway
Tel. (867) 456-80 00
www.takhinihotsprings.yk.ca
Gut ausgestattetes Kurhotel mit Thermalbad, Sauna, Whirlpool, Fitnessraum und einem Pferdestall

► Günstig
Carmacks Hotel
P.O. Box 160
Carmacks, YK, Y0B 1C0
Tel. (867) 863-52 21
Historisches kleines Hotel mit Restaurant, Lounge und Cabins. Für Camper gibt es einige Stellplätze. Weiterer Service: Bootstouren, Kanuverleih

Nach weiteren 76 km kommt man in den Ort Carmacks. Dieser ist nach George Washington Carmack benannt, einem der drei Entdecker des Klondike-Goldes. Die meisten der heute rund 500 Einwohner sind indianischer Abstammung. **Carmacks**

Unweit nördlich von Carmacks zweigt der ►Campbell Highway nach Osten ab, der über Faro und Ross River die Verbindung nach Watson Lake am ►Alaska Highway herstellt. **Campbell Highway**

22 km nördlich von Carmacks erreicht man die Five Finger Rapids. Diese gefährlichen Stromschnellen des Yukon River wurden vielen Goldsuchern zum tödlichen Verhängnis, die mit ihren Booten in Richtung Dawson City unterwegs waren. **Five Finger Rapids**

Nach weiteren 50 km ist man in Minto, einem alten Versorgungsposten, den Robert Campbell 1840 für die Hudson's Bay Company eingerichtet hat. Hier verlässt der Klondike Highway das Tal des Yukon River und überquert nun das zentrale Yukon Plateau. **Minto**

Bei Kilometer 538 erreicht man Stewart Crossing. Dies ist die letzte Versorgungsstation für die nächsten 140 Kilometer. Hier zweigt der legendäre ►Silver Trail in nordöstlicher Richtung ab. **Stewart Crossing, Silver Trail**

Kurz nachdem man wieder das Tal des Klondike erreicht hat, taucht bei Kilometer 678 die Klondike River Lodge auf. Hier zweigt nun der ►Dempster Highway in den kanadischen Norden ab, um nach einer landschaftlich überwältigenden Strecke von rund 750 km in ►Inuvik (NT) am Mündungsdelta des Mackenzie River zu enden. **Klondike River Lodge, Dempster Highway**

★★ Kluane National Park

K-M 12

Fläche: 21 980 km² **Höhe:** 400 – 5959 m ü. d. M.
Gründungsjahr: 1972

Die schneebedeckte Hochgebirgswelt des Kluane (spr. »Klu-ahnee«) mit den gewaltigsten Eisfeldern außerhalb der Polarregion wurde 1976 als Naturschutzgebiet ausgewiesen. Von den mehrere Hundert Meter dicken Eisfeldern fließen gewaltige Gletscherströme wie der Steele Glacier und der Lowell Glacier zu Tal. Einige dieser Eisflüsse sind bis zu 100 km lang und über 10 km breit.

Anreise Die Anfahrt zu dem in der Südwestecke des Yukon, an der Grenze zu British Columbia und zum US-Bundesstaat Alaska, gelegenen Nationalpark erfolgt von ►Whitehorse (YT) aus via ►Alaska Highway (Hwy. 1) in westlicher Richtung und von Haines (Alaska) via Haines Highway (Hwy. 3) in nördlicher Richtung. Die nahezu ständig von den Eisfeldern herunterwehenden Winde transportieren große Mengen Staub und Sand, sodass an vielen Stellen Sand- und Schluffdünen aufgetürmt sind. Hin und wieder kann man in dieser Eiswüste sogar einen ausgewachsenen Staubsturm erleben.

Kluane National Park: Gebirgspanorama bei Haines Junction

Zwei mächtige Gletscherströme vereinigen sich vor den St. Elias Mountains.

Klima und Reisezeit

Die beste Zeit für einen Besuch sind die Monate Juli, August und September. Obwohl es in dieser Zeit tagsüber bis + 25 °C warm werden kann, ist mit empfindlich kalten Frostnächten zu rechnen. Der Nationalpark ist das ganze Jahr über zugänglich. Gute Stützpunkte für Erkundungstouren sind die am ►Alaska Highway gelegenen Orte Haines Junction, Sheep Creek und Burwash Landing. Alle Bergwanderer und Bergsteiger müssen sich beim Warden Service an- und abmelden. Der Kluane National Park verfügt über zahlreiche touristische Einrichtungen, inklusive Wintercamping.

! Baedeker TIPP

Eisgipfel und Gletscherströme

Ein unvergessliches Erlebnis ist ein Panorama-Rundflug über den mächtigen Gletscherströmen des Kluane National Park bzw. den majestätischen Gipfeln der St. Elias Mountains. Flugreservierungen: The Yukon Adventure Company, Tel. (867) 456-70 84, www.yukonadventures.com

Von Eis und Schnee sind auch **Flora und Fauna** geprägt. In geschützten Flusstälern, die mehrere Wochen oder gar Monate im Jahr schneefrei sind, gedeihen in erster Linie Nadelbäume, wobei die Weißfichte (white spruce) besonders hervortritt. Auch einige Laubbäume trifft man an, vor allem Birken und Pappeln (poplar). Jenseits der Baumgrenze gibt es eine farbenreiche alpine und arktische Flora von niedrig wachsenden, klein blühenden Sträuchern, Blumen und Gräsern, während Moose und Flechten auf den Inseln im ewigen Eis sogar den harten Wintern trotzen. Grizzlys, Schwarzbären, Elche,

KLUANE NATIONAL PARK

AUSKUNFT

Kluane National Park Reserve
P.O. Box 5495
Haines Junction, YK, Y0B 1L0
Tel. (867) 634-72 50
www.pc.gc.ca/pn-np/yt/kluane

Kluane Visitor Reception Centres
Besucherzentren gibt es in Haines Junction und und Tachal Dhal (Sheep Mountain; 74 km nördlich von Haines Junction).

Karibus, Wölfe, Bergziegen, Wildschafe, Biber, Marder, Füchse, Bisamratten, Adler und zahlreiche Fischarten fühlen sich hier ausgesprochen wohl.

Die höchsten Gipfel im Kluane National Park gehören zu den **St. Elias Mountains**, die den Nationalpark in südöstlicher Richtung durchziehen. Aus ihren gewaltigen sog. Icefield Ranges erhebt sich der 5959 m hohe **Mount Logan** (Pierre Elliott Trudeau Mountain) als höchster Gebirgsstock Kanadas, der 1925 zum ersten Mal bestiegen wurde. Vom ► Alaska Highway blickt man auf einer Strecke von knapp 160 km über die bis zu 2500 m hohen Kluane Ranges hinweg zu den von ewigem Eis bedeckten Gipfeln der St. Elias Mountains.

★ Whitehorse

N 12

Höhe: 688 m ü. d. M. **Einwohnerzahl:** 25 000

Whitehorse ist seit 1953 die liebenswerte Hauptstadt des Yukon Territory. Zwei Drittel aller Yukonbewohner leben hier. Die Stadt ist das Bergau- und Forstwirtschaftszentrum der Region und im Sommer nutzen Tausende von Touristen Whitehorse als Ausgangspunkt für abenteuerliche Nordlandtouren.

Touristisches Zentrum

Es gibt bereits sommerliche Charterflug-Direktverbindungen zwischen Deutschland und der Hauptstadt des Yukon-Territoriums. Alle touristisch relevanten Serviceeinrichtungen – von der Autovermietung über das Komforthotel bis zum Supermarkt – stehen zur Verfügung. In den Geschäften werden die für diese Gegend typischen Souvenirs angeboten. Begehrt sind u. a. Nuggets (Gold) sowie Kunsthandwerk der im Yukon-Gebiet lebenden Indianer und Inuit. Kunstvolle Schnitzereien und Steinskulpturen zählen ebenso da-

! *Baedeker* TIPP

Revue

Starken Zuspruchs erfreut sich die von Mai bis September allabendlich im Westmark Whitehorse Hotel gezeigte Revue »Frantic Follies«. Zu diesem Vaudeville aus der Zeit des Goldrausches gehören auch die Can Can Girls sowie die »Honky-tonk«-Piano-Musik.

Während des Goldrausches das wichtigste Verkehrsmittel, heute als Museumsschiff Hauptattraktion der Stadt: der Schaufelraddampfer S.S. Klondike

zu wie schöne Zeichnungen und Gemälde. Besonders beliebte Mitbringsel sind Stiefel (mukluks) der Inuit.

Geschichte

Ebenso wie ► Dawson City verdankt auch Whitehorse seine Gründung dem 1897 einsetzenden Goldrausch am ► Klondike. Die Goldsucher mussten hier Zwischenstation machen auf ihrem Weg nach Dawson City . Mit dem Abklingen des Goldrausches verringerte sich die Einwohnerzahl von Whitehorse dramatisch. Für einige Zeit hielten die Kupferminen der Umgebung die Stadt am Leben. Nachdem aber auch diese in den 1920er-Jahren geschlossen wurden, sank die Einwohnerzahl unter 400. Einen neuerlichen Aufschwung erlebte die Stadt während des Zweiten Weltkrieges, als der strategisch bedeutsame ► Alaska Highway gebaut wurde. Damals kamen über 20 000 Menschen nach Whitehorse.

Nichts für Weicheier

Wer immer schon mal nachvollziehen wollte, unter welchen Mühen die Goldsucher vor über 100 Jahren das Yukon-Territorium durchkämmt haben, dem sei eine Tour mit dem Kanadier oder Kajak auf dem Yukon River, dem Teslin River, dem Big Salmon River oder dem Takhini River empfohlen. Es werden ein- und mehrtägige Touren angeboten. Informationen gibt es bei: Up North River Trip, 86 Wickstrom Rd., P.O. Box 5418, Whitehorse, YT, Y1A 5H4, Tel. (867) 667 - 79 05; E-Mail: upnorth@yknet.yk.ca

Sehenswertes in Whitehorse und Umgebung

Bootsfahrt auf dem Yukon River

Empfehlenswert ist eine Bootsfahrt mit dem Motorschiff M. V. »Anna Maria« auf dem Yukon River abwärts nach ► Dawson.

! Baedeker TIPP

Rentiere aus der Nähe

Einige Autominuten nördlich außerhalb von Whitehorse, am romantischen Lake Laberge, lädt die Northern Splendor Reindeer Farm zum Besuch ein. Sie ist am schnellsten über den Klondike Highway erreichbar. Hier kann man die ansonsten scheuen Tiere aus nächster Nähe beäugen.

★★ S. S. Klondike II Auch noch Jahrzehnte nach dem Goldrausch gehörten die Raddampfer zu den wichtigsten Verkehrsmitteln im Yukon-Gebiet. Die 1937 gebaute »S.S. Klondike« beispielsweise transportierte bis Mitte der 1950er-Jahre Erze aus den Silberminen von Mayo nach Whitehorse, wo die Rohstoffe auf Lastwagen umgeladen wurden. Heute liegt der restaurierte und nun als Museumsschiff zugängliche Raddampfer im Stadtzentrum am Ufer des Yukon River.

McBride Museum Das McBride Museum (1st Ave./Wood St.; Öffnungszeiten: Juni – Sept. tgl. 9.00 – 19.00 Uhr) beherbergt eine Vielzahl von Erinnerungen an die Zeit des Goldrausches. Sehenswert ist die alte Hütte von Sam McGee, über den Robert Service, der »Barde des Yukon«, seine gleichnamige Ballade verfasst hat. Eine Vielzahl alter Maschinen und Werkzeuge zeigt, mit welcher Verbissenheit die Goldsucher nach dem Edelmetall schürften.

Regierungsgebäude Wochentags werden Führungen durch das Regierungsgebäude (2nd Ave.) angeboten. Sehenswert sind die von Ureinwohnern des Yukon gefertigten wunderschönen Wandteppiche und Gemälde.

Old Log Church Museum Im Oktober 1900 wurde die Anglikanische Kirche von Whitehorse fertig gestellt. Sie zeigt heute als Museum die Anfänge missionarischer Tätigkeit im Yukon Territory (3rd Ave. / Ecke Elliot St.; Öffnungszeiten: Mai – Sept. Mo. – Sa. 9.00 – 17.00, So. 12.00 – 16.00 Uhr).

★ Whitehorse Fishway Bereits vor einigen Jahren hat man in Whitehorse die längste hölzerne Fischtreppe der Welt gebaut. Diese umgeht den Whitehorse Rapids Dam und ermöglicht den Lachsen den Aufstieg zu ihren Laichplätzen im südlichen Yukon-Gebiet (Ende Juni – Anfang Sept.). Die Fische haben hier bereits einen großen Teil ihres beschwerlichen Weges vom Pazifik bzw. von der Bering-Straße hinter sich.

Yukon Transportation Museum In Flugplatznähe lädt dieses Museum (Öffnungszeiten: Victoria Day – Labour Day tgl. 9.00 – 18.00 Uhr) ein, in dem man alle Arten von Verkehrsmitteln sieht, die vor und während des Baus des Alaska

Highway benutzt wurden: Kutschen, Karren, Boote, Schlitten, Schneeschuhe, Kraftfahrzeuge aller Art und natürlich auch Flugzeuge. Glanzstück der Ausstellung ist die »Queen of the Yukon«, das Schwesterflugzeug der »Spirit of St. Louis« von Charles Lindbergh.

Yukon Gardens

Am Alaska Highway erstrecken sich die Yukon Gardens (Öffnungszeiten: Sommer tgl. 10.00 – 20.00 Uhr), wo mit Blumen-, Obst- und Gemüsesorten experimentiert wird, von denen man glaubt, dass sie so weit im Norden gedeihen könnten. Bei Kindern sehr beliebt ist die angeschlossene Old MacDonald Farm mit ihren Haus- und Nutztieren.

WHITEHORSE ERLEBEN

AUSKUNFT

City of Whitehorse Tourism Department
2121 Second Avenue
Whitehorse, YK, Y1A 1C2
Tel. (867) 667-64 01
www.city.whitehorse.yk

Yukon First Nations Tourism Association
1 – 1109 First Avenue
Whitehorse, YK, Y1A 5G4
Tel. (867) 667-76 98
www.yfnta.org

ÜBERNACHTEN/ESSEN

▶ Komfortabel / Luxus

Westmark Whitehorse Hotel & Conference Centre
201 Wood Street
Whitehorse, YK, Y1A 2E4
Tel. (867) 393-97 00
www.westmarkhotels.com/whitehorsehotel
Diese noble Adresse ist einer der wichtigsten Treffpunkte für die in Kanadas Hohem Norden aktive Geschäftswelt. Die Hotelanlage verfügt über 180 modern ausgestattete Zimmer und Suiten, diverse Konferenzräume, eine Shopping-Arkade, ein Restaurant, eine Cocktail Lounge und auch ein Revuetheater.

▶ Komfortabel

Edgewater Hotel
101 Main Street
Whitehorse, YK
Tel. (867) 667-25 72
http://edgewaterhotelwhitehorse.com
Freundliches und charmantes Haus am Yukon River. Das vornehme Hotelrestaurant »The Cellar Steakhouse & Wine Bar« ist in weitem Umkreis bekannt für seine hervorragende Küche.

▶ Preiswert

Yukon Inn
4220 – 4th Avenue
Whitehorse, YK, Y1A 1K1
Tel. (867) 667-25 27
www.yukoninn.com
Das kürzlich renovierte Haus verfügt jetzt über 98 Gästezimmer und ein auch bei den Einheimischen beliebtes Restaurant.

Birch Street B & B
5101 Birch Street
Whitehorse, YK, Y1A 3X1
Tel. (867) 633-5625
Die freundliche kleine Herberge liegt nur ein paar Autominuten außerhalb der Stadt in reizvoller Umgebung. Der Hausherr kennt die schönsten Plätze in und um Whitehorse.

REGISTER

a

b

c

VERZEICHNIS DER KARTEN UND GRAFISCHEN DARSTELLUNGEN

BILDNACHWEIS

Amberg: S. 60, 149 (rechts), 231, 242, 244, 257, 265, 316, 336
archivberlin/hartmann: Titelbild
Archiv für Kunst und Geschichte: S. 49, 71
Associated Press: S. 72, 73
Baedeker-Archiv: S. 352
Bavaria: S. 420, 451
Beedell: S. 401
Bodum: S. 431
Canadian Tourism: S. 16 (unten), 35, 94, 138, 147 (rechts), 150, 153, 180, 190, 209, 259, 267, 292, 315, 327, 349, 412, 443, 468, 474
CMA: S. 456
dpa/Picture Alliance: S. 29, 54, 307, 308
Engel: S. 473
Fieselmann: S. 90
Hamberger: S. 61, 62, 89, 135, 310, 353
HB Bildatlas, Hicker: S. 3 (oben), 4 (oben), 7 (oben), 18, 40, 51, 53, 56, 65, 140/141, 160, 168, 193, 234, 248, 253, 262, 271, 278, 286, 305, 311, 319, 331, 339, 359, 378, 389, 439, 478, 485, hintere Umschlag- seite (Mitte)
HB Verlag, Bildarchiv: 155, 283, 313
Herold: S. 196
Hicker: S. 15 (unten), 24, 26, 74/75, 75, 127, 136, 143 (Mitte rechts), 148, 149 (links), 151 (oben rechts), 154 (unten links), 162, 165, 179, 187, 189, 191, 200, 210, 223, 225, 250, 255, 260, 268, 275, 284, 289, 301, 323, 325, 338, 354, 356, 364, 428 (oben), 428 (unten), 436, 441, 447, 453, 458, 462, 469, 471, 488
IFA: S. 27, 156, 210, 245, 346
Inger: S. 11, 105, 131, 144, 145, 151 (oben links), 157 (Mitte), 159, 188, 206, 217, 256, 344, 345, 360, 361, 368, 374, 379, 381, 383, 425, 461
Janicke: S. 36
Kierek: S. 281
Lade: S. 151 (unten links), 226, 457
Linde: S. 177, 192, 201 (unten), 201 (oben), 205, 215
Mauritius: S. 5, 14, 21 (unten), 44, 157 (oben, unten), 158/159, 160, 170, 173, 202, 203 (Mitte), 203 (unten), 203 (oben), 204, 212, 291 (unten links), 291 (unten Mitte), 291 (unten rechts), 291 (oben links), 291 (oben Mitte), 328, 376
Melitta: S. 357
picture-alliance/Icon SMI: S. 122
Scherm: S. 39, 68
SK Tour: S. 147 (links), 432
CTC: S. 276, 445
Transglobe: S. 8 (oben), 20, 384, 426
Utz: S. 4 (unten), 10 (unten), 16 (Mitte), 78, 98, 143 (oben Mitte), 152, 211, 228, 241, 252, 294, 295, 303, 343
Weber: S. 3 (unten), 10 (oben), 12/13, 13, 84, 104, 142, 143 (oben links), 146, 150, 154 (rechts), 154 (oben links), 169, 213, 238, 280, 386, 390, 395, 397, 399, 405, 406, 411, 414, 416, 418, 464, 476, 479, 481, 484, 487
Wirths PR: S. 299
WMF: S. 396
ZEFA: S. 33, 182

IMPRESSUM

Ausstattung: 253 Abbildungen, 41 Karten und grafische Darstellungen, eine große Reisekarte
Texte: Dr. Bernhard Abend, Heinz Burger, Rainer Eisenschmid, Brigitte und Elmar Engel, Astrid Feltes-Peter, Carmen Galenschovski, Susanne Hagg, Monika und Rainer W. Hamberger, Ole Helmhausen, Prof. Dr. Alfred Herold, Helmut Linde, Andrea Mecke, Jürgen Metzger, Inge und Dr. Georg Scherm, Anja Schliebitz, Claudia Smettan, Beate Szerelmy, Andrea Wurth, Reinhard Zakrzewski
Bearbeitung: Baedeker Redaktion (Helmut Linde)
Kartografie: Christoph Gallus, Hohberg-Niederschopfheim; MAIRDUMONT GmbH & Co. KG, Ostfildern (Panoramakarte und große Reisekarte)
3D-Illustrationen: jangled nerves, Stuttgart
Gestalterisches Konzept: independent Medien-Design, München; Kathrin Schemel

Chefredaktion: Rainer Eisenschmid, Baedeker Ostfildern

6. Auflage 2009
Urheberschaft: Karl Baedeker Verlag, Ostfildern

Nutzungsrecht: MAIRDUMONT GmbH & Co. KG; Ostfildern

Sprachführer in Zusammenarbeit mit Ernst Klett Sprachen GmbH, Stuttgart,Redaktion PONS Wörterbücher

Printed in China
Gedruckt auf 100% chlorfrei gebleichtem Papier

BAEDEKER VERLAGSPROGRAMM

- Ägypten
- Algarve
- Allgäu
- Amsterdam
- Andalusien
- Athen
- Australien
- Australien • Osten
- Bali
- Baltikum
- Barcelona
- Belgien
- Berlin • Potsdam
- Bodensee
- Brasilien
- Bretagne
- Brüssel
- Budapest
- Bulgarien
- Burgund
- Chicago • Große Seen
- China
- Costa Blanca
- Costa Brava
- Dänemark
- Deutsche Nordseeküste
- Deutschland
- Deutschland • Osten
- Djerba • Südtunesien
- Dominik. Republik
- Dresden
- Dubai • Vereinigte Arabische Emirate
- Elba
- Elsass • Vogesen
- Finnland
- Florenz
- Florida
- Franken
- Frankfurt am Main
- Frankreich
- Fuerteventura
- Gardasee
- Golf von Neapel
- Gomera
- Gran Canaria
- Griechenland
- Griechische Inseln
- Großbritannien
- Hamburg
- Harz
- Hongkong • Macao
- Indien
- Irland
- Island
- Israel
- Istanbul
- Istrien • Kvarner Bucht
- Italien
- Italien • Norden
- Italien • Süden
- Italienische Adria
- Italienische Riviera
- Japan
- Jordanien
- Kalifornien
- Kanada • Osten
- Kanada • Westen
- Kanalinseln
- Kapstadt • Garden Route
- Kenia
- Köln
- Kopenhagen
- Korfu • Ionische Inseln
- Korsika
- Kos
- Kreta
- Kroatische Adriaküste • Dalmatien
- Kuba
- La Palma
- Lanzarote
- Lissabon
- Loire
- London
- Madeira
- Madrid

- Malediven
- Mallorca
- Malta • Gozo • Comino
- Marokko
- Mecklenburg-Vorpommern
- Menorca
- Mexiko
- Moskau
- München
- Namibia
- Neuseeland
- New York
- Niederlande
- Norwegen
- Oberbayern
- Oberital. Seen • Lombardei • Mailand
- Österreich
- Paris
- Peking
- Piemont
- Polen
- Polnische Ostseeküste • Danzig • Masuren
- Portugal
- Prag
- Provence • Côte d'Azur
- Rhodos
- Rom
- Rügen • Hiddensee
- Rumänien
- Russland (Europäischer Teil)
- Sachsen
- Salzburger Land
- St. Petersburg
- Sardinien
- Schottland
- Schwäbische Alb
- Schwarzwald
- Schweden
- Schweiz
- Sizilien
- Skandinavien
- Slowenien
- Spanien
- Spanien • Norden • Jakobsweg
- Sri Lanka
- Stuttgart
- Südafrika
- Südengland
- Südtirol
- Sylt
- Teneriffa
- Tessin
- Thailand
- Thüringen
- Toskana
- Tschechien
- Tunesien
- Türkei
- Türkische Mittelmeerküste
- Umbrien
- Ungarn
- USA
- USA • Nordosten
- USA • Südwesten
- Usedom
- Venedig
- Vietnam
- Weimar
- Wien
- Zypern

LIEBE LESERINNEN, LIEBE LESER,

ein herzliches Dankeschön, dass Sie sich für einen Baedeker Allianz Reiseführer entschieden haben. Er wird Sie zuverlässig auf Ihrer Reise begleiten und Sie nicht im Stich lassen.
Natürlich beschreibt er die wichtigen Sehenswürdigkeiten, aber er empfiehlt auch die nettesten Kneipen und Bars, dazu Hotels für den großen und kleinen Geldbeutel, gibt Tipps für Restaurants, Shopping und für vieles mehr, was eine Reise zum Erlebnis macht. Dafür haben die Autoren Sorge getragen. Sie sind für Sie regelmäßig in den Westen Kanadas gereist und haben all ihre Erfahrungen und Kenntnisse in diesen Reiseführer gepackt.

Trotzdem: Die Erfahrung zeigt, dass Fehler und Änderungen nach Drucklegung, für die der Verlag keine Haftung übernehmen kann, nicht ausgeschlossen werden können. Für Kritik, Berichtigungen und Verbesserungsvorschläge sind wir Ihnen außerordentlich dankbar. Schreiben Sie uns, mailen Sie uns oder rufen Sie an:

► **Verlag Karl Baedeker GmbH**
Redaktion
Postfach 3162
D-73751 Ostfildern
Tel. (0711) 4502-262, Fax -343
E-Mail: info@baedeker.com

Besuchen Sie uns auch im Internet unter www. baedeker.com. Hier finden Sie jeden Monat den aktuellen Reisetipp der Redaktion und das gesamte Verlagsprogramm. Hier können Sie auch lesen, wer Karl Baedeker war und wie er seinen ersten Reiseführer geschrieben hat. Mit seinen über 180 Jahren ist der Karl Baedeker Verlag der älteste Reiseführer-Verlag der Welt.

www.baedeker.com

ZU GEWINNEN: STADTREISE NACH LONDON

Unter allen Einsendungen verlost der Verlag am Jahresende – unter Ausschluss des Rechtswegs – eine Städtekurzreise für zwei Personen nach London.
Freuen Sie sich auf ein spannendes Wochenende in London. Natürlich ist ein Baedeker Allianz Reiseführer London auch dabei!